论中国历史人物

盛巽昌 著

到孙中山 从轩辕黄帝

上册

上海书店出版社
SHANGHAI BOOKSTORE PUBLISHING HOUSE

写在前面

毛泽东爱好中国历史,善于应用对历史人物的介绍和批评。

历史人物是历史的主体。正如莎士比亚说的:所有人的生活都是历史(《亨利二世》)。人们读史谈史,通常就是从历史人物的行事和言论来审判过去、认识现实的。

早在 1941 年,毛泽东在《改造我们的学习》中就指出:"从孔夫子到孙中山,我们应当给以总结,继承这一份遗产。"三十年后,即 70 年代初,他又一次提出:"从孔夫子到孙中山,从乌龟壳(甲骨文)到现在,都要进行研究、总结,要有知识。"

把人当作历史读,以 20 世纪中国政治思维的宏观审视历史人物,用斗争的哲学理念解析历史人物,毛泽东有自己独特的认知法则,也有很多的个性色彩。在他一生的言论里,对中国历史长河里的许多人物,分别持有异乎于前人和同时代人的评述和创见。这是 20 世纪一位伟大政治家对自己国家的历史人物的定性、定位;千秋功罪,谁人曾与评说? 它虽是一家之见,却真实反映了毛泽东深厚的传统文化底蕴和伟大的巨人胸襟,读后令人铭感五中,久久回味。

古往今来的领袖、政治家多多,但还很少有像毛泽东那样能高屋建瓴、运用自如、恰到好处地谈说过如此众多的中国历史人物。虽然,相当多的是举例、比方,有的是片字只语,却发人深省,令人睿明,是我们读史习史的一把钥匙,也是认识毛泽东思维和行为的一份珍贵的文化遗产。历史总是胜利者写下的,是为活着的人们而写的。人民群众能创造历史,但能带领人民群众创造历史只有伟人。我作为本书作者,经多年采撷,站在前辈和同侪的脊背上,编制此书,冀望从一个侧面来深化认知这位在中国历史上具有深刻影响的伟大的人民领袖。

盛巽昌

二〇一三年十月

目录

黄帝

中华始祖，成命百物
传诸万世，功德大焉

  黄帝　中华民族视为始祖的古代部落首领。姬姓。其族发祥于陕西北部黄土高原，以游牧为生，后东迁，沿北洛水，渡黄河，沿中条山、太行山，抵山西南部，至河北涿鹿地区定居。后世称他为轩辕氏。又因以熊为图腾，又称为有熊氏。

  黄帝轩辕氏是中华民族的始祖。

  黄帝时期，被说成是"能成命百物"，所谓衣（蚕丝）、食、住（宫室）、行（舟车）以及文字、历法、算数、音律都诞生了。此中尤其是黄帝史官仓颉创造汉字，元妃嫘祖倡始养蚕抽丝，织成衣料，功德莫大焉。

  毛泽东从小就从《史记》等书里知道黄帝的故事。1937年1月，毛泽东和中共中央机关进入陕北延安。延安南面百里之遥，就是黄陵县，那里的桥山，相传就有葬有黄帝的陵墓。同年4月5日，是传统的清明祭祖节，毛泽东写了祭文，派陕甘宁边区林伯渠主席，以他和朱德的共同联名，赴桥山祭祀黄帝陵。

  中华儿女，同仇敌忾，民族正气，义薄云天。这是全民抗战前夕的一个盛大祭典。4月5日，林伯渠在恭祭黄帝陵仪式上宣读了毛泽东写的祭文：

  维中华民国二十六年四月五日，苏维埃政府主席毛泽东、人民抗日红军总

司令朱德敬派代表林祖涵,以鲜花时果之仪致祭于我中华民族始祖轩辕黄帝之陵。而致词曰:

赫赫始祖,吾华肇造,冑衍祀绵,岳峨河浩。

聪明睿知,光被遐荒,建此伟业,雄立东方。

世变沧桑,中更蹉跌,越数千年,强邻蔑德。

琉台不守,三韩为墟,辽海燕冀,汉奸何多!

以地事敌,敌欲岂足,人执笞绳,我为奴辱。

懿维我祖,命世之英,涿鹿奋战,区宇以宁。

岂其苗裔,不武如斯,泱泱大国,让其沦胥。

东等不才,剑屦俱奋,万里崎岖,为国效命。

频年苦斗,备历险夷,匈奴未灭,何以家为。

各党各界,团结坚固,不论军民,不分贫富。

民族阵线,救国良方,四万万众,坚决抵抗。

民主共和,改革内政,亿兆一心,战则必胜。

还我河山,卫我国权,此物此志,永矢勿谖。

经武整军,昭告列祖,实鉴临之,皇天后土。

尚飨。(《党的文献》,2005年第5期)

在毛泽东朱德联名的《祭黄帝陵文》发布后,有一次毛泽东与张国焘谈话时,就提及说:苍埃浑混初化,黄帝乃我华夏文明之祖,人根之缘,万派一家,理当前去祭祀啊!(马泰泉《拥抱与决裂》,第383页)

1952年10月28日,毛泽东视察曲阜孔庙,在谈及曲阜城市史时,又介绍了黄帝故事。他说:据说,最早来到曲阜的是神农。神农都陈,后徙曲阜。这位神农就是炎帝,他是黄帝的兄长,我们常说的炎黄就是指这二人,相传炎帝继伏羲为帝,在位六十多年,后让位给黄帝。他住的地方叫"犁铧店",不知现在是否还有这个地方了。据说少昊是黄帝的儿子,为嫘祖所生,初降居青阳。黄帝逝世后,公推他继位,迁到曲阜,帝于穷桑,就是现在的寿丘。少昊继黄帝之志,使这个地方发展很快,于是曲阜成了"少昊文化"的中心。

古代中国崇尚黄色

古代中国以"青、黄、赤、白、黑"五色为主体颜色。《易经·坤》:"天玄而地黄"。以五色配五行(木、土、火、金、水)、五方(东、中、南、西、北),因为"土"居中,黄色便成为中央正色。由此"黄色"成为高贵、吉祥的象征。帝王的圣旨、诰书,以及殿试发布的榜文用黄色绢纸,称为"黄榜";帝王车盖,须用黄缯作车里称为"黄屋"。自隋伊始,只有帝王和贵族着黄袍衫,中下级官员和平民不得穿戴,称宰相官署为"黄扉",宫廷酿造之酒,须用黄罗帕封,称为"黄封",吉日为"黄道日"。

夏禹

削平水土穷沧海
奋锸东南尽会稽

　　夏禹　亦称大禹、戎禹。传说中古代部落联盟领袖。夏朝创建者。奉舜命治水十三年,据后人记载,他领导人民疏通江河,兴修沟渠,发展农业。为舜封为夏伯,都阳翟(今河南禹州)。继舜位。后以天下授益,子启自立,开始家国世袭制。今浙江绍兴有大禹庙。

　　夏商周工程论证,中国商王朝之前确实有个夏王朝。夏王朝的开国首脑是禹,即大禹、夏禹王。夏禹在中国古代被奉为圣贤。科举时代的童蒙教育,都有大禹治水故事,毛泽东幼年在南岸私塾读《三字经》、《千字文》就知道夏禹其人其事了。夏禹一心为民、一心为公的形象,在毛泽东的心里留下深刻的印象。1913年,他在长沙读书的讲堂录里,即记有夏禹三过家门而不入的内容,后来在其自撰的《体育之研究》一文中又称赞夏禹“八年于外,三过其门而不入,耐久而已”。(《毛泽东早期文稿》,第71页)

　　毛泽东赞扬夏禹的劳苦功绩。1935年10月,他在《念奴娇·昆仑》中高度歌颂夏禹,“夏日消溶,江河横溢,人或为鱼鳖”。(《毛泽东诗词集》,第60页)诗意是说,当江河汪汪成灾时,要是没有大禹的治水,我们将会成为鱼鳖吧!他常把夏禹与当代改天换地的人民群众比较,以衬托出人民的伟大、人民的力量,借此激励干部群众奋发向前。中央苏区前期,毛泽东在读了吴亮平译恩格斯《反杜林论》后,对译家工作大加称赞,说他"功盖群儒"、"其功劳不下于大禹治水"。1973年,在一次谈话中又说:我党第一代马克思主义翻译家不多了,吴亮平翻译《反杜林论》,功不在禹下,有大禹治水之功啊!(《毛泽东评点历代王朝》(上),第3页)1936年,当美国记者斯诺访问延安,和毛泽东等谈话后,写了《红星照耀中国》(《西行漫记》)一书,在英国伦敦出版,很快译成十多种文字,首次向全世界介绍了中国苏区和红军及其领袖们的实情,毛泽东知道了,当时就说这件事"不下大禹治水之功"。(《延安统帅部》,第13页)1939年,他在抗大生产运动初步总结大会上强调劳动生产必要性时说:历史上的禹王,他是做官的,但也耕田。1949年10月24日,毛泽东在与当时绥远省负责人谈话,在谈到"中国已归人民,一草一木都是人民的,任何事情我们都要负责并且管理好"时又说:湖南有十万失业军政人员和广大的孤寡没有人管,如果只管共产党的孤寡就会出乱子,那就不是大禹治水,而是伯鲧治水了。伯鲧是夏禹的父亲。他治水采取筑堤防堵缺口,结果失败了。而大禹采取的疏浚河道,终于消除了滔滔洪水。1958年3月在成都会议上,毛泽东又一次说:把水排走是大禹路线。他以夏禹为勉励:禹王惜寸阴,我们爱每一分钟。(《"大跃进"亲历记》,第184、231页)

当年夏禹治水跑遍天下,留下了很多传说和业绩;毛泽东熟悉夏禹事迹,醉心夏禹故事,在旅途中凡知道有夏禹遗迹的,必前去参观和凭吊。1915年毛泽东在湖南长沙读书时,与同学罗章龙参观长沙各处古迹,他们到过拖船埠,那里有座禹王碑,相传夏禹曾于此处拖过船,由此得名。它使青年毛泽东流连忘返。1940年3月,当他得知由苏联回来的师哲家乡乃是陕西韩城时,就兴奋地谈起了韩城附近黄河"禹门三级浪,平地一声雷"的出处。1952年10月,在视察江苏徐州听取当地干部汇报时,又说:据史书记载,大约在四千年以前,大禹把全国九片陆地命名为九州,你们徐州即为一州。几年后,即1959年,毛泽东视察河南,对省委负责人吴芝圃等人介绍河南汲县:你这个汲县是夏禹封的,汲县人是大禹的子孙。(《党的文献》1995年第4期第39页)1958年10月,毛泽东在湖北游览汉阳龟山,当得知龟山东面有禹功矶,相传是大禹治水成功的地方,他又前往观赏。他对夏禹可谓心向往之。

1958年11月28日,毛泽东在最高国务会议第十四次会议上就解释张奚若四句话时再次提及:"不好大喜功不行,但是要革命派的好大喜功,要合乎实际的好大喜功。不急功近利也不行。《易经》上讲:'君子终日乾乾,夕惕若厉'。曾子也说:'夏禹惜寸阴,吾辈当惜分阴。'这都是圣人之言。"（中央文献研究室编《毛泽东传》(1949—1976)(上),第 785 页）

🔘 九州

古称中国为九州,传说九州为夏禹治水后划分。《尚书·禹贡》记载九州为:冀州、兖州、青州、徐州、荆州、扬州、豫州、梁州、雍州。《尔雅·释地》有幽州、营州,而无青州、梁州。《周礼·夏官·职方氏》有幽州、并州而无徐州、梁州。九州统称为赤县神州,后遂成中国的别称。

🔘 九鼎

《墨子·耕柱》、《左传·宣公三年》均记有夏铸九鼎事。《史记·封禅书》:"黄帝作宝鼎三,象天地人。禹收九牧之金,铸九鼎。皆尝享鬺上帝鬼神。遭圣则兴,鼎迁于夏商。周德衰,宋之社亡,鼎乃沦没,伏而不见"。相传夏王朝铸九鼎,鼎上铸九州山川名物。它被视为国家政权象征,所谓"鼎在国在,鼎失国亡。"

《史记·楚世家》称,九鼎由三体圆鼎、六件方鼎组成。《秦始皇本纪》称,周鼎没于泗水彭城下,"始皇还,过彭城,斋戒祷祠,欲出周鼎泗水,使千人没水求之,弗得。"

九鼎下落不明。后人多有称无九鼎故事,盖夏代冶炼,只能铸造爵、刀等小件,商代中朝才能铸鼎。因此有学者认定西周时期周天子重礼,九鼎才成为定制。它应是此时产物。

商纣王

何如早散桥仓粟
结取臣民亿万心

  商纣王 （？—前1046）一作受，亦称帝辛。商朝末代国君。早年开发东南有贡献，征服东夷。文武俱全。《荀子·非相篇》称他"长巨姣美，天下之杰也；筋力越劲，百人之敌也"。《史记·殷本纪》亦称他"资辨捷疾，闻见甚敏；材力过人，手格猛兽"。后骄横跋扈，荒于酒色，重征赋税，统治暴虐。公元前1046年，为周武王讨伐，牧野（今河南淇县西南）之战中大败，登鹿台自焚，商朝亡。

  毛泽东对纣王故事很感兴趣。他在童年时代读《封神演义》就知道纣王其人其事。纣王被儒家传统文化绘成是酷虐无道的暴君模式。很早就对演义和史书持怀疑态度的毛泽东，却不人云亦云、亦步亦趋地被书本牵着鼻子走。他对前人全面否定纣王产生了疑问。若干年后，终于对纣王提出了与古今史学家几乎是完全相悖的独特的科学见解。他用历史辩证法对纣王作一分为二的分析，肯定商纣王的前半生，否定其后半生。

  1952年11月1日，毛泽东参观了位于河南安阳西郊的殷墟。殷墟，就是殷商王朝中后期都城所在地，周武王灭商沦为废墟，所以叫殷墟。毛泽东来到殷墟中心原宫殿区的花园庄时，就向陪同人员评述了纣王：这里，是中国最早的一个古都。殷代最后一个王叫纣王。这个人很有本事，能文能武，他经营东南，把东夷和中原统一巩固起来，在历史上曾有过贡献。但那时殷已衰败，加上纣王滥用职权，为自己享乐，在修建鹿台中不知耗费了多少劳动人民的金钱和血汗，那些酒池肉林，说明他极其放荡、荒淫、独裁和残暴。据说，他与妲己以砍断樵夫的脚筋取乐；比干冒死进谏，却被他在摘星台剖腹挖心；周文王也被他囚在羑里城监狱，一囚就是七年。由于纣王一意孤行，拒绝批评，又非常残暴，所以众叛亲离，终于被周武王在牧野打败。最后，纣王自焚在自己建造的鹿台上，殷也就灭亡了。这里在三千年前是个很大的国都，后来成了废墟埋在了地下，所以表面已看不到什么古迹了。（《毛泽东指点江山》，第 1226—1227 页）

　　1958 年 11 月，毛泽东读斯大林《苏联社会主义经济问题》谈话中，讲到商品生产时说："商朝为什么叫商朝呢？是因为有了商品生产，这是郭沫若考证出来的。把纣王、秦始皇、曹操看作坏人是错误的，其实纣王是个很有本事、能文能武的人。他经营东南，把东夷和中原都统一巩固起来，在历史上是有功的。纣王伐徐州之夷，打了胜仗，但损失很大，俘虏太多，消化不了，周武王乘虚进攻，大批俘虏倒戈，结果商朝亡了国。史书说，周武王伐纣，'血流漂杵'，这是夸张的说法。孟子不相信这个说法，他说：'尽信书不如无书。'"（《毛泽东之魂》[修订本]，第 341—342 页）关于纣王失败原因，毛泽东还有自己独特见解。据王芳回忆：1954 年，毛泽东参观杭州玉皇山，在谈起《封神演义》时问：殷纣王为什么死的？你知道吗？我说：《封神演义》上讲，是因为宠妲己，乱了朝政，所以殷纣王失败了。主席说：你这话不对。殷纣王的失败是因为他分兵防守，把部队都分散了，他占了一个又一个的城，兵力太分散，最后被周武王的部队歼灭了。蒋介石大概没有看过《封神演义》，要是他看过的话，就不会采取分兵防守的办法，被我们全部消灭了……（《真实的毛泽东》，第 29 页）。1959 年 8 月，毛泽东在庐山会议讲话时又说：秦始皇、曹操，现在已恢复了名誉。纣王被骂了三千年了。好的讲不坏，一时可以讲坏，总有一天恢复；坏的讲不好。

　　第一次郑州会议后的第十天，毛泽东和柯庆施、李井泉等在武汉东湖开座谈会时，详细地说了对商纣王的看法。他说，史书上把纣王描写得像一个青面獠牙、十恶不赦的坏人，太过分了。连孟夫子也为他抱不平地说"尽信书则不如无书"，"桀纣之恶未有如此之甚也，是以君子恶居下流，天下之恶均归焉"。纣王宠妲己、剖比干心，这两件坏事，使他得到了一个大暴君的恶名。其实纣王这个人聪明善辩,能武能文。他打起仗来是很有英雄气概的。商朝晚期,江淮之间的夷人强盛起来,威胁商朝。纣王当政后亲率大军东征夷人,保卫了商朝在东南方的安全。而且纣王尚武重文,他对东南的经营,使中原文化逐渐发展到了东南,这对我国历史是有贡献的。毛泽东还认为,商朝就是做生意的意思,它标志着商朝已开始有了商品交易,到纣王时已成为当时最富强的、文化最高的奴隶制国家。

1959年2月,毛泽东视察山东省历城县东郊人民公社时,又和当地干部谈到了商朝和纣王,他说:大辛庄可有名气,那里是著名的商朝文化的遗址,与河南安阳的殷墟出土文物完全一致,看来可能是早商时期商人在山东的邑落。在济南火车上召开的座谈会上谈话时又说:"纣王是很有本领的人,后来周武王把他说得很坏。他的俘虏政策做得不大好,所以以后失败了。我们俘虏政策和他的不一样,我们对俘虏是宽大,是进行思想教育和思想改造工作的。"(《毛泽东著作专题摘编》,第2274页)同年6月,毛泽东在河南同吴芝圃等谈话,在谈到商周史时说:纣王去打徐夷(那是个大国,就是现在的徐州附近),打了好几年,把那个国家灭掉了。纣王是很有才干的,后来那些坏话都是周朝人讲的,就是不要听。毛泽东又说:给纣王翻案的就讲这个道理。纣王那个时候很有名声,商朝的老百姓很拥护他,纣王自杀了,他不投降。(《党的文献》1995年第4期)

1970年8月庐山会议时,毛泽东找林彪个别谈话,用了《论语》第十九章《子张篇》子贡说的一句话:"纣之不善,不如是之甚也!"林彪听不懂,又不敢当面问,事后让叶群打电话到北京毛家湾让人查找此话之出处及含义后才明白意思是:纣王虽然不好,但并不如后世人们所说的那样坏。

🔵 纣王历史上有功

纣王有才识,《史记》称他"资辨捷疾,闻见甚敏;材力过人,手格猛兽"。商朝到纣王时期,版图鼎盛,据考证,山东、淮河下游和长江流域,都是纣王时期开拓的。当时中原各国军队数量和武器装备,商军最强,已广泛使用战车且装备青铜武器,一次调动兵力最多可多达一万三千人,足以称雄黄河和江汉地区。所以郭沫若说:"商纣王经营东南,把东夷和中原都统一巩固起来,在历史上是有功的。"

比干　微子　箕子

国危道不行
死士胜谋生

比干　商代贵族。纣王叔。封于比（今山东曲阜附近），任少师辅政。强谏被杀。

微子　商代贵族。纣王庶兄，名启。受封于微（今山东梁山西南），谏纣王未果，出走。周灭商后，封于宋（今河南商丘）。

箕子　商代贵族。纣王叔。封于箕（今山西太谷东北），因强谏为纣所囚。周灭商后被释放。

比干、微子和箕子是商纣王的三位大臣。千百年来，他们都被说成是有识见的长者，纣王就是因为一意孤行，不听取他们的良言忠告兵败灭国身死的。毛泽东早年是从《封神演义》知道这三个大臣的，但他并未停留在文化视角上，也没有受到《史记》和先秦典籍的影响，对这三个人有自己独特的看法。新中国成立以后，毛泽东谈古说今，古为今用，几次说到过比干、微子和箕子。而最多就是比干，他对比干是肯定的。

1958年3月22日，毛泽东在成都会议上提倡敢想敢说敢做，要讲真话，不说假话。他说：历史上讲真话的，如比干、屈原、朱云、贾谊等这些人，都是不得志的，为原则而斗争的。不敢讲真话，无非是"一怕扣为机会主义，二怕撤职，三怕开除党籍，四怕老婆离婚，五怕坐班房，六怕杀头"。我看只要这样的准备好几条，看破红尘，就什么都不怕了。传说比干向纣王进谏，被挖了心，大概这个故事很能说明一些问题。翌年4月，毛泽东在中共八届七中全会上再次谈到要解放思想，公事公办怕什么时，就举了比干被挖心的例子。1958年11月20日在武汉东湖与柯庆施等谈商纣王时，也说了"纣王宠妲己、剖比干心，这两件坏事"，"根本不听商朝大贵族微子、箕子和王子比干的反复进谏。结果，比干被杀，箕子被囚为奴，微子见势不妙逃走了"。

毛泽东对微子和箕子却持不同态度。1959年6月22日，毛泽东在河南郑州和河南省委书记吴芝圃等谈话时谈到了商周历史。他说：商朝纣王亡了之后，微子被封为宋，就是现在的商丘。当时微子是里通外国。为什么纣王灭了呢？主要是比干反对他，还有箕子反对他，微子反对他。又说：纣王失败就是因为这三个人都是反对派。而微子最坏，是个汉奸，他派两个人作代表到周朝请兵。武王头一次到孟津观兵回去了，然后又搞了两年，他说可以打了，因为有内应了。纣王把比干杀了，把箕子关起来了，但是对微子没有防备，只晓得他是个反对派，不晓得他通外国。微子是汉奸，周应该封他，但是不敢封，而封了纣王的儿子武庚。后来武庚造反了，才封微子，把微子封为宋，就是商丘。(《党的文献》1995年第4期)如同毛泽东评述纣王，他对微子的评述也颇见新意。这虽是一家之见，但有利于拓展学术研究的思路。

周文王

周虽旧邦
其命维新

周文王　商末周族领袖。姬姓,名昌。商封为西伯。以仁治国,周因之强盛,后形成商之三分天下周有其二的格局。在位五十年。相传曾被商纣囚于羑里(今河南汤阴北),在狱中演《周易》,通天人之理。

1972年9月,毛泽东和周恩来在北京中南海会见日本田中角荣首相,在轻松愉快的谈话中,毛泽东指着在旁的外交部副部长姬鹏飞说:此人是周朝人,是文王的后代。周恩来说:周文王姬姓,姓他(指姬鹏飞)的姓,不姓我的姓。周文王姬昌,是周王朝奠基者,是上古的一个重要历史人物。毛泽东在文章、谈话中多有提及,且常以他和其他被传统文化称道的圣贤相提并论。1920年9月,毛泽东在湖南《大公报》就发动湖南自治运动所写的《"湘人治湘"与"湘人自治"》一文中,以过去段祺瑞派乾州厅(今湖南吉首)人傅良佐任湖南督军为例,指出"把少数特殊人做治者,把一般平民做被治者,把治者做主人,把被治者做奴隶。这样的治者,就是禹汤文武,我们都给他在反对之列"。(《毛泽东早期文稿》,第523页)1926年5月,他在广州农民运动讲习所讲授《中国农民运动》,谈及"无人注意农民问题"时又说:中国农民运动,远自文武周公,以至现在之各学校,不过是研究如何发展农业,使农村资本化。

毛泽东称赞文王开创周朝基业。

1951年1月,毛泽东在中央召开的一次会议上谈到土地改革运动时说:分土地,镇压反革命,发动群众,都是好事。土改一项,从尧、舜、禹、汤、文、武、周公、孔子,直到孙中山都没有做过,我们才做。通常古书将周文王和周武王并重。毛泽东也很喜欢用《礼记·杂记》中"一张一弛,文武之道也"一语。1948年4月2日,在与《晋绥日报》编辑人员谈话时说:你们的缺点主要是把弓弦拉得太紧了。拉得太紧,弓弦就会断。古人说:"文武之道,一张一弛。"现在"弛"一下,同志们会清醒起来。1958年5月17日,他在中共八大二次会议说:有紧张又有松弛,光紧张不行。文武之道,一张一弛,弛而不张,文武不为也;张而不弛,文武不能也。文王武王都不能,他们是圣人,何况我们乎!(《毛泽东与中国史学》,第181页)在这里他是把周文王当作"圣人"的。

1962年1月,在中共中央扩大工作会议上的讲话中,毛泽东引用了司马迁《史记》中提到的"文王拘而演《周易》"一例。即文王姬昌因触犯纣王被囚于羑里时,曾著述《周易》,穷探天人之理。他借此谈了对文王此事的看法,说:"所谓文王演《周易》、孔子作《春秋》,究竟有无其事,近人已有怀疑,我们可以不去理它,让专门家去解决吧,但是司马迁是相信有其事的。文王拘,仲尼厄,则确有其事。司马迁讲的这些事情,除了左丘失明一例以外,都是指当时上级领导对他们作了错误处理的。""像古代人拘文王、厄孔子、放逐屈原、去掉孙膑的膝盖骨那样,我不是提倡这样做,而是反对这样做的。我是说,人类社会的各个历史阶段,总有这样处理错误的事实。"(毛泽东《在扩大的中央工作会议上的讲话》,人民出版社1978年版第4—5页)

🔵 文武之道　一张一弛

"文武之道,一张一弛"见自《礼记·杂记》:"子贡观于蜡。孔子曰:'赐也乐乎?'对曰:'一国之人皆若狂,赐未知其乐也。'子曰:'百日之蜡,一日之泽,非尔所知也。张而不弛,文武弗能也。弛而不张,文武弗为也。一张一弛,文武之道也。'"

周易

儒家六经之一,即《易经》。相传为周文王所作,故名《周易》。一说称"周",有周密、周遍和周流之意;"易"有"变易"(穷究事物变化)、简易(执简驭繁)、"不易"(永恒不变)之意。内容包括"经"和"传"。《经》主要是六十四卦和三百八十四爻;卦、爻各有说明(卦辞、爻辞),作为占卜之用。旧传有伏羲画卦,文王作辞,诸说不一,其萌芽期可能是在殷周之际。《传》包含解说卦辞、爻辞的七种文辞共十篇,统称《十翼》,旧传孔子作,据近人研究,大抵系战国或秦汉之际的儒家作品,并非出自一时一人之作。《周易》通过八卦形式(象征天、地、雷、风、水、火、山、泽八种自然现象),推测社会和自然的变化,认为阴阳两种势力的相互作用是产生万物的根源,提出"刚柔相推、变在其中矣"等观点。

伯夷　叔齐

首阳山上孤魂在
不食周粟食周薇

伯夷　叔齐　商末孤竹国(今河北卢龙南)君的两子。不愿继位,出走,赴西岐(今陕西岐山)。阻周武王伐纣。商灭后,逃至首阳山(今山西永济南),不食周粟,采薇度生。饿死。唐胡曾《首阳山》有称:"孤竹夷齐耻战争,望尘遮道请休兵。首阳山倒为平地,应始无人说姓名。"

伯夷、叔齐兄弟几千年来被儒家奉为圣人。他俩行为的特色,就是孔子所说的:温良恭俭让。

毛泽东在私塾读书时,从蒙学课本里,就已经知道他们的故事了。《封神演义》也有夷、齐阻首阳山的章节,但毛泽东对他们的事迹完全清楚明白,却是在1915年二十二岁,自读曾国藩《经史百家杂抄》书中所选的《史记·伯夷列传》之后。司马迁的神来之笔,把夷、齐两人写得栩栩如生。毛泽东又读了韩愈的《伯夷颂》。韩文对他俩也是恭敬如也,特别称赞他们在首阳山横道阻周武王伐商纣。但毛泽东对此颇不以为然。

1949年8月18日,新中国建立前夕,毛泽东为教育人们对美国别抱幻想,针对美国的白皮书,发表了以新华社评论名义的《别了,司徒雷登》,文中指出:"唐朝的韩愈写过《伯夷颂》,颂的是一个对自己国家的人民不负责任、开小差逃跑、又反对武王领导的当时的人民解放战争、颇有些'民主个人主义'思想的伯夷,那是颂错了。"(《毛泽东选集》第四卷,第 1495—1496 页)这里,毛泽东恰如其分地举出伯夷、叔齐的例子,指出他们不分是非,阻兵首阳山的错误,但对他俩并无严斥痛骂,很注意分清敌我友界限。1952 年 10 月 28 日,毛泽东视察山东,参观曲阜孔庙,在孔庙主体建筑大成殿前,他对"大成"和供奉者作了解说。毛泽东说:"大成"是孟子对孔子的评价。孟子说,"伯夷,圣之清者也……"这里,孟子把孔子和几位先圣先贤进行比较,找出了"圣"之所在。伯夷,因反对周武王消灭商王朝,逃避到首阳山,不食周粟而死,孟子谓其"清者"。(《毛泽东指点江山》,第 1162 页)

毛泽东熟读《史记·伯夷列传》。1971 年 9 月,林彪出逃后,毛泽东在所喜爱用的一把丝绸折扇题字:"各求各志,各行各路;离凡离圣,离因离果。"其中"各求各志"语,即出自《伯夷列传》:"道不同不相与谋,亦各从其志也。"

🌐 春秋主要诸侯国

周得天下,分封子弟功臣,也有认同若干原部落、家族所创建的政权。致使周初号称有"八百诸侯",但兴亡无常,几经兼并,到春秋时见于记载的只有一百二十余个诸侯国,其大者或有史书记述的仅十余个而已。这些错杂在大国间的小国,大都变为大国的一个邑或县。

国名	始封时间	都城	史　事	附　注
蔡	周武王封弟叔度	蔡(河南上蔡西南)	叔度叛乱,流放,又封其子胡。	为楚灭
郑	周宣王封弟友	郑(河南新郑)	郑桓公友为犬戎杀死,子郑武公力护周平王东迁。	为韩灭
卫	周武王封弟康叔	朝歌(河南淇县)	卫武公勤王,力护周平王东迁。	秦灭六国时,徙野王(今河南沁阳),为秦二世所废
晋	周成王弟叔虞		始封于唐(山西翼城),后迁晋(山西太原),晋文侯力护周平王东迁。	为韩、赵、魏三家分割
虢	周文王同母弟	北虢(河南陕县)	周桓王以虢君为王室卿士。	有西虢(陕西宝鸡)周室东迁,亡于犬戎;东虢(河南汜水),为郑国所灭

续表

国名	始封时间	都城	史 事	附 注
楚	周成王封熊绎为楚子	丹阳(河南南部丹水、淅水交会处)	西周时期,多与周王朝侵犯。周宣王封申国(河南南阳)以压制。楚即向南发展,建都郢(湖北江陵),春秋初,自号为王。	
燕	周武王封弟召公奭	蓟(北京地区)	姬奭与周公旦共辅成王,治陕以西,甚得民心。	
齐	周武王封太公吕尚	营丘(山东昌乐)后迁临淄(山东淄博)	吕尚修政,简礼仪,通商工之业,便鱼盐之利,蔚为大国。	
鲁	周武王封弟姬旦	曲阜	周公旦辅武王子成王,作《周官》、《立政》。子伯禽为鲁公。	为楚灭
宋	周成王时封殷后微子启	商丘(河南商丘)	因武庚叛,诛,以微子代为殷后,蔚为大国,因介于齐、楚等强国间,为必争之地。为齐、楚、魏所灭,三分其地。	
陈	舜后,为周武王封	宛丘(河南淮阳)		后陈厉公子完奔齐,后裔代姜齐为王(田齐),为楚灭
杞	夏禹后,为周武王封	雍丘(河南杞县)		为楚灭
吴	周文王封吴太伯为周武王封		寿梦称王,巫臣教用兵乘车,始通中国。	
越	夏少康后	会稽(浙江绍兴)	后二十世,允常时称王,与吴常有战争	
秦	周孝王封牧马人非子		抗御犬戎,力护周平王东迁有功,全部据有西周关中之地始列为诸侯。	

周武王

孟津会师，牧野鹰扬
励精图治，裂土封疆

　　周武王　西周王朝建立者。周文王次子。姬姓，名发。继位后承文王遗志于翌年伐纣，在孟津大会诸侯。公元前 1046 年出兵在牧野（今河南淇县西南）之战中大败商纣王，纣王自杀，商亡。建立西周，定都镐京（今陕西西安西南）。

　　毛泽东有一次讲到工作方法时，引用了一句古语：文武之道，一张一弛。这里的"文"是周文王；"武"，也就是他的儿子周武王姬发。毛泽东赞扬周武王。1958 年 11 月，他在武汉东湖和柯庆施等座谈时，就提及周文王、周武王励精图治、吸收商人文化，促进周族社会的发展，积极推翻商朝的统治。周族本来是西岐小国，无足轻重，只是在文王、武王时期强大起来的。"励精图治"一语，是对他们很高的评价，也是对周武王继承文王事业的肯定。

　　1959 年 3 月，毛泽东在武汉听取黄克诚、张经武等汇报后，谈起了武王伐纣。他说：武王到孟津去过两次。第一次去，各路诸侯齐聚孟津，商量伐纣，大家基本都同意。武王很能干，看到决战的条件不够成熟，虽然商纣内部腐败了，但还没有烂透，还不到马上垮台的时候。他的兵力也比武王强大得多。武王看地形时发现，过黄河的准备工作还没搞好。争取人心还需要多做一做工作。直到快要出兵了,伯夷、叔齐不是仍然反对出兵,结果出走了吗? 所以武王下决心收兵回去做准备。做了哪些准备呢? 有文有武,有精神有物质。他是很讲究师出有名的。要造舆论,统一思想,搞统一战线。他还要广揽人才,积聚粮草,打造兵甲,练兵布阵,准备舟楫,并用四十多条船架起了黄河大桥,用了两年时间做了充分准备。这样,第二次武王又从潼关出兵到孟津,政治上发宣言,军事上搞突然袭击,集中兵力打歼灭战,瓦解敌军士气,在朝歌南的牧野一仗打败了商纣。你们都是搞军事的,中国历史上这么大的事,特别是像武王伐纣这样伟大的战争,应该好好研究研究。

牧野之战

公元前 1046 年,周武王大军渡过黄河,对各路诸侯发表讨纣檄文(《泰誓》),在朝歌(河南淇县)南的牧野与纣王仓促组织起来的七十万大军交战,当时纣王的主力东征未还,所组织的兵员多是奴隶、俘虏,两军相遇,奴隶、俘虏阵上倒戈,周军乘势杀入朝歌,殷商灭亡。牧野大战失败,还有一个原因,是纣王缺乏防御。据殷墟考古发现,商代都城城区面积达 24 平方公里,却没有筑墙,只有一条灌水的壕沟。纣王有此失虑,因为以前百十次征战,屡战屡胜,便自恃强大,不再考虑攻防互为依存。重攻轻防,兵家大忌。

吕尚

牧野洋洋,檀车煌煌
驷騵彭彭,维师尚父

吕尚　周初姜姓部落长。姜姓,吕氏,名望,字尚父,一说字子牙。冀州隰州临河(今山西石楼义牒镇)人。为周武王尊为尚父,率兵伐纣。封于齐,有太公之称,俗称姜太公。建都营丘(今山东淄博东)。相传于渭水钓鱼时年已八十,但也有称是少年。相传有兵书《六韬》,系后人伪托。

姜尚(吕尚),即太公望,民间习惯上称他是姜子牙、姜太公。毛泽东早年读过伪托的吕尚《六韬》,1950年10月7日在设家宴款待赴东北就任的志愿军彭德怀司令员时,很有感叹地说:得贤将者,兵强国昌;不得贤将者,兵弱国亡。(《毛泽东的家庭生活》,第59页)

毛泽东还多次谈到过姜子牙。1936年9月,当他万里长征后来到渭河南岸,就想起了姜子牙,问陕西人贾拓夫:这儿就是当年姜子牙八十钓渭滨的地方吧?又说:我们的党中央,也真希望在今天的渭河之滨,有个愿者上钩的姜太公哟!(《毛泽东周恩来与长征》,第509、510页)1939年7月,华北联合大学举行开学典礼,成仿吾校长请毛泽东作报告。毛泽东针对学校即将迁往敌后根据地一事,在报告中引用了《封神演义》中的一段故事。他说:当年姜子牙下昆仑山,元始天尊赠了他杏黄旗、四不像和打神鞭三样法宝。现在你们上前线,我也赠你们三样法宝,这就是:统一战线、武装斗争、党的建设。

毛泽东引用的最多的是姜太公渭水垂钓的故事。1927 年 10 月,秋收起义的红军行至江西遂川大汾圩附近,毛泽东遇到张宗逊,当他知道张系陕西渭南堰头村人时,就立即说:你是姜太公的老乡呀。姜太公钓鱼于渭水嘛。(《张宗逊回忆录》,第 107 页)1935 年 12 月 3 日,在陕北富县东村,接见被关押释放的陕西军委书记汪锋,在谈及他与杨虎城谈判时说:你们是渭水人。我们要像姜子牙钓鱼一样,愿上钩者上钩;不愿犯错误者,就让他们逍遥地去游吧。(《汪锋传》,第 98 页)有一次行军途中,他应战士要求,讲了姜太公钓鱼的故事:姜太公当年在陕西渭水上钓鱼,他用的是无饵的直钩钓鱼,还唱着"鱼儿,鱼儿,愿者上钩……",后来嘛,他还是辅佐周武王取得了天下,建立了周朝。(刘恩营《从井冈山走进中南海——陈士榘老将军回忆毛泽东》,中共中央党校出版社 1993 年,第 91 页)毛泽东还恰如其分地将姜太公钓鱼故事作为形象的比喻应用于报告和著述。1945 年 4 月 24 日,他在中国共产党第七次全国代表大会上的口头政治报告中说:"我们对于只要不是坚决的反动分子,而愿意革命并和我们合作的,就来者不拒,'姜太公钓鱼,愿者上钩'。姜太公他发表宣言:你愿来就来,不愿来的就拉倒,人家了解得很清楚,钓鱼都可以发宣言,我们也可以发表一个宣言。"(《毛泽东文集》第三卷,第 329 页)1949 年他在给新华社写的评论《别了,司徒雷登》一文中,为揭露美国援华的别有用心,又形象地指出:"美国人在北平,在天津,在上海,都洒了些救济粉,看一看什么人愿意弯腰拾起来,太公钓鱼,愿者上钩。嗟来之食,吃下去肚子要痛的。"(《毛泽东选集》第四卷,第 1495 页)

毛泽东对于姜尚这个历史人物有很高的评价。1954 年春天,他在浙江杭州玉皇山参观玉皇观时,谈起姜尚的故事,说:姜子牙可是不得了的人哟,智勇韬略,远虑深谋。八十岁时被周文王拜为丞相,辅佐文王为兴周大业作出了卓越贡献。(《毛泽东和省委书记们》,第 88 页)

《六韬》

中国古代兵书。相传为吕尚(姜太公)作。亦有认为系战国时人著。现存六卷,即文韬、武韬、龙韬、虎韬、豹韬和犬韬。

周公旦

明堂摄政朝群后
丹心唯有鬼神知

周公旦　即姬旦,亦称叔旦。文王第四子,武王之弟。因采邑在周(今陕西岐山北),称周公。佐武王伐纣。武王死,辅佐成王。因成王年幼一度摄政。曾平定武庚和三监之乱,大规模分封诸侯。又推行井田制,制礼作乐,制订典章制度。

周公旦是中国古史上的大人物。他在周武王后为巩固周王朝基业作出巨大的贡献。孔子最钦佩他,一生就以他为最佳模式。

毛泽东对周公旦也持肯定态度。1945年4月,毛泽东《在中国共产党第七次全国代表大会上的口头政治报告》里谈到各个时期都需要有知识分子时说:"任何一个阶级都要有为它那个阶级服务的知识分子。奴隶主有为奴隶主服务的知识分子,就是奴隶主中的圣人,比如希腊的亚里士多德、苏格拉底。我们中国的奴隶主也有为他们服务的知识分子,周公旦就是奴隶主的圣人。"他认为,周公旦是西周初期的伟大人物。

1952年10月27日,毛泽东视察济南,和陪同的许世友等谈起山东和济南的历史沿革时说:周武王灭商后,为了加强对广大被征服区的控制,进行了大分封。在山东地区分封了曹、滕、齐、鲁等国,但主要是齐、鲁,这就是山东也叫齐鲁的原因。齐国的首领是姜太公,鲁国的首领就是周公的长子伯禽。(《毛泽东指点江山》,第1146页)第二天,在曲阜参观孔庙时又谈起了周公。毛泽东说:周王朝封周公于鲁,因当时中央离不开他,就命周公的儿子伯禽在这里建国。他就是鲁国第一位国君了。(《毛泽东指点江山》,第1161页)

周公为西周王朝建立了辉煌的功德,但他本人却一贯敬谨、谦恭。即使这样,仍有种种流言诬蔑,说周公有谋反之意,致使他几不能自拔。后来白居易还由此写了一首诗。1939年5月30日毛泽东在延安的一次讲话中说:从前有一首诗说:"周公恐惧流言日,王莽谦恭下士时。向使当初身便死,一生真伪复谁知。"这在我们的历史学家那里叫做"盖棺定论",就是说,人到死的时候,才能断定他是好是坏。假使周公在那个谣言流传的时候死了,人家一定会给他一个"奸臣"的头衔。当时毛泽东是在中华民族存亡之际,针对张国焘叛党、汪精卫叛国而说的。1972年,毛泽东针对林彪最终自我暴露又提到了这首诗,用以说明,要真正认识一个人是要有长期过程的。

毛泽东引用的这首诗就是唐朝白居易写的七律《放言之三》,前四句是:

> 赠君一法决狐疑,不用钻龟与视蓍。
>
> 试玉要烧三日满,辨才须待七年期。

郑庄公

枭雄兼奸雄
忠孝不两全

郑庄公(前757—前701)　春秋初郑国国君。名寤生。公元前743—前701年在位。曾平定其弟共叔段叛乱。因不礼周天子,被周桓王免去卿职,他从此不朝。后又打败周军,伤桓王。

毛泽东少年时在韶山冲私塾读书,读的都是蒙学和经史子集,其中一本是《古文观止》。《古文观止》开卷就有三篇提到了春秋初期的郑公寤生。即出自《左传》的《郑伯克段于鄢》、《周郑交质》和《郑庄公诫守臣》。这三篇把郑庄公好谋深算的奸雄神貌,描绘得栩栩如生。

郑国在春秋初期是颇有影响的大国。1952年10月31日,毛泽东视察郑州,登上邙州小顶山峰,当提到郑国故城所在地荥阳就在附近时,就说:春秋时期的郑国,就建在你们这里。战国时期这一带也常打仗。

郑庄公的行事给毛泽东留有难忘的印象。1959年年底,毛泽东在杭州组织几位高级理论干部读书时,就曾谈到了郑庄公。他说:春秋时期有个郑庄公,此人很厉害。他对国内斗争和国际斗争都很懂得策略。(《党的文献》1994年第5期)

曹刿

用柔消彼刚
避锐击其怠

　　曹刿　即曹沫。春秋初鲁国大夫,鲁庄公时,指挥鲁军取得长勺(今山东莱芜东北)战役的胜利。后鲁、齐两国会盟,他身怀利刃,劫持齐桓公,逼齐归还侵鲁之地。前人有诗称赞:"曹刿有深谋,临敌三鼓待。用柔消彼刚,避锐击其怠。盈竭叠迁移,知止自不殆。战胜斯一端,莅政至理在。"

　　春秋时期多战争。毛泽东曾几次提及齐鲁长勺之战,并由长勺之战谈到鲁国的指挥者曹刿。长勺之战是春秋初期的一次规模不大的战争。毛泽东最早一次谈长勺之战,见于陈士榘将军的回忆。

　　1936年3月,毛泽东在陕北保安(志丹)附近红军大学演讲"军事辩证法"战略学。陈士榘说:我记得,他在讲战略学的战略追击时,专门列举了一些中国古代战例。如春秋时期著名的长勺之战,鲁国采取"敌疲我打"的方针战胜强大的齐国的例子,以及后来齐桓公和军师管仲关于追击战的例子。当时毛泽东说:中国有个有名的成语,叫做"一鼓作气"来自何时呢? 来自春秋时期的齐鲁长勺之战。(《从井冈山走进中南海——陈士榘老将军回忆毛泽东》,第225页)毛泽东提到的这个战例,不久就作为弱师如何战胜强敌的战略思路,被他写进了《中国革命战争的战略问题》。他说："春秋时候，鲁与齐战，鲁庄公起初不待齐军疲惫就要出战，后来被曹刿阻止了，采用了'敌疲我打'的方针，打胜了齐军，造成了中国战史中弱军战胜强军的有名战例。"为了说明故事，毛泽东还全文引用了《左传》中的"曹刿论战"：

> 春，齐师伐我。公将战。曹刿请见。其乡人曰：肉食者谋之，又何间焉？刿曰：肉食者鄙，未能远谋。乃入见。问：何以战？公曰：衣食所安，弗敢专也，必以分人。对曰：小惠未遍，民弗从也。公曰：牺牲玉帛，弗敢加也，必以信。对曰：小信未孚，神弗福也。公曰：小大之狱，虽不能察，必以情。对曰：忠之属也。可以一战。战则请从。公与之乘。战于长勺。公将鼓之。刿曰：未可。下视其辙，登轼而望之，曰：可矣。遂逐齐师。既克，公问其故。对曰：夫战，勇气也。一鼓作气，再而衰，三而竭。彼竭我盈，故克之。夫大国难测也，惧有伏焉。吾视其辙乱，望其旗靡，故逐之。

他说："当时的情况是弱国抵抗强国。"并高度地概括了这次战争胜利原因："文中指出了战前的政治准备——取信于民，叙述了利于转入反攻的阵地——长勺，叙述了利于开始反攻的时机——彼竭我盈之时，叙述了追击开始的时机——辙乱旗靡之时。虽然是一个不大的战役，却同时是说的战略防御的原则。"(《毛泽东选集》第一卷，第203—204页)毛泽东高度评价了曹刿。曹刿对于这场战役知己知彼，作了全面的考虑："夫战，勇力也。一鼓作气，再而衰，三而竭，彼竭我盈，故克之。"毛泽东对此有很深邃的认识。

据李银桥回忆，1953年1月14日，毛泽东在听了公安部长罗瑞卿对两个县公安局长违法乱纪、草菅人命一事的处理报告后，很是气愤。当时李银桥劝他消气。毛泽东说：你不知道这中间的利害，我给你讲个故事吧。春秋时期，山东有两个诸侯国齐国和鲁国。齐国是大国，鲁国是小国。鲁国的国王当时是鲁庄公，他当国王当到第十年的时候，齐国发大兵来打鲁国，鲁庄公准备发兵抵抗。有个知识分子叫曹刿的去见鲁庄公，问他打仗会不会得到老百姓的支持？鲁庄公回答说，我对鬼神很敬重，鬼神必然会庇护我。曹刿说，鬼神的事很难说清楚。鲁庄公又说，我平时有什么东西爱分给大家。曹刿说，那是小恩小惠，没有什么了不起。鲁庄公又说，我对于所有的案件虽然不可能每件都办得十分好,但总是尽量弄清楚,不要冤枉一个好人。曹刿说,凭这一点你肯定会得到老百姓的支持,肯定会打胜仗。结果弱小的鲁国果真打败了强大的齐国。我不是可惜那两个公安局长,而是怕这样的人一多,我们就会渐渐失去老百姓的支持啊!

战车

夏商周时期是奴隶主当家时期,奴隶主出行多用车。据《史记·殷本纪》,相传夏禹时已有四驾马车,用于载重、狩猎。《司马法》称,用于作战,夏称钩车,殷称寅车,西周称元戎。只有奴隶主才拥有战车。春秋前期打仗,仍是车战为主,因作战双方多转战于中原旷野。步兵只有少量介入,且不居主导作用。所以当时军队乃以"乘"为计。

战国时期,大量农民拥进军队,加之强令奴隶从军,他们鲜有车乘,且战场亦常蔓延于非平原的山林险隘地区,步兵因此逐渐替代战车。

春秋五霸

留得霸业故事在
写尽春秋无义战

　　齐桓公（？—前643）"春秋五霸"之一。春秋时齐国国君。姜姓，名小白。公元前685—前643年在位。任用管仲为相进行改革，国力富强。多次大会诸侯，是春秋时期第一个霸主。

　　晋文公（前697或前671—前628）"春秋五霸"之一。春秋时晋国国君。名重耳。公元前636—前628年在位。即位后整顿内政，增强军队，国力强盛。在城濮（今山东鄄城西南）大败楚国，成为中原霸主。

　　秦穆公（？—前621）"春秋五霸"之一。春秋时秦国国君。名任好，公元前659—前621年在位。在位时曾向西发展，攻灭十二国，称霸西戎。

　　楚庄王（？—前591）"春秋五霸"之一。春秋时楚国国君。芈姓，名旅。公元前613—前591年在位。在位时国势强盛，曾大败晋军于邲（今河南荥阳北），成为霸主。

　　宋襄公（？—前637）"春秋五霸"之一。春秋时宋国国君。名兹父。公元前650—前637年在位。在位时为谋求霸权，与楚军战于泓水（今河南柘城西北），因在战场上讲究"仁义"，被楚军打败受伤，伤重而死。

齐桓公九合诸侯，订立五项条约

毛泽东少年时期，就通读《东周列国志》和《左传》，对春秋五霸是很熟悉的。毛泽东谈齐桓公故事，现在见有文字记录的，是1913年他在长沙求学期间的笔记，所录的刘向《新序》齐桓公小白和野人就郭氏之墟的对话。这是一则鲜为人知的轶事，由此或可推测毛泽东对齐桓公的兴趣。1963年8月，纪登奎出任河南商丘地委第一书记。10月，毛泽东在听取他与刘建勋和李葆华谈及两省水利纠纷问题已解决了，表示满意，很有兴趣地谈了齐桓公"葵丘会盟"的故事：当时齐桓公就联络各地的诸侯，到葵丘(今河南兰考境)开会缔结盟约，其中就有一条讲的是各诸侯国不能在边界筑堤阻水，要疏通河道，联合治水。(《百年潮》2007年10月)1964年8月，毛泽东在一次谈话中谈及黄河流域水利建设时说：齐桓公九合诸侯，订立五项条约，其中有水利一条，行不通。秦始皇统一中国，才行得通。(《希望》1992年新总第1期)

晋文公城濮之战，退避三舍

毛泽东推崇晋文公重耳指挥城濮之战的战术。当时晋军在城濮(今山东鄄城临濮集)与楚军对峙，重耳采取诱敌深入的战术，打败对手。1945年5月，毛泽东在中国共产党第七次全国代表大会期间，曾两次谈到城濮之战晋军的战术，以喻与国民党的斗争原则，所谈的三条原则其中之一，就是采用城濮之战中的"退避三舍"。"退避三舍"，典出《左传·僖公二十三年》"晋楚治兵，遇于中原，其辟君三舍。"毛泽东《在中国共产党第七次全国代表大会上的口头政治报告》中说："我和国民党的联络参谋也这样讲过，我说我们的方针，第一条，就是老子的哲学，叫做'不为天下先'。就是说，我们不打第一枪。第二条，就是《左传》上讲的'退避三舍'。你来，我们就向后转开步走。第一舍是三十里，三舍是九十里，不过这也不一定，要看地方大小，我们讲退避三舍，就是你来了，我们让一下的意思。"(《毛泽东在七大的报告和讲话集》，第129—130页)5月31日，他《在中国共产党第七次代表大会的结论》中在谈到国内形势时说："出了斯科比，中国变成希腊这种情况我们要用各种方法来避免，如果发生了，就采取有理、有利、有节的斗争方针。我曾经同国民党的联络参谋讲过，我们的原则是三条：第一条不打第一枪，《老子》上讲'不为天下先'，我们不先发制人，而是后发制人。第二条'退避三舍'，一舍三十里，三舍九十里，这是《左传》上讲晋文公在晋楚城濮之战中的事,我们也要采取这样的政策。第三条'礼尚往来',这是《礼记》上讲的,礼是讲究往来的,'来而不往非礼也,往而不来亦非礼也',你来到我这里,我不到你那里去,就没有礼节,所以我们也要到你们那里去。我叫国民党的联络参谋把这三条告诉胡宗南,希望他们也采取'不为天下先'、'退避三舍'、'礼尚往来'的政策,这样就打不起来。他们不喜欢马克思主义。我们说,这是'老子主义',是'晋文公主义',是'孔夫子主义'!"(《毛泽东文集》第三卷,第389页)1961年毛泽东在广州会议期间,还建议与会领导同志去找一本叫《城濮之战》的连环画仔细看看。

在春秋五霸主中,毛泽东对齐桓公、晋文公充分肯定,把他们列为与秦始皇同一阵营。20世纪60年代,他说:孟夫子一派主张法先王,厚古薄今,反对秦始皇;李斯是拥护秦始皇的,属于荀子一派,主张法后王,后王就是齐桓、晋文,秦始皇也算。(《希望》1992年新总第1期)

秦穆公打了败仗,敢于自责

毛泽东也称赞过秦穆公。1959年6月,在开往韶山的列车上,毛泽东给王任重讲了秦穆公和孟明视的故事:孟明视挂帅伐晋,打了败仗,秦穆公没有责备,还说由于没听你们的意见,害了你们,是我的罪过,你们没有罪。再次伐晋,又打了败仗仍是重用他。于是孟明视增修国政,富国强兵,又大举伐晋,势不可挡,凯旋而归。毛泽东用这个故事说明:自古以来,常胜将军是没有的。打两个胜仗一次败仗,就是优秀的军事指挥员啦。又说:如果是决策错了,领导人要承担责任,不能片面地责备下面。领导者替被领导者承担责任,这是取得下级信任的一个很重要的条件。

1962年1月30日晚,在中南海的一次会议上,毛泽东说:凡是犯了错误的干部,只要是能改正的一律要使用。他讲了秦穆公的故事,说:秦国进攻郑国,被晋国抄了后路,秦军队全军覆没。晋国俘虏了三个秦国将军,这三个将军在晋国都有私人关系,晋国的人把这三人放走了。三个将军跑回秦国,秦穆公穿着孝衣去迎接他们,并且说打了败仗不怪你们,这是我的责任。秦穆公仍然重用这三位将军。三年以后,秦国攻打晋国,晋国全军覆没。对犯了错误的人,只要能改正一定要使用,就像秦穆公那样。(《毛泽东年谱(1949—1976)》(五)第81页)

楚庄王不鸣则已,一鸣惊人

现在所见有毛泽东直接评论楚庄王的文字就是"一鸣惊人",1945年9月在重庆与作家徐迟谈话时听徐迟谈及自己作品写得不好,宁可放着,改好了再发表时,毛泽东当即引用了楚庄王的故事:你是要不鸣则已,一鸣惊人喽!

毛泽东很善于运用"一鸣惊人"这个成语,试举数例:1950 年 10 月为越北边界战役大捷所发的电报就用了"年轻的越军,一鸣惊人"表示祝贺。(《百年追思——陈庚大将诞辰 100 周年纪念文集》,第 22 页)1952 年 7 月,又就抗美援朝空军参战前夕,空军司令员刘亚楼希望达到"不鸣则已,一鸣惊人"的效果后指出:"一鸣则已,不必惊人。"反映了对空作战使用空军谨慎的态度。(《党史博览》2003 年第 10 期,第 43 页)1960 年 12 月,在中共中央工作会议上,就关于整风整社说及糊涂人,还讲了这个故事:楚庄王做君王,三年不管事。有一个大臣向楚庄王说,有一种鸟,三年不鸣,一鸣惊人;三年不飞,一飞冲天。楚庄王听了这话,觉悟了,开始振作起来。可见糊涂人,也是可以振作起来的。(中共中央文献研究室编《毛泽东传》(1949—1976)[下],第 1108 页)他也提到辅助楚庄王成霸业的令尹孙叔敖。1959 年,毛泽东路过河南信阳,那里在春秋时是楚地。孙叔敖在任期间,曾修建了期思陂(今河南淮滨)、芍陂(今安徽寿县安丰塘)等多处水利工程,毛泽东触景生情,由此想到了孙叔敖,称赞他是中国的水利专家。

宋襄公空谈仁义,是头蠢猪

在"春秋五霸"中,唯有宋襄公毛泽东是看不起的。早在 1910 年,毛泽东在东山学堂就写过一篇《宋襄公论》,受到校长赏识。此文观点从后来毛泽东否定宋襄公的言论看来,可能就是 1938 年所发表的《抗日游击战争的战略问题》中所提及的,"我们不是宋襄公,不要那种蠢猪式的仁义道德"。(《毛泽东选集》第二卷,第 492 页)类似的观点,他后来在 1945 年重庆谈判期间还作了详细叙述:春秋时期,宋国与强大的楚国作战,宋兵已经排列成阵,楚兵还在渡河。宋国有官员认为楚兵多,宋兵少,主张利用楚兵渡河未毕的时机出击。但宋襄公说:不可,君子不应乘别人困难的时候攻打人家。楚兵渡河以后,还未排列成阵,宋国官员又请求出击,宋襄公又说:不可,君子不应攻击不成阵势的队伍。一直等到楚兵准备好了以后,宋襄公才下令出击。结果,宋国军队大败,宋襄公自己也身负重伤,落荒而逃。对待蒋介石,我们不是宋襄公,不要那种蠢猪式的仁义道德。

毛泽东以后又多次谈到宋襄公的故事。1949 年 3 月下旬,刘仲容来北平向他传递白崇禧建议"划江而治",刘请求毛泽东给些适当面子。他不同意,说:古语云各为其主,刘先生的用心可谓良苦,然恕难接受了。我们不行宋襄公的仁义之师,必须过江。(陆茂清《解密毛泽东三见"神秘客"》,《文史天地》转引《人物周报》2008 年第 28 期)

管仲

一部《管子》留千秋
胜若两周百世将

　　管仲（？—前645）　春秋政治家。名夷吾，字仲。颍上（颍水之滨）人。佐齐桓公，为上卿。推行改革，齐国大治，为东方强国。有《管子》七十六篇存世，多为后人伪托。

　　毛泽东对管仲是称赞的。1915年，毛泽东在湖南第一师范读书时，以"二十八画生"贴出"征友启事"，同校学生罗章龙前来应征，两人在长沙定王台促膝长谈三个多小时。分手时，毛泽东表示满意：我们谈得很好，愿结管鲍之谊，以后要常见面。这里，毛泽东借管仲、鲍叔牙未得志前就结为挚友一事来比喻两人的共同志向。

　　管仲向齐桓公提出"尊王攘夷"的策略，辅佐桓公成就霸业向为史家推崇，而更为后人推崇的是他开发山东的举措。1955年，毛泽东在中南海会见从新疆回京的王震。当王震提出如何安置退伍军人时，毛泽东就提出：可以组织屯垦戍边嘛！他指出：中国古代就有屯垦制，管仲搞过，诸葛亮在汉中也搞过呢！开荒就业，治疗战争创伤，巩固边疆，建设边疆，应该是个好办法。在中国历史上，管仲可以说是军队屯垦的创始人。中国古代聪明的政治家都懂得军屯的价值，如曹操、司马懿、诸葛亮和岳飞。

今存《管子》七十六篇,是否全出于管仲之手,有待继续考证;也许出于此原因,文人通常多不诵读。毛泽东在上井冈山前就读过这本书,且读得很细。1917 年暑假,他在与同学萧瑜游学途中,就道德修养和物质生活进行了争论。毛泽东不同意萧瑜所引用的孔孟"圣贤遗训":"君子谋道不谋食。"他说:一个人快要饿死的时候,他不会想到道德修养问题的。关于我自己比较信管仲的话:衣食足而后知荣辱。这正好与孔子的认识相反("衣食足而后知荣辱",原句见《管子·牧民》)。

1931 年 4 月,中央苏区研究如何粉碎国民党的第二次军事"围剿",与会者都同意毛泽东所提出的各个歼灭敌人、粉碎"围剿"后转入战略进攻的主张。但关于先打弱敌还是先打强敌,却有不同看法。据郭化若回忆,毛泽东会后闲谈时曾说:他们不懂得在战略上也应打弱的道理,是古已有之的。《管子》中说:"故凡用兵者,攻坚则韧,乘瑕则神。攻坚则瑕者坚,乘瑕则坚者瑕。"不是古人早已讲过了吗? 毛泽东所引用的这段文字,见《管子·制分》。

相传管仲是古中国提出屯田的作俑者。

管仲在齐国,特别重视发展经济、通货积财、戍兵屯田。

1940 年年底,359 旅王震部奉命到延安卫戍,驻防南泥湾。毛泽东、朱德命令屯田开荒,发展生产。

王震临行前,毛泽东和他谈了管仲和屯田的意义。他说:军队搞屯田,也不是现代人的什么发明,中国古时候就有了,春秋时期管子搞过,三国时诸葛亮也搞过;如今我们搞屯田,不单单是学管子的做法,而是要打破国民党的经济封锁! 我们要靠自己的两只手,做到自力更生,丰衣足食!(邸延生《历史的真迹——毛泽东风雨沉浮五十年》,第 603—604 页)

1941 年 9 月,毛泽东在和陕甘宁边区政府的李鼎铭先生谈及边区普遍开展的大生产和 359 旅开荒南泥湾时,又一次说到春秋时期管仲向齐桓公建议的"屯田"制:管仲搞过,我们为什么不能搞? 实践证明,屯田制是一项很不错的办法,有很多益处,总的来说无外乎八个字:"自己动手,丰衣足食"嘛!

同年 11 月,在和李鼎铭谈话时,毛泽东很赞同他建议的"精兵简政"。说:这个建议好! 又说:这个办法,最早还是管子向齐桓公提出来的! 被齐桓公采纳了,以致后来九合诸侯,当了多年的霸主。当李鼎铭说及施行"精兵简政",可以省出经费,支援前线的抗日作战后,毛泽东再次称赞:这确实是个好的建议!

并说：这也使我想起了管子关于"捆马栈"而对齐桓公说的一番话，凡事都应该有个章程，有个切实可行的办法哩！

管仲"捆马栈"故事，见《管子·小问》：桓公观于厩，问厩吏曰："厩何事最难？"厩吏未对，管仲对曰："夷吾尝为圉人也。傅马栈最难：先傅曲木，曲木又求曲木，曲木已傅，直木无所施矣；先傅直木，直木又求直木，直木已傅，曲木亦无所施矣。"

正像毛泽东所说，这则故事的寓意，是告诫人们无论办任何事情，都需要有个章程，有一个切实可行的办法。（《毛泽东评述诸子百家》，第87、88页）

毛泽东要李鼎铭回去整理一份材料，向参议会正式提出"精兵简政"。

1957年10月9日，毛泽东在中国共产党第八届中央委员会扩大的第三次全体会议上作《做革命的促进派》讲话，就培养无产阶级的知识分子，他又引用了《管子》的话。毛泽东说："中国有句古话，'十年树木，百年树人'。百年树人，减少九十年，十年树人。十年树木是不对的，在南方要二十五年，在北方要更多的时间。十年树人倒是可以的。我们已经过了八年。加上十年，是十八年，估计可能基本上造成工人阶级的有马克思主义思想的专家队伍。十年以后就扩大这个队伍，提高这个队伍。"（《毛泽东文集》第七卷，第310页）"十年树木，百年树人"典出《管子·权修》："一年之计，莫如树谷；十年之计，莫如树木；终身之计，莫如树人。一树一获者，谷也；一树十获者，木也；一树百获者，人也。"

◉ 《管子》

相传为管仲所作，实系战国或战国后人托名而作，共二十四卷。原本八十六篇，今存七十六篇，内容庞杂。包含有道、名、法等家的思想以及天文、历数、舆地、经济和农业等知识。其中《轻重》等篇是中国古代典籍中阐述经济问题篇幅较多的著作，在生产、分配、交易和财政等方面均有所论述；《心术》、《白心》、《内业》等篇，保存一部分道家关于"气"的学说。《水地》篇提出了以"水"为万物根源的思想。《度地》篇专论水利；《地员》篇专论土壤。注释有唐房玄龄注（实为尹知章注），清戴望《管子校正》和郭沫若《管子集校》。

管鲍之谊

管仲少时与鲍叔牙结交,常欺负鲍,鲍却不与计较。《吕氏春秋》说,有一年两人合伙赴南阳做生意,在分利润时,管仲拿了多份,鲍叔牙也默认了,并认为这是因管仲家有老母,并非贪心。后鲍叔牙还向小白(齐桓公)推荐被囚的管仲辅政,自己甘愿居下。管仲当政后很有感叹地说:"吾始困时尝与鲍叔贾分财利多自与,鲍叔不以我为贪,知我贫也。吾尝为鲍叔谋事而更穷困,鲍叔不以我为愚,知时有利不利也。吾尝三仕三见逐于君,鲍叔不以我为不肖,知我不遭时也。吾尝三战三走,鲍叔不以我为怯,知我有老母也。公子纠败,召忽死之,吾幽囚受辱,鲍叔不以我为无耻,知我不羞小节而耻功名不显于天下也。生我者父母,知我者鲍子也。""天下不多管仲之贤,而多鲍叔能知人也。"(《史记·管晏列传》)

老子

斯是无为
唯我德馨

老子　即李耳、老聃。春秋哲学家。楚国苦县(今河南鹿邑、一作今安徽涡阳)人。曾任东周守藏室史(国家图书馆馆长)。弃官西行,至函谷关,著《道德经》。相传孔子曾向其问礼。唐时因同姓,封赠为太上玄元皇帝。北宋时加封为太上老君混元上德皇帝。道教尊之为开山祖师。

早年对《道德经》有相当深的造诣

毛泽东爱读老子的《道德经》,即《老子》。他大概是走出韶山冲在湖南长沙求学期间,开始接触《道德经》,且对老子其人及其思想有所认识的。1917 年,他已熟读了《道德经》。这年 4 月,毛泽东以二十八画生署名发表于《新青年》的《体育之研究》第四节《体育之效》就指出"老子曰:无动为大"。也就是这年夏天,毛泽东和同学萧子升以游学方式在洞庭湖周边诸县作社会调查,在宁乡曾去过一个前清的翰林刘家,在回答刘翰林所问读过什么古书时,他说已读了"十三经"、《老子》和《庄子》。还回答说:最好的《老子》注是王弼作的,最好的《庄子》注是郭象作的。毛泽东此时对老子博大精深的《道德经》,已有相当深的造诣。因而在这次游学中,于宁乡沩山密印寺翻阅了寺藏的《道德经》后,与方丈谈儒、道和佛共存于一种和谐的格局时,就此作了发挥:是的,中国没有像其他国家那样的宗教战争,一打就是几百年。又说:几个宗教能够和谐地共存,对国家来说不是坏事。

《道德经》是当时毛泽东经常接触和应用的一本书。现见于蔡元培转译的德国哲学家泡尔生《伦理学原理》一书毛泽东所写的眉批中,就有"吾知一入大同之境,亦必生出许多竞争抵抗之波澜来,而不能安处于大同之境矣。是故老庄绝圣弃智、老死不相往来之社会,徒为理想之社会而已"(《毛泽东早期文稿》,第185页)等批语。此处"绝圣弃智",见《道德经》第十九章:"绝圣弃智,民利百倍;绝仁弃义,民复孝慈;绝巧弃利,盗贼无有。""老死不相往来",见《老子》第八十章:"邻国相望,鸡犬之声相闻,民至老死,不相往来。"可见,二十五岁的毛泽东对《老子》已是相当熟悉了。

经常引用《道德经》的文句,赋予新解

老子《道德经》充满很多辩证哲理的文句,毛泽东在他的著作和谈话中经常加以引用。他在 1936 年 12 月写的《中国革命战争的战略问题》一文中引用了老了"将欲取之,必先予之"的话,说明只有战略退却才有战略进攻。1947 年春,毛泽东决定暂时撤出延安时,又用了这八个字来说明之。当时,有不少人想不通。他打了个比方:譬如有一个人,武艺较高,但背了一个很重的包袱,里面尽是金银财宝,当碰见一个拦路打劫的强盗,那怎么办? 如果舍不得包袱,他手脚很不灵便,跟强盗对打起来,就会打不赢,丢掉命,也丢掉财。如果他把包袱一扔,轻装上阵,那就能把强盗打退,最后也就保住了金银财宝。我们暂时放弃延安,就是把包袱让敌人背了,最后达到"存人失地,人地皆存"的目的,这就叫"将欲取之,必先予之"。退一步,进两步。毛泽东深知此理。1964 年 8 月,他在一次会上又说:我看老子比较老实,他说"将欲取之,必先予之",要打倒你,先把你抬起来,搞阴谋,写在了书上。

在长期的革命斗争实践中,毛泽东还经常借用《道德经》的若干文句,赋予新的解释,以教育和启导干部,如抗日战争时期常说的"祸兮福所倚,福兮祸所伏",以及 20 世纪 70 年代前期在书信里常写的"贵有自知之明"等。1945 年 4 月,针对国民党企图挑起内战,毛泽东就与国民党驻延安的联络参谋打过招呼:"我们的原则是三条:第一条不打第一枪,《老子》上讲'不为天下先',我们不先发制人,而是后发制人。"(《毛泽东文集》第三卷,第124页)1949年1月,在中共七大第二次会议上,毛泽东引用了《道德经》,批评了不"互通情报"。他说:有些人不是这样做,而是像老子说的"鸡犬之声相闻,老死不相往来"。同年8月为新华社写的评论《别了,司徒雷登》一文中又引用了《道德经》,更是恰到好处、入木三分:"中国人死都不怕,还怕困难吗?老子说过:'民不畏死,奈何以死惧之。'"(《毛泽东选集》第四卷,第1496页)他真可以说是用活了老子的语言。

1957年2月27日,在作《关于正确处理人民内部矛盾的问题》时指出:"我们必须学会全面地看问题,不但要看到事物的正面,也要看到它的反面。在一定的条件下,坏的东西可以引出好的结果,好的东西也可以引出坏的结果。老子在二千多年以前就说过:'祸兮福所倚,福兮祸所伏'。"(《毛泽东著作选读》(下),第793—794页)

1959年11月,毛泽东在杭州主持召开中央政治局常委扩大会议时,就1960年计划事说:"所谓粮食过关,即有储备,平均每人占有粮达到一千斤以上,到一千五百斤,即比现在要加一倍,这也要十年,争取提前完成。还要藏一点,这是老子的办法,'良贾深藏若虚。君子盛德,容貌若愚'。"(《毛泽东传(1949—1976)》[下],第1030页)

爱屋及乌。新中国成立后,毛泽东很注意对老子和《道德经》的学术研究。1960年8月,当时中国哲学界正在争论老子哲学是唯物的还是唯心的。毛泽东很注意争论的内容。在接见各民主党派负责人时,得悉周建人所写关于老子哲学问题的文章主张老子哲学是唯心论,毛泽东表示赞同,对周说:老子是客观唯心主义,怎么会是唯物的?(《光明日报》1977年9月13日)

1963年11月,在中国科学院哲学社会科学部第四次会议(扩大)闭幕时,毛泽东接见了范文澜、冯友兰和高亨等十一位专家,在与高亨握手时说,我读过高先生关于《老子》和《周易》的著作。高亨回济南山东大学后,将其所著的《诸子新笺》、《老子正诂》、《周易古经今注》等书寄给毛泽东。毛泽东于翌年3月写信给高亨说:"高文典册,我很爱读。"(《毛泽东书信选集》,第596页)1968年,毛泽东在一次会议上又谈及当时围绕老子哲学观的那次唯物唯心的争论,他说:任继愈讲老子是唯物论者,我是不那么赞成的。得知天津有个教授叫杨柳桥,他有本《老子今译》,他说老子是唯心主义者,客观唯心论者,我就很注意这个人。此外,毛泽东还高度赞美《道德经》的文采斐然,他开导人们:学楚辞,先学《离骚》,再学《老子》。

晚年对各种《道德经》版本颇感兴趣

毛泽东对各种《道德经》版本颇感兴趣。1974 年他在长沙休养时,得知马王堆发掘出土一批珍贵帛书简牍、并正在组织专家对这批帛书和简牍进行整理、修复、释文和研究的消息时,大为高兴。他说:好嘛,他们干了一件大好事,挖出了这么多宝贝东西,中华民族的历史了不起啊,你们有时间要多看一点历史书籍,对提高政治、文化水平都有好处,不知道这些东西什么时候才能整理出来?

帛书《道德经》甲乙本由故宫博物院专家整理,由文物出版社交上海新华印刷厂出版;由北京新华出版社以玉扣纸精印一部八册一函线装书,送与长沙的毛泽东。

毛泽东晚年又再读了马叙伦《老子校诂》,高亨《老子简注》、《重订老子正诂》,张政烺《道德经解释》,江希张《道德经白话解说》,唐傅奕校订的《道德经古本篇》等大字本。(《湘潮》2013 年 3 月)

◉ **《老子》**

《老子》即《道德经》。长沙马王堆出土的西汉抄写本(帛书本),"德"前"道"后,为《德道经》。《老子》分上下篇,上篇论道。"道可道,非常道;名可名,非常名",主要探讨宇宙人生哲学;下篇论德。"上德不德,是以有德;下德不德,是以无德",主要探讨社会和政治学。西汉盛行老子学说,时称"黄老",黄是黄帝,老是老子,文景之治即为黄老之治。魏晋崇清谈,于是退黄帝,进庄子,称"老庄",且成为道家的开创和理论基础。

晏婴

美哉晏子，为世之英
好为人交，虚怀若谷

晏婴(？—前500)　即晏子，字平仲。春秋中期齐国大夫。出身世家，任卿，历仕灵公、庄公和景公三代。因多智巧言，多次奉命出使晋、楚诸国。传世有《晏子春秋》，系战国时人编集。

毛泽东早年读《晏子春秋》，后来很喜欢用其中颇有哲理的故事来启导干部。

《晏子春秋·内篇杂上》记晏子马车夫的故事：

晏子为齐相，出，其御之妻从门间而窥，其夫为相御，拥大盖，策驷马，意气扬扬，甚自得也。既而归，其妻请去。夫问其故，妻曰："晏子长不满六尺，相齐国，名显诸侯。今者妾观其出，志念深矣，常有以自下者。今子长八尺，乃为人仆御；然子之意，自以为足，妾是以求去也。"其后，夫自抑损。晏子怪而问之，御以实对，晏子荐以为大夫。

这篇故事通过马车夫前后的姿态，叙说人们处世，切防"位卑而自傲"，要谦虚谨慎。

1937年11月，毛泽东在延安接见一位从抗日前线归来的八路军旅长，看了他送上的"国民革命军少将旅长"那张制作精制的名片。

毛泽东说：名片上印了你少将的头衔，少将有什么好夸耀的？我们固然不反对个人应有的官衔，可是绝不能学国民党那一套，拿着官牌子去吓唬人！我看你还是收起这张名片吧！毛泽东接着说：我给你讲一个故事。春秋时期有一个名叫晏婴的人，人们通常称其为"晏子"，很有本事，后来在齐国当了相国。有一天，晏子乘车外出，为他赶车的人在车上表现出一副洋洋得意的样子。赶车人的妻子看到了自己的丈夫趾高气扬，又看坐在车上的晏子却表现得很沉稳，没有一点骄傲的神态；赶车人回到自己家里以后，他的妻子说要离开他，赶车人急忙问为什么呀？妻子对他说："晏子身为相国，坐在车上一副很深沉的样子，而你只不过是一个车夫，却表现得神气十足，所以我不愿意再跟你过下去了！"赶车人赶紧向妻子承认错误，从此以后，赶车人克服了自己的缺点，工作干得很好——这件事说明，一个人无论干什么工作，都应该有一个谦虚谨慎的态度，把谦虚谨慎作为一种美德，时时处处严格要求自己，才能取得很好的社会效果。也就是说，要夹着尾巴做人，不要自以为是，更不要因为有了一点成绩或表现得趾高气扬，那样就不好了。（《毛泽东评述诸子百家》，第81页）

1971年"九一三"事件前夕，毛泽东在杭州，针对那种女同志掌权有"头发长见识短的"的传统说法，又讲了这出故事：

春秋时期，一位给大官当马车夫的男人，一天回到家里，对妻子说，明天下午，你一定要敞开大门在门口站着。因为他要为大官驾车，从家门口过，他要让妻子、邻里看看他的威风和神采。可第二天，当他得意扬扬地驾车从门口通过的时候，别人家门口都站了不少人来看他，唯独他家的门口却紧闭着。晚上马车夫一回家，就对妻子大发脾气。没想到他妻子却不紧不慢地回答说："我看到你了，是从门缝里看的。我真为你感到丢人，车里坐着的那位大官，人家也没像你那么神气，只是静静地坐着、低头奋脑的，而你这个赶车的却比当官的神气多了，我真觉得害臊。以前，我还没觉得什么，你会赶车就赶车也没什么丢人。可现在，我真为你感到难为情……"车夫听罢妻子的一席话，满腔怒火化为惭愧，忙向妻子道歉。以后再给大官赶车时，他就不那么神气了。车夫的这种表现还真被那个大官发现了。听了车夫的一番诉说，那位大官对他说："你的妻子很有见识。"从此就不再让车夫赶车了，因为车夫也知错认错。（《走进毛泽东的最后岁月》，第145页）

故事里的"大官"就是齐国相国晏婴。

孔子

夫子何为者
栖栖一代中

　　孔子(前551—前479)　春秋后期大思想家、教育家,儒学创始者。字仲尼。鲁陬邑(今山东曲阜)人。先世为宋贵族,迁鲁。初为小吏,后聚徒讲学,周游列国。曾整理研究《诗》、《书》、《周易》等文献,并把鲁国史官所记《春秋》加以删修,成为中国第一部编年体史书。有《论语》二十篇,为孔门师徒问答,其他言行散见于先秦诸书籍。自汉代以后,孔子的学说成为封建文化的正统,对后世影响极大。

那时候很相信孔夫子,还写过文章

　　1952年10月28日,毛泽东视察山东,当日参观曲阜孔庙、孔林。这是他第二次来曲阜。早在三十年前,即1920年,毛泽东第一次来曲阜。1936年在延安和美国记者斯诺谈话时回忆此事说:"在前往南京途中,我在曲阜下车,去看了孔子的墓。我看到了孔子的弟子濯足的那条小溪,看到了圣人幼年所住的小镇。在历史性的孔庙附近那棵有名的树,相传是孔子栽种的,我也看到了。我还在孔子的一个有名弟子颜回住过的河边停留了一下,并且看到了孟子的出生地。"(《毛泽东1936年同斯诺的谈话》)青年的壮游记忆犹新。在由济南赴曲阜的列车途中,毛泽东浮想联翩,神思当年意境,又和陪行人员谈起这段生涯。

今非昔比。毛泽东现在是共和国主席。他又是那么熟悉中华传统文化,因此,在曲阜孔庙,毛泽东侃侃而谈。他说:曲阜作为王都前后有七百年,创造了灿烂的文化,对后世有重大影响。特别是孔子和孟子为代表的儒家学说,影响更大,一直是中国统治阶级的统治思想。在孔庙主体建筑大成殿前,毛泽东又谈起了孔子:"大成"是孟子对孔子的评价。孟子说:"伯夷,圣之清者也;伊尹,圣之任者也;柳下惠,圣之和者也;孔子,圣之时者也。孔子之谓集大成。"这里,孟子把孔子和几位先圣先贤进行比较,找出了圣之所在。伯夷,因反对周武王消灭商王朝,逃避到首阳山,不食周粟而死,孟子谓其"清者";伊尹,是商初大臣,辅助商王太甲,因这位王破坏法制,被他放逐,代理其政,三年后太甲悔过,又接回复位,孟子谓其"任者";柳下惠,是春秋时鲁国大夫,以学习讲究贵族礼节而著称,齐攻鲁,他派人到齐劝说退兵,孟子说他是"和者";只有孔子集先圣先贤之大成,是圣人中最适合于时代的人。他把孔子推到了最高境界。毛泽东还说:由于孔子的思想比较符合统治阶级的胃口,历代统治阶级给孔子戴了很多高帽子,他的地位也越来越高。(《毛泽东指点江山》,第1161、1162—1163页)

毛泽东对孔子极感兴趣,自己的读书生涯,也是从孔子光圈下的私塾和蒙书中走过来的。五六十年代,毛泽东在谈话中经常谈自己受孔子的影响。他曾说:我过去读过孔夫子的四书、五经,读了六年,背得,可是不懂,那时候很相信孔夫子,还写过文章。1960年6月,在会见日本文学代表团时说:"我读的书有两个阶段,先是读私塾,是孔夫子那一套,是封建主义;接着进学校,读的是资本主义,信过康德的哲学。"(《毛泽东外交文选》,第440页)1964年8月,在和周培源等谈话时毛泽东又说:我读了六年孔夫子的书,上了七年学堂,以后当小学教员,又当中学教员。当时我根本不知道什么是马克思主义。(《怀念毛泽东同志》,第202页)毛泽东熟读孔子的书,谈论孔子几达七十年,仅《毛泽东选集》(四卷本),所引用的《论语》就有二十二处。可以说,孔子是毛泽东一生中谈论得最多的一个历史人物。

20世纪前期,在新文化启蒙和"五四"运动"打倒孔家店"的浪潮中,毛泽东也对孔子作了有力抨击。在长沙《大公报》以及他所创办的《湘江评论》里,针对孔子和封建主义写了很多文章。如1919年7月,为《湘江评论临时增刊》撰写的《健学会之成立及进行》中就指出:"我们反对孔子,有很多别的理由,单就这独霸中国,使我们思想界不能自由,郁郁做二千年偶像的奴隶,也是不能不反对的。"大革命时期,他在广州主持农讲所期间,又说过:"孔子生在封建社会中,所以他的思想,因环境的压迫,也就成了封建思想了。他的道所以能久行不衰,并见重于各代帝王者,因为他所讲的都是尊君卑臣有利君王的道理,于是各代帝王重视不歇。"但那时的毛泽东没有否定孔子,认为孔子对社会和国民心理有巨大和深远影响。十年后,即1937年10月19日,毛泽东在延安陕北公学鲁迅逝世周年纪念大会上发表讲话中说:"孔夫子是封建社会的圣人,鲁迅则是现代中国的圣人。"(《毛泽东著作专题摘编》,第2302页)

孔孟有一部分真理

毛泽东提倡研究孔子,一以而贯之。1938年,他就说:"从孔夫子到孙中山,我们应当给以总结,承继这一份珍贵的遗产。这对于指导当前的伟大的运动,是有重要的帮助的。"(《毛泽东选集》第二卷,第534页)1973年5月,在谈到郭沫若的《十批判书》时,他又说:"从孔夫子到孙中山,从乌龟壳(甲骨文)到现在,都要进行研究、总结。"(《中国共产党历次代表大会(社会主义时期)》,第109页)延安时期,毛泽东在许多重要讲话、著述里谈及孔子及其言论,也在与干部、群众的谈话、书信、题词中提到孔子及其言论。他对孔子的主流是肯定的、赞赏的,认为孔子自有他的时代精神和文化价值。

1939年春,陈伯达写了《孔子哲学》。毛泽东读了两遍,并两次写信给张闻天。表示此书"大体上是好的",但也提出商榷,商榷的多是陈伯达对孔子学说认识不足,有贬低处。毛泽东认为,"孔子的体系是观念论;但作为片面真理则是对的,一切观念论都有其片面真理,孔子也是一样","观念论哲学有一个长处,就是强调主观能动性。孔子正是这样,所以能引起人的注意与拥护。机械唯物论不能克服观念论,重要原因之一就在于它忽视主观能动性。我们对孔子的这方面的长处应该说到。"又说,"没有明白指出孔子在认识论上与社会论上的基本的形而上学之外,有它的辩证法的许多因素,例如孔子对名与事,文与质,言与行等等关系的说明。"(《毛泽东书信选集》,第144、145、148页)两天后,毛泽东在读了陈伯达《孔子的哲学思想》修改稿后,又提出"说孔子教育普及化的功绩时引了郭沫若的话,说孔子的功绩仅在教育普及一点,他则毫无,这不合事实"。(《毛泽东书信选集》,第150页)几年后,他在刘少奇给续范亭信上的批语中再次指出："剥削阶级当着还能代表群众的时候,能够说出若干真理,如孔子、苏格拉底、资产阶级,这样看法才是历史的看法。""孔孟有一部分真理,全部否定是非历史的看法。"(《毛泽东文集》第三卷,第84页)

反对孔子轻视和脱离生产劳动

孔子是教育大师。毛泽东在延安时期,讲得相当多的就是关于孔子从事教育的内容。1939年5月,毛泽东在延安在职干部教育动员大会上提出："大家都要努力学习,不可落后,不可躲懒睡觉。从前孔子的学生宰予,他在白天睡觉,孔子骂他'朽木不可雕也'。对于我们队伍中躲懒的人,也可以这样讲一讲,但是对学习有成绩的,就要奖赏,有赏有罚,赏罚严明。不过我们主要的在于奖,假使有个把宰予,也没有什么关系。"又说:"从古以来真正有学问的人,不是从学堂里学来的。孔夫子的孔夫子主义,不是一下子从学堂里学到的。他的老师叫做项橐,这是有书为证的,'昔仲尼,师项橐',在《三字经》里记载着。但是他的主义不是全部从项橐那儿学到的,他是在当先生的时候,在鲁国做官的时候,才有他的孔夫子主义的。"(《毛泽东文集》第二卷,第180、183页)1944年3月22日,毛泽东在关于边区文化教育问题讲话中,又说:"在教学方法上,教员要根据学生的情况来讲课。教员不根据学生要求学什么东西,全凭自己教这个方法是不行的。教员也要跟学生学,不能光教学生。现在我看要有一个制度,叫做三七开,就是教员先向学生学七分,了解学生的历史、个性和需要,然后再拿三分去教学生。这个方法听起来好像很新,其实早就有了,孔夫子就是这样教学的。同一个问题,他答复子路的跟答复冉有的就不一样。子路是急性子,对他的答复就要使他慢一些。冉有是慢性子,对他的答复就要使他快一些。"(《毛泽东文集》第三卷,第115—116页)

当然,孔子那套教育方法也有缺点。毛泽东在《反对党八股》中就指出:"那时的统治阶级都拿孔夫子的道理教学生,把孔夫子的一套当作宗教教条一样强迫人民信奉,做文章的人都是文言文。"(《毛泽东选集》第三卷,第831页)毛泽东反对孔子轻视和脱离生产劳动。1939年5月4日,他在延安举行"五四"运动二十周年纪念会上谈及青年参加生产劳动意义时说:"开荒种地这件事,连孔夫子也没有做过。孔子办学校的时候,他的学生也不少,'贤人七十,弟子三千'可谓盛矣。但是他的学生比起延安来就少得多,而且不喜欢什么生产运动。他的学生向他请教如何耕田,他就说:'不知道,我不如农民。'又问如何种菜,他又说:'不知道,我不如种菜的。'中国古代在圣人那里读书的青年们,不但没有学过革命的理论,而且不实行劳动。"(《毛泽东选集》第二卷,第568页)

毛泽东也喜欢在书信和谈话里,恰如其分地引用孔子言论,作为交流和教育的工具。如读谢觉哉总结自己前半生的历程所写的《自传》时所写的批语有"文如其人,信哉"(《人民日报》1979年7月14日);给生病住院的王观澜写信:"既来之,则安之,自己完全不要着急,让体内慢慢生长抵抗力和它作斗争直至最后战而胜之"(《生活中的毛泽东》,第70页);给白求恩国际和平医院内科主任医生方禹镛五十岁生日所写条幅:"岁寒然后知松柏之后凋";在与谭政闲谈时得悉他已有三十八岁,就说道:孔夫子说过,"三十而立"。你就快四十的人,那早就该立了,等等。

毛泽东非常提倡孔子实事求是的学习态度。红军时期,他在《反对本本主义》中就提倡"学习孔夫子的'每事问'"(《毛泽东选集》第一卷,第110页)。1942年2月,在延安干部会上作《反对党八股》的讲演,称赞孔子的"知之为知之,不知为不知,是知也",并提出要"不耻下问","学而不厌,诲人不倦"。1945年4月,在中国共产党第七次代表大会上作《论联合政府》政治报告中提出"要讲真话,不偷、不装、不吹",在具体叙述"不装"时说:"什么是不装? 就是'知之为知之,不知为不知'。"(《毛泽东新闻工作文选》,第125—126页)

20世纪50年代,说孔子是圣人、贤人或革命党

20世纪50年代,毛泽东经常谈到孔子,有时还说孔子是圣人、贤人或革命党。

1954年9月,在中央人民政府委员会的一次临时会议上,毛泽东表示他赞同郭沫若的孔子之所以成为圣人,是因为他是革命党的观点。认为:说孔子著《春秋》而乱臣贼子惧,那是孟子讲的,其实孔子周游列国,就是哪里在造反他就到哪里去。孔夫子是革命党,此人不可一笔抹煞。(《毛泽东的文化性格》,第198—199页)1958年5月,毛泽东在中共八届第二次会议上谈破除迷信时举了古今很多青年人打倒老年人,学问少的人打倒学问多的人例子,其中也说道:孔夫子当时也没有什么地位,他当过吹鼓手,后来教学。他虽然做过官,在鲁国当过"司法部长",鲁国当时只有几十万人口,相当于我们现在县政府的司法科长,他还

做过管钱的小官,相当于我们农业社的会计,可是他却学会了许多本领。(《毛泽东与中国史学》,第317页)翌年夏天,他在与孔从周将军谈话时又说:你先人孔子是伟大的政治家、思想家、教育家嘛。我幼年读的就是"子曰:学而时习之,不亦说乎"一套,要不是孔夫子,我连字可能都不认识哩!1955年,农业合作化高潮时期,毛泽东为山东曲阜陈家庄办合作社成就写了按语,内称:"曲阜县是孔夫子的故乡,他老人家在这里办过多少年的学校,教出了许多有才干的学生,这件事是很出名的。可是他不大注意人民的经济生活。"(《毛泽东文集》第六卷,第454页)几年后,在武昌会议上毛泽东又说:"我们共产党看孔夫子,他当然是有地位的,因为我们是历史主义者。但说是圣人,我们也是不承认的。"(《毛泽东著作专题摘编》,第2278页)毛泽东还说:他的数学不及我们初中程度,恐怕只是高小程度。如果说数学,我们大学生是圣人,孔夫子只不过是贤人。

毛泽东说孔子不是圣人。据汪裕尧(中共中央文献研究室毛泽东研究专家)在回答访问者时说,毛泽东还讲过,他对孔夫子的"三十而立,四十而不惑,五十而知天命,六十而耳顺,七十而随心所欲不逾矩"的说法不以为然。他认为这是吹牛。他说世界上不存在生而知之、不犯错误的圣人,只有学而知之、不犯或少犯大的错误的贤人。他从来不把自己看做圣人,最多把自己看成一个贤人。他在1971年11月接见武汉地区党政军领导人时说过,中国的第一个圣人不是孔夫子,也不是我,我算一个贤人,是圣人的学生。(《说不尽的毛泽东》(下),第79页)

应该说,毛泽东在这个时期对孔子的评价,总体还是相当高的,当然也有批评和指责,有的甚至是因与现实政治挂钩而出现的言论。1957年1月,在和省市区党委书记谈"双百"方针时,毛泽东说孔子是唯心主义和形而上学,"康德和黑格尔的书,孔子和蒋介石的书,这些反面的东西,需要读一读。"(《毛泽东文集》第六卷,第193页)1964年2月,在教育工作座谈会上毛泽东指出孔子教育也不行:孔夫子教学也有问题,没有工业、农业,是四体不勤,五谷不分,这不行。还说:孔夫子出身没落奴隶主贵族,也没有上过什么中学、大学。开始的职业是替人办丧事,大约是个吹鼓手。人家死了人,他去吹吹打打。他会弹琴、射箭、驾车子,也了解一些群众情况。开头做过小官,管理粮草和管理牛羊畜牧。后来他在鲁国当了大官,群众的事就听不到了。他后来办私塾,反对学生从事劳动。(《毛泽东的文化性格》,第119页)

我这个人比较有点偏向,就不那么高兴孔夫子

　　从 20 世纪 60 年代伊始,毛泽东对孔子行为多有所指责了。1964 年 8 月 18 日,毛泽东和哲学工作者谈话,他说:孔夫子讲仁者人也,仁者爱人,爱什么人? 所有的人? 没那回事。爱剥削者,也不完全,只是剥削者的一部分。不然为什么孔夫子不能做大官? 人家不要他。他爱他们,要他们团结,可是闹到绝粮,"君子固穷",几乎送了一条命,匡人要杀他。人家批评他西行不到秦。又说:孔夫子也相当民主,男女恋爱的诗他也收。1966 年 6 月 13 日,毛泽东在杭州和越南胡志明主席谈"文化大革命",就从春秋时期孔夫子杀少正卯谈起。他说:"孔子自己就乱杀人。他当了首相才七天,就杀了他的反对派少正卯。少正卯只是爱说话,会说话些,他把孔子的学生争取过去了。孔子杀他,是为了抢学生。这件事后来被荀子揭发出来。"《《毛泽东年谱(1949—1976)》(三)第 500 页)这段文字另个版本是:孔子讲学,少正卯也讲学,孔子的学生都跑到少正卯那里去了。孔子当了大司寇,就把少正卯杀了。中国第二次国内革命时期,"左"倾机会主义说山沟里哪里会出马克思主义? 夺了我的权,说我当个师长还可以。连我自己的部队都反对我。倒是林彪带来的部队支持了我。(《纵横》2003 年第 1 期)

　　"文革"前夕和"文革"中毛泽东喜欢用孔子来衬托秦始皇,即贬低孔子抬高秦始皇,他对孔子的评价也越来越低,甚至予以全面否定。1964 年 6 月 24 日,他在接见外宾时就说:"孔夫子,历来说他好,也是资产阶级历史学家把孔夫子的一套教条推翻了。可是孔夫子阴魂不散,有喜欢孔夫子的,现在给他翻案。孔夫子有些好处,但也不是很好,我们认为应该讲公道话。秦始皇比孔子伟大得多。孔夫子是讲空话的。"《《毛泽东年谱(1949—1976)》(三)第 366 页)1968 年 10 月,毛泽东在中共八届十二中全会闭幕会上说:拥护孔夫子的,我们在座的有郭老,范老基本上也是有点崇孔啰,因为你那个书上有孔夫子的像哪。冯友兰就是拥孔夫子的啰。我这个人比较有点偏向,就不那么高兴孔夫子。看了说孔夫子是代表奴隶主旧贵族,我偏向这一方面,而不赞成孔夫子是代表那个时候新兴地主阶级。因此我跟郭老在这一点上不那么对。你那个《十批判书》崇儒反法,在这一点上我也不那么赞成。(《希望》1992 年新总第 1 期)

　　1971 年林彪事件发生后,毛泽东发动批林批孔,将孔子作全面的否定。还将郭沫若的《十批判书》排印大字本。在中央政治局会议上,提出郭沫若的《十

批判书》有尊孔思想,要批判;1973年7月,在另一次谈话中又说:郭老在《十批判书》里自称是人本主义,即人民本位主义。孔夫子也是人本主义,跟他一样。郭老不仅是尊孔,而且是反法的。尊孔反法,国民党也是一样啊!林彪也是啊!(《毛泽东与孔夫子》,第181页)不久,毛泽东亲自批发了广东中山大学杨荣国教授的文章《孔子—顽固地维护奴隶制的思想家》,并在《人民日报》刊载。1975年底至1976年初,他还曾这样说:读哲学,可以看杨荣国的《中国古代思想史》和《简明中国哲学史》。这是中国的。要批孔。有些人不知孔的情况,可以读冯友兰的《论孔丘》、冯天瑜的《孔丘教育思想批判》。冯天瑜的比冯友兰的好。还可以看郭老的《十批判书》中的崇儒反法部分。在此期间,毛泽东写了一首七律《读〈封建论〉呈郭老》:

> 劝君少骂秦始皇,焚坑事件要商量。
> 祖龙魂死业犹在,孔学名高实秕糠。
> 百代多行秦政治,十批不是好文章。
> 熟读唐人《封建论》,莫从子厚返文王。

(《毛泽东之魂》[修订本],第295页)

《论语》书名

《论语》初见于《礼记·坊记》:"《论语》曰:'三年无改于父之道,可谓孝矣。'"最早解释《论语》书名为班固《汉书·艺文志》:"《论语》者,孔子应答弟子时人及弟子相与言而接闻于夫子之语也。当时弟子各有所记。夫子既卒,门人相与辑而论纂,故谓之《论语》。"对此,清代学者焦循《孟子正义》引何异孙《十一经问对》:"《论语》是诸弟子记诸善言而成编集,故曰《论语》而不号《孔子》。"

按,所谓"论"字,《荀子·王霸》:"君者,论一相,陈一法,明一指,以兼覆之,兼照之,以观其盛者也。"杨倞注:"论,选择也。"《论语》是孔门弟子在他死后选择其治国、齐家、修身、养性之尽善尽美的言语编纂之书,故取名为《论语》。

孔门弟子

杏坛教学
桃李争芳

　　据传,孔子有学生三十,其中精通六艺的全才有七十二人。但七十二弟子,并非人人出名,其中比较知名的就有毛泽东提及过的颜渊(颜回)、子路(仲由)、子贡和樊迟等人。

　　毛泽东青年时期多次提及颜渊。1917 年,他在给黎锦熙信中谈到自己的清苦生活,"然拟学颜子之箪瓢"。他对颜渊不注重体育,以至二十九岁即满头白发,三十二岁就夭折,很感惋惜。在 1917 年 4 月发表的《体育之研究》中指出:"三育并重,然者之为学者详德智而略于体。及其弊也,偻身俯首,纤纤素手,登山则气迫,涉水则足疼。故有颜子而短命。"(《毛泽东早期文稿》,第 68 页)在另一封给黎锦熙的信中也说,"且观自来不永寿者,未必其数之本短也,或亦其身体之弱然尔,颜子则早夭矣"(《毛泽东早期文稿》,第 60 页)。即使如此,但颜渊少年好学,且成绩显著,为孔子视为正宗传人,是最好的学生。毛泽东在 1964 年春节座谈会讲话就指出:"孔子的教育只有六门课程:礼、乐、射、御、书、数,教出颜回、曾参、子思、孟子四大贤人。"(《毛泽东著作专题摘编》,第 2279 页)此间颜回是七十二弟子中最受毛泽东器重的。1958 年他在中共八届第二次会议上说破除迷信,提倡学问少的人打倒学问多的人时也以颜渊为一例:颜渊是孔子的徒弟,他

算"二等圣人",他死的时候只有三十二岁。(《毛泽东和中国史学》,第153页)

子路是孔子学生中年龄最大的。毛泽东说子路为人爽直:"孔夫子的学生子路,那个人很爽直,孔夫子曾对他说,'知之为知之,不知为不知,是知也'。懂就是懂,不懂得就是不懂。懂一寸,就讲懂一寸,不讲多了。"(《毛泽东新闻工作文选》,第126页)1958年6月,毛泽东与陈毅和黄镇等驻外大使们说到外交上也要破除迷信时,又提及子路。他说:人太稳了不好,野一点好。子路是个野人,孔夫子离不开他。因为他有"打手"作用。孔子自从得了子路,就比较平静了些,当然不是压服的办法。(《将军不辱使命》,第153页)

毛泽东认为子贡是纵横家。1915年他在给一位朋友的信里,就提及"子贡存鲁、乱齐、破吴、强晋而霸越,不得谓之佞也"。四十年后,他在读明冯梦龙《智囊·子贡》时,对冯梦龙评子贡是"直是纵横之祖,全不似圣贤门风",很不以为然,予以批驳:"什么圣贤门风,儒术伪耳。孟轲、韩非、叔孙通辈,都是纵横家。"(《毛泽东读文史古籍批语集》,第65页)毛泽东认为子贡颇有口才,游说五国很有功效。

1939年毛泽东在延安讲青年参加劳动时指出孔子:"不喜欢什么生产运动。他的学生向他请教如何耕田,他就说:'不知道,我不如农民。'又问如何种菜,他又说:'不知道,我不如种菜的。'"(《毛泽东选集》第二卷,第568页)这个学生就是樊迟。1955年,毛泽东再次提及樊迟,说孔子:"他不大注意人民的经济生活。他的学生樊迟问起他如何从事农业的话,他不但推开不理,还在背后骂樊迟做'小人'"。(《毛泽东文集》第六卷,第454页)

🔅 孔门弟子的著作

孔子弟子三千,通六艺者七十二人。孔子述而不作,但弟子有著书立说。历经秦始皇焚书等沧桑,见于班固《汉书·艺文志》尚见有:

曾固《曾子》十八篇;

漆雕开《漆雕子》十三篇;

宓不齐《宓子》十六篇。

左丘明

把《春秋》读了
知天下兴亡

　　左丘明　战国初鲁国史官。左丘氏，名明。一说左氏，名丘明。相传"鲁君子左丘明惧弟子人人异端，各安其意，失其真，故因孔子史记具论其语，成《左氏春秋》"(《史记·十二诸侯年表》)。由是他为演绎鲁国旧史书《春秋》，参考春秋各国的史书，编成一部叙述春秋时期综合史书，共18万余字，始于鲁隐公元年(前722)，至于鲁悼公四年(前464)，前后长达二百五十九年。文笔精炼，描绘生动，尤善于写战争起伏。全称《春秋左氏传》。

　　左丘明是写《左传》出名的，可是有的史学家，如顾颉刚教授就认为，他没有写《左传》，《左传》是西汉刘歆伪作的。毛泽东却认定《左传》作者就是左丘明，他在《中国革命战争的战略问题》一文中引用《左传·庄公十八年》的曹刿论战前，就用了一句话："请看历史学家左丘明的叙述。"毛泽东还认定左丘明是山东人。1952年10月27日，他在山东济南考察，在他列数的山东大地孕育的名人志士中，就有左丘明。1962年1月在七千人大会上，毛泽东又引用了司马迁的话："左丘失明，厥有《国语》。"又说："司马迁讲的这些事情，除了左丘明一例以外，都是指当时上级领导对他们作了错误处理的。"(《毛泽东文集》第八卷，第291、291—292页)

毛泽东爱读《左传》。早在 1906 年,他在韶山井湾里私塾读书时,就背诵过《左传》之类的经书课文。因此,毛泽东非常熟悉《左传》。成年后仍能记忆犹新。1949 年 8 月 28 日,他在北平中南海与林则徐侄孙林遵谈话时,就林则徐的"苟利国家生死以,岂因祸福趋避之"诗句,当即为林遵解惑,说这两句诗出自《左传》,原句是"苟利国家,死生以之",你叔爷化作古书上的话,化用得好。(《毛泽东挥师渡江纪实》,第 279 页)据黄丽镛先生统计,《毛泽东选集》四卷中所引用的史事、典故来源于《左传》的有四十八条,名列古籍第一。从他对《左传》的运用的自如,分析的详尽,引征的频繁看,古今学者、政治家,还很少有人能与他相肩并论的。毛泽东还把《左传》当作政治、历史书来读。他对身边的工作人员说:中国的军事家不一定是政治家,但杰出的政治家大多数是军事家。在中国,尤其是改朝换代的时候,不懂得军事,你那个政治怎么个搞法? 政治,特别是关键时刻的政治,往往靠军事实力来说话。没有天下打天下,有了天下守天下。有人给《左传》起了个名字,叫"相砍书",可它比《通鉴》里写战争少多了,没有《通鉴》砍得有意思,《通鉴》是部大的"相砍书"。(《走进毛泽东的最后岁月》,第 84 页)

《春秋》

《春秋》为孔子编定的史书,被儒家列为五经之一。此书按鲁国十二个国君在位的顺序按年、季、月、日编撰,叙述了鲁隐公元年(前 722)至鲁哀公十四年(前 481),以鲁国为主体的各诸侯国之间的战争、外交、文教及其代表人物的史事。总的倾向是尊崇周天子,尊崇国君,所谓"《春秋》成而乱臣贼子惧"。《春秋》因记事简略,于是出现解释《春秋》之书,通常是"春秋三传",即《公羊传》、《穀梁传》和《左传》。

孙子

兵家有奇才
可为百世师

孙子(前535—前480)　即孙武,字长卿。春秋后期军事家。齐国乐安(今山东惠民)人,流寓于吴。为吴将,带兵破楚、败越。所著《孙子兵法》是中国最早的兵书。1973年于山东临沂银雀山汉墓中出土的竹简,有该书《吴问》、《黄帝伐赤帝》、《地形二》等五篇残简。今江苏苏州有孙子墓。

毛泽东非常熟悉孙子和《孙子兵法》。早在青年时期,毛泽东就读过《孙子兵法》,现存的1913年所作的《讲堂录》笔记里,多处记有与孙子有关的故事和《孙子兵法》中的名句。如《孙子集注序》:"孙武越羁旅臣耳,越不能尽行其说,故功成不受官。""孙武子以兵为不得已,以久战多杀非理,以赫赫之功为耻,岂徒谈兵之祖,抑庶几立言君子矣。""百战百胜,非善之善者也;不战而屈人之兵,善之善者也。故善用兵者,无智名,无勇功。孙武《谋功篇》。"(《毛泽东早期文稿》,第595页)

毛泽东对《孙子兵法》十分欣赏。毛泽东说:在几千年前,中国就有这样的兵书,真是件了不起的事。(《一代儒将郭化若纪念文集》,第631页)又说"中国古代大军事家孙武子书上'知彼知己,百战不殆'这句话,是包括学习和使用两个阶段而说的,包括从认识客观实际中的发展规律,并按照这些规律去决定自己行动克服当前敌人而说的;我们不要看轻这句话"。(《毛泽东选集》第一卷,第182页)还说:"战争不是神物,仍是世间的一种必然运动,因此,孙子的规律,'知彼知己,百战不殆',仍是科学的真理。"(《毛泽东选集》第二卷,第490页)

毛泽东曾说李德不懂孙子兵法。

中央红军长征前夕,中央苏区由于德国人李德指挥,犯了很多不应该产生的低级军事错误。毛泽东后来在批判李德军事路线时,特地指出:李德鄙视孙子兵法,这是他的日耳曼民族的骄傲性格的悲哀。他不懂得在中国土地上,孙子比他的克劳塞维茨和苏沃洛夫更为有用。他很勇敢却不善使诈,不像西方军事家说拿破仑那样,既有狮子的凶猛,又有狐狸的狡猾。他不懂得隐蔽自己的长处,故意示弱用短,表面看来是拙劣手笔,但实是高明的策略。他不懂得什么叫"声东击西",也不懂得"若欲取之,必先予之"的道理。他没有读《三国演义》,连虚晃一枪,败下阵来,卖个破绽,让敌将撞将过来的施刀计、回马枪都不懂。(《龙之脉——毛泽东与古代中国智慧》)

1935年1月,遵义会议期间,凯丰曾责备毛泽东:你懂得什么马列主义?你顶多是看了些《孙子兵法》。还说毛泽东的军事战略是从《孙子兵法》学来的,现在用不上了。对这件事,毛泽东后来多次谈及:打仗的事怎能照本本去打,我问他《孙子兵法》共有几篇? 第一篇的题目叫什么? 他答不上来。其实他自己也没有看过。从那以后,倒是逼使我再去翻了翻《孙子兵法》。1960年5月,毛泽东同英国陆军元帅蒙哥马利谈到军事著作时,他问蒙哥马利:"你没有看过两千年以前我国的《孙子兵法》吧? 里面很有些好东西。"蒙哥马利问:"是不是提到了更多的军事原则?"毛泽东说:"一些很好的原则,一共有十三篇。"(《毛泽东外交文选》,第425页)

红军长征到达陕北后,1936年10月22日,毛泽东写信给在西安的叶剑英、刘鼎,内称:"买来的军事书多不合用,多是战术技术的,我们要的是战役指挥与战略的,请按此标准选买若干。买一部《孙子兵法》来。"(《毛泽东书信选集》,第81页)毛泽东此时正为总结第二次国内革命战争经验,着手写《中国革命战争的战略问题》。

毛泽东很重视《孙子兵法》的军事战略原则,并珍视和鼓励研究这份珍贵的文化遗产。在他的《中国革命战争的战略问题》等军事名著中多次提及孙子的"避其锐气,击其惰归"、"避实击虚"、"兵不厌诈"、"攻其不备,出其不意"等军事战略原则,并在长期指挥中国革命的战争实践中予以充分的运用。1939年,当他知道郭化若在研究孙子时,很高兴地说:要为了发扬中国民族的历史遗产去读孙子,要精滤《孙子兵法》中卓越的战略思想,批判地接受其对战争指导的法则,以新的内容去充实。又说:研究孙子必须先要对孙子所处时代的社会政治经济情况、哲学思想以及包括孙子以前的兵学思想进行深入研究,而后再来研究《孙子兵法》本身,唯有这样才能深刻的理解《孙子兵法》,并且能融会贯通。我们研究孙子就要批判和反对那些曲解孙子思想和贻误中国抗战战机的思想。

按照毛泽东指点,郭化若用了三个月业余时间,写出了长达四万字的《孙子兵法初探》提纲。毛泽东看了提纲后,让他在延安抗日战争研究会上做讲演。之后,又叫他作了整理,刊登于《八路军军政杂志》。新中国成立后,郭化若将此书取名《孙子今译》以单行本推出。1973年毛泽东在郭化若来信上批示,要他对所著《孙子今译》写一个"批判吸收性的序言"后重新出版。

🔘 《孙子兵法》

《孙子兵法》是中国现存的最早兵书。又名《孙子》、《孙武兵法》、《吴孙子兵法》。《史记·孙子吴起列传》:"孙武以兵法见吴王阖闾,阖闾说:'子之十三篇,吾尽观之矣。'"但《汉书·艺文志》著录《吴孙子兵法》为八十二篇,图九卷。据唐杜牧称:"孙武书数十万言,魏武(曹操)削其繁剩,笔其精粹成此书。"1972年山东临沂银雀山西汉墓发现《孙子兵法》残简,并有《吴问》等佚文。今存本十三篇:计、作战、谋攻、形、势、虚实、军争、九变、行军、地形、九地、火攻、用间。该书总结了春秋晚期和以前的作战经验,揭示了战争的一些重要规律,如"知己知彼、百战不殆",历来被誉为"兵经",受到国内外推崇,有曹操、杜佑、李筌、杜牧、陈皞、贾林、孟氏、梅尧臣、王晢、何延锡、张预等十一家注。

🔘 《孙子兵法》的传播

《孙子兵法》在战国就有传播。"境内皆言兵,藏孙、吴之书者家有之。"(《韩非子·五蠹》)"世俗所称师旅,皆道《孙子》十三篇。"(《史记·孙子吴起列传》)据统计,中国古代兵法自《孙子》起至明代共著录有4 000部以上,现存500部,著名者还有《吴子》、《孙膑兵法》、《司马法》、《尉缭子》和《六韬》等,而以《孙子》为最,至今传播海内外,奉为兵家经典。

勾践

卧薪尝胆为雪耻
十年生聚成英雄

勾践(？—前465)　春秋后期越国国君。公元前496—前465年在位。即位后,在夫椒(江苏吴县西南)为吴击败,乞和。为吴王隶。放回后,卧薪尝胆,经十年生聚,终于灭吴。后称霸中原。

1954年,毛泽东参观浙江绍兴著名的东湖。在途中对中共浙江省委第一书记谭启龙说:绍兴是越王勾践卧薪尝胆的地方,也是中国现代大文豪鲁迅的家乡。毛泽东把越王勾践和鲁迅并提,可见他对勾践其人其事的重视。

毛泽东熟悉越王勾践史事,他要后人记住越王勾践卧薪尝胆。1957年,毛泽东在浙江对中共省委第一书记江华和书记霍士廉等讲述了越王勾践炼铁的故事。公元前5世纪,勾践为了雪耻和复国,在会稽(今绍兴地区)组织军民炼铜炼铁,铸造兵器和农具,所以毛泽东联系勾践,古为今用,指出:搞农业机械化,光靠大钢铁厂怎么行? 还要依靠群众发展小钢铁。1959年新中国庆祝建国十周年后不久,毛泽东在与卫士长李银桥散步时说:法国的《快报》评论说"穷是中国跃进的动力","穷是动力"这句话讲得很对嘛! 因为穷,就要干,要革命。富了事情就不妙了。越王勾践卧薪尝胆,十年复国,十年强兵,后代人全忘了。中国现在不富,将来富了,家家吃肉不发愁,也一定会发生问题。

◉ "卧薪尝胆"

越王勾践卧薪尝胆事,不见于先秦典籍。《史记·越王勾践世家》:"苦身焦思,置胆于坐。"《吴越春秋》:"悬胆于户,出入尝之,不绝于口。"此处有"尝胆"而未有"卧薪"。"卧薪尝胆"成语,初见自宋苏轼《东坡集》续集九《拟孙权答曹操书》:"仆受遗以来,卧薪尝胆。"元人修《宋史·胡宏传》:"太上皇帝劫制于强敌,生往死归,此臣子痛心切骨,卧薪尝胆,宜思所以必报也。"《金史·木筠寿传》:"陛下当坐薪悬胆之日,奈何以球鞠细物,动摇民间。"可见,勾践并无"卧薪"事。

◉ 越王勾践灭吴之战

勾践经过十年生聚、十年生息、复国灭吴,三度击败吴国。

勾践十五年(前482),勾践乘夫差在黄池会盟,国内空虚,偏师入淮,阻夫差归路,自引主力直指吴都姑苏(今江苏苏州),大败吴军,占领姑苏。夫差急忙归国,不得不与议和;

勾践十八年(前479),勾践再度伐吴,大败吴军于笠泽(今江苏吴江);

勾践二十二年(前475),勾践大举伐吴,屡败吴军,包围姑苏。二年后,吴王夫差被围于姑苏山上,乞和被拒,自杀,吴亡。

墨子

兼爱交利,非攻节用
大道之行,天下为公

墨子(约前468—前376) 即墨翟。战国初期思想家。鲁国(一说宋国)人。墨子学派创始者。做过木匠。创建"兼爱"、"非攻"和"自苦"等墨家思想。反对战争,崇尚勤劳刻苦,利天下而为之。当时与儒家并称为"显学"。现存《墨子》五十三篇。

墨子是春秋末战国初的学者。他的言论后被其学生整理为《墨子》,其中"兼相爱,交相利"的观点曾为梁启超、鲁迅所推崇。毛泽东早年对《墨子》也很感兴趣,与好友蔡和森经常就《墨子》中的一些观点进行讨论。1937年,毛泽东写了《实践论》。《实践论》所说的知识"不外直接经验与间接经验两部分","真正亲知的是天下实践着的人"等观点,都源自《墨子》中有关"闻知"(间接经验)和"亲知"(直接经验)的说法。

1939年初,毛泽东在读了陈伯达《墨子的哲学思想》一文后,就墨子的哲学观写了一封长达1 400余字的信。信中称:《墨子哲学思想》看了,这是你的一大功劳,在中国找出赫拉克利特来了。有几点个别的意见,写在另纸,用供参考,不过是望文生义的感想,没有研究的根据的。

毛泽东"写在另纸"的意见,全文如下:

（一）题目

似改为"古代辩证唯物论大家——墨子的哲学思想"或"墨子的唯物哲学"较好。

（二）事物的实不止属性，还有其最根本的质，质与属性不可分，但有区别的，一物的某些属性可以除去，而其物不变，由于所以为其物的质尚存。"志气"，志似指事物之质，不变的东西（在一物范围内），气似指量及属性，变动的东西。

（三）"君子不能从行为中分出什么是仁什么是不仁"，这句话的意思应是：君子做起事来却只知做不仁的事，不知做仁的事，似更明白些。

（四）说因果性的一段，似乎可以说同时即是必然性与偶然性的关系，"物之所以然"是必然性，这必然性的表现形态则是偶然性。必然性的一切表现形态都是偶然性，都用偶然性表现。因此，"没有这部分的原因就一定不会有十月十日的武昌起义"是对的，但辛亥革命的必然性（大故）必定因另一偶然性（小故）而爆发，并经过无数偶然性（小故）而完成，也许成为十月十一日的汉阳起义，或某月某日的某地起义。"不是在那最恰当的时机爆发起来就不一定成为燎原之火"是对的，但也必定会在另一最恰当的时机爆发起来而成为燎原之火。

（五）中庸问题

墨家的"欲正权利，恶正权害"、"两而无偏"、"正而不可摇"，与儒家的"执两用中"、"择乎中庸服膺勿失"、"中立不倚"、"至死不变"是一个意思，都是肯定质的安定性，为此质的安定性而作两条战线斗争，反对过与不及。这里有几点意见：(1)是在作两条战线斗争，用两条战线斗争的方法来规定相对的质。(2)儒墨两家话说得不同，意思是一样，墨家没有特别发展的地方。(3)"正"是质的观念，与儒家之"中"（不偏之谓中）同。"权"不是质的观念，是规定此质区别异质的方法，与儒家"执两用中"之"执"同。"欲"之"正"是"利"，使与害区别。"恶"之"正"是"害"，使与利区别而不相混。"权者两而无偏"，应解作规定事物一定的质不使向左右偏（不使向异质偏），但这句话并不及"过犹不及"之明白恰当，不必说它"是过犹不及之发展"。(4)至于说"两而无偏，恰是墨子看到一个质之含有不同的两方面，不向任何一方面偏向，这才是正，才真正合乎那个质"，则甚不妥，这把墨家说成折衷论了。一个质有两方面，但在一个过程中的质有一方面是主要的，是相对安定的，必须要有所偏，必须偏于这方面，所谓一定的质，或一个质,就是指的这方面,这就是质,否则否定了质。所以墨说"无偏"是不要向左与右的异质偏,不是不要向一个质的两方面之一方面偏(其实这不是偏,恰是正),如果墨家是唯物辩证论的话,便应作如此解。

(六)"半、端"问题

墨子这段,特别是胡适的解释,不能证明质的转变问题,这似是说有限与无限问题。(《毛泽东书信选集》,第140—142页)

同年4月,毛泽东在延安抗日军政大学的生产运动初步总结大会上的讲话中,再次赞扬了墨子。他说:"历史上只有禹王,他是做官的,他也耕田,手上也起了泡,叫做胼胝;还有一个墨子,也是一个劳动者,他不是官,但他是比孔子更高明的圣人。"(《毛泽东著作专题摘编》,第2280页)又说:孔子不耕地,墨子自己动手做桌椅子。由此毛泽东进一步作了发挥:马克思主义千条万条,中心的一条,就是不劳动不得食。(《毛泽东的文化性格》,第157页)毛泽东在这里说墨子是体力劳动者,比孔子高明;他不做官,所以比夏禹也好些。

当然,毛泽东认为墨子的认识论也存在不足之处。1964年,毛泽东在与几位哲学家就日本坂田文章的谈话中说:关于从实践到感性(认识),再从感性(认识)到理性(认识)的飞跃的道理……中国古人也没有讲清楚。老子、庄子没有讲清楚。墨子讲了些认识论方面的问题,也没有讲清楚。毛泽东认为,墨子不可能讲清楚,这是因为有历史的局限。

赫拉克利特

赫拉克利特(约前535—前475),古希腊哲学家。被列宁称为"辩证法的奠基人之一"。他致力于寻求世界万物的本源,把客观的自然界作为认识的起点和对象,且猜测到万物变化运动的原因,乃出自事物内部有矛盾、有对立面的斗争。提出"一切都是通过斗争和必然性而产生的"的观点。

商鞅

治世不一道
便国不法古

　　商鞅（约前390—前338）　即卫鞅、公孙鞅。战国时秦国政治家。卫国人。入秦为秦孝公重用，任大良造进行变法。奖励耕织，生产多的可免徭役；废除贵族世袭特权，制定按军功大小给予爵位等级的制度；采用李悝《法经》作为法律，推行连坐法；推行合并乡邑为三十一县，废除井田制，准许土地买卖，创立按丁男征赋法；颁布法定的度量衡制。变法二十年。秦国大治。以功封于商（今陕西商州东），即称商鞅。秦孝公死，被旧贵族车裂身死。后人辑有《商君书》。

　　商鞅是战国时期秦国的政治家、大改革家。毛泽东青年时读了很多经史子集，其中一本就是《商君书》。他对商鞅颇感兴趣。1913年冬，他在湖南师范读书所留有的《讲堂录》里，就记录有："秦用商君之法，人以富，国以强，诸侯不敢抗，及七君而天下为秦，使天下为秦者，商君也。后代之称道者，咸羞言管商氏，何哉？庸非求其名而不责其实钦。"（《毛泽东早期文稿》第602—603页）来自唐韩愈《猫相乳》的文句。今天见存的毛泽东早年作品，还有一篇是他在湖南学校读书时的作文《商鞅徙木立信论》。是文赞扬了商鞅变法，并发表议论。全文如下：

吾读史至商鞅徙木立信一事,而叹吾国国民之愚也,而叹执政者之煞费苦心也,而叹数千年来民智之不开、国几蹈于沦亡之惨也。谓予不信,请罄其说。

法令者,代谋幸福之具也。法令而善,其幸福吾民也必多,吾民方恐其不布此法令,或布而恐其不生效力,必竭全力以保障之,维持之,务使达到完善之目的而止。政府国民互相倚系,安有不信之理? 法令而不善,则不惟无幸福之可言,且有危害之足惧,吾民又必竭全力以阻止此法令。虽欲吾信,又安有信之之理? 乃若商鞅之与秦民造成此比例之反对,抑又何哉?

商鞅之法,良法也。今试一披吾国四千余年之纪载,而求其利国福民伟大之政治家,商鞅不首屈一指乎? 鞅当孝公之世,中原鼎沸,战事正殷,举国疲劳,不堪言状。于是而欲战胜诸国,统一中原,不綦难哉? 于是而变法之令出,其法惩奸宄以保人民之权利,务耕织以进增国民之富力,尚军功以树国威,孥贫怠以绝消耗。此诚我国从来未有之大政策,民何惮而不信? 乃必徙木以立信者,吾于是知执政者之具费苦心也,吾于是知吾国国民之愚也,吾于是知数千年来民智黑暗国几蹈于沦亡之惨境有由来也。

虽然,非常之原,黎民惧焉。民是此民矣,法是彼法矣,吾又何怪焉? 吾特恐此徙木立信一事,若令彼东西各文明国民闻之,当必捧腹而笑,噭舌而讥矣。乌乎! 吾欲无言。(《毛泽东早期文稿》,第1—2页)

毛泽东的国文教员对此文倍加赞赏,有多处评语,称它"有法律知识,具哲理思想,借题发挥,纯以唱叹之笔出之,是为压题法,至推论商君之法为从来未有之大政策,言之凿凿,绝无浮烟涨墨绕其笔端,是有功于社会文字"。

毛泽东写此文之时,正是湖南处于辛亥革命后的大动荡、大改组的时期,富于改革思维的青年学子多有提出寻找改造旧世界的方法,其中也包括中华古代成功变革的例子。毛泽东1913年的《讲堂录》里就记有"秦用商君之法,人以富,国以强,诸侯不敢抗,及七君而天下为秦;使天下为秦者,商君也",给商鞅以相当高的评价。

毛泽东认定商鞅是法家。1968年10月,在中共八届十二中全会闭幕会上,他明确地提出,不赞成郭沫若的《十批判书》崇儒反法。接着又说:但是,在范老（范文澜）的书上，对于法家是给了地位的。就是申不害、韩非这一派，还有商鞅、李斯，还有商鞅、李斯、荀卿传下来的。（《希望》1992年新总第1期）

《商君书》

即《商子》、《商君》。战国时商鞅及其后学的著作合编。系法家代表作。《汉书·艺文志》著录二十九篇，现存二十四篇。内容叙述商鞅变法主张，提出发展耕织、奖励军功的农战政策，树立信赏必罚的法治制度；主张"坏井田、开阡陌"，从法律上保护土地私有制，而把国家最高统治权力集中于君王一人，以建立中央集权的君主专制国家。对于法的起源和运用，书中也有所论列。

商鞅变法

商鞅变法主要有两次，一是秦孝公六年（前356），商鞅为左庶长时推行。内容是：（一）建立什伍连坐制度；（二）奖励军功，建立军功爵制度，宗室无军功者，不再享有宗籍；（三）建立鼓励生育和耕织的制度，生产粮食和织帛纳税多的，免除徭役，凡从事商业以及因怠慢而贫困，连同妻、儿没收为官婢；（四）焚烧儒家《诗》、《书》，禁止私门请托，不许游说求官。

秦孝公十年（前352），商鞅升大良造（相当于宰相），十二年（前350），再次变法，内容是：（一）国都自栎阳（今陕西临潼）迁到咸阳；（二）革除旧习，禁止成年父子夫妻同室，使男女有别，长幼有序；（三）将小乡归并为县，全国共设三十一个县，由国君直接任命县令、县丞、县尉；（四）废井田，开阡陌，鼓励开垦，允许土地买卖，按土地多少征收赋税；（五）规定统一的斗、桶、权、衡、丈、尺标准。

孟子

邹庙连接曲阜庙
道宗嫡自一灯传

孟子(约前 372—前 289) 即孟轲,战国时思想家。邹(今山东邹城东南)人。孔子孙子思学生。主张"仁政",提出"民贵君亲",反对战争,重视教育。其学说被认为是儒家正宗。晚年与门人著书立说,有《孟子》。

1902 年,毛泽东在韶山南岸私塾发蒙时,就读过《孟子》。1903 年夏,毛泽东和私塾同学因趁塾师不在,外出游泳,塾师用作对联惩罚他们。当塾师出上联"濯足",他就以"修身"作对。1957 年,私塾同学毛裕新到北京,在回忆起这段往事时,毛泽东记忆犹新地说:对了,"濯足"对"修身"。这个"濯足",就是洗脚。《孟子·离娄上》讲"清斯濯缨,浊斯濯足矣。"《楚辞·渔父》中说"渔父莞尔而笑,鼓枻而去,乃歌曰:沧浪之水清兮,可以濯吾缨;沧浪之水浊兮,可以濯吾足。那个"修身"就是修身养性,努力提高自己的品德修养。《礼记·大学》讲"欲齐其家者,先修其身"。先生以"濯足"批评我们不该玩水,我们说这样可以"修身",可以锻炼身体,又提高修养,先生当然不责怪我们,拿我们没有办法了。

(《毛泽东品国学》,第 30 页)

《孟子》中很多精辟且富有哲理的话,对毛泽东一生都有影响。毛泽东经常在他的著作和谈话中引用孟子的话。如:以"引而不发,跃如也"来阐明领导农民运动必须循循善诱的道理；以"心之官则思"来告诫人们要善于思考，勤于分析。1935年12月毛泽东在陕北瓦窑堡作《论反对日本帝国主义的策略》，在谈及"国际援助"时，又引用了"春秋无义战"，他说："古人说：'春秋无义战'，于今帝国主义则更加无义战，只有被压迫民族和被压迫阶级有义战。全世界一切由人民起义反对压迫者的战争，都是义战。"（《毛泽东选集》第一卷，第161页）

晚年毛泽东对《孟子》仍是恰如其分地引用。1970年，他为支援印度支那三国人民的抗美救国斗争发表声明《全世界人民团结起来打倒美国侵略者及其一切走狗》。声明中指出："无数事实证明，得道多助，失道寡助，弱国能够打败强国，小国能够打败大国。小国人民只要敢于起来斗争，敢于拿起武器，掌握自己国家的命运，就一定能够战胜大国的侵略。这是一条历史的规律。"（《人民日报》1970年5月22日）此处"得道多助，失道寡助"，见《孟子·公孙丑下》。

1957年秋，毛泽东问率领中国农业代表团访日归来的王震：这次访日，印象最深是什么？王震说：不少农户家挂的是"和为贵"条幅。毛泽东说：噢，日本农民把我们孟老夫子的信条供奉着。（《王震传》，人民出版社2008年版，第439—440页）

毛泽东对孟子有较高的评价，多次称赞孟子是"圣人"。1939年，他在同美国记者斯诺的谈话中说：中国从前有一个圣人，叫做孟子。他曾说过"明足以察秋毫之末，而不见舆薪"这句话，形容现在的阿Q主义者，是颇为适当的。1944年7月18日，在延安会见《巴尔的摩太阳报》记者美国人莫理士·武道时，也称赞了孟子，他说：中国历史上也有它的民主传统。共和一词，就是源于三千年前的周朝。孟子说，民为贵，社稷次之，君为轻。1952年10月，毛泽东参观山东曲阜（春秋时期的鲁国旧都）时说：曲阜作为王都前后有七百年，创造了灿烂的文化，对后世有重大影响。特别是孔子和孟子为代表的儒家学说，影响更大，一直是中国统治阶级的思想。这里，毛泽东把孟子作为儒学的代表之一同孔子相提并论，足见孟子在他心目中的地位。1954年10月21日，在与印度总理尼赫鲁谈话时就和平共处五项基本原则之一的平等互利，又说："中国古代的圣人之一孟子曾经说过：'夫物之不齐，物之情也。'这就是说，事物的多样性是世界的实况。马克思主义也是承认事物的多样性的，这是同形而上学不同的地方。"（《毛泽东文集》第六卷，第364页）1958年8月，在审定陆定一《教育必须与生产劳动相结合》一文时，毛泽东增写了这样一段话："中国教育史有人民性的一面。孔子的有教无类，孟子的民贵君轻……孙中山的民主革命，诸人情况不同，许多人并无教育专著，然而上举那些，不能不影响对人民的教育，谈中国教育史，应当提到他们。"充分肯定了孟子教育思想中的人民性。

20世纪60年代初,李讷大学毕业,毛泽东送给女儿四句话,其中一句,就是孟子所说的:天将降大任于斯人也,必先苦其心志,劳其筋骨,饿其体肤,空乏其身……

毛泽东还说孟子是善于口辩的纵横家。1915年,他在给一位朋友的信里说:孟轲好辩,不得谓之佞。他读《智囊·子贡》篇时颇有感触,写了几行批语:"什么圣贤门风,儒术伪耳。孟轲、韩非、叔孙通辈,都是纵横家。"(《毛泽东读文史古籍批语集》,第65页)纵横家很讲逻辑、颇有口才,未必"只说空话",而是善于高效率地处理人际、国际关系。在毛泽东看来,孟子所做的其实也是纵横家的所作所为。

当然,孔孟为代表的儒学有落后的一面,这是毛泽东所不满意的。1958年11月,他在第一次郑州会议上,谈到秦始皇时就说:秦始皇并不是不问什么书都焚,也不是不问什么儒都坑。他焚的是"以古非今"的书,坑的是孟子一派的儒,其实只有四百六十人。孟子主张"法先王",所以孟子一派的书是"以古非今"的。(《一个省委书记回忆毛泽东》,第47页)1964年8月,毛泽东在一次会议上又说:孟夫子一派主张法先王,厚古薄今,反对秦始皇。(《希望》1992年新总第1期)

🔘 《孟子》

儒家经典著作。孟轲及其弟子万章等著,亦说为孟轲弟子、再传弟子的记录。《汉书·艺文志》著录十一篇,现存七篇。相传另有"外书"四篇,已佚,今本系明人伪作。书中记载了孟子的政治活动、政治学说以及哲学伦理教育思想。南宋朱熹把它与《论语》、《大学》、《中庸》合为"四书"作集注。注释有多种,以东汉赵岐《孟子章句》、清焦循《孟子正义》和朱熹的《孟子集注》(《四书集注》)为最。

🔘 历代对孟子的推崇

孟子学说在战国时期称"孟氏之儒",只是孔子之后"儒家八派"之一。西汉初期尊儒时,《孟子》被列为次于经书的"传记",设博士研习。唐代宗宝应二年(763),《孟子》才被定格为经典,北宋神宗元丰六年(1083),追封孟子为邹国公,翌年奉孟子于孔庙。南宋度宗咸淳三年(1267),诏以孟子与颜回、曾参、子思共配享孔子,称作"四配"。程颢、程颐把《孟子》与《论语》、《大学》、《中庸》合在一起,称作"四书"。朱熹作《四书集注》。

元文宗至顺二年(1331),追加孟子为邹国亚圣公,明景泰三年(1452),与孔子同去臣爵,尊为"亚圣孟子"。从此,孟子成为仅次于"至圣"(孔子)的"亚圣"。明清文人对孟子大加赞颂,如明代山东巡抚陈凤梧赞孟子曰:"哲人既萎,亚圣斯作。距诐阐邪,正论谔谔。尧舜之性,仁义之学,烈日秋霜,泰山乔岳。"

孙膑

身残心不衰
足断智无穷

　　孙膑　战国军事家。齐国阿城(今山东阳谷东北)人。孙武后裔。因
遭同学庞涓谋害,被处髌刑(削去膝盖骨),任齐为军师,创围魏救赵战术,
在桂陵(今河南长垣西南)、马陵(今河北大名东南)大败魏军,擒杀庞涓。
有《孙膑兵法》,久已失传。1972年山东临沂银雀山汉墓出土竹简,有《孙
膑兵法》440片,11 000字。

　　孙膑是孙武之后的大军事家。他最著名的军事战例是"围魏救赵"。毛泽
东十分欣赏"围魏救赵"的战术。1929年11月4日,毛泽东在江西宁冈柏露村
会议上,面对三万多敌军对井冈山收紧包围的紧急情况提出了对策。他建议:
留一部分人守山,另一部分人出击。出击可以把包围井冈山的敌人吸引过去。
此计名唤围魏救赵。他介绍说,齐国并不派兵去邯郸,却反过来围攻魏国都城
大梁,结果,魏兵不得不回国救援,赵国都城也就因此解围。毛泽东的对策,得
到了大家的赞同。在对中国革命战争实践经验进行总结时,毛泽东多次提到
"围魏救赵"这一战例。1938年5月,他在《抗日游击战争的战略问题》中说:
"在反围攻的作战计划中,我之主力一般是位于内线的。但在兵力优裕的条件
下,使用次要力量(例如县和区的游击队,以至从主力分出一部分)于外线,在那

里破坏敌之交通,钳制敌人增援部队,是必要的。如果敌在根据地内久踞不去,我可以倒置地使用上述方法,即以一部留在根据地内围困该敌,而用主力进攻敌所从来之一带地方,在那里大肆活动,引致久踞之敌撤退出去打我主力,这就是'围魏救赵'的办法。"(《毛泽东选集》第二卷,第429页)

爱屋及乌。毛泽东当然也很赞赏"围魏救赵"战术的创始者孙膑。在明末冯梦龙《智囊·兵智部·制胜》有关"围魏救赵"故事叙述的书页上,毛泽东作出如下的批语:"攻魏救赵,因败魏兵,千古高手。"这个"千古高手"就是孙膑。在叙述"田忌赛马"故事的书页上,毛泽东对孙膑用运筹学出奇制胜的高招十分赞赏,写下批语:"所谓以弱当强,就是以少数兵力佯攻敌诸路大军。所谓以强当弱,就是集中绝对优势兵力,以五六倍于敌一路之兵力,四面包围,聚而歼之。"(《毛泽东读文史古籍批语集》,第66页)

1974年6月7日,毛泽东听读了报刊登的新华社报道:我国文物、考古工作者在山东临沂银雀山发掘西汉前期的两座墓葬时,发现了《孙子兵法》和已经失传一千多年的《孙膑兵法》等竹简四千多枚。他很兴奋地说:《孙子兵法》和《孙膑兵法》在中国历代的军事史上,都占有十分重要的地位,并且都发挥过十分重大的作用;即便是在世界的军事史上,影响也是很大的。(《历史的情怀——毛泽东生活记事》,第436页)

《孙膑兵法》

《孙膑兵法》,又称《齐孙子》。《汉书·艺文志》称:"《齐孙子》八十九篇,图四卷。"但《隋书·经籍志》已不见此书目。盖自西汉末战祸殃及焚毁典章书籍多多,以致失传。后人也有认为本无《孙膑兵法》,此书实即《孙子兵法》。1972年在山东临沂银雀山西汉墓中重新发现其残简,说明确有《孙膑兵法》。该书总结了战国中期以前的作战经验,继承和发展了《孙子兵法》的军事思想。

荀子

大巧在所不为
大知在所不虑

荀子(约前313—前238) 即荀况、荀卿。战国后期学者,赵国人。在
齐稷下三任祭酒。曾赴秦,与范雎会谈,又至赵国与赵王议兵。晚年,为楚
春申君拜为兰陵(今山东苍山西南)令。主张天人相分,人定胜天,并认为
礼须纳法入儒,实现"王道"才有保证。

荀子是个大儒家,又是纳法入儒的开山祖师。他是集法家大成者韩非、行
法家之实践者李斯的老师。

1972年7月,毛泽东曾对工作人员说:你们去看那个荀子和韩非子,他们
是中国古时候的两个唯物论者。这两个人厚今薄古,尊法反儒,主张人定胜天。
(《毛泽东评述诸子百家》,第67页)

毛泽东说荀子是法家。1959年,在读李斯《谏逐客书》就讲了李斯是属于
荀子一派的,主张法后王。1965年6月13日,在同胡志明的谈话中,又说:"荀
子是唯物主义,孔子是唯心主义。孔子代表奴隶主、贵族,荀子代表地主阶级,
儒家的左派。"(《毛泽东年谱(1949—1976)》(五)第500页)1968年10月,在说郭沫若
《十批判书》时提到了法家是由荀卿传下来的。

毛泽东赏识荀子的学说。1958年在审阅和修改陆定一的《教育必须与生

产劳动相结合》时,在所加一段文字中,特地提了"中国教育史有人民性的一面。孔子的有教无类,孟子的民贵君轻,荀子的人定胜天……"(《红旗》1958年第7期)

毛泽东尤为欣赏荀子"人定胜天"学说。"人定胜天",合乎毛泽东的"与天斗争,其乐无穷"的创造思维。

现见的毛泽东为《荀子》部分章节天头地脚所写的文字,是难得见有他为先秦诸子百家所作的一部分批注。针对《荀子》及《荀子》中注疏毛泽东写了多条:如在《天论》一节,原注疏是"若指其在人者,慕其在天者是争职也。庄子曰六合之外,圣人存而不论也"。毛泽东于"六合"到结尾处,在旁连打五个红叉。在天头批称:"不对。六合内外圣凡皆应论议,此天文地质学所以应研究也。"

毛泽东还在批语中对荀子认识论作了长篇抒发:"学所以应研讨也。天道不难知,今比二千年前荀子写此书时知道得多了,此后每一百年,每一千年又胜于前。六合内外,大小精粗,有限无限,所知皆胜于前。所谓难者,无穷的时空耳。宇宙发展无穷,科学发展亦无穷。反辩证法的有穷论——形而上学,不能存在于宇宙之间。不难又难,方是全局。六合内外皆有为,而所谓不为,黄老之说,大半骗术。"这是针对荀子所说"故大巧在所不为,大知在所不虑"的批语。

列子

先秦寓言，朴实无华
藏诸名山，流韵千年

　　列子，即列御寇。相传为战国初期人。《汉书·艺文志》有《列子》八篇，多属于寓言、民间传说。

　　毛泽东早年读《列子》，很有兴趣。《列子》中的"愚公移山"、"杞人忧天"等寓言，因为蕴含深邃的哲理，记忆犹新。

　　他很喜欢说"愚公移山"。

　　"愚公移山"是《列子·汤问》中的一章。

　　抗战时期，毛泽东在延安经常谈到这篇寓言。那时候，他在抗日军政大学、陕北公学等处与学员讲课时，就多次讲述，用以激励、发扬愚公每天移山、自强不息的精神。

　　1939年1月28日，毛泽东在延安清凉山"抗大"第五期开学典礼上发表讲演说：我们是长期抗战，现在同志们都没有长胡子，等长了胡子了，抗战还未胜利，就交枪给儿子，儿子长胡子了，就交给儿子的儿子，这样下去，何愁抗战不胜，建国不成？这个道理是古时候一个老头儿发明的，我们打日本，也是这条道理。(《毛泽东读书笔记解析》，第1189页)

　　1945年6月11日，毛泽东在中国共产党第七次全国代表大会上致闭幕词，

又讲了愚公移山的故事:

"大会闭幕以后,很多同志将要回到自己的工作岗位上去,将要分赴各个战场。同志们到各地去,要宣传大会的路线,并经过全党同志向人民作广泛的解释。

我们宣传大会的路线,就是要使全党和全国人民建立起一个信心,即革命一定要胜利。首先要使先锋队觉悟,下定决心,不怕牺牲,排除万难,去争取胜利。但这还不够,还必须使全国广大人民群众觉悟,甘心情愿和我们一起奋斗,去争取胜利。要使全国人民有这样的信心:中国是中国人民的,不是反动派的。中国古代有个寓言,叫做'愚公移山'。说的是古代有一位老人,住在华北,名叫北山愚公。他的家门南面有两座大山挡住他家的出路,一座叫做太行山,一座叫做王屋山。愚公下决心率领他的儿子们要用锄头挖去这两座大山。有个老头子叫智叟的看了发笑,说是你们这样干未免太愚蠢了,你们父子数人要挖掉这样两座大山是完全不可能的。愚公回答说:我死了以后有我的儿子,儿子死了,又有孙子,子子孙孙是没有穷尽的。这两座大山虽然很高,却是不会再增高了,挖一点就会少一点,为什么挖不平呢? 愚公批驳了智叟的错误思想,毫不动摇,每天挖山不止。这件事感动了上帝,他就派了两个神仙下凡,把两座山背走了。现在也有两座压在中国人民头上的大山,一座叫做帝国主义,一座叫做封建主义。中国共产党早就下了决心,要挖掉这两座山。我们一定要坚持下去,一定要不断地工作,我们也会感动上帝的。这个上帝不是别人,就是全中国的人民大众。全国人民大众一齐起来和我们一道挖这两座山,有什么挖不平呢?"
(《毛泽东选集》第三卷,第1101页)

新中国建立后,毛泽东在谈到要有革命精神,善始善终,决不中途而废时,提倡要有愚公精神。1964年3月24日,他在与薄一波谈话时提及:愚公移山,是有道理的,在一百万年或者几百万年以内,山是可以平的。愚公说得对,他死以后还有他的儿子、孙子,子子孙孙一直发展下去,而山不增高,总有一天会被铲平的。(《毛泽东读书笔记解析》,第1191页)

1975年10月8日,毛泽东在会见来华访问的南斯拉夫外宾时,又说了类似的话:

人民就是"上帝"。只要我们的路线、方针、政策是正确的,是为了人民大众的利益的,我们就会感动这个"上帝",就会团结这个"上帝",并依靠"上帝"去搬掉各式各样横亘在我们面前的"大山"。(同上)

庄子

取之不尽，用之不竭
读之无常，回味无穷

　　庄子（约前369—前286）　即庄周。战国时期思想家。宋国蒙（今河南商丘东北，一说今安徽蒙城）人。做过蒙漆园小吏。楚威王拟聘为相，不就。著有《庄子》五十二篇，今存三十三篇。认为道是万物的创造者。主张齐一物我、是非、大小、生死、贵贱，对后代思想颇有影响。庄子文章变幻奇诡，汪洋恣肆。鲁迅有说："其文则汪洋辟阖，仪态万方，晚周诸子之作，莫能先也。"

　　1929年春天的一个傍晚，毛泽东和陈毅、谭震林、江华等人在江西于都的一条河边散步。他突然问道：你们说，鱼在水中是否也要睡觉？又说：我说鱼要睡觉。作为高等脊椎动物，鱼有中枢神经系统，有兴奋和抑制两种状态，这就是它的醒和睡。这一醒一睡，就像生与死、动与静、阴与晴一样，是一组矛盾。这两者是对立的，又统一在一个事物中，构成这个事物的两个方面。这时，陈毅忽而冒出一句：子非鱼，安知鱼之乐？毛泽东即作回答：子非我，安知我不知鱼之乐？两人说罢大笑不止，他们用的都是《庄子·秋水》篇中庄子与惠子的对话。
（《毛泽东和省委书记们》，第57页）

　　毛泽东在青年时代对《庄子》各篇就相当熟悉，有的甚至能背诵如流。1913

年,他就在笔记《讲堂录》中留下了对庄子"水之积也不厚,则其负大舟也无力"之说的精彩评论。1915 年在长沙写的征友启事,也引用了《庄子》的"空谷足音,跫然色喜"。此后,在他的论文《体育之研究》一文中以"庖丁解牛"故事论证养生之道;在泡尔生《伦理学原理》的读书批语中,又引了《庄子·达生》篇"痀偻丈人承蜩,唯吾蜩翼之知";在为同学萧子升读书札记《一切入一》作的序里也用了《庄子》"吾生也有涯,而智也无涯"等句。1958 年 12 月 21 日,毛泽东在为自己诗词自注里,追忆早年学游泳,"当时有一篇诗,都忘记了,只记得两句:自信人生二百年,会当水击三千里"。此中典出,当得自《庄子·逍遥游》"鹏之徙于南溟也,水击三千里"。毛泽东对《庄子》特别嗜好,在早年就阅读多种《庄子》的注释本。1917 年,他在游学时路过湖南宁乡,就与当地一位刘翰林谈及《庄子》,说:最好的《庄子》注是郭象作的。

《庄子》语言汪洋恣肆,浪漫诙谐,想像丰富,又颇见哲理,有很强的思维魅力。毛泽东的演说、著作、谈话以及诗词里,经常采录和引用。毛泽东尤其喜欢借用《庄子·逍遥游》开篇的鲲鹏故事。1945 年 4 月,他在中国共产党第七次代表大会上在谈及游击战争逐渐转变成正规的运动战,以麻雀故事为例作说明说:"客观事实完全证明了,我们这个麻雀与别的麻雀不同,可以长大变成鹏鸟。从前中国神话中说:有一个大鹏鸟,从北方的大海飞到南方的大海,翅膀一扫,就把中国扫得差不多了。我们也准备那样,准备发展到三百万、五百万,这个过程就要从小麻雀变成大麻雀,变成一个翅膀可以扫尽全中国的大鹏鸟。"（《毛泽东文集》第三卷,第 331 页）鲲鹏的形象在毛泽东所作的诗词和挽联中也经常出现,诸如"鲲鹏击浪从兹始"（《七古·送纵宇一郎东行》）、"万丈长缨要把鲲鹏缚"（《蝶恋花·从汀州到长沙》）、"斥鷃每闻欺大鸟"（《七律·吊罗荣桓同志》）、"鲲鹏展翅,九万里,翻动扶摇羊角"（《念奴娇·鸟儿问答》）和"堪恨大鹏从矢落",等等。

毛泽东喜欢用《庄子》中的典故作评论。1963 年,女儿李讷写信告诉他:说自己读了《庄子·秋水》,并认为其中的河伯是个鼠目寸光、自高自大者,毛泽东当即回信:"现在好了,干部子弟(翘尾巴的)吃不开了,尾巴翘不成了,痛苦来了,改变态度也就来了,这就好了。读了秋水篇,好,你不会再做河伯了,为你祝贺!"（《老一代革命家家书选》,第 67 页）

毛泽东也喜欢从哲学视角评述《庄子》。他认为庄子的哲学思想是主观唯心主义的,但却含有一定的辩证成分。新中国成立以后,毛泽东经常谈《庄子》,以现代人的文化思维,给予科学正确、合乎情理的解说,把它引申到一个新的认识高度。

1955年6月,毛泽东在长沙要赴正在涨水的湘江里游泳。有人说,湘水水涨,不便游泳。他说:你们莫讲外行话!庄子不是这么说过吗?"水之积也不厚,则其负大舟也无力"。水越深,浮力越大,游泳起来,当然就越便利了,怎么反说不便呢?1956年,毛泽东在中国共产党第八届中央委员会第二次会议上在谈及世界形势不断变化时,又以《庄子》故事为例证:"《庄子》的《天下篇》说:'飞鸟之景,未尝动也。'世界上就是这样一个辩证法:又动又不动。净是不动没有,净是动也没有。动是绝对的,静是暂时的,有条件的。"1964年8月,毛泽东在北戴河和周培源、于光远等谈论日本物理学家坂田昌一文章时,也谈了《庄子》,他说:庄子讲"一尺之棰,日取其半,万世不竭",这是一个真理,因此我们对世界的认识也是无穷无尽的。宇宙不仅从大的方面来看是无限的,从小的方面来看,也是无限的。又说:分析很重要。"庖丁解牛",就因为他掌握了分析的要领。恩格斯在接触医学时,就很重视解剖学。(《怀念毛泽东同志》,第203页)

庄生晓梦迷蝴蝶。相传庄子妻死,他反而高兴,鼓盆而歌。毛泽东由此也认为其中就包含有辩证法,曾不止一次地提及这则故事。1965年,他对陈伯达说:如果今天还看到孔子,地球也装不下了。赞成庄子的办法,死了妻子,鼓盆而歌。死了人要开庆祝会,庆祝辩证法的胜利。庄子说一尺之棰,日取其半,万世不竭,这是一个真理。1975年,毛泽东与康生谈及人的生老病死时又说:这是自然规律,谁也违抗不了,应该学习庄子嘛,老婆死了,还鼓盆而歌,如果所有的人都活一万岁,地球上不就人满为患了?!(《天国沧桑》,第365页)

● 《庄子》

《庄子》三十三篇(内篇七、外篇十五、杂篇十一),内容可分为五:(一)讲全生,保全自己,免受危害,有《养生主》、《人间世》;(二)讲批判,反对礼,有《马蹄》、《骈拇》、《胠箧》、《在宥》;(三)讲养生、修炼,有《刻意》、《缮性》、《达生》;(四)讲自然观,有《天地》、《天道》、《庚桑楚》;(五)讲相对主义,有《逍遥游》、《齐物论》、《秋水》。《庄子》注本,有晋郭象注本,郭注是以向秀注本为基础的,被认为是最好的古注本。

苏秦　张仪

三寸之舌不烂
七尺之躯何用

苏秦(？—前284)　战国时纵横家。东周洛阳人。字季子。任齐相。曾游说五国合纵，迫使秦国废帝号，退还部分侵地。后被齐王所杀。

张仪(？—前310)　战国时纵横家。魏国人，与苏秦同学于鬼谷子。首创连横术，破坏六国团结，曾设计离秦相魏，引诱韩、魏奉尊于秦。又返秦；后又使楚，破坏齐楚同盟。

战国时百家争鸣，有一家是纵横家。纵横家给后世一个深刻的印象就是以游说见长，擅搞外交，有"三寸不烂之舌"。毛泽东读《智囊·子贡》，曾就冯梦龙评孔子学生子贡"真是纵横之祖，全不似圣贤门风"，作有批语："什么圣贤门风，儒术伪耳。孟轲、韩非、叔孙通辈，都是纵横家。"(《毛泽东读文史古籍批语集》，第65页)他对纵横家还是称道的。纵横家代表人物是苏秦和张仪。毛泽东早年读《史记》《资治通鉴》，都分别详细记述了他们的故事。1915年，在给一位朋友的信中，提及"苏张纵横，其舌未敝也"。(《毛泽东早期文稿》，第13页)

毛泽东熟悉苏秦、张仪行迹，也喜欢议论。1960年12月，在他六十七岁生日同部分亲属和身边工作人员聚餐时，就团结和批评事说了苏秦、张仪故事：

像今天我们在一起吃饭一样,大家团结得很好,这就好。你们整风,检查一下,批评一下,大家还是团结在一块。这就叫作从团结的愿望出发,经过批评或者斗争,使问题得到解决,在新的基础上达到新的团结。批评就是帮助,对人是有好处的。

从前,有张仪和苏秦两个人,都是鬼谷先生的学生。鬼谷是个地方,出了一个先生,所以叫做鬼谷先生。后来苏秦在赵国当了宰相,地方就在邯郸。邯郸这个地方,你们到过没有?张仪在楚国做了小官。楚相丢了一块宝玉,怀疑是张仪偷的,把他狠狠打了一顿,满嘴的牙都被打掉了。那个时候,大概还不会安假牙吧!张仪回到家里,叫老婆看看他嘴里的舌子还在不在。他老婆说,舌子还在。他说,那就不要紧了。他跑到邯郸找苏秦,一去就住进"招待所",大概是现在北京饭店之类的住所,好几天没有见到苏秦的面。后来,苏秦请他吃饭。张仪到了苏秦的衙门,看到摆了酒席,排场大得很,苏秦坐在当中高处,请了各国使节,也有契尔沃年科。席面当然比我们今天吃的丰盛得多。但是却把张仪安排坐在下面角上,盛了点仆人吃的饭食给他吃。这下子张仪的气可就大了,无非是破口大骂苏秦你这个王八蛋等等。回到"北京饭店",满肚子的气。"北京饭店"的"经理"看他这个样子,就问他:张先生脸色不痛快,有什么生气的事吧?他说,当然有气!就把当年和苏秦是同学,今天苏秦如此这般对待他说了一遍,并且骂苏秦此人简直是无情无义,是王八蛋。这位"经理"说:这样看来,你在赵国呆不住了。张仪说:当然呆不下去了,马上走。"经理"问他:你到哪里去呢?他说:这倒还没有想好,不管他,走了再说。"经理"说:看来只有到秦国去。张仪一想也对,就此动身。"经理"陪他走到秦国,一路花费大概相当现在的三四十万人民币吧。到了秦国,他们为了见秦王,就走走门路,行些贿赂和送些衣服,一共又花了四五十万人民币。以后,张仪当上了秦国的宰相,"北京饭店"的"经理"就向他告辞回国,并问他今后怎么打算。张仪一提起苏秦还是咬牙切齿,并说过了两年要出兵攻打赵国。"经理"见他这样说,就告诉他,赵国宰相苏秦是个好人,当时苏秦所以要气他,是故意的,怕他在赵国安居下来,不想上进,做不了大事。苏秦知道张仪是个人才,能做大事,如果在赵国依靠苏秦,他也只能当个"科长"什么的就算到顶了。策划张仪到秦国来,和给他一切花销,都是苏秦主使的。张仪一听,这才恍然大悟。"经理"又说:苏秦只希望你当了秦国宰相,十五年内不要出兵攻打赵国。张仪听后表示,只要苏秦活着,我就决不出兵攻打赵国。

这是一个故事,你们看,苏秦对张仪是好意还是恶意? 我们之间,进行批评帮助都是好意。就是明明知道某些批评是恶意也要听下去,不要紧嘛! 人就是要压的,像榨油一样,你不压,是出不了油的。人没有压力是不会进步的。(《中共党史资料》第 46 辑,中共党史出版社 1993 年版,第 1—3 页)

毛泽东是按《史记·张仪列传》讲的,但他讲得很风趣,用了很多现代用词,还包括用当时的苏联驻华大使契尔沃年科比喻各国使臣,表现了他对苏秦、张仪故事的熟悉。

🌀 纵横家

战国时期从事政治外交活动的谋士。《汉书·艺文志》列为"九流"之一,所谓是"凭三寸不烂之舌"游说于诸侯之间。代表人物即是苏秦、张仪。《淮南子·览冥训》高诱注称:"苏秦约纵,张仪连横,南与北合为纵,西与东合为横。"他们分别代表合纵(六国联合拒秦)、连横(六国分别事秦)两派,故称为"纵横家"。纵横派人物主要依靠巧言令色,能辩善说,"因其刚柔之势,为作纵横之术"(《新语·辨惑》)。所以隋末魏徵《述怀》诗:"纵横计不就,慷慨志犹存。"

屈原

空余楚辞在
犹与日争光

屈原（前 340—约前 278）　战国时期楚国诗人。又名屈平，字灵均。楚国贵族，主张修法任贤，遭权贵嫉妒，二度流放江南。后见国势衰微，国都被秦攻破，投汨罗江死。所作《离骚》、《天问》、《九歌》等诗篇，在文学上取得伟大成就，开创了楚辞一派文体。按屈原及屈原故事，不见于先秦诸典籍，初见自《史记·屈原列传》。

我们是这位天才诗人的后代

毛泽东在青年时代就十分喜欢读屈原的诗，在北京与杨昌济谈话时，就用了"路漫漫其修远兮，吾欲上下以求索"以示志。他在自己的读书笔记中，用工整的魏碑字体抄写了《离骚》和《九歌》，还作了对各节内容的概括。红军长征初期，在渡过湘江通过龙胜山区时，他刚进入大片橘林，情不自禁地吟起了屈原《橘颂》中的名句："后皇嘉树，橘徕服兮。受命不迁，生南国兮……"张闻天听了，接着吟咏："深固难徙，更壹志兮。绿叶素荣，纷其可喜兮。"毛泽东禁不住大笑，说：知我者，洛甫也！我毛泽东就是深固难徙，更壹志兮。又说：我毛泽东是个乐观主义者，绝不会步屈子的后尘，投江报国！（《毛泽东周恩来与

长征》,第 130 页)

毛泽东一生中多次高度评价屈原的人品和文品。1949 年 12 月,他出访苏联,在赴苏的列车上,与苏联汉学家费德林谈起了屈原。费德林称赞屈原是"第一位有创作个性的诗人"。毛泽东就饶有兴味地介绍和评述了屈原。他说:屈原生活过的地方我相当熟悉,也是我的家乡嘛! 所以我们对屈原,对他的遭遇和悲剧特别有感受。我们就生活在他流放过的那片土地上,我们是这位天才诗人的后代,我们对他的感情特别深切。(《费德林回忆录:我所接触的中苏领导人》,第 16 页)他又说:屈原的名字对我们更为神圣。他不仅是古代的天才歌手,而且是一名伟大的爱国者:无私无畏,勇敢高尚。他的形象保留在每个中国人的脑海里。无论在国内国外,屈原都是一个不朽的形象。我们就是他生命长存的见证人。(《费德林回忆录:我所接触的中苏领导人》,第 17 页)

屈原喝的是一杯苦酒

20 世纪 50 年代初期,当费德林把俄译《离骚》等楚辞推荐给苏联读者,并取得成绩后,他对毛泽东称赞了屈原和《离骚》。毛泽东再次评述了屈原,他说:屈原的功勋并不是马上就得到人们的承认。那是后来过了不少日子,诗人的品格才充分显示出来,他的形象才真正高大起来。屈原喝的是一杯苦酒,也是为真理服务的甜酒,诗歌像其他创作一样,是一种精神创造。(《费德林回忆录:我所接触的中苏领导人》,第 22 页)屈原千百年来受到民众爱戴,这是来自民间的一种传统朴素情愫。因此当费德林谈及老百姓崇拜屈原时,毛泽东以唯物者的态度尊重这种行为,他说:这种崇拜不是屈原自己制造的,而是爱戴他的老百姓自发产生的。这种崇拜一直延续到现在,难道能怪他吗? 我们不能为别人负责,老百姓树立他们所需要的权威和偶像,这是他们的事,我们不能对此负责。又说:我不认为这是他的错。(《费德林回忆录:我所接触的中苏领导人》,第 25 页)

1954 年 10 月,毛泽东会见访华的印度总理尼赫鲁时,引用了屈原《九歌·大司命》中"悲莫悲兮生别离,乐莫乐兮新相知"两句诗来表达友情,并对他说:"屈原是中国一位伟大的诗人,他在一千五百年前写了许多爱国的诗,政府对他不满,把他放逐了。最后屈原没有出路就投河而死。几千年来,中国人民就把他死的一天作为节日,这一天就是旧历五月五日端午节。在这一天,人民吃粽子。粽子是把糯米用一种叶子包起来制成食品。人民把这种食品投在河里喂鱼,使鱼吃饱了不伤害屈原。"(《毛泽东著作专题摘编》,第 2281 页)1961 年秋天,毛泽东还写了一首七绝《屈原》来赞美屈原的斗争精神:

> 屈子当年赋楚骚, 　　手中握有杀人刀,
> 艾萧太盛椒兰少, 　　一跃冲向万里涛。(《毛泽东诗词集》,第 203 页)

屈原的学问是深奥的、多元的

因为热爱屈原,毛泽东也称赞郭沫若早年创作的话剧《屈原》,曾经以满意的口气说:当时重庆演出的话剧《屈原》,在全国引起了震动,我们在延安听到这情况也很受鼓舞。革命胜利后,我在北京见到郭沫若,还谈到这一点呢。(《费德林回忆录:我所接触的中苏领导人》,第 24 页)

毛泽东对《楚辞》赞赏备至。新中国成立初期,他在与老同学周世钊和蒋竹如谈话时,曾说:《左传》、《楚辞》虽是古董,但都是历史,有一读的价值。还说:屈原如果继续做官,他的文章就没有了。正是因为开除"官籍"、"下放劳动",才有可能接近社会生活,才有可能产生像《离骚》这样好的文学作品。(《党的文献》1994 年第 5 期)1964 年 8 月,毛泽东在北戴河与几位哲学家谈话时说:到现在,《天问》究竟讲什么,没有解释清楚。《天问》讲什么,谈不懂,只知其大意。《天问》了不起,几千年以前,提出各种问题,关于宇宙,关于自然,关于历史。(《党的文献》1994 年第 5 期)1965 年 6 月,他在上海和刘大杰教授谈及王安石,说:在王安石之前已经有人提出过反对天命、反对封建宗法的思想,比如屈原、王充。毛泽东认为,屈原的学问是深奥的、多元的。

毛泽东书斋里收藏多种版本的《楚辞》和有关著作。1957 年 12 月,毛泽东想收集《楚辞》的各种版本,就请何其芳开了一个目录,经过两个月努力,搜集了五十余种。《楚辞》是他外出视察随身所带的必备之书,稍有空隙就读。1958 年 1 月在广西南宁,因雷达发现有国民党飞机向南宁飞来,全城实行灯火管制,他不去防空洞,却点着蜡烛,神情专注地读《楚辞》。同年 9 月,在视察合肥时,问随行的张治中有否读过朱熹注的《楚辞》,说:这

是好书,我介绍你有空看看。1959 年在庐山会议时,让秘书林克编出一份有几十条评介、研究《楚辞》的书刊目录,亲自审改后,印发给与会代表们。他又在会上说:"骚体是有民主色彩的,属于浪漫主义流派,对腐败的统治者投以批判的匕首,屈原高居上游。"(《建国以来毛泽东文稿》第八册,第 456 页)

《天问》

《天问》是屈原一篇以四言为主的杂言诗。全诗共提出一百七十多个关于天地万物的问题,其中包括天地未分、洪荒未辟的情形,天地既形、阴阳变化的道理,日月星辰的位置,昼夜晦明的现象,河海川谷的深广,地形四方的经度,日光不到的地方,冬暖夏寒的处所,以及动植珍怪的生物,历史人物的故事,治乱兴衰的原因,所涉及的范围非常广泛,所提出的问题极有意义,如问道:太阳从早到晚,究竟要走多少里路?("出自汤谷,次于蒙汜,自明及晦,所行几里?")百川东流入海,为什么总不会满?("东流不溢,孰知其故?")地球的四边有多长? 南北直径较短,比东西相差多少呢?("东西南北,其修孰多? 南北顺椭,其衍几何?")等等。屈原为什么会想到这些问题呢? 据王逸说:屈原放逐山泽之间,看见楚国先王的宗庙和公卿祠堂的壁画,有天地山川神灵怪物。因书壁题图而作此篇。两千多年前的诗人竟有这种怀疑精神和追求真理态度,因此著名学者游国恩教授说本篇是古今罕见的奇文。

《离骚》

屈原作品,有《离骚》、《九歌》、《天问》、《九章》等二十余篇,合称《屈赋》,其中《离骚》三百七十三行,二千四百九十字,是古代最雄伟的长诗。在屈原诗里,通常运用比兴手法,反映现实矛盾,抒发深沉的内心情感。如以善鸟香草比喻忠贞,以恶禽臭物比喻谗佞,以灵修美人比喻君王,以宓妃佚女比喻贤臣,以虬龙鸾凤比喻君子,以飘风云霓比喻小人。诗人吸收了楚地民歌精华,加长了诗句和篇幅,在形式上作了变革,创造了骚体诗,使诗歌跌宕雄浑,更具艺术感染力。

宋玉

悲秋人去语难工
摇落空山草木风

宋玉　战国时期楚国辞赋家。屈原学生，后任楚大夫。现存作品有《九辩》《招魂》等，以才华绝伦见著。唐李商隐有七律《宋玉》：何事荆台百万家，惟教宋玉擅才华。楚辞已不饶唐勒，风赋何曾让景差。落日渚宫供观阁，开年云梦送烟花。可怜庾信寻荒径，犹得三朝托后车。

宋玉是楚辞大家。早年毛泽东读《昭明文选》，其中就有宋玉的赋。他对宋玉的赋百读不厌。读其书当知其人。因而毛泽东也颇注意专家论述宋玉的著作，如鲁迅的《中国小说史略》、郭沫若的《历史人物》、陆侃如的《宋玉》，他都拿来作对照、比较，以求熟知宋玉。毛泽东认同鲁迅对宋玉的评价。据山东大学教授陆侃如回忆：1957年，我到北京怀仁堂听毛主席作报告，并得到他接见。毛主席对我说：关于宋玉的评价，你未免太高，郭老（郭沫若）又太低了。比较起来，鲁迅先生的意见还是公允的。陆侃如的《宋玉》，上海亚东图书馆出版，约四万字。作者只认定《九辩》《招魂》为宋玉作品，其余如《高唐赋》《舞赋》《登徒子好色赋》等十二篇均系伪作。他对宋玉评价，见卷首即称："宋玉——他与屈原同为楚民族文学的柱石。"与屈原并列为"两位大诗人"。所以毛泽东有此说法。

　　毛泽东相当喜欢宋玉的赋,他在长征时写的《念奴娇·昆仑》有句"安得倚天抽宝剑",就是见自相传为宋玉所作的《大言赋》:"方地为舆,圆天为盖。长剑耿介,倚天之外。"

　　新中国成立以来毛泽东提倡读的宋玉赋,主要是《风赋》《登徒子好色赋》两篇。1958年1月初,毛泽东在杭州刘庄,邀请赵超构、周谷城、谈家桢座谈。他建议读宋玉的《风赋》,说:宋玉写的《风赋》值得一看,宋玉说风有两种:一种是贵族之风;一种是贫民之风。在舒缓地背诵了《风赋》后又说:《风赋》值得一读,它对于辨别方向,认清形势,有很大的教育意义。(《情满西湖》,第152页)同年5月,毛泽东在中共八大二次会议上又讲到了《风赋》。他说:今天,我主要讲辨别什么风向。大风是容易知道的,十二级台风人人容易辨别,人吹得不舒服,房子吹倒了,树木吹倒了。小风不容易辨别,领导干部更加要注意。宋玉写了篇《风赋》,值得看一看。他说风有两种,一种是贵族之风,一种是平民之风(所谓"大王之雄风"、"庶人之雌风")。风有小风、中风、大风。宋玉是楚国的文学家。他说:"夫风生于地,起于青蘋之末,侵淫溪谷,盛怒于土囊之口"有书为证,在《文选》第四十五卷,昨天晚上我还翻看了一下。他说,风起于青蘋的根尖上,"侵淫溪谷",大概就是成都;"土囊之口",就是三峡。宋玉是湖北人,大概是指那个地方。"盛怒"就是生大气,风到三峡就大了。风"起于青蘋之末"的时候,最难辨别。(《"大跃进"亲历记》,第373页)

　　20世纪50年代后期,毛泽东还多次谈宋玉的《登徒子好色赋》。1958年1月6日深夜,皓月当空,毛泽东在杭州与周谷城等人谈话中,先是一字不差地背诵了此赋中的一段:"天下之佳人莫若楚国;楚国之丽者,莫若臣里;臣里之美者,莫若臣东家之子。东家之子,增之一分则太长,减之一分则太短;著粉则太白,施朱则太赤。眉如翠羽,肌如白雪,腰如束素,齿如含贝。嫣然一笑,惑阳城,迷下蔡。然此女登墙窥臣三年,至今未许也。登徒子则不然。其妻蓬头挛耳,齞唇厉齿,旁行踽偻,又疥又痔,登徒子悦之,使有五子。王孰察之,谁为好色者矣?"然后说:宋玉攻击登徒子的这段话,完全属于颠倒是非的诡辩,是采用"攻其一点,不及其余,尽量夸大"的手法。又说:从本质上看,应当承认登徒子是好人。娶了这样丑的女人,还能和她相亲相爱,和睦相处。照我的看法,登徒子是一个爱情专一的、遵守婚姻法的模范丈夫,怎么说他是个"好色之徒"呢?(《毛泽东读史》,第149—150页)毛泽东认为,登徒子是蒙受了不白之冤,应当为他

"正名平反"。他把宋玉视为反面教材诡辩术的典型。对这篇赋,毛泽东持批评态度。同年1月12日,他在南宁会议上作了详细介绍:楚襄王部下宋玉,写过一篇《登徒子好色赋》,使登徒子两千年不得翻身。因为登徒子向楚襄王反映过宋玉长得漂亮,会说话,好色。宋玉反击登徒子好色,说登徒子讨了一个麻脸驼背的老婆,还生了五个孩子,你看好色不好色?这都是"攻其一点,不及其余"。我们看干部,要看德才,不能只看一点。毛泽东又说:宋玉终于打赢了这场官司。他采取的方法就是攻其一点,尽量扩大,不及其余的方法。整个故事见宋玉写的《登徒子好色赋》。昭明太子把这篇东西收入《文选》,从此登徒子成了好色之徒的代名词,至今不得翻身。毛泽东还向周恩来推荐《登徒子好色赋》,翌日,就把这篇赋印发给与会者。

毛泽东对宋玉的另外两篇赋,即《神女赋》、《高唐赋》,也相当熟悉。1958年3月,他由重庆乘江轮东下,路过巫峡,在留意从几个侧面观看了神女峰时,就对吴冷西、田家英等说:宋玉在《神女赋》中说,"夫何神女之姣丽兮,含阴阳之渥饰。被华藻之可好兮,若翡翠之奋翼。其象无双,其美无极。毛嫱鄣袂,不足程式。西施掩面,比之无色。"其实谁也没有见过神女,但宋玉的浪漫主义描绘,竟为后世骚人墨客无限的题材。因为熟悉,运用自如。毛泽东的名篇《水调歌头·游泳》的佳句"截断巫山云雨,高峡出平湖。神女应无恙,当惊世界殊",就典出自此两赋。

廉颇　蔺相如

一出《将相和》
千古有余音

廉颇　蔺相如　战国后期赵国大臣，两人辅赵惠文王，卓有政绩。廉颇以勇敢善战闻名于诸侯；蔺相如面斥强秦，不辱国体，司马迁很称赞他们的武文合璧。在《史记》中有名篇《廉颇蔺相如列传》。

廉颇、蔺相如是战国后期赵国的大臣，一武一文，为国家栋梁。毛泽东饱读《史记》，对他们事迹很熟悉，他常常在谈话中举例。新中国成立初，京剧《将相和》在北京上演。毛泽东观看后，对蔺相如顾全大局、不计私怨和廉颇勇于认错、负荆请罪，最后两人结成刎颈之交的故事十分赞赏。他说：我党干部要学将相和，宽宏大量，襟怀坦白，做维护团结的模范。

毛泽东还把蔺相如名字作为在外交上坚持正义的符号。1949 年底访苏时，以当年苏联米高扬来西柏坡不吃死鱼事，他也拒绝苏联招待以死鱼，说：来而不往非礼也，我也只好学蔺相如使秦的办法，回报他一颜色。（《开国领袖毛泽东》，第 392 页）

1950 年 3 月，毛泽东和即将出任大使的黄镇谈话。他解释"黄镇"名字时说：黄镇这个名字也不错。《楚辞》中说"白玉分为镇"。玉可碎而不改其白，竹可黄而不可毁其节。派你出去，是要完璧归赵喽。你也做个蔺相如吧！（《将军

不辱使命》,第 10 页)

毛泽东对蔺相如是赞赏的。对廉颇也倍加有赞。1939 年在延安抗大讲授战争辩证法"知彼知己"时,就举例长平之战谈到廉颇:当赵军统帅廉颇在长平之战初期,经两次进攻受挫后,认为进攻力量不够,乃果断采取战略防御。他敢于按照实际情况改变战法,不愧为杰出的军事家。(《烽火岁月——程国璠文集》,第10 页)

20 世纪 50 年代,毛泽东曾三次赴河北邯郸。邯郸是战国时期赵国都城,至今还留存有关廉颇和蔺相如的古迹。毛泽东每次赴邯郸,都谈到廉颇和蔺相如的故事。毛泽东卫士长李银桥曾回忆:1955 年 9 月,毛泽东在视察时介绍说:邯郸是古时赵国的都城,历史上出了不少典故,至今对我们仍有很好的借鉴作用。接着,他就说起了廉颇和蔺相如"将相和"的故事。

1958 年 11 月,在邯郸与当地干部谈话时,又说:你们这里古时是赵国,平原君就在邯郸,蔺相如在街上同廉颇相遇还要回车避让,我们的干部有的闹不团结,连车也不回,还不如他们呢!(《毛泽东年谱 1949—1976》(三),第 484 页)

赵奢　赵括

知子者莫若父
知父者鲜为子

　　赵奢　战国后期赵国将领。曾在阏与（今山西和顺）大破秦军，封马服君。

　　赵括（？—前260）　赵奢子，好谈兵法，然无实战经验，不知应变。赵孝成王时带兵四十万，在长平（今山西高平西北）战败，被射杀。全军降秦，尽遭坑杀。赵国自此衰落。

　　毛泽东很熟悉赵奢、赵括父子的事迹。赵奢是阏与（今山西和顺）之战一举成名的，他是军事家。冯梦龙《智囊》卷二十二《兵智部·制胜》的赵奢篇，据《史记》编写了赵奢带赵军援韩，拯救被秦军久围阏与军民的故事。毛泽东很欣赏赵奢在阏与之战中采用的战略战术，并就冯梦龙所写评语："孙子曰：'反间者，因敌间而用之'。'我得亦利，彼得亦利，为争地。'阏与之捷是也。"在"反间者"三字旁画有一条着重线，在"因敌间而用之"旁逐字加了旁圈，并就此段故事写下批语："老师坚城之下，又不意赵救，此秦之所以败也。"（《毛泽东读文史古籍批语集》，第67页）此语真入木三分，点出了赵胜于秦的阏与解围战的原因。

赵奢对自己的胜利谦虚、谨慎,可其子赵括却以为打仗取胜是容易的事,无实战经验,却经常夸夸其谈,终致在长平之战中败死。1936年毛泽东在《中国革命战争的战略问题》用了纸上谈兵的成语,他说:"做一个真正能干的高级指挥员,不是初出茅庐或仅仅善于在纸上谈兵的角色所能办到的,必须在战争中学习才能办得到。"(《毛泽东选集》第一卷,第181页)毛泽东曾向有关人员说过纸上谈兵这个典故。他说:战国初期,赵国名将赵奢的儿子赵括,自幼读了不少兵书,谈起兵法,头头是道,连他的父亲都难不倒他。但是赵奢认为赵括不能当大将。后来秦国攻赵,赵括接受兵权,打起仗来照搬兵书,结果被秦军围住,赵军四十万全军覆灭,赵括自己也被射死。1939年春,毛泽东在延安给抗大学员讲军事辩证法课,说战争史上,有的人既不知彼,又不知己,专凭热情,或专靠书本,或唯上是从,去指导战争与作战,因而难免碰壁。接着又举战国时期长平之战赵括这个典型人物的故事说:赵王在长平之战中,从企图占据上党郡的主观愿望出发,不重视敌我力量的对比,轻率地决定对秦国采取战略进攻的方针(当时赵军统帅廉颇采取战略防御方针)。而赵王急于打败秦军,又中了秦国的反间计,撤换坚持战略防御的廉颇,任命只知空谈兵法的赵括。赵括既过低估计秦军的力量,又过高估计赵军的力量,既不知彼,又不知己,轻举妄动对秦国采取战略进攻的方针。结果被秦军包围,最后全军覆没,使赵国处于濒临灭亡的危险境地。(《烽火岁月——程国璠文集》,第10页)

1955年9月,毛泽东视察河北邯郸地区。他对警卫员说:邯郸是古时赵国的都城,历史上出了不少典故,至今对我们仍有很好的借鉴作用。接着毛泽东就举了若干典故,其中之一就是赵括的"纸上谈兵"。

阏与之战

公元前270年,秦伐赵,围阏与(今山西和顺)。赵王问计廉颇和乐乘如何救阏与。两人都说:"路远又险狭,难救。"赵王又问赵奢,赵奢说:"路远又险狭,如两鼠斗于洞中,勇者胜。"赵王派赵奢救援。赵奢军离邯郸三十里就驻扎不前,且下令全军:"有谁上书与秦军战者斩。"赵军坚守二十八日不动,且强化工事。秦将以为赵军不动了。赵奢候秦军不备时,以两天一夜赶至离阏与50里处驻扎。他听从小军官许历建议先抢占北山,秦军后至,争北山不能上,赵奢出军合击,大败秦军,解阏与之围。由是唐杜佑认为此战为"示缓及先据要地"(《通典》第一五三卷)的范例。

长平之战

公元前 260 年,秦国以白起为上将军、王龁为裨将率军攻赵,自七月至九月,将赵军主力困于长平(山西高平),断其粮道。赵军四十六日无粮,饥饿以至人互相食。主帅赵括无计可施只得拼命突围,被秦军射死,军心更乱,顿时瓦解,全军四十万投降。白起下令将降卒全部活埋,只留下幼小的二百四十人归赵,以便宣扬秦的军威。

战国多兵员

战国初期,主要兵源来自农民。后各国多采取征兵制和常备兵制,又因郡县的广泛设立,能保证征兵顺利进行。当时男子通常从十五岁至六十岁服兵役,国家可随时征调入伍。据战役和需要决定服役时间。如大战役,则征调全国壮丁服役,如长平之战,赵国即征发兵员四十余万。各国还实行常备兵制度,常备兵经严格选拔,多是精锐。战国后期,战争频仍,大国军队多有在三十万至一百万的。

鲁仲连

本自江海人
忠义感君子

鲁仲连　战国后期齐国人。有节操,善谋划,常游历各国,替人排难解纷。秦赵长平战后,他力阻魏使劝赵尊秦为帝。清人辑有《鲁仲连子》。明何景明有诗《咏鲁仲连》:"仲连初历国,排难能解纷。飞书下燕将,立谈却秦军。不受万户侯,长揖千乘君。始称天下士,终为海上民。"

战国齐人鲁仲连,为他人排难解纷,不受酬报。司马迁很敬重他,并为之作传。毛泽东早年读过《史记·鲁仲连传》,器识鲁仲连其人其事。经常恰如其分地引用鲁仲连的故事。

1958年10月13日,毛泽东起草了以国防部长彭德怀名义发表的《再告台湾同胞书》稿。在此稿的结尾,他写道:"请你们读一读《鲁仲连传》好吧。美国就像那个齐湣王。说到齐湣王,风烛残年,摇摇欲倒,他对鲁卫小国还要那样横行霸道。六朝人有言:韩亡子房奋,秦帝鲁连耻,本自江海人,忠义感君子。现在是向帝国主义造反的时候了。"(《建国以来毛泽东文稿》第七册,第460页)

齐湣王,战国后期齐国国君,自称"东帝",常恃国力强大,凌暴诸侯;并要尊秦为"西帝"。鲁仲连坚持义不帝秦,批驳倒辩者,稳定了长平战败后的赵国民心士气。

　　1956 年 10 月国庆节的第三天,毛泽东在北京中南海会见新中国成立后初次来北京的新加坡《南洋商报》特约记者曹聚仁。曹聚仁来大陆,就台湾和平统一事会商于毛泽东、周恩来。毛泽东称赞曹聚仁的工作,说:希望你当鲁仲连。这样曹聚仁真的当起了现代鲁仲连。所以毛泽东称他为"今之鲁仲连"。

◉ 先秦杀俘

先秦时期,秦与关东六国战争频繁。斩杀过大批敌方兵员。据《史记·白起传》:

秦昭王十四年,攻韩、魏,败之伊阙,斩首二十四万;

秦昭王三十四年,攻魏华阳,斩首十三万,沉赵卒二万于河中;

秦昭王四十三年,攻韩伊阙,斩首五万;

秦昭王四十七年,攻赵长平,前后斩首虏四十五万(其中降卒四十万)。

其中斩首亦包括俘虏。斩杀俘虏的陋习延续几百年,如《史记·项羽本纪》记项羽在新安"坑秦卒二十万余人",后在击败齐田荣时,项羽又"皆坑田荣降卒。"《三国志·武帝纪》,曹操官渡战后,坑袁绍降卒八万,等等。

残杀俘虏、降卒是奴隶制的野蛮遗留,其目的是:

(一)以杀立威,震慑敌国;

(二)摧毁、消灭敌国有生力量,不再起生;

(三)政治报复,发泄私怨;

(四)难以有效管理、处置庞大的俘虏、降卒群体;

(五)无法解决俘虏们繁重的粮食、物质供应。

韩非

知说之难话《说难》
游说之言著《难言》

　　韩非(约前280—前233)　战国晚期思想家。韩国公族,入秦,为李斯陷害,入狱自杀。他是法家代表人物,提出法、术、势三者结合的法治思想。著有《韩非子》五十五篇。宋张镃有《读韩非传》:谏鼓招言事蔑闻,昧时自鬻更纷纷。胸中著许堤防策,不救危身肯济君。

　　韩非是集先秦法家思想的大成者。毛泽东读《史记·老子韩非列传》,还留下圈阅过的墨迹,如"与李斯俱事荀卿"、"斯自以为不如非"、"治国不务修明其法则"、"以为儒者用文乱法"等句下方,都画了"○"。又写下这样一段批语:"韩非师从于荀子,战国时期法家的代表人物,他提出的法治、术治、势治三者合一的封建君主统治术,对后世影响很大。"(《毛泽东历史笔记解析》,第57页)
　　晚年毛泽东曾和他的侄儿毛远新谈论读书,当毛远新谈到正在看李斯和《韩非子》时,毛泽东说:这些书你都应该看,只看一遍不行,至少要看五遍。你说的《韩非子》我年轻时就看过几遍,其中的《说难》、《孤愤》、《五蠹》都能背得下来。这个韩非和李斯都是荀况的学生,也都是中国历史上有名的大法家。后来,李斯作了秦始皇的宰相,怕韩非夺权,就在公元前233年把他杀了。所以韩非感叹说:"上古竞于道德,中世逐于智谋,当今争于气力。"他讲的这个"气力",

其实就是"权力"。韩非为什么被李斯杀了,就是因为李斯的权力比他大。"力多则人朝,力寡则朝于人,故明君务力。"高明的皇帝一定要控制权力,秦始皇听了韩非的劝告,搞了个中央集权制。我们共产党也学秦始皇,就是要掌握住国家领导权。(《邓小平在 1976 年》,第 45—46 页)

韩非的著作是《韩非子》。相传《韩非子》是他因禁于咸阳秦狱时所写的,毛泽东对此颇有感触。1949 年他在与翻译师哲谈论司马迁时,随口念出《报任安书》中的一段:"韩非囚秦,《说难》、《孤愤》。"后来在 1962 年七千人大会上又念了这一段。毛泽东喜欢读《韩非子》,他的讲话和著作中,常常运用出自《韩非子》的成语和典故,如自相矛盾、忠言逆耳、危如累卵、良药苦口、循名责实、吹毛求疵、优柔寡断等等。1959 年 12 月至 1960 年 2 月,毛泽东参加讨论苏联《政治经济学教科书》(第三版)时,讲了《韩非子·和氏》中卞和献璧的故事。他说:卞和坚信真理,坚定地认为自己的玉是好的,第三次献上去,确实证明这是块好玉,才取得了人们的信任。所以,任何真理要使人们相信,绝不会是一帆风顺的。(《党的文献》1994 年第 5 期)

和氏璧

据《后汉书》、《太平寰宇记》"和氏璧出自荆山"。

荆山所在地有四说:

通常指为湖北南漳荆山抱璞岩。

一说在湖北阳新。据《舆地纪胜》:"为卞和得璞玉之所"。此山在阳新北王山里。

一说在安徽芜湖说。《太平府志》:"芜湖县东南十六里,介天成湖与长河之间,有大、小二山,曰大荆、小荆";"大荆山即卞和得玉处"(《九域志》)。

一说在安徽怀远。《怀远县志》:"荆山县新倚也,在治西南";《中国名胜词典》:"怀远县荆山有抱璞岩,传为卞和抱璞泣血之所。岩上有卞和洞,天然形成"。

据近世地质学家章鸿钊考证,和氏璧即是月光石。近年据湖北地质学家郝用威在南漳海拔 3 000 米处板仓发现了此种月光石。这是一种稀有矿石,它的分子呈定向排列,在阳光下从不同方向观察,会呈现不同色彩,正视为白色,侧视为碧色,所以其色混青绿而玄。

触詟

位尊无功,俸厚无劳
君子之泽,五世而斩

触詟　战国时赵国大臣。官左师。年老,居家。为谏主政的赵王太后
送出人质。故事见《战国策》。触詟,长沙马王堆西汉墓帛书作"触龙"。因
触詟能旁敲侧击,迂回地向赵太后劝谏,元张养浩《左师触詟》为赞:"水惟
曲折海能通,指事直言未必功。尝爱左师开赵后,雍容宫殿满春风。"

触詟故事见《战国策·赵策》,清人选进蒙学诵读的《古文观止》,取名为《触
詟说赵太后》,传播面也就更大了。

毛泽东年轻时读过《古文观止》和《战国策》,知道这个故事和它的精髓。

赵孝成王年幼即位,由生母赵威后主政。秦兵围攻,赵威后向齐求救。齐
要长安君作人质,方肯出兵。长安君是赵威后最宠爱的小儿子,她不同意,诸大
臣进谏,反遭谩骂:"谁再提及此事,我必要痛骂他一顿。"触詟进谏,说"父母之
爱子,则为之计深远。"以眼前与长远关系,封赏而无功与做人质而有功的利害
作比较,说太后不让长安君为人质,其实是短视和计短也。赵威后听了连连称
是,同意让长安君入质齐国。

毛泽东很欣赏这篇国策。

1953年5月,毛泽东从周恩来处听到斯大林小儿子华西里中将,酗酒成

性,不适合再当莫斯科军区空军司令时,很有感触。说:会不会像我们中国人所说的那样,"位尊而无功,俸厚而无劳,而挟重器多也"?(《历史的真情——毛泽东两访莫斯科》,第452—453页)

1959年11月,毛泽东在散步时与李银桥谈话。他说:仗我们是不怕打的,帝国主义要想和平演变我们这一代人也难,可下一代再下一代就不好讲了。中国人讲"君子之泽,五世而斩",英国人说,"爵位不佐三代",到我们的第三代、第四代人身上,情形又会是个什么样子啊?(《历史的真言——李银桥在毛泽东身边工作纪实》,第781页)

这几句话就是《触詟说赵太后》中的话。

1967年,即发动"文化大革命"的翌年,毛泽东审阅江青在中央军委扩大会议上讲话记录稿中关于"触詟说赵太后"一事后加写了一段话:这篇文章,反映了封建制代替奴隶制的初期,地主阶级内部财产和权力的再分配。这种再分配是不断地进行的,所谓"君子之泽,五世而斩",就是这个意思。我们不是代表剥削阶级,而是代表无产阶级和劳动人民,但如果我们不注意严格要求我们的子女,他们也会变质,可能搞资产阶级复辟,无产阶级的财产和权力就会被资产阶级夺回去。(《毛泽东年谱(1949—1976)》[六],第73页)

"君子之泽,五世而斩",典出《孟子·离娄下》。《触詟谏赵太后》亦引用。

⬤ "五世而斩"说历代帝皇

中国封建社会中的王侯贵族世家,很少能自初代荣华富贵、兴旺发达延续至三五世的,往往继承父兄基业之子弟,因好逸恶劳、不求进取而致家业衰败、凋落和破亡。始举自秦汉至明清帝王世家为例。

秦至第二世胡亥即临衰亡,西汉在第三代刘恒(文帝)持黄老之治稍有起色,但至昭宣之后,一蹶不振;东汉至二三世明章之后,名存实亡;两晋开朝的司马炎(武帝)、司马睿(元帝)都是因人成事当上皇帝的,此后即一蟹不如一蟹。隋至第二世杨广(炀帝)败亡,唐至第五六世李隆基(玄宗)天宝年彻底走上败落之路。北宋自三世赵恒(真宗)始,因崇道国力衰退,南宋自开朝后即偏安。元自二世忽必烈、明自二世朱棣(成祖)后,帝王多显平庸、荒唐。清入关初三帝呈兴旺时期,但在第四世弘历(乾隆帝)后期,亦呈现败状。

甘罗

莫以有为视无为
青出于蓝胜于蓝

> 甘罗　战国后期秦国官员。楚国下蔡(今安徽凤台)人。年十二,为秦相吕不韦家臣。曾说服张唐赴燕,又自赴赵,以赵攻燕,为秦王政拜为上卿。民间传说"甘罗十二为丞相"。

甘罗是甘茂的孙子。

甘茂曾从史举先生学百家之术,亦是一个巧言令色的纵横大家。他经张仪、樗里子中介,为秦惠文王信任,参加取楚汉中地,又自率军夺取韩宜阳(今河南宜阳)。后因受到朝臣谗言,出奔齐国。死于魏国。

甘茂死后,甘罗在文信侯吕不韦处做门客。秦派张唐赴燕,打算与燕联手讨伐赵。张唐不肯去,甘罗说服了张唐成行;又经吕不韦推荐,甘罗作了秦使,赴赵说服赵王先行攻燕。甘罗让赵王乖乖地先赠送秦五城,再联秦攻燕,掠地以偿。赵王同意了,发兵攻燕上谷(今河北怀来东南),得三十城,而转赠与秦十一城。秦王嘉奖甘罗,封为上卿,并归还甘茂生前的田宅。

毛泽东熟读《史记》,对《史记》卷七十一《甘茂列传》的甘罗故事很有兴趣。新中国建立后,他常讲述古往今来有作为的年轻人,激励人们。

毛泽东说:从古以来,很多学者、发明家,在开始都是年轻人,青年人最初是学问少一些,但青年人打倒老人,学问少的人打倒学问多的人,这种例子多得很。

他曾掰着指头对英文秘书林克说:中国战国时候有个甘罗,大概是甘茂的孙子,他十二岁当丞相,才是个少先队员、红领巾、童子军嘛。当时吕不韦是个大政治家,但在关键时刻没了主意,甘罗给他出了个主意,并自己出马到赵国去纵横捭阖,结果出使成功,当上了丞相。(《红墙往事——第一代领导核心的秘书们》,第200页)

1958年5月8日,毛泽东在中共八大二次会议上,讲了古今中外的年轻人胜过前辈的事例,其中也谈了甘罗:战国时候秦国有个甘罗,大概是甘茂的孙子,他十二岁当丞相,还是个少先队员、红领巾。当时吕不韦是个大政治家,但没有主意。甘罗给他出了个主意,叫他亲自出马到赵国去,后来事情果然成功,甘罗就作了丞相。(《"大跃进"亲历记》,第288—289页)

吕不韦

奇货可居真奇计
富可买国真富饶

　　吕不韦(? —前235)　战国晚期秦国大臣。原为赵阳翟(今河南禹州)
大商人。在邯郸得遇秦人质子楚,挟为奇货,乃西入咸阳,设法立为太子。
子楚即位,封文信侯。后又辅秦王政,为相国。在相期间,招徕游士宾客,
著作《吕氏春秋》,出兵攻灭东周、西周。后秦王政亲政,因嫪毐事发,免相,
出居河南,再徙蜀郡(四川),途中自杀。

　　毛泽东读了多部先秦诸子,其中有吕不韦主编的《吕氏春秋》。《吕氏春秋》
是一部杂家大全,内容丰富。毛泽东对《吕氏春秋》相当熟悉,所以能在著述里
应用自如。在《论联合政府》中提及以比喻经常运动的东西不易受腐坏的“流水
不腐,户枢不蠹”,就是出自《吕氏春秋·尽数》:“流水不腐,户枢不蠹,动也。”
《吕氏春秋·勿引》有“三军之士,视死如归”一语,毛泽东也喜欢引用,如与斯大
林谈话时,就说到岳飞“视死如归”;1959年4月24日在一份报告的批语中也
说:“唐人诗云:沉舟侧畔千帆过,病树前头万木春。再接再厉,视死如归,在同
地球开战中要有此种气概。”(《建国以来毛泽东文稿》第八册,第217页)
　　毛泽东在谈及《吕氏春秋》这本书时,似乎认同司马迁的观点。1962年1
月,在中央召开的七千人大会上,他讲了司马迁所说的“不韦迁蜀,世传《吕

览》",还说,"司马迁所讲的这些事情,除了左丘明一例以外,都是指当时上级领导对他们作了错误处理的"。(《在扩大的中央工作会议上的讲话》单行本,第4—5页)看来毛泽东对秦始皇惩罚吕不韦,罢他的官,逼他自杀是持异议的。因为在他看来,正如1958年在中共中央八大二次会议上就破除迷信谈话时所说:吕不韦是个大政治家。

《吕氏春秋》

亦称《吕览》。战国晚期秦相文信侯吕不韦主持门客共同编写。杂家代表著作。全书二十六卷,分十二纪、八览、六论,共一百六十篇。全书所述以儒、道家为最,兼及名、法、墨、农及阴阳家等言,汇合先秦各家学说,为当时秦国统一天下、治理国家提供理论武器。在议论中引证了许多古史旧闻和有关天文、历数、音律等方面知识,其中《上农》、《任地》、《辩士》和《审时》等四篇保存了先秦农学的片段。有汉高诱注和清毕沅《吕氏春秋新校正》。《汉书·艺文志》入"杂家"目录。

李牧

旌旗移幕府
荆棘蔓丛台

李牧(？—前229) 战国后期赵国将领。长于用兵。驻守赵北边境，屡败匈奴。先后在肥(今河北藁城西南)和番吾(今河北平山东)大败秦军。秦灭韩后，领兵抗拒秦军东犯，屡胜。相持一年，因赵王中秦反间计，被诬杀害。宋司马光有诗《李牧》：椎牛飨壮士，拨距养奇材。敌帐方惊避，秦金已暗来。旌旗移幕府，荆棘蔓丛台。部曲依稀在，犹能话郭开。

毛泽东早年读《史记》、《资治通鉴》，就熟悉战国名将李牧的故事。1948年4月6日，毛泽东、周恩来和任弼时率中共中央机关由陕北渡黄河进入山西境内来到代县。毛泽东提出去看雁门关。他们瞭望关外大片开阔平野地带，这里相传是古代南北交锋的战场，触景生情，谈起了杨家将和三关故事。周恩来说：相传杨六郎镇守的三关，是在河北的徐水、唐县一带，不在山西这里。毛泽东同意此说。他说：历史上的许多事情，如果没有史书记载，经后人们七传八传，时间久了，也就说不清楚。但有一条可以确信，这里是春秋战国时期赵国李牧大败匈奴的地方，应该不会错。又说：这里是古代边防要塞，经常打仗的地方。战国时赵国的大将李牧在这里驻防，大破匈奴十余万骑，之后十多年匈奴不敢来此犯境。(《毛泽东诗谊——毛泽东和他的诗友》，第164页)谈笑间，毛泽东等人走下关楼,先依次浏览了雁门关的三座关门,又来到关侧的李牧祠庙,仔细地读了庙里所立的《武安君庙碑记》。武安君是李牧打败秦国将军桓齮、解邯郸围后所封的爵号,祠庙也是在他被害后由地方人士所建的。

新中国成立以后,毛泽东读《古文辞类纂》中收的欧阳修《为君难论》时,对该文所称赵王用赵括、秦王用李信,分别遭到失败,"予又以谓秦赵二主,非徒失于听言,亦由乐用新进,忽弃老成,此其所以败也"之语不以为然,批驳说:"看什么新进。起、翦、颇、牧,其始皆新进也。"(《毛泽东读文史古籍批语集》,第97页)意思是说,老成者和新进者不能一概而论,就像白起、王翦、廉颇和李牧等"新进"将领,就不能与丧师辱国的李信、赵括一样等同,他们都是智勇俱全的名将。

🔘 雁门关

李牧在雁门备匈奴,"多为奇陈,张左右翼击之。大破杀匈奴十余万骑。"(《史记·李牧传》)其后十余年,匈奴不敢近赵边城。按:雁门(今山西代县北),为赵长城要口之一。唐于雁门山顶置关,始有"雁门关"。

荆轲

壮士发冲冠
实谓匹夫勇

　　荆轲(？—前227)　战国晚期卫人。始读书击剑,好游侠。为燕太子丹拜为上卿。秦灭赵后,太子丹惧,受命入秦行刺秦王,未遂,被杀。司马迁有《刺客列传》,为其剑术不精,功败垂成,大为惋惜。唐骆宾王有《易水歌》:此地别燕丹,壮士发冲冠。昔时人已没,今日水犹寒。

　　毛泽东青年时读韩愈文,那篇《送董邵南序》文中"燕赵古称多慷慨悲歌之士",给他留下很深的记忆。燕、赵,通常泛指河北省,战国时期燕国、赵国所在地。他经常引用"燕赵悲歌之士"一词。在1917年发表的《体育之研究》就引用有"唯北方之强,任金革死而不厌;燕赵多慷慨悲歌之士"。1953年2月,毛泽东在湖北汉口初次见到王任重,当李先念介绍王任重是河北景县人时,毛泽东即说:噢,燕赵多慷慨悲歌之士。

　　1934年6月,毛泽东在前线遇到红十二师参谋长孙毅,当得知孙毅是河北人时,就说:历史上,人们把河北称作燕赵大地,古人说燕赵多慷慨悲歌之士。接着又说:有一出戏叫《荆轲刺秦王》唱道:"风萧萧兮易水寒,壮士一去兮不复还!"听起来使人感到悲壮慷慨,易水这个地方你去过吗?《孙毅将军自述》,第74页)易水,是一条河。相传荆轲赴秦告别燕太子丹就在这条河边。当他携带督亢地图和秦逃将樊於期人头,入秦去刺秦王政,燕太子丹和宾客都穿着白衣,在易水边为他饯行,口中唱着"风萧萧兮易水寒,壮士一去兮不复还"。抗战胜利后,毛泽东赴重庆谈判期间会见文艺界人士,当周恩来介绍到话剧演员白杨时,他随口吟道:"白杨萧萧易水寒。"显然它就是由"风萧萧兮易水寒"衍生而出的。

毛泽东对易水很向往。1949 年 3 月,他由平山西柏坡经保定乘火车赴北平,车过定兴县时,对周围人们介绍:你们注意了,这里向西是易县,有一条易水河,是中国历史上荆轲刺秦王的出发地呢! 又说:"风萧萧兮易水寒,壮士一去不复还"! 这是荆轲在告别燕国的太子丹时发出的悲壮之声啊!

🌐 地图

先秦典籍《尚书》《诗经》《论语》和《战国策》,均有提及图、版。如《战国策》苏秦以合纵向赵王游说,"臣窃以天下之地图案之,诸侯之地五倍于秦"。荆轲也有"献督亢地图于秦"。督亢图为燕部分地域,可见当时已有地图。1973 年马王堆墓出土的西汉初地图,绘有今湖南、两广交界地区的地形。图中所示城市、河流、山脉与今日地图相当接近,更说明西汉以前疆域图已多有。

王翦

莫道老人非英雄
统率雄师七十万

    王翦　战国末秦国将领。频阳东乡(今陕西富平东北)人。少时好谈兵事,善战。事秦王政(秦始皇),参与统一天下的战争,先后攻灭赵、楚等国,以功封武成侯。子贲、孙离俱为秦国将军。

    1937年,毛泽东在延安组织"克劳塞维茨《战争论》研究会"。有一次在讨论集中兵力问题时,他说:克劳塞维茨的作战指挥实践并不很多,但讲集中兵力问题讲得好。拿破仑用兵重要的一条也是集中兵力。我们以少胜多,也是在战术上集中比敌人多五倍到十倍的兵力。接着,毛泽东就讲了秦始皇先后派李信和王翦领兵灭楚,一败一胜的故事说明这个问题。

    他说的是公元前225年的秦灭楚的战役。这一年前,韩、魏、赵都已被秦吞并了,燕国也丢掉了大半疆土。秦国的主要对手只剩了楚国。这段史事,就是毛泽东1954年1月在杭州和苏联驻华大使尤金等人介绍党内斗争时所比方的:这个乱子的性质用一句话来说,就是有人要打倒我。我们中国历史上出现过秦灭六国,秦灭了楚。秦就是他们陕西(毛用手指着俄语翻译师哲,陕西韩城人),楚就是湖南(毛用手指着他自己)。这是历史上的事。楚国沃野千里,兵甲几十万。秦王政下定决心吞并楚国。于是出现了毛泽东所说的先后派李信和王翦带兵灭楚的事。王翦是秦国老将,经验丰富,秦王政欲灭楚国,他认为灭楚非动员六十万人不可。但将军李信年轻气盛,说二十万人可矣。秦王捡便宜的,用了李信做大将。王翦告老还乡去了。李信入楚,先胜后败,被赶出了楚境。秦王无奈,只得起用王翦,给了他六十万人,请他挂帅出征。王翦集中优势兵力,大败楚军,占领楚地。他归来后,急流勇退,退居林下了。毛泽东把李信和王翦作了比较,欣赏王翦的老成持重。20 世纪 50 年代,他在读欧阳修《为君难论》时,针对该文称赵王用赵括、秦王用李信,分别遭到失败,"予又以谓秦赵二主,非徒失于听言,亦由乐用新进,忽弃老成,此其所以败也。大抵新进之士喜勇锐,老成之士多持重,此所以人主之好立功名者,听勇锐之语则易合,闻持重之言则难入也",颇有异论,特地作了批语:"看什么新进。起、翦、颇、牧,其始皆新进也。"(《毛泽东读文史古籍批语集》,第 97 页)"起、翦、颇、牧",就是白起、王翦、廉颇、李牧。他们都是战国晚期的良将。此处毛泽东是从辩证视角来说"新进"者。所谓"新进",并非均是赵括、李信辈。当年王翦等人初出人头地时,亦是"新进"者,只是他们乃是靠才干当上将军的。有如王翦就曾献策在函谷关退五国兵。

🔴 秦灭六国记录

从公元前 230 年到公元前 221 年,在秦消火关东六国的战争中,王翦、王贲父子立有很大战功。王翦领兵消灭了赵国、楚国;尽取燕之地;王贲领兵消灭了魏国、齐国,攻取辽东俘燕王喜,回攻代俘代王嘉。

灭国名	灭国时间 （公元前）	灭国始末	附　　注
韩	230	内史腾自南阳房韩王安,尽纳其地。	设颍川郡。
赵	228	以离间计杀害赵将李牧。本年,杨端和王翦围邯郸,虏赵王迁。	赵公子嘉至代郡,自立为王,与燕合兵。
魏	225	王贲以河水淹大梁,魏王假降,尽取其地。	
楚	223	王翦、蒙恬伐楚,占寿春,虏楚王负刍,尽取淮北地;又败项燕军,取淮南地。	王翦平定百越,设会稽郡。
燕	222	燕使荆轲刺秦王。前 226 年命王翦伐燕,燕王喜走辽东,王翦告老还乡。本年,王贲攻辽东,俘燕王喜,燕亡。	王贲还军攻代,俘代王嘉。
齐	221	王贲自燕南下,虏齐王建,齐亡。	六国消灭。关东仅存卫国,秦二世时灭国。

秦始皇

削平天下实辛勤
却为道旁穷百姓

　　秦始皇(前259—前210)　即嬴政。秦王朝创建者。公元前246—前210年在位。以远交近攻策略,发动统一全国的战争。自公元前230年灭韩始,至前221年灭齐,完成统一大业,建立了中国历史上第一个封建专制主义中央集权国家。自称始皇帝。推行郡县制,统一法律、度量衡、货币和文字,修驰道,销毁民间兵器,焚书坑儒。发数十万人,修长城、阿房宫和骊山墓。后在出巡途中病死于沙丘平台(今河北广宗西北)。唐人多有诗咏骊山秦陵。如杜牧《过骊山作》:始皇东游出周鼎,刘项纵观皆引颈。削平天下实辛勤,却为道旁穷百姓。黔首不愚尔亦愚,千里函关囚独夫。牧童火入九泉底,烧作灰时犹未枯。

必须为秦始皇翻案

　　毛泽东高度评价秦始皇建立统一帝国的历史功绩和为巩固封建统一政权所作出的贡献。秦始皇因为"焚书坑儒",千百年来几乎为史界和其他知识学界所否定,遭受了无情的抨击,但毛泽东却以新的视角,对秦始皇加以肯定。并提出必须为秦始皇彻底翻案。

　　1958年2月3日中央政治局扩大会议上,毛泽东谈了对秦始皇的评价,他说:

"一股风一来,本来是基本上好的一件事,可以说成不好;本来是基本上一个好的人,可以说他是坏人。比如我们对于秦始皇,他的名誉也是又好又不好。搞了两千多年,封建社会没有人讲他好的,自从资本主义兴起来,秦始皇又有名誉了。但是,共产主义者不是每个人都说秦始皇有点什么好处,不是每个人都估计得那么恰当。这个人大概缺点甚多,有三个指头。主要骂他的一条是焚书坑儒。一个古人,几千年评价不下来,当作教训谈谈这个问题,同志们可以想一想。"(《毛泽东著作专题摘编》,第2282页)同年5月,毛泽东在中共八届二次会议上所作的长篇发言里再次谈了秦始皇,特别是秦始皇的"焚书坑儒"。他说:范文澜同志最近写了一篇文章(指《历史研究必须厚今薄古》),我看了很高兴。这篇文章引用了很多事实证明厚今薄古是我国的传统。敢于站起来说话了,这才像个样子。文章引用了司马迁、司马光……可惜没有引秦始皇。秦始皇主张"以古非今者族"。秦始皇是个厚今薄古的专家。说到这里,林彪插话说:秦始皇焚书坑儒。毛泽东不以为然地说:秦始皇算什么?他只坑了四百六十个儒。我们坑了四万六千个儒。我们镇反,还不是杀掉一些反革命的知识分子吗?我与民主人士辩论过,你骂我们是秦始皇,不对,我们超过秦始皇一百倍。骂我们是独裁者,是秦始皇,我们一概承认。可惜的是,你们说得不够,往往要我们加以补充。在这次会议上,毛泽东还针对林彪说:在中国历史上,在中华民族的历史上,有几个能跟秦始皇比?他对国家和民族的贡献你知道吗?

毛泽东这些话,在同年11月10日的第一次郑州会议上作了更为系统、全面的阐述。这次会上,他详细地说了商纣王、秦始皇和曹操。他说:把商纣王、秦始皇、曹操看作坏人是错误的。毛泽东说:人们从书中得知,秦始皇有焚书坑儒的恶行,因此把他看作是大暴君、大坏人。焚书坑儒当然是坏事,它把蓬蓬勃勃发展起来的百家争鸣的生动局面给挫折了。但我们对什么事都应当有分析,秦始皇并不是不问什么书都焚,也不是不问什么儒都坑。他焚的是"以古非今"的书,坑的是孟子一派的儒,其实只有四百六十人,孟子主张"法先王",所以孟子一派的书是"以古非今"的。而荀子一派则相反,主张"法后王",推行法家一派的学说。秦始皇是主张"法后王"。所以他并不坑荀子一派的儒,也不焚荀子一派的书。秦始皇"以古非今者族"的主张值得赞赏,当然我并不赞成秦始皇的滥杀人。当时,要由奴隶制国家转变为封建制国家,不实行专政是不行的。但对孟子一派采取焚书坑儒的办法,太过火了。政治上要实行专政,文化上要提倡百家争鸣、百花齐放,我们现在就是这样。这一条秦始皇是办不到的。说秦始皇没有做过一件好事,太武断了。秦始皇第一个统一了中国,统一了原来各国的度量衡,车同轨,书同文字,变分封制为郡县制。这些事关中华民族兴盛的大事,能说不是好事吗?秦始皇还在陕西关中开凿了有名的郑国渠,长三百余里,可灌溉农田万余顷,直接于生产有益,于人民有益。秦国也因此富强起来,终于把六国吞并了。能说这不是好事吗?(《一个省委书记回忆毛主席》,第146—148页)

秦始皇是一个大独裁者,有些历史学家这样说不是没有道理的。毛泽东认为,对于这一点也应该有分析。秦始皇有独裁的一面,也有高度集中统一领导的一面,二者有区别又有联系。后者在秦始皇吞并六国、统一中国的过程中,是他取得成功的一个积极因素。秦始皇当全局的情况看准之后,他善于调动各方面的力量集中到主攻方向上来,而且在实行主攻任务的时候,有很大的决心,很大的气魄,很顽强的毅力,敢于力排众议,不听那一套动摇军心的话。

把颠倒的历史颠倒过来,毛泽东替秦始皇作了翻案。古为今用。在1959年4月的上海会议上,他针对当时工作中存在的分散主义、本位主义、有令不行、有禁不止的情况,提出:要学习和借鉴秦始皇善于集中力量于主攻方向,同时要学会走群众路线。也就是把集中统一的领导和群众路线统一起来。毛泽东说:不利于群众的事情就是不利于国家,没有什么有利于群众而不利于国家的事。秦始皇并不是没有过错,给秦始皇翻案,要看到他还有重大的过错。历史上的秦始皇搞专制独裁,同群众路线是根本对立的。现在我们需要的是走群众路线的秦始皇。一方面领导上不要给人乱戴帽子,允许你留意见,言者无罪,闻者足戒;一方面领导要以身作则,提倡作自我批评。这样两个方面结合起来,经过不同意见的争论,在这个基础上集中起来,这是革命的秦始皇,集中统一就有了群众基础。

秦始皇比孔子伟大得多,我也是秦始皇

20世纪六七十年代,毛泽东继续赞扬秦始皇的伟大,经常将他与孔子放在对立的坐标轴上作比较,以贬低孔子的鲜明倾斜和落差,衬托秦始皇的功绩,还通过与外国朋友谈话叙述自己执持的理念,向世界传播。1964年6月,他在与马里政府代表团国务部长科奈谈话时说:"你们大概知道中国有一个孔夫子,有一个秦始皇吧?这两个人就是这样的。秦始皇,历来说他不好,但是最近这几十年来,资产阶级历史学家已经给他翻了案。"又说:"我们认为应该讲句公道话。秦始皇比孔子伟大得多。孔夫子是讲空话的,秦始皇是第一个把中国统一起来的人物。不但政治上统一中

国,而且统一了中国的文字、中国的各种制度如度量衡等,有些制度后来一直沿用下来。中国过去的封建君主还没有第二个人可以超过他的。可是他被人骂了几千年,骂他的就是两条:杀多了人,杀了四百六十个知识分子;烧了一些书。"(《毛泽东年谱(1949—1976)》(三),第366页)同年8月,他就黄河流域水利建设问题同各中央局书记谈话时,又提到秦始皇说:秦始皇是好皇帝。焚书坑儒,实际上坑了四百六十人,是孟夫子那一派的。其实也没有坑光,叔孙通就没杀么。(《毛泽东之魂》[修订本],第287页)叔孙通是秦王朝的博士,后来又是刘邦的主要谋士。翌年6月13日,毛泽东在与越南胡志明主席谈话时也说:孔子代表奴隶主、贵族,"在中国历史上,真正做了点事的是秦始皇,孔子只说空话。有些事,秦始皇的办法不对。他虽然只统治了十三年,但影响有几千年。"(《毛泽东年谱(1949—1976)》(五),第500页)

1970年6月19日,毛泽东在会见外宾时,又说:两千多年前统一中国的,就是这个修长城的皇帝—秦始皇。中国这个词有两说:一个叫瓷器CHINA;一个没有A字,就是CHIN(秦朝)。这个皇帝可做了些事情呢。人家骂他可骂得厉害。(《毛泽东之魂》[修订本],第293页)1974年9月23日,毛泽东在会见埃及副总统侯赛因·沙菲时又说:秦始皇是中国封建社会的第一个有名的皇帝,我也是秦始皇,林彪骂我是秦始皇,中国历来分两派,一派讲秦始皇好,一派讲秦始皇坏。我是赞成秦始皇,不赞成孔夫子。因为秦始皇是第一个统一中国的,统一文字,修筑宽广的道路,不搞国中有国而用集权制,由中央政府派人去各个地方,几年一换,不用世袭制度。(《毛泽东之魂》[修订本],第296页)

评论秦始皇要一分为二

当然,毛泽东还是从历史辩证法的视角去认识和分析秦始皇的。在他晚年的1973年7月,在与王洪文、张春桥谈话时说:我赞成郭老的历史分期。奴隶制以春秋战国之间为界。但是不能大骂秦始皇。早几十年中国的国文教科书,就说秦始皇不错了,车同轨,书同文,统一度量衡。又说:郭老在《十批判书》里自称人本主义,即人民本位主义,孔夫子也是人本主义,跟他一样。(《毛泽东之魂》[修订本],第295页)1975年夏,当时与毛泽东伴读的北京大学讲师芦荻曾因"评法批儒"时有人大捧秦始皇,不准对秦始皇作历史分析这个问题请教毛泽东:对秦始皇到底怎样看? 毛泽东当即指出:秦始皇作为一个历史人物,评论要一分为二。秦始皇在历史发展过程中的进步作用要肯定,但他在统一六国之后,丧失了进取的方向,志得意满,耽于佚乐,求神仙,修宫室,残酷地压迫人民,到处游走,消磨岁月,无聊得很。陈胜、吴广揭竿而起反抗秦的暴政,其中就包括对秦始皇,完全是正义的。这次战争掀开了我国封建社会中波澜壮阔的农民战争序幕,在历史上有很大意义。(《毛泽东读书笔记解析》(下),第1156页)在此期间,毛泽东在与周围工作人员谈话时,也批评了秦始皇。他说:秦始皇怕秀才造反,就焚书坑儒,以为烧了书,杀了秀才,就可以天下太平,一劳永逸了,可以二世、三世传下去,天下永远姓秦,结果是"坑灰未冷山东乱,刘项原来不读书"。是陈胜、吴广、刘邦、项羽这些文化不高的人,带头造反了。

秦始皇"坑方士"

秦始皇焚书发生在始皇三十四年,"坑儒"在翌年。但"坑儒"实为"坑方士",因侯、卢二生求仙药不成,骂了秦始皇一顿后逃跑,就此引起传为"坑儒"的杀方士事。秦始皇因屡受方士欺骗,才诛杀方士,《史记》等书没有记载秦始皇因儒生有任何政治行为和学派思想而捕杀。当然被坑的四百六十余人中也有儒生,但主体是方士。西汉诸书如贾谊《新论》均未记有"坑儒"和坑方士事。此事初见于班固《汉书·儒林传》:"及至秦始皇兼天下,燔诗、书,杀术士,六学从此缺矣。"此处"术士"被解释为"儒生",于是遂有"焚书坑儒"说。

李斯

焚余宁有籍，坑后更无儒
此是最愚人，作法必自毙

李斯(? —前 208) 秦大臣。楚上蔡(今河南上蔡西南)人。曾从荀卿学。入秦后屡献吞并六国奇策，为秦王政(秦始皇)重用。秦王朝建立后，为丞相，反对分封，主张以法为教、以吏为师，禁私学，均得采纳。又以小篆为标准，整理文字。秦始皇死，出于既得利益，从赵高谋，伪作诏书，逼死始皇太子扶苏和大将蒙恬，立胡亥(秦二世)。后遭赵高诬害，腰斩，灭三族。五代韦庄有《题李斯传》：蜀魄湘魂万古愁，未悲秦相死秦时。临刑莫恨仓中鼠，上蔡东门去自迟。

1965 年 6 月，在与越南胡志明主席谈话时，毛泽东说：秦始皇用李斯，李斯是法家，是荀子的学生。李斯是楚国人，是秦相吕不韦的门客。公元前 237 年，因吕不韦被黜罢相事，秦宗室贵族提出驱逐关东六国籍人员。李斯写了一篇《谏逐客书》，受到秦王政(秦始皇)采纳。此后，李斯以他的才干和见识，受到秦王重用。

1959 年冬，毛泽东在读苏联《政治经济学教科书》(第三版)时讲了一段话：李斯的《谏逐客书》，有很大的说服力，那时候各国内部的关系，看起来是领主和农奴的关系，每个家族都有自己的战车、武士，一个国家统一的程度很差。又说:李斯是拥护秦始皇的,属于荀子一派的,主张法后王。(《党的文献》1994年第5期)1964年8月,毛泽东在一次谈及黄河水利建设的谈话中说:李斯是拥护秦始皇的,属于荀子一派,主张法后王,后王就是齐桓、晋文,秦始皇也算。(《希望》1992年新总第一期)1968年10月,毛泽东在中共八届十二中全会闭幕会上批评郭沫若旧著《十批判书》时,又讲了法家,并特别提到了李斯。他说:在范老(范文澜)的书上,对于法家是给了地位的。就是申不害、韩非这一派,还有商鞅、李斯、荀卿传下来的。(《希望》1992年新总第一期)

李斯的《谏逐客书》是千古名作,清初文人把它编入《古文观止》。20世纪70年代初,有关部门遵照毛泽东的嘱咐将它印成大字本,并由专家作了详细注释。

李斯建议禁私学、焚书

战国时期诸子创办私学,秦初私学亦颇风行,对学生传授本学派思想,对政府行为多加评论。秦王朝虽在中央设有博士七十人,主持教育诸生,郡县亦设有学室,对官吏子弟教育文字、书法、法令,并以李斯《仓颉篇》、赵高《爱历篇》、胡毋敬《博学篇》为统一教科书,但因私学兴旺,李斯认为危害及政治。秦始皇三十四年(前213),时为丞相的李斯以天下已定,法令一统,这些学生不师今却学古,借以批评朝政,扰乱民心。建议将《秦记》以外诸侯史书都焚毁,凡非博士官收藏的《诗》、《书》百家语,全部交与地方官销毁,私下谈论《诗》、《书》的处以弃市之刑,以古非今的族灭,官吏知情不报的与之同罪。令下三十天仍未烧书的,处以黥刑,罚为城旦。只有医药、卜筮、种树的书不烧。严禁私学,要读书,只能以吏为师。秦始皇采纳,遂有"焚书"。"焚书"大量烧毁了文化思想的典籍,特别是列国史记,所以司马迁说:"秦既得意,烧天下《诗》《书》,诸侯史记尤甚,为其有所刺讥也。《诗》《书》所以复见者,多藏人家,而史记独藏周室,以故灭。惜哉,惜哉!"(《史记·六国年表》)

陈胜　吴广

竟令秦失鹿
首为汉驱鱼

陈胜(？—前208)　吴广(？—前208)　秦末农民起义领袖。秦二世元年(前209)，在蕲县大泽乡(今安徽宿州东南)发动戌卒九百人揭竿起义。连战连胜，在陈(今河南淮阳)建张楚政权。后为秦军击败。两人先后为部下所害。宋刘克庄有五绝《陈胜》：辛苦佣耕久，饥寒谪戌余。竟令秦失鹿，首为汉驱鱼。

1970年8月庐山会议上，毛泽东发表《我的一点意见》，在批判天才史观时说：中国几千年才出现一个天才，不符合事实嘛。中国有陈胜、吴广，有洪秀全、孙中山，怎么能说几千年才出一个呢？在毛泽东看来，陈胜、吴广也是中国历史上的天才人物。"更陈王奋起挥黄钺"(《贺新郎·读史》)，毛泽东写的这句词，洋溢着对陈胜、吴广的赞美之情。

毛泽东经常高度评价陈胜、吴广。一次对身边工作人员说：陈胜、吴广揭竿而起，反抗秦的暴政，完全是正义的。这次战争掀起了我国封建社会中波澜壮阔的农民战争的序幕。(《毛泽东与中国古典军事典籍》，第77页)1952年10月，在徐州九里山古战场，他向陪同人员介绍了陈胜、吴广大泽乡起义，说：陈胜、吴广西进起初顺利，当打到离咸阳不远的戏(今陕西临潼)时，被章邯打败。

　　毛泽东赞美陈胜、吴广,同时也要人们从他们的故事中汲取历史的经验和教训。1950 年 9 月,在北京中南海怀仁堂接见全国劳动模范代表时,毛泽东遇见土地革命时期中央苏区一位绰号叫"罗瞎子"的乡长。"罗瞎子"是他未当乡长前的绰号。毛泽东和他谈了陈胜的故事:陈胜你知道吗? 噢,不知道。我告诉你,他是第一位农民起义的领导。他打了几个胜仗,称上了王,就骄傲了,忘了自己共过患难的父老兄弟。《史记》这本历史书里说,陈胜称王以后,家乡的父老去找他,因为在殿上叫了他的小名,他就恼羞成怒,甚至杀害了共过患难的兄弟。当"罗瞎子"说到自己当了乡长仍要人家这样称呼他时,毛泽东称赞道:你刚才说得好,叫不叫得"罗瞎子",能看出你有没有官架子。"苟富贵,毋相忘!"就是日后革命成功了,我们也不能像陈胜那样忘了自己共过患难的父老兄弟。"罗瞎子"听了,对毛泽东说:要是革命成功了,你管天下,我该怎么称呼你呢? 毛泽东回答:那你照样喊我老毛就是。

　　20 世纪 50 年代,毛泽东再读《史记·陈涉世家》时对陈胜、吴广的失败作了精辟的分析。他在眉批里指出:陈胜、吴广有"两误":"一误"是他们功成忘本,杀了旧时的伙伴,脱离了本阶级的群众;"二误"是他们用人不当,偏听偏信,脱离了共过患难的干部,其结果是众叛亲离。(《毛泽东读文史古籍批语集》,第 122 页)

　　毛泽东经常读《史记》中的《陈涉世家》。

　　1971 年 8 月 20 日,毛泽东在读《史记》时正逢服务员韩淑红进来,他展开《陈涉世家》对她说:我来教你们学点历史。接着把《陈涉世家》译成白话口述给她听,然后又讲了一段陈胜、吴广的故事。

　　毛泽东说:陈胜字涉,是河南阳城人(今河南登封县)。吴广为河南阳夏人(今河南太康)。秦始皇时,苛政重敛,暴政如虎。他动用全国民力、财力,旷日持久地大兴土木,筑长城、修地道,又兴建规模宏大的阿房宫、豪华的骊山陵,又对匈奴、南越用兵,大量征用戍卒和民夫,大批青壮年离乡背井服徭役,不能从事农业生产,百姓苦不堪言。秦始皇死后,二世继位,其统治更加残暴,矛盾空前激化。人们走投无路,秦王朝已是处于风雨飘摇之中。

　　陈胜、吴广本是"佣耕于垄亩"的农民,秦二世元年,他们与九百多农民一道,被征发前往渔阳(今北京密云县西南)戍守,行至蕲县大泽乡(今安徽宿州东南)时,因连日暴雨,无法走路,误了期限是要杀头的,陈胜、吴广被逼起义。他们以"伐无道,诛暴秦"为口号,斩木为兵,揭竿为旗,发动了我国历史上第一次轰轰烈烈的农民大起义。他们迅速占领陈县(今河南淮阳),陈涉自立为王,建立政权号张楚,封吴广为假王,接着分兵四出,得到广大群众的拥护和支持,沉重地打击了秦王朝的统治。(《梅岭——毛泽东在东湖客舍》,第505—506页)

秦的赋税制度

秦始皇三十一年(前216)诏令"黔首自实田",即令民众须自报私有田地数,以便征收赋税。秦的赋税,包括按土地多少征收田赋,主要征取粮食、饲料、禾秆等,也收户赋、口赋。还规定男子由十七岁到六十岁服徭役,担负大兴土木的繁重劳动,如筑阿房宫、长城和秦始皇陵墓等。

为了保证赋税征收,秦王朝设立专门官职,如少府管理山林池泽税收,治粟内史管理租税、赋役和财政开支。县设县丞,县下的乡设啬夫,都兼管税收。

项羽

力拔山兮气盖世
时不利兮骓不逝

项羽(前232—前202)　即项籍。秦末农民起义领袖。下相(今江苏宿迁)人。楚国贵族后裔。力能扛鼎,勇武过人。响应陈胜吴广起义,后势力强大。秦亡后,自立为西楚霸王,分封诸侯,裂土为王。与刘邦争天下,历时五年,终在垓下(今安徽灵璧东南)兵败,突围至东城(今安徽定远东南)被困,自刎。

青年毛泽东在长沙读《资治通鉴》和《史记》等书,对项羽故事就极有兴趣。

1935年3月24日,毛泽东、周恩来率领中央红军二渡赤水,来到贵州仁怀北的火石岗,计划南渡乌江。毛泽东意味深长地说:楚汉相争,项羽失败垓下,乌江自刎,我们岂能做项羽? 周恩来说:楚霸王自刎的乌江不在这里,在安徽境内。毛泽东说:这我知道。但两条河的名字一模一样。我们现在的处境,有些地方,与项羽相似。如,同被对手逼出,流落在外。但项羽那时已走上绝境,无脸见江东父老,无颜对失败的八千子弟兵。而我们,既被蒋介石逼上绝境,但慢慢地,我们又冲出绝境。我们很多时候非常被动,但常常因势利导,在被动中寻找主动。这次,我们决定再次东渡赤水,就是一次主动。老蒋被我们在赤水河上渡来渡去弄得团团转呐! 我们的下场,比项羽不知道要好多少倍! 等我们战

略转移取得决定性的胜利,站稳脚跟以后,再好好来同蒋介石斗,不信斗不过他!(《战争绝唱》,第236页)

1949年4月,人民解放军占领南京后,毛泽东写下了著名的七律《人民解放军占领南京》,诗中有句"宜将剩勇追穷寇,不可沽名学霸王"。霸王,就是项羽。他在灭秦后,分封诸侯王,自己在彭城(今江苏徐州)称"西楚霸王",以为天下太平了,结果埋下了最终失败的祸根。毛泽东很注意项羽的教训。1949年夏天,毛泽东在北平看了一场京剧《霸王别姬》。回来途中,给身边警卫讲了项羽的故事,他说:不要学西楚霸王,我不要学,你也不要学,大家都不要学!他要所有的领导干部都去看《霸王别姬》这出戏。

毛泽东对项羽的刚愎自用很不以为然。1962年1月,他在扩大的中央工作会议上批评一些干部缺乏民主作风时说:"从前有个项羽,叫做西楚霸王,他就不爱听别人的不同意见。他那里有个范增,给他出过些主意,可是项羽不听范增的话。"又说:"我们现在有些第一书记,连封建时代的刘邦都不如,倒有点像项羽。这些同志如果不改,最后要垮台的。不是有一出戏叫《霸王别姬》吗?这些同志如果总是不改,难免有一天要'别姬'就是了。"(《在扩大的中央工作会议上的讲话》,第9、10页)毛泽东有时还把项羽比作反角。1948年所写的《蒋傅军梦想偷袭石家庄》里说:"蒋介石不是项羽,并无'无面目见江东父老'那种羞耻心理。他还想活下去,还想弄一点花样去刺激一下已经离散的军心和人心,亏他挖空心思,想出了偷袭石家庄这样一条妙计。"(《毛泽东新闻工作文选》,第262页)

毛泽东读《史记·项羽本纪》,对于乌江自刎的项羽临终前呼曰"天亡我也"颇不为然。1936年在《辩证法唯物论教程》中批注曰:"物必先腐也,然后虫生之,人必先疑也,然后谗入之。'非战之罪,乃天亡我'的说法是错误的。"(《毛泽东哲学批注集》,第106页)

1964年1月,在一次谈话中毛泽东还点出项羽之所以在楚汉之争中败于刘邦的原因:项羽有三个错误,一个是鸿门宴不听范增的话,放跑了刘邦;一个是楚汉订立的鸿沟协定,项羽认真了,而刘邦却不以为然,不久就违反协定东进攻楚;再一个就是他建都徐州,那时叫彭城,位置没有选好。

当然,毛泽东也多次肯定项羽的英雄气概。他欣赏李清照称赞项羽的诗句"生当作人杰,死亦为鬼雄。"1939年4月8日,在延安抗大一次讲演中,他说:"楚霸王项羽在中国是一个有名的英雄,他在没有办法的时候自杀,也比汪精卫、张国焘好得多。从前有个人作了一首诗,问他你为什么要自杀,可以到江东去再召八千兵来打天下。我们不学汪精卫、张国焘,要学项羽的英雄气节,但不自杀,要干到底。"(《毛泽东著作专题摘编》,第2284页)

毛泽东提到的这首诗就是唐朝杜牧的《题项王庙》:

胜败兵家事不期,包羞忍耻是男儿。
江东弟子多才俊,卷土重来未可知!

1947年7月,当陈赓率兵团即将南渡黄河、挺进豫西前夕,毛泽东以破釜沉舟的故事予以勉励,希望陈赓兵团要像当年项羽一样,奋勇作战。并说道:说来很巧,这个故事发生在你们将要渡河的地方。

破釜沉舟

秦二世三年(前207),秦军主力章邯合围赵国巨鹿(今河北平乡西北),声势浩大,各路诸侯人马来援,筑垒自保,不敢主动出击。项羽率楚军来援,从安阳(今山东曹县)北上,渡漳水救巨鹿,渡河后,为表示与秦军决一死战,有进无退,沉没了全部渡船,打碎了釜、甑等灶具,烧毁军营,每人只携三天食粮,"以示士卒必死,无一还心。"楚军渡河后,同秦军九次大战,连战连胜,王离被俘、涉间自杀。章邯损兵折将,率余众二十万人投降。

项羽分封诸王

项羽率军进入秦都咸阳后,烧毁秦宫室,火三月不息。有人建议:"关中阻山河四塞,地肥饶,可都以霸",他拒绝了,决意东归,说:"富贵不归故乡,如衣绣夜行,谁知之者?"(《史记·项羽本纪》)。公元前206年正月,项羽自立为西楚霸王,王梁、楚地九郡,都彭城(今江苏徐州),分封刘邦(汉王)等十八王。此时各路诸侯拥兵据地,而项羽又以亲疏关系和利害程度作分封基准,由此加速了楚汉战争的爆发。

汉高祖

大风起兮云飞扬
安得猛士兮守四方

汉高祖(前 256 或前 247—前 195) 即刘邦。西汉开国皇帝。公元前 202—前 195 年在位。沛(今江苏沛县)人。秦二世元年(前 209)响应陈胜吴广起义。前 206 年率部首先进入咸阳。被项羽封为汉王。后与项羽展开长达五年的楚汉战争。前 202 年打败项羽,统一中国,建立汉王朝。

《大风歌》这首诗,写得很好

1910 年,在湘乡东山学堂的毛泽东,有一天登上附近的东台山,慷慨而歌刘邦的《大风歌》:大风起兮云飞扬,威加海内兮归故乡,安得猛士兮守四方。

刘邦吟唱的《大风歌》,毛泽东最为欣赏。1927 年冬在井冈山荆竹山上,他登高迎着山风,不禁诵道:大风起兮云飞扬,威加四海兮归故乡,安得猛士兮守四方。他对战士说:这大风歌还是汉朝的开国皇帝汉高祖刘邦作的呐。你们晓得不,他起义时有多少人吗? 接着就说:他们不过几十人呀。汉高祖刘邦本是沛县泗水的一位亭长,相当于区保长。秦二世元年,他奉命押送一批农夫去陕西骊山服劳役。可是,一出县境就有人开始逃跑,走了几十里又逃了好几名,晚间投宿,第二天又少了一些人。这刘邦孑然一身,不敢追,也不敢禁压,可又晓得到了骊山无法交差,待行到丰乡西面的大泽中时,索性停下不走了。他对众人说:"我们不去骊山了,你们到了骊山充当苦役,难免一死,我到了骊山交不了差,也难免一死。我现在宣布,将你们统统放了,咱们散伙,自谋生路,各奔前程吧!"他把这些服苦役的农夫统统放跑了。众人都很感激他。有几十名壮丁情愿留下跟随他。刘邦无路可走,就带着他们往深山大泽里躲。正走着,突然发现有一条几丈长的大蟒横卧当道。这时,有人害怕了,说,莫如再回原路,另寻别路吧。刘邦大怒,说,"你这是什么话,我们壮士行路,还能怕蛇虫吗?"他一个人提着宝剑,走过去手起剑落,将那巨蟒砍死。率领这几十人进了芒砀山。这就是汉高祖斩蟒起义的故事。后来他在芒砀山聚集了一百多号人。不久,中国历史上第一次大规模的农民起义暴发,陈胜、吴广占领了附近的陈县(今河南淮阳)。刘邦趁机响应,下山攻占了沛县。史书上称他为沛公。他与项羽苦战四年,屡战屡败,屡败屡起,最后在垓下同项羽决战,打败了楚霸王几十万大军,统一了中国。有出京戏叫《霸王别姬》就是唱的这一战。你们说,我们今天同沛公当时的人马比,多还是少? 毛泽东又说:是的,多。而且也强,因为我们有枪杆子,还有共产党的领导,只要坚持下去,也能打下一个劳动人民的新世界的。但是,眼下我们也遇到了巨蟒拦路。这条巨蟒就是当前的困境。中国古代有个大思想家孟子说过,"天将降大任于斯人也,必先苦其心志,劳其筋骨,饿其体肤,空乏其身,行拂乱其所为。"天也将革命的大任降到我们肩上啰,我们现在吃苦受困,忍饥挨饿,但我们也不是乏种,定能斩断这条巨蟒的。刘邦建立的是一个刘家的封建王朝,我们要建立的是一个真正代表工农大众利益的革命政权。

(《山帅》,第 191—192 页)

　　1937 年 1 月,红军进入延安。毛泽东登上宝塔山,就感慨地说:要像汉高祖,建立根据地。

　　汉高祖刘邦,在参加灭秦大业后,与项羽展开了长达五年的楚汉战争,最后消灭项羽,统一了中国。毛泽东赞赏刘邦的英雄气概。1949 年 3 月,毛泽东在赴北平途中,兴奋地念道:红军不怕远征难,万水千山只等闲;大风起兮云飞扬,安得猛士兮守四方。毛泽东对周围的工作人员说:后两句是汉高祖刘邦打败了楚霸王项羽后,回家乡沛县时吟唱的《大风歌》,他也希望国家平定了,再不要发生战争呢! 他后来还同王海容谈论过刘邦的《大风歌》,说:这首诗写得很好,很有气魄,写诗的汉高祖就没有读过什么书,但是能够写出这样好的诗来。20 世纪50年代毛泽东多次谈到刘邦,他说:自古以来,能干的皇帝大多是老粗出身。汉朝的刘邦是封建皇帝里边最厉害的一个。刘敬劝他不要建都洛阳,要建都长安,他立刻就去长安。鸿沟划界,项羽引兵东退,他也想到长安休息,张良说,什么条约不条约,要进攻,他立刻听了张良的话,向东进。(《毛泽东之魂》[修订本],第345页)毛泽东也称赞刘邦有政治头脑。50年代初,他在中南海接见志愿军炮兵二师师长朱光时说:从历史上看,凡是杀人过多的,都没有好结果。汉高祖刘邦杀人最少,汉朝也就维持得较长,这个问题要十分注意才行。

刘邦是个雄才大略的政治家

毛泽东对项羽和刘邦相争故事非常熟悉,也颇有兴趣。1952年10月毛泽东在高克亭、许世友陪同下,自济南赴徐州,在列车上他说:我们下一站就是徐州了。这里自古以来就是兵家必争之地。又说:项羽率军杀进咸阳,火烧阿房宫,以最高统帅的名义进行分封。项羽认为天下太平了,可没想到刘邦是个雄才大略的政治家,有萧何、张良出谋划策,在南郑又启用韩信为大将。他采取明修栈道,暗度陈仓(今陕西宝鸡东二十里)之计,掩人耳目,突击三秦,并取得成功。他以关中为根据地与项羽争天下,于是开始了长达数年的楚汉相争的战争,最后刘邦取得了胜利。在车上谈淮海战役时,毛泽东还说:战争就是如此,是流血的政治,不是你死就是我活!项羽以鸿沟为界,中分天下,我们不搞划江而治,将革命进行到底。(《跟毛泽东行读天下》,第122、123—124页)

同月29日,毛泽东在徐州九里山参观,应周围人请,又讲了这段故事:秦朝末年,由于秦始皇残酷的统治,陈胜、吴广在大泽乡起义。沛县人刘邦揭竿而起,自立为沛公。下相人,也就是今天宿迁人项梁、项羽避仇吴中,杀死吴郡太守,也举起义旗。全国很多地方的农民以及原六国旧人纷纷起来反秦。当时的刘邦官居泗水亭长,大概相当于现在的一个乡长吧,四十八岁。那位以"万人敌"为志向的项羽,才二十八岁,是个年轻小伙子。刘邦起兵后,在山东西南江苏丰沛一带打了几个小胜仗。项梁、项羽率八千子弟兵挥师北上。而且力量很快扩大到六七万人,两军合并,力量更大。陈胜、吴广西进起初顺利,当打到离咸阳不远的戏(今陕西临潼东北)地时,被章邯打败。陈胜退到今安徽蒙城一带被车夫庄贾杀害。陈胜、吴广起义军失败。这时反秦力量主要是项、刘两支。项梁因骄傲在定陶(今山东定陶)被章邯打败身亡。刘、项把他们拥立的楚怀王从盱眙接走,退守徐州。章邯以为杀死项梁,楚军不再构成威胁,便挥师攻赵。赵大败退守巨鹿,向怀王求救。楚怀王命宋义、项羽、范增率一路人马救赵,攻打章邯;另命刘邦率部西进攻打河南,而后取咸阳。此前,楚王曾对诸将有言"先入关者王之"。宋义和项羽率军来到安阳,宋义按兵不动以"观虎斗"。项羽急切之下,杀宋义自代上将军,立刻破釜沉舟,渡河救赵。他与秦军连打九仗,所向披靡,又在今河北临漳打败章邯,章邯投降。不久,项羽在河南渑池坑杀秦降卒二十多万。项羽消灭了秦的主力后向关中进发。刘邦率军从砀郡出发,很快攻下昌邑(今山东巨野东南)、高阳(今河南杞县西)、陈留(今开封东南)、白马(今河南滑县东)、颍阳(今河南许昌东南)、平阳(今河南孟津东)、宛城(今河南南阳)等地,并顺利入关。秦王子婴开城投降。秦王朝灭亡。刘邦入城后"约法三章"很受秦民欢迎,刘邦并派兵把守函谷关。等项羽挥师西进时,刘邦已平定关中。他闻此大怒,率四十万大军欲消灭刘邦。刘邦当时只有十万人马,不敢与项羽抗衡,只好在"鸿门宴"上委曲求全,才避免与项羽血战。项羽率军屠杀进咸阳,火烧阿房宫,以最高统帅名义进行分封。他封刘邦为汉王,都南郑,自称西楚霸王,都彭城。自以为天下太平,衣锦还乡了!刘邦是个雄才大略的政治家,有萧何、张良出谋划策,在南郑又起用韩信为大将。他采取明修栈道、暗度陈仓之计,掩人耳目,突击三秦,并取得成功。他以关中为根据地东向与项羽争天下。于是长达数年的"楚汉相争"开始了。刘邦乘项羽打齐赵之际,迅速东进,数十万大军很快占领了彭城(今江苏徐州)。但刘邦因胜利产生骄傲,对项羽反扑估计不够。当项羽得知刘邦攻占了彭城,大为惊慌,急率精兵三万返彭城。这时的刘邦却在彭城置酒与各路诸侯喝庆功酒呢!楚军在早晨向汉军发起进攻,先击破汉驻鲁(今山东曲阜)的樊哙部,又穿越胡陵(今沛县北),过九里山,大败驻萧县(今安徽萧县)汉军,而后直驱彭城。一日之内赶回彭城,可谓神速。刘邦急促开城迎战,溃不成军,大败而逃。汉军沿谷泗二水退逃,被杀十几万,在东濉水上又被项羽赶上杀死十几万人,史书上说"濉水为之不流"。可见死人之多。刘邦只带数十骑逃走,他的父亲和老婆都落到项羽手中,真是惨败啊!刘邦逃到荥阳,收集逃散士卒,萧何从关中派来增援部队,他又把韩信的部队收来,汉军重新振作起来。此后刘项长期对峙,或拉锯战于荥阳、成皋一带。刘邦吸收经验教训,与张良、陈平等共同谋划如何战胜项羽,决定采取四条措施。一是由刘邦本人与项羽坚持正面对峙,牵制项羽主力,又不与其决战;二是命韩信从北向东,攻打魏赵,再攻取齐,从北面向项羽施加压力;三是联合英布和彭越不时袭扰项羽后方;四是用重金收买项羽手下的人,进行离间活动,尤其离间项羽与范增的关系,因范增是位大谋士。结果项羽四处挨打,疲于奔命,加之后勤跟不上,只好提出以鸿沟(今河南荥阳)为界"中分天下",西为刘属,东为项属。刘邦表面同意双方都撤军,其实他依张良、陈平建议,耍了个鬼把戏,当项羽后退时,他却偷偷从后边杀来。同时,刘邦命令韩信从齐,彭越从梁,英布从淮南,会战项羽,对项羽形成战略包围。项羽边战边退,而刘邦则步步逼近。具体行军路线大体上是荥阳、郑州、阳夏(今河南太康)、彭城、垓下(今安徽灵璧东南)。民间传说在九里山中山峰团山韩信曾指挥军队与项羽发生过激战,项羽由此退往垓下。毛泽东接着在讲了垓下决战后又说:刘邦在这里战胜了项羽,我们在这里战胜了蒋介石,我们不能学习楚霸王,我们要牢记历史的经验教训,也要牢记自己的经验教训。(《毛泽东指点江山》,第 1178—1183 页)

毛泽东熟悉刘邦,还能联系实际,信手引来,这段故事后来又说了一回。1965 年 8 月 11 日,在和中央政治局常委们听取总参谋长罗瑞卿汇报关于诱敌深入的备战方略时,非常高兴地说:就是要诱敌深入。接着就在说了宋太宗赵光义打败仗例子后说:刘邦也是几次轻敌冒进,被打得大败,差一点被敌人捉住。一次是孤单深入平城(今山西大同),被匈奴单于包围了七天,弹尽粮绝,后来用陈平之计,才冲出来。一次是深入彭城,被项羽一个反击,几十万人被歼,刘邦只乘了一辆车和几十个人突围逃走,途中遇到自己的儿女,又因楚军追赶,几次把儿女推下车,夏侯婴几次把他们捡起来。(《毛泽东读书笔记解析》,第 515 页)

刘邦用人之道比项羽好

刘邦的用人之道很有一套,他善于搞五湖四海。毛泽东对此多次予以称赞。他曾对刘、项的用人作过比较:楚汉相争,项羽失败了,最主要的原因是他缺乏群众路线。刘邦的用人之道比他好,所以才有萧何、张良、韩信、曹参、樊哙等文武众官跟随左右。而项羽仅有一个范增,也用不好,最后只成孤家寡人了。在 1962 年扩大的中央工作会议上,毛泽东还在谈了项羽不能用范增后,又讲了刘邦虚怀若谷、接见郦食其的故事,最后说:"刘邦是在封建时代被历史家称为'豁达大度,从谏如流'的英雄人物。刘邦同项羽打了好几年仗,结果刘邦胜了,项羽败了,不是偶然的。"(《毛泽东文集》第八卷,第295页)毛泽东认为:汉高祖刘邦比西楚霸王项羽强,他得天下一因决策对头,二因用人得当。刘邦能够打败项羽,是因为刘邦和贵族出身的项羽不同,比较熟悉社会生活,了解人民心理。(《党的文献》1994年第5期)因此,60年代初,毛泽东读《史记·高祖本纪》作有批注:"项王非政治家,汉王则为一位高明的政治家。"

毛泽东高度评价刘邦的用人之道和政治权术,1926年他就一针见血地点出刘邦革命造反的本质:"汉高祖是流氓,也是无产阶级推倒贵族阶级的革命,不过在农业社会里,他们革命成功后,又做起皇帝,自己又变成贵族阶级了。"(《毛泽东文集》第一卷,第35页)

● "与父老约,法三章"

刘邦入咸阳,有人劝他杀死秦王子婴,他说:怀王派我率兵入关就因我"宽容,且人已降服,杀之不祥"(《史记·高祖本纪》)。后又"封秦重宝财物府库,还军霸上"。在霸上,即"与父老约,法三章":"杀人者死,伤人及盗抵罪,余悉除去秦法"。受到广大民众欢迎。项羽则不然,在巨鹿大胜后,军至三川郡新安(河南渑池),因怕秦降卒"其心不服,至关中不听,事必危",竟在一夜之中将二十万秦降卒全部坑杀在新安城南,只留下统兵的秦将章邯、司马欣和董翳三人。在鸿门宴后,项羽率兵入咸阳,屠城,杀降王子婴。

● "万岁"

"万岁",先秦时通常含意是(一)表示庆贺。《战国策》,冯谖烧孟尝君债券,民称万岁,蔺相如奉璧入秦,秦王大喜。左右皆呼万岁;(二)代表死的讳称。《史记·高祖纪》:"吾虽都关中,万岁后吾魂魄犹乐思沛"。但在汉初,"万岁"仍见于欢呼,《高祖纪》,刘邦与项羽为鸿沟约,"项王归汉王父母妻子,军户皆呼万岁";后刘邦在未央宫起为太上皇寿,"殿上群臣皆呼万岁,大笑为乐。"也有称此乃汉武帝时,董仲舒"罢黜百家,独尊儒术"将"万岁"专为皇帝所称,不能它指,亦不确。据《陔余丛考》,至迟要至唐代,此时"民间口语相沿未改",仍有人呼"万岁",以为庆贺,以后才"莫敢用也"。所以到隋朝时还能用"万岁"命名,如名将史万岁。

樊哙

一出鸿门宴
叱咤两千年

樊哙（? —前189）　西汉将军。沛（今江苏沛县）人。屠狗出身。与刘邦为联襟。随刘邦起兵反秦,为将军。后封舞阳侯。

毛泽东早年就读了很多史书,其中一部就是《史记》。

《史记》是菁华云集的名山大作。通常认为其中最为拔萃的一篇,就是《项羽本纪》,而《项羽本纪》写得最精彩的就是"鸿门宴"。

人心各如其面,鸿门宴写了刘邦、项羽、张良、范增,另外一个就是割食冷猪头肉的樊哙。毛泽东很喜欢这个心直口快、不知忌讳的樊哙。至今留下评述樊哙的文字记录,虽然是零碎残缺的,可也记录了他对樊哙的熟悉。

1952年10月,毛泽东赴徐州视察,登上了城西北的九里山。

触景生情,毛泽东在九里山就向随行人员详说了楚汉相争和樊哙的故事。

毛泽东一边走一边给大家讲发生在九里山的故事:据民间流传,九里山是楚汉战争的古战场,韩信曾在九里山中峰团山伏兵与项羽大战,楚军不支,从九里山前溃退,一直退到垓下。在《水浒传》第四回有一首山歌写道:

九里山前摆（作）战场,牧童拾得旧刀枪;

顺风吹起（动）乌江水，好似虞姬别霸王。

毛泽东来到樊哙磨旗石前对随行的人员说：据史书记载，楚汉决战时，汉军大将樊哙曾在山上竖立一面大旗招呼战斗，因旗大能磨到山石，所以叫磨旗石。

毛泽东又对陪同人员说：明代宣德年间，徐州人马蕙在《九里山》诗中写道：

天空野烧连垓下，落日苍烟接沛中；
惟有磨旗踪迹在，年年常见白云封。

这时，毛泽东幽默地笑着问大家：樊哙是刘邦联襟，你们知道不知道？

大家默不作声，就连刘邦的老乡张光中也摇摇头说："不知道。"

毛泽东说：樊哙也是沛县人，早年是个卖狗肉的，后来他跟随刘邦从丰邑（今江苏丰县）起义攻打下沛县，杀掉沛令。在历次作战中，他作为刘邦贴身近臣随军作战，以军功赐爵，被封为贤成君。刘邦攻入关中，贪恋秦宫室美女珍宝，樊哙力谏，刘邦听从了他的劝告封闭府库宫室，还军霸上（今陕西西安东）。

鸿门宴上，项羽的谋臣范增令项庄舞剑，想借机杀害刘邦，樊哙在帐外听到情况紧急，便手持铁盾侧身撞倒卫兵闯入帐内，当面批评项羽不该对有大功的刘邦问罪，当时项羽为樊哙的英武形象所吸引，也为樊哙义正词严的批评所动。终于，刘邦借机逃出宴会，由樊哙护送从小道还至军营。后来，樊哙跟刘邦进汉中，又从汉中出兵平定三秦。刘邦即帝位后，因樊哙有功，封为舞阳侯。樊哙娶吕后之妹吕须为妻，就和刘邦成为联襟，所以关系比其他将领更为亲近。

后来黥布反叛时，刘邦正卧病在宫中，诏令群臣不得入内，周勃、灌婴等十几天都不敢入宫。这时，樊哙就直接闯进宫去，诸大臣也跟随入宫。此时，刘邦正枕着一个太监睡在床上。樊哙等对刘邦流泪说："当初陛下和臣等起义于丰沛，平定天下，何等雄壮！现在天下平定了，陛下多么疲惫啊！再说陛下身体欠安，群臣震恐，您不接见臣等议定国事，难道单独同一个太监一起与世隔绝吗？陛下难道没看见赵高的事吗？"刘邦听后笑着站起来，与大臣图议政事。（《毛泽东与山东》，第58—59页）

1953年2月，毛泽东游济南趵突泉，在品茶时，当陈毅、罗瑞卿谈及粟裕，

"粟司令人称常胜将军,名不虚传"。毛泽东感叹地说:人才,将才,帅才。陈毅就接着说,"那粟裕就是樊哙了。"毛泽东说:粟裕,一不是樊哙,二不是韩信,三我毛泽东也不是刘邦。粟裕就是粟裕。是人民解放军的战将,是人民的好儿子嘛!

后来毛泽东在回答警卫李银桥所问"樊哙是谁"时,这样评价了樊哙:樊哙是汉高祖刘邦身边的一员大将,跟随刘邦起义闯天下,在鸿门宴上立了大功呢!

(《历史的真言——李银桥在毛泽东身边工作纪实》,第 561—562 页)

🌀 西汉初所封异姓王档案

国名	姓 名	所封时间	都城	行 事	附 注
楚	韩 信	高祖五年	下邳	高祖四年(前 203)封齐王,本年改封,六年改封淮阴侯,居长安,国除。	高祖十一年,以谋反罪,族诛。
赵	张 耳	高祖四年	邯郸	本年,张耳病死,五年子张敖(刘邦婿)立,八年废为宣平侯,国除。	
淮南	英 布	高祖四年	寿春	十一年反,攻杀荆王刘贾,与刘邦交锋,伏弩中刘邦。明年,刘邦伤死。国除。	败亡长沙国,为吴芮子杀死。
梁	彭 越	高祖四年	淮阳	十一年,被告谋反,贬为庶人,国除。	贬蜀途中,为吕后带回长安,诛死。
燕	卢 绾	高祖五年	蓟	与刘邦同里,两小亲亲,封太尉长安侯,本年立为燕王。刘邦死,十二年亡入匈奴,国除。	匈奴立为东胡卢王。
代	韩王信	高祖二年	马邑	战国韩后裔,七年反,亡入匈奴,国除。	匈奴以为将,屡扰边,为汉将柴武所杀。
长沙	吴 芮		长沙	高祖五年,吴芮病死,子袭爵。	秦末为番阳令,项羽封为衡山王。

萧何

功人非功狗
为法讲划一

萧何(？—前193)　汉初大臣。沛(今江苏沛县)人。出身小吏,佐刘邦起义灭秦。入咸阳时收取秦王朝文献档案,掌握全国情况。楚汉相争时,以丞相身份留守关中,输送兵员、粮饷。汉朝建立后,推行与民生息政策,并制定《汉律》。

萧何是刘邦誉称为与张良、韩信并列的能人。毛泽东读《史记》和《西汉演义》深知萧何其人其事。1935年1月,红军长征在遵义,他在巡访途中,见几个红军小战士在烧书取暖,教育部长徐特立正在灭火救书时,对他们说:小同志,我国古代有一位大文学家叫司马迁,他写了一部很厚很厚的书,其中有一章叫《萧相国世家》,这位萧相国也就是萧何月下追韩信的那位萧何。书中写道:沛公——也就是刘邦,他在打下咸阳之后,手下的将士们皆争着抢秦朝的金钱财物,唯这位萧何收集秦国的图书,尤其是一些治国的御史律令。结果,收藏图书的萧何帮着刘邦取得了天下,而力主烧书的西楚霸王却落得了一个乌江自刎的下场,你们说该学谁呢? 又说:你们说说看,我们的教育部长——徐老算不算红军中保护图书的萧何啊?(《毛泽东周恩来与长征》,第182页)1952年10月29日,毛泽东到南方视察,在离开徐州经河南兰考,在谈到张良后,当警卫员问及萧何月下追韩信的故事时,他说:打天下,刘邦靠了韩信,治理天下主要还是靠了张良和萧何一帮人,戏词中唱有"治国自有萧何律"嘛(《历史的真情——毛泽东两访莫斯科》,第430页)。萧何辅助刘邦治理天下,立有大功,因而被列为功臣第一。

在一次谈话中,毛泽东用成语"萧规曹随"评论了西汉文、景二帝的安于守成。萧规曹随,即指萧何在任丞相时为朝廷制定制度、规章,打下基础,萧何死后,继任丞相的曹参就一丝不苟地照着办。

毛泽东称赞萧何筚路蓝缕、以启山林的创业精神。他非常认同刘邦对萧何的评价:"镇国家,抚百姓,给馈饷,不绝粮道,吾不如萧何。"楚汉相争时,刘邦逐鹿中原,萧何留守后方,源源不断地向前线输送兵力和粮食。毛泽东对萧何在关中开拓生产、积蓄人力的举措,大加称赞。1959年底在读苏联《政治经济学教科书(第三版)》时,就粮食生产问题谈起了萧何的故事,他说:《项羽本纪》说,刘邦同项羽打仗的时候,萧何曾经实行"耕三余一"的办法,即男子从二十一岁到二十三岁,在家种三年地,有了粮食积蓄,到二十四出去当兵。那个时候能够做到这一点,可能是因为地多人少,土地肥沃。现在我们的东北,有些地区也还可以种两三年地,多余出一年的粮食来。但是,全国现在很难做到"耕三余一",这是什么原因呢?这个问题值得研究一下。(《党的文献》1994年第5期)他称赞了萧何的办法,古为今用,甚至还以此作为参照系,提出来供后代人认识。

毛泽东喜欢萧何,有时把自己得力的部下比喻为萧何。1947年7月,他在陕北靖边小河村,在与彭德怀、贺龙等谈话时,就把长期率部保卫延安的安全,时任陕甘宁晋绥联防司令的贺龙,比喻为是守卫边区大后方的"萧何"。

● 成也萧何,败也萧何

萧何认识韩信为天下奇才,有月下追韩信的故事流传于世。韩信为刘邦一统天下立下殊勋,全赖萧何举荐,是为"成也萧何"。但刘邦称帝后,疑韩信谋反,乃伪游云梦(今湖北江汉平原北区),说韩信不轨,押回长安,赦为淮阴侯。后刘邦出征,吕后说韩信企图谋反,必欲除之,萧何又为吕后设计,把韩信骗进皇宫钟殿诛杀。是为"败也萧何"。按:萧何设计杀韩信事不见于史传,而见于《续前汉书平话》,且有诗曰:韩信将军智略多,萧何三箭定三河,不知勋业翻成怨,成也萧何败也何。

张良

为帝者师，有豪侠心
作神仙侣，演辟谷事

张良(? —前189)　西汉大臣。城父(今河南郏县东)人。字子房。韩
国世家子弟。秦末参加刘邦反秦起义,屡献奇计。又助刘邦消灭项羽,建立
汉朝。封留侯。晚年好神仙道术,陕西留坝北今有张良庙,相传为其辟谷修身
处。生平多有传奇色彩,今山东微山湖、河南兰考、湖南张家界等地分别有墓。

　　毛泽东对刘邦的重要谋臣张良评价很高,多次称赞。据他的警卫员回忆,
毛泽东认为在运筹帷幄、决胜千里方面,汉朝的张良和三国的诸葛亮都比较出
色。1934年12月中央红军在抢渡乌江前夕,毛泽东与朱德在山坡上看到那些
入睡的红军战士,而远处又听到红军歌声时,他问朱德有否带着笛子,接着说:
你要是带来该有多好啊! 当年,张子房靠一支箫,吹散了项羽的三千子弟兵;今
天,老总只要弄笛高奏,我相信这些红军指战员也都会觉醒起来的! (《毛泽东周
恩来与长征》,第167页)1952年10月,在江苏徐州视察时毛泽东向随行人员介绍
了张良的故事。他说:汉初三杰之一的张良曾隐居在古邳镇(在徐州附近),并
在那里的圯桥见到黄石公。黄石公给他一部兵书,帮助张良成就了大事业。又
说:大诗人李白专程去下邳圯桥凭吊张良,写下《经下邳圯桥怀张子房》一诗,其
中有这样的句子:"我来圯桥上,怀古钦英风。唯见碧流水,曾无黄石公。叹息

此人去,萧条徐泗空。"这李白也想见黄石公,得到上天指点,干点大事业,可惜,黄石公不在了!(《毛泽东指点江山》,第1177页)在登临当年楚汉战争的九里山战场时,毛泽东又说:项羽最后退到垓下被汉军团团围住,刘邦、张良采取十面埋伏和四面楚歌的计划,从军事实力和心理上瓦解楚军。项羽绝望,慷慨悲歌,别姬南下,到乌江时自刎而死。(《毛泽东指点江山》,第1181—1182页)

不久,毛泽东离开徐州赴河南,路过兰考,他对随行人员说:西汉的第一位谋臣叫张良,就葬在这里呢!还回答警卫员所疑惑的张良真的比书上写的还要大时说:我看比书上写的还要大些。可以毫不夸张地说,如果历史上没有张良这个人,就不会有汉高祖刘邦。(《历史的真情——毛泽东两访莫斯科》,第429—430页)

毛泽东曾就刘邦善于用人几次引用《史记》里有关的话。1957年6月在与吴冷西谈话时说:据《史记》载,刘邦称帝之初,曾问群臣:何以他得天下而项羽失天下? 群臣应对不一。刘邦均不以为然。说到这里,毛泽东当即就背诵了《史记》中刘邦说的一段话:"夫运筹策帷帐之中,决胜于千里之外,吾不如子房(张良)。镇国家,抚百姓,给馈饷,不绝粮道,吾不如萧何。连百万之军,战必胜,攻必取,吾不如韩信。此三者,皆人杰也,吾能用之,此吾所以取天下也。"(《忆毛主席》,第43页)

1958年11月,毛泽东在中央政治局武昌会议上谈解放思想时说道:"破除迷信,不要把科学当迷信破除了。比如,人是要吃饭的,这是科学,不能破除。张良辟谷,但他吃肉。"(《毛泽东文集》第七卷,第448页)在一次谈话中,毛泽东讲了楚汉鸿沟划界后,张良教刘邦利用韩信的故事。他说:韩信要求封假齐王,刘邦说不行,张良踢了他一脚,他立刻改口说,他妈的,要封就封真齐王,何必要假的。称赞张良用智谋辅佐刘邦。

🔵 张良见黄石公时已非少年

《史记·留侯世家》记有张良匿居下邳圯上,为老人拾履故事:"良尝闲,从容步游下邳圯上,有一老父,衣褐,至良所直,堕其履圯下。顾谓良曰:孺子下取履。良愕然,欲殴之,为其老,强忍,下取履。父曰:履我。良业为取履,因长跪履之。父以足受,笑而去。良殊大惊,随目之,父去里所复还,曰:孺子可教矣,后五日平明与我会此。"此处称"孺子",并非指"少年"。据《留侯世家》,张良父张平相韩两世(厘王、惠王)于韩惠王二十三年(前250)死,张平死后二十年,即公元前230年,韩为秦所亡,所以张良在韩亡时,至少已二十岁。在博浪沙击秦皇为公元前218年,则张良当不少于三十二岁,由是后匿居下邳年龄当更大些。他已是成年汉,而非少年了。

韩信

智士高材跨一世
万事当观失意时

韩信(? —前196)　西汉初军事家。淮阴(今江苏清江西南)人。初隶项羽,后归刘邦,拜为大将,出陈仓,占三秦地,击魏破赵,继又下燕取齐。为刘邦封为齐王。前202年,率军与刘邦会合,击灭项羽。西汉建立,改封楚王;为刘邦伪游云梦(今湖北江汉平原北区)诱捉,带回长安。降为淮阴侯。又被告与陈豨勾结在长安谋反,为吕后诛杀。有《韩信兵法》,今佚。

毛泽东称赞韩信是大军事家。他几次三番引用《史记》中刘邦评韩信的话:"连百万之众,战必胜,攻必取,吾不如韩信。"他欣赏韩信的善于带兵。1953年谈农业互助合作社开办,就引用了《史记·淮阴侯列传》的韩信与刘邦的对话,指出"办得好,那是韩信将兵,多多益善。"(《毛泽东文集》第六卷,第298页)

韩信善于用兵作战,打胜仗。1938年,毛泽东在《论持久战》里介绍中外历史上成功的战例,讲到了"韩信破赵之战"。他认为:这类战例"都是以少击众,以劣势对优势而获胜。都是先以自己局部的优势和主动,向着敌人局部的劣势和被动,一战而胜,再及其余,各个击破,全局因而转成了优势,转成了主动。"(《毛泽东选集》第二卷,第490页)因此,毛泽东在长期的革命战争实践中多次创造性地运用了这项战略法则。毛泽东有时还以韩信作比方来夸奖部下。1947年,在陕北靖边小河军事会议上,他表扬了在前线指挥作战的彭德怀和镇守后方的贺龙,把他们比作"一个当韩信,一个当萧何"。

毛泽东曾把粟裕同韩信并称为大军事家。

1961年9月,毛泽东与英国蒙哥马利元帅谈到淮海战役。他说:在我的战友中,有一个最会打仗带兵的人,这个人叫粟裕,淮海战役就是他指挥的。还说:韩信和粟裕是中国两个大军事家。(《报刊参考》,转引《文化艺术报》2012年第50期)

他把韩信与粟裕大将并称,亦可见对韩信善于用兵是非常肯定的。

毛泽东对韩信一生的经历了如指掌。1958年5月8日,他在中共八大二次会议讲破除迷信问题时,举了古今中外很多年轻人的例子,其中一个就是韩信。他说:韩信也是一个被人看不起的人,他在年轻的时候曾受过"胯下之辱"。人家让他钻"胯裆",他一看没办法,只好钻。在谈到粮食的重要性和"民以食为天"时,毛泽东又说:韩信在登坛拜将以前,还在汉中当过粮食部长。

🏵 韩信出走是"用非所长"

韩信是军事家,"连百万之军,战必胜,攻必取,"但并非是通才、全才。据《史记·淮阴侯列传》,他先在项羽处当郎中,管理车骑、门户,充当侍卫。后在刘邦处做连敖,为礼宾司,接待宾客。又当治粟都尉,管理粮食军需,这些都不是所长。不能用其所长,这其实就是韩信背离项羽,并一度离开刘邦的原因。

郦食其

高阳酒徒，胜如书生
巧言令色，仍是书生

郦食其(？—前203)　秦末陈留高阳(今河南杞县西南)人。初为里监门吏。秦末农民战争时归刘邦，献计克陈留，封广野君。楚汉战争中说齐王田广归汉，不战而降服齐地七十余城，后韩信袭齐，乘齐无戒备屡胜，齐王怒，将他烹杀。

毛泽东对刘邦能打败比他强大得多的项羽，不胜感叹。刘邦的一大亮点，就是善于用人。他用郦食其就是典型的例子。

郦食其是个不拘小节的乡村知识分子。他有三寸不烂之舌，是个成功的说客，其纵横术特别高明。

1962年，毛泽东在北京七千人大会上谈到用人要听不同意见时讲了郦食其初见刘邦的故事。他说："有个知识分子名叫郦食其，去见刘邦。初一报，说是读书人，孔夫子这一派的。回答说，现在军事时期，不见儒生。这个郦食其就发了火，他向管门房的人说，你给我滚进去报告，老子是高阳酒徒，不是儒生。管门房的人进去照样报告了一遍。好，请。请了进去，刘邦正在洗脚，连忙起来欢迎。郦食其因为刘邦不见儒生的事，心中还有火，批评了刘邦一顿。他说，你究竟要不要取天下，你为什么轻视长者！这时候，郦食其已经六十多岁了，刘邦比他年轻，所以他自称长者。刘邦一听，向他道歉，立即采纳了郦食其夺取陈留县的

意见。此事见《史记·郦生陆贾列传》。"(《毛泽东文集》第八卷,第295页)

毛泽东熟悉郦生故事。对此,田家英说,他当时想查一查书,校对一下史实。查了《高祖本纪》,没有这样的记载。查了《郦生陆贾列传》,一开头就是郦生见刘邦的故事,但是没有怒叱门房,"老子是高阳酒徒"之类的情节。那么,这些情节哪里来的呢? 正准备另外去查找的时候,毛泽东来了,说:就在《朱建传》后头。田家英再一查,果然。(《在漩涡的边缘》,第67页)

毛泽东对郦生故事说得头头是道,这从一个角度称赞了郦食其。当然,他对郦食其的认识是全方位的,在肯定的同时,也指出郦生书生气十足,稍稍得意时就要犯翘尾巴的毛病。

毛泽东很爱读李白古乐府体《梁甫吟》,反复阅读、多次圈画。晚年,在一部70年代版的大字本《唐诗别裁》中的此诗里,就其中"君不见高阳酒徒起草中,长揖山东隆准公。入门不拜逞雄辩,两女辍洗来趋风。东下齐城七十二,指挥楚汉如旋蓬。狂客落魄尚如此,何况壮士当群雄"这几句写郦食其的诗,特在"君不见""指挥楚汉"两句旁,用红铅笔画上直线。大概也就在此时前后,1973年7月3日,他在同人谈话说及李白此人尽想做官,就借李白诗中追慕郦食其,自以为未逢其时,对郦食其书生作为也予以了奚落。

毛泽东指出:"君不见高阳酒徒起草中,指挥楚汉如旋蓬"。那时神气十足。我加上几句,比较完全:不料韩信不听话,十万大军下历城。齐王火冒三千丈,抓了酒徒付鼎烹,把他下了油锅了。(《毛泽东的艺术情怀》,第178页)意思是说,你不要只看郦食其那副神气活现的态势,自以为仗舌头,有知识,就可以说服齐王乖乖地归汉,结果还不是下油锅丢命。郦食其要翘尾巴,没有好下场。

辅佐刘邦的主要谋士

姓　名	出　身	刘邦称帝时职务	附　注
张　良			
陈　平			
郦食其			
陆　贾	辩士	太中大夫	两次出使南越
随　何	辩士		
叔孙通	秦侍诏博士	奉常	为刘邦制订朝仪
刘　敬		郎中	为刘邦定都长安

陈平　周勃

丞相奇计，绛侯英武
安刘灭吕，功莫大焉

　　陈平(？—前178)　西汉初大臣。阳武(今河南原阳东南)人。秦末农民战争时，原隶项羽，后归刘邦，任护军中尉。在楚汉战争中屡出奇计，为刘邦信任，封曲逆侯。惠帝、吕后时任丞相。吕后死，他与周勃定计，诛杀吕氏，迎立文帝。

　　周勃(？—前169)　西汉初大臣。沛(今江苏沛县)人。早年以织薄曲为生，兼作吹鼓手替人办丧事，后随刘邦起事，屡建战功，有功，封绛侯。吕后时，任太尉。吕后死，与陈平合谋，尽诛吕氏，立刘恒为帝(汉文帝)。

　　毛泽东熟悉西汉史事，喜欢谈论刘邦的文武大臣，其中有陈平和周勃。陈平是刘邦的主要谋士，与张良并称为"良平"。他原是项羽的人，后来投奔刘邦。刘邦摒除谗言，对他很信任。1963年10月，毛泽东在天津在与华北局、河北省和天津市负责人谈话时就提到了陈平：周处除三害，人是可以觉悟的。陈平是贪污犯，汉高祖给他钱，他不记账。后来做了宰相，除吕保刘。可见人有错误是可以改的。同年12月，在中央召开的全国讨论社会主义教育运动工作会议上，毛泽东提出给犯错误干部宽大处理，要给出路。他举历史上陈平为例。说：陈平宰肉甚均。他做宰相时贪污。周勃等人告发他,说给钱多的做大官,给钱少的做小官。刘邦找他谈话,说人家告你贪污。陈平说:我养的人多,那是我没有钱呀! 刘邦说,给你四万两黄金,搞统一战线,有了四万两黄金就不贪污了。(《毛泽东晚年的理论与实践 1956—1976》,第 307—308 页)

1965 年 8 月,毛泽东在中央政治局常委会上,听取关于诱敌深入的备战方案汇报时即兴谈起自己的读史感受:我最近研究历史,古今中外,凡是诱敌深入的,就把敌人歼灭了;凡是开始打了胜仗,兴高采烈,深入敌境,就打败仗。又说:刘邦也是轻敌冒进,被打得大败,差一点被敌人捉住。一次是孤军深入平城(今山西大同),被匈奴单于包围了七天,弹尽粮绝,后来用陈平之计,才冲出来。毛泽东称赞了陈平在关键时刻所出的计策。

和陈平一起"除吕保刘"的,有周勃。1937 年 4 月,毛泽东在延安初见来自白区的彭真,当彭真说自己是山西侯马村人时,他说:侯马是一个好地方,春秋晋国在那里建都,汉朝周勃封绛侯于此。有山有水,地势平坦而又险要,是由晋入陕的通道,入豫的要冲。

毛泽东喜欢以周勃"厚重少文"比拟他人。1958 年 1 月,他在广州与中共广东省委第一书记陶铸谈周勃。事后陶铸对欧初(省委副秘书长)说:"主席刚才说我'厚重少文',其实就是批评我没文化。"(《我亲见的名人与逸事》,第 3 页)毛泽东也曾在评说汪东兴时提出,"不要小看了厚重少文,汉朝的周勃可是立了大功的。"(《今古传奇·人物》,转引《文化艺术报》(精品阅读)2013 年第 15 期)"文革"初期,林彪对毛泽东说过想动一动许世友的意思,毛泽东没说话,让江青传话给林彪:主席说了,许世友是无产阶级司令部的人,厚重少文,就是周勃一类的。林彪就没有再说什么。(《老年生活报》、《书刊报》2008 年第 5 期)

在晚年毛泽东又多次谈及周勃。1973 年 12 月 21 日,毛泽东在中央政治局会议上对许世友说:"你就只讲打仗。你这个人以后搞点文学吧。'随陆无武,绛灌无文'。《汉书》里边有汉高祖和陆贾的传,那里边说的:'常恨随陆无武,绛灌无文'。""你能够看点《红楼梦》,看得懂吗?""要看五遍。""《水浒》不反皇帝,专门反对贪官,后来接受了招安。'随陆无武,绛灌无文'。绛是说周勃。周勃厚重少文,你这个人也是厚重少文。"接着毛泽东对与会者说:汉朝有个周勃,是苏北沛县人,绛是说周勃,周勃厚重少文。《汉书》上有《周勃传》,你们看看嘛!"绛灌"、"随陆"是指四个人。"绛",刘邦封周勃为绛侯,故有此称;"灌",颍阴侯灌婴,也是与周勃随刘邦起兵的将军;"随"即随何;"陆"即陆贾,都是有文才兼有口才的大臣。这句话出自《晋书·刘元海载记》,原文是"常鄙随陆无武,绛灌无文",毛泽东在引用时,把"鄙"字改成了"恨"字。那次政治局会议上,毛泽东还对许世友说:你就作周勃嘛! 你去读《红楼梦》吧。(《毛泽东传(1949—1976)》,第1676 页)

早年追随刘邦的功臣

刘邦斩蛇反秦,早年追随他的骨干,以后成为开朝功臣,很多是沛县小吏和从事贱业的城镇贫民。

姓　名	起事时职业	开朝时封爵	朝中官职
萧　何	功曹掾(主吏)	酂侯	相国
曹　参	狱掾	平阳侯	继萧何为相国
周　勃		绛侯	太尉
灌　婴	贩缯	颍阴侯	御史大夫、丞相
夏侯婴	小吏(沛厩司御)	汝阴侯	太仆
樊　哙	屠狗	舞阳侯	
任　敖	狱吏	广阿侯	御史大夫
傅　宽		阳成侯	以魏王大夫骑将从为舍人
靳　歙		信武侯	
周　緤		蒯成侯	起事时常为刘邦参乘

赵佗

岭南号英杰
神州终一统

　　赵佗(? —前 137)　　秦末汉初真定(今河北正定)人。秦二世时为南海郡龙川县令、南海尉。秦亡后,兼并南海、桂林、象郡,汉初,刘邦遣陆贾招抚,封为南越王。吕后时背汉自立为南越武帝。汉文帝时,复遣陆贾出使招抚。景帝时遣使入朝请,称王朝命如诸侯。

　　赵佗在秦末割据岭南,后自称南越武帝。毛泽东早年读《史记》《资治通鉴》等记述的赵佗故事,留有深刻的印象。1949 年 3 月,毛泽东曾与两广纵队司令员曾生谈起过赵佗。毛泽东问曾生:你知道你们广东是什么时候开化的吗? 又说:你们广东开化很早。秦始皇时代,广东就是秦朝管辖的地方。河北人赵佗在广东做官,他对地方治理得不错。秦朝末年,天下大乱,他乘机扩占了粤西、海南岛等地方,自立为王。汉高祖平定天下后,派人去见他,他表示臣服,接受汉朝的管辖。(《毛泽东与开国少将》,第 312 页)毛泽东称赞了赵佗。赵佗也值得称赞,他始终承认是中国人,他所割据的两广地区也是中国不可分割的一部分。

　　20 世纪 60 年代中期,毛泽东在北京与十几名归国述职的外交使节谈话时,在介绍秦始皇与百越时,又一次提及赵佗:秦派去百越之地方官叫赵佗,他搞割据,建立了南越国。到了汉武帝时,国势强盛,消灭了赵氏割据势力,将南越国"分置九郡",后来又改成七郡。这七郡统称为交趾,长官称交趾刺史。(《共和国秘使》,第 257 页)

贾谊

汉傅有才终去国
无限清忠留潇湘

　　贾谊(前200—前168)　西汉文学家、政论家。洛阳(今河南洛阳东)人。二十岁为博士,升太中大夫,因主张改革,为周勃等毁谤,贬为长沙王太傅,后任梁怀王太傅。多次上疏论政,建议削弱诸侯王势力,巩固中央集权;重农抑商;抗击匈奴贵族攻掠,均不得用。有《新书》十卷,明人辑有《贾谊集》。

　　贾谊是汉代政治家。毛泽东青年时期,曾读《汉书·贾谊传》和贾谊的《新书》各篇。他敬仰贾谊的多才干、有识见,又为贾谊的体质不佳早死而惋惜。1916年12月在《致黎锦熙》中称:"贾生,王佐之才,死之年才三十三耳。"(《毛泽东早期文稿》,第60页)翌年在《体育之研究》又叹惜"贾生而早夭","一旦身不存,德智则从之而隳矣。"(《毛泽东早期文稿》,第68页)在七古《送纵宇一郎东行》(罗章龙曾取日本名"纵宇一郎")中,毛泽东倾注了自己对贾谊的敬仰之情:"年少峥嵘屈贾才,山川奇气曾钟此。"

　　毛泽东认为贾谊有治国安邦的良策。1958年4月27日,他致信秘书田家英:"如有时间,可一读班固的《贾谊传》。可略去《吊屈》、《鵩鸟》二赋不阅。贾谊文章大半亡失,只存见于《史记》的二赋二文;班书略去其《过秦论》,存二赋一文。《治安策》一文是西汉一代最好的政论,贾谊于南放归来著此,除论太子一节近于迂腐以外,全文切中当时事理,有一种颇好的气氛,值得一看。如伯达、乔木有兴趣,可给一阅。"(《毛泽东书信选集》,第 539 页)十天后,毛泽东在中共八大第二次会议上的讲话中,又讲到了贾谊:汉朝有个贾谊,十七岁就被文帝找去了,一年升了三次官,后来贬到长沙。他写了两篇赋《吊屈原赋》和《鵩鸟赋》;又回到朝廷,写了两篇文章,叫《治安策》和《过秦论》。我看他也是当时的秦汉史专家。

毛泽东很欣赏这篇《过秦论》,对《过秦论》上篇结尾"仁义不施,而攻守之势异也"一句尤为欣赏,写在《旧唐书·朱敬则传》的天头上。(《毛泽东读史》,第 49 页)1959 年 4 月,毛泽东在上海会议上,又谈到了贾谊和《过秦论》。他说:贾谊是政治家、历史家。他写的《过秦论》,是以人民力量和人民的向背为基本立足点,来观察国家兴衰、帝王成败的。所以《过秦论》最后的一句话,概括秦朝速亡的原因是:"仁义不施,而攻守之势异也。"用现在的话说,就是对人民施行暴政,丧失了民心。这是值得后世吸取的深刻教训。(《毛主席教导我们当省委书记》,第 151—152 页)毛泽东晚年,还常读《鵩鸟赋》,他说:汉朝有个贾谊,写过一篇《鵩鸟赋》,我读过十几遍,还想读,文章不长,可意境不俗。不少人就是想不开这个道理,人无百年寿,常有千年忧,一天到晚想那些办不到的事,连办得到的事也耽误了。

毛泽东还钦仰贾谊的正直品性,他说:历史上讲真话的,如比干、屈原、朱云、贾谊等这些人,都是不得志的,为原则而斗争的。20 世纪 60 年代初,毛泽东写过两首赞美贾谊的诗。一首是《七律·咏贾谊》:

> 少年倜傥廊庙才,壮志未酬事堪哀。
> 胸罗文章兵百万,胆照华国树千台。
> 雄英无计倾圣主,高节终竟受疑猜。
> 千古同惜长沙傅,空白汨罗步尘埃。(《毛泽东诗词集》,第 221 页)

诗中毛泽东对贾谊的怀才不遇深表同情和惋惜。另一首是《七绝·贾谊》:

> 贾生才调世无伦,哭泣情怀吊屈文。
> 梁王堕马寻常事,何用哀伤付一生。(《毛泽东诗词集》,第 219 页)

毛泽东在赞赏贾谊的同时,又认为他因区区梁怀王身死而哀伤至死,实在不值得。

枚乘

一篇《七发》赋
胜同十万兵

枚乘(? —前 140)　西汉文学家。淮阴(今江苏淮阴南)人。字叔。初为吴王刘濞郎中,因阻吴王反汉,未成,走梁国为梁孝王客。吴王作乱,又书劝其罢兵,仍未成,由此知名于时。《汉书·艺文志》著录其赋九篇。今存三篇。

枚乘是西汉的辞赋大家。毛泽东青年时候读《昭明文选》时就接触了枚乘的《七发》赋。1959 年 7 月,他在江西庐山从庐山图书馆借得《昭明文选》、《元人小令集》等书,又读了枚乘的《七发》。

同年 8 月 2 日,中共八届八中全会在庐山召开。毛泽东在开幕式上谈了路线问题,从历史讲到现在,且错误地点了张闻天的名:洛甫同志,我看你有病,要大喝一声:你有病,像楚太子,出身汗,就好了。当天,他果然如言给张闻天写了一封信,并且立即印发会议,信中引用枚乘的《七发》,说张闻天害的病与楚太子相似,建议张去读读。毛泽东说:《昭明文选》第三十四卷,枚乘《七发》末云:"此亦天下之要言妙道也,太子岂欲闻之乎? 于是太子据几而起曰:涣乎若一听圣人辩士之言。涩然汗出,霍然病已。"……如有兴趣,可以一读枚乘的《七发》,真是一篇妙文。(《毛泽东庐山用书写真集》,第 55 页)

毛泽东余意未尽,8 月 16 日还特意写了对《关于枚乘·七发》这篇作品的说明:

此篇早已印发,可以一读。这是骚体流裔,而又有所创发。骚体是有民主色彩的,属于浪漫主义流派,对腐败的统治者投以批判的匕首。屈原高据上游。宋玉、景差、贾谊、枚乘略逊一筹,然亦甚有可喜之处,你看《七发》的气氛,不是有颇多的批判色彩吗? "楚太子有疾,而吴客往问之。"一开头就痛骂上层统治阶级腐化。"且夫出舆入辇,命曰蹶痿之机;洞房清宫,命曰寒热之媒;皓齿蛾眉,命曰伐性之斧;甘脆肥脓,命曰腐肠之药。"这些话一万年还将是真理。现在我国在共产党领导之下,无论是知识分子,党、政、军工作人员,一定要做些劳动,走路、游泳、爬山、广播体操,都是在劳动之列,如巴甫洛夫那样,不必说下放参加做工、种地那种更踏实的劳动了。总之,一定要鼓足干劲,反右倾。枚乘直攻楚太子:"今太子肤色靡曼,四肢委随,筋骨挺解,血脉淫濯,手足堕窳。越女侍前,齐姬奉后,往来游讌,纵恣乎曲房隐间之中。此甘餐毒药,戏猛兽之爪牙也。所从来者,至深远、淹滞、永久而不废;虽令扁鹊治内,巫咸治外,尚何及哉!"枚乘所说,有些像我们的办法,对犯错误同志,大喝一声:你的病重极了,不治将死。然后,病人几天,或者几星期,或者几个月睡不着觉,心烦意乱,坐卧不宁。这样一来就有希望了。因为右倾或"左"倾机会主义这种毛病,是有历史原因和社会原因的,"所从来者,至深远、淹滞、永久而不废。"这个法子,我们叫做"批判从严"。"客曰:今太子之病,可无药石针刺灸疗而已,可以要言妙道说而去也。不欲闻之乎?"指出了要言妙道,这是本文的主题思想。此文前段是序言,下分七段,说些不务正业而又新奇可喜之事,是作者主题之反面。文好,广陵观潮一段,达到了高峰。第九段是结论,归到要言妙道。于是太子高兴起来,"涊然汗出,霍然病已。"用说服而不是用压服的方法,用摆事实,讲道理的方法,见效甚快。这个法子,有点像我们的"处理从宽"。首尾两段是主题,必读。如无兴趣,其余可以不读。我们应当请恩格斯、考茨基、普列汉诺夫、斯大林、李大钊、鲁迅、瞿秋白之徒"使之论天下之精微,理万物之是非",讲跃进之必要,说公社之原因,兼谈政治挂帅的极端重要性。马克思"览观",列宁"持筹而算之,万不失一"。我少时读过此文,四十

145

多年不理它了。近日忽有所感,翻起来一看,如见故人。聊效野人献曝之诚,赠之于同志。枚乘所代表的是地主阶级较低的阶层,有一条争上游、鼓干劲的路线,这是对于封建阶级上下两个阶层讲的,不是如同我们现在是对社会主义社会无产、资产两个对抗阶级说的。我们的争上游、鼓干劲的路线,代表了革命无产阶级和几亿劳动人民的意志。枚乘所攻击的是那种泄气、悲观、糜烂、右倾的上层统治的人们。我们现在也正有这种人。枚乘,苏北淮阴人,汉文帝时为吴王刘濞的文学侍从之臣。他写此文,是为给吴国贵族们看的。后来"七"体繁兴,没有一篇好的。昭明文选所收曹植《七启》、张协《七命》,作招隐之词,跟屈、宋、贾、枚唱反调,索然无味了。

(《建国以来毛泽东文稿》第八册,第456—458页)

毛泽东在中央全会上印发《七发》全文,尔后又印发有一千多字的说明,那是罕见的。毛泽东在他的一些著述里,还引用过枚乘《上书吴王》里的文句,如《毛泽东选集》第三卷《关于反法西斯的国际统一战线》引用的"背信弃义",就源自"弃义背理,不知其恶,有时灭亡";第四卷《目前形势和我们的任务》引用的"安如泰山",即源自该文的"乘所欲力,易如反掌,安如泰山"。

汉武帝

富庶承文景
叱咤动八荒

汉武帝(前156—前87)　即刘彻。西汉皇帝。公元前141—前87年在位。统治期间,承"文景之治",经济繁荣、稳定,西汉进入极盛时期。为人雄才大略,刚愎自用,在位期间接受董仲舒建议,独尊儒学,使之成为巩固封建专制政权的工具。又削弱诸侯王势力,加强中央集权。重用外戚卫青、霍去病,打击匈奴贵族对汉朝的攻扰,取得很大胜利。但好巡游,迷信神仙和方术,先后至嵩山、泰山和琅邪等地封禅,挥霍无度,对农民徭役繁重。自即位起,即以每年国赋三分之一建自己的陵墓(茂陵)。晚年各地曾爆发小规模的农民起义,社会矛盾激化。

1958年2月,毛泽东在成都会议上听取中共山西省委第一书记陶鲁笳汇报缺水问题时,他忽然问道:你们山西有个闻喜县,你知道为什么叫闻喜?陶说:不知道。毛泽东说:汉武帝乘楼船到这里,正好传来在越南打了大胜仗的捷报,汉武帝就给这地方起名为闻喜。汉武帝那时就能坐楼船在汾河上行驶,可见当时汾河水量很大。现在汾河水干了,我们愧对晋民呀。这段关于汉武帝的故事见《史记·汉武帝本纪》。毛泽东信手拈来,可见他对汉武帝的熟悉。

　　毛泽东高度评价汉武帝,认为汉武帝有武功、有才干,有气魄、不守成,所以才能打开文景以来沉闷的局面。又认为"惜秦皇汉武,略输文采"(《沁园春·雪》)。他肯定汉武帝的"好大喜功"。1956 年 2 月 16 日,在听取机械部汇报讲到好大喜功问题时,说:好大喜功好像是坏事,历来骂汉武帝好大喜功,可不名誉哩。木船变轮船,马车变汽车、火车,都是好大喜功,不加区别地说好大喜功都不好是不妥当的。(《毛泽东年谱(1949—1976)》(二),第 531 页)1957 年 6 月,毛泽东和吴冷西商谈改进《人民日报》一事,在比较西汉前期诸帝时说:高祖之后,史家誉为文景之治,其实,文景二帝乃守旧之君,无能之辈,所谓"萧规曹随",没有什么可以称道的。倒是汉武帝雄才大略,开拓刘邦的业绩,晚年自知奢侈、黩武、方士之弊,下了罪己诏,不失为鼎盛之世。(《忆毛主席——我所亲身经历的若干重大历史片断》,第 43 页)

　　汉武帝也有缺点,就是大搞文化专制。毛泽东晚年有一次与卢荻谈汉魏文化思想,他说,汉武帝罢黜百家,独尊儒术。结果汉代只有僵化的经学,思想界死气沉沉。武帝以后,汉代有几个大军事家、大政治家、大思想家?(《党的文献》2006 年第 4 期)

　　毛泽东还严加指责汉武帝的淫威,特别是对残害司马迁的暴行深恶痛绝。有一次,他和俄文翻译师哲谈及司马迁时不无感叹地说:汉武帝七岁立为皇太子,十六岁即位,在位五十四年,把汉朝推向全盛时期。可是就这么一个还算有作为的皇帝,一旦臣子拂逆他的意愿,竟下如此毒手。他又说道:和皇帝佬倌有什么理好讲? 汉武帝没有杀掉司马迁,已算是手下留情,不过,施以宫刑,也实在是够残忍的了! 毛泽东晚年还对汉武帝学秦始皇做神仙梦有过严厉的批判。他说:秦皇、汉武都想长生不老,到头来,落得个"万里长城今犹在,不见当年秦始皇"。其实,任何事物都不过是一个过程,人的一生也不过如此,有始必有终。

　　当时乐府诗已经兴起,汉武帝亦做乐府诗。毛泽东对汉武帝时期的乐府《上邪》评价不错。1962 年 6 月,邵华病了,毛泽东给她去信:"要好生养病,立志奔前程,女儿气要少些,加一点男儿气,为社会做一番事业,企予望之。《上邪》一篇,要多读。"

汉武帝善用各路人才

汉武帝接受董仲舒"独尊儒术"建议,但并未禁止其他各家学说传播。这是因为董仲舒未有具体措施;且所说的"诸不在六艺之科、孔子之术者,皆绝其道,勿使并进",也并非是禁止其他学说。汉武帝为巩固政权,用人不拘一格。其所用各路人才,都有技长,如学长短纵横的主父偃,学黄老好清静的汲黯,慕蔺相如为人的司马相如,受韩子杂说的韩安国,是非颇谬于圣人的司马迁,以任侠自喜的郑当时,依隐玩世滑稽之雄的东方朔,等等。

《上邪》

《上邪》是汉乐府民歌中的一首短诗:"上邪!我欲与君相知,长命无绝衰。山无陵,江水为竭,冬雷震震,夏雨雪,天地合,乃敢与君绝。"乐府乃汉王朝所设音乐机构,后把由它收集编制的歌诗称为"乐府诗"、"乐府歌辞"。汉武帝时乐府曾收集民间歌辞,据记载采集有 138 篇。

汉武帝强化国家税收的举措

汉武帝为讨伐匈奴筹款。他的办法侧重于有钱出钱。凡是为商界可以发大财的行业,如开矿、冶金、煮盐、酿酒,全都纳入国营,完全改变了文景时期将这些行业赐予臣下,放之自流的做法。其他的各种行业虽放手与商,但要抽税。最厉害的是财产税,无论是动产非动产,均由物主报价照抽。如报得不实,一经告密,就会充公,告密者可获重赏。有个叫杨可的人,就此组织了一个告密公司,招募了多个私家侦探,发了大财。城市贫民虽然税收少,但由于战争断断续续,长达四十余年,通货膨胀,活得也够难受。

司马相如

不师古辙，自摅妙才
广博闳丽，卓绝汉代

　　司马相如（约前179—前118）　　西汉文人。字长卿。蜀郡成都人。曾任皇宫武骑常侍，辞职，赴梁，与梁孝王文学侍从邹阳、枚乘交游，有《子虚赋》著世。后归乡，过临邛（今四川崃县），作客时以琴挑卓文君，与之同归成都，又赴临邛，两人当垆卖酒、保拥杂作。因汉武帝赏识《子虚赋》，因得召见，又为之赏识所作《上林赋》，拜为郎，以中郎将出使西南。后称病闲居。

　　毛泽东早年读司马相如的《子虚赋》、《上林赋》，很欣赏他的文采。

　　1942年4月9日，毛泽东为准备召开文艺座谈会与延安中央研究院作家欧阳山、草明谈话。他在谈及如何开创中国文学艺术发展的新格局时，谈到了先秦文学和两汉文学，也重点谈了屈原的《离骚》和在汉赋中颇有建树的司马相如，说司马相如是位很难得的"大才子"，堪称是汉赋中的代表作家，他所创作的《子虚赋》和《上林赋》可以说是历代赋作中最为典型的大手笔，并说和司马相如处在同一时期的东方朔和王褒、扬雄等人所写的赋都远不及司马相如。

　　毛泽东还说，司马相如是开了一代人的"先河"，其《子虚赋》对汉代文学的发展是有着突出贡献的。进而说到我们共产党人不但要懂得如何领导中国人民进行革命,在懂得如何同敌人进行武装斗争和如何认真细致地做好各项工作的同时,还应该懂得如何开展文学艺术工作,把几千年来被封建统治阶级占领的文学艺术阵地从那些"御用处"手中夺过来,使之更好地为人民服务、为广大的工农兵服务……(《毛泽东评述诸子百家》,第167、168页)

霍去病

长驱三千里
夺得金人归

霍去病（前 140—前 117）　西汉将军。河东平阳（今山西临汾西南）人。汉武帝时任剽姚校尉、骠骑将军，出塞攻击匈奴，六出六胜，打开了汉朝通往开辟西域的通道，促进西亚各国与中国经济、文化交流。封冠军侯。汉武帝曾为他建造府第，他拒绝说："匈奴未灭，无以家为！"1955 年郭沫若作有七律《访霍去病墓》：马踏匈奴虎搏斗，石雕浑朴纪炎刘。祁连山上摩天石，长乐宫中万户侯。年少将军才廿四，无名画匠足千秋。欣看祠宇成黉舍，学子莘莘意气遒。

霍去病是汉代名将。毛泽东很欣赏霍去病。1935 年 5 月，中央红军为北上成立由总参谋长刘伯承领导的先遣队，并派少共师政委萧华带领工作队，归属先遣队建制。他问萧华的年龄，当得悉已过十八岁了。就说：不要怕自己年轻，一定要有自信。伯承同志，汉代霍去病是在十八岁那年击败匈奴，擒杀匈奴的吧？（《毛泽东周恩来与长征》，第 300 页）1959 年 7 月 23 日，毛泽东在庐山会议的一次讲话中说道：南北朝有个姓曹的将军，打了仗回来作诗：去时儿女悲，归来笳鼓竞，借问行路人，何如霍去病？这里所指的姓曹的将军，就是梁武帝萧衍的大将曹景宗，一个地道的半文盲。他把自己比作霍去病。

汉武帝时,霍去病曾经六次出塞讨伐匈奴,仗仗获胜。汉武帝要替他建大宅,霍去病却说:匈奴未灭,何以家为。毛泽东很欣赏这句豪言壮语。1937 年 4 月,为祭黄帝陵,毛泽东写了一篇祭文,由延安边区代表林伯渠前往宣读,祭文里就用了霍去病的这句话。这篇祭文充分表达了以毛泽东为首的边区军民誓死抗日的决心:

> 东等不才,剑屦俱奋,万里崎岖,为国效命。频年苦斗,备历险夷;匈奴未灭,何以家为。

霍姓有源出自山西说。1958 年 9 月 22 日,毛泽东和张治中等人来到杭州,他为张治中介绍中共浙江省委书记处书记霍士廉时说:是霍去病的"霍"。因为霍士廉是山西忻县人,霍去病是山西临汾人,两人是大同乡。博学的毛泽东很快把目光转向霍士廉,说:你大概是霍去病的后裔吧?霍去病在汉代战功很大,可惜二十七岁就死了(霍去病实足只活了二十四个春秋)。

🔵 霍去病四次讨伐匈奴

汉元朔六年(前 123),霍去病随卫青由定襄(今呼和浩特东南)北攻匈奴、初试锋芒,以八百轻骑深入敌阵,俘单于祖父、叔父等贵族,因功冠全军封为"冠军侯"。元狩二年(前 121)春,霍去病率军陇西,在皋兰山(今兰州黄河西)与匈奴血战,深入焉耆山(今甘肃山丹境)千余里,俘虏浑邪王子等,还夺得休屠王祭天的两座金人。同年夏,霍去病又率军越过居延海(今甘肃张掖附近),大败匈奴。匈奴浑邪王杀休屠王率万人降汉,汉朝自此控制河西走廊,霍去病以功封骠骑将军。元狩四年(前 119),霍去病与卫青分军出定襄、代郡(今河北蔚县东北);他在狼居胥山瀚海沙漠(今内蒙古西苏尼特旗北),大败匈奴左贤王,俘七万余人。在狼居胥山和姑衍山封禅,祭告天地。匈奴北遁,"而幕南无王庭"(《汉书·匈奴传》)。汉朝历时百余年的匈奴之患,得到基本解决。

董仲舒

有贤良对策
说天人相与

　　董仲舒(前179—前104)　西汉思想家。广川(今河北景县西南)人。少治《春秋》。汉武帝时,提出"罢黜百家,独尊儒术",始创建以儒家为中国封建社会正统思想的格局。任江都王相、胶西王相。专以《春秋》灾异之变推阴阳之术,如求雨则闭南门(阳)、开北门(阴),后因刘邦陵庙火灾,所写推理之稿,为皇帝召集群儒讨论,董的学生吕步舒不知出自师所写,斥为大愚,于是被革职罪当死。幸被赦免,自此不敢再言灾异。回乡专心著述,有《春秋繁露》问世,提出"天人感应"的思想体系。唐罗隐有《董仲舒》诗:灾变儒生不合闻,谩将刀笔指乾坤。偶然留得阴阳术,闭却南门又北门。

　　董仲舒是西汉前期的思想家,后人也有称他是"儒学大师"的。毛泽东对董仲舒一直持批判态度。1917年暑假,他和同学萧瑜游学洞庭湖周边,一天在赴沅江途中,两人就金钱、权力和仁义道德等社会伦理问题进行了争论。萧瑜引用孔孟和董仲舒说的"正其义不谋其利,明其道不计其功",以说明他的观点:人类的行为准则正是建立在这些圣贤遗训上,但金钱与政治势力太大,以致破坏这些准则。毛泽东对此颇不以为然,他说:说起来是这么回事,但在现实生活中很难坚持这种准则。一个人快要饿死的时候,他不会想到道德修养问题的。

毛泽东批驳了孔孟和董仲舒的泛谈。1927年,他在湖南搞农民运动,就领导农民鞭挞了董仲舒倡导的"三纲"说。1937年夏,毛泽东在他的哲学名著《矛盾论》中,一针见血地指出:"在中国,则有所谓'天不变,道亦不变'的形而上学的思想,曾经长期地为腐朽了的封建统治阶级所拥护。近百年来输入了欧洲的机械唯物论和庸俗进化论,则为资产阶级所拥护。"1942年12月,他在陕甘宁边区高级干部会议上作题为《抗日时期的经济问题与财政问题》的书面报告,批评有些负责行政管理工作的同志不大去管生产活动,根因就是他们"中了董仲舒们所谓'正其义不谋其利,明其道不计其功'这些唯心的骗人的腐话之毒,还没有去掉得干净"。

毛泽东还深恶痛绝董仲舒这些腐儒蔑视体力劳动的行为。他说:我们曾经指出这样简单的道理:从古以来的人类究竟是怎样生活着的呢?还不是自己动手活下去的么?为什么我们这些人类子孙连这点聪明都没有呢?董仲舒当时是阐述孔子学说的绝对权威。他张扬孔子,被历代儒家称道。毛泽东也说:孔子是后来汉朝董仲舒捧出来的。(《文献和研究》1985年汇编本,第8—9页)当时汉武帝采纳他的建议"罢黜百家,独尊儒术",从此在思想领域出现了儒家为正宗的定格。对此,毛泽东很不以为然。1954年9月14日,毛泽东在中央人民政府临时会议通过宪法草案后,作了《关于辛亥革命的评价》报告。他说:"对孔夫子,自董仲舒以来就说不得了,'非圣诬法,大乱之殃',我们不能这样,我们要实事求是。我们对一切事情都要加以分析。好,就肯定;不好,就批评。"(《毛泽东文集》第六卷,第346—347页)

晚年毛泽东有一次也谈及董仲舒的"天人感应"。1976年4月22日,毛泽东从听读报载称在吉林地区降落了一次世界历史上罕有的陨石雨。他说:这种事情,历史上可屡见不鲜噢。史有明载的就不少,野史上就更多了。又说:我相信噢,中国有一派学说,叫做天人感应。说的是人间有什么大变动,大自然就会有所表示。给人们预报一下,吉有吉兆,凶有凶兆。毛泽东说到这里,稍稍停顿了一下,然后接着说:天摇地动,天上掉下大石头,就是要死人哩。《三国演义》里的诸葛亮、赵云死时,都掉过石头折过旗杆。大人物、名人,真是与众不同,死都要死得有声有色,不同凡响噢。不过,要是谁死都掉石头,地球恐怕早就沉得转不动了……但他沉思了一会儿又说:古人为什么要编造这些呢?(《走进毛泽东的最后岁月》,第132页)

司马迁

学殖空前富
文章旷代雄

　　司马迁(约前145或前135—?)　西汉史学家。字子长。夏阳(今陕西韩城芝川镇)人。史官世家。早年遍读史官藏书,走遍天下名都大邑,后承父职,任太史令。因替人辩护,触犯汉武帝,惨遭宫刑之祸。发愤继续完成所著《太史公书》,后称《史记》。此书是中国第一部纪传体通史,也是古代优秀传记文学巨著,对后世史学和文学都有深远影响。1958年2月,郭沫若在陕西文化局作五律《题司马迁墓》:龙门有灵秀,钟毓人中龙。学殖空前富,文章万代雄。怜才应斧钺,吐气作霓虹。功业追尼父,千秋太史公。

　　司马迁是汉代伟大的史学家。他的《史记》是中华民族极其宝贵的文化遗产,被鲁迅称为是"史家之绝唱,无韵之《离骚》"。毛泽东非常熟悉司马迁的故事,高度评价《史记》。他说:像《史记》这样的著作和后人对它的注释,都很严格、准确。(《党的文献》1994年第5期)1963年1月,他读了新版《史记》,写了一个批语,说它的"标点及注解,都很醒目,好看"(《建国以来毛泽东文稿》第10册,第238页),且选择了其中的《项羽本纪》,推荐给政治局常委们阅读。

　　毛泽东高度称赞《史记》,把它与《资治通鉴》并列为"大书"。

　　1975年,身体不好的毛泽东在与身边人员讲话,在讲到司马迁时,他说:中国有两部大书,一曰《史记》;一曰《资治通鉴》,都是有才气的人在政治上不得志的境遇中编写的。看来,人受点打击,遇点困难,未尝不是好事。当然,这是指那些有才气、又有志向的人说的。没有这两条,打击一来,不是消沉,便是胡来,甚至去自杀,那便是另当别论。(《毛泽东读书笔记解析》〔下册〕,第977页)

爱屋及乌。毛泽东高度赞扬司马迁。

司马迁的《报任安书》,毛泽东亦是诵背如流,且善于运用。1944年,他在纪念张思德的《为人民服务》一文中就指出:"中国古时候有个文学家叫做司马迁的说过:'人固有一死,或重于泰山或轻于鸿毛。'为人民利益而死,就比泰山还重;替法西斯卖力,替剥削人民和压迫人民的人去死,就比鸿毛还轻。"(《毛泽东选集》第三卷,第1004页)此外,在其他若干文篇中,毛泽东还恰当地运用了"救死扶伤"、"大谬不然"、"高官厚禄"、"身陷囹圄"等词语。1949年12月,他在赴苏联访问的列车上得悉翻译师哲是司马迁韩城同乡人时,随口就背诵了《报任安书》中的一段话:"文王拘而演《周易》,仲尼厄而作《春秋》,屈原放逐,乃赋《离骚》,左丘失明,厥有《国语》。孙子膑脚,兵法修列。不韦迁蜀,世传《吕览》。韩非囚秦,《说难》《孤愤》。《诗》三百篇,大抵圣贤发愤之所为作也。"接着还说:在这里,与其说司马迁在感叹厄运对人精神世界的砥砺,不如说是在抒发自己的一种情怀、一种抱负。又说:司马迁"身残处秽,动而见尤"却"隐忍苟活,幽于粪土之中所不辞",是因为他内心的积郁还没有来得及表露,他希望自己正在写着的著作能"藏之名山,传之后人,通邑大都"。诚如是,则虽九死而心不悔,这愿望确实是达到了。可以说,真正的信史自司马迁始,"史学之父",他是当之无愧的。有人说中国没有鸿篇巨制的史诗,怎么没有? 司马迁的《史记》难道不是一部有着广博学识、深刻目光、丰富体验和雄伟气魄的史诗! 评论司马迁,可以有不同的侧面,单以文章论,他也不朽了。(《震撼共和国的大阴谋》,第25—30页)1962年1月30日,毛泽东在扩大的中央工作会议("七千人大会")上所作的讲话里,再次引用《报任安书》,他说:"司马迁还是相信有其事的,'文王拘'、'仲尼厄',则确有其事。司马迁讲的这些事情,除左丘失明一例以外,都是指当时上级领导者对他们作了错误处理的。"

毛泽东又多次提及司马迁的刻苦精神,1958年10月15日,在天津视察时说:司马迁受腐刑乃发愤著《史记》,这些人是有一肚子火才写的。

🔘 《史记》的艺术加工

司马迁《史记》为鲁迅誉为"史家之绝唱,无韵之《离骚》。"史家称为"其文章,其事核,不虚美,不隐恶,故谓之实录"。但历史本系文化,《史记》所叙事不少处是得之于传说,或是对人和事作了合理想象,再由作者作了艺术加工,如《项羽本纪》"秦始皇帝游会稽,渡浙江,梁与籍俱观。籍曰:'彼可取而代也'。梁掩其口,曰'毋妄言,族矣!'"《高祖本纪》:"高祖常徭咸阳,纵观,观秦始皇,喟然太息曰:'嗟乎! 大丈夫当如此也!'"又如《秦始皇本纪》称,秦始皇原意要长子扶苏继位,是赵高与李斯密谋篡改了遗诏,将胡亥扶上皇帝宝座。两人在此前有秘不为人知的商议。据《李斯传》称,赵高先以利害打通了胡亥,然后找李斯说,始皇帝遗诏没有他人知道,谁当皇帝就由我们来定。李斯拒绝了;但当赵高说了如果扶苏为帝,就会以蒙恬为相,你不仅当不了丞相,而且还能有杀身之祸。李斯也为个人利害心动了,同意了赵高策划。这番密谋的幕后对话,不会外传,但司马迁却叙述得言之凿凿,显然是根据史实,作了推测加工。

🔘 《报任安书》

《报任安书》,又称《报任少卿书》。这是司马迁与朋友任安的一封信。原载《汉书·司马迁传》。后因《昭明文选》和《古文观止》分别选录,影响尤大。任安字少卿,西汉荥阳人。任安由大将军卫青举荐,任益州刺史、北军使者护军,因参加戾太子刘据讨伐汉武帝宠信江充,失败后遭连坐判死刑。任安在狱中时致信司马迁,恳请出面相援。司马迁曾因为败降匈奴的李陵辩护,遭受宫刑,对任安要求左右为难,久未答复,在任安将被处决时,便写了这封信。

🔘 《史记》文字误植

古书传抄,始刻于竹、木和抄录,陈陈相录,时有误植,如《史记》就秦三世身份,《史记》有关诸传不一。《秦始皇本纪》称是二世胡亥兄子(秦始皇孙);《李斯列传》称是始皇弟;《六国年表》又说是二世兄(秦始皇子),三说不一。但以年齿考信,子婴能与两儿子商议诛杀赵高大事,则两小子应在二十岁左右,子婴应在四十岁左右。此时秦始皇如未死,至此年为五十三岁,不可能生育有四十岁的儿子。因此子婴应为秦始皇之弟(非同母弟),较合为情理。

赵充国

屯兵须屯粮
缺粮即缺兵

赵充国(前137—前52)　西汉将军。陇西上邽(今甘肃天水)人。武帝时,以参加讨伐匈奴,为中郎、车骑将军长史。昭帝时,任中郎将、水衡都尉,又以击匈奴有功,升后将军。后参与尊立宣帝,封营平侯。又与西羌作战,在当地屯田,加速了西北地区的开发。

赵充国是西汉中期的将军,长期在西北活动。

1958年6月,毛泽东在北京中南海会见复旦大学教授周谷城。在一起游泳后,他拿起一本大字本线装的《汉书》,翻到第六十九卷《赵充国传》,其中有一段说赵充国引军出塞,留兵屯田,上奏给皇帝,"不敢避斧钺之诛,昧死陈愚,唯陛下省察。"又称:"充国奏每上,辄下公卿议臣议。初是充国计者什三;中什五;最后什八。有诏诘前言不便者,皆顿首服。"毛泽东指着这两段文字,对周谷城说:这个人很能坚持真理,坚持正确的主张。他的主张在开始时,赞成的人不过十分之一二,反对的人达十之八九。但到后来,逐渐被人接受了,赞成的人达十之八九,反对的却只十之一二。说到这儿,合上书,又继续说:真理要人接受,总要有一个过程。无论在过去历史上,或现在都是如此。

毛泽东读《赵充国传》相当细心。当《汉书》本传称赵充国至金城(今甘肃兰

159

州)向汉宣帝上书,"六月戊申奏,七月甲寅玺书报",从金城送书长安,又从长安将皇帝诏旨回复,他有意作了计算,由此作了批语"七天",以示来返很讲时效,极为神速。还在《赵充国传》的这段"充国奏每上"文字天头作有批语:"说服力强之效。"

毛泽东是很称赞赵充国的。

《汉书·赵充国传》长达六千余字,毛泽东仔细阅读,在多处文字处加有旁圈,仅天头上划有三个大圈的就有十九处。其中尤对传主和军事谋略,如"常以远斥候为务,行必为战备,止必坚营壁,尤能持重,爱士卒,先计而后战"、"击虏以殄灭为期,小利不足贪"、"此穷寇不可迫也,缓之则走不顾,急之则还致死"、"善战者致人,不致于人!""饬兵马,练战士,以须其至,坐得致敌之术,以逸击劳,取胜之道也","先为不可胜以待敌之可胜"、"兵以计为本,故多算胜少算","战不必胜,不苟接刃;攻不必取,不苟劳众"等句,都分别加有圈划。

汉元帝

请看千年旧史册
写出汉家一庸主

汉元帝(前75—前33)　即刘奭。西汉皇帝。公元前49—前33年在位。统治期间,以儒生贡禹、匡衡等为相,任宦官石显为中书令;豪强兼并日烈,汉室走向衰落。

有汉一代诸帝中,汉元帝是属于非常平庸、无所作为的皇帝,西汉从元帝起,开始衰败。毛泽东对汉代历史很有兴趣,在20世纪五六十年代曾三次提到汉元帝。

1957年4月,毛泽东找《人民日报》社长兼总编辑邓拓和几位副总编辑、编委谈话。他谈了不少历史人物,如曹操、李后主,批评书生办事,不抓政治。也谈了汉元帝。毛泽东列举西汉诸帝后说:从元帝开始,每况愈下,元帝"牵制文义,优游不断"。他说他父亲宣帝"持刑太深",主张起用儒生。宣帝生气地说:"汉家自有制度,本以霸王道杂之,奈何纯任德教,用周政乎!"并说:"乱我家者,太子也!"到了哀(帝)、平(帝),更是腐败。(《毛泽东之魂》[修订本],第351页)又对邓拓说:我看你很像汉元帝,优柔寡断。你当了皇帝非亡不可! 显然,毛泽东对汉元帝柔仁好儒,都用儒生当丞相是不满意的。

同年6月13日,毛泽东在中南海和吴冷西谈论改进《人民日报》时,从领导人任务一是决策,一是用人谈起,评说了汉代几个皇帝的优劣。在谈及汉元帝时,他说:前汉自元帝始即每况愈下。元帝好儒学,摒斥名、法,抛弃他父亲的一套统治方法,优柔寡断,是非不分,贤佞并进,君权旁落,他父亲骂他:乱我者太子也。(《忆毛主席》,第43页)

1966年3月18日,毛泽东在杭州的一次小型会议上谈及曹操有时也有优柔寡断后又说道:汉元帝,用《诗经》治国,儒学治国。汉元帝的老子是汉宣帝,对他说汉朝要亡在你的手啊!班固说他优柔寡断。(《毛泽东之魂》[修订本],第352页)

20世纪70年代初,毛泽东在谈话中,又多次提到汉宣帝与其太子的这一段对话,还说,元、成、哀、平一代不如一代。

⊙ 汉元帝冤害萧望之

汉元帝刘奭爱好音乐,"鼓琴瑟,吹洞箫,自度曲,被歌声,分刌节度,穷极幼眇"(《汉书·元帝纪》),却是个庸君。当时辅政者萧望之有些政治头脑,但为宦官弘恭、石显嫉忌。初元二年(前48),他俩趁萧望之出休日不入朝,上奏"请谒者召致廷尉",刘奭不知"召致廷尉"就是下狱,竟以为是令廷尉到来,结果将萧逮捕下狱,后虽放出,但影响极坏,不久萧望之经不起侮辱自杀。也有说刘奭"善史书",但惧怕宦官,故意装作不知。这反映了他的昏庸和无能。

刘向

一代大家，博古通今
著书立说，功盖百世

刘向（约前 77—前 6）　西汉经学家、文学家、目录学家。沛（今江苏沛县）人。本名更生。弱冠以大儒置奉皇帝左右，备咨询。曾因事两次入狱，免官。后任光禄大夫、中垒校尉。有《新序》、《说苑》。又整理宫廷藏书，编制目录《别录》，是为目录学之先。

刘向是西汉末年的大学者，他精通经学和目录学。毛泽东在青年时候就读过刘向的著作《新序》、《说苑》。他的文章中经常引用刘向书中的典故。如，1927 年毛泽东在《湖南农民运动考察报告》说："'叶公好龙'是刘向《新序》中的一个故事。嘴里天天说'唤起民众'，民众起来了又害怕得要死，这和叶公好龙有什么两样！"《毛泽东选集》第一卷，第 42 页）又如，1940 年，毛泽东在《新民主主义论》中说："在中国从事革命的一切党派，一切人们，谁不懂得这历史特点，谁就不能指导这个革命和进行这个革命到胜利，谁就会被人民抛弃，变为向隅而泣的可怜虫。"《毛泽东选集》第二卷，第 665 页）"向隅而泣"即源于刘向《说苑》中"一人向隅，举座不欢"一语。

毛泽东读刘向著作，运用自如。

20 世纪 40 年代初，他在延安就常读《新序》、《说苑》。1940 年 1 月 15 日，毛泽东在庆祝吴玉章六十寿辰时，在回答吴所说后指出："炳烛之明"也是明么！

并说:有哪个不老的呀? 生命的真正意义在于为大多数人谋幸福,而不仅仅是为了自己或者少数人;这一点,吴老是当之无愧的了。当吴玉章说"我哪有什么'炳烛之明'么"时,引起了毛泽东话题:说到"炳烛之明",我记得是刘向《说苑》中的一则故事,是师旷回答晋平公的问话时讲的,我说的对不对呀?

"炳烛之明",确实典出《说苑·建本》。

1940 年秋,毛泽东应邀赴马列学院作报告,学院派了邓力群等四人前往杨家岭接送,他对有四个人来接认为不妥,很认真地说:你们四个人,为什么没抬轿子啊? 你们不是抬了轿子来接我呀? 下一次,跟你们的领导去说,再加四个人,来个八抬大轿,又体面,又威风;还要再有人,来几个鸣锣开道的,派几个摇旗呐喊的,你们说好不好? 又说:过去皇帝出朝,要乘龙车凤辇;官僚出阁,要坐八抬大轿,搞得前呼后拥的,浩浩荡荡,摆威风,其实苦了老百姓。我们是共产党人,是讲革命的,要革皇帝官僚的命,把旧世界打个落花流水! 在行走中,毛泽东又说:我给你们讲个故事吧! 你们都是做学问的,都晓得春秋时期的赵鞅吧? 也就是开创了赵国基业的赵简子。有一次赵鞅乘车外出,经过一条上山的羊肠小道,很难走,他身边的人大都上前去推车,只有一个人不但不去推,反而像没事人似的在一旁唱歌,赵鞅很生气,斥责那个人说:"你知罪吗? 别人都在推车,你为什么不推啊?"那个人回答说:"我知罪,该死了又死。"赵鞅说:"死一次就够了,哪里死了又死的?"那人说:"自己死,老婆孩子接着死,叫死了又死。"接着又说:"如果是做君主的做了有愧于臣子的事,又该怎么办啊?"赵鞅想了想,反问:"你说该怎么办呢?"那人说:"那就麻烦大了,臣子们就会产生抱怨,整个国家都会跟着遭殃。"听他这么一说,赵鞅下令不再让大臣推车了,反而摆下宴席请大臣们喝酒,并且把不推车的那个人待以上宾哩!

毛泽东说的这出故事,见《新序·杂事》。意思是告诫领导人应该谦虚,事事和群众打成一片。

1942 年 5 月,在延安文艺座谈会上在谈及文艺工作者应该深入到实际生活中去时,毛泽东又借用了"叶公好龙"的故事,告诫大家不要只停留在口头上讲为人民服务,而是要真正深入下去,不要像古时候的"叶公"那样,口口声声说自己喜欢"龙",一旦"龙"真的来了,他却吓得要死,这样就不好了……

文艺座谈会期间,毛泽东同作家罗烽、舒群、萧军、艾青等谈话时,又谈到刘向的《新序》。他说:刘向编辑《新序》是下了工夫的。《新序》里的许多故事大都有哲理性,读起来是很耐人寻味的。建议大家不妨找来读一读。又说:依我看《魏文侯问李克》和《国之妖》写得都很不错哩!(《毛泽东评述诸子百家》,第 239、249—250、251—252 页)

　　1952 年 10 月 28 日,毛泽东在徐州九里山参观时,顺道在山下看了刘向墓。他向同行者作了介绍:刘向是西汉著名的经学家、目录学家和文学家,成帝时任光禄大夫、中垒校尉,河平三年,他奉命校阅皇家所藏先秦古籍。他校勘后,删去重复冗繁篇章。每完成一书他就写一篇"叙录",简述该书主要内容、作者生平、学术渊源及校勘情况,然后又将群书叙录汇成《别录》。刘向校书二十年后病死,他的儿子刘歆继承父业,用一年多的时间完成了刘向的事业,撰写完成了六艺略、诸子略等《七略》。毛泽东介绍到这里,又说:刘向父子贡献不小嘛!他对刘向整理、保存图书有很高的评价。(《毛泽东与山东》,第 59—60 页)

　　毛泽东还充分肯定刘向所提出的"薄葬"建议。1956 年 4 月 27 日毛泽东在中央委员会全体委员会议上,就倡议实行火葬的问题,引用刘向的话,说了一段话。他说:人死之后如何安葬,有一位著名的经学家和文学家,他的名字叫刘向,可以说是博物洽闻、通达古今的有识人士。他反对厚葬,曾经向西汉成帝写了一个《谏营造昌陵疏》的奏章。他在谏疏中,纵观历史,比较对照,总结了厚葬的教训。他得出的结论是:"德弥厚者葬弥薄,知愈深者葬愈微。"因此,他规劝成帝不要营造那劳民伤财、挥霍奢华的昌陵。可是成帝不能从其计,卒蹈前代厚葬之覆辙,不十数年,西汉亡而王氏代。

⊙ 刘向父子目录学著作

　　刘向《别录》一卷,原书为二十卷,乃是他奉汉成帝刘骜命编撰的一部皇家藏书目录。刘向在校书时,先写定正本,正本既定,为了揭正图书内容,就撰写叙录。每部书的叙录即是它的简要介绍。《别录》即是校时所有叙录的结集本。

　　刘向之子刘歆编撰《七略》一卷,原书为七卷。《七略》分辑略、六艺略、诸子略、诗赋略、兵书略、术教略和方技略。为自学术体系反映群书,除辑略外,其余六略又据书的内容性质分为三十八种。《七略》是中国第一部综合性图书分类书。

　　《别录》、《七略》为中国目录学发展奠定了基础。中国目录学的编辑书目的原则、体例和方法,都是在此基础上逐渐发展起来的。

　　《别录》、《七略》,今都散佚。

王莽

前半世大智若愚
后半世大愚若智

　　王莽(前45—23)　新朝创始者。公元8—23年在位。字巨君。汉元帝王皇后侄,后以外戚独揽大权。立孺子婴为帝,自称摄皇帝。公元8年称帝,改国号为新。实行"改制",更名天下国为"王国",奴婢为"私属",禁止买卖。又屡次改变币制,造成社会经济极大混乱,法令苛烦,造成社会矛盾激化。公元17年,全国爆发农民起义。23年,赤眉军攻进长安,被杀。

　　王莽是个有争议的历史人物,旧史家对他彻底否定。毛泽东年轻时对王莽亦持否定。1916年7月,他在给萧子升的信中说道:"居数千年治化之下,前代成败盛衰之迹岂少,应如何善择,自立自处? 王莽、曹操、司马懿、拿破仑、梅特涅之徒,奈何皆不足为前车之鉴?"(《毛泽东早期文稿》,第51页)但在十年后的1926年,毛泽东在广州农民讲习所对学员讲课时,对王莽的看法已有改变。他说:王莽出而提倡均田,代表多数农民利益的。这时高祖的外戚、宦官、王侯等人,辄居乡间收买土地,遂成地主。此时见王莽是代表农民利益的,他们恐慌了,遂起而勾结各方势力,以刘家宗族刘秀为号召,南阳一役,王莽遂大败,即农民阶级被地主阶级所败。又说:关于王莽变法,汉时一般做史的人——范晔、班固、班昭等——因为他们吃的汉朝的饭,要给汉朝说几句好话,把王莽说得怎么坏。其实王莽也不是怎

166

么不得了的一个坏人。我们现在研究王莽,要拿很公平诚恳的态度来研究的。均田制是王莽时倡的,可见他注意到农民问题了。因为农民问题最重要者厥唯土地,而他先节制田地,岂非明证欤? 以后地主阶级见王莽所行的政策,诸多不利于己,欲寻一代表本身利益之人,起而代之。而刘秀遂于是时起来了。倡人心思汉,以迷惑一般人之耳目。刘秀卒得胜利,此盖因王莽所代表农民利益耳。刘秀则代表地主阶级之利益,故能得最后胜利。(《广州农民运动讲习所文献资料》,1983 年第 99、103 页)

王莽自有他的创新之处,他提出废除奴婢制,五次改革货币,禁止民间私铸货币,这些措施在当时社会引起了极大反响。

1939 年 5 月,毛泽东在延安庆贺模范青年大会上作《永久奋斗》讲话时引用了白居易的几句诗:"周公恐惧流言日,王莽谦恭下士时。向使当年身便死,一生真伪复谁知。"并说:"这在我们的历史学家那里叫做'盖棺论定',就是说,人到死的时候,才能断定他是好是坏。""又若王莽在那个谦让卑恭的时候死了,那后世人一定会赞扬他的。"(《毛泽东文集》第二卷,第 191 页)

王莽的行为有时也表现得非常幼稚、可笑。1967 年 2 月,毛泽东在与张春桥、姚文元谈话中就借王莽故事为例,批评了当时社会上的极"左"行为:在中国历史上,最喜欢改名字的人要算是王莽了,他一当皇帝就把所有的官职统统改了,就像现在有人不喜欢"长"字一样。王莽还把全国的县名统统改了,就像红卫兵把北京街道名称差不多全改了。王莽改了那么多地名、连自己都记不得了,闹糊涂了。王莽皇帝下诏书就困难了,不得不把老地名写在诏书里。这么一来,使公文来往变得非常麻烦。

🌀 王莽热衷改名

王莽依古制、经典或迷信符箓进行改革。热衷于改名,就连国号"新",也有多种称谓:"新室"(《汉书·元后传》)、"新家"(《汉三国六朝纪年镜图说·始建国镜铭》)、"黄室"(《汉书·外戚传》)、"新城"(《汉印文字征》)、"薪世"(《秦汉瓦当文字》)、"薪"(《十钟山房印举》);至于西汉之旧郡名几乎全部改名,县名也多数改称,地名一改再改,"岁复变更,一郡至五易名而还复其故",致使"吏民不能记",所下诏令、文书称某某地时尚需说明原来名称。王莽将西汉地方行政区域州、郡、县三级改为州、部、郡、县四级,且常将一些郡县分割,建立新郡县,经过此种更改,全国郡县地名割裂剖碎、拆散重建,已不复为原状。

刘盆子

扶不了,捧不起
牧牛儿,做皇帝

刘盆子(10—?)　新莽末年赤眉军拥立的皇帝。泰山式县(今山东泰安附近)人。原为西汉皇族,在赤眉军中牧牛。十五岁时被立为帝。后随赤眉军降刘秀。收养于洛阳,病死。

毛泽东熟悉刘盆子故事,他在"文革"时期,曾两次谈及。

1967年5月16日,毛泽东在与康生谈话时举了刘盆子例子。他说:那个工人出身的向忠发其实才是刘盆子啦!啥也不懂,完全成了王明和共产国际代表米夫的附庸。(《李立三红色传奇》下卷,第793页)

1973年1月上旬,在中共中央召开"十大"前夕。毛泽东嘱王洪文读《后汉书》中的《刘盆子传》,因为是古文,很深奥,王读不懂。在回到上海搞调查研究时,就急忙找市委写作组的负责人,要负责人给他讲讲。

毛泽东要王洪文读《刘盆子传》,无非是提醒他:按照刘盆子的资历、能力和社会地位,是没有资格当皇帝的,只是依仗着刘氏宗室这一条,"摸彩"摸得一个皇帝的宝座,你王洪文要有自知之明。如果不学习,不长进,结果也会像刘盆子那样,即使身居高位,仍然不务正业,整天和一帮"牧童儿"嬉戏,最后将以失败告终。

当写作组那位负责人把《刘盆子传》看了一遍后,就明白了毛泽东的意思。但他懂得:这种讯息,只可意会,不可言传。所以就打定主意,只做古文翻译,不发表任何议论。

王洪文也是政治嗅觉很灵的人,他只消把翻译成白话文的《刘盆子传》听了一遍,就明白了毛泽东叫他读这篇文章的用意所在了。然而,王洪文终究没有读懂,最后变成了刘盆子。(《采风报》1995 年 9 月)

《刘盆子传》

《刘盆子传》,见范晔《后汉书》卷四十一。主要是写赤眉军始末,其中涉及刘盆子故事。内称:刘盆子在赤眉军中,"属右校卒吏刘侠卿,主刍牧牛,号曰牛吏。及崇(樊崇,赤眉军主将)等欲立帝。求军中景王后者,得七十余人,惟盆子与茂及前西安侯刘孝最为近属。崇等议曰:'闻古天子将兵称上将军。'乃书札为符,曰上将军。又以两空札置笥中,遂于郑北设坛场,祠城阳景王,诸三老从事皆大会陛下,刘盆子等三人居中立,以年次探札,盆子最幼,后探得符,诸将乃皆称臣拜,盆子时年十五,被发徒跣,敝衣赭汗,见众拜,恐畏欲啼。茂谓曰:'善藏符。'盆子即啮折弃之,复还依侠卿,侠卿为制绛单衣,半头赤帻,直綦履,乘轩车大马,赤屏泥,绛襜络,而犹从牧儿遨。"

汉光武帝

郁郁葱葱瑞气浮
原是南阳一儒生

汉光武帝(前6—57) 即刘秀。东汉开国皇帝。字文叔。公元25—57年在位。刘邦九世孙,父为南顿县令。初随兄加入绿林军。指挥昆阳(今河南叶县北)大战。后在洛阳称帝,统一全国。他是历代开国皇帝中难得见有的一位知识分子出身的皇帝。在位期间,发布释放奴婢和禁止残害奴婢的命令,减轻赋税,精简官吏,加强中央集权。

毛泽东对刘秀事迹相当熟悉。刘秀有胆识,能指挥打仗。1936年毛泽东在《中国革命战争的战略问题》就"双方强弱不同,弱者先让一步,后发制人,因而战胜的"所举的几次战役,其中的一次就是公元23年刘秀以兵三千在昆阳(今河南叶县北)击溃王莽主力四十二万的昆阳之战。以后在读《南史·韦叡传》时,于韦叡破北魏的天头上,写了眉批:"敢以数万敌百万,有刘秀、周瑜之风。"(《毛泽东读文史古籍批语集》,第201页)

解放战争时期,毛泽东为新华社起草了很多新闻稿。1948年11月5日发表的《中原我军占领南阳》这篇文章,开头即说:"在人民解放军伟大的胜利的攻势下,南阳守敌王凌云于四日下午弃城南逃,我军当即占领南阳。南阳为古宛县,三国时期曹操与张绣曾于此城发生争夺战。后汉光武帝刘秀,曾于此地起兵,发动反对王莽王朝的战争,创立了后汉王朝。民间所传二十八宿,即刘秀的二十八个主要干部,多是出生于南阳一带。"(《毛泽东新闻工作文选》,第263页)1958年秋,毛泽东在河南郑州与来自南阳的一位中共县委书记谈及刘秀时又说:西汉末年,刘秀就是在你们南阳访贤求将寻来二十八宿后,才兴兵讨伐王莽的新朝。二十八宿又叫云台二十八将,邓禹为首。他是南阳新野人,刘秀手下的大将、谋士,很有本事。

　　毛泽东对刘秀是赞赏的。1964年2月,他在北京人民大会堂召开春节教育工作座谈会,在谈到读书识字时说:明朝搞得好的只有明太祖、明成祖两个皇帝,一个不识字,一个则识字不多。以后到嘉靖,知识分子当政,反而不成了,国家就管不好。书读多了,就做不好皇帝,刘秀是大学士,而刘邦是个大草包。在这里,毛泽东把刘秀和刘邦并提。他虽进过长安皇家的太学,但读书不多,回家后主要是务农。因肯定刘秀,毛泽东还多次精读过《后汉书·光武帝本纪》,并在刘秀早年"性勤于稼穑"处划了密圈;在刘秀于太学归来"避吏新野"时,值"南阳荒饥"、"因卖谷于宛"处,还特地把李贤转引《东观汉记》中的"而上田独收"的一句注文,移写于此,用以突出刘秀善于稼作的技术。因为精读,以至发现李贤的注释中有衍字。他认为一部《后汉书》的帝皇本纪,两头均无意思,只有光武可以读。(《毛泽东读史》,第28页)

🔵 云台二十八将

　　《后汉书》卷五十二论,有称:"中兴二十八将,前世以为上应二十八宿,未之详也。然咸能感会风云,奋其智勇,称为佐命,亦各志能之士也。"此即"云台二十八将"出典。云台,系洛阳南宫处,永平中,汉明帝刘庄图画佐刘秀中兴的二十八将,作为纪念。此外又有王常、李通、窦融、卓茂,合三十二人。

序列	姓　　名	籍　　贯
1	太傅高密侯邓禹	南阳新野(新野南)
2	大司马广平侯吴汉	南阳宛(南阳)
3	左将军胶东侯贾复	南阳冠军
4	建威大将军好畤侯耿弇	扶风茂陵(陕西兴平东北)
5	执金吾雍奴侯寇恂	上谷昌平(北京昌平南)

序列	姓　名	籍　贯
6	征南大将军舞阳侯岑彭	南阳棘阳(新野东北)
7	征西大将军夏阳侯冯异	颍川父城(河南宝丰东)
8	建义大将军鬲侯朱祐	南阳宛(南阳)
9	征虏将军颍阳侯祭遵	颍川颍阳(河南许昌东)
10	骠骑大将军栎阳侯景丹	冯翊栎阳(陕西临潼东北)
11	虎牙大将军安平侯盖延	渔阳要阳(北京密云)
12	卫尉安成侯铫期	颍川郏(河南郏县)
13	东郡太守东光侯耿纯	巨鹿宋子(河北赵县东北)
14	城门校尉朗陵侯臧宫	颍川郏(河南郏县)
15	捕虏将军杨虚侯马武	南阳湖阳(河南唐河东)
16	骠骑将军慎侯刘隆	南阳(河南南阳)
17	中山太守全椒侯马成	南阳棘阳(新野东北)
18	河南尹阜成侯王梁	渔阳要阳(北京密云)
19	琅邪太守祝阿侯陈俊	南阳西鄂(河南南阳西北)
20	骠骑大将军参蘧侯杜茂	南阳冠军(邓州西北)
21	积弩将军昆阳侯傅俊	颍川襄城(河南襄城)
22	左曹合肥侯坚镡	颍川襄城(河南襄城)
23	上谷太守淮陵侯王霸	颍川颍阳(河南许昌东)
24	信都太守阿陵侯任光	南阳宛(河南南阳)
25	豫章太守中水侯李忠	东莱黄(山东黄县)
26	右将军槐里侯万修	扶风茂陵(陕西兴平东北)
27	太常灵寿侯邳彤	信都(河北冀州)
28	骁骑将军昌成侯刘植	巨鹿昌城(河北丰南西北)
	横野大将军山桑侯王常	颍川舞阳(河南)
	大司空固始侯李通	南阳宛(河南南阳)
	大司空安丰侯窦融	扶风平陵(陕西咸阳西北)
	太傅宣德侯卓茂	南阳宛(河南南阳)

严子陵

身披一羊裘
心远忘九州

　　严子陵　东汉初会稽余姚(今浙江余姚)人,本姓庄,名光。因避刘庄(汉明帝)讳,为后人改。刘秀少年时同学。刘秀称帝,隐居,曾两度召至洛阳,任为谏议大夫,不就,归隐富春江(今浙江富阳境),耕钓为生。年八十,卒于家。今富春江沿岸多传有其垂钓处。宋范仲淹有《严陵》咏此事:汉包六合网英豪,一个冥鸿惜羽毛,世祖功臣三十六,云台争似钓台高。

　　严子陵是中国古代隐士的代表。学生时代的毛泽东欣赏严子陵的高尚和才识。他在 1913 年 11 月《讲堂录·修身》写有严子陵故事:"严光,东汉气节之士也。光武既立,征之,不就。访之,以安车迎至。帝坐匡床请出,光卧应曰:尧舜在上,下有巢由。当光之至也,大司徒(首相也)侯霸(光学友)迎之。光与书曰:君房足下,致位鼎足,甚善。怀仁辅义天下悦,阿谀顺指要领绝。侯以书览帝,帝曰:狂奴故态也。后世论光不出为非。不知光者,帝者之师也。受业太学时,光武受其教已不少。故光武出而办天下之事,光即力讲气节,正风俗而传教于后世。且光于专制之代,不屈于帝王,高尚不可及哉。"(《毛泽东早期文稿》,第 592页)1911 年春,毛泽东的同学萧瑜作文《评范仲淹的〈严先生祠堂记〉》,认为光武帝请朋友帮忙处理繁难的政务,未必就是求贤若渴;严子陵也不像人们所说的

173

那样纯洁高尚,也有爱慕虚荣之嫌。毛泽东不同意萧瑜见解。他的看法是:刘秀登基后,严光应该当宰相,就像比他早二百年的前人张良辅佐汉高祖一样。

但是到了后来,毛泽东对严子陵的看法有所改变。1949 年 4 月他在和柳亚子先生七律诗中有"莫道昆明池水浅,观鱼胜过富春江"二句,就隐含着对严子陵脱离民众、脱离社会、逃遁世间去做隐士的不满。

⬤ 隐士和隐士文化

隐士,典出自《荀子》:"天下无隐士,无遗善。""隐"是隐居,不显于世,不求闻达。"士",是知识分子。隐士,即是隐于社会的知识分子。在中国各朝各代都有隐士。他也有很多不同称呼,如高士、处士、逸士、幽人、山人、高人、处人、逸民、隐者。最初为隐士作合传的,是范晔《后汉书·逸民列传》,其中就写有严光、梁鸿等传记,他还提到有各种类型的隐士,"或隐居以求其志。或曲避以全其道,或静己以镇其燥,或去危以图其安,或垢俗以动其概,或疵物以激其清"。明李贽由此把"隐士"分为"时隐"、"身隐"、"心隐"和"吏隐"。

隐士与中国传统文化极为密切。美国学者比尔·波特认为,"他们都是中国文化的传承者和实践者,以一种特别'方式在修行。'"隐士也是中国文化的传承者,他们在文学艺术,如陶潜、孟浩然;在学术研究,如郑云、司空图,以至在宗教、医学、绘画、音乐等各个文化领域,都有所建树。隐士是中华文化的一个亮点,在很多高风亮节的隐士处,可以窥见儒家的重义轻利,视富贵如浮云的高洁和道家贵生无为、不为俗世束缚的潇洒。

马援

青山处处埋忠骨
何必马革裹尸还

马援(前14—49) 东汉初期将领,右扶风茂陵(今陕西兴平东北)人。字文渊。原隶陇西隗嚣,后归刘秀,屡建战功。任陇西太守时,在当地缮甲兵,修城郭,劝耕牧,安定羌众。后任伏波将军,封新息侯。曾以男儿当"死于边野"、"马革裹尸"自誓,出征匈奴、乌桓等。后在进击武陵(今湖南西部)五溪蛮时病死。精于养马,有《铜马相法》。胡适认为《后汉书》就只有一篇《马援传》可读。今两广还留有其当年行军时遗迹和后来所建的伏波祠庙。

马援是东汉初期的名将,世称"伏波将军"。他很会打仗,也善于施政,在湖南和两广留下不少关于他的传说和遗迹。

毛泽东熟读《后汉书·马援列传》,红军长征过湘江后,毛泽东与张闻天、王稼祥谈话,张、王指责李德没有军事常识,要撤换。毛泽东说:我们现在的处境,犹如回到了东汉名将马援说的那个时代了。当今之世,非但君择臣,臣亦择君。(《双脚走出的二万五千里——红军长征纪实》,第90页)。此处"君择臣,臣亦择君"的双向选择,就是作为隗嚣特使的马援与刘秀说的话。

毛泽东喜欢用马援"马革裹尸"的故事勉励干部教育干部。1950年5月20

日,中共中央应越南胡志明主席邀请,派出罗贵波率领的顾问团赴越南工作。毛泽东在北京中南海颐年堂接见全体成员,说道:你们到了越南,要虚心,守纪律,见到人家的同志,不但不能摆架子,还要先向人家赔礼道歉。又说:这是因为我们的老祖宗对人家不起,侵略过人家。大概是汉朝吧!东汉时期,有个大将军叫马援的,带领兵将把人家征服了,有个成语'马革裹尸',就是从他那里来的。历史上马援征交阯,说的就是这回事。交阯,就是现在的越南嘛!他又说:马援被封了个伏波将军,历史上就叫他马伏波。他带的军队大部分没有回来,就在当地和当地妇女结婚,成家立业。以后历代王朝派去的军队,也多是这样。

(《党史纵横》2004 年第 2 期第 7 页)

一年后,当罗贵波回国向毛泽东汇报工作时,毛泽东勉励罗说:我送给你们两句诗:"青山处处埋忠骨,何必马革裹尸还。"毛泽东所说的"马革裹尸",就是马援晚年出征归来时说的豪言壮语。20 世纪 60 年代初,我国应非洲某国请求,派一位干部赴该国工作,但他没有能去。毛泽东听到后,心情极其沉重地说:我建议我们的高级干部都读读《后汉书》里的《马援传》。他又叹道:青山处处埋忠骨,何必马革裹尸还。

毛泽东很喜欢用这两句诗。儿子毛岸英在朝鲜牺牲,他的回电里就有"青山处处埋忠骨,何须马革裹尸还。"后来刘思齐、邵华再次提出迎毛岸英归家的请求。毛泽东又引用东汉名将马援的话说:青山处处埋忠骨,何须马革裹尸还!

(《毛泽东的家庭生活——红墙第一家》,第 124 页)

1959 年 8 月 1 日,毛泽东在庐山会议上批评彭德怀时,就马援征湘西故事发了一通议论:封建时代,将在外君命有所不受,因相隔太远,遇紧急措施,专之可也。马援打常德五蛮、水苗,年老了,一定要打,害了病,毫无办法,少数民族厉害得很。汉兵无纪律,内部矛盾,将领之间,硬无办法。只好妥协。用皇帝诏书宣抚,讲和,赦免。洛阳太远,假传圣旨。这种事可作,所谓矫诏。对此历史家有各种评论。可以,不可以。没有可能请示时,可以矫诏,用上级命令名义。

毛泽东曾对马援作过中肯的评价。1967 年 2 月,毛泽东与归国的外交使节谈话,在讲到马援在交阯时说:马援虽然脱离不开其阶级局限性,但他确是一代名将,有政治头脑的。他一面修城治廓,设官镇守,强化政治,一面下令兴修水利,穿渠灌溉,为当地人民办了几件好事,稳定了那里的局势。

马革裹尸

东汉建武二十年(44),马援出征后还朝,封新息侯,食邑三千户,老朋友孟冀和其他友朋都前来祝贺。马援对他说:"我盼望老兄赐我良言,怎么却与众人浑同呢。当年伏波将军路博德平南越,开置九郡,也只封赐几百户,而我就是那么点功劳,竟封赐以大县。功薄赏厚,哪里能长久啊? 你可有什么良策呢?"孟冀说:"鄙人愚昧,没有良策。"马援说:"方今匈奴、乌桓尚扰北边,欲自请击之。男儿要当死于边野,以马革裹尸还葬耳,何能卧床上在儿女子手中邪?"(《后汉书·马援传》)

梁鸿

垂世文章宁在多
世间唯有《五噫歌》

　　梁鸿　东汉初隐士。扶风平陵(今陕西咸阳西北)人。字伯鸾。太学生,学问渊博,但不愿做官。出关过洛阳作《五噫歌》,对皇帝和贵族所营建的侈丽宫室有所讽刺。后与妻孟光隐居吴地(今江苏无锡)。夫妇相敬,传为美谈。宋陆游有《读〈后汉书〉》:赁春老子何所慕,垂世文章宁在多? 诗不删来二千载,世间唯有五噫歌。

　　20世纪50年代,毛泽东在很多场合提到了梁鸿。1957年10月,毛泽东在中共中央八届三中全会上讲话,当谈到"振作精神,下苦功学习"时,举了七个中外历史人物例子,他们是:萧楚女、齐白石、玄奘、惠能、高尔基、富兰克林,还有一个就是梁鸿。

　　1959年3月,毛泽东在第二次郑州会议上说人要有志气,不要仰仗他人,举了梁鸿"余热不因人"的故事:我们穷人,就是不要靠揩别人的油来过活。东汉有个梁鸿,"举案齐眉"就是讲他的故事。他老婆叫孟光,他们穷得要死,给人春米度日。有一个人对他说:"我这里有火,你用它来烧饭吧!"他说:"我小子鸿,不因人热也。"你有热,我不沾光。梁鸿这个人后来到了无锡,成了经学家。这个人是硬汉。我看现在穷队到穷管理还要立这个志气。要自力更生,要有这

178

个志向。毛泽东很注重自力更生、艰苦创业的精神,也曾与自己的孩子和身边的工作人员多次讲过梁鸿的故事。在毛泽东初进北京城时,有一次在吃饭时,就对女儿李讷和叶子龙的两个女儿讲了这个梁鸿的故事。讲后说:你们要从小立大志,不靠天,不靠地,更不要靠爸爸,要靠自己解决问题。(《历史瞬间》,第170页)

1959年6月的一天,毛泽东刚起床,与秘书林克又谈及梁鸿不因人热的故事。他说:"不因人热",出自《东观汉记·梁鸿传》。梁鸿,东汉人,少孤家贫,经常独坐,不与人同食,别人先做饭,做毕招呼他说:锅还是热的,快煮饭呢!可他却说:我不用别人的热锅。熄灭灶火,自己重新燃薪做饭。毛泽东又说:过去和孩子们谈过这个故事,但他们年幼,没有留下印象。(《情满西湖》,第157页)激励他们做人要有志气,不人云亦云,要有独立的主体人格,靠自己艰苦创业。

《东观汉记》

东汉官修本朝纪传体史书,明帝刘庄时开始编写,参加撰写者先后有班固、刘珍、李尤、伏无忌、边韶、崔寔、延笃、马日磾和蔡邕。累朝增修。至桓、灵时,共修一百四十三卷,尚未最后定稿。魏晋时此书相当风行,与《史记》《汉书》并称为"三史",唐代中叶以后流传渐少。今本二十四卷,系清人辑本。东观为东汉洛阳宫中殿名,即当时修史之处。

班固

一部《汉书》彰后世
两个弟妹赞百代

班固(32—92) 东汉史学家。字孟坚。扶风安陵(今陕西咸阳东北)人。史官世家子弟,博学好文,父班彪曾作《后传》六十五篇续补《史记》。在此基础上作《汉书》,历时二十余年。修成大部分《汉书》。又善诗赋,尤以《两都赋》最为有名。后从外戚窦宪出击匈奴,参预谋议,又受牵连下狱病死。由妹班昭续完所余八表及《天文志》。

1940年5月,毛泽东在延安抗日军政大学的校务会上谈读书,回答读古书重点应该读哪些书时,首先就提到了《史记》和班固《汉书》,说这两部古书不仅是中国文学史上的两部杰作,同时也是帮助人们了解中国历史最直接、最有效的"途径"。

毛泽东称赞《汉书》的语言凝练,结构严谨,人物描绘细腻,不仅对后世的传记文学有较大影响,同时对后世史学也起了一定的示范作用。(《毛泽东评述诸子百家》,第181页)

毛泽东爱读班固所作的《汉书》。他曾几次说:西汉,高、文、景、武、昭等,读起来较有兴味。整个西汉时代,从汉高祖起,武帝和昭帝读起来都很有特色,也饶有兴味。博览史传的毛泽东,事实上几次通观过全书。

1959 年 8 月,毛泽东在和孔从周中将谈陕西出人才时,谈到了班超,说道:撰写《汉书》的班固,是他的哥哥,妹妹班昭,是续撰《汉书》的女史学家。因她的丈夫为曹世叔,被称为曹大家。(《唯实——我的哥哥孔令华》,第 48 页)《汉书》有很多精彩的篇章,留下非常可观的文字。毛泽东不只一次精读了《汉书》中许多列传,如《赵充国列传》、《景十三王列传》、《东方朔列传》等。一次毛泽东在北京中南海和周谷城教授谈到《汉书·赵充国列传》,指着其中内容,发表了一通赵充国因坚持真理,后来得到胜利的言论。在此前后,他还在《汉书·赵充国列传》同处天头作了"说服力强之效"的批语。

《汉书》还为后人留下了很多很好的成语,我们现在所说的"实事求是",就是典出于《汉书·景十三王列传》。1961 年 1 月 13 日,毛泽东在中央工作会议上谈到要大兴调查研究之风时说:今年搞一个实事求是年好不好?河北省有个河间县,汉朝封了一个王叫河间献王。班固在《汉书·河间献王刘德》中说他"实事求是"。这句话一直流传到现在。毛泽东十分注重"实事求是",抗战初期他为延安杨家岭中央大礼堂题词,就是这四个字。1941 年在《改造我们的学习》中说:"'实事'就是客观存在着的一切事物,'是'就是客观事物的内部联系,即规律性,'求'就是我们去研究。"此外,毛泽东还在著作和谈话中多次引用《汉书》中的其他成语,诸如《东方朔列传》的"各得其所"、"谈何容易"、"穷凶极恶";《食货志》的"治国安民"、"谷贱伤农";《艺文志》的"相反相成"、"哗众取宠"以及"夜郎自大"(《西南夷列传》)、"功德无量"(《丙吉列传》)和"万丈长缨"(《绛军列传》)等。

⊙《汉书》

《汉书》,又名《前汉书》,一百卷,是中国第一部断代史。它首创纪传体断代史,扩大了志书内容。因《汉书》名为"书",故其中篇名"书"改称"志"。《汉书》中十志较《史记》八书内容更加充实、丰富,《地理志》为《史记》所无,《艺文志》亦为新创。以后修撰正史大多按《汉书》十志定格加以损益而成,从而形成中国史学史上的志书体。它的记述范围也较《史记》扩大,尤其是记载了中华少数民族和邻国的历史。

班超

不入虎穴
焉得虎子

班超(32—102)　东汉军事家。班固弟。扶风安陵(今陕西咸阳东北)人。初为兰台令史,四十岁时率吏士三十六人出使西域。后任西域都护,封定远侯。在西域三十一年,击退北匈奴贵族对当地的攻扰,维护了国家的统一,保障了"丝绸之路"的畅通。回洛阳后不久病死。所以顾炎武有诗称:"封侯来万里,老见锦衣归"。

　　1959年8月,毛泽东在中南海与孔从周将军谈话,在谈到陕西出了司马迁等人才时说:还有班超,东汉名将,是陕西人。1962年,在与孔从周谈西北军和魏野畴时又说:陕西历史上人才是不少的,司马迁、班超、李自成都是陕西人。对班超出使西域,不畏强暴,敢于斗争,与西域各民族同甘共苦、友好相处的行为,毛泽东给予了充分肯定。1939年1月,毛泽东在给何干之教授信中,就明确评定"对于那些'兼弱攻昧'、'好大喜功'的侵略政策(这在中国历史上是有过的)应采取不赞同态度,不使和积极抵抗政策混同起来。为抵抗而进攻,不在侵略范围之内,如东汉班超的事业等。"(《毛泽东书信选集》,第137页)

　　毛泽东称赞班超的才干和胆识,他常喜欢引用班超的"不入虎穴"那句豪

182

言。1937年,毛泽东在《实践论》中说道:"中国人有一句老话:'不入虎穴,焉得虎子。'这句话对于个人的实践是真理,对于个人认识也是真理。离开实践的认识,是不可能的。"(《毛泽东选集》第一卷,第288页)1945年8月,毛泽东决定赴重庆谈判,当时延安许多人为之担忧。随同前往的胡乔木问过毛泽东,毛泽东说:不入虎穴,焉得虎子。(《纵横》2012年第6期)当朱仲丽前来劝阻时,毛泽东说:这叫做扰乱军心! 我赠送你一句话,你带回去想想,叫做:"不入虎穴,焉得虎子。"你想不通再来问我。(《峥嵘岁月:毛泽东与巾帼英豪》,第208页)

1971年11月8日,在接见中国首次出席联大的代表团成员时,毛泽东又以班超为例,提出代表团应有汉朝班超出使西域时"不入虎穴,焉得虎子"的勇气。他说,中美还没有建交,你们是深入到帝国主义心脏去,处在别人的包围之中,是孤军深入。我送你们两句话,一句是古人讲的,叫做"不入虎穴,焉得虎子。"另一句是阿庆嫂讲的,叫做"胆大心细,遇事不慌"。(《甲子记忆新中国60年》,第300页)

"不入虎穴,焉得虎子"一句,见《后汉书·班超列传》:"超曰:'不入虎穴,焉得虎子。'当今之计,独有因夜以火攻虏,使彼不知我多少,必大震怖,可殄尽也。"

毛泽东还提出要学习班超办外交。1950年3月,在中南海勤政殿召见将派出的第一批大使时,当那些脱下军装穿上外交官礼服的将军们说"我们连外国话都不会讲,怎么搞外交呀",毛泽东说:班超、张骞不也不懂外交么! 出使西域,而不辱使命。你们不会外交,但是还是要你们去干外交。(《将军不辱使命》,第10页)

班超早年投笔从戎时说过:"大丈夫无他志略,犹当效傅介子、张骞立功异域,以取封侯,安能久事笔砚间乎?"当他七十岁调回长安时,接任者向他请教治理西域妙诀,他只说了《汉书·东方朔列传》中的几个字:"水至清则无鱼,人至察则无徒。"毛泽东很喜欢此语所含的哲理,也常引用。1938年,他就用纸笔书写这两句话,送给时任抗日军政大学教育长的罗瑞卿。1971年8月29日,他在南巡经过长沙与汪东兴谈话时就说:为人不可太认真了,水至清则无鱼。1973年5月,在中央政治局会上又说:水不能太清,太清鱼就藏身不住了。水清无鱼,什么事情都搞得那么纯,也是不可能。

◉ "不入虎穴,焉得虎子"

东汉永平十六年(73),班超率吏士三十六人出使西域,以联络西域各国君长亲汉抵制匈奴。先至鄯善,鄯善王前恭后倨。班超得悉是匈奴使者来到鄯善之因,即与同行者说:"不入虎穴,焉得虎子",决定趁夜间袭击匈奴使者。当夜借大风时,以十人持鼓隐藏匈奴住所后,其余人埋伏在门口,班超自顺风纵火,前后呐喊助威,匈奴使者慌乱,使者和随从三十余人被格杀,其余百余人皆被烧死。次日,班超以使者首级告示,鄯善举国震怖,鄯善王乃决心依附汉朝。接着班超又在于阗国斩巫师首,于阗王与匈奴断绝,归附汉朝;班超旋除去龟兹所立疏勒王,仍以疏勒人为王,清除了匈奴在疏勒的势力,使疏勒归附。

张衡

创造大家世罕见
南阳才子真丈夫

张衡(78—139)　东汉科学家、文学家。字平子,南阳西鄂(今河南南阳)人。先后任侍中、太史令。博学多才,通五经、贯六艺,于文学、天文、历法都有极高造诣,创造了测定天体星象的浑天仪和测定地震的"地动仪"。著有《地震对策》、《浑天仪图注》、《灵宪》;文学作品有《二京赋》、《四愁诗》。墓在南阳。有郭沫若撰书墓碑,内称"如此发明之人物,在世界史亦所罕见。万祀千龄,令人敬仰"。

张衡是古代伟大的科学家,又是学者、作家。毛泽东很赞赏张衡,对张衡故事极有兴趣。

1954年5月16日,在参观北京古观象台时,毛泽东对张衡作了很高的评价。毛泽东向随员介绍观象台:你看那上边有龙,龙嘴巴下边还有蛤蟆。说,这些是重要文物,保存得不太好啊!还说,张衡是河南省南阳人,幼年丧父,家境贫寒,但好学不倦,从天文、历史,到哲学、文学,各个方面都有成就,尤其在天文学上做出杰出贡献,还写了一本天文论著《灵宪》。他创造的世界上最早的水力转动的浑天仪和测量地震的地动仪,至今已有一千多年的历史,被世界科学界称为地震仪的鼻祖。毛泽东又说:张衡活了六十二年,曾两度担任执管天文的太史令。他做官三十七年,在中国天文学和科学技术上,留下了光辉一页。后人要学习他这种好学不倦、实事求是的精神。对我国的文物,要很好地保管,对祖国的文明史要很好地研究、继承和发展。(《红墙内的警卫生涯》,第143页)

20世纪60年代初在试验火箭时,毛泽东对科学家、技术人员再次谈到了张衡的功绩,勉励他们为祖国的航天事业作出更大的贡献。

古代计时器

最早的计时器是以日晷测时,以一圆盘,斜面朝西,正中立一时针,沿盘周分别划出十二时辰和九十六刻度,依太阳照射时针产生的阴影所在位置来确定时刻。周代已使用漏壶计时器,上置漏水壶,下置承水箱,箱中有插着竹箭小船,箭杠上有时辰刻度。漏壶中水定量均匀地向下滴漏,承水箱中水位逐渐升高,箭杆随之逐步上升,到一定时刻,即显示出一定刻度。

张衡制造了"瑞乾蓂荚"活动日历,从每月初一起,每日转出一片木板,到地平线上,十五日则出现十五片,然后每天转入一片,到月底落完为止。

隋代已有钟车、漏车、鼓车等移动报时器,唐代有以水力推动的"水运浑天铜仪",其中包括计时器,每刻有一木人自动击鼓,每时辰有一木人自动敲钟。

黄琼　李固

峣峣者易缺
皦皦者易污

黄琼(86—164)　东汉大臣。字世英。江夏安陆(今湖北安陆南)人。以父任太守授太子舍人，称病辞就。后任尚书令、太尉。反对外戚梁冀专擅朝政，举奏州郡贪官数十人。后见朝中宦官专权，遂称病不起。

李固(94—147)　东汉大臣。字子坚。汉中南郑(今陕西汉中)人。官僚世家。少好学，为朝廷众望。常上疏直陈外戚、宦官擅权之弊。后官至太尉，辅政，为外戚梁冀忌害。

20世纪六七十年代，毛泽东在谈话和书信里，多次提及《后汉书》李固、黄琼传和传中的一封信。李固、黄琼都是东汉时期清直的大臣。《后汉书·李固列传》记有他多次上书皇帝，规劝慎重选用官员，而己又以身作则。《黄琼列传》记有黄琼两次被举荐到朝廷做官，他却托病不去。李固仰慕比他年长八岁的黄琼，但对他性格过于孤傲、清高却不以为然，写信劝他出来协助朝廷治国安邦。信中针对当时名士专靠虚誉而其实不副，以致容易为公众轻视的现象称："若当辅政济民，今其时也。自生民以来，善政少而乱俗多，必待尧舜之君，此为志士终无时矣。常闻语曰：'峣峣者易缺，皦皦者易污。'《阳春》之曲，和者必寡，盛名之下,其实难副。"它就是传诸后世的《李固与黄琼书》。

毛泽东读《后汉书》,非常欣赏这两篇传和这篇《李固与黄琼书》。他能背诵这封书。曾对其中若干佳句作应用和介绍。如他在读《新五代史·唐明宗本纪》的欧阳修评语"呜呼,自古治世少而乱世多! 三代之王有天下者,皆数百年,其可道者,数君而已,况于后世邪! 况于五代邪"时写有批语:"后汉李固之言。"(《毛泽东读文史古籍批语集》,第 267 页)它就是《李固与黄琼书》所称"自生民以来,善政少而乱俗多"。

1950 年 1 月 17 日,在莫斯科毛泽东与苏联外交部长莫洛托夫谈话。莫洛托夫说:尊敬的毛泽东同志——在莫斯科,许多人都知道你是擅长写驳论文章的。毛泽东笑了说:盛名之下,其实难副。(《历史的真情——毛泽东两访莫斯科》,第212 页)1965 年,毛泽东还批示将《后汉书》的《黄琼列传》、《李固列传》"送刘、周、邓、彭一阅","送陈毅同志一阅"。后来,毛泽东还在中央政治局常委会上说及,他在 1966 年 7 月 8 日给江青信上就说过:"我曾举了后汉人李固写给黄琼信中几句话:峣峣者易折,皦皦者易污,阳春白雪,和者盖寡,盛名之下,其实难副。这后两句,正是指我。我曾在政治局常委会上读过这几句。"毛泽东还要江青读这封信。1974 年 11 月,他在给江青信中说:"可读李固给黄琼书。就思想文章而论,都是一篇好文章。"

🔴 李固与黄琼书

闻已度伊、洛,近在万岁亭,岂即事有渐,将顺王命乎? 盖君子谓伯夷隘,柳下惠不恭,故传曰:"不夷不惠,可否之间"。盖圣贤居身之所珍也。诚遂欲枕山栖谷,拟跡巢、由,斯则可矣;若当辅政济民,今其时也。自生民以来,善政少而乱俗多,必待尧舜之君,此为志士终无时矣。常闻语曰:"峣峣者易缺,皦皦者易汙。"《阳春》之曲,和者必寡,盛名之下,其实难副。近鲁阳樊君被征初至,朝廷设坛席,犹待神明。虽无大异,而言行所守无缺。而毁谤布流,应时折减者,岂非观听望深,声名太盛乎? 自顷徵聘之士,胡元安、薛孟尝、朱仲昭、顾季鸿等,其功业皆无所采,是故俗论皆言处士纯盗虚声。愿先生弘此远谟,令众人叹服,一雪此言耳。

张角

苍天已死,黄天当立
岁在甲子,天下大吉

张角(? —184) 东汉末期农民领袖。巨鹿(今河北平乡西南)人。熹平年间创太平道,自称大贤良师,在全国发展人员至几十万人。后于甲子年(184)起义。病死。

毛泽东高度赞扬东汉末年的黄巾起义。

东汉末年的黄巾起义,敲响了汉王朝的丧钟,汉王朝名存实亡,从此历史走进了三国鼎立时期。

黄巾起义的最高领袖是张角,张角的两个弟弟张宝和张梁也是重要首领。

早在1939年冬,毛泽东和其他的几位在延安的同志,合作写了《中国革命和中国共产党》。在经过他修改的第一章里,黄巾军是被与陈胜、吴广、项羽、刘邦等并提为"都是农民的反抗的运动,都是农民的革命战争"。(《毛泽东选集》第二卷,第625页)

在过去的史书,包括民国以来的历史教科书里,都是循范晔《后汉书》之说,将黄巾军贬骂为"黄巾贼"、"蚁贼"的。张角和他的兄弟们,也是如同《三国演义》卷首所说,被贬为"黄巾贼",列为必须清除的。

颠倒的历史终于被扭转了过来,这也是毛泽东和历史唯物观的胜利。

毛泽东的这种理念,在 1958 年 12 月为《张鲁传》写的两个批语里,更有阐明、发挥。

当时,中国人民正在毛泽东的领导下,努力改变国家一穷二白的局面。在此背景下,他在批语里就古代中国农民运动是推动社会的动力,举了若干例子,其中颇为详细的,那就是"汉末北方的黄巾运动,规模极大,称为太平道"。(《毛泽东读文史古籍批语集》,第 148—149 页)而且毛泽东还说:"三国时代的道教是遍于全国的、群众运动的。在北方有天公将军张角三兄弟最为广大的革命的群众运动,他们的口号是'苍天已死,黄天当立'。苍天,汉朝统治阶级。黄天,农民阶级。"(《毛泽东读文史古籍批语集》,第 144 页)在这里,毛泽东几次提到黄巾军领袖天公将军张角,说"从天公将军张角到天王洪秀全",都有相同处,"就是极端贫苦的农民的广大阶层梦想平等、自由,摆脱贫困,丰衣足食"。

在毛泽东晚年的 1975 年 6 月 18 日,他与芦荻谈话时又再次指出:汉末开始大分裂,黄巾起义摧毁了汉代的封建统治,后来形成三国,还是向统一发展的。(《党的文献》2006 年第 4 期)

● 黄巾起义延续了二十年

张角三兄弟的主力黄巾,起义后很快就失败了。但全国各州的黄巾余部仍蔓延不绝。中平五年(188),并、青、徐、益等州,黄巾再起。建安元年(196),又有汝南和颍川黄巾何仪、刘辟、黄邵、何曼等,众各数万,初应袁绍,又附刘备。且有黄巾由中原进抵江南。据史传,直至建安十二年(207)冬,山东地区仍有黄巾活动。曹操南征荆州,尚须留夏侯渊讨伐济南、乐安黄巾徐和、司马俱等部众。黄巾起义自张角起事始,最少延续了二十年。

皇甫嵩

有识有勇
统兵之才

皇甫嵩(? —195) 安定朝那(今宁夏固原东南)人。任左中郎将,与右中郎将朱儁各统一军,共讨颍川黄巾。在长社(今河南长葛)以少胜多,大败波才部黄巾,后又先后在广宗(今河北威县东)击溃张梁部黄巾主力,在下曲阳(今河北晋州西鼓城)击溃张宝部黄巾主力。

长社之战,颍川黄巾主力波才围困长社,皇甫嵩兵少,且朱儁新败,全军恐惧。皇甫嵩说:"兵有奇变,不在众寡。"意思就是说,凡是打仗都有变化,不在人数多少。当时波才用束苇结营,最怕风火。当晚,皇甫嵩乘着大风,命军士手持火把,借风冲向敌营,锣鼓喧天,城上举火响应,黄巾震惊,全军溃败。

毛泽东对于《孙子兵法》非常重视,更重于应用。因而对于古代应用《孙子兵法》有成绩的军事家,他相当注意。在众多的古代将帅群里,其中有一个并不为史家注重的,就是东汉末期的皇甫嵩。

1954年4月的一个深夜,毛泽东把三十八岁的解放军总政治部副主任萧华将军招来,说:我刚刚看了一篇好文章,你看看这一段。说着,指着书中的一段,把书递给了萧华。

那是范晔《后汉书》的第一百一卷,他所指示要看的一篇就是《皇甫嵩传》。

皇甫嵩的主要事迹,便是镇压百万黄巾。当时,东汉王朝为镇压黄巾起义,派出了朱儁、卢植、董卓和皇甫嵩等分路围剿,卢植、董卓屡战屡败,朱儁小胜,只有皇甫嵩大胜。萧华将军当即遵毛泽东嘱,把《皇甫嵩传》匆匆看了一遍。唐章怀太子李贤在皇甫嵩所说的"兵有奇变,不在众寡"上注:"《孙子兵法》曰:凡战者,以正合,以奇胜者也。故善出奇,无穷如天地,无竭如江海。战势不过奇正。奇正之变,不可胜也。"毛泽东就在它的旁边,用醒目的毛笔批了几个字:"正,原则性;奇,灵活性。"

萧华看完后,毛泽东问:有何感受?萧华说:孙子深得辩证法。毛泽东开了一句玩笑:你得孙子精髓。

毛泽东接着说:孙子不简单,用兵不教条。大千世界,千变万化,哪有一成不变之理?《后汉书》中提到的这个皇甫嵩也不简单,击黄巾,兵少,军中皆恐。他召集干部作动员,说:"兵有奇变,不在众寡。"也是有识有勇的统兵之才。(《儒将萧华》,第 558 页)

张鲁

造作道书惑百姓
雄踞巴汉三十年

　　张鲁　东汉末沛国丰(今江苏丰县)人。字公淇。继祖张道陵、父张衡为五斗米道首领，称师君，据汉中达三十年，在当地设"祭酒"以治理百姓，犯法者宽宥三次，再犯行刑。轻罪修路赎罪，关西百姓三万家避乱归之。215年，曹操攻汉中，退至巴中(今四川巴中市)，出降。

　　1958年，毛泽东多次读《三国志·魏书·张鲁传》，并为《张鲁传》两次写了千字批语，作为正式文件下达。他对东汉末年割据汉中的张鲁五斗米道故事极感兴味。

　　当时新出现的人民公社搞公共食堂，提倡吃饭不要钱。这年8月24日，毛泽东在北戴河会议上，就人民公社办公共食堂时说：张道陵的五斗米道，出五斗米就有饭吃，传到江西的张天师就变坏了。吃粮食是有规律的。同年9月16日，毛泽东视察安徽舒城舒茶人民公社，见到社员在吃大食堂。他说：在我们中国，早就有吃饭不要钱的先例呢！但那不是共产主义。又说，早在三国时，汉中的张鲁就搞过呢！当然，张鲁那时搞的也只是一种"救济"形式，和我们今天搞的大食堂有着本质的区别。(《历史的回眸：毛泽东与中国经济》，第175页)11月3日，他又在一次会议上说："三国时候，张鲁的社会主义是行不长的。因为他不搞工业,农业也不发达。曹操把他灭了。他也搞过吃饭不要钱,凡是过路的人,在饭铺里头吃饭、吃肉都不要钱,尽肚子吃,这不是吃饭不要钱吗? 他不是在整个社会都搞,而只是在饭铺里头搞。他统治三十年,人们都高兴那个制度,那里有一种社会主义作风。我们这个社会主义由来已久了。"(《毛泽东读书笔记解析》,第1026页)几个月后,毛泽东在湖北武昌和人谈话时又谈到了张鲁和五斗米道,他说:现在人民公社搞的供给制,不是按需分配,而是平均主义。中国农民很早就有平均主义,东汉末年张鲁搞的"太平道",也叫"五斗米道",农民交五斗米入道,就可以天天吃饱饭。这恐怕是中国最早的农民空想社会主义。(《忆毛主席——我所亲身经历的若干重大历史片断》,第111页)在毛泽东看来,张鲁能使农民吃饱饭,我们当然比他好。翌年11月中旬,他在杭州西湖船上接着警卫员谈大跃进话说道:搞大跃进,我们不能过"左",但也不能右,要想尽一切办法,让老百姓的生活尽快好起来,起码先要吃饱肚子嘛! 难道我们还不如三国时候的张鲁?(《历史的真知——文革前夜的毛泽东》,第33页)

毛泽东称赞张鲁,号召读《张鲁传》。1958年12月7日,毛泽东把《三国志·魏书·张鲁传》印为铅印体,并为它写了一段长达八百多字的批语,内称:

这里(指《张鲁传》)所说的群众性医疗运动,有点像我们人民公社免费医疗的味道,不过那时是神道的,也好,那时只好用神道。道路上饭铺里吃饭不要钱,最有意思,开了我们人民公社公共食堂的先河。大约有一千七百年的时间了。贫农、下中农的生产、消费和人们的心情还是大体相同的,都是一穷二白,不同的是生产力于今进步许多了。解放以后,人们掌握了自己这块天地了,在共产党的领导之下。但一穷二白古今是接近的。所以这个《张鲁传》值得一看。(《毛泽东读文史古籍批语集》,第142—143页)

三天后,即12月10日,毛泽东又为《张鲁传》写了一段四百余字的批语:

我国从汉末到今一千多年,情况如天地悬隔。但是从某几点看起来,例如,贫农、下中农的一穷二白,还有某些相似。汉末北方的黄巾运动,规模极大,称为太平道。在南方,有于吉领导的群众运动,也是道教。在西方(以汉中为中心的陕南川北区域),有五斗米道。史称,五斗米道与太平道

"大都相似",是一条路线的运动。又称,张鲁等行五斗米道,"民夷便乐",可见大受群众欢迎。张陵(一称张道陵,其流风余裔经千年转化为江西龙虎山为地主阶级服务的极端反人民的张天师道。《水浒传》第一回有洪太尉误走魔鬼戏极神气的描写,一看使人神旺,同志们看过了吧?)、张衡、张鲁祖孙三世行五斗米道。其法,信教者出五斗米,以神道治病;置义舍(大路上的公共宿舍);吃饭不要钱(目的似乎是招徕关中区域的流民);修治道路(以犯轻微错误的人修路);"犯法者三原而后行刑"(以说服为主要方法);"不置长吏,皆以祭酒为治",祭酒"各领部众,多者为治头大祭酒"(近乎政社合一,劳武结合,但以小农经济为基础)。这几条,就是五斗米道的经济、政治纲领。中国从秦末陈涉大泽乡(徐州附近)群众暴动起,到清末义和拳运动止,二千年中,大规模的农民革命运动,几乎没有停止过。同全世界一样,中国的历史,就是一部阶级斗争史。(《毛泽东读文史古籍批语集》,第148—151页)

毛泽东称张鲁是"农民领袖",他对张鲁的这个农民政权的所为是赞赏的。

🔴 张鲁曹操联姻

张鲁归降曹操后,受到高规格的政治待遇,曹操还为儿子曹宇做媒,娶了张鲁家的小女儿。《太平御览》录有汉中碑,内叙张鲁降后荣显非凡,"位尊上将,位极人臣,五子十室,荣并爵均,童年婴稚,抱拜王人,命婚帝族,或尚或嫔"。张鲁女与曹宇因为双方年纪都系婴儿,估计是在魏国创建后才完婚的。曹宇是曹冲的同母兄弟。建安二十二年(217),由都乡侯封鲁阳侯。太和六年(232)封燕王,大概此时张鲁女也已是燕王妃。曹宇活得相当长久,正始六年(245),儿子曹奂诞生。曹奂就是魏国末代皇帝。他当是张鲁女所生。因此张鲁的外孙、张天师的近亲,也是皇帝。

🔴 笮融酒饭款待

东汉末年地方也有免费招待酒饭。

《三国志·吴书·刘繇传》记载,笮融以扬州、徐州运漕致富,建造大佛寺,铸铜佛,"悉课读佛经,令界内及旁郡人有好佛者听受道,复其他役以招致之。由此,远近前后至者五千余人户。每浴佛,多设酒饭,布席于路,经数十里,民人来观及就食且万人,费以巨亿计。"

可见当时确有吃饭不要钱事。但寺院布施酒饭,仅囿于浴佛日。

汉献帝

昭阳殿里君与后
不及民间夫与妇

汉献帝(181—234)　即刘协。东汉最后一个皇帝。九岁时为董卓所立,在位三十年,先后是董卓、李傕郭汜和曹操所挟制的傀儡。汉建安二十五年(220),为曹丕所逼"禅让"。封山阳公。病死。范晔《后汉书·孝献帝记》赞曰:"献生不辰,身播国屯。终我四百,永作虞宾。"

毛泽东喜欢观看京剧《逍遥津》,聆听高庆奎派唱《逍遥津》,自己也会唱《逍遥津》。

《逍遥津》演曹操命华歆逼宫,当着汉献帝刘协面,捉拿、杀害伏皇后,逼得皇帝妻离子散,无可奈何。正是:昭阳殿里君与后,不及民间夫与妇。

毛泽东很欣赏《逍遥津》的唱词,尤其是曹操痛骂汉献帝的一段。1958年8月19日,他在北戴河与各大协作区主任会议上,谈及军官下放当兵时说:我们与劳动者在一起,是有好处的。我们的感情会起变化,影响几千万干部子弟。曹操骂汉献帝"生于深宫之中,长于妇人之手"是有道理的。只要大家拼命地干,再过三年、五年,就搞起来了。(《毛泽东读三国演义》,第317页)

汉献帝深居简出,饱食终日,无所用心,无才无能,当然是做不出任何好事和坏事的,对此,毛泽东也昭然若揭。宋欧阳修《朋党论》有称:"后汉献帝时,尽取天下名士囚禁之,目为党人。及黄巾贼起,汉室大乱,后方悔悟,尽解党人而释之,然已无救矣。唐之晚年,渐起朋党之论,及昭宗时,尽杀朝之名士,咸投之黄河,曰:此辈清流,可投浊流。而唐遂亡矣。夫前世之主,能使人人异心不为朋,莫如纣;能禁绝善人为朋,莫如汉献帝;能诛戮清流之朋,莫如唐昭宗之世,然皆乱亡其国。"毛泽东读后,绝不以其然,写有批语先后指出欧阳修之误,为汉献帝说不平。批语有称,囚禁党人,"在献帝以前"。"似是而非,汉献、唐昭时,政在权臣,非傀儡皇帝之罪。"(《毛泽东读文史古籍批语集》,第93页)

对于汉献帝的"禅让"一场戏中戏,毛泽东也不以为然,在读《三国志·魏书·武帝纪》,就其中裴注所引袁宏《汉纪》载的汉帝禅位诏,"炎精之数既终,行运在乎曹氏。是以前王既树神武之绩,今王又光耀明德以应其期,是历数昭明,信可知矣"等语,批语有"此等语竟被利用"。同纪所引《献帝传》载禅代众事诸奏章,恭维曹丕禅代,"天时已至而犹谦让者,舜、禹所不为也。"批语有"尧幽囚,舜野死"。古史传说中的尧、舜都是以禅让著称的最高模式;曹丕代汉,也称是汉献帝禅让。所以此批句所说,汉献帝实是在曹丕打着禅代旗号被篡位了的。李白《远别离》:"或云尧幽囚,舜野死",即称尧、舜并未有禅让,而是先后为后者幽禁了的。

🏵 寿正终寝的禅让皇帝

　　秦汉伊始,末代皇帝,包括禅让皇帝,十有九八不得善终,不是被杀害,就是在幽禁中忧郁死去。唯独汉献帝刘协例外。他禅让后,为大舅子曹丕封为山阳公,仍能在山阳国(今河南焦作城东南墙南村)逍遥自在,安度晚年。最后仍安居了十四年,魏青龙二年(234)病死。察其所因,应归功是曹操嫁以三女曹节,禅让后,其中女曹节乃由皇后转为山阳公夫人。两人虽是老夫少妻,却也恩爱。曹丕对妹子曹节也相当宽容,特地赏赐汤沐邑五百户,封她与刘协生育的女儿刘曼为长乐郡公主,也赏赐食邑五百户。山阳公也沾了光,这也是无人敢加害于他的一个原因。

董卓 吕布

暴虐不仁,轻狡反覆
虽强且悍,终成土灰

董卓(? —192) 东汉末权臣。陇西临洮(今甘肃岷县)人。字仲颖。灵帝中平元年(184),任东中郎将,为黄巾军击败。后任并州牧。率兵入洛阳,立刘协(汉献帝),专断朝政,因关东州郡合兵来攻,纵火焚洛阳及周边地区,挟帝西迁长安,自为太师。残暴专横。后为王允、吕布杀死。

吕布(? —199) 东汉末军阀。五原九原(今内蒙包头西)人。字奉先。初随丁原,后杀丁原归董卓,为虎作伥。复与王允杀董卓,封温侯。割据徐州。建安三年(199),为曹操擒杀。

董卓是东汉末年军阀,暴虐成性,残杀无辜。毛泽东早年读《三国演义》所叙董卓故事,后来又从《后汉书》、《三国志》知道历史上董卓其人其事。

1959年底,毛泽东在参加读苏联《政治经济学教科书(第三版)》的讨论中,就经济生产问题说:古代生产力水平很低,养兵过多,打起仗来,对经济的破坏确实很大。有时确实像蝗虫一样,飞到哪里就把哪里吃光。三国时董卓把长安到洛阳一带的人都杀光了,把洛阳完全毁灭了,打仗时没有吃的东西了,就吃俘虏。(《党的文献》1994年第5期)

据《续汉书》称："卓部兵烧洛阳城外面百里。又自将兵烧南北宫及宗庙、府库、民家，城内扫地殄尽。又收诸富室，以罪恶没入其财物；无辜而死者，不可胜数。"

多行不义必自毙。董卓后来被自己的贴身保镖、第一号卫士吕布所杀。

吕布人格低下，见利忘义，反复无常，早年毛泽东读《三国演义》就鄙视其人。1927 年 10 月的一天，毛泽东与袁文才在江西宁冈太仓村会见时，为消除这位井冈山寨主疑虑，就借人们都熟悉的《三国演义》吕布故事说：工农革命军绝不做吕布，见利忘义，你我都是共产党员，光明磊落，以天下为己任，目的是要在井冈山建立根据地，共图革命大业。毛泽东画龙点睛，只用四个字"见利忘义"，点出了吕布的品质，乃"有奶便是娘"的无义之徒也。

无义之徒，失道者寡助，毛泽东对吕布表示了极大的反感。1948 年 5 月，毛泽东在西柏坡听警卫员们谈《三国演义》里谁的本领大，当有人说是"吕布的本事最大！虎牢关三英战吕布，刘、关、张三个人还打不过他一个呢"时，他不禁发问：那他后来为什么又败了呢？从他的反问里可以看出他非常鄙视吕布。

吕布武艺高强，《三国演义》誉为第一。后来在下邳（今江苏睢宁南）白门楼被迫向曹操投降，还表示从此愿意随曹操打天下。但仍被处死。多人读此认为是其应有下场。毛泽东却不以为然。1947 年 10 月 1 日，他在闲谈时就说：李世民的成功就是对反对他的人只要有才，他都要。曹操杀了吕布是错误的，但他的统一战线还是成功的。（《同舟共济》，第 965 页）

东汉州牧形成新军阀

东汉末年为强化对地方控制，汉灵帝刘宏改部分刺史为州牧。选任宗室或重臣出任，主持一州军政事务，这些州牧权力极大，形成为一方土皇帝、军阀，带头搞地方割据。其中有野心的皇族刘焉出任益州牧，公开收容五斗米道张修、张鲁，指使攻占汉中郡，斩杀洛阳来蜀使者，中断朝廷与益州的从属关系，形成地方割据。

袁绍

外宽内忌非君子
好谋无断是懦夫

袁绍（？—202）　东汉末军阀。字本初。汝南汝阴（今河南商水西南）人。世族官僚出身，曾率兵讨伐董卓；与地方割据集团混战中，据河北四州（冀、青、幽、并），兵多地广。公元200年在官渡为曹操击败。病死。

东汉末年军阀林立，在凉州军阀董卓垮台后，就以盘踞河北四州的袁绍势力最大。毛泽东多次把袁绍作为负面人物来教育干部和群众。

1959年3月2日，毛泽东在中共中央政治局扩大会议上说：袁绍这个人多端寡要，多谋难断，见事迟，得计迟。慢了，得出一个方针就处于被动。毛泽东同时又说蒋介石也是见事迟，得计迟。并举了1948年蒋介石在辽沈战役中指挥国民党军队失败的例子以资说明。几个月后，毛泽东在浙江杭州西湖刘庄和秘书林克又谈起袁绍其人。他说：袁绍这个人多谋寡断，有谋无断，没有决心，不果断，结果兵败于官渡。所以有谋还要善断。接着又引用曹操批评袁绍的话说："志大而智小，色厉而胆薄，忌克而少威，兵多而分画不明，将骄而政令不一，土地虽广，粮食虽丰，适足以为吾奉也。"同年6月，毛泽东和《人民日报》总编辑吴冷西谈话时说："新闻工作，要看是政治家办，还是书生办。有些人是书生，最大的缺点是多谋寡断。刘备、孙权、袁绍都有这个缺点，曹操就多谋善断。要反

200

对多端寡要,没有要点,言不及义。要一下子看到问题所在。曹操批评袁绍,志大而智小,色厉而胆薄,没有头脑。还批评袁绍有其他缺点。兵多而分工不明,将骄而政令不一,地虽广,粮虽多,完全可为我所用。"(《毛泽东新闻工作文选》,第215—216页)接着毛泽东又引用了上述曹操批评袁绍的一段话。不久,毛泽东在庐山与周小舟、胡乔木等谈话时又说:袁绍多端寡要,好谋无决,不会用将。《三国志》的《曹操传》、《郭嘉传》中对此都有反映。

毛泽东多次提倡要多谋善断,他要干部不能学袁绍。1971年11月8日,在中国代表团首次参加联合国大会前夕,毛泽东约见周恩来、姬鹏飞、乔冠华等。他在谈到进入联合国是一个大胜仗后就说:还是"三个臭皮匠,胜过一个诸葛亮"。遇事要商量,要多谋善断,不要像袁绍那样"多谋寡断",更不能"不谋专断"。谨慎不是谨小慎微。看准了的该说就说,该做就做。

◉ 袁绍最后结束东汉宦官集团

袁绍并非一无是处。袁绍乃首先向大将军何进提出尽诛宦官者。宦官也很忌恨他,罢免他所任司隶校尉。汉灵帝死后,袁绍即劝何进杀宦官,何进同意了,却迟了一步,反而为宦官所杀。袁绍闻之,果断地挺身而出,先矫诏杀死宦官任命的司隶校尉,又率家兵捕杀中常侍赵忠等二千余名宦官,救回为宦官挟持的皇帝和陈留王。自此东汉由权宦操纵国政局面彻底消失了。

刘表

外貌儒雅充名士
虚有其表若偶像

　　刘表(142—208)　　东汉末山阳高平(今山东鱼台东北)人。字景升。皇族远系。任荆州刺史,得地方宗族蒯氏、蔡氏支撑,遂以坐大,为荆州牧。对军阀之间的战争采取观望,所据地区破坏较少,中原百姓前来避乱者甚多。后病死,其子刘琮降曹操。刘表墓在襄阳(荆州)东门内,墓后有祠。元李俊民有《刘表祠》:天运端能卧可收,江山形势数荆州。当时若听韩嵩策,那得曹瞒享士牛。"士牛",刘表饲养有一大牛千余斤,吃草料十倍于常牛,但干活却不及一弱牛。曹操入襄阳,烹之以飨士卒,众人拍手称快。

　　毛泽东少年时读《三国演义》,就不诮刘表其人。1907年,在东山学堂写的试题《言志》作文中抒发自己的胸怀和抱负时,就用了《演义》三十四回,刘备在不得志时对刘表说的话:"备若有基本,天下碌碌之辈,诚不足虑也。"它也表示了毛泽东对刘表的轻视。

　　毛泽东鄙视刘表其人其事。《三国志·魏书·刘表传》称刘表"少知名,号八俊。长八尺余,姿貌甚伟"。毛泽东读了后,颇不以为然,批注道:"虚有其表。"他还在读该传时写了有关曹操的两条批注,以称赞曹操的有所作为,批判了刘表。一条是裴松之所引司马彪《战略》,说刘表初到荆州时,江南有一些宗族不服,聚众反抗,刘表"遣人诱宗贼,至者五十五人,皆斩之"。毛泽东读了此注,对"皆斩之"的做法很不赞成,所以,他在"皆斩之"三字旁划了粗粗的曲线,又在天头上写有批语:"杀降不祥,孟德所不为也。"一条是毛泽东在今人卢弼《三国志集释》注释,刘表于建安五年(200)攻长沙张怿,"南收零桂,北据汉川,地方数千里,带甲十余万。"毛泽东又在天头上作了批语:"做土皇帝,孟德不为。"

1965年叶剑英赋七律《远望》一首。毛泽东读后颇称赞之。其中"景升父子皆豚犬,旋转还凭革命功"两句尤为毛泽东喜爱。"景升父子"即指东汉末年割据荆州的刘表、刘琮父子。刘表字景升。《三国志·吴书·吴主传》裴松之注引《吴历》称:"(孙)权行五六里,回还作鼓吹。公(曹操)见舟船器仗军伍整肃,喟然叹曰:生子当如孙仲谋,刘景升儿子若豚犬耳!"

⚫ 刘表立学宫求儒士

刘表据荆州后,讲究教育,礼聘地方学者讲学和著述。"州界郡寇既尽,表乃开立学宫,博求儒士,使綦毋闿、宋忠等撰《五经章句》,谓之《后定》。"(《三国志·魏书·刘表传》注引《英雄记》)刘表还依赖地方蔡、蒯等大族礼聘贤士,据《后汉书·庞公传》,曾多次走访隐居襄阳岘山南的庞德公,"荆州刘表数延访,不能屈,乃就候之。"甚至在庞德公耕田时走上阡陌,劝他出山。庞德公拒绝了,后来还携妻子躲进鹿门山。

⚫ 荆州

荆州七郡,刘表据六郡,张绣据南阳郡。后曹操南征,刘琮献六郡降,曹操又将南郡北部割据区分设襄阳郡、章陵郡,是为荆州九郡。

郡名	郡治所在地和所辖县	赤壁之战前后归属
南阳	宛城(河南南阳)辖三十七县	赤壁之战前,张绣降曹操
南郡	江陵(湖北江陵)	曹操所辖地设襄阳、章陵二郡, 后吴以江陵借与刘备。
零陵	泉陵(湖南零陵)辖十三县	属刘备
桂阳	郴县(湖南郴州)辖十一县	属刘备
武陵	临沅(湖南常德)	属刘备
长沙	临湘(湖南长沙)辖十四县	属刘备
江夏	沙羡(湖北武昌西南)辖十四县	吴、魏各设郡

孔融

座上客常满
杯中酒不空

孔融（153—208） 建安七子之一。鲁国曲阜人，字文举。孔子二十世孙。以议郎出任北海相，故称"孔北海"。后召为将作大臣、少府。因多次挪揄曹操，为曹操忌恨，终被杀害。文章多为议论，风格典雅，很有气势。明清辑有《孔北海集》。

毛泽东青年时期，读了很多书。据记载，他最熟的是《梁任公文集》、《韩昌黎全集》和《昭明文选》，此外还有陈亮的《龙川文集》、叶适的《水心先生文集》和《孔北海集》。

《孔北海集》就是孔融的文集，系明人辑集。

毛泽东对孔融文章很熟悉。1936 年在《致蒋光鼐、蔡廷锴》信中有"'岁月不居，时节如流'，回顾一九三三年至一九三四年兄我双方合作救国之时，又已整整三年矣"等语，（《毛泽东书信选集》，第73页）其中"岁月不居，时节如流"，就是引用孔融与曹操书："岁月不居，时节如流，五十之年，忽焉已至。"

孔融的故事，毛泽东也很熟悉，比如孔融让梨、孔融见李膺。

淮海战役结束。毛泽东在西柏坡接见陈毅，谈及要陈毅担任未来的上海市长事。陈毅却建议：三野进军西南，由二野刘邓大军进驻华东。毛泽东见陈毅

推辞,就笑着说:你这是在孔融让梨呀!《解放大上海——国共生死大决战》,第265页）

此外还有孔融子女的故事。据《世说新语·言语》:"孔融被收,中外惶怖……融谓使者曰:'冀罪于身,二儿可得全否?'儿徐进曰:'大人,岂见覆巢之下,复有完卵乎?'寻亦收至。"

1936年8月13日,毛泽东在与时任国民党第十七路军总指挥、西安绥靖公署主任杨虎城信中,就组成联合战线抗日事,用了这八个字:"目前日本进攻绥远,陕甘受其威胁,覆巢之下,将无完卵。"《毛泽东书信选集》,第39页）

🌀 孔融被杀

孔融在朝,时以文才冷讽热嘲主政的曹操。建安十三年(208),曹操罢三公,自为丞相,以郗虑为御史大夫。郗虑向来与孔融有怨,趁曹操嫌忌孔融,利用职权,指使丞相军师祭酒路粹揭发孔融,罪状是:(一)任北海相时曾说:我是大圣(殷汤)后代,当皇帝也可以,何必让姓刘的;(二)和孙权使者密谈,有讪谤朝廷意;(三)有天不戴帽,只绕白头巾,上街散步,实在不礼貌;(四)和祢衡相互吹捧。曹操就乘机杀了孔融和他全家。

祢衡

许都城中擂鼓声
鹦鹉洲头江潮生

祢衡(173—198)　平原般(今山东宁津东南)人,字正平。少有才辩,刚强傲慢。惟与孔融、杨修友善,常称:"大儿孔文举,小儿杨德祖。"孔融推荐给曹操。因讽刺曹,被罚为鼓吏。即当众裸衣击鼓,羞辱曹操。曹即将其遣送刘表。亦为刘表不喜,又送往江夏(今湖北汉口)黄祖处。后为黄祖所杀。

毛泽东早年读过《后汉书·祢衡传》,就知道祢衡其人其事。1918年他写的七古《送纵宇一郎东行》的"诸公碌碌皆余子",1937年在《给八路军总部和各师的电报》中所称"凡那种自称天下第一、骄气洋溢、目无余子的干部,须予以深切的话告诉他们,必须把勇敢精神与谨慎精神联系起来,反对军队中的片面观点与机械主义。"(《毛泽东军事文选》,第90页)此中"碌碌余子"、"目无余子",即典出自《后汉书》祢衡语:"大儿孔文举,小儿杨德祖,余子碌碌,莫足数也!"

毛泽东也曾用祢衡著作文字。1928年在《井冈山的斗争》中,就用了"县、区、乡,各级民众政权是普遍地组织了,但是名不副实。"(《毛泽东选集》第一卷,第71页)就是出自祢衡《鹦鹉赋》的"惧名实之不副,耻才能之无奇。"

毛泽东评说祢衡,现尚未见有直接文字。但从他对卢弼《三国志集解》的

《魏书·武帝纪》的一处批语所见,他是不太喜欢祢衡的。

卢弼在《三国志集解》里,就曹操《让县自明本志令》,说他是"奸雄欺人之语"、"皆欺人语也"。并在注中又列举了曹操打过的败仗。毛泽东很不赞成,在书的天头上写了一段批语:"此篇注文,贴了魏武不少大字报,欲加之罪,何患无词。李太白云:'魏帝营八极,蚁观一祢衡。'此为近之。"(《毛泽东读文史古籍批语集》,第 138 页)

祢衡才气洋溢,但亦狂傲过甚。曹操只看到他狂傲的一面,而忽略了他的才气,侮辱了他的人格,因此反遭耻辱。凡侮人者必自侮。李白这首诗,也指出曹操轻视祢衡的失误。

毛泽东很喜欢京剧《击鼓骂曹》。他的七绝《屈原》"手中握有杀人刀",即由该剧中祢衡唱词衍生。

◉ "余子"和"大儿、小儿"

"目无余子"的"余子",即泛指其他人、其他先生。典出《后汉书·祢衡传》,说祢衡"唯善鲁国孔融及弘农杨修,常称曰:'大儿孔文举,小儿杨德祖,余子碌碌,莫足数也。'"近年有某教授有作解释:祢衡谁都看不起,稍微看得顺眼一点的也就是孔融和杨修。但祢衡对他俩也不客气,常常对人说,也就是大儿子孔文举(孔融),小儿子杨德祖(杨修)还凑合,其他小子提都提不起来。祢衡说这话时,自己不过二十出头,孔融已经四十岁了,竟被呼为'大儿'!这哪里是什么傲骨?分明是狂悖。此处解者把"儿"字误读了。按,这里的"儿",本作孺子、男儿已引替为英雄、伟人解了。邹容《革命军》有"大儿华盛顿,小儿拿破仑"之句,柳亚子 1945 年在重庆,请人刻章,有"前身祢正平,后身王尔德;大儿斯大林,小儿毛泽东"之句,并在旁刻以边款:"余请立庵治印,援正平例,有大儿小儿语。北海齿德,远在祢上,正平德祖,亦生死肝胆交,绝无不敬之意,斯语特表示热爱耳。虑味者不察,更乞立庵泐此,以溯其朔,并缀跋如左。一九四五年,亚子。"清沈自南《艺林汇考》称号篇卷二引《阅耕余录》:"祢衡谓'大儿孔文举,小儿杨德祖'虽自轻薄之语,然所谓'大儿'、'小儿'者未必如今人呼子之称。如邓艾目姜维为'雄儿',桓温目王敦为'可儿',盖汉魏人语如此。"

华佗

为医不寂寞
身世两相弃

华佗(？—208)　东汉末医生。原名华旉,字元化,沛国谯(今安徽亳州)人。少游学,精通医术,尤擅长外科,又以"麻沸散"(麻醉药)开世界医术之最。提倡预防为主,创造"五禽之戏"健身术。后为曹操侍医。因忤操意,被杀害。今河南许昌、安徽亳州和江苏徐州都分别有华佗墓和祠。又据陈寅恪称,华佗系来自梵语agada,意为药神。汉译为与华旉同姓删去字首元音,即音译为华佗。

　　毛泽东对中国古代医学家谈得较多的是华佗。华佗是东汉末期的名医,麻醉术的发明者,尤擅长于外科手术。毛泽东认为《三国志》里记载的华佗确有其人,而且是一位医术高明的医药学家,经常给穷苦人民治病,并且还给蜀国的大将关云长治疗过箭毒,以刮骨疗毒的手术,救活了关云长的性命。(《在毛主席身边的日子》,第40页)

　　在和群众接触中,毛泽东通常把手术高明的医生比作是"华佗",或者用"华佗"为符号,用以指称医生。1934年秋天,红军长征前夕,毛泽东在江西于都突然病倒,持续高烧。张闻天、谢觉哉急电召傅连暲前来,经确诊是患恶性疟疾,在对症下药后,毛泽东恢复健康。事后毛泽东说:你们知道中国古代有个医生叫华佗吗？接着，他讲了华佗的故事，讲完了又说，我们现在也有华佗，傅医生就是华佗。1958 年 6 月 30 日，毛泽东读《人民日报》关于江西余江县消灭了血吸虫的报导后，浮想联翩，写了《七律·送瘟神》，诗中有"绿水青山枉自多，华佗无奈小虫何"句。在该诗后记中又说，对消灭血吸虫，"然而今之华佗们在早几年大多数信心不足，近一两年干劲渐高，因而有了希望"。（《毛泽东诗词集》，第 235 页）后记中所提的"华佗们"就是指广大医生了。

毛泽东读书很讲究应用。他读《三国志·华佗传》认真、仔细。他对《华佗传》记载的华佗养生之道很是欣赏。20 世纪 50 年代，某天，毛泽东在散步时，对他的保健医生介绍：三国时有个名医叫华佗，给曹操治过病。他学老虎、学熊、学猴子、学鹿、学飞鸟的动作，编了"五禽戏"，这你应该知道吧？我看不错，是很好的健身运动。这都是仿生运动。人们有很多运动都是从动物那里学来的，其实也是动物学动物。中国有螳螂拳、猴拳，你游泳的那蛙式不就是从青蛙那里学来的吗？（《毛泽东个性化的健康之道》，第 22 页）也许是模仿"五禽戏"，毛泽东根据自身特点，自己编了一套自由体操：他缓缓地向前走，深呼吸，摇头，扭颈，有时屈伸肘腕关节，双肩前后交替转动；同时使腰部旋转扭动。他常在独自散步又无旁人时练习，以活络全身关节，锻炼身体，增强体质。

毛泽东提倡华佗的医德。1964 年 6 月 24 日，在与越南客人谈话时，毛泽东严厉地批评了中国高级干部的保健工作，说：现在的这些医生，都喜欢给大官看病，还不如三国时期的华佗，华佗给老百姓看病是不收钱的，实行治病救人。（《历史的真知——文革前夜的毛泽东》，第 355 页）

🔘 麻醉药（麻沸散）

《三国志》、《后汉书》的《华佗传》多记载华佗的外科疗法手到病除，乃在于他发明并安全使用了麻醉药（麻沸散）。相传此药用曼陀罗花一斤，生草乌、香白芷、当归和川草各四钱、天南星一钱共六味药引组制。华佗首创了用酒内服"麻沸散"的全身麻醉术，成功地完成了大手术。而欧美各国直到十九世纪初才使用全身麻醉法施行手术。20 世纪 20 年代，美国《药物学的四千年》说："一些阿剌伯权威人士谈及的麻醉术，可能是从中国传去的，因为中国名医华佗擅长此术。"

曹操

治世之能臣
乱世之英雄

　　曹操(155—220)　即魏武帝。沛国谯(今安徽亳州)人。字孟德,小名阿瞒。世族官僚。东汉末镇压黄巾军起义,继又讨伐董卓势力,力量渐强。迎汉献帝都许(今河南许昌东),"挟天子以令诸侯"。官渡之战中大败袁绍。逐渐统一中国北部。后在赤壁之战中败于刘备、孙权联军,遂成三国鼎立之势。208年为汉丞相。后封为魏公、魏王。子曹丕代汉称帝后,追尊为武帝。著有《孙子略解》、《兵法提要》。善诗,所作抒发自己的政治抱负,反映百姓的苦难生活。气魄雄伟,慷慨悲凉。有《魏武帝集》,已佚。今人辑有《曹操集》。

　　毛泽东经常谈论曹操,他的谈论涉及曹操一生政治、军事、用人之道和文学创作等诸多方面。

曹操也是个了不起的人物

　　曹操在他早年未出仕前,就有"治世之能臣,乱世之奸雄"的评价。元明以来,他在历史小说平话和戏剧舞台上几都被说成是油白脸的奸臣。毛泽东年轻时就不认同这些观点。"五四"运动前夕,他路过许昌停留时,瞻仰了老城魏都

旧墟,背诵了曹操的《短歌行》、《让县自明本志令》,并与同侪罗章龙(纵宇一郎)作《过魏都》联诗一首:

> 横槊赋诗意飞扬(宇),《自明本志》好文章(润)。
> 萧条异代西田墓(润),铜雀荒沦落夕阳(宇)。

(《中共党史资料》第51辑,中共党史出版社1994年版第200页)

诗中的"宇"为罗章龙(纵宇一郎);"润"即毛泽东(润之)。以此表达对曹操的钦佩。《短歌行》是曹操和宾客对唱的乐府,毛泽东1949年所作的七律《人民解放军占领南京》,"天翻地覆慨而慷",其后三字即由此出典。《让县自明本志令》是曹操于汉建安十六年(211)的自叙,内称自己并无取代汉室之意,为明此志,决定让出所封的三县。毛泽东很欣赏他,所以当读卢弼《三国志集解》时,见卢弼指责曹操有"奸雄欺人之语","志骄志盛","言大而夸","文词绝调也,惜出于操,令人不喜读耳",颇不以为然,在对卢注作了圈点,且在天头上写了一段与卢相悖的批语:"此篇注文,贴了魏武不少大字报,欲加之罪,何患无词。李太白云:'魏帝营八极,蚁观一祢衡'。此为近之。"(《毛泽东读文史古籍批语集》,第138页)

毛泽东对曹操基本上是肯定的。1952年11月1日,毛泽东视察河南安阳,在参观殷墟时,周边就是曹操主要政治中心之一的邺城故址。他面对北方的漳河说道,漳河,就是曹操练水兵的地方。接着说:曹操也是个了不起的人物。这里属于古邺。邺城始建于春秋齐桓公时。战国时属魏国。西门豹为邺令。西汉时邺城是魏郡治所,东汉末年是冀州牧袁绍驻地。曹操破袁绍后,于204年进邺建都,此后史称邺都为魏都。东汉建安十八年(213)曹操被封为魏公,后为魏王,掌握中央一切军政大权。邺都成为朝臣聚集、发布政令的中央政权所在地,直到220年曹丕代汉,虽建都洛阳,但仍称邺都为"北都",七庙不废,直至265年司马炎灭魏建晋,故魏前后在邺建都五十二年。曹操在邺时,进行了大规模的扩建。著名的三台,即金凤台、铜雀台、冰井台,就是那时修建的。晋朝文学家左思曾写《魏都赋》,对邺都进行很好的描写。曹操在这一带实行屯田制,使百姓丰衣足食,积蓄力量,逐渐统一北方,为后来晋统一全国打下了基础。

(《毛泽东指点江山》,第1232—1234页)

说曹操是白脸奸臣,这个冤案要翻

毛泽东对历史上把曹操作为奸臣看待十分不满。1954 年夏,他在北戴河与保健医生谈起了曹操。他称赞曹操是个了不起的政治家、军事家,也是个了不起的诗人。并肯定曹操统一中国北方,创立魏国,改革东汉许多恶政,抑制豪强,发展生产,实行屯田制,督促开荒,推行法治,提倡节俭,使遭受大破坏的社会开始稳定、恢复、发展的历史功绩。他说:说曹操是白脸奸臣,书上这么说,戏里这么演,老百姓这么说,那是封建正统观念所制造的冤案,还有那些反动士族,他们是封建文化的垄断者,他们写东西就是维护封建正统。这个案要翻。几个月后,他在北京回信给在北戴河的女儿李敏、李讷,说"北戴河、秦皇岛、山海关一带是曹孟德到过的地方。他不仅是政治家,也是诗人。他的碣石诗是有名的。妈妈那里有古诗选本,可请妈妈教你们读"。(《毛泽东文艺论集》,第 306 页)

1957 年 4 月 10 日,毛泽东在与《人民日报》负责人谈话中,又论说了曹操:"历史上说曹操是奸雄。不要相信那些演义。其实,曹操不坏。当时曹操是代表进步一方的,汉是没落的。"(《毛泽东著作专题摘编》,第 2284 页)

毛泽东喜欢将曹操和其同时代的人物作比较,以评价他们的优缺点。1957 年 11 月初,毛泽东在莫斯科与郭沫若、胡乔木纵谈三国史时,突然问翻译:你说说,曹操和诸葛亮这两个人谁更厉害些? 接着又自我解答说:诸葛亮用兵固然足智多谋,可曹操这个人也不简单,唱戏总是把他扮成大白脸,其实冤枉。这个人很了不起。(《外交舞台上的新中国领袖》,第 151 页)还有一次,他在讲《三国演义》"青梅煮酒论英雄"时说:刘备比曹操所见略逊。(《情满西湖》,第 240 页)1959 年 6 月,他在和吴冷西谈新闻工作时又说:"有些人是书生,最大的缺点是多谋寡断。刘备、孙权、袁绍都有这个缺点,曹操就多谋善断。"(《毛泽东新闻工作文选》,第 215 页)

毛泽东坚决主张要为曹操翻案。把头足倒置的史实恢复真容。1958 年 11 月初,他在第一次郑州会议上,就提出了把曹操看作坏人是不正确的。几天后,毛泽东在武汉东湖召集柯庆施、李井泉等座谈《三国志》,他说:《三国演义》是把曹操看作奸臣来描写的;而《三国志》是把曹操看作历史上的正面人物来叙述的,而且说曹操是天下大乱时期出现的"非常之人"、"超世之杰"。但由于《三国演义》又通俗又生动,看的人多,加上旧戏上演三国戏都是按《三国演义》为蓝本编造的,所以曹操在旧戏舞台上就是一个白脸奸臣。这一点可以说在我国是妇孺皆知的。现在我们要给曹操翻案。我们党是讲真理的党,凡是错案、冤案,十年、二十年要翻,一千年、两千年也要翻。他实事求是地评价曹操说:曹操统一北方,创立魏国,抑制豪强,实行屯田,兴修水利,发展生产,使遭受大破坏的社会开始稳定和发展,是有功的。说曹操是奸臣,那是封建正统观念制造的冤案,这个冤案要翻。(《一个省委书记回忆毛泽东》,第 144—145 页)

在毛泽东提出为曹操翻案号召下,1959 年,中国学术界展开了一场颇有影响的关于"替曹操恢复名誉"的讨论。毛泽东在读了历史学家翦伯赞在《光明日报》上发表的《应该替曹操恢复名誉》一文后,又作了发挥说:曹操结束汉末豪族混战的局面,恢复了黄河两岸的广大平原,为后来的西晋统一铺平了道路。同年 8 月 11 日,毛泽东在庐山会议上所作的讲话里说:曹操被骂了一千多年,现在也恢复名誉。好的讲不坏,一时可以讲坏,总有一天恢复,坏的讲不好。从此,曹操恢复了历史名誉,京剧舞台上的白脸曹操,也在眉心添加了一颗红点,以示是好人也。

毛泽东始终肯定曹操,直到晚年他的观点都没有改变。1975 年,他对伴读的北京大学讲师芦荻说:汉末开始大分裂,黄巾起义摧毁了汉代的封建统治,后来形成三国,这是向统一发展的。三国的几个政治家、军事家,对统一都有所贡献,而以曹操为最大。司马氏一度完成了统一,主要就是曹操那时打下的基础。1976 年的一次谈话中,又将曹操和孔子、秦始皇、朱元璋并列。

毛泽东虽然力主为曹操翻案,但他对曹操也是有功说功,有过说过,并非全盘肯定。曹操有历史和阶级的局限性,也有失误处。1966 年 3 月,毛泽东在杭州的一次谈话中就说:曹操打过张鲁以后,应该打四川。刘晔、司马懿建议他打。刘晔是个大军师,很能看出问题。说刘备刚到四川,立足未稳。曹操不肯去,隔了几个星期,后悔了。曹操也有缺点。有时也优柔寡断。这个人很行,打了袁绍,特别是打过乌桓,进了五百多里,到东北迁安一带,不去辽阳打公孙康。袁绍的儿子袁尚等人,要谋害公孙康,公孙康杀了袁尚兄弟送头给曹操,果然不出所料。"急之则相救,缓之则相害"。毛泽东很喜欢读《三国志》中的《武帝纪》,为之写了很多条眉批,其中有一条就批评曹操执法,"其令诸将出征,败军者抵罪,失利者免官爵",但却是对人不对己,因此,他在眉批中有"赤壁之败,将抵何人之罪"一语。按赤壁之败导致日后三国鼎立,此乃曹操骄傲轻敌所致。

曹操的诗,是真男子,大手笔

毛泽东爱读古体诗,在三曹中尤为青睐曹操的乐府诗,曾写过《浪淘沙·北戴河》词,称赞"魏武挥鞭,东临碣石有遗篇"。还说曹操的诗"气魄雄伟,慷慨悲凉,是真男子,大手笔"。1959 年 9 月与邵华谈话时又说曹操的文章诗词,极为本色,直抒胸臆,豁达通脱,应当学习。他特别喜欢曹操的《龟虽寿》、《短歌行》、《观沧海》等篇章。

毛泽东对《龟虽寿》中表露的浓厚的唯物观色彩与积极进取的人生观尤为欣赏。1951 年 1 月,毛泽东因林彪病指示傅连暲组织专家会诊,还特地抄录了曹操《龟虽寿》赠送林彪:

> 神龟虽寿,犹有竟时。
> 腾蛇乘雾,终为土灰。
> 老骥伏枥,志在千里。
> 烈士暮年,壮心不已。
> 盈缩之期,不独在天。
> 养怡之福,可得永年。

还书写过五幅《龟虽寿》,其中两幅分赠河北省委第一书记林铁和中央宣传部副部长胡乔木。1961 年 8 月 25 日,毛泽东又将此诗推荐给因病休养的胡乔木:"曹操诗云:盈缩之期,不独在天。养怡之福,可得永年。此诗宜读。"1963 年 12 月 14 日,毛泽东给因病休养的林彪写信:"曹操有一首题名《龟虽寿》的诗,讲长生之道的,很好。希你找来一读,可以增强信心。"(《毛泽东之魂》[修订本],第 129—130 页)毛泽东还常以曹操这首诗自勉。1962 年 12 月 29 日,邓小平将起草的《陶里亚蒂同志同我们的分歧》一文送毛泽东审定。毛泽东在读了邓小平信后,于翌日凌晨 2 时批阅了该文,并写信给邓小平:"文章已看过,写得很好。题目也是适当的。可以于今日下午广播。明日见报。"随后毛泽东还手写了曹操的一首《步出夏门行》中的第四节《龟虽寿》。(《历史的真知——文革前夜的毛泽东》,第 250 页)

1963 年 10 月 26 日,毛泽东为日本前首相石桥湛山书写一幅《龟虽寿》,说曹操这首诗有辩证法的观点，还讲解了这首诗。（《毛泽东年谱(1949—1976)》(五)第272页)1971年8月，毛泽东要周恩来从林彪处找回手稿《龟虽寿》，作为范帖，写了几个字给生病情绪不好的康生。（《文史参考》，引自《文化艺术报》第3123期)

毛泽东还引用《龟虽寿》读史。《南史》卷二二《王僧虔传》称刘宋朝光禄大夫刘镇之三十岁时曾得过一场大病，家人为他准备了棺材。不料他病情转好，最后活到九十多岁。毛泽东读此，写有批注："盈缩之期，不但在天；养怡之福，可得永年。"

毛泽东对曹操的养生之道也很欣赏，曾对保健医生介绍：曹操多年军旅生涯不会很安逸，可在一千七百多年前，医疗条件也不会怎么好，他懂得自己掌握命运，活了六十五岁，该算是会养生的长寿老人啰。你们搞医疗的应该学学，不要使人养尊处优，只想吃好、穿好，不想工作还行？更不能小病大养。保健不是保命，不要搞什么补养药品，我是从来不信这些的。主要是乐观、心情开朗、锻炼身体。又说：曹操讲盈缩之期，不独在天，养怡之福，可得永年，陆游讲死去原知万事空，这都是唯物的（《毛泽东之魂》[修订本]，第130页)。

🔘 曹操的《短歌行·对酒》诗

曹操的《短歌行·对酒》是建安元年(196)在许都接待宾客时，主客在宴会上的酬唱之作，并非曹操一人所作。据万绳楠教授说，诗三十二句，是八句一组：第一、三组是宾客的唱辞；第二、四组是曹操的答辞：

对酒当歌，人生几何？譬如朝露，去日苦多。慨当以慷，忧思难忘。何以解忧？唯有杜康。（宾客）

青青子衿，悠悠我心。但为君故，沉吟至今。呦呦鹿鸣，食野之苹。我有嘉宾，鼓瑟吹笙。（曹操）

明明如月，何时可掇？忧从中来，不可断绝。越陌度阡，枉用相存。契阔谈宴，心念旧恩。（宾客）

月明星稀，乌鹊南飞。绕树三匝，无枝可依。山不厌高，水不厌深。周公吐哺，天下归心。（曹操）

万绳楠教授说，最后的两句，说的是周公，实际是自比。你们都到我这里来吧，我从不厌人才之多，只有我才是你们可信赖的依靠者。"天下归心"，寄托了曹操的胸怀。如此一解释，此诗便豁然贯通。

许褚

赤膊上阵
勇猛第一

　　许褚　沛国谯(今安徽亳州)人。东汉末年,聚集乡里及宗族数千家,筑坞壁自卫。后归曹操,领武卫军(曹操亲兵),为武卫中郎将。在潼关拒马超、韩遂,因勇猛似虎,军中号为"虎痴"。

　　许褚勇猛,临阵如疯如痴,而对曹操忠心耿耿,是曹操最信得过的一员虎将。

　　毛泽东读《三国志·魏书·许褚传》和演义、戏曲中洞知许褚其人其事。

　　毛泽东也曾谈及许褚。

　　1947年6月中旬,毛泽东主动撤离延安,带领中央纵队,在陕北一个小村田次湾宿营。在火堆前,他忽而谈起了《三国演义》:小时候我喜欢看《三国演义》,读起来就放不下。有一天我忽然想到一个问题,怎么书里的人物都是武将、文将、文官、书生,从来没有一个农民做主人公?我纳闷了两年:种田的为什么就没有谁去赞颂呢?后来我想通了,写书的人都不是种田的人!毛泽东又说:《三国演义》算我读到的第一本军事教科书吧。可也受了一点骗,许褚好像不得了。现在发觉算不得什么。我们警卫排的战士,都是种田的农民,我看哪个都比许褚厉害。(《卫士长谈毛泽东》,第180—181页)

许褚的故事,毛泽东是非常熟悉的,尤其是《三国演义》第五十九回《许褚裸衣斗马超,曹操抹书间韩遂》。许褚勇猛无比,敢打敢杀,赤膊上阵,与马超交锋。1945 年 10 月 7 日,毛泽东在重庆给柳亚子写信,内称:"迭示均悉,最后一信概乎言之,感念最深。赤膊上阵,有时可行,作为经常办法则有缺点,先生业已了如指掌。"(《毛泽东文集》第四卷,第 30 页)毛泽东在 1949 年 5 月 2 日,约柳亚子游北平颐和园,在谈到政治宣传时又说了:你现在可以赤膊上阵,发表文章讲话。(《生活中的毛泽东》,第 158 页)

🌐 虎豹骑和武卫军

《三国演义》称曹操帐前侍卫,名曰"虎卫军",以典韦、许褚领之。此处"虎卫军",乃是小说将曹操的两支最精锐的亲卫军合称,即"虎豹骑"和"武卫军"。虎豹骑,统率者多系曹氏本家子弟,如曹休"常从征伐,使领虎豹骑宿卫"(《三国志·曹休传》),曹操亲率五千精骑追击刘备于当阳,其中就有曹纯统率的虎豹骑。武卫军,组建当迟于虎豹骑,在典韦护卫曹操内帐时,无有名号。后许褚来归,"引入宿卫,诸从褚侠客,皆以为虎士"(《三国志·许褚传》)。"虎士"或即是"虎豹骑"。后许褚因与马超战,有功,"迁武卫中郎将。武卫之号,自此始也。"(《三国志·许褚传》)

魏文帝

建安高手，文坛大家
《典论》一册，足彰千秋

魏文帝(187—226)　即曹丕。三国魏开国皇帝。公元 200—226 年在位。谯郡（今安徽亳州）人，字子桓。曹操第二子。继曹操为魏王，后代汉称帝。爱文学，其诗多有优秀之作，为建安文坛领袖。有《典论》、《列异传》。

毛泽东喜欢说曹操，也必然连带说到曹操的亲人和重要臣僚，如魏文帝曹丕，他是曹操的第二子，魏国的开国皇帝。

1952 年 10 月，毛泽东视察江苏徐州，登上云龙山，指点江山，与随同人员谈及徐州籍竟有十个开国皇帝，其中一个就是曹丕。几天后，毛泽东赴安阳殷墟视察，瞭望北面漳河，又谈起曹操、曹丕建邺城（今河北临漳附近）事。他说：东汉建安十八年(213)，曹操被封为魏公，后为魏王，掌握中央军政大权。邺都成为朝臣聚集、发布政令的中央政权所在地，直到延康元年(220)曹丕代汉，虽建都洛阳，但仍称邺都为"北都"，七庙不废。

《三国志·魏书·文帝纪》对曹丕代汉做皇帝大加宣扬。毛泽东颇不为然。他在本纪裴注引袁宏《汉纪》所载汉帝禅位诏，于其中"夫大道之行，天下为公，选贤与能，故唐尧不私于厥子，而名播于无穷，朕羡而慕焉。今其追踵尧典，禅位于魏王"作了批语:"此等语竟被利用。"又在《献帝传》"天时已至,而犹谦让者,尧舜所不为也"处批语:"尧幽囚,舜野死。"毛泽东认为,曹丕说的禅让,其实就是篡夺而已。

毛泽东熟悉曹丕史实,他对曹丕的政绩评价平平。1959年夏天,毛泽东在北戴河工作。北戴河是当年曹操东临碣石观沧海的地方。触景生情,他曾和随同的保健医生说起过曹操父子兄弟。毛泽东在谈了曹植后,紧接着说:曹丕也是他(曹操)儿子,也有些才华,但远不如曹操。曹丕在政治上也平庸,可他后来做了皇帝,是魏文帝。历史上所称的建安文学,实际就是集中于他们父子的周围。一家两代人都有才华、有名气,在历史上也不多见呐!

毛泽东对人评价一分为二,他对曹丕的文才还是肯定的。1957年3月,毛泽东在中国共产党全国宣传工作会议期间同文艺界部分代表谈话时,就指出:中国自觉的文学批评的历史是从哪里开始的呢? 从曹丕的《典论·论文》和曹植的《与杨德祖书》开始的吧! 以后有《文心雕龙》等。据芦荻回忆:毛泽东高度肯定曹丕的《典论·论文》,还背诵过曹丕的七言长篇《燕歌行》,认为在那时的七言诗中算是一篇佳作了。(《党的文献》2006年第4期)还说曹丕的《典论·论文》和陆机的《文赋》这两篇文论,标志着文学创作新的里程碑和文学理论发展中质的飞跃。毛泽东早年就精读《昭明文选》,对曹丕《典论》以及文里批评建安诸子文章颇有认识,所以能对中国文学批评史抒发自己之高见。

🌑 《典论》是最早的文学批评

曹丕手不释卷,还著书立说,其中代表作有《典论》。《典论》中有篇佳作《论文》,内称文章好坏的标准,不可一概以论之,因以文章本身的性质而异:"奏议宜雅,书论宜理,铭诔尚实,诗赋钦丽。"又称:文章是"经国之大业。不朽之盛事"。而人在政治圈里的飞黄腾达,升官加爵,只是"止乎一身"。况且,一个人迟早是要死去的,不如文章,能把声名传于后世。曹丕自己对《典论》也很欣赏,曾分写送与孙权和张昭。太和四年(230),他的儿子魏明帝曹叡,还诏太傅三公以《典论》刻石,立于庙门之外。

219

郭嘉

一代谋略,冠盖群英
运策帷幄,决胜千里

郭嘉(170—207)　东汉末曹操谋士,颍川阳翟(今河南禹州)人。字奉孝。初隶袁绍,以袁绍好谋无决,难于成事,遂归曹操,任为军师祭酒(首席谋士),先后从征十一年,运筹策划,颇有奇功。后病死。

1959年春天,毛泽东一直在精读《三国志》,并针对当时实际工作中出现的若干问题,讲述《三国志》的很多人物,讲得最多的是曹操和他的前期主要谋士郭嘉。3月2日,毛泽东在一次会上,极其详细地介绍了郭嘉其人其事:三国时候,曹操一个有名的谋士叫郭嘉,二十七岁到曹操那里当参谋,三十八岁就死了。赤壁之战时,曹操想他,说这个人在,不会使我处于这种困难境地。许多好主意就是他出的。比如,打不打吕布,当时议论纷纷。那时袁绍占领整个河北和豫北,就是郑州以北,曹操在许昌,吕布在徐州。郭嘉建议先打吕布。有人说,打吕布,袁绍插下来怎么办? 郭嘉说,袁绍这个人多端寡要,见事迟,得计迟,不要怕,袁绍一定不会打许昌。于是曹操就去打吕布,把吕布搞倒了。如果不先打吕布,如果吕布跟袁绍联合起来同时攻击,曹操就危险了。郭嘉这个计策很成功。然后又去打袁绍。袁绍渡了黄河,在郑州与洛阳之间曹操打胜了。接着引出是不是去打袁绍的两个儿子袁谭、袁尚的问

220

题。郭嘉说不要打,我们回师,装作打刘表,把军队摆到许昌、信阳之间,他们一定要乱的。果然,曹操的军队一搬动,几个月,两兄弟就打起来了。袁尚把哥哥包围在山东平原(德州),哥哥眼看要亡党、亡国、亡头,就派了一个代表叫辛毗的,跑到曹操这里来求救,曹操去救,乘势夺取了安阳,消灭了袁尚的部队,袁尚本人跑到辽东去了,然后再去消灭了袁谭。这个计策也是郭嘉出的。在河北冀东追袁尚时,郭嘉又出一计,他说:他不防备,我们轻装远袭,可以得胜。就在这个时候,郭嘉得病,三十八岁就死了。这个人很有名。《三国志·郭嘉传》可以看。

在列举了蒋介石1948年秋在辽沈战役中指挥国民党军队的失误之后,毛泽东又一次推崇郭嘉的多谋善断。毛泽东说:现在,我是借郭嘉的事来讲人民公社的党委书记以及县委书记、地委书记,要告诉他们,不要多端寡要、多谋寡断。谋要多,但是不要寡断,要能够当机立断。端可以多,但是要拿住要点。他要求各级干部向郭嘉学习办事要多谋善断,当机立断。为此,他号召大家要读《郭嘉传》。

同年4月,在上海会议上,毛泽东又引导与会者议论了多谋善断、留有余地等问题。毛泽东说,希望大家看看《三国志》中的《郭嘉传》。接着又讲了郭嘉的故事。据薄一波回忆,毛泽东说:多谋善断这句话,重点在"谋"字上。要多谋,少谋是不行的。要与各方面去商量,反对少谋武断。商量又少,又武断,那事情就办不好。谋是基础,只有多谋,才能善断。谋的目的就是为了断。要当机立断,不要优柔寡断。应当根据形势的变化来改变我们的工作计划。反对党内一些不良倾向,也要当机立断。在此期间,毛泽东还向周围工作人员介绍读《郭嘉传》。据秘书林克回忆,毛泽东要林克研究历史,还介绍说:《后汉书》、《曹操传》、《郭嘉传》等史书,值得读一读。并当即送给林克一本范晔的《后汉书》。毛泽东说:曹操有个参谋叫郭嘉,是个河南人,初投袁绍,他批评袁绍"多端寡要,好谋无决,欲与共济天下大难"。袁绍这个人多谋寡断,有谋无断,没有决心,不果断,结果兵败于官渡。所以有谋还要善断。又说:后来荀彧把郭嘉推荐给曹操,郭嘉足智多谋,协助曹操南征北战,擒吕布,破袁绍,北伐乌桓,平定天下,深得曹操器重。同年7月,毛泽东在庐山与周小舟、周惠和李锐闲谈时,再一次提出:《三国志》里《郭嘉传》值得一读。随即又说了郭嘉:可惜中年夭折,曹操大哭。大跃进出点乱子,不要埋怨。否则就是"曹营之事不好办"。或者叫你"欲与共济天下大难"！毛泽东最后叹道：国乱思良将，家贫念贤妻。可见毛泽东是多么向往郭嘉式的人才。

1966 年选定林彪为接班人时，毛泽东也让他读《郭嘉传》。毛泽东让林彪读《郭嘉传》，流露出对他多谋善断的赞赏，和对他多病之躯的担心。（《文化艺术报》2011 年第 66 期）

曹操主要谋士

曹操据中原，乃文化富饶之地，人才辈出，据《三国志·魏书》所列，他的主要谋士如荀彧等都是中原人，这些人为曹操出谋划策，言必有中。

姓　名	籍　贯	归曹行事	附　注
荀　彧	颍川颍阴	由袁绍处归	为汉侍中，守尚书令
荀　攸	颍川颍阴	曾为汉官为曹操征用	为军师，魏国初建，为尚书令
贾　诩	武威姑臧	随张绣归	魏国初建，为太尉
程　昱	东郡东阿	在兖州相随	魏国初建，为卫尉
郭　嘉			
董　昭	济阴定陶	原为汉议郎	为司空军祭酒，魏国初建，为将作大匠
刘　晔	淮南成德	自淮南归	魏国初建，为侍中
蒋　济	楚国平阿	为合肥守围时归	魏国初建，为散骑常侍

陈琳

情采斐然
乱世霸才

　　陈琳(? —217)　广陵(今江苏扬州)人,字孔璋。曾谏大将军何进不得引外军来京,后归袁绍掌管书记(起草文书)。袁绍败,为曹操军师祭酒,管记室。散文风格雄放,笔力强劲。有《陈记室集》辑本。

　　陈琳是"建安七子"之一。

　　毛泽东熟读《三国志·魏书·陈琳传》。1941年在《改造我们的学习》一文里称:"'闭塞眼睛捉麻雀'、'瞎子摸鱼',粗枝大叶,夸夸其谈,满足于一知半解,这种极坏的作风,这种完全违反马克思列宁主义基本精神的作风,还在我党许多同志中继续存在着。"(《毛泽东选集》第三卷,第796—797页)其中"闭塞眼睛捉麻雀"就是出自《陈琳传》:"《易》称'即鹿无虞',谚有'掩目扑雀,夫微物尚不可欺以得志,况国之大事,其可以诈立乎?'"

　　毛泽东很喜欢陈琳的文采。据《三国志·魏书·陈琳传》:"琳避难冀州,袁绍使典文章。袁氏败,琳归太祖。太祖谓曰:'卿昔为本初移书,但可罪状孤而已,恶恶止其身,何乃上及父祖邪?'琳谢罪,太祖爱其才而不咎。"陈琳书讨曹操檄,毛宗岗修订《三国演义》,将它全文照搬,大骂曹操。毛泽东熟悉《三国演义》和这段陈琳故事,那就是其中第三十二回《夺冀州袁尚争锋,决漳河许攸献计》,

内称曹操攻取冀州(即邺城),"俘陈琳,操谓之曰:'汝前为本初作檄,但罪状孤可也,何乃辱及祖、父耶?'琳答曰:'箭在弦上,不得不发耳。'"此中"箭在弦上"这句话毛泽东很喜爱,曾几次谈及引用。1936年10月25日,他就促进各方抗日统一战线致信时为绥远省主席傅作义:"目前情势,日寇侵绥如箭在弦上,华北长江同时告急。"(《毛泽东书信选集》,第82页)1955年1月18日,当毛泽东听了陈赓汇报张爱萍领导浙东前线解放军准备进攻一江山岛的意见时,他说:"既然箭在弦上了,那就不得不发呀!"(《新中国海战内幕》,第93页)

毛泽东相当欣赏陈琳的文章。1936年在《致蒋介石》信中称:"吾人敢以至诚,再一次地请求先生,当机立断,允许吾人之救国要求,化敌为友,共同抗日,则不特吾人之幸,实全国全民族唯一之出路也。"(《毛泽东书信选集》,第88页)此中之"当机立断"即出自陈琳《答东阿王笺》:"佛钟无声,应机立断。"《三国演义》第二十二回《袁曹各起马步三军,关张共擒王刘二将》,记有陈琳为袁绍作讨曹操檄,而曹操时正患偏头痛,读了该文后,却头风尽去顿愈。所以1959年3月,毛泽东在中共中央八届七中全会上印发的陶鲁笳《介绍山西经验》里写有批语:"此件很好,很容易看。如有头昏病,还可以治愈头昏。"(《一个省委书记回忆毛主席》,第151页)显然是应用了这条典故,恰如其分作比喻的。

毛泽东也欣赏陈琳的乐府《饮马长城窟行》,曾圈点此诗。

建安七子

　　"建安七子"是东汉献帝建安年间(196—220)七个文人合称。最早提出"七子"说是曹丕《典论·论文》:"今之文人,鲁国孔融文举、广陵陈琳孔璋、山阳王粲仲宣、北海徐幹伟长、陈留阮瑀元瑜、汝南应场德琏、东平刘桢公幹。"他们都与曹操父子交往,有文相通,且多为曹操部属。"七子"的创作多有"建安风骨",慷慨悲凉且典雅俊朗,如《典论·论文》所称:"斯七子者,于学无所遗,于辞无所假,咸以自骋骥騄于千里,仰齐足而并驰。"

王粲

当阳城下草木深
《登楼赋》里波浪滚

王粲(177—217)　东汉末文学家。山阳高平(今山东邹城西南)人,字仲宣。幼年为蔡邕赏识。东汉末,避难荆州,依刘表,后归曹操。文才为"建安七子"之首。刘勰称:"仲宣溢才,捷而能密,文多兼善,辞少瑕累,摘其诗赋,则七子之冠冕乎!"(《文心雕龙·才略》)建安二十一年(216)从征吴。途中因染瘟疫病死。

王粲是建安时期著名诗人。他的诗篇反映了三国时期严酷的社会现实。《七哀》是王粲的代表作,是他十六岁时,即公元192年(初平三年)从长安、洛阳南下荆州(襄阳)时沿途的所见所闻,它形象地记录了董卓、吕布和李傕、郭汜之乱对中原的毁灭性破坏。毛泽东很欣赏这首诗的价值。在一次与胡乔木、郭沫若的谈话中,当说到三国人口数量时,毛泽东随口吟出了《七哀》中的"出门无所见,白骨蔽平原"二句,可见他对此诗的熟悉。

王粲的另一篇代表作是《登楼赋》。

1975年7月14日晚,毛泽东听陪读的北京大学教师芦荻连续读两遍《登楼赋》后,评论说:王粲真正焦心的,是"惟日月之逾迈兮,俟河清其未极",王粲守着个腐朽的贵族,无所作为,时光白白地流去,期待着天下太平,却迟迟无望,他自然痛苦。作者的最高理想,是"王道之一平",出现贤明的君主,统一天下,稳定时局,他就可"假高衢而聘力",干一番于国于民有益的大事业了。"惧匏瓜之徒悬兮,畏井渫之莫食"两句,是借着用典,道出了作者的心事,他怕自己成为无用之人,终生碌碌,无所作为。儒家讲,"达则兼济天下,穷则独善其身",王粲就不守这个信条,正因为天下乱,他又处于"穷"境,却更要出来济世,这就高多了。知识分子一遇麻烦,就爱标榜退隐,其实,历史上有许多所谓隐士,原是假的,是沽名钓誉,即使真隐了,也不值得提倡,像陶渊明,就过分抬高了他的退隐。不过,陶渊明倒是真隐了,而且亲自种过田,情况有所不同。赋里含有故土之思。人对自己的童年、自己的故乡、过去的朋侣,感情总是很深的,很难忘记的,到老年更容易回忆、怀念这些。写《到韶山》,就是想起了三十二年前的往事,对故乡是很怀念的。写《答友人》,说"斑竹一枝千滴泪,红霞万朵百重衣",就是怀念杨开慧的,开慧就是霞姑嘛!可是现在有的解释不是这样,不符合我的思想。最后,毛泽东问芦荻,会不会背李商隐的《安定城楼》,芦荻说不能背,毛泽东自己背了出来:

> 迢递高城百尺楼,绿杨枝外尽汀洲。
> 贾生年少虚垂涕,王粲春来更远游。
> 永忆江湖归白发,欲回天地入扁舟。
> 不知腐鼠成滋味,猜意鹓雏竟未休。

背完后说:这也是个年轻人"登楼之作",也是有抱负不得施展。中间还用了王粲写《登楼赋》的典,值得一读。(《毛泽东年谱(1949—1976)》(第六卷)第 598—599页)毛泽东对芦荻说:这篇赋好,作者抒发了他拥护统一和愿为统一事业作贡献的思想,也含有故土之思。接着便念起赋中的句子"人情同于怀土兮,岂穷达而异心?"又解释说:人对自己的童年、自己的故乡、过去的朋侣,感情总是很深的,很难忘记的。到老年更容易回忆、怀念他们。1959 年 6 月,我回韶山,写了一首诗,当时就想起了很多往事,对父母,对少年朋友,对旧屋和水塘,对农民运动,等等,历历在目,很有感情,很有感触。(《毛泽东诗谊——毛泽东和他的诗友》,第247—248 页)《登楼赋》相传是王粲在当阳城楼(湖北当阳北)所作。不久曹操大军南下,他就说服刘琮归顺了曹操。毛泽东早年熟读《昭明文选》,又屡次阅读

《三国志·魏书·王粲传》，因而从《登楼赋》里也就会回忆自己往昔的情趣，包括那种思乡怀土的深切情感。

◉ 《登楼赋》创作处

王粲《登楼赋》创作处有数说：

一说是湖北当阳。南齐盛弘之《荆州记》、北齐郦道元《水经注》均分别有记载。《当阳县志》宗其说，"当阳县城楼，王仲宣登之而作赋。此楼即南门城楼。但非后之县城。""楼在本邑无疑。唯赋内沮漳并举，不应在今县治。古麦城在沮漳之间，庶几近之。旧志无所考"（清《当阳县志》）。亦作系当阳古麦城。据《登楼赋》钟楼所在处，有"挟清漳之通浦，倚曲沮之长洲'等句，是以可界定为古麦城无疑。《水经注·漳水》亦说："漳水又南径当阳县，又南径麦城东，王仲宣登其东南隅，临漳水而赋之曰：'挟清漳之通浦，倚曲沮之长洲'是也。"

二说在湖北江陵。六臣《文选》刘良注："仲宣避难荆州，依刘表，遂登江陵城楼，因怀旧而有此作，述其进退危惧之状。"但江陵或在大江北举，且与漳、沮两水无关，后人多否定之。

三说在湖北襄阳。乾隆《荆州府志》："仲宣楼在东南城角，汉王粲依刘表于襄阳尝登楼作赋，后人闻以名之楼，屡圮。雍正间副使赵弘恩重建。"

刘备

得相能开国
生子不像贤

刘备(161—223)　三国蜀汉皇帝。公元 221—223 年在位。涿郡(今河北涿州)人。字玄德。早年参加镇压黄巾军。先后隶属公孙瓒、陶谦、曹操、袁绍和刘表。后得诸葛亮辅佐,势力渐丰。208 年,与孙权部周瑜合兵在赤壁大败曹操。据荆州。后西征,据两川和汉中。称帝。在彝陵之战中惨败,于白帝城(今四川奉节东)病死。

我们共产党人总比刘备强嘛

刘备在民间的知名度很高。毛泽东曾以刘备故事作例说明现实斗争的策略战略。1945 年 9 月 18 日,他在重庆,曾两次拜访陈立夫,被挡了驾,但仍决定三访。他说:刘备拜访诸葛亮不是三顾茅庐吗,我毛泽东难道还不如刘玄德。(《陈立夫大传》,第 435 页)1947 年 5 月,毛泽东撤离延安前夕,对新四旅副旅长程悦长等说他不离开陕北的原因之一是:我们安住了十来年,一直处在和平环境中,现在一有战争就走,我无颜对陕北乡亲,日后也不好见面。难道我们还不如刘备? 刘备撤退还舍不得丢下新野县的老百姓,我们共产党人总比刘备强嘛! 我决心和陕北乡亲们一起,不打败胡宗南决不过黄河。(《毛泽东读三国演义》,第

403 页）

刘备的长处是善于用人

毛泽东也曾多次据《三国演义》或《三国志》对刘备作过前无古人的精彩评论。

1945 年 10 月，毛泽东参加重庆谈判后归来，在延安大学会议室，一位历史学家说他这次赴重庆，简直是刘备过江啊！毛泽东便像讲故事，给大家分析了西蜀对东吴是既联合又斗争，刘备过江是不得已的形势。（《毛泽东与名人》，第 785 页）1949 年 5 月 1 日，毛泽东与柳亚子在北平颐和园益寿堂论古道今，就谈到曹操刘备青梅煮酒论英雄故事。若干年后，即 1957 年 3 月 20 日，毛泽东专机飞临江苏镇江上空时，书写了辛弃疾《南乡子·登京口北固楼有怀》，还解释了这首词，当谈到"天下英雄谁敌手？曹、刘"，就又说起了青梅煮酒论英雄故事。曹操说：夫英雄者胸怀大志，腹有良谋，有包藏宇宙之机，吞吐天地之志者也。刘备问：谁能当之？曹操以手指刘备后自指说：今天下英雄，唯使君与操耳。接着，毛泽东又说：尽管刘备比曹操所见略逊，但刘备这个人会用人，能团结人，终成大事。（《情满西湖》，第 240 页）同年 4 月 10 日，在与《人民日报》邓拓等编委谈话时说：邓拓要好好当刘备，刘备会用人。（《才子邓拓》，海天出版社 1999 年版，第 256 页）1959 年 2 月 23 日，在专列上，在与秘书林克谈到说：曹操曾几次说，刘备很厉害，不过得计稍迟。又说：刘备这个英雄，跟曹操同等水平，是厉害的，但是事情出来了，不能一眼看出就抓到，慢一点。刘备的长处是善于用人，所以能得到像诸葛亮那样颇有才智、品学兼优的智士辅佐。毛泽东对此很称赞。1958 年 8 月，毛泽东在郑州专列上与中共河南省委书记吴芝圃聊起中原文化，对三国时期蜀汉文化，他们谈了很久。他说，我们党好比刘备，人民群众好比诸葛亮，党和人民之间的关系，就好比刘备得了诸葛亮一样如鱼得水。（《炎黄春秋》2004 年第 3 期）

刘备善于用人，有很强的组织能力。1958 年 6 月 7 日，毛泽东在中南海与陈毅、黄镇等人说：三国时关、张开始因孔明年轻，不服气，刘劝说也不行；没封他官，因封大封小都不好，后孔明到东吴办了一件大事，回来后才封为军师。（《将军不辱使命》，第 153 页）当然，刘备是后起之秀，缺乏基业，缺乏干部。1958 年 9 月 21 日，毛泽东在南京赴上海列车上，讲到刘备入川，干部少而弱，南方干部多,北方干部太少。(《张治中与毛泽东——随从毛主席视察大江南北日记》,第61页)据薄一波回忆,毛泽东在与他谈及《三国演义》时,还说:看这本书,不但要看战争,看外交,而且要看组织。你们北方人——刘备、关羽、张飞、赵云、诸葛亮,组织了一个班子南下,到了四川,同"地方干部"一起建立了一个很好的根据地。

毛泽东对刘备能在四川立国很有兴趣。1964年11月26日他听取西南三线建设工作汇报,当谈到川汉线时,他说:"国民党为什么修长沙——都匀——贵阳那一条线,而不修川汉那一条线? 是什么道理? 川汉铁路,清末修,就闹风潮,造的是北线。为什么当时要修川汉线? 要找历史资料做比较。都要研究一下,做个比较。《三国志》讲黄权随刘备东征,刘备打了败仗,黄权被隔断于江北,没有路走,只好降魏。降魏的人中有人造谣,说刘备杀了他的家属。曹丕要给开追悼会,他说不要开,刘备不会杀他的家属。后来证实果然没有杀。是没有路走,回不去了嘛! 四川有七千万人口,四十万平方公里幅员。为什么刘备能在这里立国? 蒋介石退也退到重庆,为什么? 总有个道理嘛!"(《建国以来毛泽东军事文稿》〔下〕,第276—277页)

刘备志大才疏学识浅,好感情用事

当然,毛泽东对刘备的缺点也看得很清楚,他认为,刘备的最大失误是好感情用事。1949年3月24日,毛泽东由西柏坡至北平,路经刘备家乡河北涿州时对警卫员说:《三国演义》中的刘备就是在涿州同关羽和张飞结拜成异姓三兄弟的,这里就是书中说的"桃园三结义"的地方;又说:刘备的野心大,从一个织草席、卖草鞋出身的人,经过二十几年的风雨搏斗、军阀混战,才在诸葛亮的辅佐下临时占据了湖北的荆州,后来又夺取了四川,总算站稳了脚跟,但他志大才疏学识浅,好感情用事,在许多问题上用感情代替了政策,因为想报二弟关羽被东吴杀害之仇,置江山社稷于不顾,不听诸葛亮等谋臣的劝阻,贸然负气出兵,结果被东吴打得大败而归,自己无颜再回成都见诸葛亮和文武百官,死在临近湖北的四川省东部奉节县东的白帝城。

毛泽东还认为刘备这个人不能区分主次矛盾,因此导致了失败。1941年春皖南事变后,毛泽东借用刘备的例子,指出对于各部分的国民党人,应当采取不同的政策。毛泽东说:三国时期,荆州失守,蜀军进攻东吴,被东吴将领陆逊火烧连营七百里,打得大败,其原因就在于刘备没有区分与处理好主要矛盾与次要矛盾的关系,在谋略中没有抓住主要矛盾。诸葛亮在《隆中对》中所确定的战略方针是"东联孙吴,北拒曹操"。曹刘是主要矛盾,孙刘是次要矛盾。孙刘的矛盾是统一战线内部的矛盾。所以当孙权数次讨荆州时,诸葛亮总是一再推诿软磨,而不硬抗,直到最后才让出荆州的部分地方。刘备不了解这一点,派了不执行联吴为根本、争夺荆州要有理有节方针的关羽去驻守荆州。他在讲了关羽大意失荆州后,又说:刘备见关羽被杀,荆州丢失,遂起兵攻打东吴,众臣苦谏都不听,实在是因小失大。正如赵云所说:"国贼是曹操非孙权也,且先灭魏,则吴自服。"诸葛亮也上表谏止说:"臣亮等窃以吴贼逞奸诡之计,致荆州有覆亡之祸;陨将星于斗牛,折天柱于楚地,此情哀痛,诚不可忘。但念迁汉鼎者,罪由曹操;移刘祚者,过非孙权。窃谓魏贼若除,则吴自宾服。愿陛下纳秦宓金石之言,以养士卒之力,别作良图,则社稷幸甚! 天下幸甚!"可是刘备看完后,把表掷于地上,说:"朕意已决,无得再谏。"决意起大军东征,最终导致兵败身亡。

所以毛泽东认为,刘备晚年不行,有暮气。在 1958 年 3 月成都会议上毛泽东就说:三国时刘备不好,还是老头子挂帅。

🔵 刘备识人

三国刘备得"人和",盖因其能识人用人。早年刘备,就有关羽、张飞和赵云随之奔走操劳,百折不回。在荆州时又得庞统、诸葛亮,信任倍至。在益州时,拔霍峻为中郎将,领部曲几百,留守葭萌,抵御刘璋部万余;超擢魏延主持汉中九年余;破格升授李恢,由主簿升别驾,又擢升为庲降都督(南方诸郡最高军政长官)。在谈话中,分别识得马忠、邓芝和杨仪等贤士。

🔵 军师

军师为三国时期所设,为参谋军事,类似于幕僚。曹操曾以荀攸为军师,刘备曾表张昭为孙权军师。三国所置三公和常设将军等都设有军师属官,第五品。但刘备从未设有军师。诸葛亮在赤壁战后始为军师中郎将,后升任军师将军,班在麋竺、孙乾之右,为四五品杂号将军,品秩还是较低的。

刘备封诸葛亮为军师,始见于元人杂剧、平话,后《三国演义》沿用。

关羽

善待卒伍
骄于士人

　　关羽(？—220)　三国时期刘备部将。河东解(今山西运城解州镇)人,字云长。久随刘备。刘备西征两川,留守荆州,独当一面。封前将军。北上围攻曹操部将曹仁于樊城(今湖北襄樊),水淹于禁所领七军,威震华夏。旋荆州所在地江陵为吴偷袭,回师途中,被困于麦城(今湖北当阳东),在突围中,被俘杀。

　　关羽其人自元明以来在民间影响极大。毛泽东从1906年十三岁读《三国演义》始,就对关羽故事产生兴趣。1917年夏天,他徒步游学旅行赴湖南安化县城途中,见路亭柱子上所贴一副红纸赞颂关羽的楹联,还将它抄录在日记里:刘为兄张为弟,兄弟们分君分臣,异姓结成亲骨肉;吴之仇魏之恨,仇恨中有忠有义,单刀匹马汉江山。在此之前,毛泽东也学桃园三结义,与同学萧子升、蔡和森友善,称为三个豪杰。豪杰一词,是毛泽东采取《三国演义》的常用语,表示不仅有力量和勇气,而且智慧过人,品德高尚。显然,关羽的形象给早年毛泽东留下了深刻的印象。

喜欢谈关羽，以教育、开导干部

1954 年春，毛泽东漫步在杭州九溪十八涧。对陪同的浙江省公安厅厅长王芳谈起了关羽不姓关的故事：关公其实并不姓关，关公是指关为姓。关公自小很讲义气，可谓侠肝义胆。一次为朋友打抱不平，在家乡杀了人。他知道杀人是要吃官司的，便立即逃了出来，打算出潼关，以甩掉官府的追捕。他日夜兼程，来到潼关时，还不到五更天，关门紧闭。好不容易熬到开关的时候了，却又犯了愁。那时，官府有一项规定，凡过关的人都要进行登记。这可怎么办？千万不能报出自己的真实姓名，要露出马脚，那可不得了啊。眼看就轮到他了。他心急如焚地望着这高大森严的关门，忽然来了灵感，在关门前，我何不就说自己姓关呢……这就是指关为姓的由来。这个故事，毛泽东又分别和周谷城、谈家桢、赵超构与杨尚昆等人说过。可见他对关羽身世的关注。

毛泽东喜欢谈关羽。他在上井冈山时，就很关心南昌起义队伍，找了七师负责人蔡协民说：何长工同志回来说了，他能顺利地同朱德接上头，还要感谢你呢！蔡协民说：我跟他是华容县老乡。毛泽东马上插了一句：关云长在你们那里放走曹操，你们那里也出了名。（《岁岁重阳》，第 21 页）

毛泽东经常拿关羽打比方、作例子，以教育、开导干部，从中也可以看出他对关羽的评价。1927 年 11 月，毛泽东来到井冈山茅坪，寻找走散了的张子清所部三营，当有人怀疑张部有可能投降敌人时，他说：我看张子清绝对不会带部队投降敌人的。三国时候的关云长，也在兵败后与刘备失去联系。曹操为了收买利用这个智勇双全的大将，又是封官赐爵，又是赠送金银、美女，三天一小宴，五天一大宴，费了多少心机！可是，一旦得到了刘备的消息，关云长便毅然离开了拥有雄兵百万的曹操。立即骑上吕布的赤兔马，一路上过五关斩六将，千里迢迢，终于回到兵微将寡的刘备身边，关云长的毅然之举，成为千古美谈。张子清是入党多年的同志，就比不上一个关云长？我看他决然不会投降敌人的。当时张子清下井冈山后，误入桂东县境，后来在崇义境遇到了朱德、陈毅部南昌起义军，且在茶陵和第一营会合。当毛泽东见到张子清后放声而笑：你呀，就同关羽一样，你是我们共产党的关云长。又说你就是千里走单骑回到刘备身边的关云长嘛！翌年 5 月，毛泽东在红军医院看望受重伤、已升任团长的张子清回来，在与朱德讲张子清情况时，感叹地说：张子清对革命竭尽忠勇，多么像关云长啊！(《党史文苑》2007年第6期)1939年12月,毛泽东在延安各界纪念一二·九运动大会上讲话,谈到知识青年投奔延安,沿途关防遍设通途困难时说:"因为他们既没有青龙偃月刀、嘶风赤兔马,又没有过五关斩六将的本领,那只有被赶到集中营'训练团'里去。这些事情似乎有些难办。但是,如果知识分子跟八路军、新四军、游击队结合起来,就是说,笔杆子跟枪杆子结合起来,那么,事情就好办了。"(《毛泽东文集》第二卷,第257页)1947年6月,毛泽东在撤出延安转战陕北途中,在与警卫人员谈到河北人会打胜仗时,毛泽东放声大笑:哈哈,河北人就一定打胜仗？三国时候,河北名将颜良、文丑,不是叫山西人关云长给杀了嘛！当警卫说:山西人也不一定行,关云长就不如彭老总。关云长走麦城,彭老总可是三战三捷。毛泽东听了很称赞。不久他在与周恩来、任弼时闲谈时说:关云长就不如我们的彭老总！

以关羽为例,提醒干部要谦虚不要骄傲

毛泽东对关羽的评价是一分为二的。1932年初,毛泽东在与程子华谈话时说:关羽出身下层社会,是刘备的心腹之臣,随其周旋,不避艰险,死后被尊为武圣人。到处修建有关帝庙。他的弱点是自负凌人,以致发展到上当受骗,大意失荆州。毛泽东批评关羽因骄傲而坏国事。1941年1月皖南事变后,他就谈了关羽坏盟:关羽这个人虽然斩华雄,诛颜良、文丑,过五关斩六将,擒庞德,威震华夏,但孤傲自大。刘备封关、张、赵、马、黄五虎大将时,关羽怒曰:"翼德吾弟也;孟起世代名家;子龙久随吾兄,即吾弟也;位与吾相并,可也。黄忠何等人,敢与吾同列？大丈夫终不与老卒为伍！"当孙权派诸葛瑾为儿子向关羽女儿求婚,以结秦晋之好、共伐曹操时,关羽却勃然大怒,说:"吾虎女安肯嫁犬子乎！不看汝弟(诸葛亮)之面,立斩汝首！再休多言。"诸葛瑾抱头鼠窜而去。孙权便攻占了荆州,孙刘联盟瓦解。

1948年5月,在西柏坡毛泽东有一次和警卫员谈话,又谈了关羽的缺点,他说:当初诸葛亮留守荆州,刘备调诸葛亮入川,诸葛亮不该留下关羽守荆州。让关羽守荆州一着错棋呢！又说:关羽骄傲呢！关羽从思想上看不起东吴,不能认真贯彻执行诸葛亮"联吴抗曹"的战略方针,这就从根本上否定了诸葛亮的战略意图,结果失掉了根据地,丢了荆州,自己也被东吴杀掉了。

1949年,在解决绥远问题期间,毛泽东对薄一波等人说:清朝所以能统治中国二百六十余年,就因为满族统治者一开始就制定了一条统一战线政策,用汉人和其他少数民族的人,以少数团结了多数。《三国演义》中的关云长,大体上是不懂统一战线的,这个人并不高明,对待盟军搞关门主义。(《毛泽东品三国用三国》,第218页)

毛泽东经常以关羽为例,提醒干部,特别是高级干部要谦虚,不要骄傲。1950年2月,在中国军事顾问团赴越南前夕,毛泽东与韦国清等说了一段话:我们的胜利,人家是知道的,不用自己去表示。对待人家的缺点错误,少讲"过五关斩六将"。1971年9月初,毛泽东和浙江省负责人南萍等就九届二中全会的问题等谈话时又说起关羽:不要带了几个兵就翘尾巴,就不得了啦。打掉一条军舰就翘尾巴,我不赞成,有什么了不起。三国关云长这个将军,既看不起孙权,也看不起诸葛亮,直到麦城失败。

毛泽东早年曾多次谈及关羽为人,以勉励干群。1949年在北平香山,当知悉摄影记者侯波是山西夏县人时,他说:山西是个好地方,关云长就是夏县人,武艺高强,人又忠厚。(《真实的毛泽东》,第377页)晚年毛泽东曾几次谈华国锋,说他是关云长的同乡。

晚年毛泽东对关羽尤持否定态度。认为关羽故事多是统治阶级吹出来的。1974年12月,毛泽东在湖南长沙对周恩来说:世界上的事,说起来难,做出来并不难。现在四书五经也批了,孔夫子是文圣打倒了,关云长是武圣也打倒了。

🌑 关羽张飞"万人敌"

关羽张飞生前就被同时代人周瑜、贾诩等称为勇将。"关羽张飞皆称万人之敌,为世虎臣"(《三国志·蜀书·关羽传》)。南北朝时即成为勇士符号,是乱世时代,激励武人立功的崇拜偶像。晋刘遐,"每击贼,率壮士陷坚摧阵,冀方比之张飞、关羽"(《晋书》本传);宋檀道济部将薛彤、高进之"有勇力,时以比张飞、关羽"(《宋书》本传)。薛安都攻鲁爽,"安都单骑直入斩之,时人谓关羽之斩颜良不足过也"(《南史》)。崔延伯随萧宝寅讨莫折念生,获胜,"萧宝寅曰:'崔公,古之关张也'"(《魏书》本传)。"齐,蔡道贵,襄阳人,拳勇秀出,当时以比关羽、张飞"(《襄阳耆旧记》)。南陈萧摩诃随吴明彻伐高齐,"有西域胡,妙于弓矢,弦无虚发,众军尤惮之,明彻谓萧摩诃曰:'若殆此胡,则彼军夺气,君有关张之名,可斩颜良矣'"(《陈书》本传)。

张飞

爱敬君子
不恤小人

　　张飞(? —221)　三国时期刘备部将。涿郡(今河北涿州)人,字翼德。与关羽久事刘备,勇冠三军,称"万人敌"。刘备取汉中后,拜右将军。后升车骑将军、司隶校尉。221 年,拟与刘备分路伐吴,为部将刺死。

　　毛泽东谈《三国演义》里的张飞,也谈历史长河里的张飞。谈时娓娓善道,恰到好处。1934 年红军时期,他对来中央苏区开会的红军将领王震谈《三国志·蜀书·关张马黄赵传》作者陈寿评论关羽、张飞处理人际的优劣处,"羽善待卒伍而骄于士大夫;飞爱敬君子而不恤小人",并举此勉励王震:取两人之长,去两人之短。毛泽东赞扬张飞粗中有细。他在中共八大二次会议上说:要看到自己的缺点。十个指头九个好,一个指头有问题。华者花也,不要只开花不结果矣;不要粗而不细,要学张飞粗中有细。张飞是涿郡(今河北涿州)富有家资的土地主,好慕风雅,因此当毛泽东读《新五代史·张廷蕴传》,就"廷蕴武人,所识不过识字,而平生重文士",作了批语:"张桓侯之流"。张桓侯,即张飞,蜀汉景耀三年(260),追谥为桓侯。

　　毛泽东很喜欢看京剧《古城会》之类的张飞戏。据赵超构回忆,1944 年 6月,他们访问延安时,毛泽东陪同观看《古城会》,当剧中张飞自称"我老张是何等聪明之人",露出那副得意神情时,毛泽东笑了起来。毛泽东认为《古城会》很有意义。同年10月,毛泽东在延安中央党校作报告,在谈到审干问题时就说:张飞在古城相会时,怀疑关云长,是有高度的原则性的。关羽形式上是投降了曹操,封了汉寿亭侯,帮曹操杀了颜良、文丑,你又回来究竟是干什么来了? 我们一定要有严肃性、原则性。当然过火是要不得的。1949年12月,毛泽东又谈到了《古城会》,他很风趣幽默地说:当时在古城的三弟张飞,看见从敌人营垒回来的二哥关羽,对他提出种种疑问,是张飞有警惕性的表现,是完全正确的。但关羽一旦斩了蔡阳,用行动表示了与敌人划清界限,张飞于是开门迎接关羽,又兄弟团结共同对敌。

毛泽东还喜欢把自己手下的猛将比喻为张飞,以表示对他们的赞许。1947年,毛泽东指示在陕北战场指挥作战的彭德怀务必歼灭国民党军刘戡部,他对彭德怀说:《三国演义》里说,张飞张翼德于百万军中取上将之首,如探囊取物。所以后来彭德怀说,我这个张飞是主席叫出来的。1947年6月,毛泽东在陕北调陈赓部队回师,摆在黄河两岸,东扼阎锡山,西拒胡宗南,他对陈赓说:你做个当阳桥上的猛张飞吧!

1949年3月,毛泽东在离西柏坡赴北平,途经保定时说:在延安路过时,没有看赵云的饮马槽;到涿县可要看看张飞店。在到涿州后,又对警卫员说:你们知道吗? 涿县是张飞的老家。接着就讲了《三国演义》中的张飞故事。(《中共中央在香山》,第311页)

1958年3月,毛泽东由重庆溯江东下,经过巴阳峡到了云阳县江面,县城对岸就是张飞庙,听介绍说起了张飞"头在云阳,身葬阆中"的传说时,淡淡一笑:张飞的头恐怕到不了这里。说不定是人民大众借此对英雄寄托哀思吧!

(《华声晨报》第1600期)

赵云

常山有虎将
智勇匹关张

　　赵云(? —229)　三国时刘备部将。常山真定(今河北正定)人,字子龙。初从公孙瓒,后归刘备。骁勇善战,曾以数十骑拒曹操大军,刘备誉为"一身是胆"。后病死。《三国志·蜀书·赵云传》记其事甚简洁,幸有裴注《赵云别传》作了详细的记述。

　　毛泽东很喜欢谈说三国故事,而且有时还把自己队伍的知名将帅比之为三国的武将,像说彭德怀是张飞,杨成武是赵云。1967年7月,毛泽东准备离京视察大江南北,并提出由代总参谋长杨成武随行。他向中央文革小组的秀才们说:非子龙不可行也。长征中,夺泸定桥、过草地,我都讲过还得杨成武,只靠宣言不行。子龙,即赵云的字。赵云忠心耿耿,长期出任刘备的侍卫长。

　　毛泽东非常欣赏赵云的为人和勇气。他有时把那些智勇俱全的武将比拟为赵云。1932年9月,红军二师政委彭雪枫在师长郭炳生诱骗一个团官兵出走,企图投敌时,他就带了十五个通讯兵赶去,追回了这个团。毛泽东很称赞他的大勇大智。后来在授予彭雪枫红星勋章时,风趣地对他说:你飞骑救部队,一身都是胆,真可比那五虎将赵子龙哟。(《彭雪枫将军——永不飘落的红叶》,第56页)1937年8月,毛泽东在延安抗日军政大学讲《矛盾论》,在"矛盾诸方面的统一性和斗争性"一节,讲及矛盾的统一性的第二种意义即相反而相成的道理时,就举了张飞和赵云的例子,说:勇猛要紧,也还要智谋。张飞虽不错,到底不如赵子龙。(《毛泽东与河北》,第51页)

1944年10月1日,延安《解放日报》发表了《新四军的胜利出击和中国的救国事业》的社论。社论指出:"华中的伪军,呼新四军为'四老爷',比之为赵子龙,他们常常对着自己的枪说'枪啊,我是替四老爷保存的'。"(《毛泽东新闻工作文选》,第332页)此间"比之为赵子龙"几个字,乃是毛泽东添加上去的。1947年6月17日,毛泽东和周恩来在陕北小河村为陈赓出师饯行。周恩来说:我们的"猛张飞"就要变成"赵子龙"了。毛泽东接着说:赵子龙更好嘛! 一身是胆。

毛泽东对赵云很有兴趣,1958年夏,在天津会见河北正定县委书记杨才魁时说:正定是个好地方,那里出了个赵子龙! 都说一吕二马三典韦,我看应该是一吕二赵三典韦才对。马超这个人不简单,相貌出众,文武全才,但是在《三国演义》里,他是比不上赵子龙的。(《党史博览》2007年第2期)10月,他在视察时路经河北正定,就问当地党政领导人:赵子龙是你们这里人,你们知道不知道? 还应邀写了:正定是个好地方,那里出了个赵子龙。(《踏访三国》,第229页)1973年12月20日,在中南海书房,毛泽东接见参加中央军委会的高级将领时开始就说:这一班五虎将俱都伤了,只剩下赵子龙老迈年高。后来在他晚年即1976年4月,当在报纸上看到吉林地区降落了一次世界罕见的陨石雨,其中包括有三块千斤以上的特大陨石时,毛泽东又不无感慨地说道:天摇地动,天上掉下大石头,就是要死人哩。《三国演义》里的诸葛亮、赵云死时,都掉过石头,折过旗杆。大人物、名人,真是与众不同,死都死得有声有色,不同凡响噢!(《毛泽东之魂》[修订本],第434—435页)

🔘 赵云故事源自《别传》

由于三国蜀汉不设史官或疏于记史,到陈寿写《三国志》时,蜀汉诸人,史事缺乏,文人尚可用奏折、书信等档案写进传中,而武人就短缺了,例如赵云,《三国志·蜀书》的《赵云传》正文仅275字(还包括赵云两子简历29字),后全仗裴松之所引的五段《赵云别传》,才翔实记下为《三国演义》描绘的赵云奋战长阪及下桂阳、截江夺斗、汉水破曹、空营计、谏伐东吴和箕谷之败等故事。

赵云是老将否?

赵云生年和关羽张飞同,均不见于《三国志·蜀书》。

《三国演义》推算,说他在诸葛亮初出祁山时,是"老将",说是赵云不服老。

赵云是由家乡常山真定(今河北正定)以从隶于公孙瓒的。他在东汉初平二年(191)为公孙瓒派遣到刘备军中,始以此时从军推算,当在二十岁左右。参照赤壁战后,赵云取桂阳,与赵范寡嫂议婚,他已近四十岁,至诸葛亮蜀汉建兴六年(228)初出祁山,已贴近六十,也可算是老将了。

三国都没有为武人制订退休制度,蜀汉小国人才缺乏,因此晚期多有一批老将领兵,如年过七十的邓芝、张翼、廖化和宗预。他们才是名副其实的老将。

程普

人之有善，若己有之
知过而改，善莫大焉

　　程普　三国时右北平土垠（今河北丰润）人，字德谋。初为州郡吏，随孙坚、孙策父子经年。孙策取江东，多有建功。与周瑜为左右督，破曹操于乌林，取江陵。任江夏太守，代周瑜领南郡太守。与周瑜共事多年。《江表传》称："普颇以年长，数凌侮瑜。瑜折节容下，终不与较。普后自敬服而亲重之，乃告人曰：'与周公瑾交，若饮醇醪，不觉自醉。'"

　　程普是三国时期的武人，早年跟随孙坚，后又在孙策麾下。孙权接班后，他以三朝元老受到信任，是元老派的首席武将。

　　1953年6月30日，毛泽东接见中国新民主主义青年团第二次全国代表大会主席团成员，与他们进行了交谈。在谈到要选青年干部当团中央委员时，他说："三国时代，曹操带领大军下江南，攻打东吴。那时，周瑜是个'青年团员'。他当东吴的统帅，程普等老将不服，后来说服了，还是由他当，结果打了胜仗。"
《毛泽东著作选读》下册，第700页）

　　1959年8月1日，毛泽东在庐山会议中的一个常委会上，在批评彭德怀时，又说了程普故事。他说：周瑜是政治家，程普开始不顺从，他是老将军，同当左右军都督。还说：其他元帅经验不见得比你多，也没有程普那么老。毛泽东在这里说的仍是程普和周瑜两人,在领兵开始时不甚融洽,程普有点倚老卖老。但终究他能以大局为重,与周瑜齐心协力破曹。

毛泽东说及的三国人物甚多,但称之为"老将军"的也只有两人,一个是黄忠,一个就是程普了。而程普更能识大体,又是知过即改,尤为毛泽东称赞。

江表虎臣

江表虎臣,出类拔萃,见《三国志·吴书》卷十,凡列有程普等十二人,但始于从孙坚创业、三世为将者仅三人:程普、黄盖、韩当,而又以程普名列第一。《程普传》称,"先出诸将,普最年长,时人皆呼程公"。是以赤壁之役,孙权以周瑜、程普为左右督,各领万人。

《三国志》赤壁之战时江表虎臣档案

姓 名	当时职务	战后职务	行 事	附 注
周 瑜	左部督	南郡太守	破曹于乌林,围南郡。	
程 普	右部督	裨将军领江夏太守	与周瑜破曹于乌林	
鲁 肃	赞军校尉	汉昌太守	随周瑜军中	
黄 盖	武锋中郎将	武陵太守	建议火攻,战于赤壁	
韩 当	中郎将		随周瑜破曹	
蒋 钦	讨越中郎将		随孙权征合肥	会稽西部都尉,未参加赤壁之战
陈 武				或在孙权军中,未参加赤壁之战
甘 宁			随周瑜破曹于乌林	
凌 统	承烈都尉	承烈校尉	随周瑜破曹于乌林	
太史慈				建安十一年(206)病死
吕 蒙	横野中郎将	偏将军寻阳令	随周瑜破曹于乌林	
董 袭				似在孙权军中,未参加赤壁之战
潘 璋				领建昌,未参加赤壁之战
徐 盛				校尉芜湖令,未参加赤壁之战
丁 奉				初隶甘宁部,为小将

周瑜

建独断之明
出众人之表

　　周瑜(175—210)　　三国时期东吴将领。庐江舒(今安徽舒城)人。字公瑾。官僚士族。助孙策夺取江东六郡。后辅佐孙权。208年,联合刘备所部,取得赤壁大战胜利。旋守南郡(今湖北江陵)。因旧疮发,病死。精通音乐,史称"曲有误,周郎顾"。

　　1951年春,毛泽东在河南许昌初次见到中共许昌地委副书记、宣传部长纪登奎时,说道:像周瑜一样,还是个青年团呢!他常将青年干部以周瑜作比喻。

　　20世纪五六十年代,毛泽东多次提出要提拔青年干部,因此,也多次提到过三国时的才俊周瑜。在一次谈话中他以三国故事为例说:现在必须提拔青年干部。赤壁之战,群英会,诸葛亮那时二十七岁,孙权也是二十七岁,孙策起事时只有十七八岁,周瑜死时才不过三十六岁,那时也不过三十岁左右,鲁肃四十岁,曹操五十三岁。事实上,青年人打败了老年人,长江后浪推前浪,世上新人赶旧人。周瑜生于汉熹平四年(175),公元208年赤壁之战充任东吴统帅时,正是三十三岁雄姿英发的青春年华。毛泽东是把周瑜作为后起之秀青年干部的典型加以肯定的。

　　1953年6月30日,毛泽东接见中国新民主主义青年团第二次代表大会主席团成员,与他们谈及要多选青年干部当团中央委员时说:"三国时代,曹操带领大军下江南,攻打东吴。那时,周瑜是个'青年团员',当东吴的统帅,程普等老将不服,后来说服了,还是由他当,结果打了胜仗。现在要周瑜当团中央委员,大家就不赞成! 团中央委员尽选年龄大的,年轻的太少,这行吗? 自然不能统统按年龄,还要按能力。"(《毛泽东著作选读》下册,第700页)1957年4月,毛泽东在一次座谈会上,谈及提拔青年干部时,又以周瑜为例说:赤壁之战,程普四十多岁,周瑜二十多岁,程普虽是老将,不如周瑜能干,大敌当前,谁人挂帅? 还是后起之秀周瑜挂了大都督的帅印。他接着说:古时候可以破格用人,我们为什么不可以大胆提拔。1958年5月,毛泽东在中共八大二次会议上的第一次讲话中,就"破除迷信"的问题说:青年人打倒老年人,学问少的人打倒学问多的人,这种例子多得很,周瑜、孔明都是年轻人,孔明二十七岁当军师。程普是老将,他不行,孙权打曹操不用他,而用周瑜做都督,但是周瑜打了胜仗。周瑜死时才三十六岁。(《毛泽东与中国史学》,第199页)

周瑜确实是一代才俊。唐宋诗词中有关歌颂周瑜的,毛泽东也多次提及,诸如1971年10月,他就借题晚唐杜牧的七绝《赤壁》来喻说林彪的仓皇出逃,说是"三叉戟飞机摔在外蒙古,真是'折戟沉沙'呀"。还先后手书了这首七绝和苏轼名篇《念奴娇·赤壁怀古》。

毛泽东在20世纪50年代末经常谈论周瑜,有时还借用周瑜故事调侃。1956年8月,毛泽东有一次参加舞会,有个女孩问他治病与病人的心理状态有什么关系? 他说:有关系。于是讲了《三国志》里的故事:魏、蜀、吴三国鼎立,蜀国的军师诸葛亮精通心理学,摸透了东吴领兵的大都督周瑜的心理,于是在互相搞统一战线时,他帮助东吴大败魏军,解决了周瑜的重重忧心,治好了他的心病。但是当蜀吴双方进入实战状态时,他又利用周瑜争强好胜的心理,加剧了他的心病,气得周瑜心病发作,不战而亡。1959年,毛泽东在杭州南屏山游泳池,有一次与浙江省公安厅长王芳谈京剧,就问他知道不知道周瑜是怎样死的? 王芳说是被诸葛亮气死的。他说,不对。周瑜不是被诸葛亮气死的,而是被孙权气死的。孙策死后,他的老婆大乔年纪很轻,住在后宫很寂寞。因此,大乔经常请小乔去陪她,有时周瑜也陪小乔去后宫看大乔。他去的次数多了,在后宫留的时间又长,孙权因此对周瑜很有意见。但又不能当面讲,就处处刁难他,给他脸色看。再加上军事上不断失利,一再败给诸葛亮,孙权对他的看法更大,脸色更难看。周瑜是个十分高傲、气量又小的人,哪里受得起这种屈辱,忧郁成疾,不久就病死了。(《王芳回忆录》,第 165 页)

毛泽东欣赏周瑜的才干。在读欧阳修《为君难论》中提及新进之士喜勇锐时,便批语举了史书上的若干新进,其中一个就是周瑜:"非皆少年新进乎"。他有时还以周瑜作比喻。在读《南史·韦叡传》时,因见南梁名将韦叡善战,竟以几万人众前来解钟离城(今安徽凤阳东北)重围,把北魏中山王元英的大军百万打得落花流水,毛泽东批语称赞:"敢以数万敌百万,有刘秀、周瑜之风。"(《毛泽东读文史古籍批语集》,第 201 页)

毛泽东认为周瑜很有战略眼光,曾对彭德怀说:周瑜是政治家。

🔘 孙策周瑜纳二桥

《三国志》记"二桥"事迹文字,仅见"时得桥公二女",皆国色也。策自纳大桥,瑜纳小桥(《吴书·周瑜传》)。裴松之注引《江表传》:"策从容戏瑜曰:'桥公二女虽流离,得吾二人作婿,亦足为欢'。"就是这仅四十二个字,却为后人艳羡,编织出一篇篇精彩文字。

按,就孙策、周瑜的世家门第和此时已步入英年(二十四岁),早应有妻妾、子女。二桥乃是民间姑娘,充其量也只是婢妾,所以文中用"纳"。盖古人以"娶妻娶德,纳妾纳色"。二桥"流离",即以美丽漂亮为孙策、周瑜分得。

蒋幹

独步江淮
才辩之士

蒋幹　三国时曹操谋士。《三国志·吴书·周瑜传》引《江表传》:"初曹公闻瑜年少有美才,谓可游说动也,乃密下扬州,遣九江蒋幹往见瑜。幹有仪容,以才辩见称,独步江淮之间,莫与为对。乃布衣葛巾,自托私行诣瑜。"可见蒋幹系一代才俊,为江淮杰出人士。

蒋幹在《三国演义》里是曹操的谋士。京剧《群英会》(《蒋幹盗书》)就是据《三国演义》第四十五回、四十七回改编而成,使这出在赤壁大战前的间谍和反间谍之间无形的战斗扣人心弦,剑拔弩张,令人百看不厌。

毛泽东熟谙《群英会》的京剧各家流派唱词,对于其中蒋幹在舞台上说什么、唱什么相当清楚,有的还加以引用。在延安、西柏坡和新中国成立后外出的专列上,他常听《群英会》的唱片,高兴时,自己也会跟着哼上几句。

1959 年,毛泽东两次谈到蒋幹故事。

6 月 25 日,毛泽东回到家乡韶山,和乡人谈话,对 1958 年发生的事,如大跃进、公共食堂、大炼钢铁等,允许乡亲们批评,说说心里话。他说:否则的话,人们就会像蒋幹一样抱怨:"曹营之事,难办得很哪!"

7 月 11 日,在庐山,毛泽东召集周小舟(中共湖南省委第一书记)、周惠(中共湖南省委书记处书记)和李锐(水利部副部长、毛泽东秘书)座谈。当座谈到各地大炼钢铁的质量情况时,他当即为冶金部部长王鹤寿和冶金部说了话:有些事不能全怪下面,怪各部门。否则,王鹤寿会像蒋干一样抱怨:曹营之事,难办得很。那个蒋干去盗书,辛辛苦苦,受了不少惊吓,以为立了不世之功,结果还遭了白眼。他可不是委屈得很么? 你们到我这里来,不要学蒋干盗书。(《天道——周惠与庐山会议》,第181页)

毛泽东说罢哈哈大笑,三个听者也哈哈大笑。周惠一边笑,一边小心地问:"主席说蒋干盗书,是什么意思呀?"

毛泽东又讲了一遍蒋干盗书的故事。

他然后对三人说:你们去年传我的话,有些乱传,你们今日可不要学蒋干,回去也乱传。

黄盖

火攻妙计，功分三国
江表虎臣，出类拔萃

　　黄盖（？—约215）　三国时东吴将领。零陵泉陵（今湖南永州）人。字公覆。随孙坚起兵，后佐孙策夺取江东。公元208年赤壁之战，建议用火攻，大败曹兵。今安徽南陵黄墓镇有黄盖墓。

　　东吴前期诸宿将中，毛泽东最青睐的是黄盖。黄盖是毛泽东的湖南大同乡。1959年6月21日，毛泽东在韶山水库中游泳，见到身后游着一个青年，便问他是哪里人？青年回答是零陵人。毛泽东又问：三国时候，你们零陵出了个黄盖，你晓得吗？那青年不知黄盖为何许人也，就反问毛泽东：黄盖是哪个公社的人？毛泽东只得苦笑了几声，继续往前游泳。（《毛泽东与韶山》，第163页）1966年6月26日，毛泽东离开韶山滴水洞赴武汉。他从滴水楼一号楼走出来，见到湖南省委工作人员蒋业农。在得知蒋是零陵县人时，就说：零陵是个出人才的地方。又说：黄盖是三国东吴的一员大将，他是零陵人，你知道他是哪个公社的吗？他是接履桥的人。（《湘潮》2013年8月号）毛泽东熟读《三国志》，连黄盖是零陵人也牢记在心。

　　《三国志·吴书·黄盖传》只有四百三十二字，而且有关赤壁之战，只有"建安中，随周瑜拒曹公于赤壁，建策火攻"寥寥十六字。他主要经历是出任地方官

248

吏,如石城长、丹杨都尉和武陵太守。黄盖的知名靠京剧和其他地方剧种,保留剧目《群英会》中是决不能没有黄盖的。1958 年 5 月 8 日,毛泽东在中共八大二次会议上讲话,在讲到"破除迷信","青年人打倒老年人"举例子时,就提及了赤壁之战,也提到了黄盖。他说:这里还有我的老乡黄盖,湖南零陵人,他在这个战役中立了功,我们老乡也不胜光荣之至。(《毛泽东与中国史学》,第 199 页)1963 年 5 月,在杭州工作会议的一次讲话中,毛泽东在谈及抓工作要集中精力抓主要矛盾时说:比如看戏,看《黄鹤楼》,就不想《白门楼》之类的戏,只看我的同乡黄盖。黄盖是零陵人。这充分表明了他对黄盖其人其事的认同。

黄盖火攻计

赤壁之战,黄盖提出了火攻方案。《江表传》称,他还写过诈降书,两者相辅相成。因此当东南风起,黄盖带着装有枯柴燥荻的十艘快船驶向曹营,"盖举火白诸校,使众兵齐声大叫曰:'降焉!'操军人皆出营立观。去北军二里余,同时发火,火烈风猛,往船如箭,飞埃绝烂,烧尽北船,延及岸边营寨"(《三国志·吴书·周瑜传》引《江表传》)。

鲁肃

建策开帝王大业
鼎足造天下三分

鲁肃(172—217) 临淮东城(今安徽定远东南)人,字子敬。出身士族,为一方豪家,善骑射。由周瑜荐与孙权,极受尊敬,但未授职。建安十三年(208),始以赞军校尉(首席参谋),辅助周瑜大破曹兵于赤壁、乌林。周瑜死后,领其兵,升偏将军,坐镇陆溪口,转横江将军。能审时度势,力主孙刘结盟,联手抗曹,是三国时颇有战略眼光的政治家。

1916 年暑假,毛泽东和蔡和森游历洞庭湖周边,当他登上岳阳楼时,感慨地说:这里就是三国时的鲁肃训练东吴水军的地方啊!

毛泽东喜欢谈周瑜,在谈周瑜时也就必谈及鲁肃。

1958 年 9 月,他由南京赴上海、杭州火车途中,与张治中、罗瑞卿畅谈《三国演义》,由此就谈到了周瑜、鲁肃。1960 年春,在组织学习苏联《政治经济学(教科书)》时,谈及赤壁之战,他说:三国时吴国的张昭,是一个经学家,在吴国是一个读书多、有学问的人。可是在曹操打到面前的时候,他就动摇、就主和。周瑜读书比他少,吕蒙是老粗,这些人就主战。鲁肃是个读书人,当时也主战。可见光是从读书不读书、有没有文化来判断问题,是不行的。(《党的文献》1994 年第 5 期)

毛泽东在这里是把鲁肃作为一个特殊例子来做说明的。读书多的人，也有像鲁肃主战的，更是难能可贵。他肯定了鲁肃。

20 世纪 60 年代初，毛泽东在一次谈话中，谈到要提拔青年干部时说：现在必须提拔青年干部。赤壁之战，群英会，诸葛亮那时二十七岁，孙权也是二十七岁，孙策起事时只有十七八岁，周瑜死时才不过三十六岁，那时也不过三十岁左右，鲁肃四十岁，曹操五十三岁。事实上，青年人打败了老年人，长江后浪推前浪，世上新人赶旧人。(《社会科学论坛》1995 年第 1 期)毛泽东在这里把当时年已四十的鲁肃也划为"青年人"。但鲁肃确实朝气蓬勃、敢于斗争，符合毛泽东所说的"青年人"标准。

因为对鲁肃有些兴趣，毛泽东读《三国志·吴书·鲁肃传》时相当认真。本传称鲁肃籍贯"临淮东城人也"，对卢弼《三国志集解》驳胡三省注："《郡国志》下邳国有东城，即临淮之东城，下邳本临淮也。胡注误。"毛作批语："卢注亦不确。"又在同传卢弼注："《一统志》，凤阳县西三里有西鲁山，相传为鲁肃屯兵处"再作批语："《一统志》明指凤阳。"(《毛泽东读文史古籍批语集》，第 157 页)

🔘 鲁肃向孙权说兴王图霸之案

鲁肃文武兼备，有战略家眼光。汉建安六年(201)，鲁肃向孙权说兴王图霸之案："汉室不可复兴，曹操不可卒除，为将军计，唯有鼎足江东，以观天下之衅。规模如此，亦自无嫌。何者？北方诚多务也。因其多务，剿除黄祖，进伐刘表，竟长江所极，据而有之，然后建号帝王以图天下，此高帝之业也。"此说早于诸葛亮的《隆中对》八年。后孙权就遵此行事，获得收效。孙权做皇帝时，更有感于二十八年前鲁肃的这席话，对群臣说："昔鲁子敬尝道此，可谓明于事势矣。"

吕蒙

有国士之量
应刮目以待

吕蒙(178—220)　三国时东吴将领。汝南富陂(今安徽阜阳)人,字子明。久随孙策、孙权。参加赤壁之战。曾听孙权劝说,多读史书、兵书,被鲁肃称为"学说英博,非复吴下阿蒙"。后代鲁肃领军,袭破荆州(今湖北江陵)。授南郡太守。旋病死。

20世纪50年代末,毛泽东在关于读苏联《政治经济学》(第三版)教科书的一次谈话中,联系赤壁之战说:三国时吴国的张昭,是一个经学家,在吴国是一个读书多、有学问的人,可是在曹操打到面前的时候,就动摇,就主和,周瑜读书比他少,吕蒙是老粗,这些人就主战。(《党的文献》1994年第5期)在曹操大军饮马长江时,东吴的文官要降,武将要战。吕蒙没有文化,却是主战派。毛泽东称赞了吕蒙的立场。

毛泽东称赞吕蒙,当然不仅仅因为他是大老粗,而是大老粗在实践中也懂得折节读书的重要。毛泽东不止一次在谈话中赞扬吕蒙肯认真读书的事。毛泽东曾多次读《三国志·吴书·吕蒙传》,赞赏孙权论吕蒙的"学问开益,筹略奇至",且在《三国志》作者陈寿评"吕蒙勇而有谋"的六个字旁加了密密的旁圈。

新中国成立后,毛泽东曾多次号召干部,特别是军队里的高级干部读《吕蒙传》。1958 年 9 月，在宁沪杭铁路线专列上，毛泽东和张治中、罗瑞卿畅谈三国历史和人物。毛泽东说：《三国志》中《吕蒙传》不可不看。吕蒙从小参军，虽然骁勇，有胆略，但没有文化，当了带兵官后禀报军情时只能心记口述，很感苦恼。孙权劝他读书，他说军务倥偬没时间。孙权便以自己为例，说明只要有决心，时间不是主要的问题。吕蒙听从了，刻苦自学，数年之后，判若两人。后来吕蒙当了东吴的统帅，打了许多胜仗，还使关羽败走麦城。毛泽东又说：我们现在的高级军官中，百分之八九十都是行伍出身，以后才受到教育的，他们不可不看《吕蒙传》。(《张治中与毛泽东——随从毛主席视察大江南北日记》，第 61 页)毛泽东对吕蒙事迹十分熟悉，又向他们说了吕蒙取荆州的故事：关羽攻曹军手上的樊城，吕蒙用计骗关羽把全军开到前方，然后轻骑疾趋南郡(江陵)，南郡太守麋芳投降。关羽将士家眷留在南郡，吕蒙进城办法很好，对他们不但不加损害，还特加照顾，对年老的慰问，对疾病的给医药，对饥寒的给衣服粮食，对关羽的财产丝毫不动，对关羽派来的人很优待，使他和将士家属相会，结果起了很大的作用。关羽的将士知道了，军心涣散，士无斗志，使得关羽不得不败走麦城。

同年，毛泽东还要求罗瑞卿和公安战线上的干部读《吕蒙传》，说：公安干警应成为有文有武的人，才能适应社会主义建设新时期的要求。(《解放军报》1978 年 8 月 15 日)

遵循毛泽东指示，罗瑞卿请专家将《三国志》中的《吕蒙传》译为白话文，且文白对照，印成本子发给公安部局以上干部学习。罗瑞卿还在学习会上传达毛泽东的话。(《历史的瞬间》，第 309 页)

毛泽东讲的吕蒙故事，原文见《吕蒙传》裴注所引《江表传》。毛泽东很喜欢"吴下阿蒙""刮目以待"这两个成语。1942 年八路军新四旅旅长王近山在赴延安途中，在韩略村巧妙地全歼日军战地观摩团。毛泽东在王到达延安时，对他说，我早就听说有个红四方面军的王疯子，现在成了吴下阿蒙，了不起啊！(《环球人物》2013 年)1935 年，毛泽东长征途中在四川懋功与张国焘会晤时，乐不可支地调侃：真乃士隔三日，当刮目相看；十年未见不胜抖擞啊！(《拥抱与决裂》，第 33 页)

1972 年，毛泽东曾就大字本《吕蒙传》注释、点校时再次指出：文化不高的也可学文化。他又举了吕蒙读书的例子，勉励高级干部要重视文化学习。

◉ 唐宋江南多吕蒙祠庙

据宋《太平寰宇记》记载,唐宋时吕蒙庙、吕蒙祠多有兴建,遍及江南。宋《梦粱录》记有钱塘(杭州)吕蒙祠,与此同时,且鲜有关羽庙。自明季始,吕蒙庙祠渐为关羽庙替代。据《荆州府志·公安县》,城孱陵街有吕蒙祠,明始改为武侯祠,"明季进士刘珠羞吕之昧于择主,诗以诮之祠,一夕火因改祀焉。今祠前门石林屹立有:'汉业鼎新,二表见出师之意;蒙城庙食,千年愧僭贼之心。'均为刘所题。"

孙权

年少万兜鍪
坐断东南战未休

孙权(182—252)　三国吴国建立者。吴郡富春(今浙江富阳)人。字仲谋。公元229—252年在位。继父兄事业据江东六郡,后取荆州,229年于武昌(今湖北鄂州)称帝。在位期间,平定山越,开发南方,派将军卫温、诸葛直率军至台湾。晚年陷入昏聩。病死。

毛泽东几次提到孙权年纪轻轻就当家了。

1965年1月,他在一次谈话里说:看起来还是青年人行。群英会上的英雄,大多是二三十岁的人,诸葛亮当时才二十七岁,孙策初干事时,不到二十岁,孙权更小。孙权生于东汉光和五年(182),他接哥哥孙策班时才十八岁。毛泽东对孙权年少大有作为极感赞赏。他曾说:天下事有真必有假,虚夸者古亦有之。赤壁之战,曹操号称八十三万人马,其实只有二三十万,又不熟水性,败在孙权手下,不单是因为孔明借东风。有时他还以南宋辛弃疾的《南乡子·登京口北固楼有怀》,抒发对孙权事迹的感叹。

1957年3月20日,毛泽东专机飞临镇江上空时,就书写了这首词:

何处望神州?满眼风光北固楼。千古兴亡多少事?悠悠,不尽长江滚

255

滚流。　　　年少万兜鍪,坐断东南战未休。天下英雄谁敌手? 曹刘,生子当如孙仲谋。

1975 年 5 月,毛泽东在北京召集中央政治局会议,会议快结束时,毛泽东对自己所作《水调歌头·游泳》的两句作了解释:我说才饮长沙水,就是白沙井的水。武昌鱼不是今天的武昌,是古代的武昌,在现在的武昌到大冶之间,叫什么是我忘了,那个地方出鳊鱼。所以我说才饮长沙水,又食武昌鱼。孙权后来搬到南京,把武昌的木材下运南京,孙权是个能干的人。他接着又念了辛弃疾《南乡子》的两句:"天下英雄谁敌手,曹刘,当今惜无孙仲谋",并将后一句作了改动,再让叶剑英念这首《南乡子》。叶剑英背完后,毛泽东又高兴地重复了这首词的最后两句。

毛泽东熟悉孙权故事,时而捡来说事,恰到好处。1970 年 4 月,他在中共中央政治局会议上第三次提出不当国家主席,也不再设国家主席,并以三国故事为例当着林彪的面说:孙权劝曹操当皇帝,曹操说孙权是要把他放在炉火上烤。我劝你们不要把我当曹操,你们也不要做孙权。同年 9 月 14 日,毛泽东在中共九届二中全会后,从庐山下来到达武汉车站,在与曾思玉等谈及陈伯达发难、是大阴谋家时说:什么设国家主席? 什么天才? 这是三国时孙权劝曹操当皇帝,小子不怀好意! 你把我放到油锅去炸,我还是不当国家主席!(《毛泽东"南方决策"》,第 72 页)1972 年 9 月,日本首相田中角荣访华,毛泽东在会见中回顾中日两国两千年来的友好来往时说,到了三国,孙权想找你们,派遣一个三万人的船队。

🌑 孙权是雄略之主

曹操说:"生子当如孙仲谋。"孙权在做皇帝前,遣使者赵咨使魏。赵咨在曹丕面前赞孙权为"聪明仁智,雄略之主也!""纳鲁肃于凡品,是其聪也;拔吕蒙于行陈,是其明也;获于禁而不害,是其仁也;取荆州兵不血刃,是其智也;据三州虎视于天下,是其雄也;屈身于陛下,是其略也。"(《三国志·吴书·吴主传》)这是对孙权"任贤使能,志存经略"的大致表述。也是孙权能为曹操赞赏之处。

陆逊

怀文武之才
建传世之功

陆逊（183—245）　三国时东吴军事家。吴郡吴县华亭（今上海松江区西）人，字伯言。江南世族。与吕蒙合谋袭取荆州（今湖北江陵）。吕蒙死，统辖全军，在猇亭（今湖北枝城北）击败蜀汉主力；又于石亭（今安徽潜山东北）大破魏曹休部。任荆州牧、丞相，镇武昌。病死。子陆抗领兵。

吴蜀彝陵之战是三国最后形成鼎立的一次大战。毛泽东把它作为以少击众、以劣势对优势而获胜的战例之一。东吴指挥这次大战的统帅是陆逊，蜀汉方面统帅是刘备，毛泽东曾批评刘备亲临前线：三国时刘备不好，还是老头子挂帅。他当然不是陆逊的对手。毛泽东说：最初陆逊是吕蒙手下的一个中级军官，以后继吕蒙当了统帅。陆逊知己知彼，很会打仗，毛泽东说他指挥的彝陵之战，和楚汉成皋之战、新汉昆明之战、袁曹官渡之战等"都是双方强弱不同，弱者先让一步，后发制人，因而战胜的"著名战役。

1941 年皖南事变后，毛泽东在一次谈话中就刘备的错误，谈到了陆逊，他说：三国时期，荆州失守，蜀军进攻东吴，被东吴将领陆逊火烧连营七百里，打得大败，其原因就在于刘备没有区分与处理好主要矛盾与次要矛盾的关系，在谋略中没有抓住主要矛盾。

毛泽东对陆逊称赞备至。他读《三国志·吴书·陆逊传》，不少处作了眉批,对陆逊的非凡才智加以肯定。当陆逊在彝陵大战前奉行以逸待劳,为东吴诸将所愤懑,他坚持不为所动,"仆虽书生,受命主上,国家所以屈诸君使相承望者,以仆有尺寸可称,能忍辱负重故也。各任其事,岂复得辞! 军令有常,不可犯矣。"毛泽东批了"此司马懿敌孔明之智也"(《毛泽东读文史古籍批语集》,第161—162页)等十个字。陆逊对刘备采取"避其锐气,击其惰归"的积极防御战略方针,毛泽东很是欣赏,因而比之为司马懿对付诸葛亮的好办法。陆逊在彝陵大胜后,未听从徐盛等乘胜追击擒拿刘备的建议,清学者何焯认为陆逊深思熟虑,"大胜之后,将骄卒惰,溯流仰攻,转馈又难,一有失利,前功尽弃"。毛泽东赞同此说,作了"何评有理"的批语,显然,他对陆逊在彝陵大战后作出的战略原则是肯定的。毛泽东且就清学者钱振煌评《陆逊传》所叙彝陵之战:"陆逊破先主,无他奇策,只令军士各持一把茅耳。意先主连营,皆伐山木为之,故易火;若土石为之,逊其如之何?"批语有:"土石为之,亦不能久,粮不足也。宜出澧水流域,直出湘水以西,因粮于敌,打运动战,使敌分散,应接不暇,可以各个击破。"毛泽东洞察刘备大军的薄弱环节乃是缺粮,要由两川运粮至前线,路途艰难也。所以他又能为刘备设计到敌内线作战的战略方针。他对彝陵之战是很有见地的。

● 东吴四家族和陆逊

孙策取江东,尤其是孙权坐镇江东,很大程度是靠地方大族的支撑,其中有代表性的,就是顾、张、朱、陆四大家族。顾始为顾雍,张有张昭、张纮和张温,朱为朱治,陆是陆逊等为家族代表。其中陆逊家族最为炫耀,在吴后主孙皓时期,仍得重用。陆逊因为拥戴孙和(孙皓父)受责,陆抗子因娶孙皓妹,所以陆逊子侄陆抗、陆凯在孙皓暴政时,出任统帅、丞相。吴亡之后,陆抗子陆机、陆云以及陆喜、陆玩等人,赴洛阳做官,家族世居松江(上海松江区)和浙江平湖、嘉兴等地区,累世为望族。

● 火烧连营七百里不可信

三国夷陵之战,长达一年有余。有陆逊"火烧连营七百里"说。此乃据曹丕说,当系传闻。《三国志·吴书·吴主传》称,"蜀军分据险地,前后五十余营。"同书《陆逊传》称,"备从巫峡、建平连围,至夷陵界立数十屯。"而《先主传》也称刘备在猇亭败后,"自猇亭还秭归,收合离散兵,遂弃船舫,由步道还鱼复"。可见若有连营,亦只是从猇亭到秭归的一百里路,即使由猇亭至巫山,也只是三四百里,何况刘备"进兵秭归,兵四万人",它还包括黄权驻扎江北的防魏兵团八千人。如此稀薄的兵力很难连营七百里。

黄忠

老将模式，勇冠三军
定军一战，百世留彰

黄忠(？—220)　南阳(今河南南阳人)，荆州牧刘表部中郎将。在长沙归刘备。以定益州功，授讨虏将军。因在定军山立大功，升征西将军，旋为后将军。明年病死。《三国志·蜀书》有《黄忠传》，甚简略。《三国演义》以黄忠为七十岁老将，不见于史传。

1964 年 2 月 13 日，毛泽东在春节座谈会上就教育问题发表了讲话。他非常风趣地说：中国革命的胜利是一些"老粗"凭借关公的青龙偃月刀、张飞的丈八长矛等关、张、赵、马、黄的武器赢得的。(《毛泽东文化思想研究》，第 217 页)

毛泽东这里说的是据《三国演义》刘备所拜的五虎大将"关、张、赵、马、黄"排列的。他们在《三国志·蜀书》中同卷。其中黄忠手舞大刀、勇冠三军，为毛泽东所欣赏。

早在红军时期，毛泽东就曾用黄忠故事开导大家。据赖传珠上将回忆：在 1929 年古田会议后，毛泽东谈到宣传鼓动重于指派命令，反对命令主义时，讲了三国时老将黄忠大败夏侯渊的故事。他说，黄忠本来年迈体衰，很难取胜夏侯渊。可是诸葛亮使用了"激将法"，把黄忠的勇气鼓起来了。于是黄忠立了军令状：如不斩夏侯渊于马下，提头来见。后来黄忠果然杀了夏侯渊。毛泽东说，我们的战士是有高度阶级觉悟的,我们用不着"激将法"。但我们却要学习诸葛亮善于做宣传鼓动工作,用宣传鼓动提高战士的觉悟,启发大家的革命英雄主义。(《伟大的历程:回忆战争年代的毛主席》,第84—85页)

《三国演义》写黄忠是老将,老将虽老却因不服老,胜过年轻人。

1946年12月1日是朱德总司令六十大寿,延安平剧院特地演出《定军山》。毛泽东和其他人员一起出席了祝寿晚会,观看这出以老将黄忠为主角的传统剧目。

毛泽东肯定黄忠。1949年新中国成立初期作人事安排。周恩来和毛泽东谈及,拟请程潜担任中央军委副主席。毛泽东当即应允,并说:由我来请这位镇守长沙的老黄忠。(《开国领袖毛泽东》,第332页)

鉴于《三国演义》在民间的风行,老将黄忠的勇武不胫而走。以至在1958年"大跃进"这个特殊年代里,农村里喊出了"壮年学赵云,少年学罗成,老年学黄忠,妇女赛过穆桂英"的激进口号,黄忠的知名度由此在民间更高了。

● 黄忠只是"老兵"

《三国演义》称黄忠为"老将",乃小说家言。《三国志·蜀书·费诗传》记有"羽闻黄忠为后将军,羽怒曰:'大丈夫终不与老兵同列'",似"老兵"即为所据。此处"老兵",可以作多种解释:一是老家伙,即与彭羕骂刘备为"老革"同义;二是兵油子,职业军人,是以当兵为终生职业的。黄忠在军中日久,但不能由此断定就是已六七十岁的老将。

夏侯渊

刚柔不济,徒恃其勇
定军之南,呜呼哀哉

夏侯渊(? —219) 三国时期魏大将。沛国谯(今安徽亳州)人,字妙才。初随曹操起兵,勇冠三军,独当一面。据守关中,败马超,后以征西将军守汉中,抗拒刘备。曹操曾戒以不可恃匹夫之勇,不听。后为刘备部将黄忠击杀于定军山(今陕西勉县东南)。今亳州有夏侯巷,相传为其旧宅处。

夏侯渊是三国曹魏的大将,曹操倚为左右臂,主持汉中军政事务,作战勇敢,但他过于轻敌,终致阵亡。曹操知道他的缺点。《三国志·魏书·夏侯渊传》称:"初,渊虽数战胜,太祖(曹操)常戒曰:'为将当有怯弱时,不可但恃勇也。将当以勇为本,行之以智计;但知任勇,一匹夫敌耳。'"毛泽东很欣赏"为将当有怯弱时"这句话,在读《南史·韦睿传》时,当传中韦睿也说有"为将当有怯时",即在天头作了批语:"此曹操语。夏侯渊不听曹公此语,故致军败身歼。"(《毛泽东读文史古籍批语集》,第 203 页)后来,毛泽东又几次提及"为将当有怯弱时"。

1971 年 10 月,中国恢复联合国席位,将要派代表团参加会议时,毛泽东就防止骄傲的问题,谈了曹操的失误处。诸葛亮的《后出师表》就批评曹操也打过败仗,说曹操"几败北山"。毛泽东说:几败北山,说的是夏侯渊战死以后,曹操争夺汉中的事。《后出师表》三处提到夏侯渊,另外两处是"夏侯败亡"、"夏侯授首"。夏侯渊是曹操的一员大将,曹操封他为征西将军,担任汉中的"警备司令"。刘备攻打汉中,夏侯渊把主力部队部署在定军山,命令张郃守住东围。刘备引蛇出洞,先打张郃,夏侯渊领了一半军队亲自援助张郃,被黄忠砍了头。有一出京剧就叫《定军山》,是谭鑫培、谭富英的拿手戏。你们看看《三国志·魏书》的《夏侯渊传》,当初夏侯渊打了几次胜仗,曹操写信提醒他:"为将当有怯弱时,不可但恃勇也。将当以勇为本,行之以智计;但知任勇,一匹夫敌耳。""当有怯弱时",就是要想到自己的弱点和不足,有打败仗的可能。夏侯渊把曹操的告诫不当一回事,结果全军覆没。你们去联合国,困难很多,要"以勇为本",更要注意"为将当有怯弱时"。代表团团长就是"将",不要被胜利冲昏头脑。送你们两句话,一句是我写的:"没有调查就没有发言权";一句是田家英帮我写的:"虚心使人进步,骄傲使人落后"。

毛泽东还很注意夏侯渊和曹操密切关系,他认为夏侯渊之死很影响曹操身体。(《党的文献》2008 年第 2 期)他在读《吴书·吕蒙传》建安二十四年(219),关羽攻打樊城时孙权拟袭取徐州,吕蒙劝阻:"今操远在河北,斩破诸袁,抚集幽燕,未暇东顾。徐土守兵,闻不足言,往自可克",认为吕蒙所说曹操此时远在河北,不确。写有批语:"《魏志》此时操在汉中,因夏侯渊之败正不得意,闻襄阳围急,东归到洛阳即死,非在居巢也。"(《毛泽东读文史古籍批语集》,第 158 页)

毛泽东注重《夏侯渊传》,20 世纪 70 年代初,有关部门遵照他的嘱咐,将其印成大字本,并由专家作了详细注释。

🔵 夏侯渊非被黄忠手刃

　　夏侯渊乃死于乱军之中,非被黄忠手刃。据《三国志》有关四传:夏侯渊之死乃出自刘备夜烧围鹿角,他因张郃军不利,分兵一半来助,由此"为备所袭,渊遂战死"(《夏侯渊传》)。刘备乘机攻击夏侯渊。"渊救火,从他道与备相遇交战,短兵接刃,渊遂没"(《张郃传》)。"先主命黄忠乘高鼓噪攻之,大破渊军,斩渊"(《先主传》)。"于汉中定军山击夏侯渊,渊众甚精,忠推锋必进,劝率士卒,金鼓振天,欢声动谷,一战斩渊"(《黄忠传》)。这里都没有说是黄忠手刃夏侯渊。所以后来其子夏侯霸归蜀,刘禅解释"卿父自遇害于行间耳,非我先人之手刃也"(《魏略》)。盖当时还有刘备亲手杀死夏侯渊之说。

刘晔

奇士奇才
为世之英

　　刘晔（？—234）　三国时魏国大臣。字子扬。淮南成德（今安徽寿县东南）人。久随曹操。多出奇计。曾建议曹操取汉中后乘胜攻四川；在刘备攻吴初胜时，主张出兵灭吴；夷陵战役后，又力阻曹丕伐吴。魏明帝曹叡时，病死。

　　20世纪50年代后期，毛泽东曾先后向干部推荐读《三国志》的四篇传记，即《张鲁传》、《吕蒙传》、《郭嘉传》，还有一篇就是《刘晔传》。刘晔是曹操主要谋士之一，他先后仕曹操、曹丕和曹叡，是三朝元老。《三国志·魏书·刘晔传》，全篇写刘晔历仕曹魏三朝故事，毛泽东熟读《刘晔传》和该传裴松之注，对裴注所注《傅子》一段极有兴趣：

　　《傅子》曰：晔事明皇帝，又大见亲重。帝将伐蜀，朝臣内外皆曰"不可"。晔入与帝议，因曰"可伐"；出与朝臣言，因曰"不可伐"。晔有胆智，言之皆有形。中领军杨暨，帝之亲臣，又重晔，持不可伐蜀之议最坚，每从内出，辄过晔，晔讲不可之意。后暨从驾行天渊池，帝论伐蜀事，暨切谏。帝曰："卿书生，焉知兵事"！暨谦谢曰："臣出自儒生之末，陛下过听，拔臣群莘之中，立之六军之上，臣有微心，不敢不尽言。臣言诚不足采，侍中刘晔先帝谋臣，常曰蜀不可伐。"帝曰："晔与吾言蜀可伐。"暨曰："晔可召质也。"诏召晔至，帝问晔，终不言。

后独见，晔责帝曰："伐国，大谋也，臣得与闻大谋，常恐眯梦漏泄以益臣罪，焉敢向人言之？夫兵，诡道也，军事未发，不厌其密也。陛下显然露之，臣恐敌国已闻之矣。"于是帝谢之。晔见出，责暨曰："夫钓者中大鱼，则纵而随之，须可制而后牵，则无不得也。人主之威，岂徒大鱼而已！子诚直臣，然计不足采，不可不精思也。"暨亦谢之。晔能应变持两端如此。

毛泽东在这段《傅子》天头上作了批语："此传可一阅。放长线钓大鱼，出自刘晔。"(《毛泽东读文史古籍批语集》，第 152 页)

刘晔足智多谋，善于应变，替曹操出了不少好主意，其中有的曹操采纳了，也有的没有采纳。1966 年 3 月，毛泽东在杭州的一次小型会议上谈了曹操的缺点，却赞扬了刘晔，他说：曹操打过张鲁之后，应该打四川。刘晔、司马懿建议他打。刘晔是个大军师，很能看出问题，说刘备刚到四川，立足未稳。曹操不肯去，隔了几个星期，后悔了。曹操也有缺点，有时也优柔寡断。(《毛泽东之魂》[修订本]，第 357—358 页)

张松

身在益州,心向荆州
刘备欢心,刘璋寒心

张松(? —213)　三国时人,任益州别驾,为刘璋的重要幕僚。后张松里通刘备事泄,为刘璋所杀。张松有子张表,后为尚书,督庲降、后将军。张松故事,详见《三国志·蜀书·先主传》。

《三国演义》里有个献地图的张松。

张松是益州牧刘璋的别驾(州牧的第二副手),他奉命去观见曹操。曹操这时正据荆州,踌躇满志,对张松不甚礼貌。张松很不高兴,回来就向刘璋游说曹操不好,要他结识刘备,并推荐法正联络刘备。《三国志·蜀书·先主传》引裴注《吴书》称:"备前见张松,后得法正,皆厚以恩意接纳,尽其殷勤之欢。固问蜀中阔狭、兵器府库、人马众寡,及诸要害道里远近。松等具言之,又画地图山川处所,由是尽知益州虚实也。"司马光《通鉴考异》以为无有此事,张松并没有绘地图和献地图。

毛泽东几次据《三国演义》谈张松和张松献地图故事。

1935 年 4 月,毛泽东随红军总部驻扎贵州沾益县,当得悉在滇东公路上缴获了龙云与薛岳送去的大批白药、火腿和云南地图,就赴周恩来住处拜访周恩来。他最关心的是那张十万分之一的云南地图。在见到周恩来时毛泽东就说道：过去三国时刘备入蜀，系由张松献地图。此番我们入滇，则有龙云献地图。（《战争绝唱》，第302页）同年6月18日，毛泽东在四川懋功接见红四方面军徐向前派来迎接的红三十军政委李先念，当接到李先念带来的两幅军用地图时，感慨地说道：当年刘备图川，有张松献图。而今向前同志这份报告，还有这两幅地图的价值，是要胜过当年张松献的地图的。（《毛泽东周恩来与长征》，第376页）

1939年7月9日，毛泽东在延安对陕北公学赴前线同学演讲《坚持国共长期合作》，就当时出现有汪精卫一类的败类说：现在外边来的人说，在内地还有很多的张精卫、李精卫、赵精卫、钱精卫等等，总之，有许多汪精卫一类的人。他们是什么人？他们就是暗藏的汪精卫，他们要想做一出"张松献地图"。三国时代有一个张松，把西川的地图献给了刘备，因此刘备就入川建立了蜀国。今天日本帝国主义打进来，汪精卫第一个献了地图，还有张精卫、李精卫、赵精卫、钱精卫等等，他们也准备要献地图。他们企图把整个中华民国的地图献给日本帝国主义，建立一个日本统治下的"中国"。（《党的文献》1995年第4期，第17页）

🅰 张松儿子仍做官

　　刘备入蜀，张松引针穿线，应是第一功，但后刘备称王称帝，不见有对被杀的张松有所表彰，此当为《蜀书》未记。而《蜀书·杨戏传》记有蜀郡张表，"后至尚书，督庲降、后将军"。据《华阳国志》卷四，张表即张松之子，授南安将军。可见刘备父子还是厚待张松家人，以至赐恩于其子弟。

诸葛亮

下国卧龙空寤主
中原逐鹿不由人

诸葛亮(181—234)　三国时期蜀汉政治家。琅琊阳都(今山东沂南南)人,字孔明。207年,与刘备说《隆中对》,为备定据荆、益二州,联吴抗曹之策。成为刘备主要助手。刘备称帝,封丞相。刘备死,辅后主刘禅。政事无巨细,咸决之,科教严明,赏罚必信。曾多次北伐曹魏,后病死五丈原(今陕西眉县西南)军中。葬定军山(今陕西勉县东南)。后人辑有《诸葛亮集》。

我也要鞠躬尽瘁,死而后已

毛泽东很敬仰诸葛亮,诸葛亮是他谈得较多的一位历史人物。早在湖南一师求学期间,他在《讲堂录》里就说诸葛亮是"办事之人",并借用杜甫"出师未捷身先死,长使英雄泪满襟"作为同学悼词,抒发对诸葛亮的萦念。他多次提倡人们要学诸葛亮的"鞠躬尽瘁,死而后已"的精神。自己也表示:我也要鞠躬尽瘁,死而后已呢!"鞠躬尽瘁,死而后已"是诸葛亮《后出师表》中的名言。毛泽东熟诵前、后《出师表》,虽然他认为《后出师表》不是诸葛亮手笔,但仍不失为一篇好文章,因而在1939年1月为《八路军军政杂志》撰写的发刊

词里,还引用了"从前人说,读诸葛《出师表》而不流泪者,其人必不忠"。(《毛泽东文集》第二卷,第 140 页)

毛泽东认为诸葛亮是一位军事战略家。1935 年 7 月芦花会议后,他从周恩来处得悉张国焘秘书长黄超私访彭德怀,以当年孔明南下七擒七纵孟获,屡屡得手,而北上出祁山,伐北原惨遭失败为由,劝说彭反对红军北上、支持南下方针,而彭予以否决,并直言相告:那是为了巩固蜀国后方之举时。毛泽东听了很高兴,说:这也说明诸葛亮是一位了不起的军事战略家,蜀国若想发展,或一统天下,必须北上出祁山,伐北原,方能问鼎中原,而局促川康一带是没有出路的。(《毛泽东周恩来与长征》,第 426—427 页)

诸葛亮在封建社会被奉为名臣的代表,毛泽东说:封建时代写诸葛亮就没有缺点。但历史上的诸葛亮确有很多值得为后人借鉴处。

毛泽东读《资治通鉴》,曾就诸葛亮为法正一餐之德、睚眦之怨无不报复为作解说,说他为之辅翼,功劳甚大,批语有"观人观大节,略小故。"(《毛泽东读文史古籍批语集》,第 291 页)后在马谡失街亭作批语有"亮必在军"等语,足见诸葛亮能善于对同僚抓主流,也懂得接受教训。

1958 年 3 月,毛泽东由重庆乘船溯江东下,当船驶入夔门时,有人介绍了鱼腹浦上的八阵图,他十分激动地说:为人民建功立业的英雄人物总会给后世人留下遗址,吟诵和评说他们的得与失。苏轼就曾咏"惟余八阵图,千古壮夔峡"。(《华声晨报》第160 期)

共产党就是以诸葛孔明的办法办事

1950 年 4 月,毛泽东在北京中南海对董其武将军说:有人害怕共产党,那有什么可怕呢? 共产党心口如一,表里一致,没有私利可图,要团结一切可以团结的人,把我们国家搞好。你看过《三国演义》吧? 共产党就是以诸葛孔明的办法办事。那就是"言忠信,行笃敬,开诚心,布公道,集聚思,广众益"。毛泽东十分赞赏诸葛亮制定的和戎方法,即民族政策,这在封建时代是难能可贵的。他说:诸葛亮会处理民族关系,他的民族政策比较好,获得了少数民族的拥护。毛泽东在《三国志·蜀书·诸葛亮传》裴松之引《汉晋春秋》的一段注文空白处,划了很多圈子,这条注文记载了诸葛亮七擒七纵彝族领袖孟获,以及在平定南中后大力安排、任用地方豪强为官吏的事迹。他

说:这是诸葛亮的高明处。（芦获《毛泽东谈二十四史》,《光明日报》1993 年 12 月 20 日）

毛泽东非常重视"七擒七纵",把它视为处理民族矛盾的一个方法。1935年 5 月初,毛泽东率领红军长征到安顺场,当得知总参谋长刘伯承已妥善处理了和彝族首领结盟事,很高兴地询问:诸葛亮七擒七纵才使孟获心服。你怎么一下子说服了小叶丹呢! 1949 年,当习仲勋妥善争取青海省昂拉部落第二十代千户项谦归顺成功时,对习说:仲勋,你真厉害。诸葛亮七擒孟获,你比诸葛亮还厉害。毛泽东为民族团结取得成功感到由衷的高兴。1953 年 8 月,当西南军区李达参谋长汇报贵州擒获布依族女匪首程莲珍案时说:这个女匪首,下面要求杀。但毛泽东说:不能杀。好不容易出了一个女匪首,又是少数民族,杀了岂不可惜? 又说:人家诸葛亮擒孟获,就敢七擒七纵,我们擒了个程莲珍,为什么就不敢来个八擒八纵? 连两擒两纵也不行? 总之,不能一擒就杀。1956 年 4 月,又在与天宝(桑吉悦希)、瓦扎木基谈及有些民族地区出现有被俘的叛乱分子,放回后又叛乱的问题时,他即告诫说:诸葛亮就是七擒七纵,我们共产党为什么不可以八擒八纵呢? 据当时的凉山彝族代表瓦扎木基回忆,当他向毛泽东汇报凉山人民要求废除奴隶制度,实行民主改革时,"毛泽东从三国时诸葛亮说起,引经据典,教育我们要有气魄,有胆略,搞好彝族地区的民主改革"。

毛泽东还经常向干部和群众说诸葛亮的故事,启发、教育他们重视学习文化和历史。1951 年年底,毛泽东南下视察,车到济南,与济南市委书记、市长谷牧谈话中,天南海北地谈到了诸葛亮。他问:诸葛亮是哪里人? 谷牧答:"祖上是山东临沂人,后来移居湖北襄阳。"毛泽东又问他为什么姓诸葛? 谷牧被问住了。毛泽东说:你读过陈寿的《三国志》吗?《诸葛瑾传》里头有个注,说明孔明的先世本姓葛,原籍诸城。后来移居阳都(即临沂,治所在今沂南县)。当地葛氏是大族,排外姓强。孔明的先人因本祖来自诸城,故自姓诸葛,以别于当地葛姓。后代相沿,就姓了诸葛。(《党史信息报》2002 年 10 月 16 日)1958 年秋,毛泽东在河南郑州接见南阳县委的一位书记,问道:你们南阳,旧称宛城,是个古老的市镇,藏龙卧虎的地方哩! 南阳有个卧龙冈,据说诸葛亮曾在那儿隐居过。诸葛亮,能人呵! 俗话说,三个臭皮匠,合成一个诸葛亮。诸葛亮是哪里人呀? 你知道吗? 他等了片刻不见回答,便自己说:诸葛亮是山东琅琊阳都人。阳都,就是现在的沂水县。毛泽东接着又问了南阳农民生活,在分手时说:我给你留下两句临别赠言:第一学一点历史知识;第二要关心人民生活。

常以诸葛亮作为智慧力量的象征

诸葛亮在中国传统文化里是智慧的象征。毛泽东肯定诸葛亮的聪明才智。1962 年 2 月,他在和南京炮兵工程学院院长孔从周谈日益进步的科学技术时,又谈了诸葛亮的兵器改革,说:我们祖先使用的十八般兵器中,刀矛之类属于进攻性武器,弓箭是戈矛的延伸和发展。由于射箭误差大,于是又有了弩机,经诸葛亮改进一次可连发十支箭,准确性提高了。他征孟获时使用了这个先进武器。可是孟获也有办法,他的三千藤甲军就使诸葛武侯的弩机失去了作用。诸葛亮经过调查研究,发现藤甲是用油浸过的,于是一把火把藤甲军给烧了。诸葛亮的弩机,见于《三国志·蜀书·诸葛亮传》。他的连弩法,其法矢长八寸,一弩可发十矢,也就是古代小说所称的"连珠箭"。1964年,四川郫县曾出土的蜀汉景耀四年(161)制作的铜弩机,即是诸葛亮改进后的连弩。

毛泽东还常以诸葛亮作为智慧力量的象征激励干部和战士。在红军时代,他就多次说:三个臭皮匠,顶一个诸葛亮。只要我们有诚心,有耐心,就能把湘粤赣边千个万个"诸葛亮"动员起来,参加我们的斗争,那我们干出来的事业就一定比当年的诸葛亮不知要伟大多少倍。

当然,历史上的诸葛亮并非十全十美。1959 年 7 月,毛泽东在中央政治局常委会扩大会上就说:人的认识是逐步发展的,不可能如同孔明那样,事先安排定锦囊妙计。毛泽东还说:单独的一个诸葛亮总是不完全的,总是有缺陷的。1961 年 9 月 14 日,毛泽东在庐山和参加中央工作会议的薄一波谈话。薄一波说:"主席历来比我们辛苦,我们只是跑跑龙套,主席是挂帅人。"毛泽东请薄一波喝茶:话不能那么讲!我毛泽东一不是诸葛亮;二没得长三头六臂,具体工作都是你们这些人干的嘛!又说:诸葛亮在蜀中事无巨细,事必躬亲,害得他六出祁山,一次也没得成功。我们共产党人要有他鞠躬尽瘁的精神,但不能学他徒劳无益的做法。(《历史的真知——文革前夜的毛泽东》,第245 页)

毛泽东对《隆中对》提倡分兵出师大有意见。1953 年 10 月 17 日在与即将赴越南任军事顾问团总顾问的韦国清谈话说:"《三国志》里有很多战例,蕴含着很深的战略战术。三国时代,刘备终不能取天下,首先是因为误于诸葛亮初出茅庐时的《隆中对》,其为刘备设计的战略本身有错误。千里之遥而二分兵力,其终则关羽、刘备、诸葛亮三分兵力,安得不败?"(《毛泽东年谱(1949—1976)》(二)第 180 页)在读宋代苏洵《权书·项籍》评说诸葛亮"弃荆州而就西蜀,吾知其无能为也"条时,也写有相似的批语:"其始误于《隆中对》,千里之遥而二分兵力,其终则关羽、刘备、诸葛三分兵力,安得不败。"(《毛泽东读文史古籍批语集》,第 106 页)历来史家皆赞颂诸葛亮《隆中对》的战略思路,毛泽东却别树一帜,言之成理,堪称卓见。

《隆中对》是在隆中、当阳和江陵谈话的组合

　　诸葛亮有《隆中对》名篇共 298 字,全篇如后:"自董卓以来,豪杰并起,跨州连郡者不可胜数。曹操比于袁绍,则名微而众寡。然操遂能克绍,以弱为强者,非唯天时,抑亦人谋也。今操已拥百万之众,挟天子而令诸侯,此诚不可与争锋。孙权据有江东,已历三世,国险而民附,贤能为之用,此可与为援而不可图也。荆州北据汉沔,利尽南海,东连吴会,西通巴蜀,此用武之国。而其主不能守,此殆天所以资将军,将军岂有意乎。益州险塞,沃野千里,天府之土,高祖因之以成帝业。刘璋阇弱,张鲁在北,民殷国富而不知存恤。智能之士思得明君,将军既帝室之胄,信义著于四海,总揽英雄,思贤如渴,若跨有荆益,保其岩阻,西和诸戎,南抚夷越,外结好孙权,内修政理;天下有变,则命一上将将荆州之军以向宛洛,将军身率益州之众出于秦川,百姓孰敢不箪食壶浆以迎将军者乎? 诚如是,则霸业可成,汉室可兴矣!"按,此篇《隆中对》实应视为是陈寿将诸葛亮在三个不同时空与刘备的对话拼凑。其中属于隆中对的,就是"自董卓以来"至"此诚不可与争锋"的 75 个字。这是诸葛亮对当时形势的正确分析。另是在当阳对的,是在鲁肃来后所说的 73 个字,提出联手孙权,独据荆州的战略,最后是江陵对的 150 字,那是在法正来后,诸葛亮对刘备所作的战略步骤。将这三次谈话都作为隆中对是对《隆中对》的误识,也是对未出茅庐的诸葛亮误识。

诸葛亮六出祁山

诸葛亮"六出祁山"乃《三国演义》说,其实,他虽组织过六次北伐,但只有两次出了祁山。

时　间	主要战役	史　事	演　义	附　注
建兴六年 (228)春	街亭战役	街亭、列柳城前锋主力溃,偏师赵云败于箕谷	同	一出祁山
建兴六年冬	陈仓战役	粮尽,退,斩王双	取陈仓	
建兴七年春	武都、 阴平战役	命陈式取武都、阴平二郡	王平取阴平、姜维取武都	
建兴八年秋	阳溪战役	魏延破郭淮	大雨,破曹真主力	
建兴九年春	上邽战役	始与司马懿相持,粮尽,退,木门道斩张郃	大破司马懿主力,妆神	二出祁山
建兴 十二年春	武功战役	出斜谷,扎营五丈原与司马懿相持半年	上方谷困司马懿父子	

马谡

好论兵法
言过其实

马谡(190—228)　三国蜀汉将领。襄阳宜城(今湖北宜城南)人,字幼常。随刘备入川。好论兵法,深得诸葛亮器重。刘备以为其言过其实,不可大用告亮。228年春,一出祁山时总领前锋,违制,在街亭(今甘肃庄浪东南)为魏将张郃所败。下狱死,一说自杀,也有说逃亡入狱死。

京剧《失空斩》是据《三国演义》改编的传统保留节目。毛泽东爱看《失空斩》,百看不厌。所谓《失空斩》,就是《失街亭》、《空城计》和《斩马谡》三部折子戏的合称。它的主角,一个是诸葛亮,另一个就是马谡了。

因为《失空斩》作为严格执行法纪军纪的范例风行民间和军中,因此,毛泽东也常用这出故事教育、启发干部,形象地说明问题的实质。1948年8月,毛泽东要王建安将军担任山东兵团副司令员,协助许世友攻济南。王建安立即作了保证。毛泽东满意地说:好! 我喜欢你的痛快。我们这叫演一场《失空斩》的戏。你是副将王平。失了街亭,打不下济南,我先斩许世友,我也要打你四十军棍;我嘛,则向中央上表,官降三级,你看行吗? 王建安表示:看主席说到哪里去了,如果拿不下济南,先斩我好了……毛泽东最后说:好好好。我们这是君子协定,就这么定了。1951年冬,中共中央华北局将刘青山、张子善贪腐的犯罪材料上报,毛泽东和刘少奇、周恩来、彭真、薄一波等在北京颐年堂,专门开会研究杀不杀刘、张。毛泽东比喻这是斩马谡,他说:非杀不可。挥泪斩马谡,这是万不得已的事情。

　　毛泽东还就错用马谡一事,对诸葛亮作了批评。1948 年,他就和警卫员说:我毛泽东一不是释迦牟尼;二不是诸葛亮。说是诸葛亮,也有错用关羽和错用马谡的时候啊! 当警卫员问及马谡失街亭,害得诸葛亮只得冒险摆空城计时,毛泽东说:这也是诸葛亮用人不当呢! 后来毛泽东在《资治通鉴》卷七十一《魏纪·三》有关失街亭斩马谡文字处的天头,对诸葛亮出师首战不在一线写有眉批:"初战,亮宜自临阵";又在卷七十二《魏纪·四》就诸葛亮木门道杀张郃事,作眉批称:"自街亭败后,每出,亮必在军。"(《毛泽东读文史古籍批语集》,第 292页)认为这是诸葛亮接受了教训,故街亭之败,诸葛亮也是要负重责的。

🔵 马谡失街亭

　　马谡是诸葛亮初出祁山的前敌司令官,镇守街亭。但街亭却丢了。《三国志·蜀书·马良传》所附的《马谡传》,仅 166 字,但却作了说明,批评主帅诸葛亮:一是忘了刘备临终时嘱咐:"马谡言过其实,不可大用";二是初出祁山时,"时有宿将魏延、吴壹等,论者皆言以为宜令为先锋,而亮违众拔谡,统大众在前。"所以如此,盖诸葛亮以自己人才观和思维方式选拔从未独当一面、缺乏临阵作战经验的马谡。而魏国对付马谡和诸葛亮的西线司令官曹真是位军事经验丰富的宿将,前敌指挥官又是智勇兼备的张郃、郭淮,围攻街亭前线足有五万人马,兵力远远超过蜀国街亭、列柳城守军,马谡之败亦在情理之中。

魏延

折冲外御，镇保国境
疾终惜始，实惟厥性

魏延（？—234）　三国蜀汉将领。字文长，义阳（今河南桐柏东）人。初以部曲随刘备入蜀，战绩卓绝，升迁牙门将军；又在取汉中立功，惜不见于史记述。被超擢为镇远将军、领汉中太守，后进任镇北将军。在汉中九年，创诸围御敌于外策。建兴五年（227）后，随诸葛亮多次北征，督前部、领丞相司马，在阳溪大败郭淮军，提升为前军师、征西大将军。诸葛亮死，为长史杨仪等排挤，兵败被杀。

魏延是蜀汉后期的重要将领。

他是刘备超擢提拔的武人。刘备善于识人，精通人才学，将他安排为汉中（原张鲁割据地区）做将军，又做太守，军事民务一手抓。

魏延在汉中镇守九年，应该说是非常熟悉汉中，尤其是北边与曹魏接壤的通道和地形。

蜀建兴五年（227），诸葛亮率诸军北驻汉中，准备北伐。魏延向他建议分军两路，诸葛亮军出斜谷，自率偏师出子午谷可以取得全赢。但诸葛亮以为过于冒险，不如安从坦道，没有听取。

这项建议，《三国志·蜀书·魏延传》和裴注《魏略》都有详细记载，《三国演

275

义》也有相近叙述。毛泽东很早读《三国演义》。可以说不止一次读过这个故事，也可以说不止一次说这个故事。1931年12月，他在江西瑞金会见二十六路军派驻中央苏区和红军总部搞联络的袁血卒，当知道袁是陕西宁陕人，家还住在子午谷口时，颇有兴趣地说：《三国演义》里描写诸葛亮从汉中伐魏，魏延建议从子午谷出兵，奔袭长安。诸葛亮批评那是冒险，没有采纳。司马懿就比诸葛亮高明些，他认为孔明先生要是从子午谷出兵，长安早就被汉家占领了。(《我与毛泽东的交往》，第194页)

任何战争都要担负些冒险，过于谨慎打不了仗，取不了胜利。毛泽东的这段谈话，称赞了魏延的从子午谷出兵的建议，还通过司马懿的见解批评了诸葛亮不懂战争规律，肯定了魏延的战术高明。

毛泽东也说魏延有缺点。1938年3月，在延安接见秘密前来参观的国民党十四军八十三师少将参谋长魏巍(白天)时，毛泽东得知对方姓魏时，就说：三国时代，蜀中有个魏延大将军。他反对娃娃皇帝刘禅。你也姓魏，也是国民党的大将军，当前全国共同抗日，你可要与委员长一条心啊！(《湘潮》2007年第2期第20页)显然，这里也蕴含了毛泽东对魏延看法，说他是很了不起的大将军。而此处所说的"反对娃娃皇帝刘禅"，可能就是指《三国演义》第一〇五回《武侯预伏锦囊计》，魏延在所部诸军纷纷溃散时，有打算投魏的设想。

🔵 魏延出子午谷建议

魏延建议，见《三国志·蜀书·魏延传》："延每随亮出，辄欲请万人，与亮异道会于潼关，如韩信故事，亮制而不许。延常谓亮为怯，叹恨己才用之不尽。"《三国志》此段盖源自《魏略》。史家多有称赞。吕思勉认为，"当时魏国见蜀国久不出兵，以为他无力北伐，毫无准备；现在诸葛亮出兵，南安、天水、安定三郡却望风迎降，所以诸葛亮不用魏延之计，实在是可惜的"(《三国史话》)。魏延自取汉中后镇守达九年余，对此处地理十分熟悉。子午谷(由长安南子午镇越秦岭到汉中)长300公里，是当时沟通汉中和关中的一条南北谷道。但也有认为诸葛亮拒绝魏延出子午谷的建议是"用兵谨慎"。明李贽说"诸葛一生唯谨慎"，不愿亦不敢打冒险仗。他一生从未指挥过战略性的决战。有人说，诸葛亮很有自知之明，知人之明，懂得蜀汉是小国，又在刘备东征时丧失了实力，缺乏人力物力打持久战。《三国演义》夸张诸葛亮北伐，有"统领步骑二十万众"，那是小说家言。其实他出军人数最多一次是八万，那已是倾国之兵了，其余几次都是"战士不满五万"。由此可以推导，他为什么反对魏延的建议了。

曹植

天下诗才一石
此人乃占八斗

　　曹植(192—232)　汉魏时文学家、诗人。字子建。曹操第四子。自幼聪颖得曹操宠爱,一度欲立为太子。操死,太子曹丕继位,遭排挤、陷害。后封东阿王、陈王。精通诗赋散文,为建安诗体的代表。后人辑有《曹子建集》,所作乐府为钟嵘《诗品》定为上品。被称为:"魏陈思王植诗,其源出于国风,骨气甚高,词采华茂。"今山东东阿鱼山、河南淮阳和河南通许七步村,都分别有曹植墓。

　　毛泽东称赞曹操的诗,也欣赏曹植的诗。曹植是曹操的第四个儿子,他们父子兄弟都是当时的大诗人。1954年毛泽东和保健医生徐涛讲述了曹植和他的父兄:曹植是曹操的儿子,很有才华,作品有他自己的风格,曹丕也是他儿子,也有些才华,但远不如曹操,曹丕在政治上也平庸,可他后来做了皇帝,是魏文帝。历史上所称的建安文学,实际就是集中于他们父子的周围。一家两代人都有才华、有名气,在历史上也不多见呐!(《在毛主席身边》,第233页)毛泽东爱读曹植诗,曾圈点他的《赠白马王彪》、《七哀》等诗。也善应用。如著名的"七步诗"。1936年在《致傅作义》:"今之大计,退则亡,抗则存,自相煎艾则亡,举国奋战则存。"(《毛泽东书信选集》,第43页)此中"自相煎艾",即典出自"相煎何太急"句。

1953 年 3 月初,苏联斯大林病重。毛泽东心事重重地对李银桥说:"高树多悲风,海水扬其波",这是曹植的诗,接下来的话是"利剑不在掌,结友何须多",我们要争一口气,自力更生,艰苦奋斗十几年,尽力使国家富强起来,把帝国主义近百年来强加给我们的屈辱统统扫除干净。毛泽东所提及曹植的诗句,见他的《野田黄雀行》。

读其书,安可不知其人,因而毛泽东对曹植事迹也颇有兴味。1960 年 5 月,毛泽东在山东视察时,与山东省委第一书记舒同谈论曹植。舒同介绍:东阿还有曹子建的墓。毛泽东说:那不对,他先封东阿王,后封鄄城王,后封陈王。你们山东人就要抢曹子建。舒同说:有证据的。他这个墓在 50 年代挖出来,挖出曹子建的佩剑来了。那个剑送到北京去了。毛泽东回答:陈王是后封的,我记得的,也许我记错了。那个《月赋》头一句就是他:"陈王初丧应刘,端忧多暇。绿苔生阁,芳尘凝榭。"言下之意,曹植是在陈王封号上时,应、刘就病死了,应是应场;刘是刘桢。他俩都是"建安七子",也都死于建安十七年(212)。此事,不是东阿王时。据《三国志·魏书·陈思王传》载,曹丕继位后,曹植十一年中而三徙都,数改封王邑,确是封东阿王在前,封陈王在后。但曹植在东阿时,喟然有终焉之心,也确实在那里营造过坟墓。毛泽东因此牢记曹植的埋葬处是在山东东阿。1973 年 12 月,毛泽东在他书房里接见部队高级将领,当他与总政治部副主任田维新握手得知田是山东东阿人时,就问道:曹植埋什么地方啊?

⚫ 曹植诗有悲壮,亦晓军事

曹操出征,常携同诸子,此中就有曹植。曹植后来追忆:"臣昔从先武皇帝,南极赤岸,东临沧海,西望玉门,北出玄塞。"曹植还曾统率五都之一邺城(今河北临漳)的警卫部队。当关羽水淹七军和围困樊城紧急之时,曹操在洛阳率先派出南中郎将摄征虏将军印的曹植,赴南线救援曹仁大军,后因曹丕打横炮,故意请喝酒误事而取消,但曹植确实也知晓军事,否则作为军事家的曹操是不会让他去指挥部队的。

曹植诗瑰丽,也有悲凉、慷慨之作。他的诗,钟嵘定为"上品"。唐元稹亦说:"曹氏父子鞍马间为文,往往横槊赋诗,故其道文壮节,抑扬怨哀。悲离之作,尤极于古。"

王弼

英物归天上
遗篇留人间

王弼(226—249)　三国魏哲学家。山阳高平(今河南焦作)人,字辅嗣。少年即研究《老子》。与夏侯玄等同开玄学清谈之风,史称"正始之音"。注有《易经》和《老子》。

1940年11月,毛泽东在接见从苏联学成航空机务工程归国的王弼时,很风趣地说:我国历史上也有个王弼,和你同名同姓,他是个文人,你是个武将。你这学武的要争取胜过学文的。这个历史上的文人王弼,就是三国魏国的青年学者王弼。

王弼是魏晋时期的哲学家、玄学大师。毛泽东早年就爱好中国哲学,他读古书讲究好的版本和注疏。因而若干年后,在谈及《老子》各家注疏的优劣时,就开门见山地说:最好的《老子》注是王弼的。比较以识优劣。可见毛泽东是读了不少有关注释《老子》的著作,方才识得王弼的。

王弼还给《周易》和《论语》作注,那时他不过只有二十岁左右。毛泽东对王弼年纪轻轻就有深邃的学问印象犹深。在20世纪50年代,他曾多次以王弼为例,提倡解放思想,敢想敢说敢做。1958年3月22日,毛泽东在成都会议上,指出从古以来创造新思想新学派的都是学问不多的青年人,他举了很多古今中外

279

有所作为的青年人,其中一个就是王弼。他说:王弼注《老子》的时候,不过十七
八岁,因用脑过度早死,死时才二十几岁。同年 5 月 8 日,毛泽东在中国共产党
八大第二次代表会议上,以《解放思想,破除迷信》为题,谈了很多古今中外青少
年大有作为的例子,其中又介绍了王弼。他说:晋朝的王弼,做《庄子》和《易经》
的注解,他十八岁就是哲学家,他的哥哥是王肃。他死的时候才二十四岁。在
此前后,毛泽东在读《初唐四杰集》时,在眉批中提及古今一批有作为的青少年,
把王弼与唐朝的王勃、汉朝的贾谊并提。他说,王勃“以一个二十八岁的人,写
了十八卷诗文作品,与王弼的哲学(主观唯心主义)、贾谊的历史学和政治学,可
以媲美。都是少年英发,贾谊死时三十几,王弼死时二十四”。(《毛泽东读文史古
籍批语集》,第 10—11 页)王弼生于魏黄初七年(226),死于魏正始十年(249),正是
创作力旺盛时候就病死了,天不假年,惜乎!

刘禅

任贤相则为循理之君
惑阉竖则为昏暗之君

刘禅(207—271)　即蜀汉后主。三国蜀汉皇帝,刘备子。涿郡(今河北涿州)人。字公嗣,小字阿斗。公元 223—263 年在位。在位期间,先后由诸葛亮、蒋琬、费祎等辅政。晚年信任宦官黄皓,朝政腐败。263 年,兵败降魏。封为安乐公。

毛泽东爱读唐人刘禹锡的咏史诗,其中有一首是《蜀先主庙》五律:

天地英雄气,千秋尚凛然。势分三足鼎,业复五铢钱。
得相能开国,生儿不像贤。凄凉蜀故伎,来舞魏宫前。

诗中"得相能开国,生儿不像贤"两句就是对刘备创业、刘禅无能的批评。刘禅,即刘阿斗。因为他不学无术,竟把父亲刘备艰苦创业的半壁江山丢了,民间因有"扶不起的刘阿斗"之谚。毛泽东读了这首诗感叹备至,但对传统文化界定的刘禅庸碌却又不以为然。1949 年 3 月 24 日,毛泽东由西柏坡上北平路经涿州。涿州是演义所说的桃园结义的地方。他和警卫员们谈起了刘备的故事,警卫员们都说刘禅窝囊不中用,把刘备的江山给断送了。毛泽东摇摇头说:书中讲了,话说天下大势,合久必分,分久必合,三国统一是大势所趋呢! 再说刘备的儿子阿斗,都说他是扶不上墙的,但看问题不要太片面了。我看阿斗很有自知之明哩! 又说:阿斗的自知之明,就在于他身处帝位,明知自己的知识浅薄,事事俯首听命于诸葛亮,依从诸葛亮,才使得诸葛亮能够在四川大展才华,励精图治,六出祁山。如果阿斗不听诸葛亮的,像孙权的后代孙亮那样,自己当了皇帝就谁的话也听不进去,不是垮台得更快么!

🔵 刘禅非庸主

蜀汉建兴元年(223),十七岁的刘禅接位,他做了四十年皇帝,是三国做得最长的一个皇帝。刘备、诸葛亮似乎都看好刘禅。刘备遗诏有:"丞相(诸葛亮)观卿智量甚大,增修过于所望,审能如此,吾复何忧。"刘禅能放手给诸葛亮和后来代诸葛亮主政的蒋琬、费祎等人,尽其所长,不能不说有知人之明和自知之明。当然这也影响他本人独立处理工作的能力,对臣下有依赖性。所以陈寿说:"后主任贤相则为循理之君,惑阉竖则为昏闇之后。传曰'素丝无常,惟所染之。'信矣哉"(《三国志·蜀书·后主传》)论者又以刘禅以"乐不思蜀"善对司马昭,以示得黄老之旨,有韬晦之术。

🔵 蜀汉后期(诸葛亮死后)主要将帅档案

姓 名	籍 贯	主要官职	行 事	附 注
马 忠	巴中阆中	镇南大将军	镇守南方	延熙十二年(249)病死
王 平	巴西宕渠	镇北大将军	继吴懿后,镇守汉中	延熙十一年(248)病死
吴 懿	陈 留	车骑将军	镇守汉中	建兴十五年(237)病死
张 嶷	巴西南充	盪寇将军	在越隽郡十五年	延熙十七年(254)战死
姜 维	天水冀县	卫将军、大将军	领凉州刺史,多次北伐	咸熙元年(264)降后被杀
夏侯霸	谯郡亳县	车骑将军	延熙十二年(249),以魏右将军来降	景耀二年(259)病死
邓 芝	义阳新野	车骑将军	督江州	延熙十四年(251)病死
张 翼	犍为武阳	征南大将军、左车骑将军	多次随姜维北伐	咸熙元年(264)降后被杀
廖 化	襄 阳	右车骑将军	阴平太守	咸熙元年(264)徙,中途病死
宗 预	南阳安众	征南大将军	代邓芝督江州	咸熙元年(264)徙,中途病死

司马懿

四朝天子寄安危
三马食槽奠大晋

　　司马懿(179—251)　　三国时魏国大臣。河内温(今河南温县)人,字仲达。出身世家大族。初随曹操,设谋划策,提倡军屯。后为魏国重臣,辅魏文帝、魏明帝。249 年,控制中央禁军,发动政变,杀大将军曹爽及其党羽,掌握全国军政事务。死后,子司马师、司马昭相继执政。孙司马炎代魏称帝,追尊为宣帝。

　　1906 年,毛泽东初读《三国演义》时就知道书里有个叫司马懿的人。那时候的毛泽东也是从传统文化视角来界定司马懿的。十年后,即 1916 年,青年毛泽东写信给同学萧子升,就总统黎元洪下令惩办积极策划洪宪帝制祸首的杨度、孙毓筠、顾鳌、梁士诒、夏寿田、朱启钤、周自齐和薛大可等八人事,称"此衮衮诸公,昔日势焰熏灼,炙手可热,而今乃有此下场! 夫历史,无用之物也。居数千年治化之下,前代成败盛衰之迹岂少,应如何善择,自立自处? 王莽、曹操、司马懿、拿破仑、梅特涅之徒,奈何皆不足为前车之鉴? 史而有用,不至于是。故最愚者袁世凯,而八人者则其次也。"《毛泽东早期文稿》,第 51 页)毛泽东是把司马懿和王莽、曹操等都归纳于负面人物的,由于南宋理学的影响,长期以来司马懿与王莽、曹操等都被视为欺寡侮弱的篡位权臣。

　　后来,毛泽东改变了对司马懿的看法,认为他有智谋,善分析,是个了不起

283

的人物。1947年5月，毛泽东撤出延安转战陕北，这天接到陈赓、王新亭自晋南战场发来的捷报，内称歼敌两万，解放县城二十五座，他走在山坡上，情不自禁地唱出了几段《空城计》："我正在城楼观山景，耳听得城外乱纷纷；旌旗招展空翻影，原来是司马发来的兵。我也曾差人去打听，打听得司马领兵就往西行……"周恩来听了说：主席，我们面前的"司马"现在可不是往西行呦！毛泽东止住了唱，风趣地说：刘戡？他不配当司马懿！任弼时在一旁说：我们面前的司马懿是胡宗南、蒋介石。毛泽东说：蒋介石和胡宗南都不是我们的对手，我们面前没有司马懿，只有司马师呦！毛泽东所说的司马师是司马懿的长子，虽有权术，但刚愎自用，不及乃父多矣，所以毛泽东后来在与周恩来布置淮海战役的战略战术时，又以他为例指出：不识时务么！他杜聿明和邱清泉、李弥，哪是刘伯承和陈毅、粟裕的对手？这次是司马师碰在了姜维手上，被困在铁笼山了！而历史上的司马懿确实有智慧，能分析，他曾建议曹操在攻占汉中后乘胜南取巴蜀；又建议联合孙权攻打关羽，所以毛泽东说：司马懿是个了不起的人物，历史说他坏，我看有几手比曹操高明。在与河南温县县委书记李树林谈话时又说：温县是司马懿的故乡。他出身士族，多谋略，善权变，为魏国重臣。

　　1952年10月26日，毛泽东在视察黄河时，与晁哲甫就所在处西边有个温县说：魏明帝的统领大都督司马懿就是温县人。这个人很有头脑。又说：自从魏国大司马曹真病死以后，魏国的军权就落到了你们豫北人司马懿的手里。他在诸葛亮的第四次北伐中，采取了"敛兵结寨，依险固守"的策略，使诸葛亮求战不得，粮草供不应求，只得引兵还乡甘肃谷县——卤城，保住了他要坚守的阵地；之后，诸葛亮经过两年多的充分准备，又统领十万大军，派使臣联合东吴配合，出斜谷，发动了第五次北伐，与司马懿相持于陕西岐县的渭水之南。这一次，诸葛亮总结了他上次因司马懿"坚壁不战"，导致失败的教训，他也采取了"分兵屯田"，以其人之道，还治其人之身的办法。但因为诸葛亮沉不住气，一再派人下战书，结果反而使司马懿更加坚决了他"拒而不战"的决心；诸葛亮为激怒司马懿，又给他送去那么一套女人穿的衣服、首饰，闹得司马懿险些上了诸葛亮的当！过了一些日子，在诸葛亮又派人下战书时，司马懿不但很客气地接待了这个使者，避开军事不谈，只谈些诸葛亮的饮食起居和日常琐事，从中了解到了诸葛亮因事烦胃口不好，一天连几升饭都吃不下肚子的消息，就高兴地向其左右说："诸葛亮食少事烦，其能久乎？"不久，诸葛亮果然就见上帝去了。(《毛泽东品三国用三国》，第24—25页)

嵇康　阮籍

竹林说千年
玄学走万里

嵇康(224—263)　三国时谯郡铚(今安徽宿州西南)人。博学多才,字叔夜,好老庄导养气之术。因与魏室有姻亲关系,不愿投靠主政之司马氏。官至中散大夫。后与司马氏亲信钟会有私怨,被杀害。有《嵇中散集》十卷,鲁迅校订。

阮籍(210—263)　三国时陈留尉氏(今河南尉氏)人,字嗣宗。好老庄学。任步兵校尉。性嗜酒,与主政之司马氏不合,常纵酒佯狂以避祸。今存《咏怀诗》多首。有《阮嗣宗集》。

嵇康、阮籍都是魏晋时期文人,为"竹林七贤"中人物,毛泽东很欣赏他们的才气。

20世纪50年代初期,毛泽东视察河南,在与河南大学校长嵇文甫说话时,由他的这个"嵇"姓猜测,说他祖父可能就是嵇康后代,并且半玩笑半认真地作了"考证",列举了一些理由。(《河南文史资料》1993年第3期,河南人民出版社1993年版)

嵇康博学多通,善鼓琴,被誉为古代音乐家。相传他善奏《广陵散》,但自遭受杀害后,此乐曲亦就佚失了。1956年,有人说在某地发现了失传千年的《广陵散》

传谱。毛泽东得悉，不耻下问，即写信向熟谙《广陵散》研究的夏仁虎请教。

毛泽东是很赞赏嵇康的，1940年，由他起草的《朱德等给何应钦、白崇禧的电报》："我为鹬蚌，敌作渔人，事与愿违，嗟悔无及。"（《毛泽东文集》第二卷，第312页）其中"事与愿违"句，即出自嵇康《幽愤》："事与愿违，遘兹淹留。"

阮籍，是嵇康同时代的文人，也是"竹林七贤"之一。《晋书》卷四十九《阮籍传》称："（阮籍）尝登广武，观楚汉战处，叹曰：'时无英雄，使竖子成名。'"鲁迅在1934年10月的《准风月谈》后记，针对当时上海文坛群魔乱舞，写道："呜呼，世无英雄，遂使竖子成名。这是为我自己和中国的文坛，都应该悲愤的。"毛泽东大概是采用鲁迅句，1966年7月8日在致江青信中就提及了阮籍："晋朝人阮籍反对刘邦，他从洛阳走到城皋，叹道：'世无英雄，遂使竖子成名。'"毛泽东相当欣赏他的《咏怀》二十首。

毛泽东认为嵇康、阮籍是进步的思想家、作家。1975年6月18日，在与芦荻谈话时，他明确地指出：魏晋南北朝时代是个思想解放的朝代，道家、佛家各家的思想，都得到了发展。嵇康的《与山巨源绝交书》、阮籍的《大人先生传》很有名。玄学的主流是进步的，是魏晋思想解放的一个标志。正因为思想解放，才出了那么多杰出的思想家、作家。（《党的文献》2006年第4期）

⊛ "遂使竖子成名"

竖子，小子，小孩子。《史记·项羽本纪》："亚父受玉斗置之地，拔剑撞而破之曰：'唉！竖子不足与谋！'"此处"竖子"，亦是贬义词。盖阮籍为魏大臣阮瑀子，时权归司马氏父子兄弟，他大为不满，由是登广武山触景生情。所以《焦氏笔乘》说：阮籍登广武，叹曰："时无英雄，使竖子成名。倘时无刘项，使名归司马氏也。"与鲁迅等引用意同，近人多有之：《鄂州血史》作者、民国老报人蔡寄鸥（秋虫），于辛亥革命后因《大江报》为黎元洪所取缔，即在《民心报》发表《哀大江报》一文，抨击黎摧残舆论，内有"英雄不出，徒令竖子成名"句。竖子指黎元洪。时黎元洪以庸俗之才，当上湖北军政府都督和民国副总统。抗战初期。原国民党黄埔总队长、湖北省代主席严重（立三）于某次谈话说邓演达："择生（邓演达）是中国第一流人才，可惜不善于'自用其材'，致使竖子成名。"此处竖子乃指蒋介石。

李密

谁言寸草心，报得三春晖
一篇《陈情表》，英雄尽垂泪

李密(224—287)　三国时犍为武阳(今四川彭山东)人，字令伯。蜀汉末年为大将军姜维主簿、尚书郎。蜀汉亡，被征为太子洗马，赴洛阳。后为汉中太守。《晋书》卷八十八有《李密传》。

李密是蜀汉的官吏。

蜀汉亡国后，晋武帝勒令蜀汉的贵族、官员离开本土内迁。这些人多数被软禁在河东(山西西南)，也有部分量才录用。是年李密四十四岁，皇帝任命他为太子洗马。他不忍离开相依为命的祖母，诏书累下，郡县催逼，于是写了这份《陈情表》。

《陈情表》写得天真朴实，所谓是"无一字虚言驾饰"，为后来人称为"至性之言，自尔悲恻动人。"

毛泽东也曾提及《陈情表》和应用其中的文句。

1939 年 1 月 2 日，在为《八路军军政杂志》所撰写发刊词，指出："从前人说：读诸葛《出师表》而不流泪者，其人必不忠；读李密《陈情表》而不流泪者，其人必不孝。今天我们应该说：凡看见或听见中国军队不记旧怨而互相援助、亲密团结而不感动者，其人必不爱国。在这里，那些'发国难财，吃磨擦饭'的人物，应

该引起一点反省吧！"（《毛泽东文集》第二卷，第140页）

毛泽东对李密的《陈情表》是赞许的。

毛泽东从小读《古文观止》，后来又读《晋书·李密传》，他熟读了《陈情表》。

《陈情表》有李密说自家零丁孤苦，鲜有叔伯兄弟，"外无期功强近之亲，内无应门五尺之童，茕茕孑立，形影相吊。"毛泽东就在1949年为新华社写的评论《别了，司徒雷登》，形容即将离去的美国原驻中国的大使司徒雷登的一副狼狈相，正个是恰如其分，适当极了："总之是没有人去理他，使得他茕茕孑立，形影相吊，没有什么事做了，只好夹起皮包走路。"（《毛泽东选集》第四卷，第1496页）

《陈情表》中还说自己祖母九十六岁了，"日薄西山，气息奄奄，人命危浅，朝不虑夕。"毛泽东在1940年写作的《新民主主义论》，其中用以比喻资本主义，就引用了它："资本主义的思想体系和社会制度，已有一部分进了博物馆（在苏联）；其余部分，也已'日薄西山，气息奄奄，人命危浅，朝不虑夕，'快进博物馆了。"（《毛泽东选集》第二卷，第686页）

陆机

惆怅月中千岁鹤
夜来犹为唳华亭

陆机(261—303)　西晋文学家。吴郡华亭(今上海松江区西)人,字士衡。陆氏世为江东大族。吴亡,退居乡里,勤学十年,后征入洛阳为官。参加八王之乱,与弟陆云同被杀害。文才秀逸,以辞赋重世,后人辑有《陆士衡集》。

1958 年 9 月 21 日,毛泽东在由南京赴杭州的专列里,与张治中、罗瑞卿谈起陆机、陆云。毛泽东称赞陆机、陆云两兄弟在晋代是有名的文学家。又说:陆机的《文赋》是有名的,具有朴素的唯物主义观点,只是写得冗长些,能压缩一半就好。陆机写《文赋》时很年轻,才二十岁吧。1959 年 12 月 27 日《光明日报》"文学遗产"专刊发表了《如何评价〈文赋〉》一文。作者晏震亚肯定了《文赋》的价值和在文学批评史上的进步意义。毛泽东读了,将此文批给一些同志阅读,并称赞这是"一篇好文章"。据芦荻回忆:毛泽东更激赏陆机的《文赋》,说曹(丕)、陆的这两篇文论,标志着文学创作新的里程碑和文学理论发展中质的飞跃。还说《文赋》的"诗缘情而绮靡",更揭示了诗歌创作的根本问题。大大地发展了"诗言志"的简单口号。他认为陆机能如此理解诗体,能提出"缘情"的命题和辞采华美的要求,这正是由魏晋以来文人诗歌创作的丰富实践所提供的时代认识,也是陆机个人辛勤创作的实践之心得与体会之结晶。因此毛泽东不同意杜甫的"陆机二十为文赋"的断语,认为二十岁的小青年,实践没那么丰富,是提不出如此成熟的诗论的。(《党的文献》2006 第 4 期)

毛泽东对陆机的《文赋》和其他作品非常熟悉,常能在文章中运用自如,如 1951 年在《纠正文字缺点》一文中说:"一切较长的文电,均应开门见山,首先提出要点,即于开端处,先用极简要文句说明全文的目的或结论(现在新闻学上称为'导语',亦即中国古人所谓'立片言而居要,乃一篇之警策'),唤起阅者注意,使阅者脑子里先得一个总概念,不得不继续看下去。"(《毛泽东新闻工作文选》,第 167 页)1958 年,毛泽东作《七律二首·送瘟神》:"读六月三十日《人民日报》,余江县消灭了血吸虫。浮想联翩,夜不能寐。"(《毛泽东诗词集》,第 104 页)此中的"立片言而居要,乃一篇之警策"和"浮想联翩",都是出自陆机的《文赋》。1959 年在《要政治家办报》一文中称,"新闻工作,要看是政治家办,还是书生办。有些人是书生,最大的缺点是多谋寡断。刘备、孙权、袁绍都有这个缺点,曹操就多谋善断"。(《毛泽东新闻工作文选》,第 215 页)此中的"多谋善断",一词,即出自陆机《辩亡论》:"畴谘俊茂,好谋善断。"

张宾

能分析，言必有中
能识主，善保其身

张宾(? —322)　十六国时后赵官员。赵郡中丘(今河北内丘西)人。博识经史，多智谋。参加石勒部队，屡有献策，言必有中，为石勒器重，授右长史，领"君子营"，呼为"右侯"而不敢名。石勒常说："吾每临大事，吾意未了，右侯已了，复何疑哉!"后任大执法，总理朝政，为石勒建立后赵奠定基业。后病死，石勒亲往吊唁，并随葬出正阳门。

张宾是石勒的首席谋士。石勒是东晋时期善于作战，而又有点政治头脑的羯族统帅。他在转战黄河中游时，把军中有才华的知识分子集中在一起，给予适当的优待，称为"君子营"。君子营的主管就是张宾。

石勒善于用兵，在占领邯郸等赵旧地后，想攻占幽州。当时幽州都督是王浚。王浚虽是西晋派出的封疆大员，但自凭拥有幽州地区，妄自尊大，在几度击走石勒部队后，竟自设百官，割据自雄。石勒早就想歼灭王浚了，但犹疑不决。张宾说：袭人者当出其不意，现在军队已整装多日有待出发，是否见于有刘琨和鲜卑、乌桓在背后袭击呢？石勒回答：正是这样呢，可又怎么办？张宾说：刘琨和鲜卑、乌桓三方虽然有智勇，但仍比不上你。将军虽远征，他们决不会有动作；也不会想到将军能率军行走千里以袭取幽州啊！我军轻车简装。不会超过两旬。即使他们三家有心眼，我军也已班师回来了。况且并州刘琨和王浚,名义上都是晋臣,实是仇敌;如果作书于刘,送去信物以示友好,刘必定会欢迎我之信物而加速王浚的灭亡,决不会拯救王浚而偷袭我军。"用兵贵神速,勿后时也。"张宾对石勒与王、刘的实力,对刘琨与王浚貌不合而神更离剖析,都作了回答,提出兵贵神速,抓紧机遇。

毛泽东在读南宋袁枢撰《通鉴纪事本末·石勒寇河朔》,于此段逐字加了旁圈。天头上画了三个大圈,还写了眉批:

> 分析方法是极重要的。

他称赞了张宾的善于分析。

张宾的分析和建议为石勒接受。"遣使奉笺,送质于刘琨,自陈罪恶,请讨王浚以自效。琨大喜,移檄州郡,称已与猗庐方议讨勒,勒走伏无地,求拔幽都以赎罪"。毛泽东于此段也逐字加了旁圈,在天头上画了三个大圈,以示注视。

尔后王浚为石勒卑躬屈膝迷惑,在石勒进军幽州途中,还以为是前来拥戴他的,不加防备,被石勒俘杀,四年后,石勒又击溃刘琨,取得并州。

是张宾的正确分析,保证了石勒的正确决策。石勒对张宾非常信任。毛泽东在读北魏崔鸿撰《十六国春秋》卷二十二《后赵张宾》,说张宾"肃清百僚,屏绝私昵,以身帅物,入则尽规,出则归美,勒甚重之。每朝,必为之正容貌,简辞令,呼曰'右侯'而不敢名。"在此段天头作有批语:

> 非君臣,乃朋友。

● 石勒有自知之明

石勒以奴隶创建赵国(后赵),统一北方,为五胡十六国时期较有作为的君主。他比较重视文人,如张宾等。但石勒对文人的阿谀亦不以为然。有次酒宴中,问中书令徐光:我和古今以来的开国君主比,可以比拟为何等人也?徐光回答:陛下神采、策略远超过汉高祖,雄气卓荦胜过魏武帝,自三王以来无人可以比拟,要说有,也只能与轩辕黄帝相上下呢。石勒笑说:你说得太过分了,我还是有点自知之明的。我如果遇到汉高祖,应该还是诚惶诚恐地称臣,与韩信、彭越争个你死我活;倘若遇到汉光武(刘秀),可以与之并驱争先,逐鹿于中原,不知鹿死谁手?要说有夺取天下的才干,我应是还在二刘之间嘛,哪里能高攀轩辕黄帝呢。

陶侃

日运百甓，利体强志
克勤小物，立身之本

陶侃(259—334)　东晋大臣,庐江寻阳(今湖北黄梅西南)人。早年孤贫,任郡县小吏。为张华、顾荣和刘弘等重臣器识,先后出任荆州刺史、广州刺史;后又以征西大将军还镇荆州。咸和三年(328),平定苏峻、祖约之乱,任侍中、太尉,都督荆、交等八州军事。为稳定政局大有功劳。晚年屡请退休。明毅善断,识察纤密,时人称誉为"陶公机神明鉴似魏武,忠顺勤劳似孔明。"

毛泽东早年出韶山在湖南一师求学时,广览传统史书,其中一部就是《晋书》。

《晋书》卷六十六《陶侃传》,他是很喜欢读的。见存在1913年12月修身课所记:"人立身有一难事,即精细是也。能事事俱不忽略,则由小及大,虽为圣贤不难。不然,小不谨,大事败矣。克勤小物而可法者,陶桓公是也。""敬事,克勤小物,躬行,断字积字数义,立身之本也。"(《毛泽东早期文稿》,第600—601页)

此处所称"陶桓公"即陶侃。

所谓"克勤小物",乃是指陶侃办事精细,于小东西亦非常注意,"时造船,木屑及竹头悉令举掌之,咸不解所以。后正会,积雪始晴,听事前余雪犹湿,于是以屑布地。及桓温伐蜀,又以侃所贮竹头作丁装船。"(《陶侃传》)后导师杨昌济在所拟修身题中,有"试言陶侃之勤"、"陶侃与本校有何关系?""试举陶侃克勤小物之例"等,它对毛泽东印象是相当深刻的。

同日的修身课,毛泽东又略记有:"使为学而不重现在,则人寿几何,日月迈矣,果谁之愆乎! 盖大禹惜阴之说也。"即自《陶侃传》所记陶侃说:"大禹圣者,乃惜寸阴,至于众人,当惜分阴,岂可逸游荒醉,生无益于时,死无闻于后,是自弃也。"

陶侃在广州刺史任上时,空闲无事,乃每天搬运百块甓瓦于室内外。毛泽东读《陶侃传》大有感触,于陶侃励志勤力,不求优逸,在 1915 年 9 月与萧子升信称赞倍至:"古之人有行之者,陶侃、克林威尔、华盛顿是也。陶侃运甓习劳,克将军驱猎山林,华盛顿后园斫木。"(《毛泽东早期文稿》,第 23 页)

王羲之

万代书圣
古今之冠

　　王羲之（321—379，一作 303—361，又作 307—365）　东晋书法家、文学家。琅琊临沂（今山东临沂）人，字逸少。侨居山阴（今浙江绍兴）。拜右军将军、会稽内史，世称"王右军"。书法博采东汉张芝草书、三国钟繇正书等众家，备精诸体。"飘若浮云，矫若惊龙"，"字势雄强，如龙跃天门，虎卧凤阁"。隶书誉为"古今之冠"，历代奉为"书圣"。手书真迹已散佚，今所流传皆系摹本或拓本，行书有《兰亭序》、《姨母》，草书有《十七帖》，正书有《黄庭经》、《乐毅论》，但因《晋书》只说到传主擅长真草和隶书，而未提及擅长行书，曾在 1965 年学术界引起"兰亭论"辩。能诗善文，明人辑有《王右军集》。琅琊王氏为中原世家，南渡又为会稽大族，世代凭门第做官。

　　毛泽东很早就熟悉王羲之故事。1913 年在《讲堂录》就记有王羲之与谢安的一段话："夏禹勤王，手足胼胝，文王旰食，日不暇给，今四郊多垒，宜思自效，而虚谈废务，浮文妨要，恐非当今所宜。"（《毛泽东早期文稿》，第 609 页）王羲之很有政治头脑，善于分析时势，他曾多次劝阻殷浩无准备的北伐。毛泽东读《王羲之传》就为政者办事切不可草率从事，批语："虽圣人如此，况无圣人耶。"（《毛泽东读

文史古籍批语集》,第 190 页)

我就喜欢他的行笔流畅,看了使人舒服

王羲之是书法大家,后人尊称他是"书圣"。毛泽东从小就临摹王羲之的书法。1910 年,毛泽东入湘乡东山书院(东山高等小学堂),开始接触王羲之草书《十七帖》,从此结下了长达六十余年与王羲之法帖的不解之缘。毛泽东非常喜爱王羲之字帖。即使万里长征,身在军戎,随身所带就有一部唐人临摹的王羲之字帖。新中国成立伊始,毛泽东有了自己的图书室,王羲之法帖也就为他收藏和阅读的一个内容。凡毛泽东所到之处,必携有很多法帖,其中必有王羲之的法帖。1953 年始,毛泽东每年都要赴浙江杭州小住,运筹帷幄国家大事,但仍忙里抽闲读帖写字。1959 年在山东济南与舒同游大明湖时,他说:我收存了六百多种拓片和石刻影印件,看过四百多种碑帖。我特别喜欢王羲之、王献之的行书帖及怀素的草书帖。毛泽东还要工作人员帮他借阅和收集。1958 年 10 月,他写信给田家英,"请向故宫博物院负责人(是否郑振铎?)一询,可否借阅那里的各种草书手迹若干";1964 年 12 月,又要工作人员为他收集王羲之等各书家以草书为主的各种字体的《千字文》字帖。

毛泽东对王羲之草书赞叹不绝。黄炎培有一本王羲之法帖,毛泽东借来,工作一停便翻开来看,爱不释手。他看着字迹琢磨,有时还抓起笔对照着写,这样足足看了一个月。据他的保健医生回忆,毛泽东有次和他谈书法,说道:比如王羲之的书法,我就喜欢他的行笔流畅,看了使人舒服。我对草书开始感兴趣,就是看了此人的帖产生的。他的草书有《十七帖》。记住了王羲之的行笔,你再看郑板桥的帖,就又感到苍劲有力。这种美不仅是秀丽,把一串字连起来看,有震地之威,就像要奔赴沙场的一名勇猛武将,好一派威武之姿啊!又说:王羲之当初跟卫夫人学书法,也学张芝的草书,能博采众长,也有他自己的风格。笔势流畅,秀丽多变。还说:《兰亭集序》是王氏的传家宝,唐太宗十分喜爱,除令人临摹外,真品已被唐太宗带到昭陵的地下去看喽!(《真实的毛泽东》,第 450 页)

非常重视《兰亭集序》

中国书法界无不青睐王羲之《兰亭集序》。毛泽东也非常重视《兰亭集序》

的文化价值。他曾多次谈论《兰亭集序》以及它的真伪。1959年初夏的一天，毛泽东在杭州丁家山和陈伯达、田家英等人谈论王羲之的《兰亭集序》真伪。陈伯达认为《兰亭集序》陪葬于武则天，留存在世上的均是宋人伪托。田家英说："王羲之书写的《兰亭集序》的真迹已作了唐太宗的殉葬品，现存的都是名家临摹经过石刻的拓本。"又说："何延之的《兰亭记》记载：萧翼奉太宗之命，到永欣寺中，从辨才手里骗到《兰亭集序》的事。宋人桑世昌还录有萧翼诗两首为证，'使御史不有此行，乌得是清绝语。'"毛泽东非常熟悉王羲之其人其事，当即讲了"入木三分"的故事：一天，王羲之去看望一个朋友，碰巧这位友人不在家。于是，他进了书房，在人家的茶几上写下几行字，就走了。后来这家人想把他写的字擦掉，可是用力擦也擦不净，用水洗也洗不清。王羲之在木板上写的字，木工拿去雕刻时才发现，这木板到三分深的地方，还渗透有墨汁！毛泽东在讲了"一笔鹅字"、"墨汁"等王羲之刻苦习字的故事之后，又才谈起了天宝《兰亭》、定武《兰亭》、落水《兰亭》、蝉翼本《兰亭》等几种传说中的《兰亭集序》。他说：《兰亭集序》不但有很高的文学价值，在书法艺术上的价值更大。要是真迹能留下来，那是国宝啊！可惜葬到唐皇的坟墓里去了。深谙书道的毛泽东作出结论：我赞成田家英的说法。(《情满西湖》，第150页)

引起对《兰亭集序》真假的兴趣和注意

1965年6月，郭沫若于《文物》著文《由王谢墓志的出土论到兰亭序的真伪》，内称南朝晋宋时代，尚处于"隶书时代"，由此提出《兰亭集序》是假的，南京高二适看了，著文不同意，引起了争论。此事也引起毛泽东的兴趣和注意。他曾写信给章士钊："又高先生评郭文已读过，他的论点是地下不可能发掘出真、行、草墓石。草书不会书碑，可以断言。至于真、行是否曾经书碑，尚等地下发掘证实。但争论是应该有的，我当劝说郭老、康生、伯达诸同志赞成高二适一文公之于世。"又致信郭沫若说："8月17日信及大作两篇清样，均已收读。文章极好。特别是找出赵之谦骂皇帝(指郭沫若反驳高二适，摘引了清赵之谦批评唐太宗，"要知当日太宗重二王，群臣戴太宗，摹勒之事，成于迎合。遂令数百年书家尊为鼻祖者，先失却本来面目，而后人千方眼孔，竟受此一片沙所眯，甚足惜也。此论实千载万世莫敢出口者，姑妄言之。")一段有力。看来，过分崇拜帝王将相者在现代还不乏其人，有所批评，即成为'非圣无法',是要准备对付的。"毛泽东始终关注这场争论。他还曾问康生:郭老的《兰亭集序》官司怎样了,能不能打赢?(《办〈光明日报〉十年自述》,第146、148页)毛泽东也一直对《兰亭集序》真伪说有兴趣,直到1973年4月,在与周恩来和驻美国联络处主任黄镇等谈话时,还谈到王羲之这份草书帖是否为真迹。

🏵 王羲之没有"临池学书"

　　王羲之勤学,常称之"临池学书,池水尽黑。"实误。盖此故事不见于《晋书·王羲之传》和《世说新语》等书。按"临池学书,池水尽黑"出自东汉张芝(张伯英)。《后汉书·张奂传》章怀太子注引王愔《文字志》曰:"芝少持高操,以名臣子勤学,……尤好草书,学崔杜之法。家之衣帛必书而后练,临池学书,水为之黑。"晋卫恒《四体书势》:"弘农张伯英者,因而转精甚巧。凡家之衣帛,必书而后练之。临池学书,池水尽黑。"所以《晋书·王羲之传》有称王羲之曾与人书云:"张芝临池学书,池水尽黑,使人耽之若是,未必后之也。"可见一斑。按,王羲之临池学书说,始见于北宋曾巩《墨池记》,称池在临川(江西临川),系文人附会:盖王羲之从未在临川也。

🏵 王羲之书法源渊

　　王羲之从小爱好书法,早年从学于叔父王廙,并向淮阴太守李钜之妻卫铄(世称卫夫人,西晋大臣卫瓘之女)学书。后来,他改变初学,草书学张芝,正书学钟繇,并博采李斯、蔡邕、张芝、钟繇诸家之长,精研各体书势,创立了自己独特的风格,成为妍美流便的新体。

　　当时人就有将王羲之独具一格的书法视为珍宝,于是唐人修《晋书·王羲之传》就记有王羲之为卖扇妇人在扇面题字高价出售以及山阴道士为请写《道德经》换以鹅的故事。

谢安

才业超群,胸有甲兵
胜负若定,有棋一局

　　谢安(320—385)　东晋大臣。梁国阳夏(今河南太康)人,字安石。本为北方高门,永嘉之乱后南迁。长年寓居会稽(今浙江绍兴)山区。四十岁始出仕,累官至中书监、录尚书事。383 年,指挥东晋军队,在淝水作战中击败前秦苻坚率领的大军。

　　20 世纪 30 年代后期,毛泽东在《中国革命战争的战略问题》和《论持久战》两篇名著里,列举了许多中国和世界史上以少击众、以弱胜强的战例。他说:"这些战役都是双方强弱不同,弱者先让一步,后发制人,因而战胜的。"其中有秦晋淝水之战,它发生在公元 383 年,当时的晋军统帅是谢安。

　　毛泽东熟读《晋书·谢安传》,对淝水之战的整个过程了若指掌,"风声鹤唳"、"草木皆兵"等源出淝水之战的典故多次出现在他的军事著述中。他对晋军统帅谢安十分欣赏,称赞他机智沉着,有文韬武略。在国家危难之际,谢安出山,率侄子谢玄迎战苻坚于淝水,最终击败秦军,使东晋政权稳定,得以偏安于江南。二十世纪七十年代初期,毛泽东让中央政治局成员都读《谢安传》,他还在一次会议上向大家具体讲解。当讲到中苏关系紧张时,他对周恩来等人讲:谢玄是能征善战的勇将,在前方起了打败苻坚、取得淝水之战胜利的关键作用。

要冷静沉着地应付北方边境陈兵百万的苏联军队,才能使自己立于不败之地!
(《文史精华》2016年第3期,转引《作家文摘》第1933期)1975年6月18日,毛泽东在和
北京大学教师芦荻谈话中,说谢安为维护东晋统一局面立有两次大功:一次是
他指挥了淝水之战,以少胜多,打了个漂亮仗;另一次是他拖住了搞分裂的野心
家桓温,使其分裂的阴谋没有能得逞。毛泽东说:桓温是个搞分裂的野心家,他
想当皇帝。他带兵北伐,不过是作样子,搞资本,到了长安,不肯进去。苻坚的
王猛很厉害,一眼就看透了他的意图。还是谢安有办法,把他拖住了,使他的野
心没得实现。谢安文韬武略,又机智又沉着,淝水之战立了大功,拖住桓温也立
了大功,两次大功是对维护统一的贡献。

　　几个月后,毛泽东再阅《晋书》七十九卷的《谢安传》、《谢琰传》、《谢玄传》和
《桓温传》等。他在《谢安传》的天头上写了称赞谢安的批语:"有办法","谢安
好";又在《桓温传》上,就他的北伐,写了"是作样子"的批语。(芦荻《毛泽东读二十
四史》,《光明日报》1993年12月20日)

🔵 谢安压制桓温

　　晋宁康元年(373)二月,权臣桓温率军来到建康(江苏南京)城外,准备诛杀朝臣
以立威,但为谢安所阻,桓温退回姑孰(安徽当涂)。三月桓温得了重病,但还幻想能
受到加九锡的殊荣,不断派人催促,朝廷被逼,不得不命袁宏起草诏书,"安见,辄改
之,由是历旬不就。"(《晋书·谢安传》)谢安有意拖延日子,迟迟不予颁发,桓温终于
没有如愿,抱憾病死。

苻坚

有雄才,有大略,不识时务
又生骄,又多傲,必败无疑

苻坚(338—385)　十六国时期前秦王朝皇帝。略阳临渭(今甘肃天水东)氐人。后称大秦天王。重用王猛,倡导儒学,发展经济。太和五年(370)始,先后攻灭前燕、前凉和代,攻陷东晋梁、益等州,遣吕光进兵西域,结束了中国北方黄河流域长期分裂的格局。太元四年(379),攻陷东晋重镇襄阳,积极准备伐晋。公元383年,在淝水溃败,全国分裂,自此一蹶不振。后在五将山(三系岐山县东北)被俘杀。

毛泽东早年读《晋书》,就知道苻坚其人。1915年,他给同学邹鼎丞讲了一个故事:从前十六国时代,苻坚攻取襄阳,付出代价很高,有人问他,这次有何收获? 苻坚说:我得到一个半人。

苻坚是十六国时期比较能善待知识分子的少数民族君主。这个故事见《晋书·习凿齿传》:"及襄阳陷于苻坚,坚素闻其名,与道安俱舆而致焉。既见,与语,大悦之,赐遣甚厚。又以其蹇病,与诸镇书:'昔晋氏平吴,利在二陆;今破汉南,获士裁一人有半耳。'"因为大学者习凿齿乃是跛脚,苻坚就戏说是得到一个半人。

毛泽东对于"半人"典故很有兴趣,1915年,在湖南一师贴出"征友启事",

以后对同学罗章龙说:"回信的有三个半人。""半人"即出自苻坚语习凿齿。

毛泽东很熟悉苻坚其人其事。

苻坚是淝水之战的发动者。

20 世纪 30 年代,毛泽东著述中国革命战争的战略问题,多次举例古代中国的若干战例,其中也提及秦晋淝水之战。

1936 年,在《中国革命战争的战略问题》中就战争的战略防御原则,举例说中国战史中合此原则而取胜的,就有淝水之战,"都是双方强弱不同,弱者先让一步,后发制人,因而战胜的。"(《毛泽东选集》第一卷,第 204 页)

1938 年,在《论持久战》中列举许多以少击众、以弱胜强的战例,"主观指导的正确与否,影响到优势劣势和主动被动的变化,观于强大之军打败仗、弱小之军打胜仗的历史事实而益信。中外历史上这类事情是多得很的。"他举了很多战例,其中之一就是秦晋淝水之战。

发生在晋太元八年(383)的淝水(淮河支流,在安徽寿县城北)之战,苻坚亲率秦军九十万南侵,东晋将军谢玄等率军八万,击溃秦军前锋部队二十五万,致使秦军全线崩溃。毛泽东读欧阳修《为君难论》上就苻坚地大兵强,有众九十六万,经淝水战后,兵亡八十六万,自此兵威沮丧,不复能振,大为感叹,在此篇文章的天头上批语:

> 错在倾巢而出,若一二十万人,更番迭试,胜则进,败则止,未必不可为。

毛泽东以战略家的睿明眼光认为苻坚"错在倾巢而出",解剖苻坚不识军机,好大喜功,甚至是一般军事常识都缺乏,以至全军溃败,再也难以善后了。

毛泽东熟悉淝水之战的全过程。1947 年,在为新华社社论修改《人民解放军大举反攻》中写道:"没有前途,没有出路,灰心丧志,慌乱动摇,风声鹤唳,草木皆兵,贪污腐化,愈陷愈深,互相埋怨,见死不救,这是整个匪军营垒的现状。"(《毛泽东年谱》下卷,第 229—230 页)其中"草木皆兵"、"风声鹤唳",就分别出自《晋书·苻坚载记》:"坚与苻融登城而望王师,见部阵齐整,将士精锐;又望八公山草木皆类人形,顾谓融曰:'此亦劲敌也,何谓少乎?'怃然有惧色";《谢玄传》:"余众弃甲宵遁,闻风声鹤唳,皆以为王师已至,草行露宿,重以饥冻,死者十七八。"

鸠摩罗什

佛法无边，大彻大悟
译经百篇，有阿弥陀

鸠摩罗什(344—413) 后秦僧人。原籍天竺(印度)，生于西域龟兹(今新疆库车)。七岁出家。初学小乘，后学大乘。为后秦帝姚兴奉为国师，创三论派和成实派，宣扬"罪福报应"，与弟子八百余人校译《法华经》、《金刚经》、《大品般若经》、《阿弥陀经》、《维摩诘经》等七十四部，三百八十四卷。

鸠摩罗什是古代中国的一个大佛学家。东晋末年，他从西域来到长安，受到后秦皇帝姚兴的礼遇。译了多部佛经，其中最有影响、传播颇广的一部就是《金刚般若波罗蜜经》，简称《金刚经》。《金刚经》记录了释迦牟尼与须菩提的谈话和答问，言简意赅，微言大义。毛泽东对鸠摩罗什译《金刚经》有相当高的评价。1959年10月22日，他在与西藏班禅大师谈话中说：东晋时西域龟兹国的鸠摩罗什来到西安，住了十二年，死在西安。中国大乘佛教的传播，他有功劳。汉译本《金刚经》就是他译的。(《毛泽东之魂》[修订本]，第300页)

毛泽东博学，也读佛经。他在辛亥革命不久，即1912年冬或1913年春，就初步接触了鸠摩罗什。1959年10月22日，在同班禅·额尔德尼谈话时说："你们晓不晓得鸠摩罗什？他在后秦时出生在西域龟兹国，后来到长安，住了十二年,死在长安。中国大乘佛教和传播他有功劳。西藏过去有无《金刚经》? 这个经的汉译本就是鸠摩罗什和他的弟子们所译的。"(《毛泽东西藏工作文选》,第214页)1961年1月23日,毛泽东在和班禅·额尔德尼谈话时,向他请教藏文的诸佛经。他说:《金刚经》很值得一看,我也想研究一下佛学,有机会你给我讲讲吧。(《毛泽东之魂》[修订本],第302页)毛泽东曾仔细阅读《金刚经》,还对几家《金刚经》的译本作比较研究。1964年2月的春节教育座谈会上,他就说:佛经那么多,谁能读得完? 唐玄奘翻译的解释《金刚经》的《般若波罗蜜多心经》,不到一千字,比较好读。鸠摩罗什翻译的《金刚经》,那么长,就很难读完了。

毛泽东对鸠摩罗什做过一番研究。他很赞同鸠摩罗什的某些言论。1975年6月,毛泽东在与某国共产党领导人谈话时说:不要完全照抄中国。接着他又以说佛经为例,指出:什法师云:"学我者病。"什法师叫鸠摩罗什,是南北朝人。他是外国人,会讲中国话,翻译了许多佛经。要自己想一想。马克思说,他们的学说只是指南,而不是教条。马克思自己说的。中国有个学者叫严复,他引了什法师的话,在他翻译的赫胥黎的《天演论》上面说的。(《毛泽东之魂》[修订本],第305页)

陶渊明

心将客星隐
身与浮云间

陶渊明(365 或 372 或 376—427)　东晋诗人。字元亮,名潜,自号五
柳先生。浔阳柴桑(今江西九江西南)人。少好学。任彭泽令,因不为五斗
米折腰,辞官归田,居柴桑山下,酣酒雅咏,以此自娱。旧说所居地附近康
王谷即理想之桃花源。有《陶渊明集》。

　　陶渊明是古代中国的大诗人。东晋晚期,中原蜩螗,陶渊明不为五斗米折
腰,长年隐居乡间,所以人们称他是"田园诗人"。毛泽东早年读《古文观止》,陶
渊明的短文《桃花源记》、《归去来辞》、《五柳先生传》,都给他留下深刻的印象。
　　其中如《桃花源记》,他在 1918 年德国泡尔生《伦理学原理》眉批,就写有
"陶渊明桃花源之境遇,徒为理想之境遇而已。即此又可证明人类理想之实在
性少,而谬误多也。"(《毛泽东早期文稿》,第 185 页)
　　毛泽东熟读《桃花源记》,常有应用。1975 年 11 月,在与胡耀邦、胡乔木等
老同志为打招呼问题批语:"过去只有河南同百分之八十的县委书记打了招呼,
所以没有受冲击。在多数人身上复杂一点。桃花源中人,不知有汉,何论魏晋,
要估计这种情况。"(《毛泽东年谱(1949—1976)》(六)第 623 页)
　　延安时期,毛泽东曾几次谈到陶渊明。1935 年红军长征到达陕北,随即清

算张国焘的错误。张国焘消极抗拒,躲进了延安北山,在自寻的石窑洞里居然过着隐居的生活。毛泽东前去探望,对他说:老兄真会择地而居,这里好像世外桃源、洞天福地。听说老兄在山上已经有些时日了,还没来看望过。今日是专程拜访了。又说:看来你想步陶渊明后尘,隐居起来。当张国焘表示"我就喜欢这种境界"时,毛泽东说:你想做陶渊明,可能有点行不通。陶渊明可没做到你这样的官哟。他只在彭泽当了一个小小县令,七品芝麻官,而且也只干了八十多天。(《从遵义到延安:毛泽东鲜为人知的故事》,第755—756页)

1939年,中共中央发出开展大生产运动的号召,毛泽东以身作则,当时冼星海劝他多考虑些抗日救亡事宜。他说:星海同志,我是主席,不但要带头开荒生产,而且还要求你们这些艺术家,参加到开荒生产的行列中来,要超过第一个参加农业生产的诗人陶渊明。他在自己的诗中说:种豆南山下,草盛豆苗稀。我相信你们鲁艺的师生一定比他强得多!(《毛泽东与著名艺术家》,第120页)

毛泽东对陶潜文很熟悉、理解,应用自如。1949年1月,毛泽东在河北西柏坡与傅作义谈话时,就引用了《归去来辞》作为勉励:北平和平解放最好。你为人民做了一件大好事。东晋陶潜说过嘛:"悟以往之不谏,知来者之可追,实识迷途其未远,觉今是而昨非。"(《毛泽东与国民党著名将领》,第338页)正是顺手捡来,恰到好处。但毛泽东不甚赞同陶渊明超脱世间、看破红尘的举动和理想。早在"五四"前夕,毛泽东就批评了陶渊明借作《桃花源记》抒发的理想。

1959年7月,毛泽东所写《七律·登庐山》,最末一句初稿为"陶潜不受元嘉禄,只为当年不向前"。后定稿是:"陶令不知何处去,桃花源里可耕田?"这显然是作者向向往桃花源理想国的陶渊明提出的发问和责难。若干年后的1964年1月,他在回答英文版《毛主席诗词》译者时,又对它解释:"陶渊明设想了一个名为桃花源的理想世界,没有租税,没有压迫。"(《毛泽东诗词集》,第259页)毛泽东批判陶渊明设计的桃花源是乌托邦。

毛泽东对《桃花源记》评价不高。1967年5月,在审阅《〈修养〉的要害是背叛无产阶级专政》,加了两段话,内称:"这种对于共产主义社会的描绘,不是什么新的东西,是古已有之的。在中国,有《礼运·大同篇》,有陶潜的《桃花源记》,有康有为的《大同书》,在外国,有法国和英国的空想社会主义者的大批著作,都是这一路货色。"(《毛泽东年谱(1949—1976)》(六)第77页)

诗界一直看重陶渊明的五言诗,但毛泽东对其中若干并不以为然。1929

年9月的某天,毛泽东和红军将领傅柏翠在福建上杭的临江城楼上赏菊,当傅柏翠回答毛泽东最喜欢哪位写菊诗人时,就提到了陶渊明。但毛泽东却淡淡地说:陶公笔下的菊花诗,艺术成就是蛮高的,但作为工人、农民不可能享受这种虚幻的精神生活。毛泽东认为,在战争年代,劳苦大众不可能也不会有这样的闲情逸致。当然,毛泽东对陶渊明的诗文是欣赏的,有时在毛泽东的言谈和笔下能将陶诗妙手拾来,皆成文章。如毛泽东在晚年对中央军委关于贺诚任职的请示报告的批语为:

> 奇文共欣赏,疑义相与析。贺诚无罪,当然应予分配工作。过去一切污蔑不妥之词,应予推倒。印发中央同志。
>
> 毛泽东　一九七五年五月十七日

此中"奇文共欣赏,疑义相与析",就是陶渊明《移居》的佳句。

⚫ "五斗米"解

《晋书·陶潜传》称,陶渊明做彭泽县令时,"郡遣督邮至县,吏白应束带见之。潜叹曰:'吾不能为五斗米折腰,拳拳事乡里小人邪!'即日解印绶去职。"

"五斗米"有多解:

一是逯钦立说,"五斗米"是指东汉传来的"五斗米道",陶潜"不能对五斗米道下腰鞠躬"。二是缪钺说。"五斗米"是当时每月的食量,据古人有"月食四斗米不尽";三是通常说。"五斗米"是指县官月俸。但也有人说,"五斗米"系日俸。东晋一斗约合今3.2市斤,县令每月仅16.9市斤米俸禄,显然不合。据《晋百官表注》,东晋县令"岁俸四百斛:月钱二千五百,米十五斛。"每月禄米15斛(150斗)。按每月30天计,一天正好是"五斗米"。

宋武帝

虎步龙行奋战功
小贩也能做皇帝

　　宋武帝（363—422）　即刘裕。南朝宋建立者。公元420—422年在位。小名寄奴。祖籍彭城（今江苏徐州），徙居京口（今江苏镇江）。早年贩履为业，家境贫寒。初为东晋北府军军官，隶刘牢之讨伐孙恩卢循起事有功。后以讨伐桓玄叛乱，始掌大权，控制朝政。率军灭南燕、后秦。420年代晋称帝。病死。清人爱新觉罗·敦敏有诗称："虎步龙行奋战功，寄奴一世为谁雄？葛灯绳拂留阴室，贻笑孙谋田舍翁。"

　　1952年10月，毛泽东在江苏徐州视察时曾谈到中国古史里属徐州籍的皇帝有十人，他说：除了远古时期的钱铿，如刘邦、刘秀、曹丕、刘备、刘裕、萧道成、萧衍、朱全忠、朱元璋等。在说了徐州发生的重大历史事件后，毛泽东又详谈了刘裕：南朝宋的建立者刘裕，他曾是东晋北府军的战将，后掌握军队大权。刘裕发动两次北伐，收复了一些失地，并建立了新的朝代，他的主要活动是在徐州。历史记载，他曾大兴土木，扩建了徐州城。

　　毛泽东称赞刘裕。1957年9月6日，他在武昌东湖听取中共湖北省委关于农村情况汇报，在谈及黄冈干部刘介梅翻了身忘本，经忆苦思甜得到教育后说：这个故事好。你们把他的东西都买下来，送到北京展览。南北朝时期的宋，有个皇帝叫刘裕,过去就是讨过饭的。他当了皇帝以后,还把过去讨饭的东西留下来教育子孙。(《毛泽东年谱(1949—1976)》(三)第 202—203 页)

毛泽东熟悉刘裕史事,他在读《南史·宋高祖本纪》所记刘裕北伐南燕,南燕主慕容超不听将军公孙五楼派重兵守入燕要塞大岘谷(今山东沂水县北沂山),坚壁清野以待的建议,以致让刘裕军顺利闯入、就地取粮事,写了批语:"守大岘亦无用。"(《毛泽东读文史古籍批语集》,第 183 页)从一个侧面点明天时地利不及人和,肯定了刘裕有军事才能。毛泽东对刘裕的用人之道却有微词。刘裕有个将军叫王镇恶,此人勇冠三军,进占长安、灭亡后秦帝国的就是他率领的先遣部队。但贪婪爱财。《南史·王镇恶传》说晋军占长安后,"镇恶性贪,收敛子女玉帛,不可胜计。帝以其功大,不问。时有白帝,言镇恶藏姚泓伪辇,有异志。帝使觇之,知镇恶剔取饰辇金银,弃辇于垣侧,帝乃安。"毛泽东读后,在天头批了"使贪"两字。(《毛泽东读文史古籍批语集》,第 186 页)

东晋义熙十二年(416)八月,刘裕率大军北伐,以此显示自己,以便回来代晋称帝。翌年十一月,攻下长安,灭后秦,但留守建康,主持朝政,作为他的第一亲信的刘穆之却没有及时领会主子的意思,在刘裕攻占洛阳、因建康未送来九锡,急派王弘回建康向朝廷示意。刘穆之才认识自己政治敏感不足,以为要受到主子谴责,吓出了病,尔后死去。毛泽东读《南史·王弘传》,以为刘穆之心怀惭愧,未完成刘裕所托,有似曹操时代的荀彧,虽然荀彧是阻止曹操受"九锡",为曹操挟嫌记恨,无奈而自杀,但都是出自"九锡"故事,所以在天头上写有批语:"略似荀彧"。(《毛泽东读文史古籍批语集》,第 190 页)

🔘 刘裕忆苦思甜,子孙不以为然

刘裕早年时种过田、砍过山柴、捕过鱼、当过小商贩,后又当兵,也略识字。在当了皇帝后,深知创业艰巨,守成不易,为教育启导子孙,保持刘氏江山,也搞了一个"家庭博物馆",对儿孙忆苦思甜。可是他的儿孙在富贵中生长,不以为然。第三子刘义隆(宋文帝)在内宫见到父亲贫贱时所用过的耕犁,知道家庭成分是寒门,为自己身世感到惭愧;孙子刘骏(孝武帝),有一次见到祖父留下遗物,"床头有土幛,壁上葛灯笼、麻绳拂",竟羞得面红耳赤。侍中袁颛见状,忙打圆场"盛称上俭素之德",刘骏貌若坦然表示,"乡下佬能有这些,总算不错了。"

裴松之

为史作注
永垂不朽

裴松之（372—451）　南朝史学家。字世期。宋河东闻喜（今山西闻喜）人。初仕晋，拜殿中将军。入宋，征为国子博士。后任中书侍郎。奉诏注《三国志》，开创注史新例，宋文帝赞曰"此为不朽"。子裴骃亦以注史著称，有《史记集解》。

毛泽东爱读《三国志》，也爱读裴松之为《三国志》所作的注文，即"裴注"。他给裴松之注以很高的评价。

1959 年 4 月 5 日，毛泽东在中共中央八届七中全会上说：颜师古注《前汉书》，李贤注《后汉书》，裴松之注《三国志》，就是尽量使你了解，而且反反复复。1960 年初，他在读了苏联《政治经济学教科书（第三版）》以后说：为了搞经济学，要参考一下古代人怎样搞学问。像《史记》这样的文章和后来人对它的注释，都很严格、准确。裴松之注《三国志》收集了很多的资料。（《党的文献》1994 年第 5 期）

在此前后他在读《后汉书·光武帝纪》时，于天头写了一则批语说："裴松之注三国，有极大的好处，有些近于李贤，而长篇大论搜集大量历史资料，使读者感到爱看。'青出于蓝而胜于蓝'，其此之谓欤？譬如积薪，后来居上。章太炎

说,读三国要读裴松之注,英雄巨眼,不其然乎?"(《毛泽东读文史古籍批语集》,第129—130页)

李贤,就是唐高宗李治和武则天所生的章怀太子,他主持的《后汉书注》,翔实丰富,和北魏郦道元《水经注》,都是传世的不朽著作。

南朝宋元嘉三年(426),裴松之奉宋文帝命为《三国志》作注,于元嘉六年完成,注文竟有三十余万字,略少于原著。他查阅了魏晋时期一百四十二家史籍,参考了二百余种文献,对《三国志》进行了补充缺漏、疏其详略、考信纠误式的全方位注释,大大地充实了陈寿《三国志》,毛泽东对此颇为满意。据现见他为《三国志》写的各传眉批,很多就是为裴注文字所作的,如《武帝纪》所引袁宏《汉纪》载汉帝诏,眉批:"此等语竟被利用";所引《献帝传》载禅代众事诸奏章,眉批:"尧幽囚,舜野死";《刘表传》所引司马彪《战略》记有诱杀宗贼(地方豪强),眉批:"杀降不祥,孟德所不为也";《全琮传》所引《江表传》载全琮密表,眉批:"都是废话",等等。(《毛泽东读文史古籍批语》,第140、141、162页)

《三国志》裴注所引用的魏晋时人所著史书,除极少数如《华阳国志》有完本,大多都已失传。此中所引很多是毛泽东感兴趣的内容,如《武帝纪》所引《异同杂语》,许子将评曹操:"子治世之能臣,乱世之奸雄";《武帝纪》所引《魏略》:"孙权上书称臣,称说天命。王以权书示外曰:'是儿欲踞吾著炉火上邪!'"以及《吕蒙传》所引《江表传》孙权劝吕蒙、蒋钦读书的内容等。

◉ 裴松之注受佛经影响

裴松之《三国志注》和在此时期的裴骃《史记集解》、刘昭《后汉书志注》、郦道元《水经注》等注疏名著,都是受到东传佛经所产生的一种文体影响。佛经东传,为使它畅晓易懂,遍及人群,自东汉以来,寻依据传译经文分章疏句,遂开启了后世注疏体裁的滥觞。西晋竺法雅创立格义,以经中事数拟配经外书形成另一家注疏格式,在此前后,更多的译经高僧竞相注经疏典,流韵于后,也影响于史学领域。

谢灵运

虽无壮士节
与世亦殊伦

谢灵运(385—433)　南朝文学家、诗人。宋陈郡阳夏(今河南太康)人。世家子弟。东晋末袭封康乐公,世称"谢康乐"。晋亡入宋,降为侯。历任永嘉太守、秘书监。因受劾参与谋反谪广州,后处死。卓有文才,其诗多写江南风光,为山水诗派开创者。《文心雕龙》有称,"谢诗如芙蓉出水"。著作明人辑有《谢康乐集》。

谢灵运是南朝晋宋之交的大诗人。他的作品多见于清沈德潜编选的《古诗源》。毛泽东年轻时读过《古诗源》和《昭明文选》、《汉魏六朝三百名家集》等所载的谢灵运诗,对它颇感兴味,记忆极深。

1949年5月初,毛泽东在北平香山寓所和柳亚子叙谈,纵谈古今。毛泽东即席手书了两幅古人的名句赠送柳亚子,其中的一幅就是谢灵运《登池上楼》中的诗句:"池塘生春草。"在此期间,两人还在香山双清别墅谈过谢灵运的《登池上楼》,毛泽东说:谢灵运这首诗,通篇反映出他内心的矛盾,"进德智所拙,退耕力不任",足见其是矛盾的。这恐与他的身世、境遇有关。他出身望族,自视很有本领,但一生不受重用,这首诗反映出他郁郁不得志的心情。想当大官而不能,所谓"进德智所拙";做林下封君,又不愿意,"退耕力不任",说是种田没有力气。这个人一辈子生活在这个矛盾之中。

毛泽东喜欢读谢灵运的诗。1957年,文学古籍刊行社出版了《古诗源》。毛泽东阅读《古诗源》后,对所录谢灵运的二十四首诗,有二十二首都画了圈圈,有的诗,还在诗句旁画有曲线和圈圈,其中如《岁暮》每句都加了圈,有的诗句还加了三个圈;《过始宁墅》其中的"剖竹守沧海,枉帆过旧山,山行穷登顿,水涉尽洄沿。岩峭岭稠叠,洲萦渚连绵"句旁,画着直线、曲线、直线加曲线,句子下面也都连画两个圈、三个圈。毛泽东对《登池上楼》感触尤深。此诗全文如下:

> 潜虬媚幽姿,飞鸿响远音。薄霄愧云浮,栖川怍渊沉。进德智所拙,退耕力不任。徇禄反穷海,卧病对空林。衾枕昧节候,褰开暂窥临。倾耳聆波澜,举目眺岖嵚。初景革绪风,新阳改故阴。池塘生春草,园柳变鸣禽。祁祁伤豳歌,萋萋感楚吟。索居易永久,离群难处心。持操岂独古,无闷徵在今。

毛泽东在此诗的每句旁都画有曲线,句末加有圈圈,在"进德"、"退耕"二句下面连画两个圈,且在天头上写了详细论述:

> 通篇矛盾。"进德智所拙,退耕力不任"见矛盾所在。此人一辈子矛盾着。想做大官而不能,"进德智所拙"也。做林下封君,又不愿意。一辈子生活在这个矛盾之中。晚节造反,矛盾达于极点。"韩亡子房奋,秦帝鲁连耻。本自江海人,忠义感君子。"是造反的檄文。(《毛泽东读文史古籍批语集》,第3页)

这也是对谢灵运一生的评说,说得倒也恰到好处。池上楼,在永嘉郡(今浙江温州)。此诗乃诗人久病初愈,登楼远眺由所见感发而作。

晚年毛泽东,多次与芦荻谈论谢灵运和他的山水诗。他说,山水诗的出现和蔚为大观,是文学史上的一件大事。优秀的唐人诗作中,就有很多脍炙人口的山水诗。说着,击节吟咏了李白《庐山谣寄卢侍御虚舟》:"登高壮观天地间,大江茫茫去不还。黄云万里动风色,白波九道流雪山。"还说,这样的山水诗真是诗中的瑰宝,天地精灵之气的化身。但是,如果没有魏晋南北朝人开辟的山水诗园地,没有谢灵运开创的山水诗派,唐人的山水诗,就不一定能如此迅速地成熟并登峰造极。因此,毛泽东认为,就此一点,谢灵运也是功莫大焉!(《党的文献》2006年第4期)

毛泽东还详读过《南史·谢灵运传》,对谢灵运生平有全面深入的了解。

🌀 山水诗为"元嘉之雄"

谢灵运以山水诗为钟嵘《诗品》定格以"元嘉之雄"。在他笔下,山水非常鲜活,所谓是山川有意,草木多情。他的山水诗影响后世,齐梁沈约、谢朓,唐孟浩然、王维都深受影响,把山水诗推向另一个境界。

谢灵运山水诗创作兴旺于出任永嘉(温州)太守期间。他在永嘉一年,不好好做官,经常是十天半月,纵情游历全州各处。继后他隐居会稽,亦常游山玩水,作诗抒情。相传他的诗每传至京城,无论贵贱,争相传抄,名动内外。

范晔

文为士范
行非士则

范晔(398—445)　南朝史学家。宋南阳顺阳(今河南淅川南)人,字蔚宗。博涉经史,善文章,通音律。任左卫将军、太子詹事,为刘义隆(宋文帝)亲信。后因参与彭城王刘义康谋反,下狱被杀。所撰有《后汉书》纪传九十篇,后梁刘昭补入司马彪《续汉书》八志三十卷,并为作注。北宋时合刊行世。

毛泽东经常读范晔的《后汉书》。而且读得相当仔细,随时应用。1938 年 8 月,他在延安抗日军政大学讲课前,回答有些来延安的同志为什么要让他们先离开呢,是因为"吃饭第一",动员赴洛川"就食"。毛泽东说:所谓"就食"呢,就是古人所说"就粮",也就是把人带到积粮甚多的地方去找饭吃!《后汉书》上说:"吾且休兵北道,就粮养士,以观其弊。"今天我们党中央也学点古人的做法,动员同志们去洛川"就食"。(《难忘的回忆:怀念毛泽东同志》,第 195 页)此处"吾且休兵北道",系《后汉书》卷四十六《邓禹传》所记:邓禹奉命讨伐赤眉,因粮食奇缺,难与争锋,于是有称,"上郡、北地、安定三郡,土广人稀,饶谷多畜,吾且休兵北道,就粮养士,以观其弊,乃可图也。"1959 年仲夏,毛泽东曾对秘书林克介绍说:《后汉书》等史书,值得读一读。并当即送给林克一本《后汉书》。《后汉书》

简明而又周详,共一百二十卷,其中有九十卷(本纪十卷,列传八十卷)是范晔所写,其余志三十卷乃西晋司马彪所撰。

毛泽东早年就读《后汉书》很多遍,其中有些列传读得更多。因而有批语:"《后汉书》写得不坏,许多篇章,胜于《前汉书》。"这条批语是写在中华书局标点本第二十一册,内载九十一至九十四卷,其中有他喜欢的《黄琼传》、《李固传》等。因为经常读《后汉书》,也善于作比较。1959 年 6 月,他在一次谈话中说:西汉高、文、景、武、昭等读起来较有兴味,东汉两头均无意思,只有光武可以读。意思是说东汉只有光武帝(《世祖本纪》)可以,其余诸帝本纪了无兴味。这也是《后汉书》欠缺处。毛泽东还以《后汉书》注和唐颜师古的《汉书》注作比较,他颇赞美唐章怀太子李贤和宋刘攽分别为《后汉书》所作的注,说"李贤好,刘攽好"。还说"李贤贤于颜师古远甚"。(《毛泽东读文史古籍批语集》,第 129 页)如果不是多次阅读,精心研究,显然是难有如此见识的。毛泽东有时也喜欢引用《后汉书》故事。新中国成立后见诸他的言论和文章,就举有朱浮致彭宠信,"凡举事者无为亲者痛而为仇者快"以及云台二十八将等等故事,也有向干部推荐其中某篇列传的,如《李固传》、《黄琼传》、《皇甫嵩传》和《刘盆子传》等。

范晔有史才、史识,《后汉书》不愧为传世之作。但范晔却利令智昏,参与了刘义康集团的叛乱活动,终以谋反罪为宋文帝所杀。毛泽东读《南史·范晔传》于范晔行为,大有感叹。在此卷封面写有批语:"好反而不好胜,古今一轨。"(《毛泽东读文史古籍批语集》,第 193 页)指责范晔投身反叛而不善于克制自己,正是犯了古今参与政治而不懂政治的那些人所共同的失误。

臧质

虽是将才，不识政治
参与内讧，身败名裂

臧质（400—454）　南朝宋将军。东莞莒（山东莒县）人。出身世家，早年为建平太守、南谯王刘义宣司空司马、南平内史，以与北魏战著名，后扶持刘义宣，对抗孝武帝刘骏，失败，被杀。

臧质是南朝初期难得有的人才。

南朝刘宋文帝刘义隆晚期，经常遭到北魏南侵。元嘉二十七年（450）和以后的几年，北魏几次南侵。臧质在抗御魏军的战役中立有大功，又因俘获刘劭，为再建刘宋王朝建有殊勋，可惜在以后的梁山之战中失败了。毛泽东读《南史·臧质传》，大为叹息，写有批语：

　　臧质豪杰之士，一解汝南之围，二胜盱眙之敌，三克刘劭之逆。梁山之战，刘义宣不听臧言，因以致败，惜哉。（《毛泽东读文史古籍批语集》，第188页）

"解汝南之围"，是指北魏太武帝拓跋焘亲率大军围攻汝南（今河南上蔡），城主陈宪告急，臧质奉命救援，解围。

317

"胜盱眙之敌",是指元嘉二十八年(451),拓跋焘率几十万兵力由广陵(今江苏扬州)北返,全力攻打盱眙。臧质守城屡摧围军。拓跋焘向臧质索酒,臧质把人尿放进坛子送去,拓跋焘受到侮辱,大发脾气,在盱眙城外一夜筑起长围。毛泽东在"质封溲便与之"一句旁加了密圈,天头上还用红铅笔画了一个大圈,批注:

　　此是欲战法,激之使战。(《毛泽东谈文史古籍批语集》,第 186 页)

臧质又给拓跋焘写了一封信,痛斥他自寻死路。拓跋焘大怒,制作了个铁床,配置铁铲,发誓破城后,必于此处死臧质。但臧质不屈,还向魏军发信,如能斩杀拓跋焘,可封万户侯,赐布绢各万匹。拓跋焘多次强攻,登城肉搏,打人海战术,都为臧质击败,将士战死的与城头齐平。如此攻城三十多天,魏军战死者超过半数,而城依然固若金汤。拓跋焘只得灰溜溜地退去。

"克刘劭之逆",是指臧质平定刘劭之乱。刘劭是宋文帝刘义隆太子,元嘉三十年(453)杀害父亲自立为帝,臧质得到信息,告知刘义隆第三子刘骏和刘义宣,并自引军进至建康(今江苏南京),与薛安都、程天祚等部会合,生俘刘劭。刘骏做了皇帝(孝武帝),臧质看不起他,很多事不作请示和汇报,本传说他"自谓人才足为一世英杰",又因与刘义宣结为儿女亲家,即向刘义宣效忠,表示要拥戴为帝。刘骏得悉,派将军柳元景、王玄谟分屯梁山洲(安徽和县西梁山)。臧质向刘义宣建议,派兵攻打南州(今安徽当涂),王玄谟等在梁山洲必不敢轻举妄动,我即乘机取石头城(今江苏南京),可以一举而定。刘义宣未予采纳,遭王玄谟、薛安都夹击大败。臧质也逃到寻阳(今江西九江西南),躲进南湖,追兵赶来,他以荷叶覆头,沉没水中以鼻孔出气,终被发现杀死。

毛泽东很赏识臧质对刘义宣所提的出兵策略,在相应文字处,逐字加了旁圈,对旁人劝阻刘义宣反对臧质策略和臧质逃往寻阳南湖处,也用红铅笔画着重线。他对梁山之战中的臧质作战部署加以肯定,认定梁山之战致败,即在于臧质高见未被采纳,否则局面必有改观,于此发出"惜哉"的感叹。同时,也对臧质过于傲慢,"自谓人才足为一世英杰"处,即用红笔画了着重线,并批注:

　　此是妄想。(《毛泽东读文史古籍批语集》,第 188 页)

臧质以煽动刘义宣反宋孝武帝而全族诛灭。《南史》评称："含文(臧质字)以致诛灭,好乱之所致乎!"毛泽东不认同,在此句旁用红铅笔加了着重线,在着重线旁逐字画了六个大叉。他以为臧质是有军事才能的,而梁山之败,责在刘义宣,所以臧质此人,还是"豪杰之士"。

◉ 南朝增设州郡

东晋初期,北方士族等大批南迁,为安置人员,即在南方若干地区设立侨州、郡、县,并设各级文武官职,多由北人担任,形成了州中有州,郡中有郡。至梁天监十年(511),竟有二十三州,三百五十郡。但梁武帝仍嫌不足,多次析置。至540年梁竟有一百零七州。有的小村即设郡县或州,有二十余州不知位于何处,是有名无实的虚州。

此类虚设州郡,主官无须上任理事,只是享受政治待遇和领干薪。

江淹

英奇原不赖神助
梦笔生花恐未真

江淹（444—505）　南朝文学家。梁济阳考城（今河南民权东北）人，字文通。先后在宋、齐、梁三朝为官。早年以文章著称，后长年投身宦场，才思枯竭，人称"江郎才尽"。有《江文通集》。今民权江集村多有其后裔。

江淹是南朝梁武帝时期的文学家。他的赋写得很好。见于《昭明文选》。毛泽东在青年时对江淹的赋尤为青睐，其中如《别赋》、《恨赋》等篇更是伴随他走了漫长的道路。

1938年秋，毛泽东为陕北公学校长成仿吾和师生们赴敌后送行时说：我是来为大家送别的。古代人也有送别；有《昭明文选》上江淹的《别赋》为证。江淹的《别赋》，第一句话就是"黯然销魂者，惟别而已矣"！这是古代人离别时的感情。我们今天上前线，送别大家到敌人后方去，到打鬼子的最前线去，我们的感情不是"黯然销魂"，而是慷慨悲歌，满怀壮志。又说：古人李白在《春夜宴桃李园序》中也有名句为证："大块假我以文章。"这就是说，叫我们大家到敌人后方去。在"大块"的敌占区，由我们去做"文章"。因为敌人只占领了几个城镇和几条公路铁路为据点，其间有广大的地区，有辽阔山区和农村，那里有众多的人口，有千千万万的不愿做亡国奴的中国人。在这"大块"的土地上，正需要我们去做"文章",去宣传抗日的主张,去发动群众和组织群众,去武装群众,发动游击战争,建立抗日根据地,建立抗日民主政权,那里极需我们去工作,要不畏艰险,为着一个光明的新中国,大家去英勇战斗。

1939 年 7 月 9 日,毛泽东在延安陕北公学作《三个法宝》演讲。他又谈到了江淹的《别赋》:南朝梁代的文学家江淹,做了很多好文章,有篇叫《别赋》,里面有很好的话,但多是伤感流泪的话。最为人们熟知的有"春草碧色,春水绿波;送君南浦,伤如之何"! 多么伤心流泪,文笔很好。我们今天不需要这样写,改一下,作为"春草碧色,春水绿波;送君延安,快如之何"! 对于江淹《别赋》中的四句,毛泽东后来还手书过。

1949 年 4 月,毛泽东所写七律《和柳亚子先生》,其中一句"牢骚太盛防肠断","肠断",就是出自《别赋》:"行子肠断,百感凄恻。"

新中国成立以后,毛泽东仍常读《昭明文选》,当然也读江淹的《别赋》《恨赋》,且也应用。1959 年,他在北京新侨饭店为印度尼赫鲁举行的送别宴会致词中,就用了一句话说:中国有位古人说过:"暗(黯)然消(销)魂者,惟别而已矣。"(《炎黄春秋》2004 年第 3 期)1975 年 5 月,毛泽东初见北京大学讲师芦荻,就和她谈起了《别赋》。尔后,毛泽东知道芦荻参加过 60 年代初出版的《历代文选》(中国青年出版社出版)注释,便找来一读,发现江淹的《别赋》原来就是芦荻注释的。他读得非常仔细。觉得有些注释不甚准确。一次,他与芦荻谈起江淹的《别赋》时,就说:江淹《别赋》中"秋露如珠,秋月如珪",你的书中对"珪"的注释不很准确。接着毛泽东便谈了自己的见解。毛泽东还要芦荻为他诵读和讲解江淹的《恨赋》。当芦荻谈到赋中的"至如秦帝按剑,诸侯西驰,削平天下,同文共规;华山为城,紫渊为池。雄图既溢,武力未毕……"时,毛泽东为了注释其中的一个"溢"字,竟将《西厢记》有关文字背诵了一大段。因为喜欢江淹的《别赋》和《恨赋》,晚年毛泽东还安排有关人员对之注释,并布置大字排印,以便经常阅读。据毛泽东身边工作人员说,这两篇赋,是他病重时经常读的,有时还在背诵。

321

梁武帝

时来天地皆同力
运去英雄不自由

梁武帝(464—549) 即萧衍。南朝梁建立者。公元502—549年在位。南兰陵(今江苏武进西北)人,字叔达。萧齐皇族成员。早年与文人相聚。后任雍州刺史,镇守襄阳。501年进入建康(今江苏南京),称帝,国号梁。崇儒佞佛,纵容家族豪门巧取豪夺。通音律,能诗赋,善书法。后为侯景困于台城,饿死。

梁武帝萧衍是六朝南梁的开国皇帝,他马上夺天下马下治天下,做了48年皇帝。可是他后期昏聩,佞佛和偏信小人,致使为侯景所困,饿死台城。毛泽东多次评述过梁武帝及其事业。

早期梁武帝颇有魄力,有比较清醒的政治头脑。毛泽东读《南史·梁高祖本纪》作有多处圈画。如他起兵讨齐时,力求打主动,"若前途大事不捷,故自兰艾同焚;若功业克建,谁敢不从,岂是碌碌受人处分",以及指责旧朝官员"皆口擅王言,权行国宪"、"政出多门,乱其阶也"等句,均在每处天头画有三个大圈,并前三句分别画有曲线后二句画有密圈。表示了阅读者对传主的赏识。

毛泽东认为萧衍早期很有军事头脑。如他在襄阳起兵时,为对付前来镇压的齐军,派人离间。并说:"用兵之道,攻心为上,攻城次之;心战为上,兵战次之。"毛泽东读到《南史·梁武帝纪》此处时,在天头上画有三个大圈。毛泽东还称赞萧衍在争夺郢城(今湖北武汉附近)战斗中,屡攻不下,而建康中央援军正在行进中,萧衍拟围而不攻,而以部将王茂率军在加湖(今武汉东北湛家矶)打援,及时击溃敌援军。毛泽东在有关文字天头上批注了"打援"。当时齐加强江州(今江西九江)防守,萧衍对诸将说:"夫征讨,未必实力,所听威声耳。今加湖之败,谁不詟服。……我为九江,传檄可定也。"毛泽东在这段文字旁又加了曲线。《南史·曹景宗传》记有天监五年(506)曹景宗率军解徐州刺史昌义之围,违令单独出击,遇暴雨淹死多人,只得退回,萧衍知道后说:"此所以破贼也。景宗不进,盖天意乎?若孤军独往,城不时立,必见狼狈。今得待军同进,始可大捷矣。"毛泽东于此加了旁圈,并在天头上批注:"此时梁武,犹知军机。"(《毛泽东读文史古籍批语集》,第 197 页)

毛泽东熟读史书,对梁武帝的缺点也看得十分清楚,常有精当的评论。早年的梁武帝已暴露了致命弱点,如上面提到的曹景宗,虽然劫掠民财、祸害社会,但因为是他的爱将,勇敢善战,又很听话,他就一味放纵,不予监管。毛泽东于此批语:"使贪使诈,梁武有焉。"(《毛泽东读文史古籍批语集》,第 196 页)晚年梁武帝刚愎自信,听不得不同意见。当大臣贺琛作了实事求是的进谏后,他严加痛责,还自我陶醉地说自己生活简朴、勤于政事,且有三十多年不与女人同居,等等。毛泽东于此分别在天头上作了批语:"此等语,与孙权诘陆逊语同","萧衍善摄生,食不过量,中年以后不近女人。然予智自雄,小人日进,良佐自远,以至灭亡,不亦宜乎"。(《毛泽东读文史古籍批语录》,第 207 页)尔后又对梁武帝所自我吹嘘的决不如古人说"专听生奸,独任成乱",批语:"'专听生奸,独任成乱',梁武有焉"。(《毛泽东读文史古籍批语录》,第 208 页)入木三分地点出了晚年梁武帝的堕落和虚伪面目。

从总体上说,毛泽东对梁武帝持否定态度。盖棺论定,因为这个皇帝还是个知识分子。1964 年 2 月 13 日,在教育工作座谈会上毛泽东谈到历代皇帝时说道:成了知识分子,皇帝就做不好了。六朝的梁武帝,能文能武,能说会写,最后困死台城。又说:他们都是只专不红,亡了国。五代诗人罗隐有七律《筹笔驿》写诸葛亮一生,毛泽东从中选录了两句以评述前期和后期的两个梁武帝,那就是:"时来天地皆同力,运去英雄不自由。"毛泽东显然是用此诗来指责梁武帝靠时来而得势,因运去而失势,是不足为取的。毛泽东对梁武帝做过一番研究:如梁武帝与佛教,他就曾说:据说南朝梁武帝终生都吃素,影响很大,后来素食由寺庙传到宫廷又传到民间。1965 年 6 月 20 日,毛泽东在上海与刘大杰、周谷城谈话时说:研究过去的唯心主义著作,把它当作对立面,才有助于今天的学术研究,就是研究过去的东西也要留心去发现同一时代的对立面。譬如梁武帝和范缜就是对立面:一个提倡佛教,一个反对佛教。

⚫ 梁武帝佞佛

梁武帝萧衍尊佛佞佛,曾三次舍身同泰寺(今南京鸡鸣寺),又依佛经说"孤独园",提倡"六道慈忏",定佛教为"国教",特别重视戒杀吃素,亲自撰写四首《断酒肉文》,规定佛门弟子"不得食一切肉",不吃葱、韭、蒜,远离麻油,以清淡简朴为尚,平日之食是粥,副食主要是僧人自己栽种的蔬菜或自制豆腐、采摘的蘑菇。经过萧衍的制定,千百年来,汉化寺院僧人吃素已成制度,必须执行。

萧统(昭明太子)

事出于沉思
义归乎翰藻

萧统(501—531)　南朝梁文学家,小名维摩。梁武帝萧衍之子。天监元年(502)立为太子。遍读儒典。曾召集朝野才学之士,广聚书籍三万余卷,研讨儒学和佛理,辑集《文选》三十卷,为中国现存的最早文集。后病死,谥为昭明太子。

毛泽东一生爱读的书,其中有一部是《文选》(《昭明文选》)。

后梁萧统主编的《文选》是一部集先秦至后梁初期的一百三十位作家五百一十篇作品精选本,为历代文人钟爱,有很大影响。现在通用的是唐初李善注本。毛泽东图书室就藏有他批注圈画过的三种《昭明文选》版本,其中一部清人刊刻的李善注《文选》,他在封面上写了四个字"好文宜读"。(《毛泽东读书笔记解析》,第233页)

毛泽东是1914年走出韶山冲,来到湖南第一师范读书时开始研读《昭明文选》的。国文教员袁仲谦要他精读《昭明文选》。袁仲谦要毛泽东系统地读书,特为他开列了一份"必读之书"的书目,其中第一部书就是《文选》。他对毛泽东说,《文选》选录文章的标准是"事出于沉思,义归乎翰藻"。意思是文章的立意谋篇,要出于精心思索;文章的思想内容,要用有文采的语言表达。袁仲谦一再嘱咐毛泽东,像《文选》这样的好书一定要反复诵读、吟咏,仔细琢磨书中的内容,力求融会贯通。自此之后的半个多世纪,毛泽东和《文选》结下了不解之缘。《昭明文选》是他常读的一部书。1964年2月,春节座谈会后,他对章士钊说,章士钊手捧清初桐城人姚鼐主编的《古文辞类纂》不放,可谓"桐城谬种",而自己则上厕所也要翻几页六朝萧统编辑的《昭明文选》,故可自称"选学余孽"。(《毛泽东周恩来与溥仪》,第205页)在他晚年,北京大学教师芦荻奉命到他身边伴读,其中一个重要内容,就是《文选》上的文章和诗词曲赋、散文。晚年毛泽东常读《文选》,如1975年5月29日深夜,他在与芦荻作了一番长谈后,又独自读了《昭明文选》。

毛泽东认为《文选》思想性和艺术性兼而具备。1957年3月8日,他在中国共产党全国宣传工作会议期间与文艺界部分代表谈话指出:昭明太子萧统的那篇序言里,就讲"事出于沉思",这是思想性;又讲"义归乎翰藻",这是艺术性。单是理论,他不要,要有思想性,也要有艺术性。毛泽东对萧统这篇《文选·序》非常熟悉,1937年7月在《反对日本进攻的方针、办法和前途》一文中引用了"变本加厉"等词语,就是出自本篇"盖踵其事而增华,变其本而加厉,物既有之,文亦宜然。"因而他高度评价萧统主编《文选》的功绩,也十分推崇《文选》的思想性和艺术性。

早在抗战初期,他就谈了《刺世疾邪赋》。1939年3月,毛泽东在延安杨家岭窑洞与萧三谈文学创作,在谈到中国的两汉文学时,重点讲了两个人,一个是司马相如,一个就是东汉晚期的赵壹。毛泽东说:你晓得的,赵壹这个人看上去名不见经传,其实很有文学造诣,他的《刺世疾邪赋》便是一个很好的证明。又说:我在长沙读书时就很欣赏赵壹的《刺世疾邪赋》,通篇充满了激情;他大胆地鞭挞东汉末年的社会丑恶,和我创办《湘江评论》时的心情很合拍哩!(《毛泽东评述诸子百家》第175页)

新中国成立以来,毛泽东经常运用《文选》的选篇片段和全文于文章的写作和与干部的情感交流,甚至还将《文选》的若干名篇作为文件的附件颁发,如李密《陈情表》,庾信《枯树赋》,江淹《恨赋》、《别赋》和枚乘的《七发》等。1959年8月,在庐山会议期间,还向周小舟(中共湖南省委第一书记)送去《文选》中的丘迟《与陈伯之书》,要他将"此书当做古典文学作品,可以一阅",还引用书中"迷途知返,往哲是与;不远而复,先典攸高"的话,并特别说明"朱鲔涉血于友于,张绣剚刃于爱子,汉主不以为疑,魏君待之若旧"这两个故事,"可作注解"。(《毛泽东和省委书记们》,第184—185页)1975年6月7日,毛泽东对邓小平主持中央政治局会议表示充分的肯定,要他把工作抓起来,邓小平答:在这方面,我还有决心就是了。反对的人总有,一定会有。毛泽东笑道:"木秀于林,风必摧之"。这是《文选》中李康《运命论》的话。

毛泽东读了一辈子《文选》,虽然非常推崇《文选》,但他并不认定《文选》里篇篇皆是精品。1959 年 8 月在《关于枚乘〈七发〉》中说:"后来'七体'繁兴,没有一篇好的。《昭明文选》所收曹植《七启》、张协《七命》,作招隐之词,跟屈、宋、贾、枚唱反调,索然无味了。"(《建国以来毛泽东文稿》第八册,第 458 页)

陈庆之

十四旬夺三十二城
二千里奋四十七战

　　陈庆之(484—539)　南朝梁将领。义兴国山(今江苏宜兴)人。早年随萧衍。因出身寒门,在六品官位任上长达二十余年。后以参与北魏战争,为武威将军。大通元年(527),于涡阳(今安徽蒙城)率亲军二百骑大破魏援军十五万,后夺取涡阳等十三城。翌年护送魏降王元颢北上,以七千人屡战屡胜,攻占洛阳。后任南北二司刺史。

　　大通二年(528),梁武帝萧衍打算在北方建立一个亲梁的北魏王朝,送降王元颢返洛阳。护送元颢的梁军将军就是陈庆之。

　　陈庆之全军仅七千人。

　　他一路行进,屡战屡胜。先是在睢阳(今河南商丘南),击溃七万魏军,乘胜打垮据守考城(今河南民权东北)的二万守军,并冲破荥阳(今河南荥阳)、虎牢关重兵据守之地,据洛阳,又击败五十万魏军的布防、围击,所谓是"自发铚县(今安徽宿县西南)至洛阳,十四旬平三十二城,四十七战所向无前。"毛泽东对陈庆之的战绩大为赞赏。

　　1969年夏,毛泽东读《南史·陈庆之传》,于陈庆之故事极为向往,在记有本卷的封面上,有用粗黑铅笔圈画两遍的符号,在目录"陈庆之"三字侧,画了两

条着重线。在传记开篇的天头处,连画四个大圈,又以草书标题"陈庆之传"四字,并写有批注:

> 再读此传,为之神往。
>
> 一九六九年六月三日在武昌
>
> (《毛泽东读文史古籍批语集》,第 205 页)

此外在全篇,还点点圈圈,画满有着重线,足见读者对传主的喜爱。

毛泽东称赞陈庆之,对于本传外的故事亦很注意。1959 年 7 月,他在庐山某次谈建议读政治经济学时指出:公社一级干部不懂一点政治经济学是不行的。不识字的可以给他们讲课。梁武帝有个宰相陈庆之,一字不识,皇帝强迫他作诗。他口念,叫别人写:

> 微令值多幸,
>
> 得逢时运昌。
>
> 朽老精力尽,
>
> 徒步还南冈。
>
> 辞荣此盛世,
>
> 何愧张子房。

他说你们这些读书人,还不如老夫的用耳学。

毛泽东此处说陈庆之,足见他对陈庆之的肯定。

曹景宗

良将亦贪财
武人能做诗

曹景宗(457—508) 南朝梁将领。新野(今河南新野人)。青年时善骑射,好读史书。刘宋时为天水太守,参与北魏作战。后助萧衍夺取帝位。与韦叡联手大破魏军救钟离(今安徽凤阳临淮关)。后病死。

毛泽东相当欣赏曹景宗其人。

他读《南史》卷五十五《曹景宗传》,对曹景宗有所点评。

曹景宗多年戎马生涯,后在安居建康(江苏南京)、扬州等地时,很不习惯。他曾与亲随说:"我昔在乡里,骑快马如龙。与年少辈数十骑,拓弓弦作霹雳声,箭如饿鸱叫。平泽中逐獐,数肋射之,渴饮其血,饥食其脯,甜如甘露浆。觉耳后生风,鼻头出火。此乐使人忘死,不知老之将至。"毛泽东读此文句,在天头上批语:"景宗亦豪杰哉"(《毛泽东读文史古籍批语集》,第197页)给予了赞赏。

曹景宗向往早年骑马射箭的自由自在,不愿为权贵受繁文缛节拘束,由是被毛泽东赞为"亦豪杰哉。"

钟离之役,曹景宗是梁军主帅,副帅是韦叡,他们同心合力大败北魏大军。所以毛泽东称赞曹景宗:

良将也。仅次于韦叡、裴邃。

（《毛泽东读文史古籍批语集》，第 200 页）

毛泽东也将曹景宗与韦叡作比较。

曹景宗爱钱，在赌博时，韦叡故意输钱；曹景宗争功，韦叡谦让，甘居其后，以换得将帅同心协力，所以毛泽东读此内容，大有感触，写有批语：

使曹景宗胜

曹景宗不如韦叡远矣

（《毛泽东读文史古籍批语集》，第 204 页）

曹景宗治军不行，纵容军士抄掠财物，略夺子女。毛泽东批评他所部皆桀黠无赖，靠他们获取功名、财帛，在相对文字天头作批语：

曹孟德、徐世勣、郭雀儿、赵玄郎亦用此等人。

（《毛泽东读文史古籍批语集》，第 196 页）

曹景宗是武人，但能作诗，毛泽东对此颇欣赏。1959 年 7 月 27 日，他在庐山会议的一次讲话中说道：南北朝有个姓曹的将军，打了仗回来作诗：去时儿女悲，归来笳鼓竞，借问行路人，何如霍去病？当时钟离取胜后，曹景宗凯旋回朝，梁武帝萧衍在光华殿设宴，命即席分韵赋诗，他也要参加，但只剩得"竞"、"病"二韵，极为难做。曹景宗却即席做了，满座叹服。毛泽东是通过曹景宗故事，以说明不会做诗的也能写诗，大老粗也能写出一手好诗的道理。

韦叡

有勇有谋,以少胜众
临危不惧,胆识过人

韦叡(442—520) 南朝梁将领。京兆杜陵(今陕西西安东南)人,字怀文。随萧衍(梁武帝)起兵。任廷尉。505年,率军伐魏,取合肥;次年,大破魏中山王元英几十万众,解钟离(今安徽凤阳临淮关)围。善抚军,士卒归心。晚年居家,以经史教育子弟。

韦叡是梁武帝萧衍麾下的名将。毛泽东很称赞韦叡,他读过《南史》多篇人物传记,而读得最详细、赞誉最多的一篇就是《韦叡传》。在《南史·韦叡传》天头处,就用粗重的笔迹画了四个圈,标写有"梁将韦叡传"五个大字。全传几乎从头到尾作有浓圈密点,其中批注竟多达二十五处。他圈画批注最多的是韦叡英勇善战的事迹。公元505年(梁天监四年),韦叡督军攻魏小岘城(今安徽含山昭关),久攻不破,亲临城下巡视,正在此时,有小股魏兵数百人出城袭击,韦叡力排众议,领兵回击,终于一鼓攻下小岘城。毛泽东在"叡巡行围栅"处加旁圈,天头上画有三个大圈,批注"躬自调查研究";在击败"魏军数百人"处,又作批注"以众击少";另句有韦叡又说:"魏城中二千余人,闭门坚守,足以自保,今无故出人于外,必其骁勇,若能挫之,其城自拔"的天头处,作有批注"机不可失"、"决心"等字样。攻下小岘城后,韦叡出攻合肥,也是久攻不下,又"案行山

332

川",毛泽东又在此处批注"躬自调查研究",其中"躬自"旁边还加了套圈,"调查研究",旁加以单圈;当魏兵增援五万,韦叡拒绝部将要求增兵,仍以原师又迎战取胜,毛泽东批注有两次"以少击众",又逐字加旁圈,以表示对他临危不惧、胆识过人的赞叹。翌年,魏中山王元英总兵百万,连城四十余,围钟离,毛泽东批语有"虽众,何所用之"。当时,萧衍派曹景宗解围,未成;继派韦叡出马,韦之部属见魏军人众,请求缓行,他却迅速行进。毛泽东又作批语:"敢以数万敌百万,有刘秀、周瑜之风。"韦叡率部在曹景宗营前二十里处,"夜掘长堑,树鹿角,截洲为城,比晓而营立。元英大惊,以杖击地,曰:'是何神也'。"毛泽东对此段逐字加以旁圈。还在曹景宗派人潜入围城,告以援兵已到处作以批语:"此别一城,非韦叡所筑邵阳洲之城。"韦叡大胜后,百万魏兵非死皆俘,毛泽东又加批语:"百万之众,皆尽。"韦叡是进攻型的统帅,但也是防守型的良将,他熟谙兵法和史书。天监七年(509),韦叡援助司州刺史马仙琕。当韦叡到达安陆(今湖北安陆)后,"增筑城二丈余,更开大堑,起高楼。众颇讥其示弱,叡曰:'不然,为将当有怯时。'"毛泽东很赞赏此话,批语:"此曹操语。夏侯渊不听曹公此语,故致军败身歼。"

毛泽东还称赞韦叡能攻善守,文武俱备,早年在守郢州时,把一个十万居民死去七八的荒城,"料简隐恤,咸为管理"。毛泽东为作批语:"善守。"说此人"家无余财",批注有"仁者必有勇"。在攻克合肥时,"所获军实,无所私焉",批注:"不贪财",又说他凡打仗就"将在前线",亲临第一线指挥作战;而且还能调解高级干部矛盾,批语:"干部需和。"自己要求严格,以身作则,批语有"劳谦君子"。曹景宗好财,昌义之慰劳以金钱,韦叡故意输让给他。毛泽东批语:"使曹景宗胜。"曹景宗争功,韦叡"独居后,其不局胜率多如是。"毛泽东对此句逐字加旁圈,并批语:"曹景宗不如韦叡远矣。"韦叡以身作则,处处退让,有功不争。

古为今用,善于应用历史的毛泽东高度评价韦叡,甚至号召:"我党干部应当学韦叡作风。"(《毛泽东读文史古籍批语集》,第198—204页)

郦道元

熟读《水经注》
有如万里航

郦道元(约 470—527)　北魏官员、学者。范阳(今河北涿州)人,字善长。任东荆州刺史、河南尹。曾撰《水经注》四十卷,为中国古代地理名著。后为雍州刺史萧宝夤所害。

毛泽东读史注重地理山川形势和政区的沿革。因此他也谈过古中国的地理学者。

1958 年 1 月 28 日,他在第十四次最高国务会议上说:读历史的人不一定是守旧的人。在谈及《徐霞客游记》后,又说:"我看《水经注》作者也是一位了不起的人。他不到处跑怎么能写得那么好? 这不仅是科学作品,也是文学作品。"《毛泽东著作专题摘编》,第 2393 页)毛泽东所说的《水经注》作者就是郦道元。1956年 6 月 30 日,毛泽东在湖南长沙和湖南省委书记处书记周惠谈到秀才死读书时,又举了徐霞客和郦道元的例子:还有北魏的郦道元,他的《水经注》写得好,是因为他经过了亲身游历和实地考察,获得了大量书本上没有的东西。毛泽东还说:闭门求学,其学无用。欲从天下国家万事万物而学之,则汗漫九垓遍游四宇尚已。显然,他是肯定郦道元的。

《水经注》,此书名为注释《水经》,却以《水经》为纲,引用他人著述四百三十种,作了二十倍于原书的补充和创作,详细记述了古中国大小水道一千余条,所经地区、山陵、原隰、城邑、关津的人文地理、建置沿革,以及有关历史人物活动、传说。毛泽东好学不倦,当然是研读过《水经注》的。《水经注》对后来人有较大的影响。20世纪50年代初,国家教育部有关部门,也曾将其中"江水又东,径巫峡"的一段选为范文,编进了中学语文课本。

郦道元野外考察

郦道元《水经注》搜集了大量古今地理文献资料,其中还包括地图、书信和碑碣,并对它作考证,去伪存真,而更有甚者就是野外考察,即作者在《水经注序》称:"脉其枝流之吐纳,诊其沿途之所躔,访渎搜渠,缉而缀之。"郦道元从少年时代开始,数十年如一日,这些野外考察所得成果,时见于《水经注》,相当翔实。如卷三《河水》记录了途中发现的古游牧民族岩画:"河水又东北历石崖山西,去北地五百里,山石之上,自然有文,尽若虎马之状,粲然成著,类似图画,故亦谓之画石山也。"这些阴山岩画近年已经发现。《水经注》所记北方诸水,凡他足迹所至,毫发不失;而南方诸水,因未目及,则有若干失实。

庾信

俯仰生荣华
咄嗟复凋枯

庾信(513—581)　北周文学家。南阳新野(今河南新野)人,字子山。初仕南梁为学士,与父肩吾及徐陵父子,为宫廷书写绮丽诗文,世称"徐庾体"。侯景乱时,正出使西魏,被迫留居长安(今陕西西安)。后任北周骠骑大将军、洛州刺史。虽位高名显,常有思乡之念,所作《哀江南赋》等著称于世。后人辑有《庾子山集》。

　　毛泽东是很喜欢六朝的骈文的。早年,他在东山高等学堂时就从《昭明文选》中,读了所选的若干骈文,其中就有庾信的骈文。庾信在政治圈里是个相当复杂的角色。毛泽东不因人废文,也不以政治标准作界定,他对庾信骈文青睐有加,相当熟悉,那是全校出名的。

　　1950年6月的某一天,毛泽东在中南海颐年堂与符定一、章士钊等老人谈魏晋南北朝文学,当符定一谈到"记得你当时很喜欢庾信的诗"时,就接着说:是的,杜甫评价庾信的诗赋说:"庾信平生最萧瑟,暮年诗赋动江关","庾信文章老更成,凌云健笔意纵横",你听听他的《拟咏怀》。接着毛泽东又朗声吟诵庾信的诗:"萧条亭障远,凄惨风尘多,关门临白狄,城影入黄河,秋风别苏武,寒水送荆轲,谁言气盖世,晨起帐中歌。"对庾诗之气魄赞赏有加。(《党史文汇》2005年第2

期)毛泽东还顺口又念了一段庾信《谢滕王赍马启》："柳谷未开,翻逢紫燕。临源犹速,忽见桃花。流电争光,浮云连影。"《谢滕王赍马启》并非是庾信代表作,可毛泽东却背诵如流。这从一个侧面足证毛泽东对庾信赋的喜爱。

毛泽东最喜爱庾信的《枯树赋》,曾多次吟诵,多次向他人推荐。1951年,得知儿子毛岸英在朝鲜牺牲后,毛泽东站在窗前,久久凝视着那庭院里的垂柳,低声吟起《枯树赋》:"昔年种柳,依依汉南;今看摇落,凄怆江潭。树犹如此,人何以堪。"毛泽东晚年对《枯树赋》的喜欢更为浓醇。1974年12月底,毛泽东在菊香书屋和即将出任最高人民法院院长的江华谈话。当得知江华已六十八岁了,毛泽东感慨地背着《枯树赋》的一段:"昔年种柳,依依汉南;今看摇落,凄怆江潭。树犹如此,人何以堪。"翌年5月26日,毛泽东在初见北京大学讲师芦荻时,与她谈了阮籍,又谈了庾信。接着,他就要芦荻开讲《枯树赋》。据芦荻回忆,毛泽东很欣赏庾信的才思文采,说:南北朝作家,妙笔生花的,远不止江淹一人,庾信就是一位。庾信的《枯树赋》,把宫廷、山野、水边、山上的树,名贵的、普通的树都写到了,又把和树有关的典故、以树命名的地方,也都写了进来,眼界宽广,思路开阔。(《毛泽东和诗》,第78页)又说:庾信用形象、夸张的语言,描写出各种树木原有的勃勃生机、繁茂雄奇的姿态,以及树木受到种种摧残和因为受摧残而摇落变衰的惨状,是很成功的写法。这样写,对比鲜明,读来自然让人对树木受到的摧残产生不平,感到惋惜。他对全赋以殷仲文"顾庭槐而叹曰:此树婆娑,生意尽矣"起兴,以桓温的"昔年种柳,依依汉南;今看摇落,凄怆江潭。树犹如此,人何以堪"的浩叹作结的结构,激赏不已。他说,这两段话不仅是全赋的"纲",是画龙点睛之笔,而且起结呼应,使全赋有一气呵成之势,突出了立意,又余韵不尽。

20世纪70年代,毛泽东布置了注释《枯树赋》和出大字本。为毛泽东作注释《枯树赋》,大致仍参照和因袭了旧说,即枯树之所以枯萎凋零,是因为树木在移植过程中伤害了根本所致。庾信就是以此比喻自己身仕南朝,而现又飘零北方,寄感慨于枯树而写下此赋。它就是传统的"移植说"。但毛泽东不同意此说。1975年5月29日,他对《枯树赋》的注释谈了四点意见:

一、赋中的"桐何为而半死"……是指枚乘《七发》里的龙门之桐。桐的半死和凋枯,缘于受到了急流逆波的冲荡和被人砍伐等等的摧残所造成

337

的,"不是移植问题"。

二、鸳:可能是鹓(音冤)雏(音出)。

三、"临风亭而唳(音立)鹤,对月峡而吟猿":是说受到了种种摧残的树木,发出的声音凄伤悲哀。

四、赋中的"若夫松子古度"十句,原文就说得很清楚:这些枝干繁茂、根柢庞大、生命力极强的大树,乃是受了苔菌的埋压,鸟虫的剥夺,霜露风烟的侵撼,才变衰枯死的,和移植毫无关系。(《毛泽东和诗》,第78—79页)

毛泽东还对《枯树赋》注文提了三条意见:

一、"若乃山河阻绝"四句:……原文没有写水灾。

二、"雄图既溢",这句话是对的,"溢"是"过了"(《西厢记》:"泪添九曲黄河溢。");"武力未毕",这句不对,疑有字误,未毕疑是已毕之误,不然,雄图完了,怎么又说"武力未毕"呢?

三、"送日"宜解作"遣日"(是无聊呵!),不是"夸父追日"。

毛泽东的七点意见,后来还印成《主席对几条注文的意见》。当时江青在看了《枯树赋》和江淹《别赋》、《恨赋》的大字本后,将注释本交与两校注释组。他们看了,又写了一份《关于〈枯树赋〉〈别赋〉〈恨赋〉注文的问题》,认为《枯树赋》的注文有与原意不合之处。江青看了后,8月9日送呈毛泽东,毛泽东当即就《枯树赋》作了批示:

此注较好。我早已不同意移植之说,上月曾告芦荻。关于注释问题,请你要过细的研究。

毛泽东 一九七五年八月

（《毛泽东与中国文学》,第49—50页）

毛泽东对《枯树赋》精钻细研,对于一词一字,都根据情理和生活知识认真推敲,如赋中的"比翼巢鸳",有的注释说:"鸳"是指"鸳鸯"。毛泽东对此大笑,认为与理不通。他问芦荻:你见过比翼的鸳鸯在树上筑巢吗?他还幽默地说:

过去只讲鸳鸯戏水,现在又有了鸳鸯戏树。由《枯树赋》题解注释引申,毛泽东说:注释古文古诗,自然要有雄厚的基本功,同时也要细察全文、综观总体的认真精神,搞注释最忌讳以偏概全和根据一言半语就要下结论的做法。

这些都说明了他对庾信《枯树赋》的喜欢和重视。

1976 年,周恩来、朱德相继逝世。毛泽东怀旧的悲凉心情加剧。他又想起了《枯树赋》。一天,他要张玉凤读《枯树赋》。张玉凤连读了两遍,毛泽东自己又背诵了两遍。除了偶尔有几句需提示句首两字外,竟能将这篇有四百六十九字的长赋全部背诵出来。

🌀 庾信《枯树赋》:

殷仲文风流儒雅,海内知名。世异时移,出为东阳太守。常忽忽不乐,顾庭槐而叹曰:"此树婆娑,生意尽矣!"

至如白鹿贞松,青牛文梓,根柢盘魄,山崖表里。桂何事而销亡?桐何为而半死?昔之三河徙植,九畹移根。开花建始之殿,落实睢阳之园。声含嶰谷,曲抱《云门》。将雏集凤,比翼巢鸳。临风亭而唳鹤,对月峡而吟猿。

乃有拳曲拥肿,盘坳反覆,熊彪顾盼,鱼龙起伏。节竖山连,文横水蹙,匠石惊视,公输眩目。雕镌始就,剞劂仍加;平鳞铲甲,落角摧牙;重重碎锦,片片真花;纷披草树,散乱烟霞。

若夫松子、古度、平仲、君迁。森梢百顷。槎枿千年。秦则大夫受职,汉则将军坐焉。莫不苔埋菌压,鸟剥虫穿。或低垂于霜露,或撼顿于风烟。东海有白木之庙,西河有枯桑之社。北陆以杨叶为关,南陵以梅根作冶。小山则丛桂留人,《扶风》则长松系马。岂独城临细柳之上,塞落桃林之下。

若乃山河阻绝,飘零离别,拔本垂泪,伤根沥血。火入空心,膏流断节。横洞口而欹卧,顿山腰而半折。文斜者百围冰碎,理正者千寻瓦裂。载瘿衔瘤,藏穿抱穴。木魅睒睗,山精妖孽。

况复风云不惑,羁旅无归。未能采葛,还成食薇。沉沦穷巷,芜没荆扉。既伤摇落,弥嗟变衰。《淮南子》云:"木叶落,长年悲。"斯之谓矣。乃歌曰:"建章三月火,黄河万里槎,若非金谷满园树,即是河阳一县花。"桓大司马闻而叹曰:"昔年种柳,依依汉南;今看摇落,凄怆江潭;树犹如此,人何以堪。"

隋文帝 隋炀帝

千里长河一旦开
亡隋波浪九天来

　　隋文帝(541—604)　　即杨坚。隋朝开国皇帝。弘农华阴(今陕西华阴)人。北周贵族世家。581年以皇后父代周自立为帝。公元581—604年在位。587年灭后梁。589年灭陈,统一全国,结束自西晋末以来的分裂格局。在位期间,改革官制,开始用考试选拔人才,改革府兵制度,推行均田制,扩大垦土面积,清查人口,对后世很有影响。后在病中为子杨广杀死。

　　隋炀帝(569—618)　　即杨广。杨坚次子。公元604—618年在位。即位后,大兴徭役,征敛苛重,开凿、沟通大运河,三次进攻高丽,人民受到深重灾难。统治晚年,各地爆发农民大起义,在兵变中被杀。墓葬于江苏扬州吴公台,几经迁移。2013年11月确认于公元648年最后安葬于扬州曹庄。《宣和遗事》有称:千里长河一旦开,亡隋波浪九天来。锦帆未落干戈起,惆怅龙舟去不回。

　　隋朝在中国历史长河中,是一个承上启下的关键王朝。但有隋一代,通常只承认文帝杨坚和炀帝杨广两个皇帝。毛泽东对他们谈论较少。只是在读史书或讲话时,对他们两人的作为有所点评,从中亦可见毛泽东对他们评价的高低。

《北史》卷十一《隋本纪(上)》称,开皇十八年(598)正月,杨坚下诏:"吴越之人,往承弊俗,所在之处,私造大船,因相聚结,致有侵害。江南诸州人,间有船长三丈以上,悉括入官。"毛泽东读时旁批有两处:一在"私造大船"处,批有"商业发展";一在"悉括入官"处,批有"此不可能"。(《毛泽东读文史古籍批语集》,第211页)隋初民间私造大船,航行江海,毛泽东认为这有利于商业的发展。而杨坚下诏,强制执行造船业国有化,这其实是用政治手段处理经济,逆经济规律而动,当然是"此不可能"。因此毛泽东批评杨坚没有经济头脑。毛泽东读《隋书》卷二《高祖本纪下》对杨坚批评:"然天性沉猜,素无学术,好为小数,不达大体。故忠臣义士莫得尽心竭辞。其草创元勋及有功诸将,诛夷罪退,罕有存者。又不悦诗书,废除学校。唯妇言是用,废黜诸子。逮于暮年,持法尤峻,喜怒不常,过于杀戮"后,在天头写了四字批语:"蕴藏大乱。"(《毛泽东读文史古籍批语集》,第179页)显然,毛泽东认为隋王朝在盛时已埋下灭亡根源,杨坚对此应负有责任。

毛泽东看不起杨广。他在1959年3月第二次郑州会议上曾反复声明:反对平均主义和"左"倾冒险主义,不能搞平调,不能积累太多,变成秦始皇就危险,十三年亡国,隋炀帝三十八年灭亡。后来他在一次会议上谈论历代中国皇帝,说一些大老粗的皇帝能办大事情。又说:可不要看不起老粗。知识分子是比较最没有知识的。历史上当皇帝,有许多是知识分子,是没有出息的。隋炀帝就是一个会做文章、诗词的人。

🔵 隋文帝首先开凿运河

倡导开凿运河的是隋文帝杨坚,隋炀帝杨广只是完成了南北大运河。隋开皇三年(584),"隋主以渭水多沙,深浅不常,漕者苦之。元月壬子,诏太子左庶子宇文恺帅水工凿渠,引渭水自大兴城至潼关300余里,名曰'广通渠'"。(《资治通鉴》卷一七六)三年后,又"于扬州开山阳渎,以通运。"杨坚开凿运河,出自两因:(一)便于漕运;(二)为伐陈计。在南北统一后的十多年,杨坚鉴于江南几乎年年有兵变和民乱,以及转运东南"海陆之饶,珍异所聚",欲继续开凿运河,但没有完成就死去了。

唐高祖

因人侥幸成事
刚愎但不当断

　　唐高祖(566—635)　即李渊。唐朝开国皇帝。陇西成纪(今甘肃秦安)人。世族。袭父爵唐国公。617年以太原留守起兵反隋。攻入长安。翌年称帝。年号武德。公元618—626年在位。九年传位于次子李世民,自称太上皇。

　　李渊是唐朝开国皇帝。在毛泽东看来,他不是一个好皇帝。五代后晋刘昫主修《旧唐书》,说李渊优柔寡断、专制独裁,杀害功臣,如帮助倡义的刘文静,信任吹牛拍马的佞臣裴寂,致使诸子间不和引起仇杀;后来还有突厥南侵直至长安附近便桥,幸亏有了李世民,否则要亡国了。毛泽东似乎认同这条评论,在天头上批了五个字:"遇事无断判"。(《毛泽东读文史古籍批语集》,第217页)

　　开国皇帝,马上夺天下,马下治天下,通常是雄才大略,可是李渊不行。李渊以贵族起兵反隋,长年躲在宫殿里养尊处优,见识浅,少谋寡断,而自己却自视甚高,刚愎自用。他那种头脑只能产生的单向思维定势,最是易听轻言,"遇事无断判"。

　　毛泽东读《新唐书》卷六十九,对盛彦师、刘世让的故事颇有感叹。盛彦师参加李渊反隋武装,立有大功,后出任安抚大使,为徐圆朗所俘。徐圆朗很优待他,要他作书劝在城的兄弟投降,他反而写了一封反降坚守书,但徐仍予以款待。徐圆朗败亡,盛彦师回来,李渊不分皂白,以为做俘虏不死,必有变节行为,"竟以罪赐死"。毛泽东在相关文字的天头上作了批语:"盛彦师名将,冤死。"

(《毛泽东读文史古籍批语》,第 220 页)刘世让曾是隋朝官员,归李渊后曾为薛举所俘,但坚决不降,受到李渊表扬。后来为对付突厥南侵,奉命赴前线崞城(今山西原平),突厥害怕他,故意制造刘世让里通突厥的谣言,李渊听了不加任何调查和分析,就杀死了刘世让,还抄没全家。毛泽东也在《刘世让传》的天头上作了批语:"刘世让冤死。"(《毛泽东读文史古籍批语》,第 220 页)

开元通宝

自西汉武帝行五铢钱,五铢钱流通至隋,长达六七百年。

唐武德四年(621)废五铢钱,铸开元通宝。"开元"是开辟新纪元,"通宝"即通行宝货。以后王朝铸钱均沿用通宝(或元宝、重宝)二字,前冠以年号、朝代或国名。

开元通宝不标重量,每枚重二铢四累(二十四铢为一两,十累为一铢),每十枚重一两。自此,中国衡制不再以铢、累计,而改用两、钱、分、厘的十进位法。

历代太上皇档案

朝代	名讳	所立者	行　事	附　注
西汉	刘太公	汉高祖刘邦		刘邦父,为有太上皇始
北齐	高 湛	自授	即位后四年传位子高纬,仍主持军国重事	四年后病死
	高 纬	自授	即位后七年传位子幼主高恒	为北周俘
隋	隋炀帝相广	李渊遥尊	李渊于长安立杨广孙为帝	
唐	高祖李渊	太宗李世民	玄武门之变后禅位	十年后病死
	睿宗李旦	自授	即位后三年禅位子李隆基	五年后病死
	玄宗李隆基	肃宗遥尊	做了四十五年皇帝,子李亨灵武即位	六年后病死
宋	徽宗赵佶	自授	因金兵压境禅位子赵桓	为金人俘
	高宗赵构	自授	做了三十五年皇帝,禅位养子赵昚,仍过问军国大事	二十六年后病死
	孝宗赵昚	自授	做了二十七年皇帝,禅位子	
明	英宗朱祁镇		土木堡之役,被俘,后迎归,奉为太上皇;夺门之役,重登位,年号天顺	
清	乾隆帝弘历	自授	做了六十一年皇帝,禅位子颙琰,仍过问军国大事	四年后病死

唐太宗

为唐第一人
号称天可汗

唐太宗(599—649)　即李世民。唐朝皇帝。公元 626—649 年在位。随父起兵反隋。封秦王,任尚书令。626 年,发动"玄武门之变",得为太子,继帝位。次年改元贞观。在位期间,强化中央集权,推行均田制、租庸调法和府兵法,修《氏族志》,强化官吏管理和地方考核,社会经济得到很大发展。史称"贞观之治"。

毛泽东在《沁园春·雪》中说:"唐宗宋祖,稍逊风骚。"唐宗,就是唐太宗李世民,这是他肯定的一个皇帝。

自古能军无出李世民之右者

1958 年 6 月 29 日在中共中央军委扩大会议上,就曾指出:中国古代一些人,如李世民、曹操等,他们都是会打仗的,中国过去还是有些东西的。(《毛泽东年谱(1949—1976)》(三)第 380 页)

毛泽东很赞赏唐太宗的军事才干。一次他在谈及作战问题时说:打仗要像唐太宗那样,先守不攻,让敌人进攻,不准士兵谈论进攻的事,谈论者杀。待敌人屡攻不克,兵士气愤已极,才下令反攻,一攻即胜。这样一可练兵,二可练民。

《毛泽东之魂》[修订本]，第362页）李世民在先后对付拥有强大兵力的薛举和薛仁杲时就采用这种战略战术。不打第一枪，后发制人，毛泽东欣赏这种战略思想，因而在读冯梦龙编《智囊·兵智部·孙膑》所引"唐太宗尝言'自少经略四方，颇知用兵之要，每观敌阵，则知其强弱，常以吾弱当其强，强当其弱，彼乘吾弱，奔逐不过数百步；吾乘其弱，必出其阵后反而击之，无不溃败'"等语时作了详细批语："所谓以弱当强，就是以少数兵力佯攻敌诸路大军。所谓以强当弱，就是集中绝对优势兵力，以五六倍于敌一路之兵力，四面包围，聚而歼之。自古能军无出李世民之右者，其次则朱元璋耳。"（《毛泽东读文史古籍批语集》，第65—66页）

李世民做皇帝时只有二十六岁

唐太宗是马背上诞生的皇帝。他十八岁就随父亲李渊举兵反隋，是建立唐王朝的第一功臣。早年就熟读新旧《唐书》和《资治通鉴》的毛泽东特别赞赏他的青少年戎马时期。1926年，毛泽东在广州农民运动讲习所讲课时就说：唐太宗、李密皆当时草泽英雄。俗有两句说李世民，其词曰"太原公子，褐裘而来"。世民常劝他父亲不可固守太原，须要化家为国。李渊大悦，遂起兵直趋陕西，并用种种方法，见悦一般人。如兑钱粮，放两千宫女等。1958年，毛泽东在成都会议上提出敢想敢说敢做，破除迷信，解放思想，他说：从古以来，创新思想、新学派的人，都是学问不足的青年人。接着就举了古今中外十七个人的例子，其中一个就是李世民：李世民起义时，只有十八岁，当了总司令，二十六岁登基当了皇帝。两个月后，即同年5月8日，毛泽东在中共中央八大二次会议上又说，唐太宗李世民起兵时才十八岁，做皇帝时只有二十六岁。可见毛泽东对李世民的少年英武是非常认定的。

作为唐朝第二个皇帝，李世民也是奠定大唐基业的明君英主，他的贞观之治向来为后世帝皇和政治家引为榜样。毛泽东自学生时代就精读深研《贞观政要》，在瑞金身任中华苏维埃共和国主席后，更有了政治实践感受，对《贞观政要》有着精深的见解。1934年12月，他在长征途中与徐特立谈起唐太宗和《贞观政要》，就唐太宗与房玄龄、魏徵谈论创业与守成孰难孰易发表了见解，说：其实，他们两个都是从自己的经验出发，都有片面性。唐太宗说得很清楚："玄龄昔从我定天下，备尝艰苦，出万死而遇一生，所以见草创之难也；魏徵与我安天下，虑生骄逸之端，必践危亡之地，所以见守成之难也。草创之难,既已往矣,守成之难,当思与公等慎之。"他的看法是很全面的,而且是从实际情况出发的……但我们目前既是草创也是守成,所以两者皆难!

新中国成立之后,毛泽东在一次会议上讲了贞观之治的故事。1956 年 9 月 13 日,他在中共七届七中全会会议上说:我们国家根本不杀人了,再杀人由中央批准。这个事情在我们中央的范围内还没有谈过,是在政治局扩大会议的范围谈过。唐朝在全盛时候,一年只处十几个死刑,都是中央判决。宋朝在天下不乱的时候,处死刑的也极少,而且都是中央判决,皇帝批准。(《党的文献》2006 年第 1 期)

此处他所说的唐朝一年只处十几个死刑,就是说唐太宗时的事。据《新唐书·太宗本纪》,贞观四年(630)"是岁,天下断死罪者二十九人。"

毛泽东称赞唐太宗懂得政治。20 世纪五六十年代几次谈到唐太宗治国的故事。《旧唐书·李百药传》记有唐太宗生平节俭,体恤灾民,爱惜国力,勤于朝政等四点:"退思进省,凝神动虑,恐妄劳中国,以事远方;不籍万古之英声,以存一时茂实。""心切忧劳,迹绝游幸,每旦视朝,听受无倦;智周于万物,道济于天下。""罢朝之后,引进名臣,讨论是非"。"极日昃,命才学之士,赐以清闲,高谈典籍,杂以文咏,间以玄言,乙夜忘疲,中宵不寐。"毛泽东很欣赏,称之为"李世民工作方法有四"。在 1964 年 1 月的一次谈话中,毛泽东纵论自刘邦以来中华历代帝王,说:南北朝宋、齐、梁、陈,五代梁、唐、晋、汉、周,很有几个大老粗,文的也有几个好的,如李世民。

李世民可谓聪明一世,懵懂一时

虽然毛泽东对唐太宗多所肯定,但也指出李世民有很多局限性。毛泽东读《旧唐书·李君羡传》时有批语:"李君羡冤死"。他对唐太宗虽然能识别、提拔马周那样的布衣作高级干部,但仅凭马路谣言"当有女武王者",就猜忌无辜,莫名其妙杀死大臣李君羡,深表不满。毛泽东也鞭挞了李世民晚年的作为。1960 年 12 月 30 日,毛泽东在中央工作会议上听取汇报时,就坚决退赔、坚决刹住"共产风"插话。他说:李世民胜利后封功臣,就是采用圈农民土地的办法。清军入关后也是如此。现在是军队、学校都圈地,又不给人家钱,这实际上是封建残余,一定要纠正。

　　封建宗法制最注重的是家族血统继承制。毛泽东非常注意唐太宗立接班人事。他的正室长孙皇后生有三子,长子李承乾和李泰、李治。李承乾和李泰都有野心,时为储君争斗不已。李治懦弱没有参与两子相斗。李世民以为立他为太子,可以保全其余两子。毛泽东由是叹息,在读《新唐书·李恪传》时,批评了唐太宗偏信长孙无忌,不立中外所向、文武全才的汉王李恪,却立了个庸弱的李治(唐高宗)为太子,作了"李恪英物,李治朽物,知子莫若父。然卒听长孙无忌之言,可谓聪明一世,懵懂一时"的批语。(《毛泽东读文史古籍批语集》,第233—234页)毛泽东一针见血地点出,李世民关键时刻不为国家社稷计,只考虑保全儿子,作出了糊涂的决定。

🔵 贞观年间的执法

　　唐太宗贞观之治,立法、执法务在宽简,严格坚持法制。唐太宗制定完善《唐律》,注重贯彻"变重为轻",将很多的大辟罪减为流刑,流刑改为徒刑。如废除断趾之法,改为加役流三千里,居作二年,废除鞭背之刑。由于太宗注意恤刑,贞观四年(630)全年全国仅二十九人被判死刑 。终贞观年间,"道臻刑措二十余年"(《唐大诏令集》卷八十二)。

🔵《贞观政要》

　　贞观为唐太宗年号(627—649)。《贞观政要》系唐吴兢编撰的一部文集。编者分类编辑唐太宗李世民与大臣房玄龄、杜如晦和魏徵等的答问、大臣的诤议和所上劝谏的奏疏。主要内容包括治国方略、选贤任能、申明法制、崇尚儒术、评论历史得失等方面。同时强调统治者须敬贤纳谏、谦逊谨慎、戒奢戒惰等。元戈真又采录柳芳、欧阳修、司马光等二十二人议论作为附注,称为"集论"。《贞观政要》全书十卷四十篇,言简意深,为后来政治家治国必读之书。

马周

何世无奇才
遗之在草泽

马周(601—648) 唐朝大臣。博州茌平(今山东茌平)人。字宾王。少贫好学。代中郎将常何上书,得重用。屡次上奏,言隋亡之鉴。提倡节俭,轻徭薄赋,反对世袭制度,建议在长安城中设立街鼓制度,均为采纳。后升中书令兼吏部尚书。极得唐太宗信任,太宗尝谓:"我暂不见周即思之。"

马周是唐太宗李世民的大臣。他出身布衣,颇有才干胆识,在充当中郎将常何宾客时,代常何上了一份奏折,被李世民发现是杰出人才,一年之中连升多级,成为国家肱股之臣。大唐盛世,能臣杰士犹如过江之鲫,马周此人,是写不进任何一种中小学历史课本的。人们通常只在明清平话小说如《薛刚反唐演义》中,见有他的故事,但那是瞎编瞎说的。

毛泽东读史,认为马周是个人才、奇才。他曾对《新唐书·马周传》细加研读,在这篇长达3 044字的传记里,寻出了一个真正的马周。马周曾向李世民上了一本奏折,谈了盛世潜伏的弊端、隐患,提出居安思危,防患于未然的高见。毛泽东读后在许多段落上密加圈点,十分欣赏这份奏章的政治价值。并在《新唐书·马周传》天头上批道:"贾生《治安策》以后第一奇文。宋人万言书,如苏

轼之流所为者,纸上空谈耳。"(《毛泽东读文史古籍批语集》,第 235 页)

鉴于此因,毛泽东认定马周是个非常人物。但《新唐书》的作者欧阳修在《马周传》后评论说:马周虽自比傅说、吕望,但才能远不及他们,所以后世很少记述他的事迹。毛泽东不同意此说。他在这段话的天头上批语:"傅说、吕望何足道哉。马周才德,迥乎远矣。"意思是说马周才德,较商代的傅说、周代的吕尚要强得多了。毛泽东非常惋惜马周盛年早逝。他在天头上有批语:"饮酒过量,使不永年"。(《毛泽东读文史古籍批语集》,第 234 页)

毛泽东重视马周,对《旧唐书》卷七十四《马周传》很认真地阅读,并发现其中文字有细疵,如贞观十一年,马周上疏称,"今百姓承丧乱之后,比于隋时才十分之一。"他就指正:"不确,比于隋时,大约五分之一。"(《毛泽东读文史古籍批语集》,第 222 页)

玄奘

行万里路，译万卷经
有僧一人，为世模范

　　玄奘(602—664)　唐朝僧人，因通佛经三藏，通称三藏法师，法相宗创始人。洛州缑氏(今河南偃师南)人。俗姓陈，名祎。早年出家，潜心研究佛经。627年(唐贞观元年)只身赴天竺(印度)，在印度历十九年。回长安二十年间，殚心译著和讲学。有弟子三千。译经《大般若经》、《大毗婆沙论》、《瑜伽师地论》等七十五部一千三百三十五卷，一千三百多万字。因精通佛理，国学兼长，译笔严谨，文采完美，被后人誉为"新译"。专著有《大唐西域记》十二卷(辩机记述)，写有138国和地区、城邦，其中有110个为亲临，其余为耳闻。尼赫鲁《印度的发现》、潘尼迦《印度简史》等书都对他予以高度评价。拉达克里希南《印度与中国》称："在到过印度的许多中国人之中，玄奘无疑是最伟大的一个。他是中印文化合作的象征。"

　　玄奘即唐僧，通称三藏法师。他历经艰难险阻到天竺(印度)取经，民间多有将他事迹作超凡入圣的描绘，主要有小说《西游记》。少年时代毛泽东就知道古代有位唐僧赴西天取经，那是读《西游记》得知的。他所知道历史人物唐玄奘要晚些，是在走出韶山冲读《资治通鉴》的时候。

　　毛泽东对唐僧不远万里、翻山越岭赴印度取经的行为非常赞赏。早在

1917 年,毛泽东游学沩山密印寺时,就说:可是我还是赞赏玄奘带回六百多卷佛经。他是唐朝人,现在还是家喻户晓,说明他不简单,很有成就。(《卫士长谈毛泽东》,第 245 页)1937 年 11 月,毛泽东在延安机场迎接王明、康生和陈云从苏联归来的群众大会上作欢迎词,从中谈到了唐僧取经,且把它比喻中国共产党取经。他说:唐僧去的西天叫天竺国,就是现在的印度,他们取的经是佛经。咱们去的西天是苏联,取来的经是马克思列宁主义。1938 年 4 月,毛泽东在延安抗大给全校学员讲话,在指示要努力学习和掌握"坚定正确的政治方向、艰苦朴素的工作作风、灵活机动的战略战术"时,还作了阐述,引用了《西游记》人物比喻说:唐僧这个人,一心一意去西天取经,遭受了九九八十一难,百折不回,他的方向是坚定不移的。(《回忆毛主席》,第 245 页)翌年 3 月,在与印度援华医疗队谈话时,毛泽东又一次举例了唐僧克服重重困难,跋山涉水历尽艰辛到印度朝圣取经的故事。(《毛泽东交往录》,第 383 页)1945 年 8 月,重庆谈判期间,毛泽东对为国共谈判担心的民主人士刘仲容说:唐僧去西天取经,还要经受九九八十一难;我们要争取和平,也不是一朝一夕就可以得来,也需要唐僧那种百折不回、坚定不移的信念。和平总是可以实现的。(《肝胆相照》,第 237 页)

1949 年 12 月,毛泽东访苏期间看望正在疗养的任弼时,在谈及培养人才时说:关键是人才,要选派人来学。要提倡唐僧西天取经精神。(《文艺报》1991 年 12 月 15 日)

1953 年 2 月,毛泽东在全国政协一届四次会议上又说:我们这个民族,从来就是接受外国的优良文化的。我们的唐三藏法师,万里长征,比后代困难得多,去西方印度取经。(《毛泽东的文化性格》,第 197 页)

唐僧取经回国后,在长安主持译经。毛泽东认为玄奘的译经功德无量。1942 年 9 月,就成立中央编译部毛泽东给何凯丰信,提出要吴亮平主持编译部,他说:"为全党着想,与其做地方工作,不如做翻译工作,学个唐三藏及鲁迅,实是功德无量的。"(《毛泽东文集》第二卷,第 441 页)这里他把唐僧和鲁迅并提,足见对玄奘评价之高。1945 年 5 月 31 日,毛泽东在中共七大上指出:"不要轻视搞翻译的同志,如果不搞一点外国的东西,中国哪晓得什么是马列主义? 中国历史上也有翻译工作,唐僧就是一个大翻译家,他取经回来后设翻译馆,就翻译佛经。"(《毛泽东文集》第三卷,第 418—419 页)1964 年 2 月 13 日,毛泽东在北京春节教育工作座谈上又说:佛经那么多,谁能读得完? 唐玄奘翻译的解释《金刚经》的

《般若波罗蜜多心经》，不到一千字，比较好读，鸠摩罗什翻译的《金刚经》，那么长，就很难读完了。

1957 年 10 月，在中共八届三中全会上毛泽东谈到"振作精神，下苦功学习"时，所举的七个中外历史人物，其中一位就是玄奘。翌年 3 月，在成都会议上说到从古以来，创新思想、立新学派的人，都是学问不足的年轻人时，再次举了玄奘等人的例子。总之，在毛泽东看来，唐僧的行为是中华民族的骄傲。1962 年 10 月，在北京西山军事会议上毛泽东就中印边界冲突和战事说道：中印两国打仗，实在是很不幸的事情。最近，我看了些有关印度的书。印度的古代文明确实值得骄傲。唐僧西天取经嘛，六百七十五部经文就是从印度取回来的。陈玄奘也是为我们国家争了光的。当时有个婆罗门和尚写出印度教教义四十条，悬挂在他修行的烂陀寺门口，扬言谁能破得一条，愿以头颅相谢。大有点拼命的味道。陈玄奘将其教义一条条破掉，从而赢得"大乘天"威名，还骑着大象巡行观彩哩！

《大唐西域记》

唐贞观十九年(645)，玄奘回国后谒见李世民，李世民询问途中所见，玄奘即以所游之地，耳闻目睹，对从雪岭以西至印度境内的山川景象、物产风俗、八王故迹、四佛遗踪，以及《史记》《汉书》等未记载的事迹相告。李世民听后大喜，要他撰写一书，以传于后。玄奘同意，翌年由玄奘口述，译经僧辩机记录、整理、编定为《大唐西域记》。此书记述了玄奘西行求法所亲历的一百一十国和得知于传闻的二十八个以上城邦、地区和国家的地理位置、佛教古迹、历史传说、人物传记等，对各地山川地形、城邑关防、交通道路、风土习俗、物产气候、文化政治等项多有记述，地域涉及除中国西北外，西至今伊朗和地中海东岸、南达印度半岛、斯里兰卡，北抵中亚南部和阿富汗，东抵中南半岛和印尼。为研究中西文化交流史、中西交通史和中亚南亚史的重要著作。被译为多种文字。是书弥补了 7 世纪前后印度史的空白。史学、考古学还据本书，探明、确证和发掘了王舍城旧址、鹿野寺古刹、阿旃陀石窟和那烂陀寺遗址。

松赞干布

唐蕃和睦
汉藏一家

　　松赞干布(617—650)　唐代吐蕃赞普。唐贞观三年(629)继位。定都逻些(今西藏拉萨),创文字,定制度、法律,采用历法;贞观十五年(641),迎娶文成公主,并派子弟入长安国学学习汉族文化和生产技术,输入汉地医药、历算等知识,促进了藏地社会经济、文化的发展。在位期间,唐蕃和睦,往来密切。被唐封为驸马都尉、西海郡王。

　　松赞干布在位时,主动与唐通聘,迎娶文成公主。文成公主入藏后,对藏族社会发展起到推动作用。毛泽东说西藏有悠久的历史和文化,藏族是中华民族不可分割的一部分,他高度称赞松赞干布和文成公主的历史贡献。

　　1951 年 5 月 24 日,当阿沛·阿旺晋美为首的西藏地方政府代表团来北京参加和平签字仪式,毛泽东就用为藏族同胞所熟悉的松赞干布和文成公主的故事,勉励大家为加强汉藏族人民的团结作出贡献。

　　毛泽东相当欣赏初唐时期这种成功的和亲模式。他赞许唐太宗李世民的民族政策。他说,唐代的繁荣富强和李世民较好的民族政策有很大关系。唐朝的名将中有不少是少数民族将领。毛泽东熟悉初唐历史,深知李世民相当器重有才干的少数民族首领,放手给他们带兵,在这中间有名的有阿史那杜尔(东突厥)、契苾何力(铁勒)、黑齿常之(百济)等。

毛泽东晚年再次称赞了松赞干布和文成公主。1975 年秋天,在与芦荻谈话时,特别谈到了文成公主与松赞干布的婚事,说那时的吐蕃和唐政府就是一家人了。松赞干布是个很有远见、很有作为的人物。

松赞干布亲睦唐朝

唐承汉制,自开朝后,即以宗室女嫁与周边各民族如突厥、吐谷浑等首领。贞观八年(634),吐蕃松赞干布上表求婚,未允;贞观十二年(638),松赞干布再次求婚被允。

松赞干布为迎接文成公主,特与吐蕃民众平治道路,设立驿馆,这就是著名的唐蕃古道。他还为公主改革吐蕃人以赭土涂面习俗;并请中原文人到本国掌管文书档案。贞观二十年(646),为祝贺唐太宗由辽东归来,进贡巨大金鹅,金鹅高三尺,内中可贮酒三斛。

李延寿

撰书为求实
写史贵在真

李延寿　唐史学家。相州(今河南安阳)人,字遐龄。贞观中任符玺郎,兼修国史。参修《五代史志》(《隋书》十志)、《晋书》;又参用父李大师遗稿,用十六年之力撰成《南史》、《北史》。

毛泽东认为在"二十四史"中,有几部史书写得不错,其中就有唐朝李延寿写的《南史》、《北史》。李延寿的《南史》和《北史》分别以宋齐梁陈为南中国正统王朝和以北魏(拓跋魏)以来的东魏(齐)、西魏(周)为北中国正统王朝,秉笔直书了唐与周、隋的脉承源流,反映了作者倾向中国统一、不要分裂的愿望。毛泽东在 20 世纪 50 年代多次研读《南史》、《北史》,他认为《南史》、《北史》的作者李延寿有倾向统一的思想,比《旧唐书》更好些。(《毛泽东读史》,第 28 页)毛泽东因为多读史书,多有识见,才有如此的断语。

1975 年 5 月 30 日,毛泽东让芦荻读《晋书》、《南史》、《北史》的若干章节,说:我们的国家,是世界各国史统一历史最长的大国。中国也有过几次分裂,但总是短暂的。这说明中国的各族人民,热爱团结,维护统一,反对分裂。分裂不得人心。(《光明日报》1993 年 12 月 20 日)具体到历史著作,他认为:《南史》、《北史》的作者李延寿,就是倾向统一的。他的父亲李大师也是搞历史的,也是这种观点。这父子俩的观点，在李延寿所写的《序传》中说得十分明白。(《光明日报》1993年12月20日)《序传》是李延寿写他的家世的一篇传记。毛泽东在李延寿所写的《北史·序传》中，画了很多的圈和线和赞赏的标记。同年9月，毛泽东曾两次指示芦荻要细读《三国志》、《晋书》、《南史》和《北史》，特别提到李延寿写的《南史》和《北史》比较好，说他倾向统一。现见由毛泽东翻阅的一部清同治八年(1869)重刻武英殿版的《南史》、《北史》，天头有多处留下了点点批语。

毛泽东读《南史》最喜欢的是卷六十一的《陈伯之传》和《陈庆之传》。1959年8月1日，毛泽东在庐山给中共湖南省委第一书记周小舟写了一封信，并送去了丘迟(希范)的《与陈伯之书》，这是中国历史上一封骈体文劝降书，富有说服力，初见于《昭明文选》，李延寿将它写进《陈伯之传》，毛泽东很喜欢读它。

《南史》、《北史》列传呈谱牒特色

《南史》八十卷，包括纪十卷，列传七十卷。《北史》一百卷，包括纪十二卷，列传八十八卷。它的列传有一个显著特色，即为了突出门阀士族的地位，较多地采用家传的形式，一姓一族，不论时代早晚，集为一篇，子孙后代一律附在父祖的传下，实际上等于世家大族的谱牒。南北朝的门阀士族垄断了政治和经济权力，家传这一形式，乃是为了反映和肯定这种社会现实。

张公艺

九世同堂
一个"忍"字

　　张公艺　唐山东寿张(今河南台前)人。举族同居,美称"九世同堂"。自北齐、隋至唐初一百年间皆全族和睦,而闻名于朝野。唐麟德二年(665),唐高宗李治封禅泰山路过,特往其家探问,问何以治家,使全族和睦,即写了一百多个"忍"字以答。李治大为感动。

　　1918年秋,毛泽东和新民学会其他成员罗章龙、陈绍休等到北京。开始他们住在湘乡会馆,后来为了方便,住在城里北京大学三间很小的房子。它就是三眼井吉安所夹道7号。当时的生活相当艰苦。毛泽东后来在《新民学会会务报告》里说:"八个人聚居三间很小的房子里,隆然高炕,大被同眠。"

　　大被同眠,即出自唐初布衣张公艺故事。相传张公艺家人口众多,他倡议全家人住在一个屋里,盖一条大被子。毛泽东对这个故事很有兴趣,此处他随手捡来恰如其分地运用了这个鲜为人知的典故。

　　1958年8月,毛泽东在山东济南接见中共聊城地委书记,同赴的还有寿张县委书记刘传友和张公艺家乡寿张县台前村党支部书记。

　　毛泽东在讲述了聊城过去叫东昌府和梁山好汉在东昌府一带活动的历史

传说故事后,接着就问刘传友:寿张历史上有个张公艺,九世同堂,有没有这回事? 在刘传友回答"有,在寿张城东关,至今还有张公祠遗址"后,毛泽东就说道:寿张县,原来叫寿阳县,后来为了纪念这位张公,把寿阳县改为寿张县。(《毛泽东与山东》,第 451 页)

薛仁贵

将军三箭定天山
壮士长歌入汉关

　　薛仁贵(614—683)　唐朝将领。绛州龙门(今山西河津)人,名礼,字
仁贵,以字行世。农民出身,善骑射。应募从军,东征西战,由士卒积功升
为统军将帅,任右领军卫将军,代州都督。

　　薛仁贵是唐朝前期的勇将。毛泽东小时候从小说《薛仁贵征东》里知道薛
仁贵其人其事,包括他的日常生活、衣食住行。毛泽东对此念念难忘。
　　相传薛仁贵早年贫贱未发迹时寄居寒窑,大概与陕北那些黄土窑是相同
的。1937 年 2 月,在延安凤凰山窑洞毛泽东和来访的《大公报》记者范长江彻
夜长谈时,就风趣地对他说:薛仁贵回窑就是回的这种窑,不是你们南方的那种
砖窑啊! 小说里的薛仁贵一顿饭要吃几斗米粮。1958 年 8 月 24 日,毛泽东在
北戴河会议上谈搞公共食堂,也就以小说的薛仁贵为例,他说:吃粮食是有规律
的,大口小口一年三石六斗,放开量叫他吃。像薛仁贵那样一天吃一斗米,总是
少数。我们搞公共食堂,也可以打回去吃。薛仁贵参军后立有很多战功,但都
被顶头上司张士贵冒在他的女婿何宗宪名下了。毛泽东在 20 世纪 50 年代几
次以此事作例,要人们注意宗派主义、官僚主义。1957 年 2 月,毛泽东在为最
高国务会议第十一次(扩大)会议讲话所作的提纲里,指出:"历史上的香花在开

始几乎均被认为毒草,而毒草却长期被认为香花。香毒难分,马、列、达尔文、哥白尼、伽利略、耶稣、路德、孔子、孙中山、共产党、孙行者、薛仁贵。"(《建国以来毛泽东文稿》第六册,第312—313页)同年3月,他在中国共产党全国宣传工作会议期间,同文艺界部分代表说:要革命,不准备杀头是不行的。被敌人杀了不冤枉。被自己错杀了就很不好,所以我们党内有一条:一个不杀。但是坐班房、受点整也难说。上次我曾讲了薛仁贵、孙行者的事。薛仁贵害了病,打胜仗,功劳挂在别人身上。对孙行者也不公平,他自然个人英雄主义蛮厉害,自称齐天大圣,玉皇大帝只封他"弼马温",所以他就大闹天宫,反官僚主义。我看宗派主义和主观主义都有,张士贵宗派主义、官僚主义都有。

毛泽东说的都是小说里的人物薛仁贵,其实他对历史上的一代名将薛仁贵也很熟悉。《新唐书·薛仁贵传》是他爱读的一篇列传,他曾以神来之笔,气势磅礴地草书了薛仁贵西征铁勒,在天山作战胜利归来时,战士们自编的曲调:"将军三箭定天山,壮士长歌入汉关。"1951年5月,他曾对来北京出席《关于和平解放西藏办法的协议》签字仪式的班禅·额尔德尼和阿沛·阿旺晋美说:唐朝有个常胜将军叫薛仁贵,他"征西"进入东部藏区青海附近后,吃了大败仗。这是指薛仁贵在征高丽、西突厥和铁勒等战斗中仗仗奏凯,而在和吐蕃交战时,因副帅违背节制,大败于大非川(青海湖南)。1958年,毛泽东在湖南视察期间,观看湖南湘剧团演出的《打雁回窑》(又名《汾河湾》)后谈及戏中薛仁贵衣锦还乡时,误射亲子薛丁山,对演员们说:那是野史,正史上有薛仁贵,是唐朝一员大将。他没有射死自己的崽,也没有薛丁山其人。他的崽叫薛讷,也是一员大将。他的传在《新唐书》列传第三十六卷上。(《董其武上将》,第9页)

⬤ 薛仁贵征东

明清人小说《薛仁贵征东》,源出自元话本《薛仁贵征辽事略》。见于《文渊阁书目》,今佚。现本系赵万里于《永乐大典》卷五二四"辽"字韵辑出刊行。征东故事,乃据唐贞观十九年(645)李世民亲统大军征辽为背景。薛仁贵白衣投军,隶张士贵部东征,屡立战功;但都为张士贵和副将刘君昂(小说改名为张士贵女婿何宗宪)冒名顶替,把军功领去,后经查证,真相大白,薛仁贵受到重用,衣锦还乡。元杂剧张国宾《薛仁贵衣锦还乡》也叙此事。有关薛仁贵餐食斗米,见《薛仁贵征东》,乃小说家言,不见于史传。

王勃

时来风转滕王阁
一篇佳赋传千秋

王勃(650 或 649—676)　唐朝诗人。绛州龙门(今山西河津)人,字子安。初唐四杰之一,作品气势充沛。后渡海省亲,在海中落水溺死。墓在越南,有祠。

王勃是初唐时期大诗人。毛泽东青年时代就知道王勃其人其诗了。他倾仰王勃的诗才,更为王勃英年早逝惋惜。1916 年 12 月在与黎锦熙信中就提及王勃"有甚高之德与智,一旦身不存,德智而随之而隳矣"(《毛泽东早期文稿》,第 60 页)。翌年在《体育之研究》一文中,又再次提到王勃"一旦身不存,德智则从之而隳矣"(《毛泽东早期文稿》,第 68 页)。1958 年 5 月,在中共八大二次会议上毛泽东就破除迷信为题,说了古今中外几十位创造型年轻人,其中一个就是王勃。他说:唐朝诗人王勃,《滕王阁序》的作者,唐初四杰之一,也是一个青年人,死时才二十九岁。

毛泽东喜欢王勃的诗文,且深知他的一生。王勃《送杜少府之任蜀州》这首五律,毛泽东背诵书写过,并题写"王勃诗一首"。1961 年 10 月 16 日,还书写给罗瑞卿。据罗瑞卿夫人郝治平回忆说:那时毛泽东和罗瑞卿没有像诗中所说的"长别"、"久别"之类的送别,是主席借书写古诗抒发革命者之间的战斗友谊。他们两人的处境相同、情感一致,录此诗以勉友人,其深邃含意也在于此。(《百

名将帅访谈录》,第47—48页)

　　在一本中华书局版的《注释唐诗三百首》里,于这首诗的天头上有批语:
"好";还在"海内存知己,天涯若比邻"两句处连着画了三个圈,且经常在谈话中
和文里信中引用。1959年9月,毛泽东与邵华谈唐代诗人和王勃时,特别提到
对诗中"海内存知己,天涯若比邻"两句很欣赏。1960年1月,在与秘鲁哲学家
麦约尔卡共餐时,发现对方喜欢吃辣椒,说:可以说我们志同道合,不仅在哲学
观点上接近,在饮食习惯方面也在靠拢。秘鲁和中国虽然相距万里之遥,正像
诗人王勃所说的那样"海内存知己,天涯若比邻"。同年7月26日,驻捷克大使
馆给外交部信就招待会上捷克某工人主动找八一厂厂长陈播交谈,内称毛泽东
是列宁思想继承者,善于运用马列主义,而捷共运用不当,重犯苏联犯过的错误
等等。毛泽东在信上作了批语:海内存知己,天涯若比邻。并指示印发给正在
北戴河参加中央工作会议的同志。(《建国以来毛泽东文稿》第九册,第264页)

　　王勃骈体文《秋日登洪府滕王阁饯别序》,毛泽东很是欣赏。他曾经在言谈
里多次引用其中的文句,尤其是如"落霞与孤鹜齐飞,秋水共长天一色"这类对
仗工整、声律和谐的句子。1935年冬,毛泽东在陕北瓦窑堡窑洞里和徐海东、
刘志丹等谈及红一四方面军合而又分所发生的一切,意味深长地引用了"落霞
与孤鹜齐飞,秋水共长天一色",说明陕北开辟根据地和壮大红军力量的密切联
系。(《拥抱与决裂》,第313页)据作家王蒙回忆:1956年,当他的小说《组织部新来
的年轻人》受到种种非议,但毛泽东得悉后,却说了一些袒护的话。他说:这部
小说也有缺点,正面人物写得不好,软弱无力,但不是毒草;就是毒草也不能采
取压制的办法。接着,毛泽东就引了《滕王阁序》的"落霞与孤鹜齐飞,秋水共长
天一色"。说:我们的政策是"落霞与孤鹜齐飞,香花与毒草共放。"

　　1960年8月,毛泽东在与子女谈话谈到国家困难时,他说:你们都晓得克
服困难就好,你们都是我的好孩子!又说:这样吧,我们现在来背文章吧!看看
我们谁背得最熟、最快。接着满带幽默地说:把王博文(江青姐姐的儿子)三个
字去掉一个"文"字,我们就背王勃的《秋日登洪府滕王阁饯别序》吧!我年长,
我先背,这也叫起模范带头作用呢!说着就吟诵起来:南昌故郡,洪都新府……
青雀黄龙之轴……吟诵到此处,小女儿李讷接了过去,接着,李敏、毛远新、王博
文背诵。毛泽东称赞说:你们都背得好,我像你们这个年岁,就很喜欢王勃的诗
文呢!又说:我像你们这个年岁在长沙读书,也是常常饿肚子的;那时候还有蔡

和森、罗学瓒、萧子昇、周世钊等人,都是穷学生。怎么办呀。大家就读书、背诗文,直到完全忘记饥饿,忘记时间。王勃这个人,很不简单呢！以一个二十八岁的人,写了十六卷诗文作品,与王弼的老子、贾谊的历史学和政治学,可以媲美,都是少年英发……毛泽东兴之所至,悬肘挥毫,为他们书写了"落霞与孤鹜齐飞,秋水共长天一色"。(历史的真知——《文革前夜的毛泽东》,第84—86页)

毛泽东因为对《滕王阁序》的兴趣,又联系到作者王勃的写作。据说毛泽东有一次在中南海开会间歇,问与会的陆定一、陈伯达、康生和胡乔木等人:你们谁知道,听说王勃写《滕王阁序》时很年轻,到底是多大年纪写的？什么地方有这个证明？但在座的无人知晓。后来陆定一妻子严慰冰从《唐摭言》中查出王勃是十四岁写了《滕王阁序》。

毛泽东对《滕王阁序》和王勃的关注,虽然没有专论大言,但留存现在的批注也可以窥出他研究的深度和广度。1958年后,毛泽东写在《初唐四杰集》王勃《秋日楚州郝司户宅饯崔使君序》上有一段批注,这条一千多字的批注有考证、有评论、有议论:

是去交趾(安南)路上作的,地在淮南,或是寿州,或是江都。时在上元二年,勃年应有二十三四了。他到南昌作《滕王阁诗序》说:"等终军之弱冠。"弱冠,据《曲礼》,是二十岁。勃死于去交趾路上的海中,《旧唐书》说年二十八,《新唐书》说二十九,在淮南、南昌作序时,应是二十四五六。《王子安集》百分之九十的诗文,都是在北方——绛州、长安、四川之梓州一带、河南之虢州作的。在南方作的只有少数几首,淮南、南昌、广州三地而已。广州较多。亦只数首。交趾一首也无,可见他并未到达交趾就翻船死在海里了。有人根据《唐摭言》、《太平广记》二书断定:在南昌作序时年十三岁,或十四岁。据他做过沛王李贤的幕僚,官"修撰",被高宗李治勒令驱逐,因为他为诸王斗鸡写了一篇檄英王鸡的文章。在虢州时,因犯法,被判死,遇赦得免。这个人高才博学,为文光昌流丽,反映当时封建盛世的社会动态,很可以读。这个人一生倒霉,到处受惩,在虢州几乎死掉一条命。所以他的为文,光昌流丽之外,还有牢愁满腹一方。杜甫说,"王杨卢骆当时体……不废江河万古流",是说得对的。为文尚骈,但是唐初王勃等人独创的新骈、活骈,同六朝的旧骈、死骈,相差十万八千里。他是七世纪的人物,千余年来,多数文人都是拥护初唐四杰的,反对的只有少数。以一个二十八岁的人,写了十六卷诗文作品,与王弼的哲学(主观唯心主义)、贾谊的历史学和政治学,可以媲美。都是少年英发,贾谊死时三十几,王弼死时二十四。还有李贺死时二十七,夏完淳死时十七,都是英俊天才,惜乎死得太早了。(《毛泽东读文史古籍批语集》,第7—11页)

从以上批注中可以看出毛泽东对王勃和他的作品是相当有研究的。

滕王阁序

　　南昌故郡,洪都新府。星分翼轸,地接衡庐。襟三江而带五湖,控蛮荆而引瓯越。物华天宝,龙光射牛斗之墟;人杰地灵,徐孺下陈蕃之榻。雄州雾列,俊彩星驰。台隍枕夷夏之交,宾主尽东南之美。都督阎公之雅望,棨戟遥临;宇文新州之懿范,襜帷暂驻。十旬休暇,胜友如云;千里逢迎,高朋满座。腾蛟起凤,孟学士之词宗;紫电清霜,王将军之武库。家君作宰,路出名区,童子何知,躬逢胜饯。

　　时维九月,序属三秋。潦水尽而寒潭清;烟光凝而暮山紫。俨骖騑于上路,访风景于崇阿,临帝子之长洲,得仙人之旧馆。层峦耸翠,上出重霄;飞阁流丹,下临无地。鹤汀凫渚,穷岛屿之萦回;桂殿兰宫,列冈峦之体势。披绣闼,俯雕甍。山源旷其盈视,川泽盱其骇瞩。闾阎扑地,钟鸣鼎食之家,舸舰迷津,青雀黄龙之轴。虹销雨霁,彩彻云衢。落霞与孤鹜齐飞,秋水共长天一色。渔舟唱晚,响穷彭蠡之滨;雁阵惊寒,声断衡阳之浦。

　　遥吟俯畅,逸兴遄飞,爽籁发而清风生,纤歌凝而白云遏。睢园绿竹,气凌彭泽之樽;邺水朱华,光照临川之笔。四美具,二难并。穷睇眄于中天,极娱游于暇日。天高地迥,觉宇宙之无穷;兴尽悲来,识盈虚之有数。望长安于日下,指吴会于云间。地势极而南溟深;天柱高而北辰远。关山难越,谁悲识路之人? 萍水相逢,尽是他乡之客! 怀帝阍而不见,奉宣室以何年。

　　嗟乎! 时运不齐,命途多舛。冯唐易老,李广难封。屈贾谊于长沙,非无圣主;窜梁鸿于海曲,岂乏明时。所赖君子安贫,达人知命,老当益壮,宁移白首之心;穷且益坚,不坠青云之志。酌贪泉而觉爽,处涸辙以犹欢。北海虽赊,扶摇可接;东隅已逝,桑榆非晚。孟尝高洁,空余报国之情;阮籍猖狂,岂效穷途之哭。

勃,三尺微命,一介书生。无路请缨,等终军之弱冠;有怀投笔,慕宗悫之长风。舍簪笏于百龄,奉晨昏于万里。非谢家之宝树,接孟氏之芳邻。他日趋庭,叨陪鲤对;今晨捧袂,喜托龙门。杨意不逢,抚凌云而自惜;钟期既遇,奏流水以何惭?

呜呼! 胜地不常,盛筵难再。兰亭已矣,梓泽丘墟。临别赠言,幸承恩于伟饯;登高作赋,是所望于群公。敢竭鄙诚,恭疏短引。一言均赋,四韵俱成。请洒潘江,各倾陆海云尔:

滕王高阁临江渚,佩玉鸣鸾罢歌舞。

画栋朝飞南浦云,珠帘暮卷西山雨。

闲云潭影日悠悠,物换星移几度秋。

阁中帝子今何在? 槛外长江空自流。

骆宾王

檄有文采
诗最生情

　　骆宾王(约638—?)　婺州义乌(今浙江义乌)人。曾任武功、长安主簿,后被贬为临海县丞。一度下狱。后参加扬州徐敬业起事,为徐作《讨武曌檄》,兵败,下落不明。

　　骆宾王诗文俱佳,尤擅长五言律诗。毛泽东早年就从《唐诗三百首》里读过他的《在狱咏蝉》,还留有对它的圈点。这首五律因蝉起兴,又借蝉自况:

　　　西陆蝉声唱,南冠客思深。
　　　不堪玄鬓影,来对白头吟。
　　　露重飞难进,风多响易沉。
　　　无人信高洁,谁为表予心。

　　毛泽东善于引用骆宾王诗中的词句。1943年在《评国民党十一中全会和三届二次国民参政会》中说:"只要你们内战一开,你们就只能一心一意打内战,什么'一面抗战',必然抛到九霄云外,结果必然要同日本帝国主义订立无条件投降的条件,只能有一个'降'字方针。"(《毛泽东选集》,第三卷第917页)此中"一心

366

一意"即源自骆宾王诗《代女道士王灵妃赠道士李荣》：

> 想知人意自相寻，
> 果得深心共一心。
> 一心一意无穷已，
> 投漆投胶非足拟。

1955 年，毛泽东在所作《七律·和周世钊同志》的首句"春江浩荡暂徘徊"，即出自骆诗《同辛簿间仰酬思玄上人林泉》："林泉恣探历，风景暂徘徊。"

毛泽东对于骆宾王故事相当熟悉。1954 年 4 月 10 日，他在浙江杭州攀登西湖畔最高的北高峰，山半腰有韬光寺。毛泽东参观了韬光寺，看了寺后吕洞宾炼丹遗址，又来到观海亭前，见有一副楹联，便停了步，欣赏那苍劲有力的书法，轻声念着楹联："楼观沧海日；门对浙江潮。"毛泽东心旷神怡，觉得身临此境，有此联句，真是相得益彰，高兴地对随员说：这是唐代宋之问《灵隐寺》一诗中的诗句，也有人说是骆宾王代宋之问作的，诗好，字也不错。

此处毛泽东又提到了骆宾王。相传宋之问游韬光，得诗句二：鹫岭郁苕峣，龙宫锁寂寥。久久不获联句，有老僧问之，得悉，即说何不续：楼观沧海日，门对浙江潮。宋大为惊讶，明日走访，老僧已离去。后人附会此乃骆宾王也。

毛泽东很喜欢"楼观沧海日，门对浙江潮"句。1958 年 4 月初武昌会议上，他再次讲观潮派、算账派问题，说：现在我担心会不会再来一个反冒进。今年干劲这么大，如果不丰收，群众情绪受挫折，就会反映到上层建筑上来，一些干部、民主人士、党内有右倾情绪的人，就会出来刮台风，观潮派、算账派就会出来说话。"楼观沧海日，门对浙江潮。"（《国史札记》，第 277—278 页）

毛泽东早年读《古文观止》，从骆宾王《讨武曌檄》知其人其事。他很欣赏此檄。1949 年 9 月，他遇到时为北平纠察总队一大队副政委骆骥，知道了他的姓氏，就说：你是唐初四杰骆宾王的后代。他跟徐敬业造武则天的反。他写的檄文骂武则天，武则天看后不但不杀他，反而赞美他写得有文采。（孙国《共和国警卫纪实》，《解放日报》2007 年 2 月 20 日）此说一作 1964 年 6 月 26 日，在人民大会堂召开全国公安部队"四好"连队、"五好"战士代表大会上，毛泽东见到时任公安部队政治部秘书长骆骥。毛泽东说：你姓骆，是初唐四杰骆宾王的骆吗？骆骥说：

"是的,骆宾王是义乌人,我是骆宾王的后代。"毛泽东接着说:骆宾王是个大才子啊,他写了一篇《讨武曌檄》的文章,跟徐敬业造武则天的反,可武则天看了他的文章,还是很佩服他的才华啊,可敬,可敬。(《执手义乌——义乌人与名家的交往》,第 123 页)1958 年 11 月 18 日,毛泽东看了中国驻英代办宦乡呈外交部写的一篇谈西方世界的文章,极为赏识,将篇题改为《宦乡论西方世界的破裂》,在很长的批语后加了一句话:"同志们,请看今日之域中,竟是谁家之天下。"(《建国以来毛泽东文稿》第七册,第 581 页)这句话,就是出自《讨武曌檄》。

骆宾王下落之谜

骆宾王参加扬州徐敬业的反武则天活动,三月后兵败,对他的下落有几说:(一)兵败被杀。骆宾王等入海拟逃高丽。"乙丑,敬业至海陵界,阻风,其将王那相斩敬业、敬猷及骆宾王首来降"(《资治通鉴》);宋之问《祭杜审言学士文》亦称骆"不能保族而全躯"。(二)兵败隐居。见唐孟棨《本事诗》,称之为僧,见正文。明朱国桢《涌幢小品》称,明正德间在江苏南通城东发现有骆宾王墓,后迁狼山。清陈熙晋《骆临海集笺注》称,雍正年间有李勣后裔说本家家谱记载,骆宾王与徐子藏于邗之白水荡,后客死于崇川。(三)投江身死。唐张鷟《朝野佥载》:"骆宾王《帝京篇》曰:'倏忽抟风生羽翼,须臾失浪委泥沙。'后与徐敬业兴兵扬州,大败,投江水而死,此其谶也。"对于骆宾王败后被杀,很有可能是武将们为邀功请赏所造的谎言,时人和后人多不信,如唐郗玉卿为《骆宾王文集序》有称:"文明中,与嗣业于广陵共谋起义,兵事既不捷,因致逃遁。"宋欧阳修《新唐书》亦不信《旧唐书》等被杀说,也称"宾王亡命,不知所之。"

惠能

菩提本无树，明镜亦非台
本来无一物，何处惹尘埃

惠能（638—713）　唐朝僧人。范阳（今河北涿州）人，一作新州（今广东新会）人。俗姓卢。佛教禅宗南宗创始人。又称禅宗六祖。出身打樵者，在湖北黄梅东山寺出家。由禅宗五祖弘忍授《金刚经》和达摩所传衣钵。后在韶州（今广东韶关）创立南宗。说法三十余年，宣传"顿悟自心，立地成佛"，改造侧重繁琐经义的旧传统，用简易的教义践行，故法流极盛。其语录、事迹被弟子汇编为《六祖坛经》。它被佛教界公认为中国人创造的唯一的一部佛经。

毛泽东对宗教是关注的，其中也包括佛教的禅宗。据毛泽东秘书回忆，毛泽东对于禅宗的学说，特别是对第六世唐朝高僧惠能的思想更加注意。《六祖坛经》一书，毛泽东要过多次，有时外出还带着。哲学刊物上发表的讲禅宗哲学思想的文章，毛泽东几乎都看。惠能是禅宗所称的"南宗"之祖，他后来在韶州（今广东韶关）曹溪大倡顿悟法门。1956 年 5 月，毛泽东在广州接见广东省领导人时说：你们广东有个惠能。惠能在哲学上有很大贡献，他把主观唯心主义的理论推到高峰，要比英国的贝克莱早一千年。你们应该看看他的《坛经》。

《坛经》即《六祖坛经》，是惠能弟子法海编集他的言论的一部典籍，它的中心思想是"见性成佛",主张"顿悟",认为"不悟即佛是众生;一念悟时众生是佛"。毛泽东重视《六祖坛经》的文化价值。1959年10月22日,他在与班禅·额尔德尼谈话时很诚恳地说:我不大懂佛经,但觉佛经也是有区别的,有上层的佛经,也有劳动人民的佛经。如唐朝时六祖(惠能)的佛经《法宝坛经》,就是劳动人民的。真是惊人之语,是毛泽东创造性地第一个把《法宝坛经》说成是劳动人民的佛经。《法宝坛经》即《六祖坛经》。

毛泽东欣赏惠能的作为,他在1957年10月的中共八届三中全会上,说惠能是"振作精神,下苦功学习"的成功典例;在1958年3月的成都会议上,又将惠能作为从古以来,创新思想、立新学派的年轻人例子,向与会者介绍。

在1958年8月21日中共中央政治局北戴河扩大会议上,毛泽东又谈到了惠能:唐朝佛教《六祖坛经》记载,惠能和尚,河北人,不识字,很有学问。在广东传经,主张一切皆空。这是彻底的唯心论,但他突出了主观能动性,在中国哲学史上是一个大跃进。惠能敢于否定一切。有人问他,死后是否一定升天?他说不一定。都升西天,西方的人怎么办?他是唐太宗时的人,他的学说盛行于武则天时期。唐朝末年乱世,人民思想无所寄托,大为流行。

毛泽东还曾向秘书林克谈过惠能的身世、学说,称赞他不迷信权威,有挑战精神,有独立创见。毛泽东说:惠能生于唐太宗贞观十二年(638),三岁丧父,家境贫寒,稍长即以卖柴养母。皈依佛门后,一直没有显山露水。后来,禅宗五世祖弘忍寻觅新传人,要众僧做法偈,以观各人修行。其上座弟子神秀所做法偈,得众僧推崇,可弘忍并不满意。而时为舂米下等僧的惠能,反神秀意做一法偈,却深得弘忍赏识。毛泽东流畅地背诵了两首法偈:

身是菩提树,心如明镜台,时时勤拂拭,勿使惹尘埃。(神秀)

菩提本无树,明镜亦非台,本来无一物,何处惹尘埃!(惠能)

他接着说:后一首为惠能所作,指出世间本无任何事物,故无尘埃可沾,佛性本来是清净的,也不会染上尘埃。这与佛教大乘空宗一切皆空、万法皆空的宗旨最契合,胜神秀一筹,于是,弘忍到惠能舂米的小屋,用禅杖在舂碓上敲了三下,惠能心领神会,于半夜三更到弘忍丈房,弘忍将传世袈裟交给惠能,他遂成禅宗六世祖。

毛泽东又讲了惠能学说。他说:惠能受袈裟南下,在岭南曹溪落脚。他主张佛性人人皆有,创顿悟成佛说,一方面使繁琐的佛教简易化;一方面使印度传入的佛教中国化。因此,他被视为禅宗的真正创始人,亦是真正的中国佛教的始祖。在他的影响下,印度佛教在中国至高无上的地位动摇了,甚至可以"喝佛骂祖"。后世将他的创树称为"佛教革命"。

毛泽东熟读惠能。他曾经多次谈及,如果人不死,那地球上从孔夫子以来那人满为患。此说似据惠能说:人人皆生西天,则西天将人满为患。

《坛经》版本

惠能不识字。据说他在韶州大梵寺宣讲佛法,弟子法海作了记录整理,加上惠能身世,就成为《坛经》。在长期流传过程中,《坛经》主要有四种版本:(一)敦煌本(《南宋顿教最上大乘坛经》);(二)惠昕本(《六祖坛经》),约一万四千字,比敦煌本多一千字;(三)契嵩本(《曹溪原本》),二万字;(四)宗宝本(《六祖大师法宝坛本》),二万字。据佛教解释,只有记叙佛的言教才可称经,佛弟子及后世佛教徒著作只能称"论",但唯有《坛经》却被公认为"经"。《坛经》富有哲理,当年陈寅恪在清华大学开授佛经文学课,把它作为课本。

武则天

日月当空
千古一帝

武则天(624—705)　唐高宗皇后,武周皇帝。并州文水(今山西文水)人。原为唐太宗李世民才人。655年被太宗子唐高宗李治立为皇后,称"天后"。683年,其子李显(唐中宗)即位,临朝听政。690年,自立为帝,改唐为周。在位时,开创殿试制度,亲试贡士,首创武举,提倡佛教,重视农业,户口大增,社会经济有所发展。705年中宗复位,上尊武则天大圣皇帝,临终时遗命去帝号。

武则天是中国古代唯一女皇帝。有唐一代,她做皇帝并没有遭到多大的名誉贬损,只是到了南宋和南宋后理学盛行,痛谴牝鸡司晨,于国不利,武则天才大遭贬抑,就此成为负面人物。

但毛泽东视武则天为历史上有所作为、有所改革的政治家,放之于正面人物的坐标轴上。他有时候喜欢谈武则天。1942年12月,毛泽东和将赴晋绥分局的张稼夫谈话时,问及他是山西文水县人,立即说:噢,你们县里还出了个女皇帝呀!1975年,毛泽东对武则天抒发己见,说:武则天,一个女人当了那么多年的皇帝,可真是不简单啊!他对周围的人说:你觉得武则天不简单,我也觉得她不简单,简直是了不起。封建社会,女人没有地位,女人当皇上,人们连想都不敢想。我看过一些野史,把她写得荒淫得很,恐怕值得商量。武则天确实是个治国之才,她既有容人之量,又有识人之智,还有用人之术。她提拔过不少人,也杀了不少人,刚刚提拔又杀了的也不少。对武则天的政治权术,毛泽东曾与工作人员说过一个故事:武则天当政时,一位大臣见她经常杀人,就向她提出建议说:"你这样杀人,谁还敢当官呀?"武则天听后不急不恼,只是让那大臣晚上再来一次。当然,那大臣吓得不知所措,天威莫测呀。当天晚上,武则天让人在殿台上点了一把大火,黑暗中的飞蛾见火便纷纷扑来,结果飞来多少,就烧死多少,可还是不断地有飞蛾扑来。武则天笑着对那大臣说:"这叫飞蛾扑火,自取灭亡,本性难移吧!"那大臣立刻明白了武则天的用意。看来,只要高官厚禄,要当官的人会源源不断,哪里会杀得尽呢? 毛泽东还评述过武则天立无字碑事。他说:武则天有自知之明,她不让在她墓前的碑上刻字。有人说其本意是功德无量,书不胜书。其实,那是武则天认识到,一个人的功过是非,还是要由后人去评论。

毛泽东虽然称赞武则天有一股造反精神,对她的作为基本肯定,但对武则天的局限性也严加批判。1948 年 4 月,毛泽东渡黄河东进,路过山西雁门关,他指着城门上方镌刻的两个字问叶子龙,当叶子龙说只识得个"险"字。毛泽东说:别说你不认得,中国没有多少人认得! 这个字念"天",还是唐朝女皇武则天的创造发明哩! 她造了几十个字,都是没有生命力的。党八股古已有之,害人不浅呢! 这是批判武则天自以为聪明,瞎造字,造瞎字。以小见大,武则天这类自以为是的蠢事,真还做得不少。至于像武则天任用酷吏周兴、来俊臣网罗百官罪状的行为,毛泽东早在 1940 年要求国民党当局取缔特务机关时,即以他们为例,严加痛斥:"彼辈不注意敌人而以对内为能事,杀人如麻,贪贿无艺,实谣言之大本营,奸邪之制造所。"(《毛泽东选集》第二卷,第 724 页)

🌑 武则天"无字碑"

无字碑,乃是武则天死后由其子唐中宗李显所立,与武则天本人无关。立无字碑本意并非是功过有待后人评说,它应是对被立碑者的最高誉美,表示无话可说。这是唐代的一种风尚。据《北梦琐言》称,唐代士大夫崇尚清高。如赵崇"标质堂堂,不为文章,号曰'无字碑'"。身为礼部尚书的赵崇,因"无字碑"为当时士人推崇。所以司空图《诗品》的"不著一字,尽得风流",即为唐和唐以后文学作品所追求的最高境界。它也是李显为母立无字碑的本意。

唐明皇

千秋若解收金镜
万里何缘枉翠华

唐明皇(685—762)　即唐玄宗李隆基。唐朝皇帝。公元 712—756 年在位。710 年,诛杀韦后及其亲党,拥其父李旦(唐睿宗)复位。712 年即位,年号开元,铲除太平公主(武则天女)集团,励精图治,任用姚崇、宋璟和张九龄等贤相。政治清明,经济发展,文化繁荣,社会安定,史称"开元之治"。自天宝年间后,生活骄奢淫逸,政治日趋腐败,边将拥兵自重。755 年,安禄山叛乱,仓皇流亡四川。称太上皇。三年后返长安。唐王朝从此一蹶不振。

　　唐明皇李隆基因为有游月宫和马嵬坡等故事传说,在民间的知名度相当高。毛泽东曾在一次谈话中评说唐明皇。1956 年 8 月 24 日,毛泽东在与中国音乐家协会的负责人谈话中说:中国历史上有好多东西没有传下来。唐明皇不会做皇帝,前半辈会做,后半辈不会做。他是懂艺术的,他是导演,也会打鼓,但是没有把东西传下来。(《人民日报》1979 年 9 月 9 日)唐明皇是公元 712 年做皇帝的,做了四十四年皇帝,他前半辈励精图治,还是不错的,但后半辈骄奢淫逸,几乎使唐王朝覆灭。

　　1935 年,中央红军长征到达陕西瓦窑堡,张闻天和刘英结婚。毛泽东在参加婚礼时风趣地说:当年"风流天子李三郎,不爱江山爱美人"。而今的洛甫,既爱江山又爱美人！他说的"李三郎"，就是唐明皇李隆基，因为是唐睿宗第三子，所以叫"李三郎"（《人物周报》2008 年第 28 期）。毛泽东认为唐玄宗后辈子"爱美人"，坏了江山，而前辈子能做好皇帝，主要能用贤人如张说、韩休和姚崇之辈。毛泽东读过《新唐书》的有关列传，分别对他们进行了评论。

他认为张说是大政治家、大军事家。张说曾力主李隆基监国，李隆基即位后又劝他铲除太平公主集团。为相时，奏减边兵二十万归农，改革兵制。毛泽东又说玄宗能容韩休，韩休为相，直谏时政得失，唐玄宗虽常默然不乐，但却为社稷计，仍加重用。

唐明皇建铸自己铜像

古代中国有铸金人之像，如春秋勾践为记念范蠡所立金像；秦始皇统一中国后聚六国兵器于咸阳仿翁仲形铸有十二金人；西汉霍去病败匈奴夺得其祭天金人等，但这些都为他人形像，且未普及民间。

据宋乐史《太平寰宇记》，始为己作铜像，且遍及全国第一人为唐明皇，"开元年中天下铸圣像，郡皆一，而潘独工；力士以其本乡，故自铸其一也"。当时皇帝下诏全国各州郡铸建自己铜像，高力士在家乡潘州（今广东茂名）还自己出资又增建了一座唐明皇像。

姚崇

善变为治
善持为正

姚崇(650—721)，唐朝大臣。陕州陕石(今河南三门峡东)，历任武则天、睿宗和玄宗三朝宰相。武则天晚年，参与拥立中宗政变。睿宗朝，为建请太平公主移居东都，遭贬。玄宗朝因建议十事，再任兵部尚书、同中书门下三品。开元四年(716)山东大蝗，坚拒众议，下令捕蝗。与宋璟并称"姚宋"，为开元朝名相。

姚崇是唐玄宗李隆基开元年间的名相。

毛泽东敬重姚崇，在所读的那本同治八年岭南莲古堂重刻本《新唐书·姚崇传》开篇的天头上，用粗黑铅笔写了两个大字，"姚崇"，旁侧又画了双线以示醒目，在"姚崇"两字的前面，又有批注："大政治家、唯物论者"。毛泽东说姚崇是大政治家，主要是指唐明皇登基初，被贬的姚崇奉诏入朝，皇帝再次要姚崇当宰相，姚崇提出十条"可乎"，如不能做到，就不当宰相。这十条一针见血点明了唐王朝几十年弊政，如建议禁止宦官、贵戚干预朝政，禁绝营建佛寺道观、奖励群臣劝谏，等等。唐明皇同意了。毛泽东非常赞赏姚崇的十条，在《姚崇传》所载这十条的天头处批注："如此简单明了的十条政治纲领，古今少见。"对姚崇排除众议，捕杀蝗虫，否认太庙塌方是天意所为等举，毛泽东大加称赞，因此称之为"唯物论者"。在姚崇说的"夫死者生之常,古所不免,彼经与像何所施为"句上,毛泽东逐字加了旁圈,并有批注:"韩愈佛骨表祖此。"

唐明皇在继姚崇后任用宋璟为相。欧阳修曾评论说:"故唐史臣称,崇善应变,以成天下之务;璟善守文,以持天下之正。二人道不同,同归于治,此天所以佐唐使中兴也。"毛泽东打破旧史学的陈规,不同意欧阳修所说,而在天头作批语:"二人道同,方法有些不同。"(《毛泽东读文史古籍批语集》,第 237、240、239 页)表明了他科学创新的史学观点。

李林甫

大奸似忠
大恶似善

李林甫(？—752) 唐朝权臣。唐明皇开元后期宰相。阴柔狡猾，每迎合皇帝意图，排斥异己。对人表面可亲，暗加陷害，人称"口蜜腹剑"。在职十九年。使国事败坏，边将跋扈，酿成"安史之乱"。

李林甫是唐朝的奸相。他很有一套逢源于官场的游戏法则：即"口蜜腹剑"。当面说得好听，背后又在捣鬼。毛泽东厌恶李林甫其人。

1939 年 12 月 21 日，在为庆贺苏联斯大林六十岁生日所写的《斯大林是中国人民的朋友》一文中，毛泽东写道："我们中国人民，是处在历史上灾难最深重的时候，是需要人们援助最迫切的时候。《诗经》上说的：'嘤其鸣矣，求其友声。'我们正是处在这个时候。但是，谁是我们的朋友呢？ 一类所谓朋友，他们自称是中国人民的朋友，中国人中间有些人也不加思索地称他们做朋友。但是这种朋友，只能属于唐朝的李林甫一类。李林甫是唐朝的宰相，是一个有名的被称为'口蜜腹剑'的人。现在这些所谓朋友，正是'口蜜腹剑'的朋友。这些人是谁呢？ 就是那些口称同情中国的帝国主义者。"（《毛泽东选集》第二卷，第 657 页）当天，延安举行了盛大的祝贺斯大林六十寿辰庆祝会。毛泽东在会上讲话时又举例说到了李林甫。他说：现在有些人，他们自称是我们的朋友，但他们只能属于唐朝李林甫一类的人物，因为这位李林甫先生，是个"口蜜腹剑"的人。

成语"老奸巨猾"亦出自李林甫。1949年8月28日，毛泽东为新华社写的评论《四评白皮书》(编入《毛泽东选集》改题为《为什么要讨论白皮书》)，内称，"老奸巨猾的英帝国主及其他几个小帝国主义国家，至今还是如此。"(《毛泽东选集》第四卷，第1500页)。其中"老奸巨猾"典出《资治通鉴》开元二十四年，内称李林甫"好以甘言啖人，而阴中伤人，不露辞色，凡为上所厚者，始则亲结之，乃位势稍逼，辄以计去之，老奸巨猾，无能逃于其术者。"

无师自通的法家李林甫

开元二十五年(737)，李林甫进入中枢后以三年时间、主持大规模的唐代法律条文修订工作，终于编成律十二卷，律疏三十卷等，并颁布天下。接着又领衔完成了行政法典《唐六典》。他遵循法条，自处中枢，充分发挥了法家的以法治人，以术驭人，以势制人。所谓"术"常借御前进言，陷害政敌，异己所谓是"李公虽面有笑容，而肚中铸剑也。"《资治通鉴》有称，"口有蜜，腹有剑"。所谓"势"，通过"术"，拉拉打打各路权贵，使整个势力体系服膺于己，并由此制造了多种大冤案。法家学说对他并无传承，但却无师自通地获得真传。因此史学家赵剑敏说："完全可以这样说：在历史上无数的权臣中，绝无一人在领受韩非子思想精髓上，能出李林甫之右。法家学术原是提供给君王使用的，李林甫变通用之，用得炉火纯青，令人叹为观止。"(《细说隋唐》第196页)

贺知章

性情旷达
盛世狂客

　　贺知章(659—744)　唐朝诗人。越州永兴(今浙江杭州萧山)人,字季真。武则天证圣元年(695)进士。开元年间任礼部侍郎兼集贤院学士,后又任太子宾客、秘书监。天宝三载(744)请求还乡为道士。诗多写景之作,清新通俗。

　　贺知章是盛唐前期的诗人。他的一首《回乡偶书》文句简洁,琅琅上口,是唐诗中的佳作:

　　　　少小离家老大回,乡音无改鬓毛衰。
　　　　儿童相见不相识,笑问客从何处来?

　　毛泽东非常喜欢这首诗,经常触景生情,因事感发,谈起这首诗。
　　1929年10月,毛泽东在闽西上杭山区养病时就教贺子珍学习这首诗,说是她贺家的老祖宗唐朝诗人贺知章的名作。贺子珍将它背熟了,说怕自己将来回井冈山老家时,"儿童相见不相识,笑问客从何处来"。她要毛泽东教她学写诗。毛泽东说:写诗不难,要多读,多背诗,叫"熟读唐诗三百首,不会写诗也会吟"。

1937 年 7 月,徐特立受命以八路军高级参议出任八路军驻湘办事处代表。离开延安时,毛泽东在枣园送别徐特立时说:贺知章是"少小离家老大回,乡音无改鬓毛衰",你可是五十离家花甲归,乡音无改志未衰啊!此次返湘,可不会是"儿童相见不相识",在社会上你徐老的名气大得很咧!你是教育界的"长沙王"嘛!

新中国成立后,毛泽东又一次谈到贺知章和他的《回乡偶书》。以诗论证,自求解题。这次谈得相当深入。

据李银桥回忆:1958 年的一天,毛泽东在中南海颐年堂征询刘少奇、周恩来对《工作方法六十条(草案)》的意见。交谈中,刘少奇向毛泽东请教作诗,随即又说:我看了几首唐诗,贺知章的"少小离家老大回",有人考证说"儿童"是他的子女,不知主席怎么看?毛泽东说:瞎考!那样考的话,"飞流直下三千尺","桃花潭水深千尺",又该如何考啊?(《历史的真言——李银桥在毛泽东身边工作纪实》,第 690—691 页)据当时参加会议的中共中央宣传部副部长张际春日后与人谈及毛泽东与刘少奇谈贺知章诗的背景时说:毛主席谈古典文学总是同现实联得很紧的。有一次关于文教工作的碰头会上,有人提出,现在不少干部两地分居的问题难以解决。刘少奇说:两地分居,自古有之,"少小离家老大回","儿童相见不相识",贺知章就是把家属留在家乡么!毛主席当时没有说什么。回去后,他查了材料,给刘少奇写信。这就是 1958 年 2 月,毛泽东和刘少奇谈贺知章和《回乡偶书》写的一封长信,在这封信中,不仅讨论了唐朝官吏禁带眷属的问题,也给贺知章以很高的评价:

少奇同志:

　　前读笔记小说或别的诗话,有说贺知章事者。今日偶翻《全唐诗话》,说贺事较详,可供一阅。他从长安辞归会稽(绍兴),年已八十六岁,可能妻已早死。其子被命为会稽司马,也可能六七十了。"儿童相见不相识",此儿童我认为不是他自己的儿女,而是他的孙儿女或曾孙儿女,或第四代儿女,也当有别户人家的小孩子。贺知章在长安做了数十年太子宾客等官,同明皇有君臣而兼友好之遇。他曾推荐李白于明皇,可见彼此惬洽。在长安几十年,不会没有眷属。这是我的看法。他的夫人中年逝世,他就变成独处,也未可知。他是信道教的,也有可能摒弃眷属。但一个九十多岁像

381

齐白石这样高年的人,没有亲属共处,是不可想象的。他是诗人,又是书家(他的草书《孝经》,至今犹存)。他是一个胸襟洒脱的人,不是一个清教徒式的人物。唐朝未闻官吏禁带眷属事,整个历史也未闻此事。所以不可以"少小离家"一诗便作为断定古代官吏禁带眷属的充分证明。自从听了那次你谈到此事以后,总觉不甚妥当。请你再考一考,可能你是对的,我的想法不对。睡不着觉,偶触及此事,故写了这些,以供参考。

毛泽东

一九五八年二月十日上午十时

复寻《唐书·文苑·贺知章传》(《旧唐书·列传》一百四十,页二十四),亦无不带家属之记载。

近年文学选本注家,有说"儿童"是贺之儿女者,纯是臆测,毫无确据。

(《毛泽东书信选集》第535—536页)

⊚ "乡音无改"

贺知章回乡时已八十五岁了。离乡正半个世纪,面貌全非,而乡音未变。盖其所说古越语,在中华语系里颇为别致,难以改音。盛唐时期,浙东文化经济尚处于封闭态势。今人丁景唐说:小时候读《说文解字》,老师说,宁波话属于古越语系统,有些语音很难变化。法学家吴经熊,早年负笈海上,足迹遍天下,20世纪30年代初主编英文《天下月刊》,凡谈话以英文相酬答,但同行稍接触就能发觉他的发音里难脱宁波语音。吴即诙谐回答:此乃宁波人之忠于故乡风土也。君不见贺知章之《回乡偶书》乎?少小离家老大方回,鬓毛已摧,而乡音无改,非宁波人有谁办得到?

刘知幾

直笔秉书，不掩恶，不虚美
夫子自道，史三长，尤须识

　　刘知幾(661—721)　唐朝史学家。彭城(今江苏徐州)人,字子玄。在武则天主政时,任著作佐郎、左史等史官,长达三十年,兼修唐史。因修撰《武则天实录》,封居巢县子。后因子获罪,贬为安州(今湖北安陆)都督府别驾。有《史通》传世,详述历代史书及其体例利弊得失,为中国第一部史学评论专书。

　　1952年10月28日,毛泽东在徐州九里山参观,在谈及刘向、刘歆时,他问随从人员,谁知道刘向的后代还出了什么知名人物? 大家面面相觑回答不出,毛泽东说:唐代著名史学家刘知幾就是刘向的后代嘛!《毛泽东与山东》第60页)

　　毛泽东说:刘知幾是唐朝著名史学家。他认为,好的史家要具备有三长:史才、史学、史识。史才指著史的才干,史学指所掌握的史料,史识指对史的认知力度。有史才无学,如同巧匠无木材和器具,建筑不了宫殿;有史学而无才,好比家有良田百顷、黄金满箱,也是干不出事业,至于史识,那是要懂得好坏善恶,歌颂什么,暴露什么。三者不可缺一。

　　毛泽东特别重视"史识"。他为中共八大二次会议所写的讲话提纲中写道:"提高嗅觉,辨别风向。才、学、识,这里讲的是识,刘知幾,识的极端重要性。"(《建国以来毛泽东文稿》第七册,第200页)在会议的讲话里,毛泽东根据提纲,对"识"做了发挥。他说:"唐朝有个刘知幾,是个历史学家。他主张写历史的人要有三个条件:

383

才、学、识。他说的识，就是辨别风向的问题。我现在特别提醒同志们注意的是，我们应该有识别风向的能力，这一点有极端的重要性。一个人尽管有才有学，如果不善于识别风向，那还是很迟钝的。"（《建国以来毛泽东文稿》第7册，第209页）

这段话据参加会议的李锐现场记录是这样的：唐朝的刘知幾，是一个史学家，他说写历史要有三个条件：才、学、识。才就是才干，学就是学问，识就是对问题善于辨别风向。我特别请同志们注意的问题，就是辨别风向，要有辨别力。有无辨别力是极端重要的。中国有很多有才有学的人，但是他们不能辨别风向。斯大林说过，领导者要有预见。预见就是识别风向。就是在还没有刮风的时候，就能感到风要来了，刮小风时就知道要刮大风。站在看台上，什么东西都看不到，这种人是没有用处的。没有预见性，特别是当事物已经普遍存在了，还看不到，就会给右派以可乘之机，你看不到，他们就来了。毛泽东善于运用，善用解释，他将刘知幾所说的史识，说成是"识别风向"，也可称为一家之言。

刘知幾《史通》结构严谨，用词丰富。毛泽东1942年在《党报应吸收党外人员发表言论》中说："绝对不可文过饰非，拒绝党外人员的批评，或曲解善意批评为攻击，而造成党外人员对党的过失缄口不言的现象。"（《毛泽东新闻工作文选》，第94页）此中"文过饰非"即出自《史通·曲笔》："其有舞词弄札，饰非文过。"

《史通》

刘知幾的《史通》是中国第一部系统性的史评类专著，也是第一部史学史专著。全书二十卷，原有五十二篇，现存四十九篇，分内篇、外篇。内篇三十六篇，分《六家》、《二体》；外篇十三篇，分《史官建置》、《历代正史》。此书总结以往史书的类别和体裁，评论优劣得失，叙述编年和纪传以及史书编纂机构和编年体、纪传体的编纂过程。唐徐坚有评："以史为职者，当以此书为座右铭！"清纪晓岚也称："其抉摘精当之处，足使龙门失步，兰台变色！"

刘知幾说史才

刘知幾于文、史皆有建树。礼部尚书郑惟忠问："自古以来，为何文士多而史才少？"刘回答说："史才须有三长，世无其人，故而史才少。三长是：史才、史学、史识。若有学而无才，犹如有良田百顷，黄金满箱，却让愚者去经营，终不能增加财富。若有才而无学，好似巧如鲁班，而家中却无工具，终不能营造成宫室。最要紧的是史识，具体的表现是正直，善恶必书，使骄主贼臣知惧，这如同为虎添翼，所向无敌。不具备三长，不可居史职。然从远古以来，罕见其人。"

鉴真

坚贞不移，六次浮海
传播佛教，有僧一人

鉴真(688—763)　唐朝和尚。日本佛教律宗创始人。扬州江阳(今江苏扬州)人。本姓淳于，十四岁在扬州大云寺为沙弥。青年时游学长安、洛阳，研究律宗及天台宗教义。回扬州任大明寺住持。天宝二载(743)始，前后五次东渡日本未成。天宝十二载，第六次乘日本遣唐使归舟抵达日本，翌年，安置于皇家首刹东大寺，委任为大僧都，主持日本全国僧徒授戒传律事宜，确定施戒制度，奠定了律宗基础。

盛唐僧人鉴真赴日，随同有僧尼、工匠二十余人，并携带中华很多雕刻、建筑、文学、医药、绘图和书法等图书和作品，使中华文化大量传入日本，影响很大。

毛泽东很注意古代中国文化的对外交流。

有一次，在与翻译林克谈中日文化交流时，毛泽东说到鉴真六次东渡扶桑，传播佛教，并赞扬鉴真的不屈不挠精神，说他前五次都失败了，最后第六次到了日本，眼睛也瞎了，认为鉴真对传播佛教以及中日文化和技术交流起了很大作用。

1963 年 10 月 4 日，首都文化界、医药界、佛教界隆重集会，纪念鉴真逝世 1 200 周年。毛泽东在中南海勤政殿对郭沫若说：鉴真东渡，传播了中华民族的大唐文化，对日本的社会发展是起了积极作用的。(《历史的真知》——文革前夜的毛泽东，第 296 页)

王昌龄

七绝圣手
诗家夫子

　　王昌龄(698—约756)　唐朝诗人。京兆长安(今陕西西安)人。开元进士。晚年贬龙标(今湖南黔阳)尉。安史乱后归乡,途经亳州(今安徽亳州)为地方官杀害。诗作擅长写边塞军旅生活,风格雄浑,铿锵有力。明人辑有《王昌龄集》。

　　毛泽东青年时候就喜欢读充满豪情、有英武之气的唐朝王昌龄的边塞诗。1917年,毛泽东在所写的《体育之研究》中说:"武勇之目,若猛烈、若不畏、若敢为、若耐久,皆意志之事。取例明之……夫力拔山气盖世,猛烈而已;不斩楼兰誓不还,不畏而已,化家为国,敢为而已。"(《毛泽东早期文稿》,第71页)文中引用的"不斩楼兰誓不还",就是王昌龄的一句诗。1958年初,毛泽东的女儿李讷因手术伤口感染,引起高烧。毛泽东知道后,给她写了封信,内称:"害怕严重时,心旌摇摇,悲观袭来,信心动荡。这是意志不坚决,我也常常如此……为你的事,我此刻尚未睡,现在我想睡了,心情舒畅了。诗一首:

　　　　青海长云暗雪山,孤城遥望玉门关。
　　　　黄沙百战穿金甲,不斩楼兰誓不还。

　　这里有意志,知道吗?"信中还称,"意志可以克服病情。一定要锻炼意志。"又在这两行句下加了着重点,以引起李讷注意,鼓励她用坚强的意志去克服和战胜疾病。显然,毛泽东认为王昌龄的这首诗是能够转化为战胜疾病的精神力量的。毛泽东对这首诗情有独钟,1964 年 2 月 4 日,当中国报纸发表批评苏共公开信"七评"时,当天毛泽东精神焕发,在书房手写了它。(《历史的真知——文革前夜的毛泽东》,第 323 页)

毛泽东喜欢王昌龄的诗,经常熟读,加以应用。

王昌龄有《出塞》七绝,其中之一是:

> 秦时明月汉时关,万里长征人未还。
>
> 但使龙城飞将在,不教胡马度阴山。

诗中的"飞将",即"飞将军"。

1931 年夏,毛泽东为中央苏区取得横扫七百里胜利,所作的《渔家傲·反第二次大"围剿"》有句"枪林逼,飞将军自重霄入",就是采用此典。

毛泽东还对王昌龄的有些佳作,作了手书。现见有毛泽东手书的有《从军行》之五:

> 大漠风尘日色昏,红旗半卷出辕门。
>
> 前军夜战洮河北,已报生擒吐谷浑。

20 世纪五六十年代,毛泽东经常翻阅王昌龄的诗,所读的多种版本的唐诗里,于王昌龄的诗留下很多圈点记号,如《芙蓉楼送辛渐》、《长信秋词》、《出塞》、《闺怨》、《春宫怨》、《塞上曲》、《塞下曲》,其中《芙蓉楼送辛渐》、《长信秋词》还圈阅达五六次之多。毛泽东对于王昌龄诗的若干字句,颇求甚解。有一年胡乔木曾就王诗《芙蓉楼送辛渐》,向他请教"寒雨连江夜入吴,平明送客楚山孤"的"楚"是指何地,他当即指出是江苏江北。这也是一家之见。

⬤ 唐诗的传抄

唐诗几万首,大部分得以传承,大致有六种方式:

(一)相和推颂。如贾至有《早朝大明宫》,后岑参、王维等都有和诗,相和传颂。

(二)呈示寄赠。诗人常把自己新作写与友人,或作为赠与,如王昌龄《芙蓉楼送辛渐》、杜甫《赠卫八处士》。

(三)投诸上司和名家。如孟浩然《临洞庭上张丞相》、朱庆余《近试上张水部》。

(四)宴席赋答。如刘禹锡《酬乐天扬州初逢席上见赠》。

(五)题壁留念。如崔颢《黄鹤楼》,许浑《秋日赴阙题潼关驿楼》。

(六)书写于物。如李商隐《锦瑟》。

(七)写进歌词。如乐府诗。李白《清平调》、王昌龄《横吹曲辞·汉横吹曲》(《出塞》)。

李白

雄奇豪放
一代诗宗

　　李白(701—762)　唐朝诗人。陇西成纪(今甘肃秦安)人,字太白,号青莲居士。早年在蜀中隐居和漫游,后出蜀至江、汉,漫游黄、淮。一度入长安做翰林。辞职后又与杜甫同游齐、鲁、吴、越。晚年漂泊,病卒于当涂(今安徽当涂)。一生创作大量诗篇,歌播盛唐之音,批判腐朽贵族集团,描写壮丽山川。诗风雄伟豪放,富有积极的浪漫主义。有《李太白全集》,集诗歌900余首。其所作诗篇杜甫称之为"笔落惊风雨,诗成泣鬼神。"书法亦苍劲雄浑,气势飘逸。今存有《上阳台帖》行书25字,由藏家张伯驹赠毛泽东,1958年又由毛泽东送故宫博物院收藏。

　　1949年12月,毛泽东在赴莫斯科途中,在列车上曾与陪同的苏联汉学家费德林评论了唐朝的李白。毛泽东认为李白是唐代杰出诗人。他像天才诗人普希金对俄国人民的贡献那样,为中国人民写了许多珍贵的艺术诗篇。李白的诗是登峰造极的,他是空前绝后的不朽艺术家。中国至今没有人能超过李白、杜甫的诗才。虽然此说并非全是毛泽东原话,但我们也能从中窥出一代伟人对李白的权威性评说。

称赞李白是诗人之冠

毛泽东喜欢唐诗,但于百十位唐代诗人群体里,最最欣赏的还是李白的诗。他曾说李白的诗文采奇异,气势磅礴,有脱俗之气。几十年间,毛泽东经常谈说对李白诗的喜爱。1942 年 4 月 13 日,毛泽东为准备延安文艺座谈会,邀请何其芳、严文井等交换意见。在谈话中,在回答严文井问喜欢李白还是杜甫时说:我喜欢李白。但李白有道士气。杜甫是站在小地主的立场。1957 年初,他与诗人臧克家等谈诗、谈李白。据臧克家回忆:"毛主席也有个人特别喜爱的古代诗人。在谈话当中,对唐代两个大诗人——李白、杜甫,比较起来,毛主席更欣赏李白。"1958 年 1 月,毛泽东在南宁会议上讲话,他提出创作光搞现实主义一面也不好,"李白、李贺、李商隐,搞点幻想。"这也是他喜欢李白诗的一个原因。在毛泽东晚年身边陪读的北京大学讲师芦荻就曾说:"毛主席喜欢李白、李贺、李商隐的诗,尤其喜欢李白的诗。"据谢静宜后来回忆:毛泽东喜欢的诗词,一般是爱国的、有骨气、有气魄的诗作。曾对她说过李白的诗好。他点了很多,如《梦游天姥吟留别》、《蜀道难》等等。主席还多次称赞李白是诗人之冠。(《人物》1998 年第 8、9 期)

李白诗富有幻想的浪漫色彩

毛泽东读李白诗,也喜欢引用李白诗和评述李白诗。1935 年 1 月,遵义会议后,毛泽东送朱德上第一线指挥作战,朱德要他不要送行了,他用了李白《送汪伦》诗句:理应如此。桃花潭水深千尺,不及你我手足情嘛。同年 2 月,红军占领入川门户娄山关,毛泽东登上关楼,瞭望周围群山起伏,当即大声朗诵了相传李白所作的《忆秦娥》:

箫声咽,秦娥梦断秦楼月。秦楼月,年年柳色,霸陵伤别。

乐游原上清秋节,咸阳古道音尘绝。音尘绝,西风残照,汉家陵阙。

触景生情,毛泽东认为此词下阕从怀念远人,掺入了怀古伤今之意,气象就突然开阔,由此佐证他对李白的熟悉和喜爱。

新中国成立以后,毛泽东视察神州大地,走过很多当年李白曾到过和抒发诗情的地方,对此他大有感触,留下了不了情和可采的篇章。1958 年 3 月 29 日,毛泽东于成都会议结束后出川,船过三峡白帝城时,当知道是当年李白留诗的地方,立刻朗诵了《下江陵》:

朝辞白帝彩云间,千里江陵一日还。

两岸猿声啼不住,轻舟已过万重山。

然后对中共万县地委书记燕汉民说:李白诗中"两岸猿声啼不住",那一定是满山树木,才能有猿猴栖息。从万县东下,我看这两岸多是光秃秃的山。你们应该发动群众栽树绿化长江!(《华东晨报》第 1600 期)在船过宜都到达江陵时,他又面临大江感慨地说:朝辞白帝彩云间,千里江陵一日还。两岸猿声听不见,汽笛一鸣到公安。1959 年 8 月,毛泽东在庐山会议前夕的一个月夜,为贺子珍送行告别时,不胜依依地吟了一首李白诗:"东林送客处,月出白猿啼。笑别庐山远,何烦过虎溪。"在会议期间,得知儿媳刘松林生了一场病,便给她写了一封信,信中引用了李白诗句勉励,"登高壮观天地间,大江茫茫去不还。黄云万里动风色,白波九道流雪山。这是李白的几句诗。你愁闷时可以看点古典文学"。1961 年 9 月,毛泽东在庐山期间又写了这四句诗,写完以后,写了几个字:"李白《庐山谣》一诗中的几句。登庐山,望长江,书此以赠庐山党委诸同志。"(《建国以来毛泽东文稿》第九册,第 555 页)

毛泽东喜欢李白诗,对《将进酒》、《蜀道难》等篇赞不绝口。1952 年 10 月,毛泽东给叶挺的孩子们书写了一幅《将进酒》。1950 年 2 月,中苏双方签约期间,毛泽东心烦意乱,一连两夜失眠,人们只是听到他不止一次地独自吟咏了《蜀道难》诗句。(《历史的真情——毛泽东两访莫斯科》,第 261—262 页)20 世纪 50 年代,在接见出席关于知识分子会议的文艺界代表,当得知作家杜鹏程正在宝成铁路工地体验生活时,说道:李白的《蜀道难》就是写的你们现在工作的那些地方的艰险情景,不过,"蜀道"很快就不"难"啰!说罢就动情地吟诵起《蜀道难》中的一些片段。70 年代,他又与身边工作人员说起这首乐府:《蜀道难》写得很好,有人从思想方面作各种猜测,以便提高评价,其实不必。不要管那些纷纭聚讼。这首诗主要是艺术性很高,谁能写得有他那样淋漓尽致呀。它把人带进祖国壮丽险峻的山川之中,把人带进神奇优美的神话世界,让人们仿佛也到了"难于上青天"的蜀道上面了。

李白是个做官迷

虽然毛泽东对李白诗篇的汪洋恣肆、热情奔放、富有幻想的浪漫色彩十分赞扬，引为同好，但他也指出李白是个做官迷。1945 年 4 月 24 日，毛泽东在中国共产党第七次全国代表大会上的口头报告上，就当时延安文化界说边区有否韩荆州，说了这个故事："唐朝时，有一个姓韩的在荆州做刺史，所以人们把他叫做韩荆州。后来有一个会写文章的人叫李太白，他想做官，写了一封信给韩荆州，把他说得了不起，天下第一，其实就是想见韩荆州，捧韩荆州是为了要韩荆州给他一个官做。因此就出了'韩荆州'的典故。"（《毛泽东文集》第三卷，第 338 页）这就是李白"身不愿封万户侯，但愿一见韩荆州"的故事。1973 年 7 月 3 日，毛泽东在一次谈话中又谈了李白想做官。他说：早几十年中国的国文教科书就说秦始皇不错了，车同轨，书同文，统一度量衡。就是李白讲秦始皇，开头一大段也是讲他了不起。"秦王扫六合，虎视何雄哉！挥剑决浮云，诸侯尽西来。"一大篇，只是屁股后头搞了两句："但见三泉下，金棺葬寒灰。"就是说还是死了。你李白呢？尽想做官！结果充军贵州，走到白帝城，普赦令下来了。于是乎，"朝辞白帝彩云间。"其实，他尽想做官。《梁甫吟》说现在不行，将来有希望。"君不见高阳酒徒起草中"，"指挥楚汉如旋蓬"。那时神气十足。我加上几句，比较完全："不料韩信不听话，十万大军下历城。齐王火冒三千丈，抓了酒徒付鼎烹，把他下了油锅了。"

🔵 李白没有官做

唐朝选拔官员有三条途径：一是科举；二是门荫（贵族高官子弟）；三是流外（官衙胥吏等经长期工作有才能者）。但还须参加铨选考试合格者，才能取得做官资格。李白从来不愿参加科举考试，也不合符门荫和流外。

天宝初年(742)，四十岁的李白因道士吴筠和学士贺知章等推荐，见到唐玄宗李隆基。李隆基大加称赞，任命为特诏翰林。这是不进翰林院编制的零类翰林，只是替皇帝歌舞写些可采的新词而已，因此算不了官。此后李白又先后充当永王李璘和宋若思的幕僚，最后依附当涂县令李阳冰，都是不拿官俸的幕客。

杜甫

诗是史诗　人称诗圣

杜甫(712—770)　唐朝诗人。河南巩(今河南巩义)人,字子美。早年漫游吴、越、齐、赵。安史乱后,居成都浣花溪,辗转蜀中各地。曾任检校工部员外郎,世称"杜工部"。大历三年(768)出蜀,病死于湘江舟中。诗作揭露社会矛盾与统治集团昏庸腐朽,反映人民苦难均十分深刻,有"诗史"之誉。现存诗一千四百余首,有《杜工部集》。

少小就熟悉杜甫诗,能背诵杜甫很多诗

毛泽东从小就读过大量的杜甫诗。他对杜甫了若指掌。早在 1913 年毛泽东所记《讲堂录》中就记有:"著书存者,以其实也,无用而存,以其精,韩柳杜之诗是也。不然,浩然烟海塞天地矣。""游之为益大矣哉!登祝融之峰,一览众山小;泛黄勃之海,启瞬江湖失。"1916 年暑假,毛泽东和蔡和森游历洞庭湖周边,他们登上岳阳楼,触景生情,彼此吟咏了杜甫《登岳阳楼》五律。1924 年,他为陈子博写的挽联,就用了杜甫《蜀相》的尾句:出师未捷身先死,长使英雄泪满襟。毛泽东能背诵杜甫很多诗。1927 年 10 月,在井冈山茅坪八角楼,怀念妻子杨开慧,忽而想起了《月夜忆舍弟》:

戍鼓断人行,边秋一雁声。

露从今夜白,月是故乡明。

有弟皆分散,无家问死生。

寄书长不达,况乃未休兵。

1949 年 3 月,赴北平途经保定,毛泽东得知李银桥夫妻在保定有亲人,而又难见,就说:我记得两首唐诗,很能表达你现在的心境。其中一首就是《月夜忆舍弟》,接着就吟咏了这首诗。1938 年,毛泽东有一次和来延安的朱光等人谈论书法和艺术,他熟练地背诵了杜甫《观公孙大娘弟子舞剑器行》古诗体序言的最后几句:"往者吴人张旭,善草书书帖,数常于邺县见公孙大娘舞西河剑器,自此草书长进,豪荡感激,即公孙可知矣。"然后说:杜甫的这段话说出了舞蹈、戏剧等艺术与书法艺术是相通的,是至理名言。1949 年,毛泽东为女儿娇娇取学名李敏。在解释"敏"字时,也用了杜甫《不见》诗:"敏捷诗千首,飘零酒一杯"作为佐证。

推崇杜甫,也熟悉历代各种杜诗版本

毛泽东推崇杜甫和他的诗歌。1949 年 12 月,毛泽东和苏联汉学家费德林谈论了杜甫。他认为,杜甫是中国古代最伟大的人民诗人。他的作品是中国后代人艺术欣赏的不朽文献。杜甫的诗,代表了中国人民天才的独特风格,也是给全人类留下的优秀的文学遗产。

可是很久以来,流传有毛泽东的"尊李贬杜"之说,如 20 世纪 70 年代初,在当时文化大背景下应运而生的郭沫若所著的《李白与杜甫》就持有这种观点。事实上也不尽然,毛泽东对杜甫一直就很感兴趣。1952 年 10 月,他在山东济南视察。当来到大明湖历下亭时,就指着亭柱所悬的对联"海右此亭古;济南名士多",对陪同者作了详细介绍说:历下亭闻名天下,主要是因为大诗人杜甫公元 745 年到齐州临邑看望其弟杜颖,而后来到济南,与当时的著名书法家、北海太守李邕等人相聚历下亭。当时杜甫挥笔写下了《陪李北海宴历下亭》的著名诗篇:

东藩驻皂盖,北渚凌清河。

> 海右此亭古,济南名士多。
>
> 云山已发兴,玉珮仍当歌。
>
> 修竹不受暑,交流空涌波。
>
> 蕴真惬所遇,落日将如何?
>
> 贵贱俱物役,从公难重过。

毛泽东在背诵全诗后说:海右此亭古,济南名士多,便是诗中的两句。(《毛泽东与山东》,第25页)。1956年4月5日,《人民日报》发表据中共中央政治局扩大会议的讨论写成的编辑部文章《关于无产阶级专政的历史经验》,在中央讨论这篇文章时,毛泽东给大家念了一首杜甫的诗:

> 王杨卢骆当时体,轻薄为文晒未休。
>
> 尔曹身与名俱灭,不废江河万古流。

(《中国出了个毛泽东》,第182页)

1958年3月7日,毛泽东在成都会议期间,游览了杜甫草堂。在杜诗版本展览室,浏览了宋、元两代杜诗集,对一部用雪白的宣纸影印的宋本杜工部集很感兴趣。在看了明清和近世刻印的各种不同版本的杜诗后,望着陈列在橱内的诗集说道:是政治诗!毛泽东又诵读杜甫《茅屋为秋风所破歌》,诵到"安得广厦千万间,大庇天下寒士俱欢颜"时风趣地说:看来,高级知识分子的住房困难问题,是古已有之的。毛泽东还仔细看了悬挂在大廨前的一副清人顾复初写的楹联:

> 异代不同时,问如此江山,龙蜷虎卧几诗客?
>
> 先生亦流寓,有长留天地,月白风清一草堂。

他赞赏地说:好!集杜句。(《毛泽东走出红墙》,第56—57页)在此期间,他又向杜甫草堂借阅了各种版本的杜甫诗集,共十二部,一百零八本,其中有明刻本张含所选、杨慎所批点的《李杜诗选》;此外还有杜甫草堂的对联。他还选编了《诗词若干首(唐宋人写的有关四川的一些诗和词)》,共编入唐宋诗词名家十六人,

394

共六十四首,其中杜甫最多,有《蜀相》、《剑门》、《赠花卿》等二十五首。毛泽东对杜甫是够注重的,也掌握历代各种杜诗版本,1959 年 5 月,还就韦君宜编的《毛主席诗词》注释本作批示时,即以杜诗注本为例指出:"诗不宜注,古来注杜诗的很多,少有注得好的,不要注了。"(《文人毛泽东》,第 682 页)可见他对杜诗版本的熟悉程度。

对不少杜诗还赋以新的意义

晚年毛泽东仍能背诵很多杜甫诗。20 世纪 60 年代初,他在上海和复旦大学刘大杰谈论古典文学和作家。当问知刘大杰是湖南岳阳人时,毛泽东立刻朗诵杜甫《登岳阳楼》:

> 昔闻洞庭水,今上岳阳楼。
> 吴楚东南坼,乾坤日夜浮。
> 亲朋无一字,老病有孤舟。
> 戎马关山北,凭轩涕泗流。

1964 年 7 月 18 日,他南巡后由湖南乘火车返北京,在中途暂停岳阳站,当与中共湖南省委书记张平化谈话时曾问及岳阳楼现况,即默写了这首《登岳阳楼》。原诗第六句写作为"老去有孤舟"改动了一字,是有意为之,还是笔误,却留下了个难解之谜。此诗手书后来刻制装嵌在新修整的岳阳楼三楼。1966 年 6 月 10 日,毛泽东在杭州和越南胡志明主席谈话,引用了杜甫的诗:"我明年七十三了,这关难过,阎王爷不请我自己去。杜甫有首诗说:'酒债寻常行处有,人生七十古来稀'。"(《毛泽东传》下,第 1623 页)据毛泽东生前好友周世钊说,1971 年林彪事件爆发后,毛泽东还戏改过杜甫《咏怀古迹》五首之三中的"生长明妃尚有村"句。他将"明妃"改为"林彪",这样此诗就成为"群山万壑赴荆门,生长林彪尚有村。一去紫台连朔漠,独留青冢向黄昏……"相传王昭君是湖北秭归人,林彪是湖北黄冈人,真是两字之改,颇见贴切。1975 年,毛泽东听身旁工作人员为他读杜甫七律《进艇》:"南京久客耕南亩,北望伤神坐北窗,昼引老妻乘小艇,晴看稚子浴清江。俱飞蛱……"因为不识"蛱"字读音,就停滞了。毛泽东立即接下背诵:"俱飞蛱蝶元相逐,并蒂芙蓉本自双。茗饮蔗浆携所有,瓷罂无谢玉为虹。"《进艇》是一篇历来不为入选的杜诗,毛泽东却能背诵如流,可见他对杜诗研究之深。

毛泽东对不少杜诗还赋以新的含义。1963年8月初,中央军委专门研究如何评论苏共中央《公开信》,毛泽东说了五点,其中第三点:擒贼先擒王,矛头对准赫鲁晓夫,他是急先锋,讲话也最多,最恶劣。(《十年论战》(下),第638页)"擒贼先擒王"即出自杜甫《前出塞》句。1971年初,在美国总统尼克松访华前夕,毛泽东同护士长吴旭君谈到美国总统尼克松时说:我要请他到北京来,你看怎么样?吴想了想,反问道:"跟一个反共老手会谈?您不考虑舆论界对您施加压力?您不考虑自己的形象是否会受到影响?"毛说:你给我背背杜甫的《前出塞》吧?吴问:"哪一首?"因杜甫的《前出塞》有九首。毛先背了一句:"挽弓当挽强"。吴旭君接着就往下背:

> 挽弓当挽强,用箭当用长。
>
> 射人先射马,擒贼先擒王。
>
> 杀人亦有限,列国自有疆。
>
> 苟能制侵陵,岂在多杀伤。

毛泽东听了接着说:在保卫边疆、防止入侵之敌时,要挽强弓用长箭。这是指武器在战争中的重要性,但不是决定的因素。决定的因素是人。"射人先射马,擒贼先擒王"。这是民间流传的两句极为普通的话。杜甫看出了它的作用,收集起来写在诗中。这两句话表达了一种辩证法的战术思想。我们要打开中美的僵局,不去找那些大头头,不找能解决问题的人去谈行吗?选择决策人谁是对手,这点很重要。当然,天时、地利、人和都是不可排除的因素。原先中美大使级会谈,马拉松,谈了十五年,一百三十六次,只是摆摆样子,现在到了亮牌的时候啦。又说:把共和党这个最大的阻力挖掉,事情就好办,非找尼克松不可。(《缅怀毛泽东》下,第646—647页)1964年12月20日,毛泽东因在中央工作会议上与刘少奇发生争论,就接过刘澜涛关于农村坏干部情况的话说:这是对当权派的分析。杜甫有一首诗,其中有这么四句:"挽弓当挽强,用箭当用长。射人先射马,擒贼先擒王。"这四句通俗明了。就是搞那个大的,大的倒了,那些狐狸慢慢清嘛,群众知道嘛,群众就怕搞不了大的。

（《毛泽东传》下，第 1370 页）

扬李抑杜，是感到前人对杜甫的诗注家太多

当然，毛泽东更多的还是从艺术创作的角度来论述杜诗的，如 1965 年给陈毅信中所提及的，"又诗要用形象思维，不能如散文那样直说，所以比、兴两法是不能不用的。赋也可以用，如杜甫之《北征》，可谓'敷陈其事而直言之也'，然其中亦有比、兴。"（《毛泽东诗词集》，第 266 页）毛泽东熟读杜诗，因而对它有鉴别、分析，而不一概论定。1957 年 1 月毛泽东在与臧克家、袁水拍谈话中说：杜甫的诗有好的，大多数并不怎么样。此话另有一种版本是：杜甫诗写得不少，好的不多。（《世纪诗星：臧克家传》，山东大学出版社 2001 年 1 月版第 373 页）。

毛泽东诗词有时也引用杜诗文字，见于新中国成立前后所作诗词，如"横扫千军如卷席"（《醉歌行》："笔阵独扫千人军"）、"惟余莽莽"（《对雨》："莽莽天涯雨"）、"落花时节读华章"（《江南逢李龟年》："落花时节又逢君"）、"莫道昆明池水浅"（《秋兴八首》："昆明池水汉时功"）、"飒爽英姿五尺枪"（《丹青引赠曹将军霸》："英姿飒爽来酣战"）、"歌未竟，东方白"（《东屯月夜》"日转东方白"）。而1955 年 10 月 4 日所作的《七律·和周世钊同志》"域外鸡虫事可哀"句，所称"鸡虫事"乃出自《缚鸡行》："小奴缚鸡向市卖，鸡被缚急相喧争。家中厌鸡食虫蚁，不知鸡卖还遭烹。鸡虫于人何厚薄？吾叱奴人解其缚。鸡虫得失无了时，注目寒江倚山阁。"

新中国成立以来毛泽东多次读杜甫诗，他抄录的杜诗就有《茅屋为秋风所破歌》、《登高》、《江南逢李龟年》和《登岳阳楼》等，而见于有关诗集为他圈圈的却有七十四首之多，占了今存杜诗，即北宋王洙编《杜工部集》所收的一千四百零五首的相当比重。毛泽东对杜甫生平很感兴趣。在解放战争期间，在战事倥偬之际，仍甚注意到当时发表在报刊上的冯至《杜甫传》片断。新中国成立以后，冯至《杜甫传》在《新观察》连载，毛泽东又是每期必读。当《新观察》将《杜甫传》连载完毕后，毛泽东说：《新观察》现在将《杜甫传》登完了，我《新观察》也不要看了。1958 年春，毛泽东在为大跃进开张的南宁会议上曾说过：光搞现实主义一面也不好，杜甫、白居易哭哭啼啼，我不要看。20 世纪 70 年代初，又说：杜甫也有写得好的和比较好的诗。但总的说杜甫的诗写得消沉、凄惨了些。如《兵车行》中，"牵衣顿足拦道哭，哭声直上干云霄，……君不见青海头，古来白骨

无人收。新鬼烦冤旧鬼哭,天阴雨湿声啾啾。"……作者不分是正义的或非正义的,写得太悲惨了。(《人物》1998 年第 8、9 期)有人说毛泽东这是在贬杜甫,其实这只是特定时代所说的特定的话。毛泽东并未有进行全面对杜甫的贬抑,那是因为杜诗真正反映了盛唐、特别是安史之乱后的社会现实、民间疾苦,诗中的凄凄凉凉与他认为的大跃进热火朝天、万马奔腾是不相容的,故有此说。另据上海社会科学院孙琴安面聆刘大杰教授所称,"毛主席之所以有扬李抑杜的想法,那是因为感到前人对杜甫的诗注家太多,号称'千家',李白的诗注家太少。同为大诗人,注家相差却如此悬殊,觉得有点不平。而在他看来,李白诗的成就与价值又并不在杜诗之下。"

🔘 杜甫不作河西尉

20 世纪 70 年代初,郭沫若著作《李白与杜甫》颇多新意。时在美国的洪业教授读了,就其中杜甫出任河西尉事提出质疑。并有诗《读郭沫若〈李白与杜甫〉有感》:

少陵不作河西尉,总为凄凉恶榜笞。

何把近畿移远地,遽挥刀笔肆诛夷。

半生卓立辟雍外,一语难将驷马追。

奉告先生诗有教,温柔敦厚莫更疑。

附有注称,《李白与杜甫》称:唐代河西县有二:一在山南;一在四川。遂窥杜甫挑肥拣瘦,不愿去穷乡僻境与民众接近。郭君考据,盖为地理辞典之属所误。若据《元和郡县志·关内道》、《唐会要·州县改置门》、《旧唐书·地理志》之属,则可知同州别有河西县! 置于武德三年,乾元三年改为夏阴。其地当今之邰阳。当时杜甫家属逃荒于京兆之奉先,其地当今蒲城、邰东北,而蒲西南相去约五十公里而已。据美陈毓贤《洪业传》称:据洪业说,杜甫不愿做河西尉的原因是"尉"等于警察长,主要的职任是杖打犯人,这种事杜甫宁愿饿肚子也不屑做。

岑参

写军旅生涯
现塞上风光

岑参(约 715—770)　唐朝诗人。荆州江陵(今属湖北)人。天宝进士。先后在安西和西域等地任节度使所属的掌书记、判官。后任嘉州(今四川乐山)刺史。世称"岑嘉州"。晚年客死成都。擅长边塞诗,风格奇峭俊丽。有《岑嘉州诗集》。

毛泽东早年出韶山后,就读过不少岑参的诗,他对岑参诗相当欢喜,相当熟悉。1936 年他在延安和斯诺回忆 1918 年在北京生活时说:我自己在北京的生活条件很可怜,可是在另一方面,故都的美对于我是一种丰富多彩、生动有趣的补偿。又说:我看到杨柳倒垂在北海上,枝头悬挂着晶莹的冰柱,因而想起唐朝诗人岑参咏北海冬树挂珠的诗句"千树万树梨花开"。北京数不尽的树木激起了我的惊叹和赞美。

1929 年 10 月(旧历重阳),毛泽东在福建上杭城楼和傅柏翠赏菊评论古人。傅柏翠很欣赏岑参的"强欲登高去,无人送酒来,遥怜故园菊,应傍战场开"。说它是"简单明了,也不用典。他反对战乱,渴望天下太平、人民安居乐业,诗有尽,思无穷"。毛泽东欣表赞同,说道:岑参的这首诗,写得蛮好,展现了一幅威武雄壮的战争画卷:血流遍野、刀刃相交的两军鏖战的城乡,丛丛菊花依

399

然在路边开放,情韵无限,却又感到有些低沉惆怅。

有感而发。毛泽东就此写了《采桑子·重阳》:

人生易老天难老,岁岁重阳。

今又重阳,战地黄花分外香。

一年一度秋风劲,不似春光。

胜似春光,寥廓江天万里霜。

词中"战地黄花分外香",即由此衍生。

这首诗就是《行军九日思长安故园时未收长安》。

1956 年夏,毛泽东畅游长江,有次吃了清蒸武昌鱼。他对厨师杨纯清说:杨师傅哎,你做的武昌鱼蛮不错。这武昌鱼还有典故的:岑参有"秋来倍忆武昌鱼,梦魂只在巴陵道。"(《毛泽东在湖北》,第 314 页)。岑参诗句见《送费子归武昌》。

毛泽东喜欢岑参的诗,1930 年 2 月,在红军奔袭吉安途中所作《减字木兰花·广昌路上》,就运用了岑参《白雪歌送武判官归》诗句"风掣红旗冻不翻。"此句后来在定稿后发表,才改为"风卷红旗过大关"。(《毛泽东妙用典故精粹》,第 234 页)1961 年 12 月所作《卜算子·咏梅》"已是悬崖百丈冰",即出自岑参《天山雪歌送萧治归来》诗句:"瀚海阑干百丈冰,愁云惨淡万里云。"他圈读的岑参诗有《走马川行奉送封大夫出师西征》、《轮台歌奉送封大夫出师西征》、《逢入京使》、《与高适薛据登慈恩寺浮图》、《奉和杜相公发益昌》和《白雪歌送武判官归》等首。其中特别爱好《奉和杜相公发益昌》,曾手书诗里的"朝登剑阁云随马,夜渡巴江雨洗兵"两句。1958 年 3 月成都会议期间,还将此首编进了《诗词若干首(唐宋人写的有关四川的一些诗和词)》印发与会人员。

● 武昌鱼

即长江鳊鱼,系生产在湖北武汉到大冶之间的鄂州地区的鳊鱼。鄂州,三国时曾名武昌。武昌鱼即典出三国晚期童谣:宁饮建业水,不食武昌鱼。(《三国志·吴书·陆凯传》)

郭子仪

大富贵
亦寿考

郭子仪(697—781) 唐朝将领。华州郑县(今陕西华县)人。武举出身。755年,以灵武郡太守、朔方节度使拥戴李亨(唐肃宗)即帝位,带兵东征屡败安史叛军,并会同回纥收复两京。进中书令,封汾阳郡王。身系唐室安危达二十余年。

唐朝郭子仪被旧史家誉为"大富贵亦寿考"的典型,他有七子八婿都做大官,本人也活到八十五岁。传统戏剧十几个剧种都有《打金枝》这出戏,写他的幼子郭暖和妻升平公主的故事。相传汾阳王郭子仪八十大寿,六子八女均拟携妻或夫婿登堂拜祝,独升平公主因恃皇家女不往,为郭暖打骂,公主愤而回宫哭诉,郭子仪绑子上殿请罪,唐皇以儿女事本非朝廷应以干预,反而晋升郭暖官阶,并与皇后劝解双方和好。

毛泽东很欣赏这出戏,并由戏转而评述了郭子仪。1948年3月,毛泽东渡黄河,在贺龙的司令部住了一个星期。有天晚上,看山西梆子《打金枝》。他说,山西梆子很不错,郭子仪是个老臣,金枝不和丈夫驸马去拜寿,驸马打了金枝,金枝回宫告了驸马的状,唐明皇(代宗)了解女儿的心理,不但没有惩罚驸马,反而给驸马连升三级。又说,这说明老丈人很开明。1957年4月2日,毛泽东在北京看京剧《打金枝》时对周恩来、彭真说：郭子仪的儿子同皇帝女儿结亲以后，闹矛盾，郭子仪和皇帝各自批评了自己的孩子，解决得很好。这是说解决人民内部矛盾，矛盾双方要各自多作自我批评。毛泽东由此就谈及历史里的郭子仪。他说：郭子仪很有政治头脑，当时有人向皇帝打小报告，说他有谋反之心，郭子仪听到后，就把自己的门第敞开，任人出入、参观，有个典故叫"门户洞开"，就是从这里来的呢。五十年代时有一次毛泽东在安徽合肥看黄梅戏《打金枝》。当他看到升平公主挨打后进宫，而郭子仪捆绑了自己和儿子赴皇帝面前请罪，皇帝反而十分宽容，还批评自己的女儿，又批评皇后对女儿的偏心时，毛泽东发了一通评论：这个皇帝手段高明，能团结功臣，不偏听偏信。公主汇报的一些逆耳之言，他置若罔闻，相反他严格管教自己的子女，这一点，好多共产党员都做不到。1962 年 10 月，毛泽东在中南海观看山西晋剧团《打金枝·劝宫》后，对扮演唐代宗李豫的演员丁果仙说：你扮演的唐代宗这个人，虽然在建功立业上没有什么作为，但他很会处理家庭矛盾。这一点，我们共产党的干部也应当学习一下啊！(《女中"男儿"丁果仙》，第 169 页)

毛泽东对郭子仪是肯定的。有一年，他在杭州笕桥机场得知有位专机服务员名字叫"郭桂卿"时，就说：郭桂卿，男娃的名字嘛。我看叫郭子仪吧，知道郭子仪吗？看过《打金枝》没有？郭子仪可是位民族英雄哪。(《秘密专机上的领袖们》，第 130 页)

打金枝

"打金枝"故事，不见于新旧《唐书·郭子仪传》，而典出《资治通鉴》。写唐代宗李豫嫁女升平公主与郭子仪子郭暧。小两口闹别扭，升平公主自持金枝玉叶，羞辱郭暧。郭暧气不择言，脱口说："你不过仗父为天子，殊不知，我家老头子还不高兴做皇帝呢。"升平公主入宫将郭暧这话向皇帝老爸告状。李豫却没有袒护女儿，说："郭暧说得极是，他父亲要是真个愿意做皇帝，天下还会是你家的吗。"郭子仪得悉，急忙进宫请罪。李豫说："俗话说：不痴不聋，不作家翁。儿女闺房之言，何必当真呢！"郭子仪回府，仍将郭暧责杖。此故事，晋剧编为《打金枝》，后为京剧、黄梅戏等移植。"金枝"，即公主。

颜真卿

端庄雄伟，刚劲多姿
承前启后，独创一家

颜真卿(708—784)　唐朝书法家。京兆万年(今陕西西安)人，字清臣。开元进士。安史乱时，在平原(今山东平原)抗拒叛军，为河北诸郡奉为盟主。封鲁郡公，世称"颜鲁公"。后为朝廷招抚军阀李希烈，被杀害。其书法初学褚遂良，后学张旭，正楷端庄雄伟阔大，行书遒劲郁勃，世称"颜体"。所写《祭侄文稿》，被誉为仅次于《兰亭序》的"天下第二行书"。后人辑有《颜鲁公文集》。

颜真卿是中国古代的大书法家，也是一位颇有气节、执持正义的官员。他的字别树一格，一千多年来为人们模仿不绝。早年毛泽东就喜欢读颜真卿的碑帖。在延安时期，他窑洞里收藏有一册编集唐人临摹王羲之字和颜真卿字的《晋唐小楷字帖》，经常翻阅，爱不释手。毛泽东的字虽然未循颜体，但与颜体的刚劲挺拔、大气磅礴却是相通的。

1946年1月，毛泽东在陕甘宁边区民众送"人民救星"匾后，曾与书写此匾的延安市商会文书毕仲辉共同谈论过中国的书法艺术，其中特别谈到了颜真卿的楷书。毛泽东说：我国书法艺术源远流长，如从文字发展史上看，汉字书体经过了甲骨文、篆书、隶书、楷书、行书、草书的发展过程，迄今已有三千年的历史；

论其流派,即同一书体又有多种体式,如楷书中,有王羲之、欧阳询、颜真卿、柳公权、唐驼各家。加之浩如烟海的碑刻、法帖,又都从各个角度反映了不同时代的书法风貌。毛泽东接着高度赞扬了颜真卿,说:书法家在我国并不限于文人,武将亦不少,如张飞、岳飞等;文武双全者尤多,如唐代的颜真卿,他在平定安史之乱中,被推举为盟主。他曾说:用笔要像折金钗一样有用。

新中国成立后,毛泽东有了自己的图书室,他收藏有不少颜真卿碑帖,每逢外出,在指定所携带的书籍、字帖里,不少是颜真卿字帖。如 1960 年他在杭州刘庄,常用常读的字帖里就有一册《颜鲁公字帖》。颜鲁公即颜真卿,因封鲁郡公,故有此称。

🌀 唐朝的爵位

唐朝在魏晋基础上,把官品和爵位系统化。将官员的九品分为正从,如正一品、从一品等。爵位亦分为九等:(一)王,(二)嗣王、郡王,(三)国公,(四)郡公,(五)县公,(六)县侯,(七)县伯,(八)县子,(九)县男。实行食邑制,以代大臣俸禄。王,食邑万户;嗣王、郡王,食邑五千户;国公,三千户;郡公,二千户;县公,一千五百户;侯,一千户;伯,七百户;子,五百户;男,三百户。

颜真卿是鲁郡公,爵位四等,在唐代为中等爵位。

怀素

走笔离奇怪异
写字飞龙舞蛇

怀素(725—785)　唐朝僧人。湖南长沙人,字藏真,俗姓钱。幼年出家,酷爱书法。相传在永州(今湖南永州)寺里广植芭蕉,用蕉叶代纸写字。以狂草著名于世。字如疾风骤雨,飞龙走蛇,所谓"草法入圣,精艺无敌"(南宋岳珂)、"奇纵变化,超迈前古"(清高士奇),由是誉称"醉仙书"。传世真迹有《食鱼帖》《论书帖》等。

毛泽东很器重怀素,他的书法就受到怀素草书影响。

1966年6月26日,毛泽东在韶山滴水洞得知湖南省委工作人员蒋业农是零陵人后,就谈起了怀素其人:怀素是唐朝的大书法家,他的草书写得好,是在零陵练出来的。但他不是零陵人,是长沙人,少年出家到零陵绿天庵。他是个穷和尚,没有钱买纸练字,就利用绿天庵周围的芭蕉树叶练字,后来成了历史上公认的"草圣",我也是学他的草书。(《湘潮》2013年8月号)

毛泽东很关切怀素和怀素的遗迹。

1962年9月,在中共中央八届十中全会期间,毛泽东曾向中共湖南省委第二书记王延春问起零陵绿天庵以及怀素的遗迹。他在湖南视察工作期间,还委托王延春在零陵寻找怀素的书法真迹。

毛泽东十分欣赏怀素的草书。田家英曾说：毛泽东的字是学怀素的，写起来很有气魄。1974年1月，毛泽东将自己所喜爱的《怀素自叙帖真迹》送与来华访问的日本首相大平正芳。毛泽东收藏有很多怀素帖，他每到一处，都要找寻当地所收藏的怀素帖。从1953年起，毛泽东每年都要赴杭州，工作余暇，时常读帖写字练书法。据说仅20世纪50年代，他在杭州就看帖四百余种，其中有不少怀素草书的碑帖。据逄先知回忆：毛泽东曾多次要过怀素《自叙帖》。1961年10月27日，毛泽东要《自叙帖》，并要我们把他所有字帖都集中起来放在身边。1964年，他又要有关人员收集包括有怀素在内的各种字体的草书《千字文》。常有行家说，毛泽东那飘逸神飞、一泻千里的草书，是宗怀素体的。他的秘书田家英认为，毛泽东的书法，特别是草书，和怀素《自叙帖》有相同的地方：一是笔画都较细圆；二是字形都较大；三是在大草的布局上，都采用了行行逶迤、翩翩自肆的写法；四是龙"神"上很相似。毛泽东尤喜怀素的狂草体，但又不拘泥于怀素字作，勇于创新、开拓，形成了独树一格的"毛体"，正如他时常对秘书所说的：如果每个人写的字都和字帖或是某人的字一模一样，那书法就停滞不前没有发展了。毛泽东喜欢怀素体，至老弥深。

70年代初的某天，毛泽东要读怀素《草草千字文》《自叙帖》，他让工作人员拿来，边看边说："僧怀素是我的老乡，湖南长沙人也，俗姓钱，字藏真。秘书钱亚夫便开玩笑说："怪不得你爱看怀素的字帖，原来他是你的老乡！"毛泽东说：你们说话差矣！我爱看怀素的字帖不是因为他是我的老乡，而是因为怀素的草书写得好，有大家风度，狂草尤为独特。又说：学习草书僧怀素堪称典范。

毛泽东接着又说：唐代有位大诗人曾专门写诗赞扬怀素的狂草，你们知道是谁吗？几个人都说不知道。他便说：我告诉你们吧，就是那个号为青莲居士李太白。李太白的《草书歌行》的诗，就是专门赞扬僧怀素的狂草的。

毛泽东当即就吟诵了李白的这首诗：

少年上人号怀素，草书天下称独步。

墨池飞出北溟鱼，笔锋杀尽中山兔。

八月九月天气凉，酒徒词客满高堂。

笺麻素绢排数箱，宣州石砚墨色光。

吾师醉后倚绳床，须臾扫尽数千张。

飘风骤雨惊飒飒,落花飞雪何茫茫。

起来向笔不停手,一行数字大如斗。

恍恍如闻神鬼惊,时时只见龙蛇走。

左盘右蹙如惊电,状同楚汉相攻战。

湖南七郡凡几家,家家屏障书题遍。

王逸少,张伯英,古来几许浪得名。

张颠老死不足数,我师此义不师古。

古来万事贵天生,何必要公孙大娘浑脱舞。

1973 年 8 月,毛泽东的眼力因白内障非常不好。当青年时代的好友李振翩要他减少读书时,他对着一本打开的草书字帖,很自信地说:这样的字我就看得清。接着坚持不戴眼镜,终于认出来了:这是明朝人董其昌学怀素的几笔草书。怀素是唐朝的和尚,湖南人……(《毛泽东之魂》[修订本],第 431—432 页)1975 年春天,毛泽东在杭州的两个月期间,那间西湖汪庄卧室兼书房里,桌上、床上、茶几上,摆满了碑帖,其中就有他所喜爱的怀素《自叙》、《苦笋》等帖。

毛泽东也还向多人说及过怀素其人,介绍怀素的书法。1963 年 5 月,他在杭州工作会议的一次讲话中,谈到抓工作要集中抓主要矛盾,随即一路发挥,谈到柳宗元在永州(今湖南永州)写山水散文等时,就介绍了怀素,说:怀素也是永州人,唐朝的狂草书法家,与张旭齐名。

裴度

元和圣相，河东书生
韩碑虽毁，青史永垂

　　裴度（765—839）　唐朝官员。河东闻喜（今山西闻喜）人。德宗时进士。元和年间，为门下侍郎、同中书门下平章事（宰相），力主取缔藩镇割据。主持讨伐蔡州（今河南汝南）吴元济。因功封晋国公。在胜利进入蔡州后，废除了吴元济禁止行人说话、夜晚不准点灯、不得聚众饮酒等种种苛政，为蔡州民众称颂：从此有了人生之乐。几度为相，抑制宦官专政，为朝野共仰。晚年因宦官擅权，辞官退居洛阳，不预朝政。

　　裴度是中唐时期名相。

　　《新唐书》卷一百七十三有《裴度传》。毛泽东多次精读。裴度代被刺的武元衡为相，"自行营归，知贼曲折"，就是他在蔡州前线作了仔细调查，作出坚决要讨伐蔡州藩镇吴元济的决策，很多官员认为讨蔡不利，争请罢兵，"度奏病在腹心，不时去，且为大患，不然，两河亦将视此为逆顺"。毛泽东读此大为称许，作了赞语："调查研究，出于亲身。"（《毛泽东读文史古籍批语集》，第247页）

　　毛泽东熟悉裴度故事。1958年春，毛泽东在成都会议期间，率领与会代表游览武侯祠，观看武侯祠堂碑刻，见有裴度撰写的那块碑，就对陶鲁笳（中共山西省委第一书记）作了一番介绍。据陶鲁笳回忆：毛泽东问他：你在山西当父母官,可知道裴度是谁? 没等陶回答。他就说:裴度是唐朝的宰相,是你治下的闻喜县人。闻喜县是中国历史上出宰相最多的县,出自闻喜的宰相多是裴氏家族。裴氏家族千年荣显。是历史上最有名的家族。(《文史月刊》2006 年 4 月号)

毛泽东对裴度家族是作过审读的。据《裴氏世谱》,裴氏家族主要聚居闻喜县裴柏村。裴家历代出过 59 位宰相、59 位大将军、14 位中书侍郎、55 位尚书、44 位侍郎、77 位太守、21 位驸马和 68 位进士(内状元 5 人)。

◉ 洛阳修禊

裴度晚年,因宦官专权,在宰相位上极不得意,逐以"留守东都",隐居洛阳,筑午桥庄、绿野堂以娱老。开成二年(837),河南尹李珏修禊洛水之滨,启留守裴度,裴度召集名士白居易、刘禹锡等十五人宴会。座上裴度与白、刘等分别赋诗以记之,有如白居易《三月三日祓禊洛滨》诗序称:"尽风光之赏,极游泠之娱,美景良辰,赏心乐事,尽得于今日矣。若不记录,谓洛无人。"

韩愈

文起八代之衰

　　韩愈(768—824)　唐朝文学家、诗人,字退之。郡望昌黎(今辽宁义县)人,世称韩昌黎。一说河南河阳(今河南孟州)人。进士出身。任中书舍人,刑部侍郎,因谏佛骨事贬为潮州刺史。后为国子祭酒。文学上反对六朝骈体,倡导古文运动。所作散文气势雄浑,为唐宋八大家之首。广东潮州韩愈祠堂有联:"凭栏望韩夫子祠,如此江山,争让昔贤留姓氏;把酒吊马将军墓,奈何天也,竟将残局付英雄。"

　　韩愈是唐代的散文大家。文起八代之衰。毛泽东自出韶山冲后,有半个多世纪读韩文、说韩文、评韩文。他的文体深受韩文影响。

精心钻研,阅读韩愈文章

　　早在1913年湖南第一师范学校读书期间,国文教师袁仲谦为毛泽东开了一份必读书目,其中一种就是韩愈的诗文集。袁仲谦指出毛泽东乃学梁启超的文章笔法,过于铺张排比;好纵论中外古今,往往似是而非,给人以轻率、粗浅之感,因此要他改变文风,摒弃梁体,下决心钻研韩愈文章。毛泽东听了,特地从旧书坊买回一部《韩昌黎全集》二十卷本,并从学校图书馆借来的《韩昌黎全集》作校补。每天用上一两个小时,精心钻研,用了一年多的课余时间诵读韩文。

据同学周世钊追忆:"读韩集时,除开那些歌功颂德的墓志铭、叹老嗟卑的感伤诗一类毫无意义的作品外,他都一篇一篇地钻研阅读。从词汇、句读、章节到全文意义,他凭藉一部字典和注释的帮助,进行理解、领会,使其达到融会贯通的地步。在这个基础上,毛泽东进行反复的默读和朗读,这样就懂得更深,记得更熟。通过持久的努力,韩集的大部分诗文都被他背得烂熟。"几十年后的1950年夏天,毛泽东在北京会见来自湖南的老同学还说,仍然能背诵好多篇韩昌黎的文章。

多次谈论,引用韩愈诗文

毛泽东创作诗词,颇喜欢采用唐宋人诗词中文字,其中韩愈诗中单词,多有被采用之。如1923年所作《贺新郎·赠杨开慧》初稿的最后两句"我自欲为江海客,更不为昵昵儿女语。山欲坠,云横翥。"其中"昵昵儿女语"典出自韩愈《听颖师弹琴》"昵昵儿女语,恩怨相尔汝。"1930年所作《减字木兰花·广昌路上》首句"漫天皆白"即出自韩愈《晚春》:"杨花榆荚无才思,惟解漫天作雪飞。"1961年12月所作《卜算子·咏梅》:"待到山花烂漫时,她在丛中笑。"典出自《山石》:"山红涧碧纷烂漫。"1963年1月9日所作《满江红·和郭沫若同志》:"蚍蜉撼树谈何易",出自《调张籍》:"蚍蜉撼大树,可笑不自量。"

毛泽东的文体深受韩文影响,因此毛泽东也经常谈起韩愈和他的文章。1940年秋的一个晚上,毛泽东应邀去延安马列学院作报告,在归路上与护送的安平生等人说:韩愈的《师说》是有真知灼见的:"生乎吾前,其闻道也,固先乎吾,吾从而师之;生乎吾后,其闻道也,亦先乎吾,吾从而师之。"一路上,你们给我介绍了很好的情况,真是"亦先乎吾,吾从而师之",谢谢你们!然而我还要坚持一条原则,再作报告时,不搞接接送送了。(《难忘的回忆:怀念毛泽东同志》,第149页)

1942年,延安开展整风运动。2月8日,毛泽东在延安干部会上作了《反对党八股》的演说,其中又引用了韩愈《进学解》里的文句开导大家养成善于思考的习惯。他说:"孔夫子提倡'再思',韩愈也说'行成于思',那是古代的事情。现在的事情,问题很复杂,有些事情甚至想三四回,还不够。"(《毛泽东选集》第三卷,第844页)1949年8月,毛泽东在《别了,司徒雷登》中又谈到韩愈《伯夷颂》是"民主个人主义"思想。

新中国成立以后,毛泽东也曾多次谈论和引用韩愈诗文,评论韩愈。1954年春,他在杭州向王芳等人讲了韩愈、柳宗元勤奋好学的精神。毛泽东说:韩愈的《进学解》是篇好文章,"业精于勤荒于嬉;行成于思毁于随。"这是很有道理的。要获得精深的学识,就得靠一个"勤"字。他还以六和塔为比喻,说明做学问先要打好基础,然后再一层一层地叠起来。(《王芳回忆录》,第158页)

1956年12月,毛泽东在与民建和工商联等负责人谈话中说:韩愈是提倡古文的,其实他那个古文是新的。韩愈的古文对后世很有影响,写文学史不可轻视他。韩愈很会写文章,他写的文章有一篇《送穷文》,我们也要写"送穷文",中国要几十年才能把穷鬼送走。(《毛泽东读书笔记解析》上册,第339—340页)1957年3月8日,毛泽东在中国共产党全国宣传工作会议期间同文艺界部分代表谈话时说:"韩愈是提倡古文的,其实他那个古文是新古文,道理是没有什么的,只要文章是新的。人家说好的,他说坏,人家说坏的,他说好。"(《毛泽东文集》第七卷,第256页)

韩愈的诗,毛泽东也是相当熟悉。1917年,在游览南岳衡山时,就特别欣赏那首刻在南岳庙石板上的韩愈古体诗《谒衡岳庙遂宿岳寺题门楼》。20世纪40年代初,毛泽东在延安在职干部教育动员大会的讲话中,又引用了韩愈《符读书城南》的诗句。他说:"古人讲过:'人不通古今,马牛而襟裾',就是说:人不知道古今,等于牛马穿了衣裳一样。什么叫'古','古'就是'历史',过去的都叫'古',自盘古开天地,一直到如今,这个中间过程就叫'古'。'今'就是现在。我们单通现在是不够的,还须通过去。"(《毛泽东文集》第二卷,第177页)1959年4月15日,他在党的八届七中全会上谈到做工作要留有余地时,就以韩愈做诗不留余地为例引为借鉴。他说:"韩愈做诗,他就是统统把话讲完了。人们批评他的缺点,就是他的文章同诗都是讲完的,讲尽了,不能割爱,特别是他那首《南山诗》,搞那么多。"(《毛泽东著作专题摘编》,第2287页)1965年7月21日,毛泽东在写给陈毅的信里又谈了韩愈的诗:"韩愈以文为体;有些人说他完全不知诗,则未免太过,如《山石》、《衡岳》、《八月十五酬张功曹》之类,还是可以的。"(《毛泽东诗词集》,第266页)

写文学史不可轻视韩愈

虽然毛泽东重视韩愈的诗文,韩愈的文论自古也被多家奉为圭臬,但毛泽东却从不人云亦云，往往有自己独特的见解。有次他读《古文辞类纂》中韩愈《与崔群书》的"自古贤者少，不肖者多"时，颇有异议，在旁批斥："就劳动者言，自古贤者多，不肖者少。"又有一次，在读《新唐书·姚崇传》，见有姚崇批评佛教的一段话，不禁想及韩愈著名的《论佛骨表》，随即批注："韩愈佛骨表祖此。" 1964 年 8 月 18 日在北戴河与哲学家谈话时，又说了"韩愈不讲道理，'师其意，不师其辞'，是他的口号。意思完全照别人的，形式、文章，改一改。不讲道理，讲一点点也基本上是古人的。《师说》之类有点新的"。六七十年代，毛泽东与《中国文学发展史》作者、复旦大学教授刘大杰谈论中国古典文学时，几次评论了韩文和韩愈，认为韩愈的文章还是写得好的。他说：唐朝韩愈文章还可以，但是缺乏思想性。那篇东西价值并不高，那些话大多是前人说过的，他只是从破除迷信来批评佛教而没有从生产力方面来分析佛教的坏处。又说：但是，韩愈的文章有点奇。唐朝人也说："学奇于韩愈，学涩于樊宗师。"韩愈的古文对后世很有影响，写文学史不可轻视他。1964 年 2 月 13 日，毛泽东在教育工作座谈会的讲话里批评了状元和那些擅长书画诗词的皇帝们，而说"韩愈是二等进士"。他把韩愈划入"卑贱"一方，给以肯定。1976 年 2 月 12 日在复刘大杰信中，又表示了自己看法："我同意你对韩愈的意见，一分为二为宜。"（《毛泽东评点圈阅的古典诗词》，第109 页）

🏵 韩愈多写碑志文字

　　韩愈以写墓志和碑文为著，《韩昌黎文集》，见有十卷的碑志文字。这些为达官贵人所写的文字，都有很丰厚的润笔费的。撰写著名的《平淮西碑》，就额外得到韩弘送的白绢五百匹；李纯（唐宪宗）舅王用死，儿子王沼托京兆尹请韩愈写神道碑文，答谢鞍辔俱全的名马一匹、玉带一条。刘禹锡由此说韩愈："三十余年，声名塞天，公鼎侯碑，志隧表阡，一字之价，辇金如山。"

柳宗元

发纤秾于简古
寄至味于淡泊

　　柳宗元(773—819)　　唐朝文学家、诗人。河东解(今山西运城解州镇)人,字子厚,世称柳河东。贞元进士。因参与王叔文革新,贬永州司马,后任柳州刺史。诗文多含哲理,刻画入微,托意深远,列为"唐宋八大家"之一。明初姚广孝于柳称赞备至,作《读柳宗元诗》:"愚溪非旧业,幽栖亦超然。放逐岂不畏,所乐乃在天。寓意一于溪,出语何精研。恨不生同世,日夕与周旋。"有《柳河东集》。

永贞革新的中坚人物

　　柳宗元是唐朝中期政治革新家,又是文学家、哲学家。为人正直,思想进步,是永贞革新的中坚人物。毛泽东很赞赏他的器识、学问和思想。据毛泽东秘书林克回忆说,毛泽东不止一次地同他谈过"二王、八司马"的故事。他谈到中唐时期,唐王朝由盛而衰,朝中宦官擅权,四方藩镇割据,社会危机四伏,中央集权受到极大削弱。公元805年,唐德宗李适去世,太子李诵(唐顺宗)即位,重用太子侍读王叔文、王伾,吏部郎中韦执谊和著名文学家刘禹锡、柳宗元等。这批人一度执政,韦执谊被任命为宰相。他们反对宦官专权和藩镇割据,主张加强中央集权,为此进行了惩处贪官污吏,免除苛捐杂税,废止掠夺、扰民的宫市,谋划剥夺宦官的兵权,削弱藩镇势力,加强中央集权等一系列政治改革措施,史称"永贞革新"。但是,由于朝中宦官、藩镇等守旧势力合谋发动政变,迫使久病的顺宗把皇位让给太子李纯(唐宪宗)。王叔文革新派仅仅执政五个月便夭折了。王叔文、王伾被杀,韦执谊被贬为崖州司马,韩泰为虔州司马,陈谏为台州司马,柳宗元为永州司马、刘禹锡为朗州司马,韩晔为饶州司马,当时称为"八司马"。王安石《临川集》中的《读柳宗元传》说:"余观八司马,皆天下之奇才也。"毛泽东称赞永贞革新,推崇柳宗元、刘禹锡的政治见解,对他们的文学创作和哲学思想也表示欣赏。

柳文寓意含蓄,富有哲理

1964 年 2 月,毛泽东在春节教育座谈会上,曾戏谑柳宗元是"二等进士",但却盛赞他的文章。1964 年 3 月,毛泽东在停留在邯郸的专列上听取中共山西省委书记陶鲁笳介绍大寨后说:穷山沟里出文章。唐朝时你们山西有个大学问家柳宗元,他在我们湖南零陵县作过官,那里也是个穷山区,他在那里写过许多好文章。

据逄先知介绍:在唐宋八大家中,毛泽东最喜欢柳宗元的散文。认为柳文同他的诗一样、清新、精细、寓意含蓄、富有哲理。柳宗元是一个革新派,具有进步的政治主张,又有朴素的唯物主义思想,这些进步的思想反映在他的作品里,更增添了柳文的光彩。

1966 年 6 月 26 日,毛泽东在韶山滴水洞与湖南省委工作人员蒋业农谈话,得悉他是零陵人时,就谈起了柳宗元:唐朝大文学家柳宗元,也是在零陵出的名,他被贬到永州整整十年,他的山水文章《永州八记》,同韩愈辩论的文章,都是在那里写的,但他不是零陵人,是山西河东人。(《湘潮》2013 年 8 月号)

毛泽东喜欢柳文,还善于应用。1942 年,他到鲁艺作报告,教育毕业出去的干部不要摆知识分子的架子,自以为是"洋包子",而瞧不起"土包子"。在讲演中毛泽东曾惟妙惟肖地引用了柳宗元《黔之驴》篇,毛泽东说:贵州没有驴驹子,有人运了一匹驴驹子到那里去。它到那里就是外来的洋包子。贵州的老虎个子不大,是个本地的土包子。小老虎看见驴驹子那种庞然大物的样子,很害怕。驴驹子叫了一声,小老虎吓坏了,就逃得远远的。后来过久了一点,小老虎觉得驴驹子也没有什么了不起,就走近它,碰碰它。驴驹子大怒,用脚踢了小老虎一下。小老虎这就看出它到底有什么本事了,说原来你不过有这点本事!结果小老虎就吃掉了这匹驴驹子。(《毛泽东读书笔记解析》上册,第350—351页)毛泽东还用这个例子来比喻形容当时的抗日战争形势。他说:"柳宗元曾经描写过的'黔驴之技',也是一个很好的教训。一个庞然大物的驴子跑进贵州去了,贵州的小老虎见了很有些害怕。但到后来,大驴子还是被小老虎吃掉了。我们八路军新四军是孙行者和小老虎,是很有办法对付这个日本妖精或日本驴子的。目前我们须得变一变,把我们的身体变得小些,但是变得更加扎实些,我们就会变成无敌的了。"(《毛泽东选集》第三卷,第883页)

他的《天对》,几千年来只有这么一篇

毛泽东肯定柳宗元是一位唯物主义哲学家,多次谈到了他的哲学著作《天对》。1963年,毛泽东在杭州有次会议上谈哲学和哲学家时,介绍了柳宗元。他说:现在我们的大学生学哲学五年,读了很多哲学书。当然有一定的书本知识是必要的。但仅仅靠书本知识,而脱离实践、脱离群众,就能出哲学家? 我不信。我国历史上的哲学家如柳宗元,他是文学家,也是唯物论者。他的哲学观点是在现实生活中同不同观点辩论和斗争中逐步形成的。他在任永州司马的十年间,接触贫苦人民并为他们办了许多好事。正是在此期间,他写了《山水游记》等许多文学作品,同时又写了《天说》、《天对》等哲学著作,这是针对韩愈的唯心观点而写的。(《毛泽东评点古今人物》上卷,第248—249页)1964年8月18日,毛泽东在北戴河与哲学工作者谈话时说:柳子厚,出入佛老,唯物主义。但他的《天对》,太短,就那么一点。他的《天对》,从屈原的《天问》产生以来,几千年来只有这一个人做了这么一篇。到现在《天问》没有解释清楚,《天对》讲什么也没说清楚,只知其大意。(《毛泽东之魂》[修订本],第404—405页)1965年6月20日,在上海和刘大杰教授谈及柳宗元时,毛泽东又提出了柳宗元文章的思想性比韩愈的高,不过文章难读一些。屈原写过《天问》,过了一千年才有柳宗元写《天对》,胆子很大。但当刘大杰问及能否说柳宗元是唯物主义者时,毛泽东认为柳有朴素唯物主义思想的成分。

热情支持《柳文指要》

因为喜爱柳文,当1960年章士钊撰写《柳文指要》时,得到毛泽东的热情支持,开始他就表示:这个想法好。我也很喜欢柳宗元的文章,是否书稿完成,能先睹为快? 1965年毛泽东读了章士钊历五年余而完成的《柳文指要》初稿上卷,当即复信:

行严先生：

大作收到，义正词严，敬服之至。古人云：投我以木桃，报之以琼瑶。今奉上桃杏各五斤，哂纳为盼！投报相反，尚乞谅解。含之同志身体如何？附此向她问好，望她努力奋斗，有所益进。

一九六五年六月二十六日

（《毛泽东书信选集》第601页）

不久，毛泽东又读了章士钊送来的《柳文指要》初稿下部，再写了一信：

行严先生：

各信及《指要》下部，都已收到，已经读过一遍，还想读一遍。上部也还想再读一遍。另有友人也想读。大问题是唯物史观问题，即主要是阶级斗争问题，但此事不能求之于世界观已经固定之老先生们，故不必改动。嗣后历史学者可能批评你这一点，请你要有精神准备，不怕人家批评。又高先生评郭文已读过，他的论点是地下不可能发掘出真、行、草墓石，草书不会书碑，可以断言。至于真、行是否曾经书碑，尚待地下发掘证实，但争论是应该有的。我当劝说郭老、康生、伯达诸同志赞成高二适一文公诸于世。《柳文》上部，盼即寄来。敬颂康吉！

一九六五年七月十八日

（《毛泽东书信选集》，第602页）

章士钊接信后，即将《柳文指要》上部再次寄上。毛泽东对《柳文指要》读得非常认真，并提出了修改意见。随后他又转给康生阅读。同年8月，章士钊再次将修改稿呈毛泽东审阅。毛泽东阅后，给康生写了一封信：

康生同志：

章士钊先生所著《柳文指要》上、下两部，二十二本，约百万言，无事时可继续看去，颇有新义引人入胜之处。大抵扬柳抑韩，翻二王、八司马之冤案，这是不错的。又辟桐城而颂阳湖，讥帖括而尊古义，亦有可取之处。惟作者不懂唯物史观，于文、史、哲诸方面仍止于以作者观点解柳（此书可谓

417

《解柳全书》),他日可能引起历史学家用唯物史观对此书作批判。如有此举,亦是好事。此点我已告章先生,要他预作精神准备,也不要求八十五龄之老先生改变他的世界观。

一九六五年八月五日

(《建国以来毛泽东文稿》第十一册,第 430 页)

毛泽东表示同意此书出版。康生本想扣压此书的出版,因见毛泽东支持,只得附和。毛泽东在 1966 年 1 月 28 日给章士钊信称,"大著《柳文指要》康生同志已读完寄来,兹送上。有若干字句方面的意见,是否妥当,请酌定。"1971年,经过章士钊的努力和毛泽东同意,中华书局终于推出了在出版社搁浅了五年的《柳文指要》。这是"文化大革命"中出版的唯一的一本竖排繁体字的线装书。《柳文指要》自发轫到付梓出版,毛泽东费了不少心血。他的关注和支持,反映了他一以贯之的对柳宗元的高度肯定。

毛泽东晚年,由于评法反儒思潮,柳宗元竟也走红神州大地。1973 年 5 月的一天,毛泽东正在读郭沫若《十批判书》,江青进来,毛泽东给了她一册此书,并顺口念有一诗:

> 郭老从柳退,不及柳宗元,
> 名曰共产党,崇拜孔二先。

此诗后来亦有一说是江青捏造的。毛泽东没有这样的顺口溜,但他对柳宗元的尊重确是越来越高。1974 年 8 月,批林批孔进入狂热时期,毛泽东要江青记下他所写的一首七律《读〈封建论〉呈郭老》:

> 劝君少骂秦始皇,焚坑事件要商量。
> 祖龙魂死业犹在,孔学名高实秕糠。
> 百代多行秦政治,十批不是好文章。
> 熟读唐人《封建论》,莫从子厚返文王。

此诗对柳宗元短篇《封建论》的评价很高。后来《封建论》还由有关部门详作注释,印刷出版了大字本。

◉ 柳宗元的《封建论》

柳宗元在永州期间,面对藩镇割据,分土裂疆,写下了《封建论》。文章主旨是论证郡县制比分封制优越。分封制是专制制度下的地方分权制,郡县制是在中央集权下的分级管理制。这两种政治体制,自秦以来始终存在有谁优劣的争论。作者认为所谓分封制,乃源于社会生活中客观存在的矛盾,是客观形势造成的,是任何人难以改变的,而郡县制产生和实行,也是一种历史必然走向,更是任何人难以改变的。分封制就是世袭,私天下,而郡县制是"公天下",取消分封,意味着皇室贵族特权减少。他说:"然而公天下之端自秦始",即是从郡县制开始,至于秦短命而亡,"失在于政,不在于制"。《封建论》为长期以来分封制和郡县制优劣作了总结,因此多为后人认同。宋代苏轼有赞《封建论》:"宗元之论出,而诸子之论废矣,虽圣人复起,不能易也"(《论封建》)。

刘禹锡

一代诗豪
千年英才

　　刘禹锡(772—842)　唐朝诗人。河南洛阳人,字梦得。贞元进士。因参与王叔文革新,贬朗州司马。后迁太子宾客,世称"刘宾客"。诗多关怀时事,清新通俗又富有民歌特色,为唐诗中别开生面之作。与柳宗元相笃,人称"刘柳";又与白居易常唱和,又称"刘白"。

　　公元824年(唐长庆四年),刘禹锡路过西塞山(湖北黄石附近),借六朝兴亡讽喻中唐社会现实,写有七律《西塞山怀古》:

　　　　王濬楼船下益州,金陵王气黯然收。
　　　　千寻铁锁沉江底,一片降幡出石头。
　　　　人世几回伤往事,山形依旧枕寒流。
　　　　今逢四海为家日,故垒萧萧芦荻秋。

　　毛泽东很喜欢这首诗,曾先后圈画过六次:在一本《注释唐诗三百首》的此诗题前,画有一个大圈,题后又连画三个圈;另在一本《唐诗别裁》此诗题前,用红铅笔画了一个大圈。这在他所圈的唐诗中是不多有的。

毛泽东很熟悉《刘梦得文集》和所收的诗。1975 年 5 月,毛泽东初次见到北京大学中文系芦荻讲师,在知道对方姓名后,就问:你大概喜欢秋天吧? 又说:你为什么叫芦荻? 会背刘禹锡写的《西塞山怀古》这首诗吗? 芦荻当即背诵了,毛泽东也铿锵有力地吟诵了这首诗。芦荻明白了毛泽东是用这首诗的最后一句,幽默地说到了她的姓名。

20 世纪五六十年代,毛泽东还常喜欢引用刘禹锡的若干诗句作比喻。他非常爱读《酬乐天扬州初逢席上见赠》,在一本《唐诗别裁集》里,对这首七律用红、黑两种笔迹作了圈画,对其中的"沉舟侧畔千帆过,病树前头万木春"两句特别欣赏,用红铅笔画了着重圈。还针对该集编者沈德潜所评"'沉舟'两语,见人事不齐,造化亦无如之何,悟得此旨,终身无不平之心矣",批注是:"此种解释是错误的。"1959 年 4 月 24 日,还在一个报告上批语:唐人诗云:沉舟侧畔千帆过,病树前头万木春。再接再厉,视死如归,在同地球开战中要有此种气概。毛泽东还抄录这首七律:

> 巴山楚水凄凉地,二十三年弃置身。
> 怀旧空吟闻笛赋,到乡翻似烂柯人。
> 沉舟侧畔千帆过,病树前头万木春。
> 今日听君歌一曲,暂凭杯酒长精神。

1958 年 11 月 10 日,新华社编印的《参考资料》第 2504 期刊载有来自合众国际社电讯《美官员竭力诬蔑我人民公社运动,但承认其意义重大影响深远,并说南十分重视这一发展》,毛泽东读后就在这篇电讯纸的空白处,抄写了刘禹锡一首七绝《赠李司空妓》:

> 高髻云鬟宫样妆,春风一曲杜韦娘。
> 司空见惯浑闲事,断尽苏州刺史肠。

毛泽东还曾分别书写过刘禹锡的七绝《元和十年自朗州承召至京,戏赠看花诸君子》、《再游玄都观》、《始闻秋风》。1949 年 3 月 25 日,毛泽东由涿县乘车来到北平清华园。火车经过北平城墙时,他看了看窗外萧条的景象,对身边人说：你们来过北平吗？我来过，整整三十年了！那时，为了寻求救国救民的真理，我到处奔波，在路上连裤子都被人偷走了，吃了不少苦，现在三十一年后还旧国，真是"玄都观里桃千树，尽是刘郎去后栽"。翻天覆地，翻天覆地哟。（《世纪桥》2005 年 6 月号第 60 页）"玄都观里"，就是刘禹锡七绝《元和十年自朗州承召至京，戏赠看花诸君子》的两句。1964 年 10 月，赫鲁晓夫下台，周恩来率领中国代表团参加十月革命节。代表团下榻于莫斯科列宁山别墅。有代表团成员多次在此住过的。见到园景如故，而赫鲁晓夫已下台，有人顺口吟起《再游玄都观》："百亩庭中半是苔，桃花净尽菜花开。种桃道士归何处？前度刘郎今又来。"有人开玩笑说：可把"刘郎"改为"周郎"。回国时，毛泽东得悉此趣说，则说，"周郎"也很好。他之所以喜欢刘禹锡的诗，是因为这些诗都是以比兴手法，或借史咏物，深寓世道变幻，新生力量必将战胜陈旧势力的哲理。

毛泽东还推崇刘禹锡的哲学文章《天论》三篇。他在读了 1959 年 3 月 1 日《光明日报·文学遗产副刊》所载马茂元论《柳宗元的诗》一文后，写有批语说："柳宗元是一位唯物主义哲学家，见之于他的《天论》，刘禹锡发展了这种唯物主义。这篇文章却无一语谈及这个大问题。"（《毛泽东年谱（1949—1976）》（四）第 64 页）1965 年 6 月 20 日，当毛泽东在上海与刘大杰教授聊天时，就明确地认为：刘禹锡可以算作是唐朝的一个朴素唯物主义者。

白居易

文章合为时而著
诗歌合为事而作

白居易(772—846) 唐朝诗人。山西太原人,字乐天,自号香山居士。贞元进士。曾贬为江州司马,后任杭州、苏州等地刺史,多有政绩,为民传诵。晚年居洛阳龙门香山,信佛。其诗今存三千多首,多有揭露黑暗统治,反映社会衰败和人民痛苦生活之作。有《白氏长庆集》。

白居易是唐朝中期的诗人。他的诗不少是以讽喻时事为题材的,通俗易懂。毛泽东充分肯定白居易的人品和文品。1949 年 12 月,在首访苏联途中的西伯利亚列车上,毛泽东应陪同的苏联汉学家费德林之请,谈到了唐朝大诗人李白、杜甫和白居易。当时费德林记下了要点:白居易(8—9 世纪),唐代大诗人,他用通俗易懂的口语写出精彩的文艺作品。尽管他在宫廷身居高位(左拾遗,相当于司法部长),但是仍然接近群众,并在作品中表达普通老百姓的情绪和愿望。

1958 年 1 月 16 日,毛泽东在南宁会议上说:光搞现实主义一面也不好,杜甫、白居易哭哭啼啼,我不愿看。毛泽东此说,可能与当时的大背景有关。那时正好是热气腾腾的"大跃进"前夕。事实上毛泽东还是喜欢白居易的诗的,由他圈定的白居易诗词有《上阳白发人》、《秦中吟》等,有些如《寄殷协律》、《赋得古原草送别》还作有手书。

　　毛泽东熟读白居易诗,更能恰如其分地作比喻。1939 年,在延安,有一天,毛泽东和战士们一起植树,他即景生情,朗诵起白居易的《忆江南》:

　　　　江南好,风景旧曾谙。日出山花红胜火,春来江水绿如蓝。能不忆江南。

　　接着,他一句一句地讲给战士听,还说:陕北荒山秃岭多,如果我们能把陕北变成江南一样绿树满山,那可是一件功在子孙的大好事啊!咱们住延安,一定把这件事办好!(《毛主席和我们栽树》,《解放军报》1992 年 3 月 10 日)1952 年 10 月 29 日,毛泽东视察江苏徐州,途中谈古论今,如数家珍,在指点古代来过徐州的大文人时,就提到了白居易,说:大诗人白居易父亲曾任彭城令,九岁时便来过徐州,以后又多次到徐州。他曾写下著名的《燕子楼诗》,这首诗还引起了一些矛盾。1953 年 3 月,他为林克解释萨都剌《彭城怀古》,竟然能一字不误地背出白居易的七绝《燕子楼》:

　　　　满窗明月满帘霜,被冷灯残拂卧床。
　　　　燕子楼中寒月夜,秋来只为一人长。

　　须知此仅是白氏《长庆集》中的一篇,非其代表作,也不见多家注本;1954 年的一天,当他发觉有警卫战士默写的白居易新乐府《卖炭翁》,其中有写作"心扰(忧)炭贱愿天寒"和"晓驾炭车辗冰撒(辙)"时,先后指出"扰"、"撒"这两个别字。对白居易的《放言》五首,毛泽东篇篇都作了精读,有的还作了恰当的引用。1939 年 5 月 30 日,他在延安的一次演讲里,引用了《放言》的第三首:

　　　　赠君一法决狐疑,不用钻龟与祝蓍。
　　　　试玉要烧三日满,辨才须待七年期。
　　　　周公恐惧流言日,王莽谦恭未篡时。
　　　　向使当初身便死,一生真伪复谁知?

背完后,又接着说:永久奋斗就是要奋斗到死。汪精卫、张国焘没有这个精神,于是中途变节。白居易这首诗说的就是盖棺论定,人到死的时候,才能断定他的功罪是非。1972 年,在谈到林彪时,又引用了这首诗的后四句。然后说明:一个人错误的发展是有一定过程的,认识一个人是真革命还是假革命也是有一定过程的。

毛泽东特别喜爱白居易的《长恨歌》、《琵琶行》。他生前曾多次读过,至少有五次在各种版本上留有圈点,且抄录过这首《长恨歌》开篇的二十二行。

他还借《长恨歌》诗句说海峡两岸。

1958 年 10 月 13 日,毛泽东在接见新加坡《南洋商报》撰稿人曹聚仁时表示:台湾如果回归祖国,照他们(蒋介石等)自己的方式生活。水里的鱼都有地区性的,毛儿盖的鱼到别的地方就不行。美国不要蒋时,蒋可以来大陆,来了就是大贡献,就是美国的失败。蒋介石不要怕我们同美国人一起整他。他说,蒋同美国人连理枝解散,同大陆连起来,枝连起来,根还是他的,可以活下去,可以搞他的一套。(《共和国的足迹》,第 32 页)对此,毛泽东还说:我们同台湾,谁也离不开谁,就像《长恨歌》中所说的,"在天愿作比翼鸟,在地愿为连理枝。"蒋介石把枝连到美国,而美国却连根都会挖掉。(《人物》1996 年第 4 期)

晚年毛泽东尤喜爱《长恨歌》。1975 年下半年的某天,护士孟锦云听到毛泽东吟诵:忽闻海上有仙山,山在虚无缥缈间,楼阁玲珑五云起,其中绰约多仙子。他说:这是《长恨歌》里的名句呀,很有名嘛。此后毛泽东常要孟锦云为他读《长恨歌》,当读到最后几句,"在天愿作比翼鸟,在地愿为连理枝。天长地久有时尽,此恨绵绵无绝期。"发现毛泽东已闭着眼睛,似乎已陷入了沉思。据张玉凤回忆:主席每次听到《长恨歌》最后两句"天长地久有时尽,此恨绵绵无绝期",往往落泪。(《毛泽东诗词史话》,第 370 页)由他读过的《注释唐诗三百首》里,在《琵琶行》篇名上连画有三个大圈,在"同是天涯沦落人,相逢何必曾相识"两句旁,画满了圈圈,并在诗篇的天头空白处写有一段批语:"江州司马,青衫泪湿,同在天涯。作者与琵琶演奏者有平等心情。白诗高处在此不在他处,其然岂其然乎?"(《毛泽东评点唐诗三百首》)又手书了此诗全篇。他对《琵琶行》非常熟悉。1953 年 2 月 20 日,视察九江,来到甘棠湖中浸月亭,介绍者说是唐朝诗人白居易被贬为江州司马时建的。毛泽东望着,随口说了《琵琶行》的一名句:"醉不成欢惨将别,别时茫茫江浸月",这个浸月亭是因白居易的诗句而得名了。(《党史博采》2002 年第 11 期)**毛泽东曾与毛岸青、邵华谈起白居易的这首诗，说：《琵琶行》不但文采好，描写得逼真细腻，难得的是作家对琵琶演奏者的态度是平等的，白诗的高明处在于此而不在其他。**

● 新乐府

新乐府是有别于"乐府古题"而命名的。唐人多作，首创为杜甫，如《悲陈陶》、《哀江头》、《兵车行》、《丽人行》。皆是"即事名篇"，不再沿袭旧乐府的题目（如《乌夜啼》、《伤歌行》、《蜀道难》）。新乐府最大成就是白居易，白居易《新乐府》五十首，以七言歌体，反对横征暴敛（《杜陵叟》）；揭发贪污强暴（《卖炭翁》）；反对穷兵黩武（《新丰折臂翁》）；同情妇女悲惨遭遇（《陵园妾》、《上阳白发人》、《母别子》）；也有部分歌颂唐太宗（《七德舞》），清官阳城（《道州民》）和名臣段秀实、颜真卿（《青石》）。白居易新乐府贯彻《诗经》"美刺比兴"手法，指出要当政者聆听方方面面，"欲开壅蔽达人情，先向歌诗求讽刺。"

● 白居易退休生活

白居易自德宗李适朝贞元十四年(798)中进士，任命为中书省校书郎，历经顺宗、宪宗、穆宗、敬宗、文宗、武宗六帝，至会昌元年(840)，始以刑部尚书退休，居住东都洛阳。有唐一代，白是以为官清廉自居的，但见于政坛风气，生活亦讲究侈靡。白居易在东都履道坊的庄宅占地就达十七亩，其中屋宅、水池、丛竹各占三分之一，其间又有岛屿、桥梁，曲径通幽，后又相继营建"粟廪"、"书库"、"琴亭"，添置天竺之石五，太湖之石五，华亭鹤两只。此时，白居易虽不是官，家中仍有粟千斛，书一库和吹管弄弦的歌伎二十名。

李贺

秋坟鬼唱鲍家诗
恨血千年土中碧

李贺(790—816)　唐朝诗人。福昌(今河南宜阳)人,字长吉。唐宗室后裔。七岁能诗。任侍奉郎。后辞官归乡里。诗多古体、乐府,其意亦多悲凉、衰飒,想像丰富,世称诗鬼。有《李昌谷歌诗》,杜牧作序。沈德潜称:"李长吉诗,每近《天问》、《招魂》,楚骚之苗裔也。"(《说诗晬语》)

李贺是唐朝青年诗人。他的诗一直被文坛誉为想像奇特丰富,用词浓艳瑰丽,尤其是多写幽灵、写鬼、写黑夜,喜用鬼字、死字、泣字、血字,因而又被称为"鬼才"。毛泽东少年时代在东山高等学堂读书时,就染上了对李贺诗的爱好。他对国文老师谭咏春说:我最喜欢李贺的诗。李贺的诗像高山的瀑布,气势宏伟,一泻千里。(《党史文汇》2005 年第 2 期)

毛泽东认为李贺的诗富于幻想。

北京中南海毛泽东故居书屋藏有《三家评注李长吉歌诗集》、《李长吉集》、《李昌谷诗集》、《李昌谷诗注》等不同时期李贺诗集版本。它都分别有毛泽东所作的画圈记号。李贺传世诗为 223 首,毛泽东作圈的为 83 首,有的还作圈四五次。毛泽东还在文物出版社 1959 年 3 月刻印的《鲁迅诗集》线装本中的《湘灵歌》七律末句旁作批注:"从李长吉来。"

《毛泽东诗词集》(中央文献出版社 1996 年版)的诗词里,有不少文句源自李贺诗,如"天若有情天亦老"(《金铜仙人辞汉歌》)、"万户萧疏鬼唱歌"(《秋来·秋坟鬼唱鲍家诗》)、"红雨随心翻作浪"(《将进酒·桃花乱落如红雨》)和"一唱雄鸡天下白"(《致酒行·雄鸡一声天下白》),等等。可见毛泽东对李贺诗相当喜爱。

1964 年 1 月,毛泽东应外文出版发行事业局出版的英译本译者请求,就自己诗词中一些词句作了口头解释,其中就 1949 年的《七律·人民解放军占领南京》篇中的"天若有情天亦老"说:这是借用李贺的句子。与人间比、天是不老的。其实天也有发生、发展、衰亡。天是自然界、包括有机界,如细菌、动物。自然界、人类社会,一样有发生和灭亡的过程。社会上的阶段,有兴起,有灭亡。(《毛泽东文集》第八卷)

毛泽东非常熟悉李贺的诗,随手拈来,皆成文章。

1947 年 4 月,毛泽东由陕北东进,路经山西代县,特地登临雁门关;在雁门关上谈战国李牧、北宋杨家将,也谈了李贺。他说:古乐府曲里有《雁门太守行》,梁简文帝、唐代李贺都曾以之为题写边塞战争。李贺的"黑云压城城欲摧",更是千古名句。(《毛泽东诗谊——毛泽东和他的诗友》,第 164—165 页)

李贺这首七律《雁门太守行》全篇是:

> 黑云压城城欲摧,甲光向日金鳞开。
> 角声满天秋色里,塞上燕脂凝夜紫。
> 半卷红旗临易水,霜重鼓寒声不起。
> 报君黄金台上意,提携玉龙为君死。

1958 年 8 月,毛泽东赴天津视察,对市长李耕涛名字颇有兴趣,问道:耕涛同志,田可耕,地可耕,不知道"涛"是怎么个耕法呀? 当李耕涛回答说:"唐朝诗人李贺有'踏天磨刀割紫云'之说。既然云可割,那涛想必也是可以耕的吧!"毛泽东很高兴,称赞回答得好。"踏天磨刀割紫云",出自李贺诗《杨生青花紫石砚歌》,所谓是"端州石工巧如神,踏天磨刀割紫云"。1960 年 5 月初,毛泽东视察山东,在和济南及山东省委负责人谈论山东靠海却缺水时,他忽然说:能把海水变成淡水,水就多了。从前有人描写这个海水是"黄尘清水三山下,更变千年如走马。遥望齐州九点烟,一泓海水杯中泻"。"三山",就是海里头三个神仙住的山,"更变千年如走马",就是世事变得很快。那个时候他所讲的"齐州",不单是山东,是指整个中国。"九点烟",是讲九州。后头它缩小到你们济南附近那个九点烟了。这是唐朝李贺的诗。这个诗人只有二十七岁就死了。他专门作古怪的诗句。有些还是容易懂。人们说他写的是鬼诗,不是人诗,但有些还是容易懂的。(《毛泽东读书笔记解析》上册,第353页)按,这首《梦天》七律前四句是:"老兔寒蟾泣天色,云楼半开壁斜白,玉轮轧露湿团光,鸾珮相逢桂香陌。"

1965年7月21日,毛泽东在与陈毅的一封谈论旧体诗的信里又谈到了李贺:"李贺除有很少几首五言律外,七言律他一首也不写。李贺诗很值得一读,不知你有兴趣否?"(《毛泽东诗词集》,第267页)

诗如其人。毛泽东称赞李贺很有思想,有胆识,能出格。1958年3月在成都会议谈破除迷信时说:中国的儒学家,对孔子就是迷信,不敢称孔丘。唐朝李贺就不是这样,对汉武帝直写其名,曰刘彻、刘郎,称魏夫人为魏娘。一有迷信就把我们的脑子镇压住了,不敢跳出圈子想问题。李贺称汉武帝姓名,见《金铜仙人辞汉歌》:"茂陵刘郎西风客";《苦尽短》:"刘彻茂陵多滞骨"。同年5月8日,毛泽东又在中共八大二次会议讲破除迷信时,所举的古今中外人物例子中再次提到了李贺。毛泽东对李贺的早死深表惋惜。他说:李贺死时二十七,夏完淳死时十七,都是英俊天才,惜乎死得太早了。

李贺诗作受佛经影响

李贺诗用字离奇,想像力极丰富,受佛经很大影响。他早年常赴寺院听讲佛经故事,"听经依大树,观世临曲沼"。此处"听经",就是唐代寺院的俗讲。李贺诗多引用佛经:"遥望齐州九点烟,一泓海水杯中泻"(《梦天》)即摘自《法苑珠林》"菩提勿轻此小瓶,假使四大海水,纳此瓶中,犹不能满。""羲和敲日玻璃声,劫灰飞尽古今平"(《秦王饮酒》)即摘自《法苑珠林》"玻璃成清洁光明,羲和为日之御,敲日者,策之而使之行也。"而"劫灰"一词亦常见于佛经。

杜牧

诗风情致俊爽
诗意雄姿英发

　　杜牧（803—852）　唐朝诗人。京兆万年（今陕西西安）人，字牧之。太和进士。因不参与朋党，不得重用，长期出任黄州、池州等地刺史。晚年居樊川别业，世称杜樊川。诗文俱佳，文以《阿房宫赋》著称，诗以七绝最佳，被誉称唐七绝大家。有《樊川文集》。

　　20世纪50年代，毛泽东应周世钊请，为长沙岳麓山上爱晚亭重写了匾额。当年爱晚亭是青年学子毛泽东常去的地方，恰同学少年，风华正茂。爱晚亭取名，即源自唐诗人杜牧《七绝·山行》的"停车坐爱枫林晚"。毛泽东年轻时就接触杜牧的诗，到晚年仍能背诵杜牧的很多绝句。1971年10月16日，毛泽东在和周恩来、叶剑英、熊向晖等谈话时，说到了林彪，他连连地说：我的"亲密战友"啊！多"亲密"啊！接着念了杜牧的《赤壁》：

　　折戟沉沙铁未销，自将磨洗认前朝。
　　东风不与周郎便，铜雀春深锁二乔。

　　毛泽东接着又说：三叉戟飞机摔在外蒙古，真是"折戟沉沙"呀！（《历史的注

430

脚——回忆毛泽东、周恩来及四老帅》，第 37 页）林彪一伙是乘坐三叉戟飞机掉在蒙古温都尔汗沙漠的，与杜牧诗句如此巧合，所以有此说。可见毛泽东是相当熟悉杜牧诗的。妙手捡来，皆是文章。

杜牧懂得一些军事知识，还曾注释过《孙子兵法》，认为胜败乃兵家之常事，他有七绝《题乌江亭》：

> 胜败兵家事不期，包羞忍辱是男儿。
>
> 江东子弟多才俊，卷土重来未可知。

讥刺项羽因为失败就感到丢面子，不想卷土重来。1939 年，毛泽东在延安时曾谈了这首诗，以激励人们斗志，他说：项羽是有名的英雄，他在没有办法的时候自杀，也比汪精卫、张国焘好得多。从前有个人做了一首诗，问他为什么要自杀，可以到江东去再召八千兵来打天下。我们要学项羽的英雄气节，但不自杀，要干到底。（《毛泽东的文化性格》，第 240 页）毛泽东赞同杜牧所说。后来他在读清人吴景旭《历代诗话》时，见引有宋胡仔《苕溪渔隐丛话》评语："项氏以八千人渡江，败亡之余，无一还者，其失人心为甚，谁肯复附之？其不能卷土重来，决矣。"很不同意此说，写有批语："此说亦迂。"（《毛泽东读文史古籍批语集》，第 39 页）

毛泽东喜欢杜牧的诗，曾手书过杜牧七绝《边上闻笳》（三首）、《山行》、《遣怀》、《泊秦淮》、《赤壁》、《清明》、《过华清宫·长安回望绣成堆》、《寄扬州韩绰判官》、《赠别·娉娉袅袅十三余》等多首。从这些诗的格律来看，毛泽东偏爱杜牧的七绝，但也并非忽视七律，1929 年 10 月，毛泽东在福建上杭临江楼，在重阳节那天，他教贺子珍读诗，特地选了杜牧的一首七律《九日齐山登高》：

> 江涵秋影雁初飞，与客携壶上翠微。
>
> 尘世难逢开口笑，菊花须插满头归。
>
> 但将酩酊酬佳节，不用登临恨落晖。
>
> 古往今来只如此，牛山何必独沾衣。

毛泽东还对"尘世难逢开口笑"作了解释：意思是人生的哲学，是斗争的哲学。后来他把这句诗化用在所写的《贺新郎·读史》中,有"人世难逢开口笑"之句。

🌀 杏花村所在地

杜牧诗中的"杏花村",是在今安徽池州市西郊秀山门外。据《江南通志》,唐武宗会昌年间,杜牧曾任池州刺史两年。池州,古名秋浦,相传,梁昭明太子在此尝过"池鱼",赞其味美,封为"贵池"。杜牧任刺史期间,常赴城西黄家酒店饮酒,即兴就写下这首"牧童遥指杏花村"的《清明》诗。

李商隐

为诗呈瑰丽奇古,辞难事隐
作句如百宝流苏,千丝铁网

　　李商隐(约 813—约 858)　唐朝诗人。怀州河内(今河南沁阳)人,字义山,号玉溪生。开成进士。因受朋党牵连和排挤,一生困顿失意。诗与杜牧齐名,称"小李杜"。有《李义山集》。

　　毛泽东喜欢唐诗。唐诗千家,他更青睐的是"三李"。三李者,李白、李贺和李商隐。在 1958 年南宁会议上,毛泽东就说过要像李白、李贺和李商隐搞点幻想。毛泽东说,他和鲁迅是相通的。鲁迅喜欢李商隐诗的"清词丽语",其旧体诗受西昆体影响。毛泽东的旧体诗也受到西昆体影响。如他写的《七绝·贾谊》第一句"贾生才调世无伦",即出自李商隐《贾生》的"贾生才调更无伦";《七律·冬云》的"独有英雄驱虎豹,更无豪杰怕熊罴"句的前两字亦源自李商隐《七律·重有感》"岂有蛟龙愁失水,更无鹰隼与高秋",等等。

　　毛泽东很早就喜欢李商隐的诗,而且颇有研究。1926 年,毛泽东在武昌农民运动讲习所和黄梅邓雅声相识,他很欣赏邓的旧体诗作。1958 年他在武昌回忆已牺牲的邓雅声烈士,称赞邓的名句:范叔一寒何至此? 梁鸿余热不因人。说:这两句用典,很融洽、很活,我看比李商隐的好。用这种诗的语言,表现诗人在当时的白色恐怖中硬骨头精神。我很欣赏他的这篇诗句。他长于七言,律绝

俱佳。(《毛泽东读书笔记解析》,第 1009 页)

1932 年冬,毛泽东在福建长汀养病期间,有一天和贺子珍参观北山金沙寺,见寺里梅花盛放,脱口吟出两句诗:

> 春心乐共花争发,
> 与君一赏一陶然。

首句显然源自李商隐《无题·飒飒东风细雨来》的第七句"春心莫共花争发";次句亦带有李商隐《锦瑟》的"只是当时已惘然"的痕迹。

在日常生活里,毛泽东有时还善于用李商隐诗句开导他人。20 世纪 50 年代初,他还曾对来自家乡的族人说:现在和将来,我们都摆不起阔气。唐代诗人李商隐有诗警醒后世人:"历览前贤国与家,成由勤俭败由奢"。你想想,我们能不养成一种勤俭节约的风气吗? 全党全国各级机关、各级干部,都要厉行增产节约,国家才能建设好! (《故园行》,第 109 页)

毛泽东平生能背诵很多李商隐的诗篇,曾圈圈、手书李商隐诗《马嵬》、《贾生》、《北齐》(二首)、《隋宫》、《韩碑》、《锦瑟》、《夜雨寄北》、《嫦娥》和若干《无题》。1965 年 5 月,毛泽东在上海与周谷城谈论中谈到了李商隐。周谷城不禁吟诵起李商隐的七律《马嵬》:

> 海外徒闻更九州,他生未卜此生休。
> 空闻虎旅传宵柝,无复鸡人报晓筹。
> 此日六军同驻马,当时七夕笑牵牛。

在周谷城吟不出最后两句时,毛泽东接着就吟出了:

> 如何四纪为天子,不及卢家有莫愁。

(《光明日报》1989 年 3 月 11 日)

毛泽东喜爱李商隐的诗,对李诗有精到而独特的理解。1965 年 6 月的一天,毛泽东在上海与复旦大学刘大杰教授谈论中国古典文学。当论及李商隐时,他请刘大杰朗诵了李的七绝《贾生》,并喟然赞叹写得好!接着又谈到李商隐的《无题》诗,刘大杰说:这些作品究竟是纯粹的爱情诗,还是另有寄托?研究者历来有不同看法。毛泽东说:《无题》诗要一分为二,不要一概而论。他还谈到《李义山集》的一篇《行次西郊作一百韵》,认为这是篇史诗,可与杜甫的《北征》媲美。

1975 年 7 月,北京大学讲师芦荻给毛泽东读了李商隐的《锦瑟》:

> 锦瑟无端五十弦,一弦一柱思华年。
>
> 庄生晓梦迷蝴蝶,望帝春心托杜鹃。
>
> 沧海月明珠有泪,蓝田日暖玉生烟。
>
> 此情可待成追忆,只是当时已惘然。

独恨无人作郑笺。对于这首七律,从来解说不一:有说是写锦瑟之为乐器的乐音特点的,有说是写对妻子的悼念,有说锦瑟是一个姑娘名字,有说是诗人总结自己创作体验的,也有说是他年近五十时自伤生平的诗。芦荻由此请教毛泽东该怎么看。毛泽东说:不要做烦琐的钻牛角尖的研究,只要感觉文采非常美,徜徉迷离,给你一种美的享受就行了。这首诗为什么流传得这么久,自有它迷人的魅力。不要整天说它是悼亡还是托言,怎么说都可以,总之是寄托了作者内心中的一种惆怅。1975 年,刘大杰为修改旧作《中国文学发展史》写信给毛泽东,就评价韩愈和解释李商隐的《无题》诗谈了看法。翌年 2 月 12 日,毛泽东回信,信中称"李义山无题诗现在难下断语,暂时存疑可也。"(《建国以来毛泽东文稿》第十三册,第 522 页)

爱屋及乌。因为爱好李商隐的诗,毛泽东对有关李商隐的遗迹和研究也颇感兴趣。1958 年 11 月 1 日,他视察河南,在新乡接见中共沁阳县委书记赵汉儒时,曾关心地询问起李商隐故里沁阳雍店的情况,说:沁阳是李商隐的故乡,李商隐的诗写得好哇,我很喜欢他的诗!雍店这个村还有吗?李商隐就是这个村的。赵汉儒回答说:"这个村现在叫新店。"毛泽东饶有兴趣地接着说:应该叫新店,叛匪火烧雍店,叫新店好!好!(《毛泽东轶事》,第 158 页)毛泽东并指示要重视李商隐研究,保护好有关文物史迹。

女作家、学者苏雪林在 20 世纪 30 年代曾写过研究李商隐的专著,为此,毛泽东曾写信给秘书田家英,内称"苏雪林著《李义山恋爱事迹考》,请去坊间找一下,看是否可以买到,或者商务印书馆有此书?"(《毛泽东和他的秘书田家英》,第115页)

晚年毛泽东身患重病,但仍坚持自己阅读书籍。据称当时人民文学出版社曾得到来自上面的通知,赶排《李义山诗文全集》线装大字本,因要赶时间,所排诗文即令随时呈送。1976年9月8日还送去部分散片。

🔵 无题诗《锦瑟》的解释

李商隐《锦瑟》第一句"锦瑟无端五十弦"及全诗的解释,自唐以来众说纷纭。《历代诗话》记述有苏轼对《锦瑟》的解释:"此出《古今乐志》。云:'锦瑟之为器也,其弦五十,其柱如之,其声也,适、怨、清、和。'按李诗:'庄生晓梦迷蝴蝶',适也;'望帝春心托杜鹃',怨也;'沧海月明珠有泪',清也;'蓝田日暖玉生烟',和也。"按语还辑录了另几种不同解释:认为所列四句诗,是锦瑟中的四种曲子;锦瑟是令狐楚家婢女的名字。也有认为对此诗,"不解则涉无谓,既解则意味都尽。"

黄巢

他年我若为青帝
报与桃花一处开

黄巢(？—884) 唐末农民运动领袖。曹州冤句(今山东菏泽)人。几次应试进士,不就,贩私盐。875 年,响应王仙芝起事。王仙芝战死,被推为领袖,号冲天大将军,南下渡江淮,经江西、两浙,开仙霞岭七百里山路直入福建,攻占广州。又挥师北上,880 年进入长安(今陕西西安)称帝。国号大齐。884 年撤出长安,屡战失利。在泰山虎狼谷(今山东莱芜西南)自杀。南北转战十二省,先后历时十年。

1939 年,毛泽东在《中国革命和中国共产党》一文中指出:"中国历史上的农民起义和农民战争的规模之大,是世界历史上所仅见的。"他举了若干例子,其中之一就是唐朝的王仙芝、黄巢。王仙芝、黄巢起义,发生在唐朝末年,王仙芝很快就失败了,和他一起的黄巢就成为领袖。黄巢起义从根本上动摇了唐王朝,使它的统治名存而实亡。

早在 1907 年,毛泽东在湘乡东山学堂就学时,就试题《言志》的作文,为抒发己志,写下了黄巢的诗句。1918 年 8 月,毛泽东在杨昌济家因赏菊又吟咏这首《题菊花》,可见他对黄巢是颇有兴趣的。1921 年,毛泽东在向湖南衡阳省立第三师范学生作《中国历史上农民战争问题》讲演时,就介绍了陈胜、吴广、黄巢、李自成、张献忠和洪秀全等农民起义领袖的事迹。这是现在所知道的毛泽东谈及黄巢的早年记录。毛泽东谈论黄巢颇为详细的一次，是在 1926 年主持广州第六届农民运动讲习所期间，讲授中国农民问题时，提到历史上的农民起义，其中就有黄巢。他说：黄巢：山东人，当时科举不第，气愤而起，由山东至福建、广东、湖南、湖北、河南、陕西，大肆烧劫，这是农民暴动的一个很显明的例子。他完全代表农民利益的，其所以失败者，以始终暴动所致也。（《毛泽东与中国史学》，第 107 页）。当时学校教科书和史学界论著多有把黄巢说成是"流寇"。毛泽东此说可谓是出类拔萃，别具新意。

1929 年秋天在福建上杭，毛泽东在上杭临江楼上，与傅柏翠谈完工作后，想到重阳佳节来临，面对楼里摆设的十几盆菊花，说：黄巢有一首吟菊诗：

> 待到秋来九月八，我花开后百花杀。
> 冲天香阵透长安，满城尽带黄金甲。

又说：黄金甲，黄金甲，黄巢把菊花瓣设想为战士盔甲，语气双关，既形容菊花秀色，又展示了菊花英姿。冲天香阵透长安，满城尽带黄金甲，说明起义要拿下长安，主宰京都。何等气势，这是封建文人们想也不敢想的！毛泽东还说，黄巢还有一首题菊诗：

> 飒飒西风满院栽，蕊寒香冷蝶难来。
> 他年我若为青帝，报与桃花一处开。

菊花在寒秋里开放，蜂蝶不来，唯有孤芳自赏，生不逢时。黄巢感叹不已，他要做司春之神，让菊花在春天开放，与万花争艳，想得多么浪漫。有人说：他年我若为青帝，是向帝王挑战的叛逆思想。这诗好就好在想别人所不敢想，说别人所不敢说的。他如果想获得政权，给平民百姓带来幸福生活，有何不可？还有人说这诗是黄巢五岁时写的，自然是胡扯。若说他早有叛逆思想那就对了。毛泽东谈及苏区食盐被禁止运入时，又特别提到了黄巢。他说：在苏区未扩大到产盐地前，我们都要靠私盐贩子运来盐巴。黄巢若生长在今天，我们当请他助一臂之力！

毛泽东熟悉黄巢，经常用黄巢故事作比喻。当红军长征到达陕北后，有人要毛泽东注意安全，毛泽东诙谐地说道：我的头，不值钱，连三百张钞票也不值！他又说，今有历史明文鉴戒，举事实作证，以黄巢为例。《旧唐书》说"林言斩巢"，《新唐书》又说"太原博野军杀言，与巢首俱上溥（时溥，为追杀黄巢的唐军指挥官）"。看来，林言拿黄巢的头请赏，连个铜钱也没有搞到手，反而赔上了自己的头，岂不哀哉？所以我不怕哪个壮士把我斩首！

见于史载黄巢自杀，从来多有疑点，好学深思的毛泽东就此也有认同。新中国成立后，他在读《明史纪事本末》卷四十五《平河北盗》，就明朝中期河北农民起义军领袖失败被俘杀事表示怀疑，批注有："吾疑赵风子、刘七远走，并未死也。天津桥上无人识，闲倚栏杆看落晖。得毋像黄巢吗？"（《毛泽东读文史古籍批语集》，第334页）看来他是认为黄巢当时未死，得以遁走的。爱屋及乌。毛泽东对这首托名黄巢的七绝也颇欣赏。1963年12月毛泽东所作《七律·吊罗荣桓》的首句也就借用了此诗的第一句："记得当年草上飞"。

这首托名黄巢的诗，参见自黄巢前半个世纪元稹的《智度师二首》：

四十年前马上飞，功名藏尽拥僧衣。
石榴园下禽生处，独自闲行独自归。

三陷思明三突围，铁衣抛尽衲禅衣。
天津桥上无人识，闲凭栏杆望落晖。

因为注意唐史中所记载的黄巢军事活动，20世纪50年代，毛泽东读史，还据史传勾画了黄巢主力行军路线，且绘了一幅示意图。这是我们目前所仅见到的毛泽东读史所绘的历史地图，弥足珍贵。

🌑 黄巢是否出家

黄巢之死,通常有被杀和自杀二说。

被杀说。《旧唐书·黄巢传》称黄巢兵败山东泰山虎狼谷,为林言杀死,首级送到徐州。同书《僖宗纪》、《时溥传》记载同。《资治通鉴》也采用此说。自杀说。黄巢兵败后自杀未果,请林言杀死。林言送首级至太原博野军,又为所杀。

但也有为僧说。宋邵博《邵氏闻见后录》:"唐中和四年六月,时溥以黄巢首上行在者,伪也。东西二都旧老相传,黄巢实不死,其为尚让所急,陷泰山狼虎谷,乃自髡为僧得脱,往投河南尹张全义,故巢党也。各不敢识,但作南禅寺以舍之。"邵氏称他曾在南禅寺见有壁绘黄巢着僧服画像,"其状不逾中人,唯正蛇眼为异耳。"并据时人说,寺庙还珍藏有绢本,有黄巢题诗:"犹忆当年草上飞,铁衣脱尽挂禅衣。天津桥上无人识,独凭栏杆看落晖。"陶毂《五代乱离纪》称同。张端义《贵耳集》亦称:"黄巢后为缁徒,曾住大刹,禅道为丛林推重。"又说黄巢最终迁居明州(今浙江宁波)雪窦山,法号雪窦禅师。据称,南宋时雪窦山上有黄巢墓,每年邑官要派人祭祀。但此处那两首所谓黄巢的诗,实系附会,宋赵与时《宾退录》指出乃采自唐元稹的《智度师诗》。

罗隐

真才实学
运命多乖

　　罗隐(833—910)　唐末诗人。新登(今浙江富阳西北)人,字昭谏。以
貌陋,应十举不中。后避乱回乡,依钱镠,为钱塘令、给事中。一生多乖,终
老故里。鲁迅称其诗文"几乎全部是抗争和情激之谈"。有《罗昭谏集》。

　　毛泽东相当喜欢罗隐的诗。在他中南海菊香书屋所藏图书里,就有罗隐的
两种集子《甲乙集》、《罗昭谏集》。不动笔墨不读书,毛泽东每读好诗,中意的就
在题名处画圈,画圈越多越是佳作。现观看他的手书古诗词影印集,多有圈圈
在焉。如毛泽东喜欢的李白诗有圈为七十五首,李商隐诗有圈为二十六首,李
贺为四十七首,而经他圈点的罗隐诗,比重最大,竟多至八十八首。有的还加以
密圈浓点,如咏史诗《西施》、《王濬墓》、《董仲舒》;抒怀诗《自遣》、《偶兴》、《东归
别常修》;抒情诗《中秋夜不见月》、《七夕》,等等。其中《偶题》:"钟陵醉别十余
春,重见云英掌上身。我未成名君未嫁,可能俱是不如人。"此诗一作《嘲钟陵妓
云英》,钟陵即今江西进贤县。据《鉴戒录》,罗隐与云英旧好,云英见他又未中
进士,说:"罗秀才尚未脱白耶? 隐遂赠以诗云"。因为罗隐仍旧是白衣秀才。
毛泽东在《罗昭谏集》里对此诗后两字字字都画了密圈;而在《甲乙集》里除画圈
外,还批注:"十上不中第"。(《毛泽东读文史书籍批语集》,第15页)毛泽东就是以此

441

五字概括罗隐,十次投考进士落第的遭遇,对他身世怀才不遇表示了同情。罗隐是有真才实学的。后来他投靠了割据浙西的钱镠,出任掌书记(首席秘书)。当钱镠筑杭州罗城,十步一楼,又听从了罗隐建议"楼不若皆内向",果然它起了作用,有效地防御了进逼牙城的徐绾叛兵。毛泽东对《通鉴纪事本末·钱氏据吴越》的这条文字很有兴趣,特地摆了罗隐一功,批语说"昭谏亦有军谋"。(《毛泽东读文史书籍批语集》,第306页)

罗隐的诗多有警句,富有哲理,毛泽东很喜欢引用。

见诸文字的就是:"时来天地皆同力,运去英雄不自由。"

1934年10月红军长征前夕,毛泽东居住于都北门何屋得了病,粤赣省苏维埃政府执行委员会主席、兴国籍干部钟世斌前来看望,毛泽东在谈话中要他做好留守苏区的精神准备,并用"时来天地皆同力,运去英雄不自由"作为勉励。(《家庭与生活报》第201期)新中国成立后毛泽东读《南史·梁高祖本纪》,对梁武帝萧衍前期文治武功颇有作为,后期昏聩,致使受困台城而饿死,大有感触,也用了罗隐的这两句"时来天地皆同力,运去英雄不自由"诗,作为对梁武帝的批评。

1967年9月24日,毛泽东从南方乘火车回到北京,在中南海等候的王海容向他汇报了有关情况,当谈到王力"八七讲话"不得人心时,他针对王、关、戚问题,又援引了这两句诗:"时来天地皆同力,运去英雄不自由。"毛泽东意思是说,王力、关锋、戚本禹等人,在"文化大革命"开始以来,时来运转,红极一时,似乎天、地、人都协力支持他们,一切都很得手;但曾几何时,他们多行不义必自毙,好运不长,气数已尽。(《党的文献》1998年3期第81页)

"时来天地皆同力,运去英雄不自由"出自罗隐《筹笔驿》:

> 抛掷南阳为主忧,北征东讨尽良筹。
>
> 时来天地皆同力,运去英雄不自由。
>
> 千里山河轻孺子,两朝冠剑恨谯周。
>
> 唯余岩下多情水,犹解年年傍驿流。

毛泽东对此首《七律》特为喜爱,在诗题前画有三个大圈,每句诗末都画有圈,第一句旁画有曲线。从第三句开始,又一路密圈到结束。

罗隐与钱镠

罗隐在杭州,被吴越王钱镠授为钱塘令,在宴席上作有《夏口》诗,内有"一个祢衡容不得,思量黄祖漫英雄"句,钱镠见了大喜,予以赞扬,说是"仲宣远托委荆州,都缘乱世,夫子辞为鲁司冠,只为故乡。"罗隐也为钱镠的吴越国作了不少建议,细小事如诗谏取消"使宅鱼"。钱镠很重才,罗隐老病卧床,他去看望,罗正酣睡,为不使其惊醒,乃在墙上留句:"黄河信有澄清日,后世应难继此才。"罗隐醒后,大为感动,信笔续句:"门外旌旗屯虎豹,壁间章句动风雷。"并以红纱覆之,以示珍重。

《谗书》

罗隐诗好,文更有特色,为世人看重的是讽刺小品,多收于《谗书》。作者《谗书序》有称:"《谗书》者何? 江东罗生所著之书也。生少时自道有言语,及来京七年,寒饥相接,殆不似寻常人。丁亥年春正月,取其所为书诋之曰:'他人用是以为荣,而予用是以为辱;他人用是以富贵,而予用是以困惑。'如是,予之书乃自谗耳,目为《谗书》。卷轴无多少,编次无前后,有可以谗者则谗之,亦多言之一派也。而今而后,有诮予以哗自矜者,则对曰:不能学扬子云寂寞以诳人。"

作者表示,凡能讽刺者都在此例:一则讽世道不公,二则开独树一帜的文风。

章碣

读书太甚实无用
感叹刘项不读书

　　章碣　唐末钱塘(今浙江杭州)人。诗人章孝标子,乾符进士。后浪迹江湖,不知所终。

毛泽东对晚唐诗人章碣的诗亦有兴趣。
章碣善七律,诗作多有愤激乱世之音。毛泽东曾手书过章碣的两首诗。
一是《春别》:

　　掷下离觞指乱山,趋程不待凤笙残。

　　花边马嚼金衔去,楼上人垂玉箸看。

　　柳陌虽然风袅袅,葱河犹自雪漫漫。

　　殷勤莫厌貂裘重,恐犯三边五月寒。

一是《焚书坑》。
毛泽东对《焚书坑》尤为青睐,多次应用提及。1945 年 7 月 4 日,毛泽东与前来延安访问的国民参议员傅斯年单独谈了通宵。傅斯年是 1919 年北京学生运动主要领导人,"五四"大游行总指挥。毛泽东称赞他在"五四"时期的作用和贡献,双方交谈时谈古论今,也谈了秦末陈胜、吴广和刘邦、项羽。傅斯年自谦地说:"我们不过是陈胜、吴广。你们才是项羽、刘邦。"谈话结束时,傅斯年向毛泽东索取手书。翌日清晨,傅斯年在延安机场即将登机回程时,延安交际处王世英赶到机场,给他送来毛泽东的手书和一封信:

孟真先生:

遵嘱写了数字,不像样子,聊作纪念,今日闻陈胜、吴广之说,未免过谦,故述唐人诗以广之。

敬颂

旅安

毛泽东　七月五日

竹帛烟销帝业虚,
关河空锁祖龙居。
坑灰未烬山东乱,
刘项原来不读书。

唐人诗一首书呈孟真先生
毛泽东

此乃当今最早发现的毛泽东写的《焚书坑》诗,此后他又多次提及。

1959 年 12 月 11 日,毛泽东与秘书林克信:

林克:

请查《焚书坑》一诗,是否浙人章碣(晚唐人)写的? 诗云:竹帛烟销帝业虚,关河空锁祖龙居,坑灰未冷山东乱,刘项原来不读书。

毛泽东
十二月十一日

(《建国以来毛泽东文稿》第八册,第613页)

1966 年,毛泽东又一次提到:"唐人诗云:竹帛烟销帝业虚,关河空锁祖龙居,坑灰未冷山东乱,刘项原来不读书。有同志说:学问少的打倒学问多的,年纪小的打倒年纪大的,这是古今的一条规律。"(《建国以来毛泽东文稿》第十二册,第35页)

《焚书坑》中的"不读书"

"刘项原来不读书","不读书"就是"不要读书"、"不喜欢读书"。项羽不读书,见《史记·项羽本纪》:"项籍少时,学书不成;去学剑,又不成。"刘邦不读书,不见于《史记》、《汉书》,见有《殷芸小说》,记有刘邦与子刘盈(汉惠帝)诰,内称"吾遭乱世,生不读书;当秦禁学问,又自喜,谓读书无所益。"此诰真伪,亦难考证,但因出自南梁人笔记,或可为章碣诗张本。也可为时人解释刘邦"不读书"注脚。盖察之章碣身处王仙芝、黄巢起事乱世,其诗句的"不读书",还可解作"不是读书人"、"不须读书",即读书无用也,读了书,反而做不了大事。

朱温

世道多闹剧
流氓做皇帝

朱温(852—912)　五代后梁王朝建立者。公元907—912年在位。宋州砀山(今属安徽)人。流氓出身,参加黄巢军,后叛黄巢降唐,赐名"全忠"。参与平定黄巢,在各割据集团混乱中坐大,封梁王。907年代唐称帝。国号梁。多苛政,创立军士黥面制度。长期与李克用父子混战。晚年纵情声色,为子所杀。

在中国历史长河里,很有一些流氓、无赖当上了皇帝的。五代后梁开国皇帝朱温就是其中的一个。据说罗贯中写有一部《残唐五代史演义》。在这部平话里,朱温是地道的坏人。毛泽东读薛居正《旧五代史》,于卷一《梁书·本祖本纪》写了多条批语。对朱温其人其事作了入木三分的评价。

朱温虽是无赖,却是靠拼杀起家,又为黄巢器重的。朱温降唐后,公元882年,奉命与各路唐军收复长安,所谓"帝(朱温)与诸侯之师俱收长安,乃率部下一旅之众,仗节东下"。一旅,五百人。对此毛泽东在相应处作了"才数百人"的批语,道出了朱温敢拼杀的能耐、胆识。公元889年,朱温将割据蔡州(今河南汝南)的秦宗权由汴(今河南开封)押解长安处死。唐昭宗李晔为嘉奖朱温,把蔡州划给他辖理。这样朱温地盘更大了。毛泽东大为感叹,在天头作了批语:

"唐宗失计平蔡州"。（《毛泽东读文史古籍批语集》，第 253 页）此说颇有见地。盖庸懦的李晔当然不会懂得蔡州如在秦宗权手中，对朱温也是牵制，大可使摇坠的唐王朝还可苟安于一时。毛泽东还说朱温很会指挥、善于打胜仗。朱温未称帝前，以汴、洛阳等中州地区为基地。但中州四郊多垒，尤其是东、南、北都是多年为仇的割据集团，如秦宗权、朱瑾、朱玖、罗宏信和李克用。但他以武力东征北战，以信义招降纳叛，由此建立牢固根基，且有开拓和发展。因而毛泽东读唐大顺二年（891）所记朱温败罗宏信，逼罗讲和、归顺，降服宿州张筠、曹州郭绍英，大败兖州朱瑾军等故事，大有感叹："朱温处四战之地与曹操略同，而狡猾过之。"（《毛泽东读文史古籍批语集》，第 254 页）这正是他对朱温军事才能的认识。

🔘 开国皇帝多有无赖

中国古代开国皇帝有不少是属于非贵族世家的平民皇帝，所谓"平民皇帝"，他们其实都有点无赖的流气，如刘邦之类。三国刘备是贩草鞋出身的。南朝刘裕、陈霸先（陈武帝）皆家世寒贱。北朝后赵石勒曾是奴隶。五代的朱温（梁太祖）、刘知远（汉高祖）是乡村流氓，自小偷鸡摸狗。十国中的钱镠（吴越）、王建（前蜀）、杨行密（吴）、王审知（闽）均为农民世家，但都不务正业，以结帮贩私盐为业。

🔘 黥面、文面

朱温据中原，治军颇为严厉，士卒为之逃亡。为阻止、捉拿逃军，朱温采取对士卒文面，以作标记。后他人多仿效。割据幽州的刘仁恭为对付朱温军，勒令境内十五至七十岁的男子全部入伍，各人脸面刺"定霸都"，士人则在手或臂上文"一心事主"，刘守光称帝，大征壮丁，皆剪发文面。朱瑾据兖州，募勇士数百，于面颊刺双雁，号为"雁子都"。

李克用　李存勖

风云帐下奇儿在
鼓角灯前老泪多

李克用（856—908）、李存勖（885—926）　五代后唐创建者。沙陀部人，本姓朱邪，赐姓李。李克用以讨伐黄巢，夺取京城长安，功最大。后封晋王。死后，长子李存勖继位，屡败后梁军。923年灭后梁。称帝。国号唐，史称后唐。迁都洛阳。治国无方，常自夸"在十指上取天下"，宠任宦官，尤优待伶人。后魏博兵变，为部下所杀。

毛泽东读历史，对五代乱世时期的"后唐灭梁"很有兴趣。他十分注意李克用、李存勖父子的故事。1962年12月22日，曾将一首《三垂冈》七律写在12月14日第109期《宣教动态》（中共中央宣传部编印）最后一页的空白处，并批注：

柯老：此件很重要，请你印发会议各同志。大家读一、二遍，并讨论两天。

毛泽东
十二月二十二日

古诗一首。咏后唐李克用和其儿子后唐庄宗李崇(存)勖诗。

英雄立马起沙陀,奈此朱梁跋扈何。
只手难扶唐社稷,连城犹拥晋山河。
风云帐下奇儿在,鼓角灯前老泪多。
萧瑟三垂冈下路,至今人唱百年歌。

1964年12月29日,毛泽东写信给秘书田家英,内称:

近读《五代史》后唐庄宗传三垂冈战役,记起了年轻时曾读过一首咏史诗,忘记了是何代何人所作。请你一查,告我为盼!

为了便于查对,毛泽东还凭记忆将原诗全文写下附上。

毛泽东在诗篇后还注明:"诗歌颂李克用父子。"(《毛泽东和他的秘书田家英》,第113页)据《旧五代史·庄宗本纪》,公元889年,李克用校猎于潞州(今山西襄垣北)三垂冈,在酒乐声中,他指着年仅五岁的儿子李存勖说:"老夫壮心未已,二十年后此子必战于此。"公元908年,李存勖果然在三垂冈大败梁军主力。毛泽东对这首诗很有兴趣。在他晚年,即1975年前后的一天,又曾对身边工作人员念了诗中的"风云帐下奇儿在,鼓角灯前老泪多"两句,并将它写在纸片上,说:这两句诗正表达了我此时的心境。(《走进毛泽东的最后岁月》,第29页)《三垂冈》系清严遂成所作。毛泽东年轻时大概是从清袁枚《随园诗话》中读到此诗的,所以和严遂成《海珊诗抄》原作略有记误,原作第四句为"连城且拥晋山河";第七句为"萧瑟三垂冈畔路"。但也佐证他早年对此故事的神往,记忆犹新。

毛泽东对李克用、李存勖的武功颇为赞赏。公元901年,梁军六路攻晋,潞州、沁州、辽州诸城皆降,毛泽东读《旧五代史·武皇(李克用)本纪》至此,但又见后文"时霖雨积旬,汴军屯聚既众,刍粮不给,复多痢疟,师人多死",以及晋军每夜以骁骑袭营;在敌败退时,又乘胜掩杀至复苏等事,大有感触地批语:"沙陀最危急之秋,亦即转守为攻之会,世态每每如此,不可不察也。"毛泽东以辩证的军事观点,点出了李克用以逸待劳、伺机取胜的才能。公元908年,李存勖继任晋王,他睿明地分析了形势,命大将周德威回师,伺机进攻。毛泽东称赞了这种"先退后进"的战略。此后十余年,李存勖与梁战斗多次,有胜有败,但都采取了这个战略。

毛泽东特别重视《旧五代史·庄宗纪》和《通鉴纪事本末·后唐灭梁》记述的关于胡柳陂的一场大战。公元 918 年的胡柳陂战役,晋军先败,西线指挥官周德威战死,梁军气势逼人。李存勖聚集败兵,身先士卒,他听从了部将阎宝、李嗣昭和王建及意见,"凡决胜料敌,唯观情势,情势已得,断在不疑。王之成败,在此一战。若不决心取胜,纵收余众北归,河朔非王有也",纵兵决死一战,取得决定性胜利。毛泽东读《旧五代史·庄宗纪》的天头批语有:"胡柳陂正面突破不成,乃从东向南打大迂回,乘虚而入,卒以成功。"(《毛泽东读文史古籍批语集》,第 259 页)赞赏了李存勖的灵活机动战术。他在读《通鉴纪事本末·后唐灭梁》时更于有关文字旁逐字加了圈,并在天头上批注:"此战必不可少。"(《毛泽东读文史古籍批语集》,第 307 页)郓州之役是梁晋最后一战,李存勖采取了降将康延孝的建议,以精骑夺取郓州(今山东东平);而梁军主力几路前来争夺,晋将多人以梁军势大,欲退却、约和,"以河为境,休兵息民"。对此毛泽东作了批注:"已成摧枯之势,犹献退兵之谋,世局往往有如此者。此时审机独断,往往成功。"(《毛泽东读文史古籍批语集》,第 309 页)李存勖坚持采纳康延孝的建议,而枢密使郭崇韬也力主"若留兵守魏,固保杨刘(今山东东阿东北),自以精兵与郓州合势,长驱入汴,彼城中既空虚,必望风而溃"。毛泽东对此大加赞赏,在批注中说:"康延孝之谋,李存勖之断,郭崇韬之助,此三人者,可谓识时务之俊杰。"(《毛泽东读文史古籍批语集》,第 308 页)郓州之役后,晋军直取大梁(今河南开封)。毛泽东对进入大梁前后李存勖的行为,多有称赞,往往用圈圈表示注切。明史学者张溥在《通鉴纪事本末》评价李存勖,"晋王志气远大"。李克用曾对梁的威胁忧虑,"晋王慰以尊养待时,勿轻沮丧。"他说,"夫为天下者,不顾小怨。"李存勖兵进大梁,"兵败而复胜。师正而出奇,询谋良将,决断胸中,履险若夷,及锋即用。"毛泽东对这些引文都加以旁圈,有的还在天头上画有三个圈。如《通鉴纪事本末》还记有李存勖进攻大梁前夕,与家人诀别:"事之成败,在此一举,若其不济,当聚吾家于魏宫而焚之。"毛泽东对这段文字逐字旁加圈圈,并在天头上作批注:"生子当如李亚子。"(《毛泽东读文史古籍批语集》,第 310 页)这是对李存勖胆识的肯定。这七个字,今人以为采自三国时曹操所说的"生子当如孙仲谋",其实饱读史书的毛泽东,乃是从读《旧五代史·庄宗纪》所记朱温得知李存勖在潞州三垂冈大败梁军后"既惧而叹说:生子当如是,李氏不亡矣,吾家诸子乃豚犬尔"中所得。

李存勖虽是武人,但却是五代开朝君主难得的词家。毛泽东曾圈点他的《一叶落》:

一叶落,褰珠箔。此时景物正萧索。画楼月影寒,西风吹罗幕。吹罗幕,往事思量着。

🔵 义儿

五代割据者多有收容少年勇士为养子,而又以李克用为最。欧阳修《新五代史》将此作《义儿传》,为他的养子李嗣源、李嗣本、李嗣恩、李存信、李存孝、李存进、李存璋和李嗣昭等作传。这些儿子效忠养父,立有很多汗马功劳,但也带来彼此倾轧和战祸。李嗣源(唐明宗)也收有养子,著名的李从珂(唐废帝),系他为骑将时,于平山(今山西垣曲)掠得的寡妇之子王阿三。朱温在经营天下时,以汴州富人李让为养子,改名朱友让,又以李彦威为养子,改名朱友恭,后命他杀死唐昭宗,事后,又将朱友恭当作替罪羊处死。

🔵 陆机《百年歌》十首

一十时,颜如蕣华晔有晖,体如飘风行如飞,变彼孺子相追随,终朝出游薄暮归,六情逸豫心无违。清酒浆炙奈乐何,清酒浆炙奈乐何。

二十时,肤体彩泽人理成,美目淑貌灼有荣,被服冠带丽且清,光车骏马游都城,高谈雅步何盈盈。清酒浆炙奈乐何,清酒浆炙奈乐何。

三十时,行成名立有令闻,力可扛鼎志干云,食如漏卮气如熏,辞家观国综典文,高冠素带焕翩纷。清酒浆炙奈乐何,清酒浆炙奈乐何。

四十时,体力克壮志方刚,跨州越郡还帝乡,出入承明拥大珰。清酒浆炙奈乐何,清酒浆炙奈乐何。

五十时,荷旄仗节镇邦家,鼓钟嘈囋赵女歌,罗衣绰粲金翠华,言笑雅舞相经过。清酒浆炙奈乐何,清酒浆炙奈乐何。

六十时,年亦耆艾业亦隆,骖驾四牡入紫宫。轩冕纳那翠云中,子孙昌盛家道丰。清酒浆炙奈乐何,清酒浆炙奈乐何。

七十时,精爽颇顺胁力愆,清水明镜不欲观,临乐对酒转无欢,揽形羞发独长叹。

八十时,明已损目聪去耳,前言往行不复纪,辞官致禄归桑梓,安居驷马入旧里,乐事告终忧事始。

九十时,日告耽瘁月告衰,形体虽是志意非,言多谬误心多悲,子孙朝拜或问谁,指景玩日虑安危,感念平生涕交挥。

百岁时,盈数已登肌肉单,四支百节还相思,目若浊镜口垂涎,呼吸喷蹙反侧难,茵褥滋味不复安。

冯道

礼义廉耻，国之四维
四维不张，国乃灭亡

冯道(882—954)　五代时瀛州景城(今河北沧州西)人。字可道。唐末，为藩镇刘守光参军，后事唐、晋、契丹(辽)、汉、周，凡十一君，居相位二十余年，自称长乐老。在未发迹时作自喻诗："莫为危时便怆神，前程往往有期因。须知海岳归明主，未省乾坤陷吉人。道德几时曾去世，舟车何处不通津？但教方寸无诸恶，狼虎丛中也立身。"

20 世纪 50 年代初，毛泽东接见青年工作者时，当走到刘道生和刘导生面前，用手指着他俩说："你们两个，一寸之差。""一寸之差"，典出《旧五代史》卷一二六《冯道传补》，冯道为宰相时，"有举子李导投赟所业，冯相见之，戏谓曰：'老夫名道，其来久矣；加以累居相府，秀才不可谓不知，然亦名道，于礼可乎？'李抗声对曰：'相公是无寸底道字，小子是有寸底导字，何谓不可也。'"

毛泽东年轻时读《资治通鉴》和新旧《五代史》，很熟悉冯道故事。1913 年在他《讲堂录》里就记有："五代纲维横决，风俗之坏极矣，冯道其代表也。宋兴稍一振，然犹未也。逮范文正出，砥砺廉节，民黎始守纲常而戒于不轨。"(《毛泽东早期文稿》，第 592 页)

人要有骨气、气节。在毛泽东看来，冯道缺乏气节，不知廉耻为何物。他读欧阳修《新五代史》,此书将《冯道传》归入《杂传》,《杂传》即当今所说的另类传记,很难归入何朝何代的。毛泽东对欧阳修对冯道的批评极有兴趣:"传曰:礼义廉耻,国之四维;四维不张,国乃灭亡。善乎,管子之能言也。礼义,治人之大法;廉耻,立人之大节。盖不廉,则无所不取;不耻,则无所不为,人而如此,则祸乱败亡,亦无所不至。况为大臣而无所不取无所不为,则天下其有不乱,国家其有不亡者乎!予读冯道《长乐老叙》,见其自述以为荣,其可谓无廉耻者矣。"新中国成立初期,毛泽东就借用这段话抒发己见:治国就是治吏。礼义廉耻,国之四维;四维不张,国将不国。如果臣下一个个都寡廉鲜耻、贪污无度,胡作非为,而国家还没有办法治理他们,那么天下一定大乱,老百姓一定要当李自成。1975年,晚年毛泽东在与周围工作人员谈论《资治通鉴》时,又谈到欧阳修评冯道的这些话。他说:如书里论曰"礼义廉耻,国之四维;四维不张,国乃灭亡",清朝的雍正皇帝看了很赞赏,并据此得出了结论,治国就是治吏。如果臣下个个寡廉鲜耻、贪得无厌,而国家还无法治他们,那非天下大乱不可。

冯道所事四朝十一主

朝代	姓 氏	身 份	所授职务	附 注
	刘守光	燕 王	参军	幽州割据者
	张承业	监河东军	巡官	宦官
	李存勖	河东节度使	掌书记	
后唐	李存勖	皇 帝	户部侍郎	
	李嗣源	皇 帝	宰相	
	李从珂	皇 帝	司空	
后晋	石敬瑭	皇 帝	宰相	
	石重贵	皇 帝	宰相	
辽	耶律德光	国 主	太傅	
后汉	刘智远	皇 帝	太师	
	刘承祐	皇 帝	太师	
后周	郭 威	皇 帝	太师兼中书令	
	柴 荣	皇 帝	太师兼中书令	被谪为山陵使,病死

石敬瑭

绝代儿皇帝
做龙亦做狗

石敬瑭(892—942)　五代晋王朝建立者。公元936至942年在位。沙陀族,太原(今山西太原)人。后唐时为河东诸镇节度使,镇守太原。灭唐建晋,称帝后,割让幽、云十六州予契丹,称契丹主为"父皇帝",自称"儿皇帝"。后受臣属谴责忧郁病死。

五代乱世,出现有很多昏聩无耻皇帝,其中出乎乖张的,就是后晋开国之君石敬瑭。

石敬瑭是李嗣源女婿,为了抢班夺权,灭他大舅子的后唐帝国,不耻卑躬屈膝、诚惶诚恐地以四十三岁的年龄拜三十二岁的契丹主耶律德光做干爸,且破天价地呼他为"父皇帝",自称"儿皇帝"。从此中华语典中出现了"儿皇帝"新词。

毛泽东早年读五代史事,就极为鄙视石敬瑭其人其事,1919年他在其主办的《湘江评论》创刊号上所写短评《来因共和国是丑国》中说:"协约国要化来因流域为自己挡敌的长城,必先使之脱离德国的关系,别成一国。听说已在威萨登设立临时政府,一位道登博士做总统。这位道登博士不知果然高兴到什么样?金人立了刘豫,契丹立了石敬瑭,我们中国也曾有几个这样的国呢。"(《毛泽东早期文稿》,第 314 页)此处所称来因共和国即"一战"后由法国在德国境内所扶植的莱因共和国。刘豫是北宋末年金人在宋境所册立的傀儡皇帝。毛泽东在这里谴责了儿皇帝石敬瑭。

新中国成立后,毛泽东读宋欧阳修《为君难论》,欧文中说到后唐废帝李从珂担心坐镇太原的大姑爷石敬瑭造反,要将他换防,满朝文武都以为不可,只有枢密直学士薛文遇赞同。欧文以为李从珂"力拒群议,专信一人",引发石敬瑭反叛。毛泽东颇不以为然,他认为五代武人时时为权力和财产分配再分配争斗,石敬瑭及其集团势力膨胀了,早晚就要抢班夺权的,即写有批语:"不徙石敬瑭,没有薛文遇,照样亡国,不过时间先后耳。"(《毛泽东读文史古籍批语集》,第 95 页)他对石敬瑭辈的分析解剖,入木三分,一扫封建史家唯心史观。

石敬瑭是想做皇帝的,他的亲信也希望由此更上台阶,其中一个就是桑维翰,正是这个桑维翰竭力要主子结交契丹称"儿皇帝"。毛泽东很不屑桑维翰的为人。在读《洛阳缙绅旧闻记》称桑是靠权贵张全义"力言于当时儒臣"才当上进士时,就以批语指出:"如不力言,则下第举子耳。"沆瀣一气,有其昏君必有其佞臣。毛泽东的寥寥几字,将后晋帝国这对君臣绑上了耻辱柱,永世不得翻身。

后晋帝国,多行乖张之事。石敬瑭做了五年儿皇帝,羞愧地死了,侄儿石重贵接班做了五年皇帝,全家就当了契丹俘虏亡国了。毛泽东很鄙视这个王朝。1973 年 12 月,在与许世友将军谈话中,就祝寿事谈到了五代故事,他说:历来帝王将相讲究祝寿,可都是短命鬼。后梁十六年完蛋,后唐十五年完蛋,后晋最少,只有十年。我不相信命是祝出来的。

◉ 燕云十六州

石敬瑭割让给辽的幽州(北京)、蓟州(天津蓟县)、瀛州(河北河间)、莫州(河北任丘)、涿州(河北涿州)、檀州(北京密云)、顺州(北京顺义区)、新州(涿鹿)、妫州(河北怀来)、儒州(河北延庆)、武州(河北张家口宣化区)、蔚州(河北蔚县)、云州(山西大同)、应州(山西应县)、寰州(山西朔州朔城区东北)、朔州(朔州朔城区)十六州,是中国北部重要地区,此后的中原王朝就此失去了屏障,酿成了很大的祸患。北宋王朝曾多次出兵,试图夺回,但都失败了。它也为北方少数民族贵族入侵中原,由掠夺嬗化为占领地的滥觞。直到四百年后,朱元璋建立的明王朝,始将十六州地区全部收回中原。

李煜

春花秋月何时了
往事知多少

　　李煜(937—978)　　五代南唐国主,通称李后主。公元961年—975年在位。徐州(今江苏徐州)人,字重光。即位后怠于政事,纵情声色,对宋一味乞和,不修武备。975年,宋军围金陵(今江苏南京),降。押至汴京(今河南开封)。后为赵光义(宋太宗)用牵机药毒死。能诗文、音乐、书画,尤工于词。与父李璟有《南唐二主词》。

　　1945年9月,毛泽东在重庆谈判期间,单独会见通俗小说作家张恨水。当他得知张恨水原名心远,恨水是后来由笔名衍化为名字,并取自南唐后主李煜词"自是人生长恨水长东"的中截两字时,就说:先生著作等身,堪可欣慰。后主词哀怨凄凉之作,竟被先生悟出如此深意,可敬可佩! 我也用过许多笔名,却无先生之名寓意隽永。说罢,毛泽东就即席吟咏了李煜《乌夜啼》:

　　　　林花谢了春红,太匆匆。无奈朝来寒雨夜来风。　　　　胭脂泪,留人醉,几时重? 自是人生长恨水长东!

　　李煜的词属于婉约派。毛泽东对李煜词相当喜欢,李煜一生所留下的三十多

458

首词,被毛泽东圈点的就有十四首,其中《虞美人·春花秋月何时了》《浪淘沙·窗外雨潺潺》还手书过。这些词绝大多数是李煜亡国降宋后因于汴京(开封)时所作。

1954年夏,毛泽东在北戴河曾写有著名的《浪淘沙·北戴河》:

　　大雨落幽燕,白浪滔天,秦皇岛外打鱼船。一片汪洋都不见,知向谁边?
　　往事越千年,魏武挥鞭,东临碣石有遗篇。萧瑟秋风今又是,换了人间。

此词源起自李煜的《浪淘沙》:

　　帘外雨潺潺,春意阑珊。罗衾不耐五更寒。梦里不知身是客,一晌贪欢。
　　独自莫凭阑,无限江山,别时容易见时难。流水落花春去也,天上人间。

毛泽东曾说李煜的词:他的用词、意境都很美,但是情调柔弱、伤感、婉约派的作品我不大喜欢。(《我所知道的毛泽东》,第26页)据毛泽东秘书林克回忆,毛泽东同他谈过《浪淘沙》一词的写作缘由。说李煜写的《浪淘沙》都是婉约的,没有豪放的,他要反其意而行之。因此以《浪淘沙》的词牌写了一首豪放的词。

李煜有文才,但不是一个好皇帝,不懂政治,不会治国。1957年4月10日,毛泽东在同《人民日报》社邓拓谈话时,批评"书生办报",他说:南唐李后主虽多才多艺,但不抓政治,终于亡国。1964年3月24日,毛泽东在有次谈话里又说:可不要看不起老粗。知识分子是比较最没有知识的。历史上当皇帝,有许多是知识分子,是没有出息的。接着他又举了一些例子,其中就有能诗能赋的李后主。

🔘 李煜焚书

　　南唐立国三世,积聚有文化典籍多多,至后主李煜,内宫收藏达一万余卷,还有不少钟、王手迹,派保权黄氏掌管,李煜极为珍爱。宋兵临石头城下,李煜交代黄某:"此皆先帝所宝。城若不守,汝即焚之,毋为他人所得。"结果,它都被烧焚了。

　　与此比肩,有之前的南梁萧绎(元帝),在平定侯景之乱后,把其父萧衍(武帝)积聚多年的文德殿藏书和公私图书七万多卷,运藏他定都的江陵。后西魏军围攻江陵,城破前夕,萧绎以"文武之道,今日尽矣。"尽毁庋藏。

论中国历史人物

盛巽昌著

从轩辕黄帝
到孙中山

下册

上海書店出版社
SHANGHAI BOOKSTORE PUBLISHING HOUSE

目录

1

624 **雍正帝**

貌恭而心狠　志大而情险

626 **曹雪芹**

开谈不说《红楼梦》　纵读诗书也枉然

629 **乾隆帝**

与天下同欲者难　与万物同利者尤难

631 **郑燮**

行笔苍劲有力　做事难得糊涂

633 **姚鼐**

宣传先王之道　迷惑后世人心

635 **龚自珍**

落红不是无情物　化作春泥更护花

637 **林则徐**

苟利国家生死以　岂因祸福趋避之

640 **魏源**

放眼海国万顷波光　立足中华土厚水深

642 **洪秀全**

思想的巨人　行动的侏儒

646 **杨秀清**

大浪淘沙文盲竟能做大事　小民思维粗汉只是造小车

648 **石达开**

大渡河边草木春　出师未捷泪满襟

652 **李秀成**

白纸黑字,铁证如山　是邪非邪,可以评说

654 **曾国藩**

上援古义,下揆人情　文以载道,杀人如麻

658 **左宗棠**

身无半亩　心忧天下

661 **李鸿章**

旷代疆臣,名著海内　君子小人,誉谤不一

664 **王闿运**

晚清遗老　国学大家

666 **张之洞**

整顿吏治,兴办洋务　中学为体,西学为用

668 **陈宝箴**

开化民智,启一省风气之先　鼓吹革新,创各地变法之最

赵匡胤

黄袍乃是帝王着
军中那得寻常见

赵匡胤(927—976)　即宋太祖。北宋开国皇帝。公元 960—976 年在位。涿州(今河北涿州)人。早年随周世宗柴荣出征南唐、北汉,有军功,封殿前都点检,掌禁军。960 年,在陈桥驿(今河南开封东北)发动兵变,即帝位。国号宋。采取先南后北战略,先后攻灭荆南、后蜀、南汉和南唐诸国。对内改革官制,强化中央集权,以文臣替武人掌管地方军政。结束了自唐末五代以来的百年军阀混战割据局面。

毛泽东《沁园春·雪》中所提到的"宋祖",就是宋太祖赵匡胤,大宋王朝的开国皇帝。赵匡胤从马上取得天下,但做了皇帝后,与民休养,发展经济和文化,改变五代乱世以来积淀的陋习。毛泽东肯定赵匡胤治国的业绩。1952 年10 月 30 日,毛泽东由徐州东赴开封视察。他对故都开封颇感兴趣,指出:五代时的后梁、后晋、后汉、后周相继建都于此。赵匡胤建立北宋仍建都于开封。北宋时期开封发展最快,也是顶峰时期,开封成为当时全国政治、经济、文化中心。毛泽东还特别提出,像陈桥兵变等著名故事都发生在这一带。后来他在视察黄河时,对陪同者说:这里叫柳园。斜对岸是陈桥,就是赵匡胤陈桥兵变、黄袍加身的地方。现在这里是渡口。(《毛泽东指点江山》,第 1189 页)

对赵匡胤自编自导自演的陈桥兵变,毛泽东有自己的看法,认为这是一场做皇帝的游戏。1975 年 5 月的一天,毛泽东和北京大学教师芦荻谈说二十四史,当谈到所谓正史、尤其是皇帝本纪多不可信时,他又以赵匡胤故事为例说:如宋太祖赵匡胤本是后周的臣子,奉命北征,走到陈桥驿,竟发动兵变,篡夺了周的政权。《旧五代史》里却说,他黄袍加身,是受将士们"擐甲将刃"、"拥迫南行"被迫的结果,并把这次政变解释成是"知其数而顺乎人"的正义行为。毛泽东很不认同所谓正史的准确性。他指出:每一部史书,都是由继建的新王朝的臣子奉命修撰,凡关系到本朝统治者不光彩的地方,自然不能写,也不敢写。又说:所以历史上的书,本朝写本朝的大抵不实,往往要由后一代人去写。你看《通鉴》最后一段写了赵匡胤,也只是说太祖皇帝如何勇敢,如何英明,如何了不得,简直白玉无瑕,十全十美,全信行吗? 相传赵匡胤遗诏有子孙不得杀士大夫语。如宋王明清所记:"明清尝得本朝法令宽明,臣下所犯,轻重有等,未尝妄加诛戮。某闻太祖有约,藏之太庙,誓不杀大臣、言官,违者不祥。"(《挥麈录·后录》卷一)这在宋人记述里是大吹特吹的。毛泽东在读《宋史·太祖本纪》后,很不以为然,特地批语:"说不杀士大夫,伪也。"(《毛泽东读文史古籍批语集》,第 277 页)

毛泽东很早就熟悉赵匡胤其人。早在童年时代,毛泽东就会说"大宋天子赵匡胤"。20 世纪 50 年代初,他给警卫员说《百家姓》第一句"赵钱孙李"时,也是以赵匡胤为符号的。1958 年 11 月,毛泽东在河南安阳视察,当县委书记谈起赵匡胤曾在安阳水冶镇炼铁时,他大感兴趣,说:赵匡胤祖籍涿州,生在洛阳。他祖父当过涿州、冀州刺史,他父亲是后唐、后晋的点禁军。不知道赵匡胤还在安阳炼过铁。

毛泽东还善于运用赵匡胤的故事。1936 年在《致傅作义》信里有这样的话:"日本帝国主义卧榻之侧,岂容他人鼾睡! 先生北方领袖,爱国宁肯后人?"(《毛泽东书信选集》,第 43 页)其中"卧榻之侧,岂容他人鼾睡"就是出自赵匡胤所言。当时南唐使臣徐铉苦求宋廷不要对南唐用兵,赵匡胤说:"不须多言。江南亦何罪。但天下一家,卧榻之侧岂容他人鼾睡耶!"

1945 年 9 月 2 日,毛泽东在重庆特园第三次会见了张澜、鲜英。在谈话中,他提及中共为了换得人民需要的和平和民主作了让步,还让出了南方八个解放区。张澜当即表示惋惜。毛泽东说:人家要回南京,我们的这些解放区在他的

床旁边,或在他的过道上,卧榻之侧,岂容他人鼾睡,宋太祖是困不着觉的。(《毛泽东和党外朋友们》,第 89 页)

⬤ 赵匡胤或因病死

宋太祖赵匡胤于一夕之间,因"烛影斧声""暴崩"。后人多怀疑是其弟赵光义所害。但据宋文莹《湘山野乘》称,宫内宴会,赵光义乃仓猝应召,宴间左右不曾离人,赵匡胤入睡时无异状,说遇害不可思议。此书称赵死前一夕"鼻息如雷",侍寝者亦觉其"鼻息有异",这是脑出血的典型症状。所以《续资治通鉴长编》有赵匡胤于开宝九年十月庚戌发病,癸丑夜四鼓"暴崩",中间三日实为中风症发病期。

赵匡胤即位后几年,情绪或亢奋、或抑郁,趋向于两个极端。有患躁狂忧郁症迹象。此症与遗传有关。它虽有自行缓解趋势,但缓解后又易患脑动脉硬化症。故赵匡胤或因脑动脉破裂(脑溢血)症而死。

⬤ 宋立国基本政策

赵匡胤循五代武人为将士拥立之例做上皇帝,为断绝后来者,他曾问计于赵普。"太祖尝问普,唐季以来数十年,帝王凡易八姓,战斗不已,生民涂地,何也? 普曰:此非他故,方镇太重,君弱臣强,今欲治之,惟销夺其权,制其钱粮,收其精兵,则天下自安。"(《续通鉴长编》)赵匡胤由此采取了以下措施:(一)立禁军更戍法;(二)罢旧将典军;(三)命文臣知州事以替代节镇;(四)设诸州通判;(五)遣京朝官管理各州财赋。

赵光义

志大才疏太平难以兴国
烛光斧影心胸不似乃兄

赵光义(939—997)　即宋太宗。北宋皇帝。公元 976—997 年在位。赵匡胤弟。在位期间,逼使吴越国献土,灭北汉,奠定北宋百年疆土,但对辽用兵屡败。注意农田水利,鼓励开荒,社会生产有所发展。关心文化,重视馆阁藏书编书,曾命李昉等编纂《太平御览》、《太平广记》、《文苑英华》、《神农普救方》、《太平圣济方》等典籍。

北宋第二个皇帝赵光义,即宋太宗。陈桥兵变,据说赵匡胤身上的那件黄袍是他给披上的。这场兵变,他起了极大作用。但毛泽东对赵光义的所为很不以为然,尤其非议他的军事指挥能力。

1965 年 8 月 11 日,毛泽东和中央政治局常委听取总参谋长罗瑞卿汇报诱敌深入的备战方法时,极为赞同。接着即兴谈了自己的读史感受:我最近研究历史,古今中外,凡是诱敌深入的,就把敌人歼灭了;凡是开始打了胜仗,兴高采烈,深入敌境,就打败仗。宋朝第二个皇帝赵光义,经过苦战灭亡了北汉,占领了太原之后,接着就同辽国打仗,深入到现在的北京附近,被敌人的一个反击,打得大败,皇帝几个月不知下落。以后宋朝同外国作战,就是把敌人挡住,不敢让敌人深入。毛泽东所说的这场战争,发生于公元 979 年(北宋太平兴国四年),开始时宋军节节胜利,赵光义亲自督军至辽国南京(今北京)城下,不料遭到辽国名帅耶律休哥、耶律斜轸分左右两翼夹击,宋军主力惨败于高梁河(今北京大兴东)。赵光义也为伏弩中伤,不能动弹,只得乘着骡车逃跑。毛泽东对此深为叹息,在读《宋史·太宗本纪》时,作了批语批评赵光义:"此人不知兵,非契丹敌手。尔后屡败,契丹均以诱敌深入、聚而歼之的办法,宋人终不省。"(《毛泽东读文史古籍批语集》,第 278 页)而后又针对公元 986 年(雍熙三年)赵光义组织的三路大军伐辽,主力全溃于岐沟关(今河北涿州西南)事,评论说:"契丹善用诱敌深入战,让敌人多占地方,然后待机灭敌。"(《毛泽东读文史古籍批语集》,279 页)赵光义军事指挥措置不当,为北宋王朝此后一百余年始终对辽处于防御、被动挨打的格局埋下伏笔。因而毛泽东读《宋史·太宗纪》结尾的史家"赞曰:帝沉谋英断,慨然有削平天下之志"一语作了揶揄:"但无能。"(《毛泽东读文史古籍批语集》,第 280 页)

赵光义是庸才。有时甚至还缺乏政治常识。《宋史纪事本末》第十九卷《至道建储》有称,他立寿王元侃为太子,此为百年以来盛事,京师民众拥道祝贺太子,齐称:"少年天子也。"赵光义知道后反而不高兴,召寇準问:"人心都向望太子,那将把我放在如何地位?"寇準再三祝贺:"此社稷之福也。"赵光义方才领悟,走进内宫对家人说,宫里皆庆贺。赵光义大喜,与寇準会宴,吃得大醉。毛泽东于此句"人心遽属太子,欲置我何地"的天头处加以批语:"赵匡义小人之言。"(《毛泽东读文史古籍批语集》第 321 页)也就是说,赵光义真小人也。

毛泽东还对赵光义是如何登上皇位的表示了怀疑。当时宋太祖赵匡胤年正半百,身体不错,也有几个儿子,还挨不到考虑有遗诏和另选继位人的事。所以当赵匡胤暴死、赵光义即位后,当时就有"烛光斧影"之说,说是赵光义乘兄赵匡胤偶患小疾时害死了他。好学深思的毛泽东在读《宋史·太祖纪》有批语说纪中不写明病情,那是有隐情在焉:"不书病,年五十";又在《宋史·太宗纪》上作批语:"不择手段,急于登台"(《毛泽东读文史古籍批语集》,第 277、280 页),这些评论都表示了他对赵光义害兄的怀疑。

◉ "金匮预盟"

赵光义(宋太宗)当上皇帝后编造了"金匮预盟",称生母杜太后病死时曾嘱咐宋太祖赵匡胤:"汝后当传位汝弟。四海之广,能立长君,社稷之福也。"在旁的赵普就记下赵匡胤誓书,密藏在金匮里。此事在初修的《宋太祖实录》未有,后在赵光义亲自删改补充的重修中才出现。说是在太平兴国六年(981),赵光义即位后第五年,赵普秘密上奏,他才打开金匮得以知道的。按,"金匮预盟"时在赵匡胤登基的翌年,当时他只有三十五岁,儿子德昭十一岁,此时就匆匆立弟为继承人,实在匪夷所思。据此,近代学者都认为,所谓"金匮预盟",纯属子虚乌有,系赵光义所捏造。

杨业　杨延昭

勇冠三军称无敌
丰功伟绩著边疆

　　杨业(? —986)　北宋将领。麟州(今陕西神木北)人。杨业原系北汉旧将,北汉亡归宋,守边,在雁门地区屡败契丹,号称"杨无敌"。雍熙三年(986),与潘美率西路军出雁门(今山西代县西北),潘美违约,以孤军陷于陈家谷口(今山西朔州西南),兵败被俘,绝食死。

　　杨延昭(958—1014)　本名延朗,杨业子。驻守北边二十余年,屡败契丹军,契丹畏之,称为"杨六郎"。景德二年(1005)镇守三关(高阳关、瓦桥关、益津关),长达九年。今河北中部有地道,相传即为其防御契丹所筑。其子孙今聚居山西代县鹿蹄涧村。事迹被元明戏剧平话多渲染为杨家将世代报国故事。

　　北宋杨家将的故事在民间可以说是妇幼皆知。而在史书里,杨家将主要是指杨延昭和他的父亲杨业。

　　毛泽东从小就看《杨家将演义》,后来也是从《宋史》和有关史书里熟悉杨业、杨延昭的。在读《宋史·太宗纪》时对杨业征战事很关注,还在杨业被俘守节而死处的天头,写了"杨业战死"(《毛泽东读文史古籍批语集》,第279页)四个字,以示注意。他敬佩杨家父子忠心报国、抵抗契丹的壮举,常向人介绍杨家将的故事。

1935 年深秋,红军长征上六盘山。毛泽东向彭德怀介绍:经查地方志,我才知道甘肃中部的会宁、静宁、通渭和历史上属甘肃的固原、西吉、海原等地,由于地处甘肃中部而被古人称之为"陇中"。六盘山南北走向,故其南段又称陇山,是陕北和陇中西高原的界山。古代这里曾是兵家必争之地。宋朝杨六郎血战把守过的三关口天险,就在六盘山上。(《从遵义到延安》,第 650 页)

1937 年,毛泽东有一天在给抗日军政大学学生作报告后,向他们介绍延安说:你们别瞧不起延安城,这个清凉山,知道么,宋朝杨六郎还曾经在这里"坚持抗战"呢! 杨六郎,即杨延昭,相传他转战北方,屡败契丹,契丹害怕他,称为杨六郎而不名。1948 年 4 月,毛泽东和周恩来等自黄河东渡后路过山西雁门关。他们登上雄关,毛泽东颇有感叹地说:这里是古往今来兵家必争之地,难怪有"三关之首"一说哩! 还说:北宋杨家将也曾在这一带驻防,抗击辽兵南侵。(《毛泽东诗谊——毛泽东和他的诗友》,第 164 页)后来在关下观看了石碑林,内有不少碑文记载着古代英雄们杀敌立功的战绩。毛泽东看完后说:在雁门关外古战场上,杨家将几代人的战绩最大,贡献最大。1949 年 3 月,他率中共中央机关由西柏坡赴北平,路过徐水,探头向西看着车窗外对人们作介绍:你们注意了,这里曾经是杨六郎镇守三关的地方。毛泽东对杨延昭史事可谓了若指掌。当年杨延昭确实是在这里镇守。公元 999 年冬,他就在遂城(今河北徐水旧城)城头灌水冰城,使所犯辽军因冰滑城坚不能上而撤走。

毛泽东特别爱看关于杨家将题材的戏剧。新中国成立初期,有一天他观看京剧《李陵碑》后,就杨业被困两狼山,在外无援兵、内无粮草的困境下,含悲碰死在李陵碑前的故事,对主演李和曾说:杨老令公八个儿子死了四个,发发牢骚是可以的,但总的说来,他还是忠心报国、坚贞不屈的将领,所以不宜唱得太悲。你现在唱得有悲有愤,是对的,应该这么唱。1958 年 8 月,毛泽东在北戴河中央政治局扩大会议上说:全民皆兵,有壮气壮胆的作用。我就赞成唱点穆桂英、《泗州城》那些讲打的戏。又说:女将穆桂英比较好,还有花木兰。因为赞扬穆桂英,1959 年 4 月,毛泽东还致周恩来信,内称:"我在郑州看过一次戏,穆桂英挂帅,叫做《破洪州》,颇好,是一个改造过的戏,主角常香玉扮穆桂英。我看可以调这个班子来京为人大代表演一次。如你同意,请处理。"(《毛泽东书信选集》,第 557 页)

⚫ 北京杨业庙

北京密云古北口有座杨令公庙。杨令公,即杨业。北宋元祐年间,苏辙出使辽国,路经古北口,写有《过杨无敌庙》:

> 行祠寂寞寄关门,野草犹知避血痕。
>
> 一败可怜非战罪,太刚嗟独畏人言。
>
> 驰驱本为中原用,尝享能令异域尊。
>
> 我欲比君周子隐,诛彤聊足慰忠魂。

古北口当年在辽朝陪都燕京和都城中京之间。这是辽朝在杨业俘后不屈而死后,为他所立的祠庙。

⚫ 杨延昭称"杨六郎"

据《宋史·杨业传》,杨业有子七人,其中长子为延昭。杨业死后,杨延昭驻守沧州、德州一线。咸平二年(999),出任保州(保定)沿边都巡检使,屡败辽兵,辽兵畏惧,称他为"杨六郎",因为他们把宋将与天上的星宿相映照。传说天象中最难当的是南斗六星,所以把"六星"称为"六郎"。

⚫ 三关

"三关"有多处,北宋杨延昭镇守的"三关",乃北宋与契丹交界处的瓦桥关、益津关、淤口关。五代显德六年(959),柴荣北伐,取瀛州(河北河间),置瓦桥关(河北雄州);取莫州(河北任丘),置霸州(河北霸州);淤口关在益津关东;又顾仲禹《读史方舆纪要》,淤口关改作草桥关(高阳关),在高阳东瓦桥关南。盖自高阳、瓦桥东,地多沮滩,川堑沟渎,葭苇蒙蔽,以至于海,为宋人称为天牢天陷天罗天隙之地,为御辽人南下可持之地,以至积一百六十年之久为国屏障。

469

柳永

风流事,平生畅
忍把浮名换了

柳永(? —约 1053)　宋朝词人。初名三变,后改名永,字耆卿。崇安
(今福建崇安)人。仁宗景祐进士,官屯田员外郎,世称柳屯田。有《乐章集》。

柳永是北宋词家,是婉约派的代表,善为乐章,好于慢词。毛泽东把他视
为宋朝的大词家。1963 年 2 月 26 日,在中央工作会议期间,他与各大区第一
书记谈话时,当有人提及轻音乐是抒情的,重音乐是战斗的时,就指出:那战
士就没有抒情? 诗、词也有同音乐一样的情况。在同一朝代,如宋朝,有柳
永、李清照一派的词,也有辛弃疾、苏东坡、陆游一派的词。柳永的词专讲
爱情。

柳永的词,多以描绘城市风光、羁旅行役和歌伎生活,多俚俗,善铺叙。毛
泽东在宋朝词人中,是很喜欢他的作品的。现见于毛泽东圈点的宋词人作品,
最多是列为豪放派代表辛弃疾的 68 首,其次就是圈点柳永的词 49 首。他是毛
泽东最喜欢的婉约派词人。

毛泽东对柳永的若干词多次圈点和抄录,如《雨霖铃》、《鹤冲天》、《望海潮》
和三首《满江红》。

《雨霖铃》:寒蝉凄切,对长亭晚,骤雨初歇。都门帐饮无绪,留恋处,兰舟催发。执手相看泪眼,竟无语凝噎。念去去、千里烟波,暮霭沉沉楚天阔。　多情自古伤离别,更那堪、冷落清秋节!今宵酒醒何处?杨柳岸、晓风残月,此去经年,应是良辰好景虚设,便纵有千种风情,更与何人说!

毛泽东早年词《虞美人·枕上》:"一钩残月向西流";《贺新郎·别友》"照横塘半天残月,凄清如许",似从此处"晓风残月"化出;又《水调歌头·游泳》"极目楚天舒",似亦由此处"暮霭沉沉楚天阔"化出。

《鹤冲天》:黄金榜上,偶失龙头望。明代暂遗贤,如何向?未遂风云便,争不恣游狂荡。何须论得丧?才子词人,自是白衣卿相。　烟花巷陌,依约丹青屏障。幸有意中人,堪寻访。且恁偎红倚翠,风流事、平生畅。青春都一饷。忍把浮名,换了浅斟低唱。

毛泽东在此词所在页天头上画有大圈,以示注意,词内每句都加以圈点,且在"忍把浮名,换了浅斟低唱"旁,密密麻麻加了圈画。

《望海潮》:东南形胜,三吴都会,钱塘自古繁华。烟柳画桥,风帘翠幕,参差十万人家。云树绕堤沙,怒涛卷霜雪,天堑无涯。市列珠玑,户盈罗绮,竞豪奢。
重湖叠巘清嘉,有三秋桂子,十里荷花。羌管弄晴,菱歌泛夜,嬉嬉钓叟莲娃。千骑拥高牙。乘醉听箫鼓,吟赏烟霞。异日图将好景,归去凤池夸。

毛泽东爱好此词,背诵如流,且用五页纸手书。

471

范仲淹

兵甲富于胸中
忧乐关乎天下

范仲淹(989—1052)　北宋大臣。苏州吴县(今江苏苏州)人,字希文。大中祥符进士。三次遭贬。与韩琦并为陕西经略副使,兼知延州(今陕西延安),主持防御西夏。1043年,回京任枢密副使,参知政事,参与推行"庆历新政"。未果。工于诗词散文,所作文章风格大气明健。《岳阳楼记》中有"先天下之忧而忧,后天下之乐而乐"的千古名句。有《范文正公集》。

范仲淹是北宋名臣。毛泽东在《咏贾谊》一诗中称赞西汉贾谊"胸罗文章兵百万",其典出自范仲淹的故事。据史传称,范仲淹守西北时,西夏人称:小范老子胸中有雄师百万。

毛泽东在青少年时就读书盈尺,当然熟知范仲淹的故事。1913年他在《讲堂录》所提及的那些"办事而兼传教之人"(即不仅成就了事功,而且其思想也影响社会者),"宋韩范并称,清曾左并称。然韩左办事之人也,范曾办事而兼传教之人也。"此间"韩范""曾左",乃指韩琦、范仲淹和曾国藩、左宗棠。可见他对范仲淹评价很高,是视为全才的。在《讲堂录》里,毛泽东还记述了范仲淹的少年事迹,"范文正世家子,父丧,幼随母适朱,故名朱悦。初不自知其为范氏子也,人告以故,乃感极而泣。励志苦学,三年衣不解带,尝见金不取,管宁之亚也。"

早年毛泽东就接触了范仲淹的诗文。

1915 年 5 月,毛泽东为湖南一师同学易君陶病死,写的《五古·挽易君陶》有句:"衡阳雁声彻"就是引用了范词《渔家傲》,"塞上秋来风景异,衡阳雁去无留意。"

1916 年暑假,毛泽东和蔡和森游学洞庭湖畔,他们登上岳阳楼,朗诵《岳阳楼记》,欣赏刻在木雕屏风上的清乾隆时书法家张照所书的《岳阳楼记》。毛泽东说:这"先忧后乐"的思想,较之"吃苦在前,享乐在后"的提法,境界更高了。

1937 年 5 月,毛泽东在延安嘉岭山,走到民间传说中的范公井旁说:范仲淹是个了不起的人物,"先天下之忧而忧,后天下之乐而乐",古人尚且如此,我们共产党人要做得更好些! 延安时期,毛泽东接触了当年范仲淹守延安的遗迹。在延安旧钟鼓楼上悬有"范韩旧治"四字的横匾。他对人介绍说:延安是范仲淹的旧游之地。"范韩"就是范仲淹、韩琦。为了防御西夏,他们曾经镇守延安。当时有一个民谣:军中有一范,敌人闻之惊破胆。许多人都知道范仲淹是一个文人,很少人知道他还是一个镇守边疆的主帅。中国历史上有些知识分子是文武双全,不但能够下笔千言,而且是知兵善战。范仲淹就是这样的一个典型。

毛泽东对范仲淹的千古名篇《岳阳楼记》评价极高。遇到岳阳籍的同志,就要问,你能背诵《岳阳楼记》吗? 他对《岳阳楼记》中的"先天下之忧而忧,后天下之乐而乐"那两句相当欣赏,并经常背诵。1959 年 1 月 28 日,毛泽东乘坐专列途经岳阳,在停车半小时时,他说了岳阳:是历代兵家必争之地,有驰名天下的岳阳楼。范仲淹写的《岳阳楼记》千古不衰。(《湘潮》2013 年第 8 号)同年 6 月回韶山,在父母墓地也说:前人辛苦,后人幸福,先天下之忧而忧,后天下之乐而乐。

范仲淹是北宋庆历时期大政治家,也是一个大词家。毛泽东经常诵读范仲淹的词。他赞赏范仲淹名篇《渔家傲·塞下秋来风景异》,说:那就是他在陕北戍边的时候写的,他是一个边塞词人。1957 年 8 月 1 日,在致江青和李讷信中谈及范仲淹《渔家傲》、《苏幕遮·碧云天》两词风格时说:"范仲淹的上两首,介于婉约与豪放两派之间,可算中间派吧,但基本上仍属婉约。既苍凉又优美,使人不厌读。"(《毛泽东诗词集》,第 230—231 页)

范仲淹文好、词好,但他的诗就影响小些,而毛泽东对范诗却也不陌生。1959 年 8 月 19 日,在庐山会议结束后,毛泽东乘专列路过浙江金华,在与当地干部座谈时,谈到了永康方岩山胡公大帝庙,说胡公不是佛,也不是神,而是人。他是北宋的一名清官,为人民办了很多好事、实事,人民就建庙纪念他。说着就念诵了范仲淹赞颂胡则的一首诗:

> 千年风采逢明主,一寸襟灵慕昔贤。
>
> 待看朝廷兴礼让,天衢何敢斗先鞭。

🔘 胸中自有数万甲兵

北宋康定元年(1040),范仲淹为陕西经略安抚副使,防御西夏。未几,宋军大败于三川口(陕西延安西北),延州(陕西延安)危急。范仲淹兼领州事,到任之后,抓紧整训部队,改善将士生活,并改除官位低的先出战等鄙制。他说:"不问敌兵多少就出战,官小的先出,大的后出,这是注定要打败仗的。"经过整军,宋军战斗力大有提高,西夏再也不敢轻觑,相互为戒,以为"小范老子腹中自有数万甲兵,不比大范老子可欺。"夏人叫知州为"老子"。范仲淹被称为"小范老子","大范老子"指的是范雍。范仲淹在延州很有影响,后来红军进入延安时,城墙上还留有"胸中自有雄师百万"的字迹。

🔘 《岳阳楼记》的写作

据范仲淹年谱和传记,他没有到过洞庭湖,因为多年在太湖畔居住,加之巴陵郡守滕子京又赠以《洞庭晚秋图》,由此命笔,且在三百六十四字行文中,以避实就虚手法由岳阳楼引向一碧万顷的洞庭湖,又以借景抒情,抒发作者的抱负。

🔘 胡公

指胡则(963—1039),浙江永康胡库人。北宋中期进士,任兵部侍郎。胡公庙在浙江甚多,仅金华就有五座,而以永康方岩为著名。每年有庙会,祭祀。胡公墓原在杭州龙井,1992年迁胡库村。

欧阳修

作文雄健清新
写词和婉深挚

　　欧阳修(1007—1072)　北宋文学家。吉州庐陵(今江西永丰)人,字永叔,号醉翁。晚年又号六一居士。天圣进士。初任滑州通判。赞成范仲淹新政,新政失败,出知滁州、扬州、泉州先后达十一年。后回京任枢密副使、参知政事。于文学、史学俱卓有成就。主张文章明道、致用。为"唐宋八大家"之一。与宋祁合撰《新唐书》,自撰《五代史记》(《新五代史》)。有《欧阳文忠集》。

　　欧阳修的散文雄健清新,诗词和婉深挚,自宋伊始,多为知识界称颂。毛泽东从蒙学时期就读《古文观止》等书,接触到欧阳修的散文《醉翁亭记》等篇,以后时而谈及欧阳修的文才。

　　新中国成立初期,毛泽东在徐州,当山东分局书记向明汇报参军工作时,先讲形势和任务,又讲了动员参军,说这是醉翁之意不在酒。毛泽东说:醉翁之意不在酒也在酒。(《毛泽东与山东》,第61页)

　　1930年10月5日,红军占领吉安,毛泽东和中央总前委、中国工农革命委员会机关一起进驻吉安城。红十二军军长罗炳辉受吉安名医戴济民之托,专程前来邀请毛泽东前往作客。席间,主客谈笑风生。毛泽东以赞叹口气说:自古以来,卢陵吉水就是人杰地灵之地。你看,唐宋八大家中的欧阳修,有"文章名冠天下"之称;南宋四大家中的杨万里,一生写诗两万多首,他们都是卢陵吉水人。"(《岁岁重阳》,第 112 页)

1959 年 7 月,毛泽东在江西庐山,又谈到欧阳修,他说:江西是个出人才的地方,唐宋八大家,江西就占了三家,临川的王安石、吉水的欧阳修、南丰的曾巩,都是北宋有名的文人。

毛泽东喜欢欧阳修的散文,在他的著作中曾引用过欧阳修的"一丝一毫"、"如入无人之境"等语。1965 年所写的《水调歌头·重上井冈山》有"到处莺歌燕舞,更有潺潺流水",此中"潺潺流水",显然是从《醉翁亭记》:"山行六七里,渐闻水声潺潺"中而来。他读欧阳修文相当仔细,还提出质疑。欧阳修对妇女有偏见,有称"女,色而已矣"。毛泽东用笔在书边批语:色而已吗?(《风云无边——于桑纪念文集》,第 399 页)30 年代毛泽东在延安谈到词的流派时,就曾引用过宋词各家,其中包括欧阳修的词。现见为他圈点的,就有《朝中措·送刘仲原甫出守维扬》、《南歌子》和《归自谣》等三首。

欧阳修也是史学大家。《新唐书》就是他与宋祁合作的。他为《新唐书》写定了本纪、志和表,还自己编撰《新五代史》。毛泽东对这两部史书,都精心阅读。并与刘昫的《旧唐书》、薛居正的《旧五代史》作比较,认为"《旧唐书》比《新唐书》写得好"。这大概是《旧唐书》史料丰富,尤其是人物传记拥有更多的文字,《新唐书》作了删除,由《旧唐书》的一百九十万字改为一百四十万字,所谓"简"不如"繁"。当然,对《新唐书》的某些传记,毛泽东也是较为欣赏的。如《严郢传》、《吴通玄传》等,他都认为"写得好"。在《李汉传》天头更写了一段批语,表彰欧阳修,"李汉,道玄六世孙。韩愈文集,为李汉编辑得全,欧阳修得之于随县,因此流传,厥功伟哉"。(《毛泽东读文史古籍批语集》,第 233 页)

《新五代史》取法《三国志》,但欧阳修非常注意"褒贬义例"、"春秋笔法"。毛泽东对此多有批评。卷七《晋出帝本纪》就欧阳修说石敬儒(石敬瑭兄、出帝亲父)被称为皇伯追封为宋王,"以见其立不以正,而灭绝天性,臣其父而爵之,以欺天下也。"批注:"此等书法,不经说明,谁能知之。"(《毛泽东读文史古籍批语集》,第 267 页)又如该史卷三十二《死节传》,欧阳修说:"自古忠臣义士之难得也!五代之乱,三人者,或出于军卒,或出于伪国之臣,可胜叹哉! 可胜叹哉!"五代十国时期帝王将相见史者千余,但作者认为够得忠臣标准的,只有三人,即后梁王彦章、后唐裴约、南唐刘仁赡。毛泽东好学深思,对《死节传》所说颇不为然,如提到"伪国之臣"处,就见有批语:"何谓伪国?"(《毛泽东读文史古籍批语集》,第 271 页)说王彦章"其食人之禄者,必死人之事",批语有"食谁人之禄"。(《毛泽东读文史古籍批语集》,第 271 页)不过,他对这些死节者还是赞叹的,如记刘仁赡"少略通兵书",批语有"略通可以,多则无益有害";王彦章被俘后不屈被杀,也有批语"杀降不可,杀俘尤不可"。(《毛泽东读文史古籍批语集》,第 270 页)

1961 年年底,毛泽东考虑在《实践论》的基础上,根据社会主义时期的实际情况,再写一篇哲学著作。他对警卫员张仙朋说:建国以前,我们党搞了二十多年的武装斗争,所以我的军事著作比较多。所谓好的文章,都是在斗争实践中逼出来的。接着又说:人们常说:"虎死了留皮,人死了留名。"我这个人啊,只要为人民留点文就行了。(《怀念毛泽东同志》,第 137—138 页)毛泽东话中引的"虎死了留皮,人死了留名"一语,就是典出于《死节传》:"彦章伤重,马踣,被擒。彦章武人,不知书。常为俚语谓人曰:豹死留皮,人死留名。"

🔘 《新唐书》优劣处

《新唐书》二百二十五卷,含本纪十卷,志五十卷,卷十五卷,列传一百五十卷。其中列传为宋祁所修,其余乃为欧阳修所修。两人修史,中间隔有多年,所修的合在一起,没有经过严格的整齐划一。《新唐书》比《旧唐书》文字要简,如《旧唐书》本纪有三十万字,《新唐书》压缩到不足十万,《哀宗纪》只有《旧唐书》的十分之一,不足千字。大量史料被删去了。

但《新唐书》做了很多《旧唐书》未有之事:如(一)《食货志》、《地理志》记载翔实,有条不紊;(二)《艺文志》仅唐人文集就由一百余家增加至六百余家;(三)新设《选举志》记载了唐代科举制度;(四)开创了过去史书未有的《仪卫志》、《兵志》;(五)承袭《史》、《汉》传统,编制了过去从未有的《宰相表》、《方镇表》、《宗室世系表》。

曾巩

北宋一灯传作者
南丰两字属先生

曾巩(1019—1083)　北宋文学家。建昌军南丰(今属江西)人,字子固。嘉祐进士。历任知齐、襄、洪诸州,多有政绩,散文含蓄典重,雍容平易,有多篇传世佳作,为"唐宋八大家"之一。有《元丰类稿》。

毛泽东爱读古代中国文学,他对"唐宋八大家"每个大家的生平和作品都相当熟悉,曾巩名列"唐宋八大家"之列,毛泽东对曾巩有较高的评价。

1952年10月,毛泽东在济南视察时和罗瑞卿、许世友等闲谈了济南城从古代到明清的沿革。毛泽东如数家珍,纵谈了几千年济南城市由来和变迁的历史,中间说到了两个地方官,一个是东汉末年的"曹操曾任济南相"。另一个就是曾巩。毛泽东说:隋文帝时,济南改为齐州,不久又改回来,唐朝济南属于济南道。宋朝把政区分为路,济南属京东路。"唐宋八大家"之一曾巩出任齐州知州,对城市建设有过卓越贡献。(《毛泽东指点江山》,第1147页)翌日,毛泽东在参观南丰祠即曾巩祠时又对曾巩在济南的政绩作了介绍,他说:南丰先生曾巩,唐宋八大家之一,北宋时任齐州太守期间,剪除豪强,倡修水利,人民为纪念他而建祠祭祀。曾巩不同意王安石变法,曾批评王安石"勇于有为,吝于改过";虽然对变法持异议,但不守旧,不故步自封,所以散文常蕴含有"法者所以适变也,不必尽同;道者所以立本也,不可不一"。这大概也是曾巩得毛泽东赞许的一个因素吧!

唐宋八大家与古文运动

"唐宋八大家"之称始见于明初朱右编《八先生文集》,是指唐韩愈、柳宗元,宋欧阳修、王安石、苏洵、苏轼、苏辙和曾巩八人。他们都是古文运动的倡导者、实践者。古文是与骈文相对而言的,是奇句单行、不讲究对偶声律的散文。魏晋以后盛行骈文,讲究文句法整齐,辞藻华丽,形式与内容相悖。"八大家"就是要恢复先秦两汉内容扎实、长短自由、质朴流畅的散文传统。古文运动始起于韩愈,兴旺于北宋,推翻了盘踞文坛六百年的骈体文。

王安石

才略可以齐贾傅
勋名偏欲圹姬公

　　王安石(1021—1086)　　北宋政治家、文学家。抚州临川(今属江西)人,字介甫,号半山。庆历进士。1067年,为翰林学士兼侍讲,上《本朝百年无事札子》,剖析各项制度弊端,阐述改革之必要,深得皇帝器重。1069年,出任参知政事,主持变法。后两度罢相。退居江宁(今江苏南京)半山园。诗文清新高峻,为唐宋八大家之一。有《王临川集》。

　　北宋王安石是一个大政治改革家,也是一个学者、作家,诗文很好,名列唐宋八大家。毛泽东在青年时代就读了很多王安石著作,对王安石有独特见解。1915年9月6日,他给萧子升的信里就谈到了王安石:"盖通为专之基,新为旧之基,若政家、事功家之学,尤贵肆应曲当。俾士马克,通识最富者也。即今袁氏,亦富于通识者也。错此则必败。其例若王安石,欲行其意而托于古,注《周礼》,作《字说》,其文章亦傲睨汉唐,如此可谓有专门之学者矣,而卒以败者,无通识,并不周知社会之故,而行不适之策也。"(《毛泽东早期文稿》,第21—22页)

　　毛泽东对王安石的变革思想非常欣赏。曾几次发表过意见。王安石在主政时,曾先后推行农田水利、青苗、均输、保甲、免役、市易、保马和方田等法。1959年3月,在郑州中央政治局扩大会议上,毛泽东就纠正大跃进和人民公社化运动中无偿调拨地方劳力搞项目的倾向时提到了王安石的免役法。他说:征劳力必须出工资,义务劳动可以有点,绝不能太多。王安石有六项政策,其中著名的一项叫免役,即免劳役。凡能出钱的,各家都出钱,叫免役钱。过去是直接出人,王安石是征税,用这笔税钱由政府雇人搞各种事业。这是个很进步的办法。我们现在公社不出工资,把人家的劳力拿来归它。我看,调一部分劳力,少数的,办必要的对公社有利的工厂,是可以的。对工人要出工资。据复旦大学刘大杰教授回忆,1965年6月20日毛泽东和他们谈话时指出:王安石最可贵之处在于他提出了"人言不足恤"的思想,在神宗皇帝时代,他搞变法,当时很多人攻击他,他不害怕。封建社会不比今天,舆论可以杀人,他能挺得住,这一点不容易做到。又说:要学习王安石这种"人言不足恤"的精神,不要害怕批评,要敢于发展、坚持自己的见解。1972年,毛泽东与来华访问的日本首相田中谈年轻时读书生活时说:五经四书,除了《春秋》、《易经》,我都读过。读了呢,一点啥用处也没有,只是一次跟我父亲作斗争时用上了。我也利用宋朝王安石说过的三句话顶了我的老师:天变不足畏,祖宗不足法,人言不足恤。

据说,当时毛泽东还对田中说过这样一番话:"二战"后的日本历任首相全都反华,而你却要来恢复中日邦交,这很像王安石的"三不足",即"天变不足畏,祖宗不足法,人言不足恤"。科技发展到今天,天变不足畏大概不成问题,没有人再把科技和政事联系到一起;但历任日本首相都反华,你来访华,想使两国关系正常化,这是祖宗不足法;你这次来,估计美国苏联都是反对的,而你不管这些,这就是人言不足恤。(《旧影 一代孤高百世师》,2005年版,第218页)

此后,人民出版社就找邓广铭教授,请他按照毛泽东的谈话精神,对旧作《王安石》加以补充和修改,予以再版。

毛泽东很喜欢读王安石的诗文。1957年3月,他乘飞机由徐州至南京,机中触景生情,欣然命笔,为身边工作人员手书了王安石《桂枝香·金陵怀古》:

登临送目,正故国晚秋,天气初肃。千里澄江似练,翠峰如簇。征帆去棹残阳里,背西风、酒旗斜矗。彩舟云淡,星河鹭起,画图难足。　念往昔、繁华竞逐。叹门外楼头,悲恨相续。千古凭高对此,谩嗟荣辱。六朝旧事随流水,但寒烟、衰草凝绿。至今商女,时时犹唱,后庭遗曲。

　　此词高峻悲凉,乃词主罢相后出知江宁府退居金陵半山所作。王安石诗含有不少哲理,此中兴亡之句尤为毛泽东青睐。

　　1957年6月,毛泽东就苏联莫洛托夫、马林科夫等人遭清洗,感叹地说:还是王安石说得好,"霸主(祖)孤身取二江,子孙多以百城降",我们不能让苏联的悲剧在中国重演! (《历史的真言——李银桥在毛泽东身边工作纪实》,第578页)1964年4月4日,毛泽东在武昌登洪山,在谈及我们这一代人要好好教育下一代,不要将老子打下来的江山给断送了时。又说:我是曾经讲过的,霸主(祖)孤身取二江,子孙多以百城降。这是王安石的诗,古时候的人是很注重后继有人无人的问题的。我们共产党人为人民打天下也要考虑江山将来变不变色的问题。(《历史的真知——文革前夜的毛泽东》,第343页)

🔵 宋神宗赏识王安石

　　嘉祐三年(1058),王安石向宋仁宗赵祯送呈《万言书》,提出变法:"今天下之财力日以困穷,而风俗日以衰坏,患在不知法度故也,法先王之政者,当法其意,法其意,则吾所改易更革,不至倾骇天下之耳目,嚣天下之口,而固已合乎先王之政矣。"又称:"因天下之力,以生天下之财,取天下之财,以供天下之费,自古治世未尝以财不足为公患也,患在治财无其术耳。"此书尤为时是王子的赵顼赞赏。赵顼(宋神宗)即位后,就召见王安石请教富国强兵育才之法。王安石提出当务之急是"变风俗,立法度,正方今之所急也。"赵顼大为认同,与王安石引为知己,自称:"古之君臣,如朕与安石,相知绝少。"曾公亮亦称:"上与介甫如一人。"所以后来史家把他们深契,比之为商鞅与秦孝公、诸葛亮与刘备、王猛与苻坚。

司马光

至今涑水一卷书
尚为乾坤立人极

　　司马光(1019—1086)　北宋史学家、政治家。陕州夏县(今山西夏县)人,字君实,生于光山(今河南光山),故取名光。宝元进士。反对王安石新法。辞归洛阳十五年,主编通史《资治通鉴》。新法废除后,为尚书左仆射兼门下侍郎,旋病死。有《温国文正公文集》、《稽古录》等传世。

　　司马光编的《资治通鉴》是我国第一部编年体通史,它上续《左传》,由战国至五代,写了一千三百六十二年间史事,共三百万字。据毛泽东晚年所说,《资治通鉴》他读了很多遍:每读一遍都获益匪浅。恐怕现在是最后一遍了,不是不想读,而是没有时间啰。一部难得的好书噢。

《通鉴》里面写战争,充满了辩证法

　　毛泽东开始接触司马光的《资治通鉴》是进入长沙市湖南全省高等中学(后改名省立第一中学)的时候,校长符定一认定他将来定成大器,必须好好栽培,当即授以一部《通鉴辑览》书供他阅读。毛泽东如获至宝,天天阅读此书,许多章节背得滚瓜烂熟,以至到老不忘。《通鉴辑览》是《资治通鉴》的简本。1964年9月7日,毛泽东在长沙接见湖南省委书记张平化、华国锋、李瑞山时说:一

483

师有个湘阴的柳先生,借给我《资治通鉴》看,《红楼梦》也是这个时期学的。(《毛泽东的三湘情结》,2002 年版,第 534 页)二十年代初毛泽东在北京协和医院治疗脚症的半年期间,又读了一遍《资治通鉴》。1976 年 1 月毛泽东在中南海和毛远新谈读《资治通鉴》等书时,就指出:这些书你都应该看,只看一遍不行,至少要看五遍。一部《资治通鉴》我就看了五遍。

毛泽东对《资治通鉴》有很高的评价。1975 年 5 月,身边的工作人员问毛泽东:为什么那么一部大书,写政治、军事的那么多,写经济、文化的那么少呢? 毛泽东说:中国的军事家不一定是政治家,但杰出的政治家大多数是军事家。在中国,尤其是改朝换代的时候,不懂得军事,你那个政治怎么个搞法? 政治,特别是关键时刻的政治,往往靠军事实力来说话。没有天下打天下,有了天下守天下。有人给《左传》起了个名字,叫"相砍书",可它比《通鉴》里写的战争少多了,没有《通鉴》"砍"得有意思,《通鉴》是部大的"相砍书"。又说:《通鉴》里写战争,真是写得神采飞扬,传神得很,充满了辩证法。例子多得很呐。要帮助统治阶级统治,靠什么? 能靠文化? 靠作诗写文章去统治? 古人说,秀才造反,三年不成。我看古人是说少了,光靠秀才,三十年、三百年也不行噢。又说:因为这些秀才有个通病:一是说得多,做得少。向来是君子动口不动手;二是秀才谁也看不起谁,文人相轻嘛。秦始皇怕秀才造反,就焚书坑儒,以为烧了书,杀了秀才,就可以天下太平,一劳永逸了。可以二世、三世地传下去,天下永远姓秦。结果呢? 结果是"坑灰未冷山东乱,刘项原来不读书"。是陈胜、吴广、刘邦、项羽这些文化不高的人,带头造反了。还说:可是没秀才也不行,秀才读书多、见识广,可以出谋划策,帮助取天下、治国家,历代的明君都有一些贤臣辅佐,他们都不能离开秀才啊! 最后毛泽东说:《通鉴》是一部值得读的好书。有人说,搞政治离不开历史知识;还有人说,离不开权术,离不开阴谋;甚至还有人说,搞政治就是捣鬼。我想送给这些人一句话,不过不是我说的,我是借花献佛。那是鲁迅先生说的,"捣鬼有术也有效,然而有限,所以以此成大事者,古来无有"。

这件事为《通鉴》的首篇,真是开宗明义

毛泽东认可司马光为《资治通鉴》所定的开始之年,他说:司马光之所以从周威烈王二十三年写起,是因为这一年中国历史上发生了一件大事,或者说主要是司马光认为发生了一件大事噢。这年,周天子承认韩、赵、魏三国家为诸侯,这一承认不要紧,使原先不合法的三家分晋变成合法的啰,司马光认为这是周室衰落的关键。"非三晋之坏礼,乃天子之自坏也。"选择这一年,这件事为《通鉴》的首篇,真是开宗明义,与《资治通鉴》的书名完全切题。下面做得不合法,上面还承认,看来这个周天子没有原则,没有是非。当然非乱不可。这叫上梁不正下梁歪嘛!任何国家都是一样,你上面敢胡来,下面凭什么老老实实,这叫事有必至,理有固然。

当然,毛泽东对《资治通鉴》也作了实事求是的批判,指出它有作秀作假之处。毛泽东说:《通鉴》为什么写到五代为止?有人说,这是由于宋代自有国史,不依据国史,另编一本有困难。我看这不是主要的。本朝人编本朝史,有些事不好说,也可以叫做不敢说。不好说的事,大抵是不敢说的事。所以历史上的书,本朝写本朝的大抵不实,往往要由后一代人去写。你看《通鉴》最后一段写了赵匡胤,也只是说太祖皇帝如何勇敢,如何英明,如何了不得,简直白玉无瑕,十全十美,全信行吗?(《走进毛泽东的最后岁月》,第78—79页)

当谈到《资治通鉴》写了不少皇帝,有些皇帝糊涂得很时,毛泽东说:中国的皇帝很有意思,有的皇帝很有作为,有的皇帝简直就是个糊涂虫,可那是没有办法的事。皇帝是世袭啊,只要老子是皇帝,儿子再糊涂也得当皇帝,这也怪不得他,生下来就是皇帝嘛。还有两三岁就当皇帝,当然要闹笑话。他那个皇帝好当得很,什么事都有人替他办噢。又说:中国历史上有三岁的皇帝,但没见过三岁的娃娃拉着车满街跑,六岁也不行。你说当皇帝与拉车哪个更难啊?皇帝糊涂,当然大臣们就胡来,就拼命地搜括老百姓。老百姓不服就要镇压,那方法残酷得很,《通鉴》上就有这样的记载。当时有一种刑罚,把人的肚子打开,拖着犯人的肠子走。暴政到了这种程度,老百姓忍无可忍了,就造反,镇压不下去,就完蛋。(《走进毛泽东的最后岁月》,第80页)

在学问上,司马光和王安石是好朋友,是互相尊重的

对《资治通鉴》的作者司马光,毛泽东予以高度赞赏。1975年,他在病中和身边工作人员谈司马光和他主持编纂的《资治通鉴》,说:一个人,就是有三头六臂,也编写不了这么一部大书。写上名字的是五个人,没有写上名字的,还有不少呢。司马光这个写作班子,互相配合,各施所长,一干就是十九年,这里还有皇帝的支持,当然,主要是靠司马光,没有他主持,一切都不会有。司马光可说是有毅力、有决心噢。他在四十八岁到六十多岁的黄金时代,完成了这项大工程。当然,这段时间,他政治上不得志,被贬斥,这也是他能完成这部书编写的原因呢。又说:中国有两部大书,一曰《史记》;一曰《资治通鉴》,都是有才气的人在政治上不得志的境遇中编写的。看来,人受点打击,遇点困难,未尝不是好事。当然,这是指那些有才气、又有志向的人说的。没有这两条,打击一来,不是消沉,便是胡来,甚至去自杀,那便是另当别论。司马光晚年,还做了三个月的宰相,在这之后,过了一年左右的时间,他便死了。死之后,还接着倒霉,真是人事无常啊!《走进毛泽东的最后岁月》,第83页)

对当时学界风行所谓王安石是改革派、法家,司马光是保守派、儒家的论调,毛泽东不以为然,他说:这两个人在政治上是对手。王安石要变法,而司马光反对。但在学问上,他俩还是好朋友,是互相尊重的。他们尊重的是对方的学问。这一点,值得我们学习。不能因政见不同,连人家的学问也不认账了。又说:说到固执,司马光这个人就很固执。认准的事一定要办,并且办到底。固执不一定是好事,但做学问却需要这种精神,总比那些动摇不定的人好。对的,当然要坚持;错了,当时没有认识到,为什么不坚持? 当然,对与错,有时也转化,当时对,多少年后未必还对;当时错的,多少年后也未必还错。多少年后看看还是错的,再过多少年后看看,也许又另当别论了。所以,不要对事情轻易下结论,历史自有公论嘛!《走进毛泽东的最后岁月》,第80、81页)

毛泽东对司马光的政治思维和为政经历,即参与新旧党之争,说得比较中允、平淡,没有奢谈是是非非,更多的乃是称赞司马光的人品、学问。他高瞻远瞩,从整个历史大文化视角中来评述司马光所作的贡献。

《资治通鉴》能在宋朝推出,毛泽东认为当时所出的刻版印刷是起了很大作用的。他说:自从宋朝有了刻版印刷,出书可方便多了。以前的书都是靠手抄。要是没有刻版印刷,这书出得来,出不来,我看还是大有问题的。看来,成一件事,要八方努力;而坏一件事,只要一方拆台就够了,建设可比破坏难得多噢。《走进毛泽东的最后岁月》,第83页)

🔵 《资治通鉴》

《资治通鉴》是司马光主编的一部通史。司马光好史学,立志要撰写一部"善可为法,恶可为戒",而又简明扼要的纪年。北宋治平三年(1066),他将自撰的自战国至秦亡这一段编年史《通志》八卷进呈与宋英宗赵曙,受到赞赏和支持。英宗要他继续撰写,赐书名为《历代君臣事迹》,为之配备助手,设置专门书局。翌年继位的宋神宗赵顼因此书具有"鉴于往事,有资于治道",又赐书名为《资治通鉴》。司马光主持的写作班子,前后历时十九年,于元丰七年(1084)将书完成,并呈赵顼。元祐元年(1086)九月,司马光病逝;同年十月,赵顼命将校定的《资治通鉴》书稿刻印。

《资治通鉴》全书共二百九十四卷,逐年记载了自公元前403年至公元959年的共1362年间发生的史事,除采用正史文字,还博采杂史222种。书中记事,条理清晰,层次分明,详而成章,且史料充实,文笔生动,特别是时空概念极为明确具体,颇能引人入胜,百看不厌,使这部300多万字的史书,得以能藏之名山、传之后人,成为"此天地间必不可无之书,亦学者必不可不读之书也。"(清王鸣盛语)1956年,经毛泽东提议,由顾颉刚等21位专家组成标点委员会,通力合作,重新点校(含胡三省注),由古籍出版社出版。

🔵 王安石新法的反对派

反对王安石新法者,多系时之名士,而以司马光为首。据统计有:

反对一切新法:司马光、吕晦。他们都是王安石的好朋友。

反对三司条例司:程颢。

反对青苗法:韩琦、范镇、富弼、欧阳修、吕公著、程颢。

反对免役法:刘挚、杨绘(苏轼、范纯仁称有利)。

反对市易法:文彦博。

反对均输法:苏轼、苏辙。

反对保甲法:王拱辰、冯京。

反对保马法:多人。

反对手实法免行钱:邓绾。

反对农田水利、方田均税、置将、军器监诸法等甚少。

沈括

平生心事堪谁诉
尽在《梦溪笔谈》中

沈括(1031—1095)　北宋科学家。钱塘(今浙江杭州)人,字存中。嘉祐进士。任昭文阁校勘,曾提举司天监。参与王安石变法。后居润州(今江苏镇江)梦溪园。博学多闻,于天文、地理、数理、生物、矿业和药学无所不通。有《梦溪笔谈》,记述当时科学技术的内容尤多。

毛泽东很喜欢读宋人笔记小说。据20世纪五六十年代替毛泽东管理图书报刊的逄先知记录,毛泽东外出时,常常携带沈括的《梦溪笔谈》,如1959年10月23日,毛泽东外出视察,在所携带的几十种图书里,其中就有《梦溪笔谈》。

北宋熙宁八年(1075),沈括出使辽朝前,仔细查阅档案和地图,在碰头时,理直气壮驳斥辽廷强求黄嵬(山西原平西北)土地的行为,并就沿途调查所记,写有《使契丹图抄》。毛泽东对沈括的这段故事颇感兴趣。1950年3月10日,在北京中南海勤政殿和即将赴任的中国驻外使节谈话时,当那些刚脱下戎装的将军大使公使们向毛泽东皱起眉头说:"我们连外国话都不会说,怎么搞外交呀?"毛泽东就随口谈起了沈括。他说:你们出使,可以学学沈括的办法,他每到一地,都把那里的大山河流、险要关口,画成地图,还把当地的风俗人情也调查得清清楚楚,并叫随员背得滚瓜烂熟。所以和辽国边界谈判,他对答如流,有凭有据,辽国没有空子好钻哪……（《将军不辱使命》,第10页）据逄先知说:毛泽东也有一个习惯,每到一个地方,必先作两方面的调查。一是向人做调查,询问当地的政治、经济、文化、人民生活等现实情况;一是向书本作调查,了解当地的历史情况、地理沿革、文物掌故、风土人情以及古人写的有关当地的诗文。所谓心有灵犀,因而毛泽东对沈括的作为必然会引起共鸣,予以推荐也就很自然了。

⚫ 沈括出使辽朝争地

沈括出使辽朝前就大量阅读了有关档案、地图和重要的文件,还命随员背得烂熟。在永安山(河北平地泉南)先后和辽国使臣交涉六次,辩论中心即在代州黄嵬山地。辽使说:"东西一带,都应以分水岭为界,因何鸿和尔(黄嵬山)大山不以分水岭为界。"沈括反驳:"若是一处以分水岭为界,就要都以分水岭为界,那么西至岢岚军,东至檀、顺,都应以分水岭为界,这样怎么使得?"还说,"你们就说千般道理,也不济事,必须要有的确文字。南朝并没有许多话说,关于鸿和尔大山只有这几个字:'鸿和尔大山脚下为界'。天池子只有这几个字,'地理属宁化军'。此外我就不知道,更没有什么可以议论的。"他便命属员举出文件为证。每次辩论,沈括侃侃而谈,旁听者多达千人,辽使不得不放弃对黄嵬大山一带的土地要求。

⚫ 《梦溪笔谈》

沈括晚年所著《梦溪笔谈》二十六卷、《补笔谈》三卷,《续笔谈》一卷,共六百零九条,是一部百科全书式的科学著作。此书涉及力、光、声、热、磁等各学科研究,如谈及改进指南针使用法,且通过实验作了理论说明,从中发现了地磁偏角,指出指南针"常微偏东,不全南也"。它比西方哥伦布航海时发现的地磁偏角要早四百年,并知磁石的两极性。它还记述了毕昇的活字印刷发明,建筑工匠喻浩《木经》,水工高超使用堵塞黄河决口的"合龙门埽"三节沉水法,以及最早对石油的命名,这些都是科技上的原始记载。

苏轼

天下文章，雄视百代
意之所向，言足以达

苏轼(1037—1101)　北宋文学家、书画家。眉州眉山(今属四川)人，字子瞻。嘉祐进士。因反对王安石变法，出任杭州通判，徙知密、徐、湖诸州。在贬为黄州团练副使时，自号东坡居士。后又知英州(今广东英德)，贬惠州(今广东惠州)、琼州(今海南琼山)。为文恣肆畅达，为"唐宋八大家"之一。诗词豪放开迈，书画亦为一代大师。著述甚丰，有《东坡七集》等。

非常欣赏西湖这首诗

苏轼诗写得好，在杭州做官时，写过一首咏西湖的《饮湖上初晴后雨》的七绝：

水光潋滟晴偏好，山色空濛雨亦奇。

欲把西湖比西子，淡妆浓抹总相宜。

毛泽东非常欣赏这首诗，也赞美西湖美，他说：苏东坡抓住了西湖的几点特色:水光潋滟晴方好,山色空濛雨亦奇。欲把西湖比西子,淡妆浓抹总相宜。晴天的水,雨天的山,一浓抹,一淡妆,确是西湖之美啊。又说:今日阳光下群芳争艳的苏堤,就是"水光潋滟晴方好"的浓抹之时啊。毛泽东生前正式发表的诗词,却没有一首写西湖风光的。据称,毛泽东曾说过:苏东坡的《饮湖上初晴后雨》实在绝了,我不敢造次。(《毛泽东和省委书记们》,第65页)

苏轼的词在两宋堪称是到达了艺术创作顶峰。

毛泽东年轻时熟读苏轼诗词,很多诗词过目不忘,还恰如其分地写进自己诗词里。如《卜算子·咏梅》《风雨送春归》出自《和秦太虚梅花》:"不知风雨卷春归";《七律·吊罗荣桓同志》"红军队里每相违",出自《八声甘州》"约当年东还海道,愿谢公雅志莫相违";《贺新郎·读史》"上疆场彼此弯弓月"出自《江城子·密州出猎》"会挽雕弓如满月,西北望,射天狼";《念奴娇·井冈山》"江山如画,古代曾云海绿"出自《念奴娇·赤壁怀古》"江山如画,一时多少豪杰";《沁园春·雪》"数风流人物,还看今朝"见《念奴娇·赤壁怀古》"大江东去,浪淘尽千古风流人物";《贺新郎·别友》"过眼滔滔云共雾"见《吉祥寺僧求阁名》"过眼荣枯电与风"。

《念奴娇·赤壁怀古》是千古绝唱

毛泽东非常喜欢苏词。常有不少精辟的见解。1956年5月30日,他视察湖南,在湘江上的一艘汽艇上触景生情地吟诵了苏轼《前赤壁赋》:"驾一叶之扁舟,举匏樽以相属;寄蜉蝣于天地,渺沧海之一粟。哀吾生之须臾,羡长江之无穷。挟飞仙以遨游,抱明月而长终。知不可乎骤得,托遗响于悲风。"

他对身边的湖南省委书记周小舟说:苏东坡驾一叶之扁,那说的是小舟;小舟从此逝,江海寄余生,是追求小我的自由。你已经不是小舟,你成为承载几千万人的大船了。接着又说:苏东坡是宋代的大文豪,长于词赋,有许多独创,"一洗绮罗香泽之态,摆脱绸缪宛转之度",如《念奴娇·赤壁怀古》,是千古绝唱。然而此人政治上坎坷不平,宦海中升降沉浮,风云莫测。因此,他常寄诗清风明月、扁舟壶酒以消情。在后来的一次谈话中他又说:苏轼的词气势磅礴,豪迈奔放,一扫晚唐五代词家柔靡纤弱的气息。

毛泽东非常熟悉苏轼词,随手拈来,皆成文章。此处所引的"小舟从此逝,江海寄余生"即见自苏轼《临江仙》:

491

夜饮东坡醒复醉,归来仿佛三更。家童鼻息已雷鸣,敲门都不应,倚杖听江声。　　长恨此身非我有,何时忘却营营。夜阑风静縠纹平,小舟从此逝,江海寄余生。

现见为毛泽东圈点、手书的苏词就有十六首,其中有如《念奴娇·赤壁怀古》、《江城子·别徐州》等,多为苏轼代表之作。

毛泽东很喜欢苏词《水调歌头》,时而应用自如、恰到好处。1956年在作了《十大关系》报告后,就指出要争分夺秒大干社会主义,说:不知天上宫阙,今夕是何年。我欲乘风归去,又恐琼楼玉宇,高处不胜寒。有些事情是急不得的,要结合实际,一步一个脚印地走。1958年5月16日晚,毛泽东深夜漫步在月光下,突然问随行人员:你们说,是天上好,还是人间好?接着又自我回答,随口吟出《水调歌头》:

明月几时有?把酒问青天。不知天上宫阙,今夕是何年。我欲乘风归去,又恐琼楼玉宇,高处不胜寒。起舞弄清影,何似在人间!　　转朱阁,低绮户,照无眠。不应有恨,何事长向别时圆?人有悲欢离合,月有阴晴圆缺,此事古难全。但愿人长久,千里共婵娟。

1959年7月,毛泽东同贺子珍在江西庐山相见。这天夜间,月明星稀,他又触景生情地说:东坡居士说得好"人有悲欢离合,月有阴晴圆缺,此事古难全,但愿人长久,千里共婵娟!"你我难得见面,更谈不上散步,我看到外面走走不是很好吗?

《放鹤亭记》文情并美,流传千古

毛泽东对苏轼的赋和散文亦非常欣赏,他少年时就读到苏轼的前后《赤壁赋》和《放鹤亭记》,过目不忘,印象颇深。1952年10月,毛泽东视察江苏徐州时,曾登过云龙山瞻观放鹤亭。他说,这个亭子与苏轼以及他的《放鹤亭记》是分不开的:1077年,苏轼出任徐州知州,当时刚过不惑之年,奋发有为,政绩卓著,给徐州百姓做过一些好事。在他离任时,徐州百姓成群结队为他送行,有的人挽住苏轼的马头,献花献酒,依依惜别,甚至放声大哭。毛泽东又说:苏轼与张山人是好友。苏轼常与别的朋友登门赋诗、饮酒。这位张山人驯养了两只鹤,并在云龙山顶修建了一座草亭,名为"放鹤亭"。苏轼为此写了一篇《放鹤亭记》,文情并美,成为流传千古的著名散文。(《毛泽东指点江山》,第 1174—1175 页)接着,毛泽东背诵了《放鹤亭记》里的一段:"山人有二鹤,甚驯,而善飞,旦则望西山之缺而放焉,纵其所如,或立于陂田,或翔于云表,暮则傃东山而归,故名之曰放鹤亭。"

苏轼是写作多面手,他的很多政论文,也极为精致,见解颇有独到之处。毛泽东读到苏轼的政论文,窥出他是采用"八面受敌"法作研究,大为赞赏。在《关于农村调查》一文中写道:古人说:文章之道,有开有合。这个说法是对的。苏东坡用"八面受敌"法研究历史,用"八面受敌"法研究宋朝,也是对的。今天我们研究中国社会,也要用个"四面受敌法",把它分成政治的、经济的、文化的、军事的四个部分来研究,得出中国革命的结论。

所谓"八面受敌"法,就是苏轼的读书法。毛泽东在读方大镇《田居乙记》所录有关"八面受敌"法,也写有批语:"此法好。然苏是个唯心主义。"(《毛泽东读文史古籍批语集》,第 48 页)

但是毛泽东对苏轼的若干政论文持否定态度,如他的上仁宗皇帝书,毛泽东就指出:"宋人万言书,如苏轼之流所为者,纸上空谈耳。"苏轼的代表作《潮州韩文公庙碑》,从来被视为范文,并被选入《古文观止》。在文中,苏轼高度赞美韩愈所说的"文起八代之衰,道济天下之溺"。八代指东汉、魏(三国)、晋、宋、齐、梁、陈和隋。"文衰""道溺"四字,可以说是对魏晋南北朝批判观点的概括。这种概括即成为近千年文化传统的定论。毛泽东不赞同苏轼此说。1975 年 6 月 18 日,他要芦荻读此文,在指出"魏晋南北朝时代是个思想解放的时代",出现了很多的思想家、作家后,说,什么"道溺",我送那时两个字,叫"道盛"! 关于魏晋南北朝的文学创作的问题,毛泽东说,苏轼讲那时期"文衰"了,这是不合事实的。可以把那时的作品摆出来看一看,把《昭明文选》、《全上古三代秦汉三国六朝文》拿出来看一看,是"文衰"还是"文昌",一看就清楚了。又说,我再送那时两个字,叫"文昌"。毛泽东对《潮州韩文公庙碑》的观点持否定态势,但又很注视这篇苏轼大作,在芦荻返校后,还派人前去,说是急于要阅读它。(《党的文献》2006 年第 4 期)

包拯

铁面冰心,不希后福
万年清名,为官作则

　　包拯(999—1062)　　北宋官员。庐州合肥(今属安徽)人,字希仁。天圣进士。在知端州(今广东肇庆)时,以不取所产端砚而得清廉之名。先后知瀛洲(今河北河间)、扬州、庐州和权知开封府。任龙图阁学士。为人刚毅、执法如山,被民间誉为"包青天"、"铁面包公"。有《包孝肃奏议》。事迹多为小说戏剧夸张,为清官典型。包拯墓今重建于合肥包河公园,神门抱柱上有今人启功联:"正直遗型传秉史;清忠初绩著端州。"神门门堂上方悬一匾,为谷牧所写:"无畏无惧,刚正为民。"

　　封建社会有清官。清官是一种历史文化现象。毛泽东经常谈到清官。谈得较多的有海瑞,也有包拯。包拯即民间俗称的"包公"、"包青天"。早在50年代初,毛泽东因广东省委书记处书记古大存以办事公正、执法严明见著,称他为"党内包拯"、"带刺的玫瑰"。1959年3月,毛泽东在上海主持中央政治局扩大会议。会议期间,有一天和卫士长李银桥谈起了海瑞和包拯。李银桥说:那包拯还敢铡驸马、铡国舅呢!毛泽东说:包拯是龙图阁大学士,是有特权的;再说他铡驸马、铡国舅那也只是传说,是戏,而海瑞的事是有史料记载的呢!

　　毛泽东认为舞台风行的包公戏,是一种艺术文化。但他对名角演出的包公戏很欣赏,常听不倦的就有裴盛戎演的《铡美案》等。有一次,毛泽东在怀仁堂观看裴盛戎主演的《赤桑镇》。裴盛戎扮包拯。演完后,他微笑着握着裴盛戎的手说道:盛戎同志,你唱的《赤桑镇》这出戏很有意义,以后要多编多演这样的戏。包拯的那句唱词"未正人先正己人己一样",这句唱词很好。这也是我们共产党人的作风。我们共产党人就要这么做。又说:"责己宽责人严怎算得国家栋梁"这句唱词也很好。盛戎同志,你能理解么? 你唱的时候我也很感动么!

但是,始于元代、而盛行于明清的包公戏,毕竟是那个时代的产物。毛泽东并不认为中国历史上真有所谓的"清官"。1966 年 3 月,毛泽东在上海会议期间谈及历史剧《海瑞罢官》时,说:历史上的清官,很难找到。包拯、关羽都是统治阶级吹出来的。

📀 包拯和开封府

包拯作为古代清官典型,源自元杂剧的包公戏,如《陈州放粮》、《斩鲁斋郎》等。文学形象的包拯是以在开封府办案著名的。北宋都城开封府,据《宋史·职官志》,它虽称府,却由皇帝直辖,通常案件即可自行裁定,向皇帝奏报,不再行文刑部、监察御史衙门(其他府县须复审始能定案)。包拯在开封府确有秉公不徇私的记录。"旧制,凡讼诉不得径造庭下,拯开正门,使得至前陈曲直,吏不敢欺"(《宋史·包拯传》)。但包拯在开封府只做了两年官(嘉祐元年以龙图阁学士出任到三年由欧阳修继任),为时较短,也无触及上层的大案重案。见于北宋初,出任开封府尹的第二任是皇弟赵光义、第三任是皇子赵恒,因此,此后开封府尹就不再设,所谓"开封府尹"也改称"权开封府事",包拯也只是暂理开封府尹。

秦观

两情若是久长时
又岂在朝朝暮暮

　　秦观(1049—1100)　　北宋词人。扬州高邮(今属江苏)人,字少游,号
淮海居士。元丰进士。因苏轼推荐任太学博士,与黄庭坚、晁补之、张耒等
称"苏门四学士"。因坐元祐党籍,贬杭州和郴州。为婉约派重要词人。有
《淮海集》。

　　秦观是北宋大词家。其词清丽和婉,富见情感,多写男女情爱,亦有自伤身
世之作。毛泽东曾圈点《淮海集》中的《踏莎行·郴州旅舍》、《江城子·西域杨
柳弄春柔》等七首,1957 年 5 月 11 日,毛泽东给李淑一回信,内称:"有《游仙》一
首为赠。这种游仙,作者自己不在内,别于古之游仙诗,但词里有之,如咏七夕
之类。"此处所指"咏七夕",指的就是秦观这首《鹊桥仙·七夕》。此后他还给卫
士张仙朋手书《鹊桥仙·七夕》:

　　纤云弄巧,飞星传恨,银汉迢迢暗渡。金风玉露一相逢,便胜却人间无
数。　　柔情似水,佳期如梦,忍顾鹊桥归路。两情若是久长时,又岂在朝
朝暮暮!

　　1960 年 3 月 12 日,毛泽东在湖南郴州视察,当晚他在郴州地委书记陈洪新汇报时,讲了郴州苏仙岭"三绝碑"的故事:古时候,郴州这个地方,是蛮荒之地,很荒凉,鞭长莫及,谁也不愿意去。宋朝有个秦少游,是一个很有才华的人,经苏轼的推荐,应召进京,当过秘书省正字和国史编修官。后来,因为新旧党争的牵连,屡遭贬谪,最后削去官职,于绍圣三年,安置郴州当老百姓。秦少游因为怀才不遇,含冤被贬,很不满意,满腹牢骚,但是,又没有地方去讲,后来他就写了一首词。叫《踏莎行》。这首词写得很好,写出了他被削职后,那种凄楚难言的隐衷,把那些在封建统治阶级内部冲突中,有才华有抱负的爱国知识分子,报国无门,不堪排挤打击的情怀,描写得淋漓尽致。所以很有名。接着毛泽东就琅琅有韵地背诵了《踏莎行·郴州旅舍》:

　　　　雾失楼台,月迷津渡,桃源望断知何处(无寻处)。可堪孤馆闭春寒,杜鹃声里残阳树(斜阳暮)。　　　驿寄梅花,鱼传尺素,砌成此恨无重数。郴江本(幸)自绕郴山,为谁流下潇湘去?

　　毛泽东又说:这首词在文学艺术上是很有价值的。苏东坡很喜欢,特别喜欢最后两句:"郴江本(幸)自绕郴山,为谁流下潇湘去?"把它写在扇子上,天天看它读它。秦少游死后,苏东坡非常悲痛,在扇面秦词的后面,写下"少游已矣!虽万人何赎"的跋语。后来由著名的书法家米芾,把秦词、苏跋书写下来,传到了郴州。郴州人为了纪念秦少游,把秦词、苏跋、米笔刻在碑上,史称三绝碑。秦观死后一百六十六年,南宋有个名叫邹恭的来郴州当知州,再把原碑拓片,转刻在苏仙岭白鹿洞的大石壁上,这就是今天能看到的"三绝碑"。这块碑是很有历史价值的,是我们国家在文学艺术上的瑰宝,要很好加以保护。从毛泽东这些话里可以看出他对秦观的词是相当喜欢的。

赵构　秦桧

心知江左非王业
口说中原是帝乡

　　赵构(1107—1187)　即宋高宗。南宋皇帝。公元 1127—1162 年在位。赵佶(宋徽宗)第九子。1127 年,金兵破汴京(今河南开封),尽掳宋皇室而去;他脱身而出,即位于南京(今河南商丘南)。后逃至临安(今浙江杭州)建都。向金乞和,采取投降政策,遂成偏安一角格局。1162 年退位,称太上皇。

　　秦桧(1090—1155)　南宋大臣。江宁(今江苏南京)人,字会之。政和进士、状元。为金俘充作内奸放回。1131 年拜相,翌年,罢相。1138 年复拜相,前后独相十七年,附赵构力主和议,排斥、杀害抗战将相,并禁令太学生不得上书议论国事。死后谥忠献,后改谥谬丑。

　　南宋的开朝皇帝赵构(宋高宗)和秦桧,是中国历史上的两个罪人。他们力主投降,破坏国家统一。毛泽东运用马克思主义历史观,对这两个人的所作所为,作了入木三分的评述和批判。

　　1952 年 11 月 1 日,毛泽东视察北回,列车途经河南汤阴。他触景生情,感叹:这里是岳飞的故乡,实可谓"三十功名尘与土,八千里路云和月"……随车同行的吴芝圃说:现在不会再有秦桧了! 毛泽东笑着说:十年前、二十年前,秦桧这样的人在中国还是大有其人的。(《历史的真言——毛泽东两访莫斯科》,第434页)随后在岳庙,毛泽东见到山门前有秦桧等铁像,又说:阴谋家,人人恨。(《领袖身边十三年》,第260页)

毛泽东抨击秦桧,但更鲜明地揭露秦桧的后台,决策的赵构。

1957年6月,毛泽东就舒湮1946年写作1957年改写《岳飞》时,与冒鹤亭老人(舒湮之父)说,宋高宗和秦桧都是南宋投降派的头目。秦桧是敌人派进来的奸细;他和宋高宗把河北忠义军和真正抗战的将士看作比金邦更危险的敌人,因此,"攘外必先安内"、"先平内寇,然后可以御外侮",我们共产党、八路军就是被蒋委员长当作内寇来平的。他还说:主和的责任不全在秦桧,幕后是宋高宗。秦桧不过是执行皇帝的旨意。高宗不想打,要先"安内",不能不投降敌人。文徵明有首词,可以一读。毛泽东所说的文徵明词,就是《满江红·题宋思陵与岳武穆手敕墨本》:

> 拂拭残碑,敕飞字,依稀堪读。慨当初,倚飞何重,后来何酷! 岂是功成身合死? 可怜事去言难赎。最无辜,堪恨又堪悲,风波狱。 　岂不念,封疆蹙? 岂不惜,徽钦辱? 念徽钦既返,此身何属? 千载休谈南渡错,当时自怕中原复,笑区区一桧亦何能,逢其欲。

毛泽东颇认同文徵明此词,秦桧可恨,但更为可憎的是赵构(宋高宗)。这首词从见宋高宗手赐岳飞敕刻石字迹,直接鞭挞了赵构。毛泽东接着又说,文徵明这首词,一似丘溶的《沁园春》所说:"何须把长城自坏,柱石潜摧。"这一点连赵构自己也是承认的,他说:"讲和之策,断自朕志,秦桧但能赞朕而已。"后来的史家为"圣君讳耳",并不能如文徵明(在诗中)独排众议。

1975年5月,毛泽东又谈到了赵构和秦桧。据芦荻回忆:毛泽东曾就二十四史大半是假的举了很多例证,其中一个是赵构、秦桧主和投降的故事。他说:封建社会有一条"为尊者讳"的伦理道德标准,皇帝或父亲的恶行,或是隐而不书,或是把责任推给臣下和他人。譬如宋高宗和秦桧主和投降,实际上主和的责任不全在秦桧,起决定作用的是幕后的宋高宗赵构,这在《宋史·奸臣传》的《秦桧传》里,是多少有所反映的。

岳飞

青山有幸埋忠骨
白铁无辜铸佞臣

　　岳飞(1103—1142)　南宋将领。相州汤阴(今属河南)人,字鹏举。农民出身。二十岁从军,以抗金和讨平地方割据集团功,累升为湖北路荆襄潭州制置使。所部军纪严明,英勇善战,称为"岳家军",得百姓爱戴。1134年,初次北伐,收复襄阳六郡。1136年再次北伐,收复洛阳西南部分州县。1140年又次北伐,取得颍昌(今许昌)、郾城(今河南郾城)大捷,前锋到达朱仙镇(今河南开封西南)。同年,援淮西,获胜。授枢密副使,被解除兵权。不久被诬下狱,以"莫须有"的罪名被杀害。有《岳忠武文集》。今杭州、朱仙镇、汤阴、武昌和台湾都有祠庙。

岳飞建立岳家军只二十几岁

　　岳飞是妇孺皆知的民族英雄,毛泽东非常熟悉岳飞。早在家乡读私塾时,少年毛泽东所读的明清小说平话中就有一本据明人熊大木岳飞评话改写的《精忠说岳全传》。当时,毛泽东常去附近李家屋场李漱清处求教。李是出过洋、见过世面的读书人,毛泽东曾向他谈过读《说岳全传》的认识:牛皋比岳飞有气魄,岳飞比不上他。岳飞明明知道秦桧要加害他,却偏要跑到风波亭去送死;牛皋的胆子大得多,他敢于提起人马,上太行山落草,造皇帝老子的反……显然,《说岳全传》给少年毛泽东留下深刻的印象,他开始认识岳飞就是从这部小说为起点的。

后来,毛泽东也很爱看岳飞题材的戏剧。抗战时期在延安几次观赏由田汉编剧、延安平剧院巡回演出的全本《岳飞》。毛泽东善于以岳飞故事激励人们。据他的警卫员陈昌奉回忆,早在 1933 年,毛泽东在瑞金就观看过京剧《岳母刺字》,事后说:岳飞是个民族英雄,他精忠报国,全心为民,抵抗外军侵略……我们要向他学习。1960 年 3 月 19 日,毛泽东在上海请工人代表和市委领导人一起在锦江小礼堂看戏,其中就有折子戏《岳母刺字》,当舞台上岳母在儿子背脊上刺了"精忠报国"四个大字时,毛泽东情不自禁,激动地从大沙发上站起身来热烈鼓掌。重新入座后,他又侧身问上海联华钢厂厂长孔令熙:这个戏你看过吗? 且深情地说:中国像这样的母亲有千千万万呢!

毛泽东虽然对《宋史》评价不高,但对其中的《岳飞传》却详加细读,从中认识岳飞的一生业绩。对其中的若干文字,更能抓住其精髓。如对岳飞所说的,"运用之妙,存乎一心"等句,尤感触良深,这八个字,他在《论持久战》中恰如其分地加以引用:"古人所谓'运用之妙,存乎一心',这个'妙',我们叫做灵活性,这是聪明的指挥员的出产品。灵活不是妄动,妄动是应该拒绝的。灵活,是聪明的指挥员,基于客观情况,'审时度势'(这个势,包括敌势、我势、地势等项)而采取及时的和恰当的处置方法的一种才能,即是所谓'运用之妙'。"(《毛泽东选集》第二卷第 494 页)

20 世纪三四十年代,日寇侵略,中华民族处在危难阶段,岳飞精忠报国故事是教育、激励军民的最佳题材。毛泽东也时常从中寻找契合时代精神的内容和文字,作为爱国主义、抗日救亡的精神武器。1937 年 4 月,毛泽东在向延安抗日军政大学毕业学生讲话中说:李逵没上过学校,但他很勇敢! 瓦岗寨的绿林英雄,也没有上过学校,就是民族英雄岳飞,还不是从战争中锻炼出来的?(《党史纵横》2003 年第 5 期第 12 页)翌年与抗大学生又一次演讲中指出:李逵什么也没有学,仗打得很好;岳飞也不是什么地方毕业。用李逵、岳飞故事勉励学员,也就是说,岳飞能成为独当一面、文武俱全的大将,乃是靠自学成材。毛泽东很欣赏岳飞的自学成材。后来在 1958 年的几次会议上提及破除迷信时,都提到岳飞的例子,说:岳飞建立岳家军只二十几岁。

斯大林说,看来这是一位天才的统帅

针对国民党顽固派的消极抗日,毛泽东在延安的一次讲话中指出:中国历朝以来的政治路线和组织路线有两条:一条是正当的;另一条是不正当的。如果朝廷里是贤明皇帝,所谓"明君",就会是忠臣当朝,这就是正当的,用人在贤;昏君,必有奸臣当朝,是不正当的,用人在亲,狐群狗党,弄得一塌糊涂。宋朝徽、钦二帝,秦桧当朝,害死岳飞,弄得山河破裂。毛泽东还非常注意用中国历史上的投降派和抵抗派的故事对人们展开思想教育。就此,他在延安抗日军政大学的一次演讲里,特别提倡要学若干历史人物干到底的英雄气节,他说:多少共产党人被捕杀头,还是威武不能屈。但尚有一部分叛徒起先信仰马克思主义,而且做工作,但一旦威武来了,就屈服,带路杀人,什么都做。一种人被捉了,要杀就杀,这种英雄的人,中国历史上很多,有文天祥、项羽、岳飞,决不投降,他们就有这种骨气。那些叛徒就没有这种骨气,所以平素讲得天花乱坠,是没有用的。

毛泽东对岳飞的精神备加肯定。1950 年春,他率领中国党政代表团访苏期间,向斯大林介绍中国共产党军队在革命战争年代"不畏艰险,视死如归"的精神,苏联翻译费德林不明白"归"字的含义,请求加以解释。毛泽东就在纸上写了这八个字。接着毛泽东说:杭州市保留着宋代这位有代表性的英雄的陵墓。这座陵墓以加害岳飞的叛徒的下跪形象而驰名。毛泽东又说,中国字"归",在这里不是通常的"回来"、"再来"的意思。在历史上,"归"的意思是回到原来状态,虽然在中国有许多人知道岳飞和岳飞的名字,但还不是任何一个中国人都知道这个成语的真正涵义,因此,这个成语应当这样来理解:藐视一切困难和痛苦,像看待自己回到原本状态一样看待死亡。并且进一步作解释:这是十二世纪古代中国的一位著名统帅岳飞使用过的一种说法。岳飞以抗击女真人入侵的军事远征而出名。斯大林明白意思后,也不禁小声说道:看来这是一位天才的统帅,表现出大无畏的精神和雄才大略。

1963 年 2 月 15 日,毛泽东在会见柬埔寨西哈努克亲王时,陪同的总参谋长罗瑞卿大将向他汇报了西藏军区司令员张国华中将所介绍的在中印边界自卫反击作战的主要经验"一不怕死;二不怕苦"。他听了非常高兴地说:是呀,过去岳飞讲文官不要钱,武将不怕死,天下太平矣。这句话有片面性,因为它缺了一面,好像文官不要钱,但是可以怕死;武将不怕死,却可以要钱。

我们解放军则是文官既不要钱,也不怕死;武官既不怕死,也不要钱,这样岂不更好,天下岂不更太平!岳飞还有两句话:"饿死不抢掠,冻死不拆屋。"就是饿死也不能抢劫,冻死也不能拆房子烤火。看起来,岳飞治军是有他的一套的。所以那时金兀术不怕别的,只怕岳家军。他说过:"撼山易,撼岳家军难。"说到这里,毛泽东加强了语气说:谁要撼我们解放军,那就更加困难了,撼山易,撼解放军难。

毛泽东谈说岳飞,也深刻地解剖岳飞,其中颇有见地的是,指出杀岳飞的真正元凶和岳飞掉头的价值。1957年6月,毛泽东在北京接见冒广生(鹤亭)、舒湮父子,当冒广生介绍舒湮在抗战初期在上海写了个话剧《精忠报国》,把秦桧影射汪精卫时,毛泽东这时目视着舒湮说:主和的责任不全在秦桧,幕后是宋高宗。秦桧不过是执行皇帝的旨意。高宗不想打,要先"安内",不能不投降金人。文徵明有首词,可以读一读。毛泽东一语中的,中国旧史书历来为尊者讳,皇帝所做的坏事,责任却要由臣子承担。岳飞被冤杀事,《宋史》有关纪传只罪秦桧,毛泽东摒弃传统的史说,指出杀岳飞主使是赵构。对岳飞被冤杀,毛泽东深为愤懑,他曾说岳飞"以身殉志,不亦伟乎"!中国自古以来,遭受冤屈的仁人志士层出不穷,但很少有像岳飞那样名垂千古、代代皆知的。1959年4月,毛泽东在中共八届七中全会上说:舍不得砍掉头,就下不了最后的决心。岳飞不是砍了头、比干不是挖了心吗!又说:我跟陈伯达讲过,你不尖锐,无非怕丢掉选票,连封建时代的人物都不如,无非是开除党籍、撤职、记过、老婆离婚。砍头也只有一分钟的痛苦。《风波亭》的戏还要唱,岳飞砍了头,有什么不好?毛泽东认为,岳飞被砍头,坏事变好事,能激励人心。大概在此时前后,有天中央几位领导人闲谈。贺龙说:都说看《三国》掉眼泪,替古人担忧,我就见不得英雄落难,尤其见不得岳飞遭难,一见就担忧,就掉泪。毛泽东这时也颇有感触:我也是看《三国》掉眼泪的人。听见《风波亭》,心里就难受。可是后来我还发现,人这一生经多大难,办多大事。英雄一死就出了名。岳飞被杀,就家喻户晓并且流芳千古了。他流了血,这血就渗透到我们民族体内,世世代代传下来,他要是没流血,就不会有这么大的作用。

很喜欢岳飞《满江红·寄怀》

岳飞虽是武人,但也喜欢写诗词,且写得不错。毛泽东很喜欢读,尤其是

503

《满江红·寄怀》，还多次手书。

1930年2月9日（阴历正月十一日），毛泽东在江西吉安县值夏坡头，在旧式账簿纸上写有《满江红》和自作词一首。有跋内称："一九三〇年正月十一日，夜宿值夏坡头，天阴冷，有感岳武穆王满江红，写下新木兰词一阕。"手书前即为岳飞《满江红》，后为《减字木兰花·广昌路上》。（《党史文苑》转引《文化艺术报》2013年第20期）

毛泽东对《满江红》曲谱也很欢喜，还给此曲谱正名和寻源。1972年5月美国尼克松总统访华，在送呈毛泽东审阅的北京招待会上节目单时，毛泽东就在节目单上"《满江红》古曲"一行下画了一下，写下"假古董"，并提出希望找到这首词的最早曲谱，在招待会上演出。经音乐史家杨荫浏考证和传唱，确定是清乾隆四年（1739）王善谱曲。晚年毛泽东在除白内障动手术时，就是在聆听这首由京昆演员岳美缇所唱的《满江红》录音中进行的。

岳飞是个大好人

毛泽东曾几次去过岳飞的故里汤阴和葬地杭州。1952年，毛泽东视察河南，在返京途中，特地中途下车，参观汤阴岳庙和岳飞故里。在岳飞故里，毛泽东见到矗立的《岳忠武王故里》巨碑，碑文大致是据《宋史·岳飞传》写的，字数繁多，他仍颇有兴味，从头到尾耐心地念完，表示了对岳飞的敬仰和肯定。汤阴县长王庭文汇报说：据我们所查，岳家后代没有一个当过汉奸的。毛泽东听后高兴地说：很好，很好，岳飞是个大好人，岳家又没有一个当汉奸的，都保持了岳飞的爱国主义气节。

1954年春天，毛泽东在杭州起草宪法。他找来浙江省公安厅厅长王芳，问：快到清明节了，是吗？又自问自答：你知道"以身许国，何事不敢为"是谁的话吗？这是宋朝民族英雄岳飞的名言。接着，毛泽东对王芳说：我有一事想托你办一下。快到清明节了，按我们民族的习惯，清明节是祭奠先人的日子，请你替我给岳王坟献个花圈。当天，岳飞墓前，出现了一只制作精美但没有标明敬挽人姓名的花圈。毛泽东喜欢读岳飞庙里的楹联，他尤为青睐的是岳王坟墓门的一副石刻楹联："青山有幸埋忠骨，白铁无辜铸佞臣。"它相传是清初松江的一个女子写的。怀着对岳飞的追思，抨击宋高宗赵构等投降派，毛泽东还曾圈点并手书为他称誉的明朝诗人高启诗作《吊岳王墓》：

> 大树无枝向北风,千年遗恨泣英雄。
> 班师诏已来三殿,射房书犹说两宫。
> 每忆上方谁请剑,空嗟高庙自藏弓。
> 栖霞岭上今回首,不见诸陵白露中。

岳飞刺字"尽忠报国"说

《宋史》卷三八〇《何铸传》："逮飞系大理狱。先命铸鞫之。铸引飞至庭,诘其反状,飞袒而示之背,背有旧刺'尽忠报国'四大字,深入肤理。"是为"尽忠报国"唯一出处。明末李梅作、冯梦龙改定的《精忠旗》传奇,有称,"史言飞背有'精忠报国'四大字,此剧云飞令张宪所涅。"是为"精忠报国"出典,清乾隆十五年(1750),弘历为汤阴岳庙所写祭文,即有"背刺精忠,跃马而江淮电扫"。而后诸作如传奇《倒精忠》、平话小说《说岳全传》都写作"背上刺下'精忠报国'四个字"。且作为岳飞之母在他少年时所刺的,实误。盖文身是一门极其高妙的工艺,非专业工匠不能胜任,况且岳母姚氏系一村妇,缺乏文化,母子骨肉,也难有忍心作刺字的。所以邓广铭教授也认为:姚不可能做刺写文字的事。

岳飞被杀数说

南宋绍兴十一年(1142)腊月二十九日,秦桧、万俟卨等以大理寺判决,判岳飞处斩、张宪处绞、岳云处徒,当日报与赵构,赵构即时"有旨:岳飞特赐死,张宪、岳云并依军法施行,令杨沂中监斩"(《建炎以来朝野杂记》乙集卷十二)。所谓"赐死"是要岳飞自杀,但岳飞决不会自杀。有宋以来记录岳飞仍是他杀。此中有三说:一是通常的说法。岳飞父子和张宪是被布袋套上,蒙住眼睛用绳索勒死的,勒死处就是大理寺风波亭(《坚瓠五集》);二是受掠中毒死(《三朝北盟会编》卷二〇七《岳侯传》)。因岳飞不愿自尽,"以答天恩",于是遭严加拷打,以致气绝;也有说在拷打后,又在他身上喷冷水,腊月天寒,让其冻死的;三是狱官叫他洗澡,拉肋而死(《宋稗类抄》卷三《忠义》)。拉肋,就是让岳飞洗涤起身,浑身体畅放松肌肉时,使两名健卒挟扶,乘其不备,从两侧猛力拉折左右肋骨,使断散而致死。

李清照

漱玉集中金石录里
文采有后主遗风

李清照（1084—约1151） 南宋女词人。济南历城（今山东济南）人，自号易安居士。与夫赵明诚同收集金石书画。后迁居青州、莱州。北宋亡，流寓南方。赵明诚死后，辗转于浙江越州、台州等地。整理《金石录》。词作前期寄情闲适，后期感怀凄楚，怀念故国，感叹身世。有《李易安集》，今佚。后人辑有《漱玉集》《李清照集》。1959年8月，济南李清照故居复修，郭沫若作联："大明湖畔，趵突泉边，故居在杨柳深处；漱玉集中，金石录里，文采有后主遗风。"臧克家有联："大河百代，众浪齐奔，淘尽万千英雄汉；词苑千载，群芳竞秀，盛开一枝女儿花。"

刘鹗《老残游记》记有一副咏济南历下亭的名联："历下此亭古，海内名士多。"毛泽东很欣赏这副集联。1952年10月27日，他在济南视察时，在历下亭就谈起了济南的人杰地灵，在说了李白、杜甫等到过济南后，又说：辛弃疾、李清照、蒲松龄则长期生活在这里。所以济南自古就有"诗城"和"名士多"的美誉。毛泽东还在许世友将军等陪同下，参观济南诸多名泉，其中的漱玉泉，典出李清照的《漱玉词》，此泉是为了纪念她而命名的。毛泽东在漱玉泉旁，向陪同人员作了详细介绍：这个泉的名字取自《世说新语·排调》，其中有"漱石枕流"一句话。相传宋代济南籍女词人李清照曾在泉旁居住,常到泉边以泉为镜梳妆,还常在泉边填词吟诗。由于金人南侵,李清照流居江南,处境凄苦。南渡以后,她的词充满悲愤爱国之情。如:"生当作人杰,死亦为鬼雄。至今思项羽,不肯过江东。"因她的作品以《漱玉词》为名,后人为了纪念这位爱国女词人,就称此泉为漱玉泉。毛泽东称赞:李清照不仅词写得好,而且具有很强的爱国思想啊!

(《毛泽东与山东》,第 25 页)

1959 年 10 月 24 日,毛泽东在济南西郊机场空军招待所门前树荫中和江青相对而坐。他感慨地说:济南有个千佛山、大明湖、七十二泉,是一座很漂亮的古城。"济南潇洒似江南",看来黄山谷这句诗并不夸张。又说:济南不惟名士多,还出过才女呢! 女词人李清照就是济南人。(《毛泽东的家庭生活》,第 170 页)

毛泽东饱览传统诗词,早年他就能背诵很多李清照的词和诗。1907 年在湘乡东山学堂就学的毛泽东,就开始接触到李清照,在一次以试题《言志》的作文中,他写了李清照的五绝:"生当作人杰,死亦为鬼雄。至今思项羽,不肯过江东。"(《历史的回眸:毛泽东与中国经济》,第 5 页)

1910 年毛泽东到达东山学堂后与陪同前来将离去的弟弟毛泽民又吟咏了这首诗,可见他对这首五绝的喜爱。1929 年 9 月 19 日,菊花盛开的一天,毛泽东与傅柏翠在福建上杭城楼,赏菊饮酒,在指点江山谈及古人写的有关菊花诗词时,傅柏翠说:"李清照有一首写菊花的词:莫道不消魂,帘卷西风,人比黄花瘦。"毛泽东当时不甚欣赏,说:李清照的这首词叫人打不起精神来。我倒喜欢她的"生当作人杰,死亦为鬼雄"的名句,可惜不是咏菊的。其实,毛泽东后来也欣赏李清照的那首写菊的《醉花阴·九日》:

薄雾浓云愁永昼,瑞脑销金兽。佳节又重阳,玉枕纱橱,半夜凉初透。

东篱把酒黄昏后,有暗香盈袖。莫道不消魂,帘卷西风,人比黄花瘦。

今见毛泽东所藏凡有此词的本本,都在此词下阕的后三句处,布下点点圈圈的记号。此词为宋词婉约派的代表作。毛泽东读词偏向豪放派,但也肯定婉约派。他说:"词有婉约、豪放两派,各有兴会,应当兼读。读婉约派久了,厌倦了,要改读豪放派。豪放派读久了,又厌倦了,应当改读婉约派。"又说:"婉约派中有许多意境苍凉而又优美的词。"(《毛泽东诗词集》,第 230 页)

1963 年 2 月 26 日,毛泽东与各大区第一书记谈话,当有人提及轻音乐是抒情的,重音乐是战斗的时,他就指出:那战士就没有抒情? 诗、词也有同音乐一样的情况。在同一朝代,如宋朝,有柳永、李清照一派的词,也有辛弃疾、苏东坡、陆游一派的词。柳、李的词专讲爱情。他欣赏的李清照词,见于圈点的词牌,就有《武陵春·春晚》、《声声慢·秋情》和《醉花阴·九日》等十首。

毛泽东有时还喜欢引用李清照和她的词来说明问题。如 1958 年 3 月成都会议上,他在陈伯达发言谈与帝国主义争时间、争速度时插话说:也是两种办法:一种是干劲十足,群众路线,在轰轰烈烈热潮中前进。另一种是"寻寻觅觅、冷冷清清、凄凄惨惨戚戚。乍暖还寒时候,最难将息"。也可以是这样一条路线。"凄凄惨惨、冷冷清清",那并不见得好。这是宋朝女诗人李清照的一首词,她是个寡妇。这首词可能是金兵打杭州,把宋高宗追到海里头那个时候写的。是以一个寡妇面孔、寡妇心情来建设社会主义,还是以另外一种心态建设社会主义? 同年 4 月 6 日,在武汉会议讲及各地召开右派会议时,毛泽东又说:开右派大会,各大城市(三十万人口以上)都要开。要主要负责同志去讲话,讲透一些。首先一训,然后一拉。训则凄凄惨惨,冷冷清清;拉则全身受热,通身舒畅,指明前途,使他有希望。(《红楼梦学刊》1993 年第 4 辑第 24 页)

虞允文

书生浩气，大智大勇
伟哉虞公，千古一人

虞允文(1110—1174)　南宋官员，隆州仁寿(今四川仁寿)人。荫补入仕，绍兴二十八年(1158)召至临安任职，因在采石立有大功，翌年任川陕宣谕使。宋孝宗赵眘时，先后任参知政事、左丞相兼枢密使，积极主张北伐，后病死。

毛泽东很注意南宋前期的采石之战和虞允文。

绍兴三十一年(1161)，金国皇帝完颜亮以倾国之兵六十万南侵，淮西、淮东宋军防线因主将畏敌，逃过长江。金军渡淮消息传到临安，朝廷以知枢密院事叶义问督视江淮军马，在他的随员中有一位就是以中书舍人参谋军事的虞允文。

虞允文到建康(江苏南京)后，奉叶义问命往池州(安徽贵池)督促李显忠赴淮西任宋军统帅，顺道在采石犒师。当时在采石江边，到处是从江北逃来的将士。而江对岸的四十万金军正在鼓角声中，准备渡江。虞允文随员见势危急劝他返回建康。虞允文不听，他召集淮西军诸统制，激励他们作战。在他正确指挥下，已打算逃跑的宋军将士奋起出战，先是歼灭了已上南岸的金军，又在江心歼灭未上岸的金军，取得辉煌胜利。这次发生在采石的战役，阻止了金军南侵，确保了南宋小朝廷的安全。虞允文的大智大勇,以国事为重,为历史写下了精彩的一章。

毛泽东在读《续通鉴纪事本末》卷六十六《金主亮南侵》,于此篇"南师已为遁计。允文召其统制张振、王琪、时俊、戴皋、盛新等与语,谓之曰:'敌万一得济,汝辈走亦何之。今前控大江,地利在我,孰若死中求生。且朝廷养汝辈三十年,顾不能一战报国,'"的这段文字天头处,特加以批语:

伟哉虞公,千古一人。(《毛泽东读文史古籍批语集》,第315页)

毛泽东对虞允文组织残兵败将抗击金国主力获得大胜,高度赞赏,于此在同卷还就某些内容,作了颇有兴趣的考信。

在同卷中有说宋水军歼灭金军船只事:"江风忽止,南军以海鳅船冲敌舟,舟分为二。南军呼曰:'王师胜矣。'遂并击金人。金人所用舟,底阔如箱,行动不稳。且不谙江道,皆不能动。其能施弓箭者,每舟十数人而已,遂尽死于江中。"宋军用的"海鳅船"是一种用人力踏动的轮船,在江面上行驶如飞,而金军渡船乃是拆除民居屋板的平底船,即箱船,它吃水不深,行驶不便,毛泽东在此处批语中特别指出,这种渡船:

从黄河(潼关至葭县)船式学来。

同卷中还有说:"方敌舟未退,会淮西溃卒三百人,自蒋州转江而至。允文授以旗鼓,使为疑兵。"又作批语:

蒋州即光州,即今河南光山县。

这条批语,也从某个侧面说明虞允文虽是书生,却很懂军事,善于用兵,能调动各种积极因素。

朱熹

张大儒学为王教之首
兴旺儒教以利物博矣

朱熹(1130—1200)　南宋哲学家。徽州婺源(今属江西)人,字元晦,号晦庵,别号紫阳。绍兴进士。在庐山白鹿洞讲学,后在潭州(今湖南长沙)岳麓书院教授、传播理学,还在建阳考亭创办沧州精舍(考亭书院),学生多达几百人。为官十年屡遭贬谪。集北宋以来理学之大成,建立一个客观唯心主义思想体系,是中国封建社会后期影响最大的思想家。所持理学曾被斥为"伪学"被禁,后在宋理宗赵昀时被奉为国学,本人亦被尊谥为"朱文公"。有《四书章句集注》、《周易本义》和《晦庵先生朱文公文集》。

他是著名理学大师,又是诗人

朱熹是中国中世纪的大哲学家,被视为集理学大成者。1944年春,一天,毛泽东在与周围同志谈话时,忽然念了一首诗:

胜日寻芳泗水滨,无边光景一时新。
等闲识得东风面,万紫千红总是春。

念了后说:这是南宋朱熹的诗《春日》。此人很有学问,他是著名理学大师,又是诗人。《春日》诗,是他的名篇,不妨找来一读。(《党史纵横》2003 年 12 月 13 日)

早自 1915 年,毛泽东在长沙读书时,就对朱熹的诗作有兴趣。

这年冬日的一天,他和同学罗章龙相约,前往岳麓山观赏赫曦台上刻的朱熹与张栻诗作联句:

> 泛舟长沙渚,振策湘山岑。
> 烟云渺变化,宇宙穷高深。
> 怀古壮志士,忧时君子心。
> 寄言尘中客,莽苍谁能寻?

毛泽东颇有所感,在回程途中,与罗章龙仿朱张联句,亦作成一首五律:

> 共泛朱张渡,层冰涨桔灯。
> 鸟啼枫径寂,木落翠微冥。
> 攀险呼俦侣,盘空识健翎。
> 赫曦联韵在,千载德犹馨。

(罗章龙《元斋汗漫游诗话(三)》,又见《椿园载记》)

朱张渡,在湘江畔,相传朱熹、张栻赴长沙讲学,摆渡于此而得名。

年轻时就熟读朱熹著作

毛泽东年轻时就熟读朱熹的著作。现见他早年与萧子升、黎锦熙的信及所著的《体育与研究》等所提及朱熹言行,可见他对朱熹理学已多有认识。

1915 年 9 月 6 日,在与萧子升信中称,"仆读《中庸》,曰博学之,朱子补《大学》,曰:即凡天下之物,莫不因其已知之理而益穷之。以求至乎其极。表里精粗无不到,全体大用无不明矣。"(《毛泽东早期文稿》第 21 页)同年 11 月 9 日,在与黎锦熙信中有称,"弟在学校,依兄所教言,孳孳不敢叛,然性不好束缚。终见此非读书之地,意志不自由,程度太低,俦侣太恶,有用之身,宝贵之时日,逐渐催落,以衰以逝心中实大悲伤。昔朱子谓:不能使船者嫌溪曲。弟诚不能为古人所为,宜为其所讥。"（同上,第 30 页）此外又有如称"朱子主敬","敬,非动也,亦静而已。《老子》曰:无动为大,释氏务求寂静。静坐之法,为朱陆之徒者咸尊之。""朱子论主一无适,谓吃饭则想着吃饭,穿衣则想着穿衣。注全力于运动之时者,亦若是则已耳。"（《毛泽东早期文稿》,第 69、75 页）1949 年 6 月,毛泽东的《论人民民主专政》在批判蒋介石的独裁时还引用了朱熹的格言:"宋朝的哲学家朱熹,写了许多书,说了许多话,大家都忘记了,但有一句话还没有忘记:'即以其人之道,还治其人之身。'我们就是这样做的,即以帝国主义及其走狗蒋介石反动派之道,还治帝国主义及其走狗蒋介石反动派之身。如此而已,岂有他哉。"朱熹这段话,见自他的《四书集注》的《中庸》第十三章。朱熹的行事鞠躬尽瘁,也是青年毛泽东称赞的,他是把朱熹列为与孔孟齐驱的"传教之人";尤其做学问,还引用了曾国藩《杂著·笔记二十七则·克勤小物》所指出的,"朱子学问,铢积寸累而得之,苟为不蓄,则终身不得矣。"（《毛泽东早期文稿》,第 591 页）

但是,毛泽东认为朱熹是唯心主义者,经常把他放在对立面。1957 年 1 月,他在省市委书记会议上提出对知识分子要搞百花齐放,百家争鸣。他说:只讲唯物主义,不讲唯心主义,只讲辩证法,不讲形而上学,你就不知道反面的东西,正面的东西也不能巩固。因此,不仅要出孙中山全集,蒋介石全集也要出。黑格尔、康德、孔子、孟子、老子、二程、朱王都要讲。"朱王"就是朱熹和明朝的王阳明。显然,他认为朱熹著作和学说是属于反面的东西。1963 年 5 月,毛泽东在杭州的一次讲话里更明确指出:周濂溪是道县人,是宋代的理学大师,二程是他的学生。朱熹就是这个系统,唯心主义。（《毛泽东之魂》[修订本],第168 页）

重视朱熹理学

毛泽东重视朱熹的理学。20 世纪五六十年代,他对佛学有兴趣,由此也谈到了理学。毛泽东说:宋朝的理学是从唐朝禅宗发展起来的,由主观唯心论到客观唯心论。有佛道,不出入佛道是不对的。不管它,怎么行?

朱熹是集宋理学大成者,有完整的哲学体系,对后世颇有影响。1959 年,毛泽东就说:《三国演义》的作者罗贯中不是继承司马迁的传统,而是继承朱熹的传统。南宋时,异族为患,所以朱熹以蜀为正统。明朝时,北部民族经常为患,所以罗贯中也以蜀为正统。因此,毛泽东从不轻视朱熹在历史上、尤其是学术思想领域中的地位,有时还经常提到他,赞扬他。1958 年 9 月,毛泽东在安徽合肥向当地图书馆借阅朱熹的《楚辞集注》,还向张治中介绍:这是好书,我介绍你有空看看。又说:朱夫子是你们安徽人。当张治中提及朱夫子被江西抢去了,婺源县现在划归江西。毛泽东就说:婺源虽然划归江西,但不能因此改变朱夫子的籍贯,七八百年来他一向被认为是安徽人嘛!翌年6月,他在庐山上和工作人员闲谈时又谈到了朱熹:朱熹曾在南康郡(今江西星子县)走马上任,当地属官们轿前迎接,他下轿就问:《南康志》带来没有?搞得大家措手不及,面面相觑。这就是"下轿伊始,问志书"的传说,至今广为流传。

毛泽东晚年,有时也谈到朱熹。曾说:理学家很虚伪,但朱熹是一位大学问家,要读他的书。据芦荻回忆,毛泽东对朱熹,一方面指出他的虚伪,说他毒打被压迫的妓女,给妓女加上伤风败俗的罪名,而自己却又纳妾;另一方面又指出朱熹的学问渊博,是个大学者,而且还颇有开通处。一方面指出骂曹操为"汉贼"的正统观念,始自朱熹的论著;另一方面又说朱熹的《紫阳纲目》是应该一读的著作,并手书了"紫阳纲目"和"道学三朱熹"(《朱熹传》在《宋史·道学三》)。他让我读朱熹的书,并说,这是很有用处的。1972年9月27日,毛泽东还把13世纪印刷的朱熹《楚辞集注》六卷翻印本,赠给了来访的日本首相田中角荣。

🉐 朱熹毒打妓女案

朱熹毒打妓女案,见《二刻拍案惊奇》的《硬勘察大儒争闲气,甘受刑侠女著芳名》,故事出自朱熹同时代人洪迈《夷坚志》与周密《齐东野语》。话说天台官妓严蕊与台州太守唐仲友相好。此时陈亮也与妓女赵娟婚约,但唐向赵说了陈亮家境贫困,赵从此冷淡陈亮。陈亮明白后便告朱熹:唐仲友说你不识字。朱熹大怒,巡历台州,唐又未及时迎候,朱就当日追了唐的印信,并将严蕊收监,逼问与唐通奸情况。严因未有此事,虽经严刑拷打,折磨月余,就是不招。后来岳霖复勘此案,严蕊当场作《卜算子》自白:"不是爱风尘,似被前缘误。花落花开自有时,总赖东君主。   去也终须去,住也如何住?若得山花插满头,莫问奴归处!"岳霖大加称赞,将严蕊释放,脱籍从良。故事主旨是说道学先生朱熹刚愎自用。但据史界辨正:淳熙九年(1182),朱熹巡视台州,发现知州唐仲友贪盗残民,又宠官妓严蕊。他连上劾文六道,弹劾唐仲友。此事轰动了浙东和朝廷,由此多人对朱熹作为有种种揣测。

陈亮

千古英灵安在
磅礴几时遍

陈亮(1143—1194)　南宋学者、词人。婺州永康(今属浙江)人,字同父。人称龙川先生。力主抗金,屡次入狱。1193 年考取进士、状元。旋死。倡导经世济民的"事功之学",反对理学家的空谈之说。所作政论气势纵横,词作感情豪放。有《龙川文集》、《龙川词》。

1945 年 10 月 4 日,毛泽东写信给柳亚子,内称:"先生诗慨当以慷,卑视陆游、陈亮,读之使人感发兴起。"这里提到了南宋大词家陈亮。毛泽东此信是赞誉柳亚子的诗,但并无贬低前代诗家之意。其实,毛泽东是相当喜欢陈亮的诗词的,今存陈亮词七十四首,多蕴含爱国愤世情愫,毛泽东曾圈阅过其中的《水龙吟·春恨》、《虞美人·春愁》、《洞仙歌·雨》和《念奴娇·登多景楼》。在他晚年,还经常用手拍着桌子击节,高声吟诵《念奴娇·登多景楼》。1975 年 7 月 28日白天,毛泽东在唐由之医生为之做好除白内障手术的第五天,手捧书本读陈亮《念奴娇·登多景楼》,读后还把书递给唐由之看。下午三时他要张玉凤把一本小册子给他。张对唐说:"唐大夫,这是毛主席指示复印给你。他嘱咐你学习。"(《为毛泽东做眼科手术的医生》,第 111 页)8 月初的一天晚上,毛泽东慷慨悲歌地吟罢此词后,又让在场的工作人员一起念了这首词:

危楼还望,叹此意、今古几人曾会?鬼设神施,浑认作、天限南疆北界。一水横陈,连岗三面,做出争雄势。六朝何事,只成门户私计。　　因笑王谢诸人,登高怀远,也学英雄涕。凭却长江,管不到、河洛腥膻无际。正好长驱,不须反顾,寻取中流誓。小儿破贼,势成宁问强对。

毛泽东相当熟悉陈亮的故事。《陈同甫集》是他爱读的一部文集。早在1914年,他在湖南第一师范学校读书时,就爱好陈亮的文论。以后他对陈亮的一些名句还化用自如。诸如《与朱元晦秘书书》:"同床各做梦,周公且不能学得,何必一一说到孔明哉。"即用于《红四军司令部布告》"蒋桂冯阎,同床异梦,冲突已起,军阀倒运";《酌古论·先主》"以攻为守,以守为攻,此兵之变也",则见之为中共中央军委起草的《推迟攻击郑州加紧完成淮海战役准备》"为保卫徐州及徐浦段,采取以攻为守战术,佯攻方面有鲁西"。至于毛泽东经常用的"大势所趋",其原典出处则见陈亮《上孝宗皇帝第三书》:"天下大势之所趋,非人力之反能移也。"

🔵 陈亮《上孝宗皇帝第一书》

南宋淳熙五年(1178),太学生陈亮诣阙三次上书,其中《上孝宗皇帝第一书》分量特重,并被全文录进《宋史》。后两书是第一书的阐明和补说。在第一书里,陈亮说了四点:(一)中国向何处去。指出"皇天无亲,惟法是辅;民心无常,惟惠是怀"。天命和民心都可变的。(二)反对议和。议和最不可取的,只能造成上下苟安氛围,举国斗志、全军士气将在此氛围中逐次消磨殆尽,国家再也无人力,军队也无战斗力了。(三)王朝如何变革,推出一个新天地。(四)钱塘不足以据,应依凭荆襄之地恢复大计。但三次上书,毫无结果。

辛弃疾

铁板铜琶继东坡
高唱大江东去

辛弃疾(1140—1207)　南宋官员、词人。历城(今山东济南)人,字幼安,号稼轩。早年参加山东忠义军,后南归。官至龙图阁侍制、兵部侍郎。一生以恢复中原为志,以功业自许。作词多慷慨悲壮。与苏轼同为豪放派代表,时称"苏辛"。有《稼轩长短句》。1959 年秋,济南筹建辛弃疾祠,有郭沫若题联:"铁板铜琶,继东坡高唱大江东去;美芹悲黍,冀南宋莫随鸿雁南飞。"臧克家题联:"力挽河山,浩气明,空余英雄心一颗;名垂宇宙,夕光斗牛,剩有悲壮词千篇。"

毛泽东对辛弃疾和他的词从小接触始,就十分喜爱。少年毛泽东读过辛词多篇。

1906 年,毛泽东在井湾里私塾时,就喜欢上辛词。这时所喜爱的有《破阵子·为陈同父赋壮词以寄》:

醉里挑灯看剑,梦回吹角连营。八百里分麾下炙,五十弦翻塞外声,沙场秋点兵。　马作的卢飞快,弓如霹雳弦惊。了却君王天下事,赢得生前身后名,可怜白发生。

后来在东山高等学堂有天他与教师谭咏春谈词,在说及辛词时,他说:辛弃疾的,你看他那"稻花香里说丰年,听取蛙声一片"多有意境。(《党史文汇》2004年第12期第21页)

1950年2月,在离开莫斯科前夕,毛泽东读了刘少奇关于新解放区土地改革和征集粮食的一份草案电函,很有感触,顿时咏念了辛词《水调歌头·盟鸥》和《沁园春·将止酒,戒酒杯使勿近》。他对翻译师哲说:辛弃疾可算一代诗翁、大家风范,可惜抱恨终生。(《历史的真情——毛泽东两访莫斯科》,第262页)

《水调歌头·盟鸥》:

带湖吾甚爱,千丈翠奁开。先生杖屦无事。一日走千回。凡我同盟鸥鹭,今日既盟之后,来往莫相猜。白鹤在何处?尝试与偕来。

破青萍,排翠藻,立苍苔。窥鱼笑汝痴计,不解举吾杯。废沼荒丘畴昔,明月清风此夜,人世几欢哀。东岸绿阴少,杨柳更须栽。

《沁园春·将止酒,戒酒杯使勿近》:

杯汝来前,老子今朝。点检形骸;甚长年抱渴,咽如焦釜;于今喜睡,气似奔雷。汝说刘伶,古今达者,醉后何妨死便埋?浑如此,叹汝于知己,真少恩哉!

更凭歌舞为媒,算合作、人间鸩毒猜。况怨无大小,生于所爱;物无美恶,过则为灾。与汝成言:勿留亟退,吾力犹能肆汝杯。杯再拜。道:"麾之即去,招亦须来"。

毛泽东对辛弃疾的事迹颇为注意,他曾圈点过元末诗人张以宁称颂辛弃疾的七律《过辛稼轩神道》。后来,他又在江西庐山索阅《铅山县志》。铅山是辛弃疾晚年侨居之地,至今该县南阳原山中尚有辛弃疾的墓。1952年10月,毛泽东视察山东济南,与许世友等数点古代山东英杰,其中一个就是辛弃疾,称赞他们为山东增光添彩,也为中国历史作出贡献。(《毛泽东指点江山》,第1146页)

古今词家都认为辛弃疾词是豪放派正宗,毛泽东也称誉辛词"慷慨纵横,有不可一世之概"。新中国成立后,毛泽东圈点和抄录的辛弃疾词竟有九十八首之多,占全部辛词的六分之一。是他于宋词诸家中圈点和抄录最多的。1959年,中华书局曾影印《稼轩长短句》共四册。在每册的封面,都有他用红铅笔画着读过的圈记。而从书中有黑、红两色铅笔画着圈、点、曲线,从圈圈的笔迹深浅轨迹,或可窥出这些书毛泽东已读过多遍。《破阵子·为陈同父赋壮语以寄》《太常引·建康中秋夜为吕叔潜赋》等词他还加以手书。

　　毛泽东还能一字不漏、一字不错地背诵很多辛词。1955年12月31日,毛泽东南下,当飞机临近武汉,看到蜿蜒曲折如一条银带似的长江时,当即朗诵了辛弃疾的《南乡子·登京口北固亭有怀》全篇:

　　　何处望神州?满眼风光北固楼。千古兴亡多少事,悠悠,不尽长江滚滚流。　　年少万兜鍪,坐断东南战未休。天下英雄谁敌手,曹刘,生子当如孙仲谋。(《毛泽东传》(上),第96页)

　　1957年3月,毛泽东在南京到杭州的飞机上背诵和讲解《南乡子·登京口北固亭有怀》;同年11月,在访苏期间,又在警卫张仙朋日记本上,默写了《摸鱼儿·淳熙己亥自湖北漕移湖南同官王正之置酒小山亭为赋》:

　　　更能消几番风雨?匆匆春又归去。惜春长怕花开早,何况落红无数。春且住,见说道、天涯芳草无归路。怨春不语。算只有殷勤,画檐蛛网,尽日惹飞絮。　　长门事,准拟佳期又误。蛾眉曾有人妒。千金纵买相如赋,脉脉此情谁诉?君莫舞,君不见、玉环飞燕皆尘土。闲愁最苦。休去倚危栏,斜阳正在,烟柳断肠处。

　　毛泽东善于从多元视角对辛词进行解释。1964年8月24日,他与周培源、于光远谈坂田文章,当讲到地动说时,毛泽东说:"事物在运动中。地球绕太阳转,自转成日,公转成年。哥白尼的时代,在欧洲只有几个人相信哥白尼的学说,例如伽利略、开普勒,在中国一个人也没有。不过宋朝辛弃疾写的一首词里说,当月亮从我们这里落下去的时候,它照亮着别的地方。"(《毛泽东文集》第八卷,第391—392页)随后,他就叫身边的工作人员找出这篇诗词。工作人员经过查阅,才知道毛泽东说的是《木兰花慢·中秋饮酒将旦,客谓前人诗词有赋待月无

送月者,因用〈天问〉体赋》:

> 可怜今夕月,向何处、去悠悠?是别有人间,那边才见,光影东头?是天外,空汗漫,但长风浩浩送中秋?飞镜无根谁系,姮娥不嫁谁留? 谓经海底问无由,恍惚使人愁。怕万里长鲸,纵横触破,玉殿琼楼。虾蟆故堪浴水,问云何玉兔解沉浮?若道都齐无恙,云何渐渐如钩?

毛泽东喜欢宋词,尤喜辛词。晚年,他更喜读辛弃疾晚年写的词,抒发自己的多种忧怨意识和情结。1975 年 2 月 6 日到 4 月 13 日于杭州期间,常对身边随员吟诵辛词《破阵子·为陈同父赋壮词以寄》并加解释。5 月 3 日,在北京的一次政治局会上,在快结束时,说了孙权,念了辛弃疾《南乡子》中的两句:天下英雄谁敌手,曹、刘,当今惜无孙仲谋。他指着叶剑英说:他看不起吴法宪。刘是刘震,曹是曹里怀,就是说吴法宪不行。又让叶剑英背诵《南乡子·登京口北固亭有怀》,毛泽东很高兴,对大家说:此人有文化。他指的是叶剑英,并且又重复了一遍刚才念过的这首词中的两句以及吴法宪不行,曹、刘为谁的话。(《毛泽东人际交往实录》,第 351—352 页)这些词都是辛弃疾晚年回忆少年英发、驰骋沙场时所作。

🔵 辛弃疾提出《美芹十论》和《九议》

　　辛弃疾南归后,任江阴金判,他积极主张收复中原。宋隆兴三年(1165),向宋孝宗奏进《美芹十论》,内容是:审势第一,察情第二,观衅第三,自治第四,守淮第五,屯田第六,致勇第七,防微第八,久任第九,详战第十。这是他的对金主战的军事理论。乾道六年(1170),又作《九议》,献给丞相虞允文,立论以备战为急务,反极言战之不可轻发,《九议》内容是:恢复之道、主气、论战之道、知彼己之长短,兵谋,论谋而后战,富国强兵,建都和论私战不解则公战废等,这些备战议论,更说明他是一位颇有军事经验的理论家。

陆游

亘古男儿一放翁

陆游(1125—1210)　南宋大诗人。越州山阴(今浙江绍兴)人,字务观,号放翁。先后任福州宁德县主簿、镇江府通判。1172年入四川宣抚使幕府。后为宝谟阁待制。所作诗歌多以收复中原、诋斥和议为主题。有《剑南诗稿》、《渭南文集》。

陆游是南宋的大诗人,一生写诗,今存还有九千多首。毛泽东相当熟悉陆游的诗。早在东山高等学堂时他就喜欢陆游的诗了,在散步时还经常背诵陆游名篇《卜算子·咏梅》。(《历史的情怀·毛泽东生活记事》,第34页)1958年成都会议期间,毛泽东选编《唐宋人写的有关四川的一些诗和词》,其中就选了陆游的《剑门道中遇微雨》、《归次汉中境上》、《楼上醉书》、《成都书事》、《出塞四首借用秦少游韵》(第一首)、《秋晚登城北门》等六首。陆游是爱国诗人,他的七绝《示儿》是千古名篇:

死去原知万事空,但悲不见九州同。
王师北定中原日,家祭无忘告乃翁。

毛泽东很喜欢这首诗。1954年曾与保健医生说:陆游讲"死去原知万事空",这个是唯物的。1958 年 12 月,他在广州见文物出版社《毛主席诗词十九首》的天头甚宽,就在上面作了较长批语,并仿陆游此诗另作一首:

> 人类今娴上太空,但悲不见五洲同。
>
> 愚公尽扫饕蚊日,公祭无忘告马翁。

(《毛泽东诗词集》,第 243 页)

饕蚊,比喻贪婪的剥削者;马翁,指马克思。

毛泽东还喜欢陆游的词。他曾圈点了二十首,还曾把《夜游宫·记梦寄师伯浑》手书与邵华。当时,邵华背诵《夜游宫》,背到"睡觉寒灯里"时,毛泽东指出:"睡觉寒灯里"的这个"觉",这里不能读 jiào(教),应该读 jué(决)。又说:读放翁诗词,如遇知己。接着,他将《夜游宫》词手书给邵华:

> 雪晓清笳乱起,梦游处、不知何地。铁骑无声望似水。想关河,雁门西,青海际。　　睡觉寒灯里,漏声断,月斜窗纸。自许封侯在万里。有谁知,鬓虽残,心未死。

书完又说:放翁的词,杨用修说他"纤丽处似淮海,雄快处似东坡",我看说得不错。陆游有词《卜算子·咏梅》:

> 驿外断桥边,寂寞开无主。已是黄昏独自愁,更著风和雨。
>
> 无意苦争春,一任群芳妒。零落成泥碾作尘,只有香如故。

1961 年 11 月,毛泽东读此词,萌发了"反其意而用之"的创作构思,遂在广州写下初稿。12 月回到北京,修改了个别字句。1963 年正式发表,全词如下:

> 风雨送春归,飞雪迎春到,已是悬崖百丈冰,犹有花枝俏。
>
> 俏也不争春,只把春来报。待到山花烂漫时,她在丛中笑。

(《毛泽东诗词集》,第 129 页)

对陆游原词毛泽东作有批语:作者北伐主张失败,皇帝不信任他,卖国分子打击他,自己陷于孤立,感到苍凉寂寞,因作此词。另有一种说法,在内部传抄时,词前曾有几句话:陆游北伐主张失败,投降派打击他,他消极颓废,无可奈何,因而作此词。

毛泽东对陆游的《钗头凤》一词也颇有兴味:

　　红酥手,黄滕酒,满城春色宫墙柳。东风恶,欢情薄,一怀愁绪,几年离索,错! 错! 错!　　春如旧,人空瘦,泪痕红浥鲛绡透。桃花落,闲池阁。山盟虽在,锦书难托。莫! 莫! 莫!

据宋周密《齐东野语》称,陆游初娶唐琬,伉俪相得,后为陆母强迫离异,各另组家庭。若干年后,陆在绍兴城南沈园恰遇唐琬,唐遣人送酒肴致意,陆伤感莫似,于是作有此词。

有一年毛泽东和保健医生徐涛谈起这首词。他说:陆游与唐琬离异后,又相遇于沈园,那是他们情意缠绵之地,陆游的那首《钗头凤》,就题在沈园的墙壁之上。毛泽东手书此词后又问:你知道唐琬回赠的那首词吗? 当他得知徐涛没读过,熟练地脱口背诵出来:

　　世情薄,人情恶,雨送黄昏花易落。晓风干,泪痕残,欲笺心事,独语斜阑。难! 难! 难!　　人成各,今非昨,病魂常似秋千索。角声寒,夜阑珊。怕人寻问,咽泪装欢,瞒! 瞒! 瞒!

随即毛泽东又说:这首词回赠没有多久,唐琬就因积愁而死去。当初是陆游的母亲与唐琬不和。陆游这一对夫妻没有得到真正的幸福,这是封建社会的悲剧。

1964 年,他在天津又与女服务员介绍《钗头凤》说:这是陆游写的一首词《钗头凤·红酥手》。他是南宋一位了不起的大诗人,年轻时就立志"上马击狂胡,下马草军书"。他的表妹叫唐琬,也是位有才华重感情的妇女。他们的爱情悲剧在《齐东野语》里有记载。

⊚ 陆游《钗头凤》叙夫妇离别质疑

记陆游《钗头凤》故事者最早为诗人刘克庄。刘克庄据陆游学生曾黯所说有记："放翁少时，二亲教督甚严。初婚某氏，伉俪相得。二亲恐其惰于学也，数谴妇。放翁不敢逆尊者意，与妇诀，某氏改事某官，与陆氏有中外。一日，通家于沈园，坐间，目成而已。"(《后村诗话》)刘克庄所记，早于周密的《齐东野语》。

还有早于周密的陈鹄《耆旧续闻》亦叙述此事，也未提及陆游初婚者姓氏和中表关系。

按，《钗头凤》，见陆游晚年手订《放翁词》，词作时间上限为作者佐郡京口时，时年四十。与作者自述题壁时的二十八岁，差距甚大。从《放翁词》大致按编年体例判断，此中《钗头凤》当是"匹马戍梁州"时作，作者常驻的兴元府(陕西汉中)，附近凤州(陕西凤县)，即有称"凤州三出，手、柳、酒"之谚。所谓是"陕西凤州，使女手皆纤白；州境内所生柳，翠色尤可爱，与他处不同；又公库多美酿"(《宋稗类抄》)，是与《钗头凤》开头三句和全词出典。所以《钗头凤》并非是说沈园唐琬，而如清吴骞称"玩诗词中语意，陆或别有所属，未必曾为伉俪者。"(《拜经楼诗话》)

文天祥

元归凛凛浑生气
南北人夸姓氏香

　　文天祥(1236—1283)　南宋大臣。吉州庐陵(今江西吉安)人,字宋瑞,号文山。宝祐进士。状元及第。1275年元军东下,他在知赣州任上率军勤王,入卫临安(今浙江杭州)。以右丞相兼枢密使,出使元营,被拘留,逃脱后,继续在江西、广东等地抗元,被俘不屈,书写《过零丁洋》以明志。送大都(今北京)囚禁三年,不屈,编《指南录》,作《正气歌》,从容就义。有《文山先生全集》。明弘治进士边贡题有北京府学胡同(即元柴市杀害文天祥处)文天祥祠联:"花外子规燕市月,柳边精卫浙江潮。"

　　宋末文天祥堪称是一代人杰。20世纪20年代初,毛泽东在长沙明德中学教书,他与本家亲戚、学生文强谈文天祥。他说:我也会背《正气歌》。文天祥的《正气歌》背不出来我就不配当文家外甥。当时毛泽东就能流畅地背诵《正气歌》。

　　也就在此时候,毛泽东知道文天祥著作盈尺,有《指南录》、《路歌》,更有一首在临刑前夕用血写在衣衫里的诗:

　　孔曰成仁,孟曰取义。

> 唯其义尽,所以仁至。
>
> 读圣贤书,所学何事。
>
> 而今而后,庶其无愧。

毛泽东赞赏文天祥。

1930 年 10 月,红军占领江西吉安,毛泽东进城后数点吉安古今风流人物说:自古以来,卢陵吉水是人杰地灵之地。又说:民族英雄文天祥,就是吉安富田人。1939 年 4 月 8 日,毛泽东在延安抗大工作总结大会作演讲时,就革命者要有气节事说道,一种人被捉了,要杀就杀,这种英勇的人中国历史上很多,有文天祥、项羽、岳飞,决不投降,他们就有这种骨气。同月 29 日,他在延安活动分子会议上作报告指出:"文天祥、岳武穆就是为国家尽忠,为民族行孝的圣人。"(《毛泽东著作专题摘编》,第 2288 页)1964 年 2 月 13 日,毛泽东在春节座谈会上说:历史上的状元,出色的状元没有几个。唐朝的李白、杜甫两大诗人都不是状元,出色的状元只有文天祥。

文天祥有学问,更有气节,读书人必须有民族正气。毛泽东非常讲究读书人的民族正气。他年轻时就喜欢文天祥在元大都囚牢中所写的《正气歌》,背诵如流。新中国成立后并且手书了其中的一节:

> 天地有正气,杂然赋流形。下则为河岳,上则为日星。于人曰浩然,沛乎塞苍冥。皇路当清夷,含和吐明庭。时穷节乃见,一一垂丹青。在齐太史简,在晋董狐笔,在秦张良椎,在汉苏武节。

文天祥那首著名的七律《过零丁洋》,毛泽东也多次诵读,还在一本《西江诗话》中圈点了这首诗,并加以手书:

> 辛苦艰难(遭逢)起一经,干戈寥落四周星。
>
> 山河破碎风飘絮,身世浮沉雨打萍。
>
> 惶恐滩头说惶恐,零丁洋里叹零丁。
>
> 人生自古谁无死,留取丹心照汗青。

1964年,毛泽东让王海容读这首诗。然后,毛泽东问道:假如敌人把你捉去了,你怎么办? 王答:人生自古谁无死,留取丹心照汗青。毛泽东说:对了。同年,毛泽东得悉有位曾为他做过汽车司机的朱德奎患肝病住院,几次询问病情起色,当得知朱有悲观情绪时,就用他那神来之笔法,手书"人生自古谁无死,留取丹心照汗青",托人送去,并嘱咐说:死都不怕,还有什么可怕的,更不怕养不好病了。

🔵 文天祥的兄弟和儿子

文天祥英勇就义,留得正气在,但他的兄弟文璧(号溪山)及其子文陞(文璧子,过继于文天祥)很不争气。当元军直下广东时,文璧正做着惠州知府,就不战迎降了。当时文天祥还没有殉难,但对兄弟失节却予以谅鉴和姑息,而民众不以为然,有诗揶揄:"江南见说好溪山,兄也难时弟也难;可惜梅花各心事,南枝向暖北枝寒。"元仁宗皇庆二年(1313),文陞任集贤殿学士奉使南至江西赣州,中途病死,好事者也作联揶揄:地下修文同父子;人间读史各君臣。"修文",即传说文人死后,在地下任"修文郎"。

527

成吉思汗

一代天骄
只识弯弓射大雕

　　成吉思汗(1162—1227)　　即元太祖。名铁木真。古代蒙古首领、军事家和政治家。出生于鄂嫩河(今内蒙古呼伦贝尔盟西北)。1206 年统一蒙古各部落,被推戴为大汗,尊号为成吉思汗,建立蒙古汗国,并开始使用蒙古文字。1207 至 1218 年灭亡畏兀儿和西辽,进攻西夏和金王国。1219 到 1225 年,率蒙古军多次西征,征服花剌子模,侵入忻都(印度)、阿哲尔巴占、谷儿只、钦察等地,在喀斯喀河(顿河)击败斡罗思(俄罗斯)联军,势力扩充到中亚和南俄(伏尔加河以西、莫斯科、基辅等地区)地区。建立了一个以和林(蒙古乌兰巴托西南)为中心的、横跨欧亚大陆的世界版图的大汗国。1226 年,再攻西夏。翌年病死于六盘山。元朝建立后,追尊为元太祖。

　　成吉思汗,是蒙古族伟大的英雄,毛泽东在著名的《沁园春·雪》里称赞他是"一代天骄"。毛泽东肯定成吉思汗的历史功绩。早在 1940 年 7 月,毛泽东和朱德等人发起公祭成吉思汗,祭典在延安成吉思汗纪念堂举行。祭典同时也是成吉思汗纪念堂和蒙古文化陈列室的落成典礼。毛泽东手书了"成吉思汗纪念堂"。

　　1945 年在重庆谈判期间,毛泽东在与于右任婿屈武谈话时,就用词歌颂成吉思汗,发表了己见:特别是近期发表的《越调天净沙·谒成陵》《天净沙·酒泉》等篇,笔力雄浑、气势磅礴。接着毛泽东就朗声背诵:"兴隆山畔高歌,曾瞻无敌钱,遗诏焚香读过,大王问我:几时收复山河"(《越调天净沙·谒成陵》);"酒泉酒美泉美,雪山雪白山苍,多少名王名将,几番回想,白头醉卧沙场"(《天净沙·酒泉》),朗诵后又说:多么脍炙人口的好诗呀!我看,此二曲可与马致远的《天净沙·秋思》相媲美,且气势更甚。(《屈武回忆录》,第 323 页)

　　1964 年 3 月 24 日,毛泽东在一次谈话里指出:可不要看不起老粗。知识分子是比较最没有知识的。历史上当皇帝,有许多是知识分子,是没有出息的。在举了隋炀帝、陈后主(陈叔宝)、李后主(李煜)和宋徽宗(赵佶)等四个没出息、花天酒地的亡国之君后,又说:一些老粗能办大事情,成吉思汗、刘邦、朱元璋。(《毛泽东评点二十四史精华评析》,档案出版社 1999 年版第 130 页)毛泽东把成吉思汗和刘邦、朱元璋等杰出的皇帝相提并论,可见他对成吉思汗的重视与肯定。

　　但成吉思汗也有考虑不周处。1956 年 10 月 3 日下午,毛泽东和曹聚仁谈古今治乱兴亡之迹时,说到成吉思汗的大业,就因为第二代的继承问题安排得不好,便如沙滩上的宝塔一下子坍掉了。(《曹聚仁传》,第 316 页)

　　20 世纪 50 年代以来,由于中国的日益强大,西方世界有人制造所谓"黄祸"攻击中国、蛊毒人心。所谓"黄祸",也就是成吉思汗的几次西征欧洲。毛泽东对此严加驳斥。1956 年 9 月 24 日,在与南斯拉夫客人谈话时说道:"到现在还有人怀疑我们社会主义建不成功,说我们是假共产党,那又有什么办法呢?这些人吃完饭,睡完觉,就在那里宣传,说什么中国党不是真正的共产党,中国建不成社会主义,要建成那才怪呢!看吧,中国也许要变成一个帝国主义,除了美、英、法帝国主义以外,又出现了第四个帝国主义——中国!现在中国没有工业、没有资本,可是过一百年以后,那才厉害呢!成吉思汗复活,欧洲又要吃亏,也许要打到南斯拉夫去!要防范'黄祸'呀!"(《毛泽东文集》第七卷,第 123 页)毛泽东认为,所谓"黄祸",是西方帝国主义捏造出来的。

关汉卿

写宇宙文章
还古今将相

　　关汉卿　元朝戏剧家。大都蒲阳(今河北安国)人。曾任金太医院尹。元时在大都组织玉京书会。有杂剧创作六十余种。今存有《窦娥冤》、《救风尘》、《望江亭》、《拜月亭》、《单刀会》等十三种,另有散曲、小令多首。与马致远、郑光祖、白朴合称"元曲四大家"。

　　元杂剧家英才辈出,而其中得以名列魁首、能持牛耳者,当推关汉卿。毛泽东早年读过不少元人杂剧,其中当然有关汉卿的作品。1938年12月,毛泽东在延安与即将赴晋察冀出任二分区司令员的郭天民谈话。在谈话结束时,毛泽东问:天民同志,听说你有一个相好,很漂亮,她叫啥名字?回答:她叫窦克。又问:哪个"窦"字?郭天民回答:就是《窦娥冤》的"窦"字。毛泽东说:哦,《六月雪》啊!那是一出好戏,大戏剧家关汉卿的杰作。那出戏是冤情呢!你可不能演"窦克冤"。(《将星红安》,第77页)

　　关汉卿杂剧有很多生动、精致的词语,毛泽东也常有引用,如1945年《愚公移山》有"必须使全国广大人民群众觉悟,甘心情愿和我们一起奋斗,去争取胜利。"(《毛泽东选集》第三卷,第1101页)其中"甘心情愿"即出自《蝴蝶梦》第三折:"他便死去,我甘心情愿。"1938年《论持久战》有"实际上,日本帝国完全打倒之日,必是这个天罗地网大体布成之时"。此"天罗地网"出自《单刀会》第三折："安排下打凤捞龙,准备着天罗地网,也不是个待客筵席,则是个杀人的战场。"1949年《丢掉幻想,准备斗争》有"总之是一群青面獠牙,十恶不赦的人。"(《毛泽东选集》第四卷,第1485页)此出自《魔合罗》:"右厢壁一个青面獠牙、朱红头发、手拿着狼牙棒。"可见,毛泽东相当熟悉关汉卿的作品。

毛泽东对关汉卿有很高的评价。1951年6月,毛泽东审阅、修改的《人民日报》社论《正确地使用祖国的语言,为语言的纯洁和健康而斗争》指出:"我国历史上的文化和思想界的领导人物一贯地重视语言的选择和使用,并且产生过许多善于使用语言的巨匠","他们的著作是保存我国历代语言(严格地说,是汉语)的宝库,特别是白话小说,现在仍旧在人民群众中保持有深刻的影响。"(《毛泽东新闻工作文选》,第405—406页)此中所列的十六人,有一个就是关汉卿。1958年8月,毛泽东在审阅陆定一《教育必须与生产劳动相结合》一文时,加写了一段话,指出"中国教育史有人民性的一面",并举了孔子、孟子、屈原和孙中山等十五人为例,其中有一个就是关汉卿的"民主文学"。"诸人情况不同,许多人并无教育专著,然而上举那些,不能不影响对人民的教育,谈中国教育史,应该提到他们。"(《毛泽东论文艺》(增订本),人民文学出版社1992年版第116页)关汉卿出身贫贱,而多才多艺。《析津志》称他是"生而倜傥,博学能文,滑稽多智,蕴藉风流,为一时之冠"。毛泽东非常器重他的才学,1964年在春节教育工作座谈会上,臧否古代作家诗人,就肯定过关汉卿的才学。

🌑 《窦娥冤》

《窦娥冤》(《感天动地窦娥冤》),又名《六月雪》,是关汉卿代表作,全剧四折。主角窦娥身世悲凉,七岁做童养媳,十七岁做寡妇,婆婆坐地招夫,招来的张老儿儿子恶棍张驴儿胁逼她成婚。窦娥反抗,张驴儿放毒欲药死婆婆,不料却让张父误服身亡。张驴儿乘机再威胁窦娥,仍遭拒绝。张驴儿告官,楚州太守桃杌屈打窦娥,并把她问成死罪。这也使窦娥认清了官府的贪暴。在法场上,她发出三桩誓愿:一要刀过头落,一腔热血都溅在白练上,半点儿也不要沾在地下;二要六月下大雪,遮盖了她的尸体;三要从今以后,使这楚州大旱三年。这三事都实现了。后来窦娥向做了官的父亲托梦,终于使冤情得以昭雪,张驴儿被处死,桃杌被杖打革职。

管道昇

我身上有你
你身上有我

管道昇（1262—1319）　元女诗人、书画家。字仲姬、瑶姬。吴兴（浙江湖州）人。书法家赵孟頫妻，封魏国夫人。世称管夫人，画工佛像山水，梅兰竹菊，亦善书牍行楷。

毛泽东爱读诗词，兼及散曲。

1937 年，他在延安读了光华书局顾名编的《曲选》，对其中元人管道昇写与丈夫赵孟頫的散曲《锁南枝》大有兴趣。管夫人与赵孟頫少年夫妻结发多年，而此时赵因官大名显，别有所爱，她由是写下才情并茂的散曲《锁南枝》：

你侬我侬，忒煞情多；
情多处，热如火。
把一块泥，
捻一个你，塑一个我。
将咱两个，一齐打破。
同水调和！
再捻一个你，再塑一个我。

我泥中有你；

你泥中有我。

与你生同一个衾，

死同一个椁。

毛泽东读后曾加以圈点，还在"情多处"后加了一个逗号，并在最后两句旁各画了三个圈。

《锁南枝》是曲牌名。通常用作小令，或作过曲。本首散曲见于《南宫词记》。

1941年3月后，毛泽东读西洛可夫等著，李达、雷仲坚译的《辩证唯物论教程》，在读到文中"否定同时是肯定，'死灭'同时也是'保存'"诸语时，他立即想起了"哥哥身上有妹妹，妹妹身上也有哥哥"的佚名《锁南枝·捏泥人》：

傻俊角，我的哥！

和块黄泥儿捏咱两个。

捏一个你，捏一个我。

捏的来一似活托，

捏的来同在床上歇卧。

将泥人儿摔破，

着水儿重和过。

再捏一个你，再捏一个我。

哥哥身上也有妹妹，

妹妹身上也有哥哥。

毛泽东认为这首曲子直观地说明："一刀两断……不是辩证法"，"辩证法的否定观，既是扬弃，又是肯定、保存和融合。"（《毛泽东批阅古典诗词曲赋全编》，第1477页）

管道昇《锁南枝》还有一个版本，那就是《我侬词》：

我侬两个，忒情多！

譬如将一块泥儿，

捏一个你，塑一个我。

忽然欢喜啊，

将它来都打破。

重新下水，再团，再炼，再调和，

再捏一个你，再捏一个我。

那其间啊那其间，

我身子里有了你，

你身子里也有了我。

1957 年 9 月 19 日，毛泽东会见来华的印度副总统拉达克里希南，两人从和平共处五项原则谈到哲学、佛学。毛泽东就用了《南宫词记》中的管道昇表达了自己的观点。

同年 11 月，毛泽东在莫斯科苏共中央主席团举办的送别宴会上祝酒时说：我们开了两个很好的会，大家要团结起来，这是历史的需要，是各国人民的需要。接着又说：中国有首古诗：两个泥菩萨，一起都打破。用水一调和，再来做两个。我身上有你，你身上有我。（《缅怀毛泽东》（上），第 490—491 页）这首古诗是毛泽东以管道昇《锁南枝》为底本即兴而创作的。

萨都剌

词中见情,情理并茂
英雄气长,儿女气短

　　萨都剌(约1300—?)　元词人。雁门(今山西代县)人,字天锡。泰定进士。晚年寓居武林(今浙江杭州)。善诗词,《满江红·金陵怀古》、《念奴娇·登石头城》等为传世之作。有《雁门集》。

　　萨都剌是元朝诗词大家。他的诗词,可以说是有元一代的上乘。毛泽东读过萨都剌的《雁门集》,曾圈点过其中的《过广陵驿》、《赠弹筝者》、《秋夜闻笛》、《相逢行赠别旧友治将军》等四首诗。还圈点和抄录萨都剌的《小阑干·去年人在凤凰池》、《满江红·金陵怀古》、《百字令·登石头城》、《水龙吟·赠友》和《木兰花慢·彭城怀古》等词。可见他对萨都剌作品的关注和钟爱。

　　1949年4月25日,毛泽东在为新华社所写的评论《四分五裂的反动派为什么还要空喊"全面和平"?》中写道:"孙科的'行政院'号召战争,但是进行战争的'国防部'却既不在广州,也不在南京,人们只知道它的发言人在上海,这样李宗仁在石头城上所能看见的东西,就只剩下了'天低吴楚,眼空无物'。"(《毛泽东选集》第四卷,第1409—1410页)文中所提"天低吴楚,眼空无物",是萨都剌《百字令·登石头城》开头的几句,"石头城上,望天低吴楚,眼空无物"用在这里,形容当时所谓代总统李宗仁的南京政府所面临的形影孑立、萧条败落格局,是十分贴切的。

1957年3月19日,毛泽东自江苏徐州登机赴南京。途中,他突然饶有兴致地问英语教师林克读没读过萨都剌的《徐州怀古》,林克回答"没读过",毛泽东拿来铅笔,在林克正在看的一本书扉页上写了一首词:

> 古徐州形胜,消磨尽,几英雄。想铁甲重瞳,乌骓汗血,玉帐连空。楚歌八千兵散,料梦魂,应不到江东。空有黄河如带,乱山起伏如龙。　　汉家陵阙动秋风,禾黍满关中。更戏马荒台,画眉人远,燕子楼空。人生百年如寄,且开怀,一饮尽千钟。回首荒城斜日,倚栏目送飞鸿。

搁下笔,毛泽东在机舱客厅里与林克讲起这首词。他说:萨都剌是蒙古人,出生在现在的山西雁门一带。他的词写得不错,有英雄豪迈、博大苍凉之气。这首词的词牌叫《木兰花慢》,原题是《彭城怀古》。彭城就是古徐州,就是那个八百岁的彭祖的家乡。徐州地区的沛县是刘邦的家乡。毛泽东又解说这首词的意思:"铁甲重瞳"指的是西楚霸王项羽,司马迁《史记》中提及项羽其貌不凡,铁马重瞳。他的坐骑叫乌骓马。起初兵多势大,可惜有勇无谋,不讲政策,丧失人心,最后"玉帐连空",兵败垓下,自刎乌江。说到这里,毛泽东又在林克书本下角写下"项羽重瞳,犹有乌江之败;湘东一目,宁为赤县所归",并解释说:湘东一目,指的是梁武帝年间的湘东王萧绎,他幼年瞎了一只眼,后来好学成才,平定侯景之乱,即位江陵。毛泽东接着又谈词的下半阕:戏马台,原是项羽阅兵的地方,刘裕北伐时也曾在此大会将校宾客,横槊赋诗,气势如澜。"画眉人"用的是西汉张敞的故事,此人直言敢谏。"燕子楼"为唐朝驻徐州节度使张愔所建。张愔接父职驻节徐州,结识彭城名姬关盼盼,收娶为妾。她歌舞双绝,尤工诗文。张死后归葬洛阳,盼盼恋张旧情,独守空楼十余年。小楼多燕子,故名"燕子楼"。诗人白居易过徐州,因此故事写了一首七绝:"满窗明月满帘霜,被冷灯残拂卧床。燕子楼中寒月夜,秋来只为一人长。"最后,毛泽东说:萨都剌写了这些有关徐州的典故,思故伤今,感慨人生,大有英雄一去不复返、此地空余乱山川的情调。初一略看,好似低沉颓唐,实际上他的感情很激昂深沉。(《情满西湖》,第236—237页)

朱元璋

人君之过莫大于杀无辜
人君之艰莫大于辨邪正

朱元璋(1328—1398) 即明太祖。明朝开国皇帝。公元1368—1398年在位。濠州钟离(今安徽凤阳)人。1352年(元至正十二年)参加郭子兴红巾军。1368年称帝,国号明,年号洪武。北伐,攻克大都(今北京),灭元。1381年,占云南,统一全国。在位时奖励农桑,均平赋役,兴修水利,又抑制豪强贪吏,社会经济有所发展。晚年分封诸子,立长孙允炆为继位人。

朱元璋是明朝开国皇帝,他后来被追谥为太祖,所以通称明太祖。

朱元璋是推翻元朝的英雄

毛泽东最初知道的朱元璋故事,可能还是从少年时所读《大明英烈传》等书本中寻知的,它虽是民间流行的稗史演义,与正史多有出入,但却把朱元璋云龙风虎的事迹作了形象的刻画,给早年的毛泽东留下了深刻印象:朱元璋是推翻元朝的英雄。20世纪20年代初,毛泽东在广州农民运动讲习所开授《农民问题》,当讲及元末农民起义时说:元末,朱元璋是一和尚,平时睡着了常作"天子"字形,郭子兴见而奇之,收为部下,后代子兴而起。初犹能代表农民利益,以后遂为代表地主的利益,故能贵为天子。这是毛泽东对朱元璋一生的定位,以后他评价朱元璋的功过亦是从这一定位出发。如 1939 年,由毛泽东修改定稿的《中国革命和中国共产党》第一章《中国社会》中将前期的朱元璋界定为农民起义领袖,与秦朝陈胜、吴广,唐朝黄巢,明朝李自成等所领导的起义一样,"都是农民的反抗运动,都是农民的革命战争"。(《毛泽东选集》第二卷,第 625 页)

　　毛泽东的历史知识很丰富。1945 年 6 月 17 日,他在延安召开的中国革命死难烈士追悼会上演说,当谈到"红军"史时就说:"中国历史上没有红军,要说有就是明朝朱洪武起过一次'红军',他们打的旗子是红旗。有的人以为'红军'这个名称一定是外国来的,我说不一定,你就只知道外国的事情,中国祖宗的事情就不知道。"(《毛泽东文集》第三卷,第 434 页)中国南宋、金和元时的南北方农民武装,多以头扎红巾为标志,而泛称为"红巾军",但专称"红军"的,乃是元末农民利用白莲教(弥勒教)组合的武装。它起事于元至正十一年(1351),主力红军刘福通部所拥立的韩林儿(小明王)为各支红军奉行的最高领袖;郭子兴部,后朱元璋为统帅青出于蓝而胜于蓝。后起之秀朱元璋在称吴王前,是有相当长的一段时间打着"红军"旗号作战的。史称他作战勇敢,奋不顾身,身先士卒,而又多谋善断,谋必有中。毛泽东对朱元璋马背上创业、打天下,非常欣赏。后来在读冯梦龙《智囊·孙膑》篇谈及"驷马之法"时,特地点明:"自古能军无出李世民之右者,其次则朱元璋耳。"(《毛泽东读文史古籍批语集》,第 66 页)

对吴晗《朱元璋》提出了许多想法

　　毛泽东重视朱元璋,因此也很关注对朱元璋的研究。尤其是对吴晗所著的《朱元璋传》提出了许多想法,在认真地阅读了吴晗写的《朱元璋传》稿后,1948 年 11 月,毛泽东在河北平山西柏坡接待了吴晗,谈了一个晚上。毛泽东对书稿中关于元末农民大起义的西系红巾军领导人彭和尚(即彭莹玉)的一段描写提出了疑问。吴晗在 1948 年《朱元璋传》修改本里说:"虽然谁都知道西系红巾军是彭和尚搞的,彭祖师的名字会吓破元朝官吏的胆,但是起义成功以后,就烟一样消失了,回到人民中间去了。任何场所以至记载上,再找不到这个人的名字了。"吴晗称赞彭和尚"功成不居,不是为了作大官而革命,真是了不起的人物"。

毛泽东对此不以为然,说:彭和尚这样坚强有毅力的革命者,不应有逃避行为,不是他自己犯了错误,就是史料有问题。后来,他在退还《朱元璋传》原稿时,给吴晗写了一封信,内称:"此书用力甚勤,掘发甚广,给我启发不少,深为感谢。有些不成熟的意见,仅供参考,业已面告。此外尚有一点,即在方法问题上,先生似尚未完全接受历史唯物主义作为观察历史的方法论。倘若先生于这方面加力用一番功夫,将来成就不可限量。"(《毛泽东书信选集》,第310页)据毛泽东秘书田家英和曾彦修谈及,当时毛泽东认为,吴晗不应当那样书生气十足地只说朱元璋的残暴,那是朱元璋为了巩固自己的统治必须采取的措施。否则他的皇帝位就坐不稳。

1955年,吴晗又重写《朱元璋传》,先油印一百多本,征求意见,他特地送给毛泽东一本,在书页签有"送毛主席,请予指正"字样。这本油印本至今保存在毛泽东故居书房里。毛泽东在多处用铅笔画着各种符号,他在肯定吴晗新的研究成果的同时,又指出:"朱元璋是农民起义领袖,是应该肯定的,应该写得好点,不要写得那么坏(指朱元璋的晚年)。"(《握手风云——毛泽东外交实录》,第598页)这个本子在1965年出版,据称,吴晗仍是书生气十足,把朱元璋改写得更坏了。显然这与毛泽东的思路不一致。

他没有什么文化,完全靠他的聪明才智

1964年,毛泽东多次谈及朱元璋,都予以高度赞扬,如在2月教育工作座谈会上说历代皇帝:明朝皇帝搞得好的只有两个,一个是太祖;一个是成祖。明太祖朱元璋皇帝做得最好,他一字不识,是个文盲。在3月的一次会上又称赞他"搞得比较好",等等。

由于对朱元璋的兴趣和赞赏,新中国成立后毛泽东在视察当年与朱元璋有关的城市时,往往就会提及朱元璋和他的故事。1953年,毛泽东视察江苏南京。在听了陈毅介绍的有关朱元璋一些传说后,毛泽东说:这些都是些传说。朱洪武是个放牛娃出身,人倒也不蠢。他有个谋士叫朱升,很有见识,朱洪武听了朱升的话:"广积粮,高筑墙,缓称王",最后取得民心,得了天下。此说另有一种版本,那就说得更详细了。毛泽东在参观明孝陵时,对陈毅、杨尚昆和罗瑞卿说,朱元璋是安徽凤阳人,父母、兄长早亡,幼时以沿街讨饭为生。后来他给地主放牛混饭吃,不久跑到大觉寺当和尚,跟师傅习武。成年后参

加郭子兴领导的红巾军。他勇敢杀敌,郭子兴重用他。郭子兴死后,他当上了红巾军的头领。又说,他在徐达和谋士朱升等人的帮助下,率领红巾军先后打败和消灭了陈友谅、张士诚等部。他能团结群众,善用人才,经过长期的艰苦作战,打下了江山。他三十二岁时当上了明朝的开国皇帝。朱元璋刚做皇帝时,还能虚心向朱升等人请教治国的策略。朱升讲要高筑墙、广积粮、缓称王。朱元璋采纳了他的建议,又经过浴血奋战,扩大了疆土,建立了统一的国家。(《在毛主席身边工作二十年》,第55—56页)1954年5月的一天,毛泽东参观北京观象台后,在古城墙上行走时又和随行人员说起了朱元璋。他说:朱元璋是安徽凤阳人,明朝的开国皇帝。由于他出身贫穷,为了谋求生机,出家为僧。朱家生了八个孩子,只活下六个,四男二女,朱元璋排行最小,小名叫重八。这一年遇上百余年罕见的干旱和瘟灾,他的父母和兄长都被夺去了生命。当时年仅十七岁的朱元璋,埋葬了双亲,便离开濠州开始了他的游荡生涯。他为生活所迫,常到安徽、河南,往返七八次,往返搬家,接触了社会,又经游历充实了自己的历史生涯。当时河南南阳和安徽淮南,是白莲教内两大教派活动的中心,出游期间他不可能不接触白莲教。出游返乡后,又加入了郭子兴的红巾军,初为步卒,由于作战勇敢、才智过人,很快被郭子兴收为心腹。郭子兴死后,朱元璋就把这支义军牢牢地掌握在自己手中了。当时他采纳了朱升的高筑墙、广积粮、缓称王的建议,建立了自己的势力,在群雄中已无敌手,自己称了王。朱元璋缓称王的做法,既避免了成为众矢之的,又赢得了天下归心,表现了他卓越的谋略和胆识才气。朱元璋在平定江南的关键之敌陈友谅和鄱阳湖之战中,充分发挥了他高超的军事指挥才能。当时,陈友谅用兵六十余万,楼船数百艘,他采取主动出兵、企图一举消灭朱元璋的策略。朱元璋仅二十万人,又都是小船。朱元璋亲临前线,亲自督战,他临危不惧,终于取得胜利。毛泽东接着夸奖朱元璋:鄱阳湖之战,是中国战争史上以少胜多的典范。朱元璋在十三年的统一战争中,屡败了强敌,消灭割据势力,出军北上,建都南京,在执政的三十年中,表现了他光辉的一生,真不愧为一代英豪。他是个放牛娃,开创了近三百年的大明王朝,上无惯例。他没有什么文化,完全靠他的聪明才智,是他个人努力奋斗的结果。可以说他是中国历代皇帝中成功的一个典范。(《红墙内外的警卫生涯》,第152—153页)

总之,毛泽东对于朱元璋,确实有认识、有研究,他是把朱元璋放在历史大文化的巨流中作审视的,因此他在分析朱元璋的不足之处后指出:我们后人要很好地研究明朝近三百年的历史,很好地学习他成功的经验,吸取失败的教训。要研究中国悠久的历史,要好好学习历史啊!

鄱阳湖大战

元至正二十三年(1363),陈友谅乘朱元璋救援安丰(安徽寿县),率水军六十万,巨舰数百,围攻洪都(江西南昌)。朱元璋率军二十万回救,陈友谅围攻八十余日未下洪都,只得掉头迎战于鄱阳湖。朱元璋派兵封锁湖口,扼住敌归路。陈友谅战舰高大,且几十艘用铁索相连,但朱元璋乘其行动迟滞,以内装火药、芦苇的轻船,驾风直闯,纵火焚烧,陈军初战就大受损失,以后几仗又复大败,加上面临绝粮,陈友谅固执己见,士气低落,就发泄杀掉所俘的朱元璋军将士。朱元璋闻讯,却释放军中所有俘虏,受伤者还予以治疗,并传令全军今后如获故军,一律不许加害。陈军更无斗志,而朱军更加英勇。陈友谅无法再战,只得突围,在湖口遇伏中箭身亡。朱元璋后来总结取胜原因是:陈友谅内部不和,人各一心,上下猜疑,且连年用兵,不善于积蓄力量,抓住有利战机,常是东打西击,劳而无功,军心失望。而用兵要得时,时则威,威则胜。我军得了时,更重要的是得人和,将士一心,此即所以成功的道理。

彭莹玉故事

彭莹玉,又称彭和尚,他原是农家子,因早年出家为僧,即从寺僧姓。元末至元四年(1338),在袁州(江西宜春)和徒弟周子旺率众五千余人起事,所着衣衫背和正面都书"佛"字。起事失败后,逃避到淮西,继续宣传"弥勒佛下生,当为世主"。至正十一年(1351),又与徐寿辉等在蕲州起事。翌年,先后攻下湖广行省首府武昌和江州、袁州和杭州等地。不久,因元军反扑,彭莹玉在杭州战死。

朱升

九字国策定江山
成就明祖立大业

　　朱升(1299—1370)　元末儒生。安徽休宁人。吴元年(1367)授侍讲学士,洪武元年(1368)为翰林学士。年老,回乡病死。

　　朱升,《明史》有传:"朱升字允升,休宁人。元末,举乡荐为池州学正,讲授有法。蕲黄盗起,弃官隐石门,数避兵逋窜,未尝一日废学。太祖下徽州,以邓愈荐,召问时务。对曰:'高筑墙,广积粮,缓称王。'太祖善之。"(《明史》卷一三六)

　　毛泽东多次谈起朱升说的"高筑墙,广积粮,缓称王。"这九个字。

　　1969年8月,毛泽东重读《明史》。面对当时有可能爆发的核战争,他对周恩来说:恩来,你读过《明史》没有?我看朱升是个很有贡献的人。他为明太祖成就帝业立了头功。对了,他有九字国策定江山:"高筑墙,广积粮,缓称王"。我也有九个字是:"深挖洞,广积粮,不称霸。你看能不能对付核大国?"未等周恩来答话,毛泽东又说:有没有定心丸作用?(《档案时空》2006年第1期)

　　两年后,即1972年12月,中共中央在转发国务院《关于粮食问题的报告》时,传达了毛泽东关于"深挖洞,广积粮,不称霸"的指示:"毛主席最近又一次指出,当前国内外形势大好,各级领导同志要谦虚谨慎,不要因为胜利就忘乎所以。毛主席讲了《明史·朱升传》的历史故事。明朝建国以前,朱元璋召见一位叫朱升的知识分子,问他在当时形势下应当怎么办。朱升说:'高筑墙,广积粮,缓称王。'朱元璋采纳了他的意见,取得了胜利。"(《毛泽东传》下,第 1623 页)

🔵 朱元璋重用文人,但不允许部将身边有文人

朱元璋非常重视知识分子。在渡江前,就接纳定远人李善长、冯国用,渡江至太平(安徽当涂),又接纳当地儒生陶安、李习。他虚心地聆听李善长、冯国用和陶安的取金陵(江苏南京)为本的战略。此后更多文人向他归拢,"所克城池,得元朝官吏及儒士尽用之"(《国初事迹》),当浙东知名文人叶深、章溢、刘基被聘召到应天(江苏南京)时,朱元璋还特地为他们盖了一所礼贤馆。

朱元璋礼贤下士,到处搜罗有才干的文人,但却"不许将官任用","太祖于国初所克城池,令将官守之。勿容儒者在左右议论古今,止设一吏管办文书。"李文忠在金华时用儒士屠性、孙履、许元、王天锡、王祎"干预公事",朱元璋知道后,就差人提取屠性等五人到京,王祎、许元、王天锡被发充书写,屠性、孙履遭诛杀。

🔵 朱元璋定都南京

元至正十六年(1356),朱元璋攻取金陵,改称应天府。洪武元年(1368),朱元璋称帝,称应天为京师,但未定为国都,原因是(一)历史上建都应天,皆偏安一角,非正统王朝;(二)应天居东南一角,不便号令全国;(三)应天位于江左,无险可据;后徐达常遇春北征大军取汴梁(河南开封),朱元璋实地视察,认为此地位置适中,但中原逐鹿,四郊多垒,无险可恃,但因西北未定,需要为前线运输辎重和补充兵力,就以汴梁为北京,应天为南京。

洪武二年,朱元璋军取陕西。当时又议定都,除应天、汴梁,又有长安、洛阳和北平(今北京)之争。朱元璋有设想以家乡临濠为都,并在洪武七年,改临濠为中都改称凤阳,下令仿照南京规格营建中都。翌年,朱元璋巡视凤阳修建,却因担忧江淮功臣坐大地方,而下令中止。

洪武十一年,朱元璋正式下诏,以南京为京师。他为在京师建新宫,因燕雀湖位在钟山"龙头"之前,调集几十万民工填湖建宫,以至后来仍出现地基下沉,南高北低的地势。洪武二十四年(1391),朱元璋仍有迁都关中打算,命太子朱标巡视关中,旋因朱标病逝中止。此时朱元璋已临暮年,雄心已失,在《祀灶文》抒发心情,"朕经营天下数十年,事事按古就绪,惟宫城前昂后洼,形势不称,本欲迁都,今朕年老,精力已倦,又天下初定,不欲劳民,且兴废有数,只得听天。惟愿鉴朕此心,福其子孙。"

朱元璋死后二十三年,即永乐十九年(1421),朱棣迁都北京,以南京为留都。

高启

一代高士
文采风流

　　高启(1336—1373)　明朝诗人。江苏长洲(今江苏苏州)人,字季迪。明初与修《元史》,任户部右侍郎,辞归。曾有诗讽喻,为朱元璋所恨,又见所作上梁文相嘲,立遭腰斩。与杨基、张羽、徐贲合称明初吴下诗人四杰。有《高青丘集》。

　　明朝初年,有个苏州文人叫高启,他聪颖好学,少年时就有名气。毛泽东1957年1月与臧克家、袁水拍等人谈话时说:我过去以为明朝的诗没有好的,《明诗综》没有看头,但其中有李攀龙、高启等人的好诗。(《毛泽东读书笔记解析》,第443页)

　　毛泽东慧眼识诗人,高启在诗界被奉为明朝第一流诗人,在现见的毛泽东所读过的诗词集,他圈点的高启诗作就有《梅花》、《悲歌》、《忆昨行寄吴中故人》、《送沈左司从汪参政分省陕西汪由御史中丞出》、《送叶判官赴高唐时使安南还》、《吊岳王墓》、《凉州曲》等多篇,其中如《梅花》、《送沈左司从汪参政分省陕西汪由御史中丞出》、《送叶判官赴高唐时使安南还》和《吊岳王墓》还作了手书。毛泽东尤为喜爱《梅花》,1961年11月6日清晨,他连续给秘书田家英三封信:

田家英同志：

请找宋人林逋（和靖）的诗文集给我为盼，如能在本日下午找到，则更好。

毛泽东

十一月六日上午六时

田家英同志：

有一首七言律诗，其中两句是雪满山中高士卧，月明林下美人来，是咏梅的，请找出全诗八句给我，能于今日下午交来则更好。何时何人写的，记不起来，似是林逋的，但查林集没有，请你再查一下。

毛泽东

十一月六日上午八时半

家英同志：

又记起来，是否清人高士奇的，前四句是：琼枝只合在瑶台，谁向江南处处栽。雪满山中高士卧，月明林下美人来。下四句忘了。请问一下文史馆老先生，便知。

毛泽东　元日八时

（《毛泽东和他的秘书田家英》，第108—110页）

这首七律其实就是高启九首《梅花》的第一首。毛泽东曾手书全篇如下：

琼姿只合在瑶台，谁向江南处处栽？
雪满山中高士卧，月明林下美人来。
寒依疏影萧萧竹，春掩残香漠漠苔。
自去何郎无好咏，东风愁寂几回开。

在手书右面，又大字写有："高启，字季迪，明朝最伟大的诗人。"（《毛泽东手书古诗词选》，文物出版社、档案出版社1984年版第228—233页）他还手书《高启小传》："高启，季迪，做过朱元璋的侍郎，年约三十余岁被杀。为上梁文，与苏州知府魏观同死。"

毛泽东有极好的记忆力，能背诵、运用高启的若干诗句。1958年5月18日，中共八大二次会议印发倪伟、王光中于同年5月3日关于安东机器厂试制成功 30 马力拖拉机给国家计委主任李富春、副主任贾拓夫的《卑贱者最聪明，高贵者最愚蠢》报告，上有毛泽东为它写的批语："卞和献璞，三刖其足；'函关月落听鸡度'，出于鸡鸣狗盗之辈。自古已然，于今为烈，难道不是的吗？"（《建国以来毛泽东文稿》第七册第 236 页）"函关月落听鸡度"，见高启作于明洪武元年（1368年）的《送沈左司从汪参政分省陕西汪由御史中丞出》：

重臣分陕去台端，宾从威仪尽汉官。

四塞河山归版籍，百年父老见衣冠。

函关月落听鸡度，华岳云开立马看。

知尔西行定回首，如今江左是长安。

林和靖梅花诗

林和靖，即林逋（967—1028），北宋钱塘（浙江杭州）人，长年隐居西湖孤山，终生不仕不娶，以种梅养鹤自娱，人称"梅妻鹤子"。死后谥和靖先生。有《林和靖诗集》，代表作为七律《梅花》（又名《山园小梅》）："众芳摇落独暄妍，占尽风情向小园。疏影横斜水清浅，暗香浮动月黄昏。霜禽欲下先偷眼，粉蝶如知合断魂。幸有微吟可相狎，不须檀板共金尊。"

铁铉

忠于侄乃不从叔
不屈不挠终为节臣

铁铉(1366—1402)　明河南邓州人。由国子监生授礼科给事中,因审断疑案,为朱元璋赐字"鼎石"。后为山东参政,在济南阻燕王朱棣南下,又以参盛庸军务,在东昌大破燕王军主力。燕王渡江进京,称帝,他在淮上兵溃,被执送南京处死。

毛泽东读明史,很注意朱棣靖难中的一些战役,如东昌之战,那是朱棣由围攻济南未下、撤军北上再次南下在东昌(山东聊城)被都督盛庸打得大败的一次战役。此后他绕过济南,取道淮南,直取南京。

而镇守济南的是铁铉。

1952年10月27日,毛泽东视察济南,游大明湖,来到铁公祠。铁公祠是后人纪念铁铉的专祠,他就讲起了铁铉的故事:

铁铉这个人很有气节。他是河南郑州人,官至兵部尚书。明朝惠帝建文初年,铁铉是山东参政。当时朱元璋的儿子燕王朱棣,起兵造反,带领燕兵南下,想打到南京,夺取他侄子朱允炆的皇位。当他围攻济南时,遭到铁铉的抵抗,屡攻不下。铁铉以计焚毁了燕王兵的进攻武器,又使千人出城诈降。燕王对此非常气愤,百计进攻,凡三月仍攻克不下。惠帝知道这个消息后,提升铁铉为山东布政使,不久又提升为兵部尚书。后来,燕兵绕道南下,渡过长江,攻破南京,铁铉陈兵淮上,兵溃被俘。燕王在南京称帝,铁铉被押到南京,反背坐于朝廷大骂燕王,遂被处死,时年三十七岁。(《毛泽东与山东》,第27页)

　　毛泽东称赞铁铉"很有气节",是相对于那时曾与铁铉一起抗击朱棣的盛庸、平安等人所说的,这些人在靖难之役中曾引兵作战,相当坚决地抗击燕王朱棣的军队,但在朱棣做皇帝后,都乖乖地投降了。

朱棣

上马横槊万里
下马谈论千言

　　朱棣(1360—1424)　　即明成祖。明朝皇帝。公元 1402—1424 年在位。朱元璋第四子。初封燕王,镇守北平(今北京)。朱元璋死,以"清君侧"为名起兵"靖难",夺取侄朱允炆(建文帝)帝位。改号永乐。1421 年,迁都北京。在位期间,解除藩王实权,五次亲征漠北。遣郑和出使南洋等地,远至东非,促进了中国与亚非各国在经济、文化上的交流。命解缙等编纂《永乐大典》,保存了大量的古代文化典籍。

毛泽东对明朝皇帝大多持否定态度,但对明成祖朱棣却予以充分肯定。

1954 年 4 月,毛泽东在参观长陵后指出:这个成祖永乐皇帝朱棣,敢在北京建都城,敢把自己的陵墓放在这里,不怕蒙古人的铁骑,是个有胆识的人。这个皇帝长住土木行宫,理政练兵,很少在京城金陵办公,不忘戎武,这很不容易了。毛泽东此处是说朱棣在迁都北京前,都城虽还在金陵(南京),但他本人却经常巡察北方,注意国防和安全。因为当时元朝皇帝虽已被赶出了大都(北京),但蒙古贵族铁骑仍然在长城外骚扰。朱棣还不辞辛劳,五次亲征漠北,并于最后一次亲征返途中病死。

毛泽东那次参观长陵时同行者有程潜等人。在参观过程中,毛泽东向程潜详细介绍了朱棣的生平事迹。他说:朱元璋死后,二十二岁的孙子朱允炆继位。他以削藩为名,以后发兵奇袭和废贬五位亲王,遭到朱棣反对。这就发生了"靖难之役"。经过约四年的争战,朱允炆失败,朱棣继位,他仿效朱元璋做法,实施合法屠杀,巩固了自己的权力,不久迁都北京并北征蒙古,南收交趾,力图振作起来。

对于靖难之变,毛泽东在读《明史纪事本末》时相当注意,在读该书卷十六《燕王起兵》,于朱棣在白沟河大败李景隆军六十万,作批语"白沟河之战"。(《毛泽东读文史古籍批语集》,第 329 页);尔后又在东昌之战的天头处,作批语"东昌之战"、"白沟河大胜之后,宜有此败"(同上,第 330、331 页)。东昌之战,是朱棣乘白沟河大胜后南下,但在东昌(山东聊城)被都督盛庸军打得大败。当时朱棣军主力,因围困济南三个月未下,北返又南下,师疲兵老,屡胜而骄傲之故,就此引起毛泽东注意,以为必败之由也。在朱棣大军渡长江至南京城下,又就当时建文帝多次求和,而朱棣不为所动,口口声声要捉拿奸臣,显出咄咄逼人的架势,批语有:"始终以索战犯为词,使南京无法答允"(《毛泽东读文史古籍批语集》,第 332 页)。就此写出朱棣的所作所为。

1964 年 2 月 13 日,毛泽东在春节教育工作座谈会上谈到历代皇帝时说:明朝皇帝搞得好的只有两个,一个是太祖,一个是成祖。明太祖朱元璋做得最好,他一字不识,是个文盲;明成祖皇帝做得也不错,是一个半文盲,识字也不多。同年 5 月 12 日,他在某次谈话中又说到,明朝只有"明太祖、明成祖两个皇帝搞得比较好"。

⊙ 北京紫禁城

朱棣在南京夺取皇位后,计划迁都北京,即开始营造皇宫。永乐十八年(1420)落成,称紫禁城。按古中国星象学说,紫微垣(北极星)位于中天,乃天帝所居,天人相应,由此得名。紫禁城坐地 78 万平方米,四周环有高 10 米城墙、宽 52 米护城河,城南北长 961 米,东西宽 753 米。城墙四面各有城门,南正门为午门。城内宫殿建筑布局沿中轴线向东西两侧展开,南半部以太和、中和、保和三大殿为中心,两侧辅以文华、武英两殿,为皇帝朝会处,称"前朝";北半部以乾清、交泰、坤宁三宫及东西六宫和御花园为主体,其外东侧有奉先、皇极等殿,西侧有养心殿、雨花阁、慈宁宫等,为帝后等内眷居住、举行祭祀、宗教仪式和处理日常政务处,称"后寝"。前后两部分宫殿建筑总面积达 16 万多平方米。现为故宫博物院。1961 年,故宫被定为全国第一批重点文物保护单位。1987 年,故宫被联合国教科文组织列入《世界文化遗产名录》。

◉ 北京皇宫三大殿的"和"字

北京皇宫三大殿"太和殿"、"中和殿"和"保和殿",都有一个"和"字。

"和"字出自儒家学说"和为贵","和"就是指人和人际,尤其是主宰万民的帝王,生活在天地之间,凌驾万物之上,不得受情感支配,要不偏不倚,不过也不及,让万事万物,甚至人的主观世界各得其所:礼、乐、刑、政要"和";君臣父子、兄弟夫妇要"和";冬夏春秋、鸟兽虫鱼、草木花卉、稻菽禾粱……总之,天地万物都要"和"。若不"和",就会失衡,导致紊乱,也就不能各得其所,更无力让自然和社会按其应有的形态和秩序存在和发展。

"和"是古代中国执持的一种理想境界。因而其他学派也倡导"阴阳不及和"、"天地之气莫大于和"。

解缙

才思敏捷太聪明
聪明终遭聪明误

解缙(1369—1415)　明朝大臣。江西吉水人,字大绅。少时以聪敏见著。洪武进士。朱棣(明成祖)即位,任侍读学士,奉命修《太祖实录》和《永乐大典》。后受谗,下狱,受拷掠,为锦衣卫埋雪中冻死。

明朝初期的解缙才思敏捷,倚马万言,是当时公认的大学者。曾主持编纂《永乐大典》。毛泽东很赏识解缙的才气。

1930年10月,红军占领吉安,吉安是解缙的故乡,有宋以来文人杰士辈出。毛泽东进城后,应邀赴当地名医龚济民家作客。席间,毛泽东历数吉安之人杰地灵,在所列举的才俊中,其中一个就是解缙。他说:明朝有个解缙,主持编纂《永乐大典》,是有名的才子,不简单哪!

解缙善于作对联句,好记性的毛泽东也是喜欢对联句的,他当然读过解缙的佳联。1941年5月,毛泽东在延安干部会议上作《改造我们的学习》演说,针对当时某些干部的不正之风,恰如其分地引用了解缙写的一副对联:

墙上芦苇,头重脚轻根底浅;
山中竹笋,嘴尖皮厚腹中空。

毛泽东也爱谈解缙的诗。1965年5月2日在赴井冈山途中,夜宿湖南茶陵城,他在县委大院散步,星光灿烂,大地一片银色,毛泽东轻吟:"秋风淅沥秋江上,人自思乡月自明。"他对一起散步的张平化等人说:这是明初名士解缙夜泊茶陵的名句。解缙是江西吉水人,朱元璋对他的才识很尊重。毛泽东还颇有感慨地说:我们也是夜宿茶陵,不过不思故乡思井冈。(《前奏——毛泽东1965年重上井冈山》,第74页)

解缙也是一位书法家。据逄先知回忆,1959年10月,田家英等人因毛泽东要观赏故宫博物院所藏名家书帖,赴故宫借了二十件字画,其中就有解缙的草书。解缙草书纵荡豪放,开合跌宕,直抒胸臆,毛泽东很喜爱,不由自主地用铅笔在手卷上作断句,还说:我就喜欢这类字体,是行草又有一定的内容的书法,这样又学写字,又读诗文,一举两得。(《毛泽东品国学》,第295页)

🌐 《永乐大典》

《永乐大典》始纂于明永乐元年(1403),永乐五年完成,全书二万二千八百七十七卷,凡例、目录六十卷,装订为一万一千零九十五册,三亿七千万字。书中保存了先秦至明初的各种典籍达八千余种,被称为中国古代最大的百科全书。

永乐元年(1403),明成祖朱棣命解缙主持编纂类书,历时四个月,全书告成,赐名《文献大成》,又嫌不足,以姚广孝主持,参加编纂官员前后多达3 000余人,历时五年修成,朱棣改名为《永乐大典》,亲作序文,称赞本书"上自古初,迄于当世,旁搜博采,汇聚群书,著为奥典"。《永乐大典》"用韵以统字,用字以系事"的编撰法,对每个韵目,先注音后释文,并附该字从钟鼎文到行草的各种写法。全书按《洪武正韵》的76韵目编排,按韵分列单字,每单字下,详注音韵、训释、备录、篆、隶、楷、草各种字体,即以字系事。然后将有关天文、地理、人伦、国统、道德、名物以及奇闻异见、日月星雨风云等均随字收载。全书分门别类,并加以汇聚群分,非常详备。所有入辑的书,均按原书整部、整编、整段分类编入。从而保存了明以前大量佚书,清《四库全书》就从中辑出佚书三百八十五种,四千九百二十六卷。《永乐大典》原藏南京文渊阁,后随之迁都藏北京文昭阁。嘉靖四十一年(1562),誊写副本一部,分藏文渊阁和皇史宬。明末文渊阁被焚,正本可能被毁。副本清初置翰林院,时有散佚。光绪二十六年(1900)遭八国联军浩劫,更见残缺。新中国成立后多方搜集,至1959年已收集原本二百十五册,加上复制副本,共七百三十卷。1960年,共装订二百二十册,由中华书局影印,郭沫若序。1977年中国台湾世界书局又加印行,后又在国内外征集到六十三卷。1986年,中华书局将已征集的近八百卷,缩印精装出版。

唐赛儿

带头造反
就是英雄

　　唐赛儿(1399—?)　　明代农民起义女领袖。蒲台(今山东博兴)人。白莲教成员,自称佛母,1420年在山东益都卸石棚起事。全歼青州卫指挥使高凤部,占领莒州、即墨,围攻安丘。旋失败。不知所终。有清人吕熊长篇章回小说《燕山外史》演绎其事。

　　毛泽东高度评价中国历史上的农民领袖,其中也包括女性农民领袖。在中国历史上,农民领袖绝大多数是男性,女领袖极为难得。因此,即使那些影响小的女性农民领袖,也自然会引起毛泽东的注意。唐赛儿就是其中的一个,她是明朝初期在山东造反的农民领袖,毛泽东赞扬她的造反精神。

　　1958年,毛泽东在为《三国志·张鲁传》作批语,谈到传统中国农民运动的小农私有制上层建筑封建制特点时,就数点了"从天公将军张角到天王洪秀全。宋朝的摩尼教,杨幺、钟相,元末的明教、红军,明朝的徐鸿儒、唐赛儿、李自成,清朝的白莲教、拜上帝教(太平天国)、义和团,其最著者"。(《毛泽东读文史古籍批语集》,第145—146页)毛泽东在这里所说到的农民运动领袖,唐赛儿是时间最短的,只有几十天,活动区域也是最小的,只是青州一角,但却把她与规模巨大的其他农民运动领袖,如李自成并列,可见毛泽东对她的重视。

　　1960 年春,毛泽东在聆听了上海京剧团演员李玉茹清唱的新编历史剧《唐赛儿》一段《赚青州》娃娃调后,和她谈起了史书记述的唐赛儿。毛泽东说:唐赛儿是明朝一个了不起的农民女英雄。她懂医道,能帮人看病,又能够打仗。打起仗来非常机智,善于声东击西。她的群众基础也很好,手下的宾鸿、董彦皋都很佩服她。永乐皇帝恨唐赛儿恨得要命,把这支农民起义队伍镇压下去后,还千方百计想把她本人抓到,就是总也抓不着。后来听说唐赛儿当了尼姑,就下令把山东所有的尼姑统统押到北京。一审问,有不少尼姑挺身而出,自称是唐赛儿。可是再认真一查,没有一个"唐赛儿"是真的。当时人们传说,唐赛儿能呼风唤雨,撒豆成兵。其实这是因为她群众基础好,到处有群众掩护,又善于声东击西,四处都能看到她的人,就以为她分身有术,能撒豆成兵了。毛泽东最后说:中国历史上有很多这样的农民女英雄,她们过去都被歪曲了。现在应该还她们本来面貌,把被颠倒的历史再颠倒过来。

于谦

声光自与日月争
事事成败其天也

于谦(1398—1457)　明朝大臣。钱塘(今浙江杭州)人,字廷益。永乐进士。以兵部右侍郎巡抚河南、山西,前后达十九年,政绩卓著。"土木堡之变"后任兵部尚书,反对南迁,指挥北京保卫战。后在"夺门之变"中被害。1489年(明孝宗弘治二年)恢复名誉。忧国忘身,秉性刚直。有《于忠肃集》。于谦墓在杭州西湖,有祠。明王守仁有联:"赤手挽银河,公自大名垂宇宙;青山埋白骨,我来何处吊英灵。"杨鹤有联:"千古痛钱塘,并楚国孤臣,白马江边怒卷千堆雪;两朝冤少保,同岳家父子,夕阳亭里,伤两地风波。"董其昌也有联:"赖社稷之灵,国已有君,自分一腔抛热血;竭股肱功,继之以死,独留清白在人间。"

于谦是明朝中期的大臣,是一个可歌可泣的人物。他救国拯民,特别在土木堡战役后,出任兵部尚书,主持北京保卫战,中流砥柱,因为主动出击,使入侵的蒙古瓦剌部落不能得逞,被迫放回被俘的明英宗朱祁镇。

毛泽东从小就熟知于谦史实。在井冈山时,有一次贺子珍谈起永新历史上宋朝有个宰相刘沆被皇帝杀了,本地人将他安葬,没有脑袋用石灰做了一个头。毛泽东听了后说:石灰,石灰脑袋好嘛,顺口吟道:

千锤万凿出深山，烈火焚烧若等闲。

粉身碎骨全不怕，要留清白在人间。

并说：于谦这首《石灰吟》，我看完全可以为石灰脑正名啰。这雅号送你妹子也当之无愧呀。（《山帅》，第211页）新中国成立后，毛泽东在杭州时，总要吩咐到杭州图书馆借阅地方志、当地古人的文集和诗集，其中就有明朝于谦的文集、传记和有关小说。（《福建党史月刊》2001年4月第6页）他尤其对于谦坚持抗战的精神大力称赞，对此中故事颇作研究，以至对若干细节也认真分析。如在读冯梦龙《智囊》卷十三《捷智部·灵变》"自古攻守之策，未有不以食为本者，要在敌未至而预图耳。若搬运不及，则焚弃亦是一策。古名将亦往往有之，决不可赍盗粮也"一段时，联系当时于谦守卫北京，为避免通州仓粮为瓦剌所掠，认为烧掉可惜，动员全城军民随意搬运，几天里全部运进了北京的史实，毛泽东却别具慧眼提出己见："赍盗粮亦何所不可，地不能毁，民不能迁，皆赍盗粮也。"（《毛泽东读文史古籍批语集》第62页）意思是粮食丢掉无多大损害，而敌人打进了后，土地、民众甚至粮食，还是会被侵占了的。关键还是赶走敌人。

由于北京保卫战的胜利，明英宗朱祁镇得以回到明朝。毛泽东对这段历史颇有感触。1945年8月，毛泽东赴重庆谈判前夕，就以此故事为例作了生动说明：万一谈不成，蒋介石把我扣起来做人质，那他就彻底输了。他坚持内战的反共嘴脸便暴露无遗。最坏的情况无非像历史上的明英宗土木堡之变，如果真是那样，大家就要像于谦那样，针锋相对，坚决斗争！斗得越凶，仗打得越好，我也就越安全。（《统帅部参谋的追怀》，第74页）后来，朱祁镇在"夺门之变"中复位，于谦被"夺门"的新贵以"意欲"两字罪杀害。相传朱祁镇于此不忍，说过于谦确实有功的一番话，可是新贵们说："不杀于谦，此举为无名。"朱祁镇复位后七年病死，死前遗诏今后不得再用活人殉葬。也许是有这个行为，毛泽东在1964年5月12日的一次谈话里，评论明朝十五朝皇帝时，指出他们多数"尽做坏事"，两个比较好，两个还稍好些，其中稍好的一个就是朱祁镇。

王守仁

名声震慑江西八府
学说风靡南北两京

  王守仁(1472—1529)　明朝大臣,思想家。余姚(今浙江余姚)人,字伯安。曾在余姚阳明洞讲学,学者称阳明先生。弘治进士。历任刑部、兵部主事。正德元年(1506),因忤权宦刘瑾,谪贵州龙场驿丞;后以右佥都御史,巡抚南康、赣州,主持扑灭江西宁王叛乱。官至兵部尚书,封新建伯。开创"心学"。认为"心即理,心外无理,心外无物"。自诩平生所为两件事:"破山中贼";"破心中贼",即"心学"传播。有《王文成公全集》《传集录》。

  20世纪初,青年毛泽东在长沙求学时,对宋明理学家著作认真研读,他尤为钦服的是宋代的朱熹和明代的王守仁。王守仁提倡"行先知后"、"知行合一",他的哲学体系是主观唯心主义,但提出行是知的尺度却蕴含着合理的因素,对学生时代的毛泽东确立"重在行事"的观点和发挥主体实践的能动性有一定的作用。

  毛泽东说王守仁是理论家。1913年,他在《讲堂录》里,把古代贤者能者划为两类人:"有办事之人,有传教之人。前如诸葛武侯范希文,后如孔孟朱陆王阳明等是也。"(《毛泽东早期文稿》,第591页)办事之人即实践家,传教之人即宣传家、理论家是也。

  毛泽东遍读王阳明全书。《讲堂录》记录了"阳明格物,思笋生之理",(《毛泽

558

东早期文稿》,第 583 页)乃是指王守仁二十一岁时,在北京"遍求考亭(朱熹)遗书读之。一日,思先儒谓众物必有表里精粗,一草一木皆涵至理,官署中多竹,即取竹格之,沉思其理不得,遂遇疾"(《王文成全集》卷三二《年谱》)。王此后"悟格物致知之旨、圣人之道,吾性自足,不假外求"(《明儒学案》),学问大进,百尺竿头,更上一头。毛泽东于此作了记录,录此存照。

毛泽东很早就认定王守仁是"唯心论"者。1917 年,毛泽东读德国泡尔生《伦理学原理》译本,就西方伦理学直觉论说,联想到了中国,指出:"此举直觉论者之说。孟轲之义内,王守仁之心即理,似均为直觉论。"(《毛泽东早期文稿》,第 119 页)盖直觉论认为只有通过心理体验、直觉意识才能证明它的存在,而王守仁也认为"心即理","理也者,心之条理也"(《书诸阳卷》),其意相近,故有此眉批。于兹可以窥出青年毛泽东对王守仁"心学"的认知深度。

毛泽东很早就评及宋明理学流派。1915 年致友人信中即提及:"夫古今门户之争,在政有君子小人、清流浊流之分;在学则有汉代宋代、程朱陆王之异。"(《毛泽东早期文稿》,第 14 页)王,就是王守仁。陆是宋陆九渊,他俩主张"心即理",心是宇宙的根本,其说正与程颢、程颐和朱熹所说"理在心外"相悖。

因为对王守仁的熟悉,1943 年 6 月,毛泽东在读了刘少奇关于人性、是非、善恶等问题给续范亭复信后,给刘少奇写了批语,指出:"王阳明也有一些真理。"(《毛泽东文集》第三卷,第 84 页)

新中国成立以后,毛泽东仍孜孜不倦地研读中国传统哲学。20 世纪 50 年代他提倡开展学术百家争鸣,并作了多次讲话。1957 年 1 月,在省市委书记会议上又说:"只讲唯物主义,不讲唯心主义,只讲辩证法,不讲形而上学,你就不知道反面的东西,正面的东西也不能巩固。因此,不仅要出孙中山全集,蒋介石全集也要出。黑格尔、康德、孔子、孟子、老子、二程、朱王,都要讲。"此中的"朱王",就是指朱熹、王守仁。

王守仁焚书信

王守仁读史,更善于用史。他擒俘宁王朱宸濠焚书信故事,最初见自张岱笔记:"王新建平宸濠,武宗下诏亲征,人情汹汹。二中贵先至浙,新建张燕于镇海楼,酒半,屏人去梯,出二箧示之,皆中贵交通逆藩之书也,罄箧与之。中贵感激,从中维护之。新建得以免祸。"(《快园道古》卷三)张岱同书又记:"王阳明既禽逆濠,囚于浙省。

武宗南征,驻跸留都,中官诱令阳明释濠还江西,俟御驾亲获。差二中贵至浙谕旨,阳明责中官具领状,中官畏怯,事遂寝。"这些朝廷权贵给朱宸濠通关的"效忠书"到哪里去了呢,有说已自焚了。"王守仁既擒宸濠,得宸濠交贿大小官僚手籍,悉焚,置不问"(《清同治新余县志》)此高明一着。王守仁此举当学两个人,一是光武帝刘秀。刘秀:诛王郎,收文书,得吏人与郎交关谤毁者数千章,光武不省,会诸将军烧之,曰:"'令反侧子自安'"。(《后汉书·光武帝本纪》)一是曹操。官渡之战大胜后,"公收绍书中,得许下及军中人书,皆焚之。"裴松之引《魏氏春秋》曰:"公云:'当绍之强,孤犹不能自保,而况众人乎'!"(《三国志·魏书·武帝纪》)。

明世宗 明神宗

千官补缺虚龙衮
四海军储废大农

明世宗(1507—1566) 即朱厚熜。明朝皇帝。公元 1521—1566 年在位。好神仙道术,居深宫修炼不出,致使严嵩父子擅权十七年,朝中官员空缺,政务荒弛。如《明史》所评:"若其时纷纭多故,将疲于边,赋诎于内,而崇尚道教,享祀弗经,营建繁兴,府藏告匮,百余年富庶,治平之业,因以渐替。"史家多认为实是明王朝走下坡路之始。

明神宗(1563—1620) 即朱翊钧。明朝皇帝。公元 1572—1620 年在位。初即位时,用张居正等辅政,国势渐见中兴。后张居正死,朝政荒废。且设矿监税使公然搜括民财。国力大衰。所以史家有称明实亡于神宗朝。

1954 年 4 月 5 日,毛泽东在参观明世宗朱厚熜的永陵、明神宗朱翊钧的定陵时分别评述了明世宗、明神宗。他说:永陵是朱厚熜皇帝陵,这个皇帝特别迷信,二十载不亲朝政,偏听偏信,重用奸臣严嵩过二十年之久。还将清官海瑞下了大牢。这个皇帝死后,他的儿子隆庆皇帝才放出海瑞。又说:定陵葬的是万历皇帝,他叫朱翊钧,就是京戏唱《二进宫》的李艳妃抱的小皇帝。他十岁登基,这个人长大了,酒色财气都好,极度奢侈腐败,长期荒政,他是明亡的种子,是个无道昏君。

他当了四十八年皇帝,是明朝皇帝年头最长的一个,也是失民心最严重的一个。

毛泽东非常蔑视明世宗朱厚熜的所作所为,把他视为好逸恶劳的符号。1953年,林彪住进北京毛家湾长期养病,毛家湾是嘉靖时大学士毛纪的住宅。毛泽东知道了,曾申饬林彪想当明世宗。(《历史学家茶座》第三辑,山东人民出版社 2006 年 1 月版第 81 页)对嘉靖,毛泽东从不以为然,说他炼丹修道,昏庸老朽,坐了四十几年天下,就是不办事。在此前后,毛泽东还在《明史·杨爵传》作批注"靡不有初。""靡不有初,鲜克有终",见《诗经》,意思是说人们都有一个良好的开端,但很少有人能善始善终。盖嘉靖帝特别信道,醉心于斋醮、方术、祥瑞等无聊之事,御史杨爵进谏期望他"念祖宗创业之艰难,思今日守成之不易,览臣所奏,赐之施行",即犯其怒,送下狱论罪。

1964 年 2 月,毛泽东在北京春节教育工作座谈会上,指点历代帝王优劣时说及明朝几个皇帝:万历、嘉靖等都读了很多书,成了知识分子,皇帝就做不好了。

有明一代自朱元璋始至崇祯帝朱由检,先后有十五个皇帝。1964 年 5 月,毛泽东在一次谈话中说,明朝除了有四个皇帝较好些,其余的都不好,尽做坏事。(《毛泽东评说中国历史》,第 446 页)这当然也包括嘉靖帝朱厚熜和万历帝朱翊钧。

⚫ 晚明宫廷"三案"

晚明宫廷发生"梃击案"、"红丸案"和"移宫案",合称"三案"。万历四十三年(1615),男子张差手持枣木棍,闯进太子朱常洛住处被擒,疑是郑贵妃和弟郑国泰主使。明神宗朱翊钧因怕追查到郑贵妃,把张差等处死,草草结案,是为"梃击案"。万历四十八年,太子朱常洛登基,因溺于女色,得病,有鸿胪寺丞李可灼献红丸,朱常洛初服舒服,后又服一粒,暴卒。众官纠弹李可灼,以及拟赏李可灼的首辅方从哲。后李充军,方仍无事,是为"红丸案"。朱常洛死后,选侍西李还住在乾清宫,不让皇帝皇后居住。引起左光斗、杨涟等力促移宫,是为"移宫案"。"三案"发生时,东林党占了上风,但因朱由校宠信阉党,致使"三案"成为魏忠贤迫害东林党人的口实。

刘瑾　魏忠贤

扭曲主子扭曲家奴
扭曲生理扭曲心理

　　刘瑾(约 1451—1510)　明朝宦官。兴平(今陕西兴平)人。明武宗时权宦。掌司礼监、东厂、西厂和新设内厂等特务机构,朝臣多趋附,称"千岁"。后因宦官间内讧,被揭谋反,凌迟处死。

　　魏忠贤(1568—1627)　明朝权宦。肃宁(今河北肃宁)人。本无赖。自宫后得入宫中。明熹宗时权宦,为司礼监,掌东厂。排斥异己,横行肆虐,迫害东林党人。朝臣多附从,呼为"九千岁",各地督抚且立生祠朝拜。明思宗朱由检即位,命逮治,乃自缢死。

　　明朝中晚期,宦官专权的现象很多,昏聩皇帝身边必定有专横跋扈的权奸,刘瑾和魏忠贤就是明武宗和明熹宗所信任的权宦。他俩先后控制东厂、西厂和锦衣卫等特务机关,倒行逆施,罪行累累,毛泽东对此非常深恶痛绝。他在读冯梦龙《智囊》卷十六《术智部·委蛇》,就刘瑾专横,批语有"武宗时事",(《毛泽东读文史古籍批语集》,第 63 页)说明很注意。

　　1940 年 2 月,毛泽东在为延安举行的讨伐汪精卫卖国投降,拥护抗战到底大会起草的《向国民党的十点要求》中,其中之一就是要求"取缔特务机关","特务机关之横行,时人比诸唐之周兴、来俊臣,明之魏忠贤、刘瑾。彼辈不注意敌人而以对内为能事,杀人如麻,贪贿无艺,实谣言之大本营,奸邪之制造所。"(《毛泽东选集》第二卷,第724页)

　　1949年4月,毛泽东在北平看杨宝森、梁小鸾所演的《法门寺》后,就提到了刘瑾,他说:《法门寺》里有两个人物很典型,一个是刘瑾,一个是贾桂。刘瑾从来没有办过一件好事,唯独在法门寺进香时,纠正了一件错案,这也算他为人民办了一件好事。(《在大决战的日子里》,第259页)《法门寺》是戏曲文化,毛泽东此语也就是说刘瑾从来就干坏事,也从未做过一件好事。1958年党的八届二次会议召开,毛泽东还在报告里说:刘瑾是明朝太监,实际上是当时的"内阁总理"。这真是对大明王朝有力的讽刺。

　　毛泽东对魏忠贤的所作所为也深恶痛绝。1956年6月,《人民日报》发表《要反对保守主义,也要反对急躁情绪》的社论,其中引了毛泽东的话。他看了很生气,说:社论提法同魏忠贤的办法一样,君子小人。引我的话,掐头去尾,只引反"左"的,这不对。不用全段话,是秦琼卖马,减头去尾要中间一段。

　　什么是魏忠贤"君子小人"说呢? 1958年1月,毛泽东在南宁会议上又提及了此事,说:社论的提法同魏忠贤的办法一样,东林党内有君子也有小人,朝廷里有小人也有君子,他的意见实际是说,东林皆小人。

　　魏忠贤是东林党的死敌,东林党人揭露魏忠贤阉党集团有功,可是他们都是书生,凭正气硬拼,结果反而让魏忠贤得利。因此毛泽东在成都会议上说道:例如明朝的三大案,反魏忠贤的(东林党人)那样不讲策略,自己被消灭,犯了圣怒,当朝杖打屁股。

🏛 东林党

　　明神宗万历年间,朝臣为册立太子事争执,相互倾轧。万历二十二年(1594),吏部文选郎中顾宪成因力主册立朱常洛,忤皇帝意旨,被罢官回家乡无锡。顾在无锡与高攀龙、钱一本等修复东林书院讲学,每年一大会,每月一小会,并聚合了若干志同道合者,讽议朝政、臧否人物,自负气节,和当权派对抗。朝中也有不少官员遥相呼应。东林书院无形中成为社会舆论中心,反对派就称他为"东林党"。天启初期,东林党人一度把持朝政,但他们自誉为正人君子,排斥异己,致使日渐为熹宗朱由校宠信的宦官魏忠贤势力坐大,形成为阉党。东林党人为伸张正义与之斗争,被罗织罪名,残酷逼害。

杨慎

流放三十年
著作四百部

　　杨慎(1488—1559)　　明朝学者。四川新都人,字用修,号升庵。正德进士,状元及第。因议大礼受杖责,贬谪云南达三十六年。著书讲学,察访民情,足迹遍及滇中。著述多达四百余种,为明人第一。有《升庵集》、《升庵外集》等。杨慎曾题云南鸡足山言志:"宾壶酒尽人皆醉,苍山雪吟我独餐。"

杨慎是明朝中期的大学问家。毛泽东很欣赏他的才学。他曾书写《三国演义》起首的《西江月》:

　　滚滚长江东逝水,浪花淘尽英雄。是非成败转头空,青山依旧在,几度夕阳红。
　　白发渔樵江渚上,惯看秋月春风,一壶浊酒喜相逢。古今多少事,都付笑谈中。

这首词就是迟于罗贯中一百年的杨慎写的,是清朝毛宗冈把它拼凑上去的,对小说起到相得益彰的作用。他很熟悉词中的句子。新中国成立后,毛泽东在中南海接见曾碧漪(古柏之妻),在招待晚饭时,就用了其中一句加以发挥:一壶浊酒喜相逢,多少烦恼事,都付笑谈中!来,我们干一杯。(《毛泽东的家庭生活》,第46页)

毛泽东青年时期就读过杨慎的著作,尤其是诗作,以至在1935年遵义会议后,行军途中触景生情,朗诵杨慎的诗篇。

毛泽东赞赏杨慎有骨格。杨慎活动在嘉靖时期,当时由藩王出身的嘉靖帝朱厚熜要把生父追认为"皇考",杨慎不同意,顶着干,皇帝发了火,把他谪居永昌卫(今云南保山)。毛泽东称赞杨慎那种坚持己见、不怕丢官的精神,在1959年4月上海会议上,即就此为例说道:明朝有廷杖制,顶皇帝就打。廷杖打死者几百人、千把人,至于推出午门斩首者更多。但是那些人敢讲,冒死主谏。杨慎曾多次挨廷杖,还差点被打死。1958年3月,毛泽东在成都会议上,又一次介绍杨慎。他说:四川人杨慎,即因得罪皇帝,被充军到云南。接着又举了敢于说真话、为原则而斗争的比干、屈原、贾谊和朱云等人。

20世纪50年代末,毛泽东在成都还亲自选编了一册明朝人写的有关四川的一些诗,其中就有杨慎的《宿金沙江》、《三岔驿》、《锦津舟中对酒别刘善充》、《送余学官归罗江》、《春兴二首》、《武侯庙》和杨慎妻子黄夫人《寄外》。毛泽东对这个集子很满意,他特别称赞杨慎的几首诗,还对吴冷西、田家英等人介绍:杨慎是明朝一位很有才学的人,因议论朝政被流放云南三十年,以至老死,很可惜。

🔵 廷杖

廷杖之刑是朱元璋发明的,用以处罚违忤旨意的官员。廷杖不见于法律规定,就是凭皇帝喜怒,一声令下,便鞭打杖责。朱元璋亲侄朱文正、功臣永嘉侯朱亮祖便是遭鞭杖死的。后来皇帝都沿袭。廷杖是在午门前御路东侧行刑。由监杖的司礼监宣读,锦衣卫旗校就用麻绳绑住犯人两脚,四面牵曳,俯卧,丁大腿受杖。每打五棍,就换一人继续。如要置犯人于死地,监杖人就喝令"着实打"、"用心打",便无生还。正德以前,凡受杖者不必剥去衣裤,正德初年,要剥去衣裤受刑,杖死者更多。嘉靖三年(1524),明世宗因议论追尊其父帝号事,对敢于忤逆旨意的大臣愤懑,廷杖了134人,当场打死16人。

吴承恩

西游著录说千秋
猴子故事传万年

吴承恩(约 1500—约 1582)　明朝小说家。字汝忠,号射阳居士,又号华阳洞天主人。山阳(江苏淮安楚州区)人。少时家贫,爱读野史稗文中有关神怪故事。五十岁始补岁贡生,明年赴北京谒选,分送南京国子监当太学生。1566 年,得友李春芳相助,任长兴(浙江长兴)县丞,未几解职归里,后又赴蕲州任荆府纪善(荆王府教官),在此期间,相传完成了《西游记》初稿。后辞职回乡,有《射阳先生存稿》。2006 年在淮安建有吴承恩纪念馆。

毛泽东读《西游记》,很注意作者吴承恩其人。

20 世纪 50 年代初,他曾几次谈及吴承恩和创作《西游记》。

1955 年 11 月,毛泽东在专列停靠江苏镇江站,接见镇江地区领导人陈西光、高俊杰时,其中就谈及《西游记》,他问:你们知道《西游记》里写的那座花果山在哪里?又说:就在你们江苏嘛,连云港。你们年轻的同志都应该上去转转,说不准会碰到孙悟空。(《毛泽东在江苏》,第 54 页)

1962 年,时任共青团中央第一书记的胡耀邦赴上海开会前请示毛泽东,毛泽东嘱咐胡耀邦在上海会议结束后顺便路过连云港看看孙悟空老家,并告诉他:身处封建时代的吴承恩怀才不遇,只做到七品芝麻官,晚年境遇凄凉,到南

京写字为生。后来,隐居连云港云台山脉,以花果山为背景写了《西游记》。(《毛泽东在江苏》,第132页)

毛泽东对吴承恩写《西游记》表示了兴趣。1957年4月,作家出版社编辑出版了《西游记研究论文集》,他认真圈阅了其中的多篇文章,而对萧歌、竞华评论《〈西游记〉读后的一些体会》一文中,所引用的吴承恩诗词大为青睐,据徐中远文称:"在谈到吴承恩创作时的思想感情时,作者还引了吴承恩的诗:'……民灾翻出衣冠中,不为猿鹤为沙虫,坐观宋室用五鬼,不见虞廷诛四凶。野夫有怀多感激。抚事临风三叹息,胸中磨损斩邪刀,欲起平之恨无力……'这首诗揭露了豺狼当道的黑暗局面,表现了作者胸中的愤慨,毛泽东很爱读,每一句下面都画了浪线。接着,为了帮助读者进一步了解吴承恩,本文作者又引了吴承恩的一首《满江红》词:'穿眼摩挲,知见过,几多兴灭。红尘内,翻翻复复,孰为豪杰?傀偏排场才一出,要知关目须听彻。纵饶君局面十分赢,须防劫!'词中,吴承恩对统治阶级的骄傲、虚伪、昏庸、愚昧,作了无情的揭露和严正的警告。这首词的后半阕,作者嘲笑那些贪图高官厚禄、封子荫妻的士大夫们。吴承恩写道:'身渐重,头颅剃,手可炙,门庭热,旋安排娇面孔,冷如冰铁。尽着机关连夜使,一锹一个黄金穴,被天公赚得鬼般忙,头先雪。'吴承恩的这首《满江红》,毛泽东很喜爱,句句画上了浪线,每一句后面还画一个圈。看得出,这首词,他读得是非常认真的。"(《毛泽东读评五部古典小说》,第234—235页)

赞赏吴的诗词,也反映了毛泽东对吴承恩的政治态度。他也从《西游记》中评述吴承恩。现见有毛泽东读《绘图增像西游记》,读到第二十八回《花果山群妖聚义,黑松林三藏逢魔》,联系唐僧规劝悟空"千日行善,善犹不足;一日行恶,恶常有余"的话,写有一段批语:

> "千日行善,善犹不足;一日行恶,恶常有余。"乡愿思想也。孙悟空的思想与此相反,他是不相信这些的,即是说作者吴承恩不信这些。他的行善,即是除恶,他的除恶,即是行善。所谓"此言果然不差",便是这样认识的。

毛泽东此处肯定孙悟空,也是肯定了吴承恩。在他看来,吴承恩和孙悟空是心灵相通的。

他予吴承恩有相当高的评价。

1958 年,毛泽东在审定陆定一《教育必须与生产劳动相结合》一文时,就中国教育史有人民性的一面,其中也提及吴承恩的"民主文学",且将它作为"对人民的教育",与孔子有教无类、孟子民贵居轻、荀子的人定胜天、屈原的批判君恶、司马迁的颂扬反抗和孙中山的民主革命并列。

唐顺之

下马露布上马杀贼
一代名儒留彰毗陵

唐顺之(1507—1560)　明朝学者。武进(今江苏常州)人。嘉靖进士。任翰林院编修,参校各朝实录,因不依附权贵,罢归,隐居阳羡山中,读书十余年,人称荆川先生。后起用督师江南、江北,屡破倭寇。有《荆川集》。

为毛泽东评说是文武兼备的历史人物,见之于文字的只有一个,那就是他早年在《讲堂录》中所提及的唐顺之。1913年,毛泽东读清潘耒《日知录序》后所记有两则评语:"唐荆川,名顺之,武进人,明嘉靖时人,著《左右文武儒稗六编》";"荆川、端简,所讲求皆有用之学,而能见之于事实者,杨、王不足并也"。端简,即郑晓,嘉靖二年(1523)进士。杨,杨慎;王,王世贞,都是当时的大学者。但他俩仍是读书人,可以下马露布,不能上马杀敌。他们都比不上唐顺之。毛泽东说唐顺之"荆川文武全才,弓马擅长"。接着,他又说了三段话,似都是说唐顺之的:

　　学问之成否以二十五岁为断。

　　明清之学无用者,趋于时文也。

　　著书存者,以其实也。无用而存,以其精,韩柳杜之诗是也。不然,浩

如烟海塞天地矣。(《毛泽东早期文稿》,第 599 页)

唐顺之二十二岁即会试第一(状元),在翰林院供职,他治学踏实,凡天文、乐律、地理、兵法均有造诣。唐顺之晚年主要的业绩是剿倭。他以大学者带兵作战,常获大胜,为时人誉为"儒将"、"名将"。至今在江苏常州,还常听到家乡父老赞扬他在宜兴山中读书和大破倭寇的轶事。毛泽东早年所说,确是至评。

杨继盛

铁肩担道义
辣手著文章

杨继盛(1516—1555)　明朝大臣。容城(今属河北)人,字仲芳,号椒山。嘉靖进士,任兵部员外郎时,弹劾仇鸾,贬官。后任兵部武选员外郎,又劾严嵩十大罪状,下狱,受酷刑折磨。三年后被杀害,有《杨忠愍集》。

李大钊喜欢杨继盛在济南写的一副对联:"铁肩担道义;辣手著文章。"他曾将其中"辣"字改为"妙"字,书赠给吴弱男。

杨继盛品格高尚,颇为后人仰慕。毛泽东对于后人歌颂他的好诗也相当欣赏。曾细加圈读清人方觐的五律《定兴县谒杨忠愍祠》:

倔强杨员外,乡间尚有光。
何须冠獬豸? 直欲问豺狼!
伏锧差无补,当车肯自量?
荒祠临野水,肃拜奠椒浆。

1959 年 7 月 4 日,毛泽东在庐山,邀王任重、刘建勋等人共进晚餐。席间,他念了相传出自杨继盛的一首诗:"遇事虚怀观一是,与人和气察群言。"并说:

这是椒山先生的名句,我从年轻的时候,就喜欢这两句,并照此去做。这几十年的体会是头一句"遇事虚怀观一是",难就难在"遇事"这两个字上,即有时虚怀,有时并不怎么虚怀。第二句"与人和气察群言",难在"察"字上面。察,不是一般的察言观色,而是要虚心体察,这样才能从群言中汲取智慧和力量。诗言志,椒山先生有此志,乃有此诗。这一点并无惊天动地之处,但从平易见精深,这样的诗才是中国格律诗中的精品。唐人诗曰:"邑有流亡愧俸钱",这寥寥七字,写出古代清官的胸怀,也写出古代知识分子的高尚情操。写诗就要写出自己的胸怀和情操,这样才能引起读者的共鸣,才能使人振奋。

毛泽东对杨继盛尊敬,呼其号,称先生而不名。他谈话里所引的"邑有流亡愧俸钱"乃唐苏州刺史韦应物七律《寄李儋元锡》中的一句。韦应物也被史书誉之为关心民间疾苦的好官,当然他也是一个高级知识分子。

李攀龙

诗求声调胜人
文陷聱牙戟口

　　李攀龙(1514—1570)　明朝诗人。山东历城(今山东济南)人,字于鳞。嘉靖进士。累官至河南按察使。善诗文,与王世贞、谢榛等结诗社,称"后七子"。有《沧溟集》等。胡应麟评为"高华杰起,一代宗风"(《诗薮》)。

　　李攀龙是明朝中期的诗人。毛泽东 20 世纪 50 年代才接触李攀龙的诗。尽管如此,毛泽东对李攀龙的诗却很重视,现存毛泽东圈点明诗人有八十六家,其中李攀龙名列魁首,有二十一首之多,其中有《怀明卿》、《和许殿卿春日梁园即事》、《黄河》、《怀子相》等。

　　1957 年,毛泽东与李攀龙大同乡、山东诸城人臧克家谈诗时,特别提到李攀龙。他说:我看李攀龙有些诗写得不错。关于李攀龙,我略知一点情况。(《光明日报》1977 年 9 月 17 日)1964 年 1 月,毛泽东就自己诗词中一些词句作解释,在解释《登庐山》七律中的"云横九派浮黄鹤"时说:"'黄鹤'不是指黄鹤楼。'九派'指这一带的河流,是长江的支流。明朝李攀龙有一首送朋友的诗《怀明卿》:'豫章西望彩云间,九派长江九叠山。高卧不须窥石镜,秋风憔悴侍臣颜。'李攀龙是'后七子'之一。明朝也有好诗,但《明诗综》不好,《明诗别裁》好。"(《毛泽东诗词集》第 258 页)明卿,即吴国伦,李攀龙的好友,也是"后七子"之一,时由京都遭

574

严嵩陷害贬官江西南康。据周世钊说，1971 年林彪事件后，毛泽东还将此诗的最后一句"秋风憔悴侍臣颜"，改了两字为"秋风憔悴叛徒颜"。

◎《明诗综》、《明诗别裁集》优劣

《明诗综》为明代诗歌总集，一〇〇卷。清朱彝尊选录，录存明诗人三千四百余人作品。朱为集其大成，故求全责备，所录诗作众寡悬殊，意在因诗而存其人，或因人而存其诗，而不在佳人佳作，于是收录复杂，良莠不齐。《明诗别裁集》为明诗选编，十二卷，清沈德潜、周钦合编，收录作者三百四十人，诗一千零十首。选编者编纂宗旨为（一）所录"皆深造浑厚，和平渊雅，合于言志永言之旨"；（二）选诗"始端宗旨，继审规格，终流神韵，三者具备，及登卷帙"；（三）"因诗存人，不因人存诗"；（四）本选编"欲上续唐人"。

海瑞

大红袍,小红袍
塑造一册清官谱

海瑞(1514—1587)　明代大臣。琼山(今属海南)人,字汝贤,号刚峰。早年任淳安(今浙江淳安)知县时,以政绩卓著称。曾在户部清吏司主事任上上《治安疏》,批评嘉靖帝迷信道教,下狱。获释后,以右佥都御史巡抚应天,疏浚吴淞江。后遭张居正等人排挤家居十六年。起用为南京吏部右侍郎,南京右都御史。百姓呼为"海青天"。有《海瑞集》。海瑞有自作联:"干国家事;读圣贤书。"又有自勉联:"三生不改冰霜操;万死长留社稷身。"后人著《海忠介公居官公案》有与海瑞肖像题联:"九重抗疏回天力;四海均徭盖世功。"海瑞曾遭多次罢官。吴晗剧作《海瑞罢官》写的是海瑞在应天巡抚任上因与徐阶斗争而罢官,其时嘉靖帝已死五年。

1930年3月,毛泽东在江西兴国与共青团县委萧华谈话,他翻着手中那本《兴国县志》说:比如这里收录海瑞的《兴国八议》,对我们了解兴国,就很有帮助,海瑞是广东琼州人,明朝嘉靖年间在兴国当县官。他很注重调查研究,他写的《兴国八议》对屯田、地利、隘所、赋税、站马船等都有独到的见解。在封建官吏中,是个能体恤民情的好官哪!(《毛泽东和他的麾下将领》,第10页)

海瑞此人,《明史》有传,在民间有"海青天"之誉,还有《海公大红袍》、《海公

576

小红袍》等公案小说流传于世,但他在中国历史上,并无多大建树和历史地位。

　　1959 年 3 月下旬,毛泽东在上海召开的中央政治局扩大会议期间,看了湘剧《生死牌》,剧演到结尾时海瑞出场,理清了冤案奇情,这引起了毛泽东对海瑞的兴趣。回到住处,毛泽东专心阅读了《明史・海瑞传》,他还对卫士长李银桥说:海瑞是个人物呢! 在封建社会里,他的官不算很大,也只是个专员或地委书记吧! 但他很有一身刚直之气,敢骂嘉靖皇帝,是要有些胆量的。这些话,在几天后紧接着召开的八届七中全会上毛泽东又作了发挥。他在会上提出要敢于讲真话,敢于批评他的缺点。毛泽东在讲话中,要求干部"要有坚持真理的勇气",不要连封建时代的人物都不如。他还号召要有海瑞批评皇帝的勇气。(《东方巨人毛泽东》,第 749 页)为此专门讲了海瑞的故事。毛泽东说:海瑞给皇帝的那封信,那么尖锐,那是很不客气的。海瑞比包文正不知道高明多少。广东出了个海瑞,很有荣誉。

　　据毛泽东兼职秘书李锐回忆:在八届七中全会最后的一天,即 1959 年 4 月 5 日,毛泽东作了一次长达三个来小时的讲话。在讲话中回顾"大跃进"一年多来的历程,提出了十六个问题。其中所讲的第十六个问题即党内批评。毛泽东借海瑞敢于冒死上谏的历史故事作了发挥。他说:现在搞成一种形势,不大批评我的缺点。你用旁敲侧击的办法来批评也可以嘛! 我送了《明史・海瑞传》给彭德怀同志看了。你看海瑞那么尖锐,他写给皇帝的那封信,那是很不客气,非常不客气。皇帝看了这封信丢在地下,然后又捡起来看一看,又丢到地下,然后又捡起来,想一想觉得这个人还是个好人,但是终归把他捉到班房里头,恨透了,准备把他杀掉。我们的同志哪有海瑞那样的勇敢。毛泽东在讲完海瑞故事后说:尽管海瑞攻击皇帝很厉害,对皇帝还是忠心耿耿的,应该提倡他那种刚正不阿、敢于直言的精神。并建议找一位研究历史的人写写这方面的文章。

　　同年 8 月 16 日,毛泽东在庐山召开的八届八中全会最后一天的全体会议上针对彭德怀等人又提到了海瑞,他说:"现在听说海瑞出在你们那个里头,海瑞搬了家了。明朝的海瑞是个左派,他代表富裕中农、富农、城市市民,向着大地主大官僚作斗争。现在海瑞搬家,搬到右倾司令部去了,向着马克思主义作斗争。这样的海瑞,是右派海瑞。我不是在上海提倡了一番海瑞吗? 有人讲我这个人又提倡海瑞,又不喜欢出现海瑞。那有一半是真的。海瑞变了右派我就不高兴呀,我就要跟这种海瑞作斗争。""我们是提倡左派海瑞,海瑞历来是左派,你们去看《明史·海瑞传》。讲我提倡海瑞,又不愿意看见海瑞,对于右派海瑞来说,千真万确。但不是左派海瑞,左派海瑞是欢迎的。如果不欢迎左派海瑞,不喜欢站在马克思主义的立场上来批评我们的缺点错误的这种人、这种同志,那么,就是错误的,就不是马克思主义的立场了。决议案上有一句话,对于那些站在正确的立场而批评工作的缺点的,这是完全应该保护的,应该支持的。这就是指的海瑞,左派海瑞。"(《毛泽东传》(下),第 1007—1008 页)在这里,毛泽东把开始讲的历史上的海瑞嬗化为古为今用、有现实政治含量的海瑞。

20 世纪 60 年代初,从不写剧本的吴晗写了《海瑞罢官》。在北京,由马连良主演。毛泽东还设宴招待马连良,称赞他演得好。但在 1965 年秋,毛泽东组织和发动了对《海瑞罢官》的批判。当年 9 月,他在一次谈话中说:《海瑞罢官》就是右倾翻案的产物。它的要害是罢官。彭德怀自称是今日的海瑞,敢于为民请命。二百多年前的海瑞敢骂皇帝,所以嘉靖罢了他的官。1959 年我们也罢了彭德怀的官。所以有人就借古讽今,替今日的海瑞招魂哪!同年 12 月 21 日,毛泽东在姚文元《评新编历史剧〈海瑞罢官〉》公开发表一个月后,与陈伯达、田家英等谈话时说:《海瑞罢官》的要害是罢官。嘉靖皇帝罢了海瑞的官。彭德怀是海瑞,我们罢了彭德怀的官。在此之后,全国新闻媒体还开展对清官的讨论,比如清官贪官比较,历史上有否清官。毛泽东也发表了己见,他在 1966 年 3 月 30 日在上海的一次谈话中在谈到历史剧《海瑞罢官》时说:历史上的清官,很难找到。还提及清官都是统治阶级吹出来的。

张居正

率礼由理易成佐世之功
知人之要在于治国之道

张居正(1525—1582)　明朝大臣。湖北江陵人,字叔大,号太岳。嘉靖进士。万历初为首辅,前后主政十年。整饬吏治,强化边备,改革漕运,丈量土地,定"一条鞭法",使国库渐丰,内外安谧。是明代废宰相后历朝最具强势的首辅。死后被诬劾,抄家。有《张太岳集》《帝鉴图说》。

20世纪初,梁启超在专著《中国古代六大政治家》中,列出管仲、商鞅、诸葛亮、王猛、王安石和张居正六人。他们都是权倾朝野、而又作出重大改革的政治家。其中张居正生活在明朝由低谷走向败落的阶段,他积极革新,解除朝中许多积弊,推行"一条鞭法",做出了有明一代许多人未能做出的成绩。

毛泽东很欣赏张居正的作为。1918年,毛泽东初至北京期间,和北京大学学生张圣奘(张新)相识。有一次在聊天时,毛泽东得知张圣奘乃是明朝大学士张居正的后裔,便对张说:你老祖宗是革新家,他丈量天下田亩,弄清了天下田亩,是一件很了不起的事,大家都高兴。只有江南绅士隐瞒庄田不完粮税才恨死他的。接着他又说道:你老祖宗做宰相很公正,改革弊政,赏罚分明,识用人才,用潘季驯治理淮河,启用戚继光镇守蓟州,使倭寇、俺答不敢侵犯中国,老百

姓过上安居乐业的生活。毛泽东对张居正的一生说得如此简洁、扼要,令张圣
类十分佩服。

早年毛泽东就读过张居正的著作。他在井冈山时期写的文章,后取名《星
星之火,可以燎原》八个字,应出自张居正《答云南巡抚何莱山论夷情》:"究观近
年之事,皆起于不才武职,贪赎有司及四方无籍奸徒,窜入其中者激而构搧之。
星星之火,遂成燎原。"

毛泽东读明人诗,对张居正诗也有兴趣,曾圈点张居正七律《舟泊汉江望黄
鹤楼》:

> 枫林霜叶净江烟,锦石游鱼清河怜。
>
> 贾客帆樯云里见,仙人楼阁镜中悬。
>
> 九秋查影横清汉,一笛梅花落远天。
>
> 无限沧州渔父意,夜深高咏独鸣舷。

晚年毛泽东也谈及张居正。1976 年 1 月 29 日,在北京中南海和毛远新谈
到总理人选时,他就提到了张居正,说:是哩,总理不在了,许多人都想坐这把交
椅,难免要搞些手脚。公元 1582 年那个明朝宰相张居正因病而死,礼部右侍郎
张四维为夺取相位,勾结大官申时行大搞阴谋诡计,上下串联,杀人数万,把个
神宗皇帝也逼得无可奈何,惶惶不可终日。(《邓小平在 1976 年》,第 45 页)

🔵 一条鞭法

明万历九年(1581),张居正在清丈土地基础上,下令在全国推行"一条鞭法"("条编
法")。它是自唐朝"两税法"后,中国赋税史上又一次大改革。内容有四:(一)统一役
法。一律征银,"摊丁入地";(二)田赋及其他土贡方物一律征银;(三)以县为单位计算
赋役数目。"量地征丁";(四)赋役银由地方官直接征收。它的实行使富户、权贵难以隐
产瞒丁,逃避赋税;小民产去税存的不合理也有减轻;避免贪官污吏从中巧立名目、敲诈
勒索,不少少地无地农民可减轻力役,有利于发展农业生产和资本主义萌芽。

戚继光

一年三百六十日
多在马上横戈行

戚继光(1528—1587)　明朝将领,军事家。山东蓬莱人,字元敬。世袭登州卫指挥佥事。调浙江剿倭,创建"戚家军"。用军常以少胜多。嘉靖四十年(1561),在台州抗倭,五战皆捷。他以四千孤军抗敌二万,歼敌五千五百人,自损不足千人。两度援闽获胜,又讨平广东倭寇,解除东南倭患。隆庆元年(1567),出任蓟州、昌平、保定三镇总理练兵事,在镇十六年。凡作战必胜,是中国古代罕见的常胜将军。后以老病回乡。有《纪效新书》、《练兵实纪》和《止止堂集》。近人萨镇冰有《题福州于山戚公祠联》:"威略直正岳家军,闽浙播讴歌;武穆千古,武毅千古;勋名上齐李丞相,湖山瞻庙貌,有宋一人,有明一人。"

毛泽东相当推崇戚继光。1932年初,毛泽东派程子华到宁都起义的红五军团去工作。谈话间,程子华在谈了自己学生时代敬仰戚继光,并以他为榜样,将来投笔从戎,打日本,报国家的话时,毛泽东很是称赞地说:好,好,少有大志,心有楷模,一定成功。1952年10月27日,毛泽东在济南考察期间,有一天谈到山东古今的英雄人杰,说:山东这块富饶的土地养育了炎黄子孙和众多的名人志士。他们为山东增光添彩,也为中国历史作出贡献。接着他又举了一系列人名,有孔子、孟子、左丘明、诸葛亮等十二人,其中惟一的沙场武将就是戚继光。

1954 年 1 月,毛泽东在杭州接见郭沫若率领的访日科学代表团时,当得知代表团成员葛庭燧是山东蓬莱县人时,立即脱口而出,说道:好地方嘛! 那里是仙境呢! 是八仙东渡过海的地方,历史上戚继光在那里抗击倭寇。

戚继光是从实践中不断成长、不断成熟的将军。他有非常丰富的军事经验。他认为凡战事必须力争主动,"明其出于法而不泥于法,合时措之宜"。戚继光后来把这些符合军事规律的思想,分别写进了《纪效新书》和《练兵纪实》中。毛泽东欣赏戚继光的兵法思想,也读过他的兵法著作。1965 年 1 月 23 日,在中共中央政治局常委扩大会议上听取国家计委第一副主任余秋里汇报制定第三个五年计划讲话和插话中说:"部队不要搞那些花花绿绿的东西,不要搞那些花样。戚继光在他著的《兵事要略》中早就讲到,不要搞那些只是好看的,要搞实际战斗能用的东西。"(《建国以来毛泽东军事文稿》(下),第 290 页)

🔵 《纪效新书》、《练兵实纪》

《纪效新书》是戚继光在浙江参将任上写的,是他训练将士、殄灭倭寇的总结,全书十八卷,将各项操练要点,列为条目,使学者易于领会和记忆,被后世称为军事学的通俗课本。《练兵实纪》是戚继光镇守蓟门、防御外侵时写的,他按塞上地势,拟定训练将士的各项条款,于伍法至营阵,都写有系统的叙述。全书分两论:前论九卷,后论六卷,时人有称:"今阅练兵硕画,凿凿皆老成将略,章程条贯,极为明备。将士非此无以通其志,营伍非此无以董其成。穰苴复出,亦当退舍。从此字字责实,分种考验,临敌用众,何往不利? 转弱为强,无出此书,真兵家上乘也。"(《练兵实纪公稿》)

李时珍

一代医家千年传
粪土当年万户侯

李时珍(1518—1593)　明朝医学家。湖广蕲州(今湖北蕲春西南)人,字东璧。自幼行医。好读医书,为纠正旧本草错误,不辞艰辛,跋涉远近,寻采草药,历三十年,读八百余种医书,写成《本草纲目》,为中国药物学巨著。

20世纪50年代初期,毛泽东关心传统医学,据警卫员沈同回忆:毛泽东对我国古代的一些医药学家,有深刻印象。从上古时期的神农氏,到唐朝的孙思邈,明朝的李时珍等伟大的医学家和他们深山采药、通尝百草、治病救人的感人事迹,他都了如指掌,经常谈论他们的巨大功绩。(《在毛主席身边的日子》,第40页)

毛泽东博学广读,他深知李时珍其人其事。50年代,在与保健医生谈保健养生之道时,谈到了中国茶的功能。毛泽东说:茶可以益思、明目、少卧、轻身,这些可是你们的药学祖师李时珍说的。

1958年10月5日,他在天津的一次谈话就稿费问题时说道:司马迁的《史记》、李时珍的《本草纲目》,都不是因为稿费、版税才写的。《红楼梦》《水浒》也不是因为稿费、版税才写的。这些人是因为有一肚子火才写的。《史记》是人文科学的巨著,毛泽东将《本草纲目》与它并提,也足证他对《本草纲目》评誉之高了。

李时珍编《本草纲目》，翻山攀岭、穷搜博采，阅书八百余种，用了近三十年功力方才完竣。这对讲究实践第一性、实践得真知的毛泽东看来，是一个成功的模式。1964年2月13日，毛泽东在召开的教育工作座谈会上，在历数那些"书读多了，就做不好皇帝"和批评"四体不勤、五谷不分"后，话题一转，提到了李时珍，他说：明朝李时珍长期自己下乡采药。

毛泽东历来提倡批判地继承、发扬祖国优秀文化，而《本草纲目》是一部医界必读的经典医书，因此早在1956年3月他在和医务人员的一次讲话中指出：在学习中应该把一些古代的经典性医学著作由专人翻译成白话文，印成古文与白话文对照本，以便于西医阅读学习，例如《本草纲目》就不好懂，不好在科学基础上理解，最好由一些有较丰富的自然科学知识的中医或懂中医的西医来讲。

（《毛泽东题词和联语记事》，第202页）

《本草纲目》

《本草纲目》是一部医药学巨著。英国达尔文誉之为"中国古代的百科全书"。1552年，李时珍开始修订传统的《本草经》(《神农本草经》)，经过阅读医学文献、调查访问、采集和炼制药物，结合行医试验，然后分析研究、编写草稿、反复修改，以近三十年时间，于1578年编写完成。1594年，李时珍死后一年，始得刻印。本书共五十二卷，记载有一千八百九十二种药物(《本草经》为三百六十五种)，分十六部分，每部又分为若干类，共六十类，各类下再分别列出所属药物名称，对每种药物又从八个方面作解说，共收录历代药方一万一千多个，其中李时珍亲手收集为八千一百余个，它纠正了历代"本草"相沿的讹误，研究和补充三百多种药物，汇集当时民间流传的有效药方8 000多个，绘制1 000多幅药物图，创造了当时世界上最先进的药物分类法(强调"析族、区类、振纲、分目"，按照"从微至巨"、"从贱到贵"的原则分类，体现了生物从低级到高级的进化论观点)。本书于1606年传入日本，1647年后译为拉丁文和法、德、英、俄等多种文字，对当时欧洲的药物学、植物学、矿物学和化学等都有影响。

汤显祖

百代宗师，雄才博学
唱遍神州，有《牡丹亭》

　　汤显祖(1550—1616)　明朝剧作家。江西抚州(今江西临川)人，字义仍，别号清远道人。万历进士。曾任浙江遂安县令。弃官回乡后，研精词典，专意著述，著有传奇《紫钗记》、《牡丹亭》、《南柯记》、《邯郸记》等。

　　明朝中叶有个大戏剧家，他就是和英国莎士比亚同时期，而且可媲美的东方戏剧家汤显祖。汤显祖写有传奇"临川四梦"。"四梦"中的《还魂记》即《牡丹亭》，其中最为精彩的一折，就是《游园惊梦》。

　　毛泽东很早就读了汤显祖著作。他后来解释自己写的词句"蚂蚁缘槐夸大国"，也就是典出"'大槐安国'，是汤显祖《南柯记》里的故事"。(《毛泽东诗词集》第262页)1938年4月，毛泽东在延安鲁迅艺术学院讲话中说：艺术作品要注重营养，也就是要有好的内容，要适合时代的要求、大众的要求。比如现在唱京戏，在戏报上已经看不见《游园惊梦》之类的东西了，因为那样的戏在今天卖不了座。在热血沸腾的全民抗日年代，更需要的是激励人心、呼唤救国的节目。但毛泽东的举例，却正说明汤显祖的《游园惊梦》等传统剧目在他心目中的定位和影响。

　　其实，毛泽东对汤显祖的剧作情有独钟。因此，当新中国创建之初，他经常观看汤剧。1953 年,梅兰芳在中南海怀仁堂主演他所拿手的昆曲《游园惊梦》。毛泽东观后,在怀仁堂的宴会上,对梅兰芳说:你扮演的杜丽娘,深刻而有诗意。1959 年 7 月,中共中央政治局扩大会议和八届八中全会在江西庐山召开,会议初期确实是名副其实的"神仙会"。白天开会,晚上休息、跳舞或听戏。毛泽东亲自点了几出传奇戏,其中一出就是《游园惊梦》。毛泽东对江西赣剧团演出的《游园惊梦》称赞不已,给了"美、秀、娇、甜"四个字的评语。后来,他和江西省委书记处书记方志纯谈及《游园惊梦》,满意地说:你们省赣剧团演的那个《还魂记》,我看了,演得很好嘛!它是明朝汤显祖写的。汤显祖是你们江西临川人,人称东方的莎士比亚。除了《还魂记》,还有《紫钗记》、《南柯记》、《邯郸记》,统称"临川四梦",写得都很好。你看过没有? 当他得知方志纯没有看过这些名作,又说:嗯! 历史书还是应该多看一看,包括这类古籍,很有意思。

"临川四梦"

汤显祖所创作的传奇《还魂记》(《牡丹亭》)、《南柯记》、《邯郸记》和《紫钗记》,都是以做梦为全剧关键,故合称"临川四梦",又名"玉茗堂四梦"。《牡丹亭》是写杜丽娘小姐和书生柳梦梅真诚相爱。杜丽娘怀春入梦,但佳梦不长,梦境难寻,至于身亡。柳梦梅拾得杜小姐画像,思慕不已,得杜小姐幽魂欢会,后冒险掘墓,杜小姐再生,几经周折,喜获团圆。《南柯记》据唐传奇《南柯太守传》,写淳于梦梦入蚁穴大槐安国,与公主结婚,富贵荣华,后被罢职遣归,梦醒。《邯郸记》据唐传奇《枕中记》,写卢生与吕翁遇于邯郸道上,卢生枕吕翁瓷枕入睡,梦中富贵荣华、迁摘、围捕等得失,醒后客舍主人所煮黄粱尚未熟呢。《紫钗记》据唐传奇《霍小玉传》,赞美李十郎与霍小玉坚贞爱情。此中《牡丹亭》表现了杜丽娘敢于冲破封建礼教束缚的大胆和热情,追求个性解放,其人物刻画、语言生动,在写意、谐趣、传神、绘色等都达到很高的艺术水平。所以明人沈德符说:"汤义仍《牡丹亭梦》一出,家传户诵,几令《西厢》减价。"

徐霞客

一双铁脚板
行程十万里

徐霞客(1587—1641) 明朝地理学家、旅行家。江苏江阴人,名弘祖。少好学,博览图经地志,不求功名,前后行走三十余年,遍及关内十七省,考察记录沿途自然地貌、水文气候、植被动物、风俗习惯、经济状况等,按日记写成《徐霞客游记》。

明朝末年江阴人徐霞客,自幼好学、博览图经和地志,用前后三十余年时间,行程关内十七省地域,就所见所闻,逐日作了翔实、科学的记录,写成《徐霞客游记》。徐霞客的精神和毅力对毛泽东有深刻影响。早在"五四"运动前夕,他在湖南组织新民学会期间,就向同侪提出游学,明确游学的目的,是求书本以外的知识,到社会大学读书;同时作社会调查,了解农村各种情况;还可以访友,发现有志青年。毛泽东要求大家学习徐霞客的毅力。

20 世纪 50 年代后期,毛泽东几次谈论徐霞客和《徐霞客游记》。1958 年 1 月 28 日,他在第十四次最高国务会议上讲话:"明朝那个江苏人,写《徐霞客游记》的,那个人没有官气,他跑了那么多路,找出了金沙江是长江的发源。岷山导江,这是经书上讲的,他说这是错误的,他说是金沙江导江。"(《毛泽东著作专题摘编》,第 2288 页)徐霞客靠两条腿跑路,通过实地现场考察,推翻了由书本到书本陈陈相因的旧说,找到了长江的确实源头,再次证实实践论的伟大。这正是毛泽东所提倡的。

1959 年 6 月,毛泽东在湖南长沙蓉园和省委书记处书记周惠谈话。毛泽东说:秀才死读书,读死书,读书死,这不行。还要学会读无字书,听无弦音。又说:明朝那个徐霞客是你周惠的老乡,江苏人,没有官气,跑了那么多路,做了大量调查研究,终于否定了《禹贡》的"岷山导江"的定论,提出"金沙江导江"的科学论断。毛泽东再次谈到徐霞客"没有官气"。他赞同徐霞客一生不求科举、不寻仕途的举动。

读其书,思其事。也许是受徐霞客的影响,1959 年 4 月,毛泽东在辞去共和国主席后的中共中央一次全会上,在讲话中立下了这样一个志愿:如果有可能,我就游黄河、长江。从黄河口子沿河而上,搞一班人,地质学家、生物学家、文学家,只准骑马,不准坐车。骑马对身体实在好,一直往昆仑山,然后到猪八戒的那个通天河,翻过长江上游,然后再沿江而下,从金沙江到崇明岛。我有这个志向,现在开支票,但哪一年兑现不晓得。我搞这个事,国家的形势也可以搞,可以开会,走在途中,要开会就开会,或郑州或武昌等等。我很想做徐霞客。徐霞客是明末崇祯时江苏江阴人,他就是走路,一辈子就是这么走遍了,中心点,主要力量在长江。有《徐霞客游记》可以看。毛泽东抒发志愿,不是说说。以后有关部门确实作了筹备,而且还饲养了一匹雄骠白马供他骑坐哩!

◉ 《徐霞客游记》

徐霞客自明万历三十五年(1607)至崇祯十三年(1640),先后三十余年旅游、考察中华大地,足迹东至普陀、北抵燕冀、南涉粤闽、西北直攀太华之巅、西南远达云贵边陲,遍及关内十四省。在旅途中,徐霞客将观察所得,按日记载。这些旅行日志四十余万字,在他去世后被整理成册为《徐霞客游记》。

冯梦龙

金戈铁马今已矣
惟有诗书传后世

　　冯梦龙(1574—1646)　明末小说、戏曲家。长洲(江苏苏州)人,字犹龙。贡生,曾任福建寿宁知县,擅长编写小说词曲。辑有明代话本集《喻世明言》、《警世通言》、《醒世恒言》,改写小说《平妖传》、《新列国志》;著述有《智囊》、《古今谭概》等。

　　毛泽东很喜欢读中国传统章回小说。其中一部即是《东周列国志》,是明朝晚年苏州才子冯梦龙在《新列国志》基础上再加工而成的。毛泽东在少年时代就读过这部百回小说。

　　毛泽东很喜欢讲《东周列国志》故事,以古喻今。1937年8月,洛川会议后,他常喜与郭化若谈天说地,引经据典。有次,还就民众的威力,说道:抗战就必须发展群众,建立根据地。说到此,我想起一个典故,说的是公元前628年冬,秦国将领孟明视、西乞术、白乙丙率军从都城出发图谋攻打郑国。一天早上,路经晋国崤山,入滑国,忽有士兵来报,郑国使者求见。孟明视一惊:郑国怎知我军到此,难道他们已知我要攻打他们不成? 正疑虑之时,那使者已到面前。只见他彬彬有礼,并献上十二条牛,四张牛皮。说鄙人叫弦高,敝国国君听说贵军路经此地,特派我献上这份薄礼,并要求我们盛情款待,保证贵军安全。来者

589

一席话,唬住了孟明视,心里想道:不得了,郑国已作好充分准备,我们去攻打,岂不是白白送死? 他强装笑容,打发走那个使者,迅速率军撤回秦国。孟明视哪里知道,此人并非什么使者,而是一个牛贩子,贩牛途中听说秦国欲攻打本国,一面请人报告郑王,一面冒充使者,与侵略者周旋,吓走了侵略者。很显然,这则故事说明了一个道理,只要把人民群众发动起来,就等于筑起了钢铁长城。(《毛泽东和他的麾下将领》,第 171 页)

1959 年底,毛泽东在讨论苏联《政治经济学教科书》(第三版)时插话,谈到了这部书的文化价值:《东周列国志》值得读一下。这本书写了很多的国内斗争和国外斗争的故事,讲了很多颠覆敌对国家的故事,这是当时社会的剧烈变化在上层建筑方面的反映。这本书写了当时上层建筑方面的复杂的尖锐的斗争,缺点是没有写当时经济基础,当时的社会经济的剧烈变化。(《党的文献》1994 年第 5 期)从历史唯物观视角评说《东周列国志》,毛泽东堪称第一人。

毛泽东也从《东周列国志》谈到国际共运。1960 年 5 月 20 日,在杭州与刘少奇等谈赫鲁晓夫的反革命两手,说:"因为这个干涉内政问题,就引起我再看一遍《东周列国志》。《东周列国志》中就是外国干涉内政相当多,多得很。我专看这一条,专找外国怎么样干涉内政。从去年十月革命节以后,在南昌,在火车上,就开始看。"(《毛泽东年谱(1949—1976)》(四),第 400 页)

《东周列国志》叙事井井有条,盎然生趣,且主线条无误,件件事出有据,大小角色十之九八几无虚构,这大概也是毛泽东爱好所在。1960 年,毛泽东颇有兴趣地读了整套《东周列国志》连环画,由此引起他又读了一遍《东周列国志》的兴趣。翌年 6 月 23 日,他在广州中央工作会议上说:"《东周列国志》基本上是正确的,按照《左传》编写的。写这本书的是民间一个作家。"(《毛泽东著作专题摘编》,第 2396 页)又说:我也对照了《左传》,完全正确。可让你们的秘书去找这本小人书。(《瞭望》1991 年第 95 期)这本小人书,就是指连环画《东周列国志》之一《城濮之战》。

毛泽东早年就读过冯梦龙辑的"三言",对很多故事记忆犹新,1935 年遵义会议后,毛泽东和朱德等人到达赤水河畔茅台镇。他们在喝茅台酒时,毛泽东接着朱德的说茅台酒话后说:玉阶兄说对了,到了名酒出产地,无人不贪杯。啊! 当年李白喝了酒,皇帝派人把他叫来,要他写一封回复西域少数民族的来信。传说当时只有李白懂得这种文字。李白高傲极了,要皇帝身边的要人给他磨墨,给他脱靴,他盘腿坐在席上,趁着酒意,便洋洋洒洒地挥洒起来。以后就传出一个李白"醉写蛮书"的故事。(《战争绝唱》,第 210 页)这出"李白醉写蛮书"故事就见自《警世通言》第九卷《李谪仙醉草吓蛮书》。

1963 年 11 月 5 日,毛泽东在杭州游西湖,见到南屏山下摆放着许多盛开的菊花。他说:菊花欺霜傲雪,自有她的骨气,但是,菊花也有遇秋风雨落瓣的时候,实在是因地而异呀。他又对张玉凤说:王安石和苏东坡的故事,你是晓得了,这其中说明了一个道理:为人第一谦虚好,学问茫茫无尽期。(《历史的真知——"文革"前夜的毛泽东》第 301 页)王安石苏东坡菊花故事,见《警世通言》第三卷《王安石三难苏学士》。内称苏东坡自持聪明,与王安石颇多讥诮。他读王安石《咏菊》诗,有"西风昨夜过园林,吹落黄花满地金",以黄花(菊花)开于深秋,大有错误,续诗以"秋花不比春花落,说与诗人仔细吟"。王安石由此贬其为黄州团练副使。盖黄州菊花落瓣在深秋也。至时,苏东坡目睹方才信服。

知书论人。毛泽东从一个侧面称赞了冯梦龙,引起读冯梦龙书的兴味。1963 年 1 月,章士钊托章含之捎来一套《智囊》线装书。这是冯梦龙从各种史书以至笔记小品编辑出来的"聪明人百科全书",不少条目后,编者也有按语,谈自己看法。毛泽东很喜欢读它。在若干条目天头,还作了眉批,有赞同、有批评、有商榷,寥寥数字数十字,处处散发出睿明的史识。

在该书《上智部·通简》"朱博"条,汉刺史朱博诛杀教唆民众聚会的小吏;而对立功自赎的大款和能坦白取诚的功曹则许以改过,分别批语是"此吏亦可不杀,教以改过,调改他职可也","使人改过自效"。(《毛泽东读文史古籍批语集》,第 53、54 页)在该书《明智部·经务》"徐阶"条,就明臣徐阶提出又为冯梦龙认同的守令亦须有军权,很为赞赏,批语是:"莫如今之军区党委制。党政军民统一于党委。"(《毛泽东读文史古籍批语集》,第 57 页)在《捷智部·应卒》"张恺"条,明监生张恺在江陵令仕上迅捷解决督运大难题,批语:"小知识分子有用。"(《毛泽东读文史古籍批语集》,第 62 页)《求智部·谬救》,冯梦龙称赞宋刺史李允则守边,经常平易地与民众交谈,以此获得大量信息是"即此便是舜之大智",毛泽东亦颇认同,批语称李允则是"调查研究,平等待人"。(《毛泽东读文史古籍批语集》,第 64 页)《闺智部·贤哲》"婴母、陵母"条,秦末陈婴母劝子不要做反秦带头人,跟着走就是了;王陵母被项羽扣为人质,传话给儿子须与汉王刘邦忠心不贰,冯梦龙对此大为赞赏。说:"婴母知废,胜于陈涉、吴广、田横、英布、陈豨诸人。陵母知兴,胜于亚父(范增)、蒯通、贯高诸人。"毛泽东的批语只有两个字："废话。"(《毛泽东读文史古籍批语集》,第 70 页)他大概是认为冯梦龙真是书生之见,太迂腐了。

毛泽东对《智囊》批语多多,是我们现在所见批语最多的一部古代杂书。

 "三言"

冯梦龙的《喻世明言》、《警世通言》和《醒世恒言》,合称"三言",用以劝喻世人、警诫世人和唤醒世人。"三言"是据一百二十种宋元明话本小说加以改编而分册刊印,在改编时,冯梦龙做了去芜存精的遴选,按章回体,并作了文字修饰,每部四十篇,共一百二十篇。故事取材有出自史传或唐宋文言小说,有属于民间故事。小说反映了当时社会各个阶层不同的生活侧面,尤其是对市民生活有更多的描绘,很多内容是研究当时社会经济史的生动材料。

李自成

成了了不得
不成不得了

李自成(1606—1645) 明末农民运动领袖。陕西米脂人。崇祯二年(1629)参加闯王高迎祥部。高被俘杀,被拥戴为闯王。崇祯十一年,兵败,率十八骑躲避入商洛山中。两年后,复起,提出"均田免粮"等口号。占西安,建国大顺,年号永昌。1644 年,攻占北京。后与吴三桂及清军战于山海关,失利,撤至陕西,因清兵追赶,退武昌。翌年,在通山(今湖北通山)九宫山遭伏击,为地方民团杀害。一说未死,退隐石门(今属湖南)夹山灵泉寺为僧。不可信。

两千年的中国封建社会,前后爆发过大小数百次的农民运动,也出现和锻炼了很多杰出、优秀的领袖人物,李自成就是其中的佼佼者,他始终保持艰苦朴素的生活作风,不以落后愚昧的宗教外衣来号召、组织群众。受到了毛泽东的高度评价。

老百姓都称赞李自成

有清以来二百年,李自成被贬为"流寇"、"闯逆",累遭谩骂,这是历史的颠倒。毛泽东为恢复李自成的名誉大声疾呼。早在 20 世纪 20 年代,毛泽东就赞美李自成和他的事业。1921 年,毛泽东作农村考察来到湖南衡阳,给省立第三师范学生作了《中国历史上农民战争问题》的讲演,向学生介绍历史上的陈胜、吴广、黄巢、李自成、张献忠、洪秀全等农民起义领袖的事迹,总结农民起义的经验教训。1926年,他在广州农民运动讲习所讲课时详细介绍了历史上若干农民起义领袖的事迹,其中说及李自成:当时陕省大饥,自成乘机而起,至山西、张家口、南口、土木堡等处,后至北京,卒为清兵所败……后被吴三桂引清兵入关,追至无路可走。这可见李自成是代表农民利益的。不过他们的举动,多为暴动,以其失败之主要原因也。毛泽东以唯物辩证历史观,正确地阐述了李自成,并定之于"农民领袖"的定位。

陕北米脂是李自成的家乡。1935年,当毛泽东、周恩来率中央红军到达陕北,救出了受到囚禁的刘志丹等人时,刘志丹等感谢党中央拯救了陕北革命,拯救了他们。毛泽东触景生情,在谈话里说:陕北这个地方,在历史上是有革命传统的。李自成、张献忠就是从这里闹起革命来的。这地方虽穷,但穷则思变,穷就要闹革命嘛!(《领袖与百姓——毛主席在陕北的足迹》,第20页)在陕北期间,毛泽东多次谈到李自成,夸奖李自成的人品:我们历来的造反领袖,后来都腐化了,做了皇帝的都不行了,但李自成本人始终是好的,老百姓都称赞他,因为他代表农民利益向地主阶级造反。(《毛泽东读书笔记解析》,第1140页)1944年,毛泽东读了由李鼎铭推荐的《永昌演义》修改稿,经评阅后,给李鼎铭写了一封信:

鼎铭老先生左右:

　　《永昌演义》前数年为多人所借阅;近日鄙人阅读一过,获益良多。并已抄存一部,以为将来之用。作者李健侯先生经营此书,费了大力,请先生代我向作者致深切之敬意。此书赞美李自成个人品德,但贬抑其整个运动。实则吾国自秦以来两千余年推动社会向前进步者主要的是农民战争,大顺帝李自成将军所领导的伟大的农民战争,就是两千年来几十次这类战争中的极著名的一次。这个运动起自陕北,实为陕人的光荣,尤为先生及作者健侯先生们的光荣。此书如按上述新历史观点加以改造,极有教育人民的作用,未知能获作者同意否?又健侯先生近来健康如何,能来延安一游否?统祈转致健侯先生为祷!敬颂大安

　　　　　　　　　　　　　　　　　　　　　　　毛泽东

　　　　　　　　　　　　　　　　　　　　　　　四月二十九日

(《毛泽东书信选集》,第230—231页)

《永昌演义》是一部历史章回体小说,"永昌"是李自成称帝时所用年号。作者从正杂史、方志等古籍以及民间搜集传闻,订正谬误、考证真伪,务求翔实,在初稿写成后,又作了六次修改始而定稿,全书四十回,三十四万字。《永昌演义》第四十回结尾有七律一首,为李自成作总结:"英雄一代起飘萍,大块空留百战身。捣碎乾坤惊日月,踏翻宇宙走雷霆。时来作恶天还怕,运去看经佛不灵。事变尽随流水去,禅房梦醒夹山青。"毛泽东通过读《永昌演义》,高度评价李自成,且进一步提出李自成故事,对今人是有教育作用的。

1984年,《永昌演义》以李健侯别名李宝忠为作者署名,由新华出版社出版。

把《甲申三百年祭》,当作整风文件看待

毛泽东非常懂得用历史故事作为教育、启示干部群众的教材,他成功地引用了李自成失败的惨痛教训来教育全党务必要戒掉骄傲这个毛病。1944年,郭沫若为纪念李自成农民军进入北京三百周年,写了史论《甲申三百年祭》,论述农民军进入北京后,因为刘宗敏、牛金星等主要将领谋臣生活腐化,又产生宗派倾轧导致农民军退出北京,一蹶不振的过程。此文在重庆《新华日报》分四次连载。毛泽东仔细地读了《甲申三百年祭》,指示延安《解放日报》全文转载,并决定把它作为整风文件,供党内学习,且在延安和各敌后根据地普遍印发。他还在4月12日作《学习和时局》的报告中指出:"我党历史上曾经有过几次表现了大的骄傲,都是吃了亏的。""全党同志对于这几次骄傲、几次错误,都要引为鉴戒。近日我们印了郭沫若论李自成的文章,也是叫同志们引为鉴戒,不要重犯胜利时骄傲的错误。"5月20日,毛泽东在谈及国家命运时,再次指出:"首先是高级领导同志,无论遇到何种有利形势与实际胜利,无论自己如何功在党和国家,德高望重,必须永远保持清醒与学习的态度,千万不可冲昏头脑,忘其所以,重蹈李自成的覆辙。"(《毛泽东历史笔记解析》,第376页)在毛泽东带动下,延安和其他各敌后根据地掀起了学习《甲申三百年祭》的高潮,文化宣传部门还分别编导、演出平剧《闯王进京》(马少波)、《甲申记》(夏征农)、《九宫山》(李一氓)和《李自成》(梁斌)等对干部群众作立体的形象教育。半年后,即11月21日,在中共六届七中全会开会期间,毛泽东写信给在重庆的郭沫若,内中称:你的《甲申三百年祭》,我们把它当作整风文件看待。小胜即骄傲,大胜更骄傲,一次又

一次吃亏,如何避免此种毛病,实在值得注意。

我们决不能当李自成

据薄一波回忆,早在 1949 年中共中央七届二中全会召开前夕,毛泽东和他谈话,就谈了郭沫若写的《甲申三百年祭》。他说:我们不能像李自成进北京,一进城就变了,这个时期,毛主席和中央其他几个领导同志多次谈到这个问题。有一次毛主席当着中央和大区的一些同志的面说,新中国快要成立了,我们这些人将来都是要上历史的,不能像李自成那样,要约法几章。(《进京赶考——中共五大书记》,第 297 页)同年 3 月,新中国建立前夕,毛泽东在中共中央七届二中全会上就工作重心转向城市时,又次提到了李自成,他说:我们就要进北平了,可不能像李自成进北京,他们进了北京就变了。我们共产党人进北京,要继续革命,建设社会主义,直到实现共产主义。又说:新中国建立后,很多人要做官,不管当多么大的官,都是为人民服务,要努力奋斗,不要以为当官了,就不愿再过艰苦生活了,那样就同李自成差不多了。(《缅怀毛泽东》上册,第 98 页)

1949 年 3 月,在离西柏坡赴北平行前,毛泽东又对同行的周恩来等人感慨道:今天是进京"赶考"的日子,希望考个好成绩。并表示:我们决不当李自成。(《史林智慧琐谈续三》,第 129 页)

据毛泽东卫士长李银桥回忆:在进北平城前,有一天毛泽东问我:银桥,要进城了,你准备得怎么样啊? 东西都收拾好了,随时可以行动。这里呢? 毛泽东指了指我的太阳穴,见我不解其意,便又说:小心,不要中了资产阶级的糖衣炮弹,不要当李自成。(《走向神坛的毛泽东》,第 140 页)据说,在毛泽东由西柏坡赴北平的前夕,抽了一夜烟,想了一夜李自成。3 月 23 日,毛泽东离开西柏坡这天,他打破惯例,起得很早,信步走出屋子,转身问几个警卫员:知道历史上有个李自成吗? 有个警卫员说:知道。他又问:他为什么进了北京,又失败了,被人家赶了出来呢? 警卫员们回答不了。毛泽东给他们就讲起了李自成打进北京后骄傲自满,最后失败的故事。讲完后问大家:你们说,我们要不要当李自成呢? 警卫员异口同声说:"不当李自成,我们是共产党领导的队伍,还有主席亲自掌舵。"毛泽东又说:北平可厉害呀,什么人都有,还有人哄你,给你吃带糖皮的炮弹,吃到肚子里才炸开呢。你不当李自成,人家会逼你当呢。警卫员回答:"我们时刻防着呢!"毛泽东语重心长地接着说:进了城,我们就正式管理这个国家了,更要多为人民着想。李自成胜利了就忘记了人民,不然他是不会失败的。
(《开国沧桑》,第7—8页)最后毛泽东说:进京赶考去! 我们决不当李自成,我们都
希望考个好成绩。(《走向神坛的毛泽东》,第140页)在去北平的路上毛泽东又同周
围人员谈起李自成:以前有个叫马世奇的人说,治张献忠易,治李自成难,什么
缘故呢? 因为人们都怕张献忠,他爱杀人,失掉了民心。李自成就高明,善得民
心,老百姓都愿意跟着他,唱歌道:"盼闯王,迎闯王,闯王来了不纳粮。"虽然他
胜利后失败了,进了北京就糊涂了,失掉了民心,他的长处我们也要时刻记住。
(《开国沧桑》,第44页)翌日,毛泽东路过保定,在河北区党委书记林铁、军区司令员
孙毅陪同的午宴上,他又提到了李自成:我们要进北平啦,有一个人我想了很久
很久,历史上不是有个李自成吗? 他进了北京,失败了,被人家赶了出来! 周恩
来插话:这是一个历史的悲剧,给后人留下了沉痛的教训。毛泽东说:李自成是
农民领袖,揭竿领兵,前仆后继,好不容易取得了胜利,一骄傲就失败了,连他自
己的性命都没有保住,我们可不要当李自成呀! (《名将孙胡子》,第230—231页)

　　在途中,毛泽东又提到《甲申三百年祭》说:这仅仅是说了个开头,这篇文章
是要永远读下去的。据毛泽东的卫士回忆,"在从涿县到北平的火车上,主席还
讲不要做李自成。到了香山,主席又说不要做李自成。"(《史林智慧琐谈续三》,第
129页)

　　新中国成立后,毛泽东仍常谈李自成。

　　1950年3月,毛泽东自苏联回国后在听到韩桂馨说及有个领导干部在香
山为自己盖了一栋二层小楼后,翌日就把他找来,大吼道:你的派头真不小呢!
我看你和过去的帝王将相差不多了。我早讲过进城以后不要学做李自成,你为
什么装傻。毛泽东盛怒骂道:我们共产党员是为人民服务的,不是来这里享受
的,更不允许贪污腐化,这样下去就成了李自成了! 他同意在座的周恩来、聂荣
臻所说,一定要严肃处理,决不宽贷。(《黑龙江晨报》,转引《书刊报》2006年第4期)
1951年12月公审大贪污犯刘青山、张子善大会前夕,毛泽东又对周围人员说:
我们坚决不做李自成! 我不想做李自成。谁想做刘宗敏、牛金星、刘青山、张子
善便是前车之鉴。(《知情者说》第二辑之六,第14页)1953年2月,毛泽东在南京参
观当年紫金山太平天国天堡城遗址,再次触动对李自成失败的感叹,说:我们要
吸取李自成进北京的教训。又说:在西柏坡时,我就要大家看《闯王进京》,看来
这出戏今后还要看。(《历史的真言——李银桥在毛泽东身边工作纪实》,第560页)

毛泽东晚年有时还谈起李自成。1971 年 1 月,他和米脂籍摄影记者杜山谈话时就说:米脂风光好,出皇帝。李自成就是你们米脂人。他也是个汉子,看来,米脂也出汉子嘛!《《红墙内外的瞬间》,第 67 页)

⚫ 李自成在北京

李自成自明崇祯十七年(1644)三月十九日打进北京,至四月三十日退出北京,一共只在北京停留了四十一天,若除去东征山海关一度离京的十四天,在北京只有二十余天。在北京期间,李自成住在明皇宫,高级将领分据明诸勋戚、权贵府第,重要文官亦多占据富户、巨室,兵马入城,分住民舍,许多街道、胡同皆住满。李自成下令将部分宫女分赐给有功诸将,作为酬功之赏,又以刘宗敏、李过等主持对在押明勋戚、官员的追赃拷问,在东征前夕,诛杀多人。各被杀勋贵家的妇女,俱按册分配给各营。

⚫ 李自成兵败如山倒

李自成自山海关惨败,退出北京城后,军势便一蹶不振,一败于庆都,二败于定州,三败于真定。退守西安,组织力量。半年后,清军追击,在怀庆(河南沁阳),击溃大顺军反攻部队,又在潼关四战四捷,把李自成亲率的几十万大军打得大败。李自成不敢再战,放弃西安,西南走襄阳、武昌。

从山海关惨败到武昌期间,李自成大军与追军几乎从未打过一次好仗、硬仗,所率人马逢敌即败,不战即散即降,军无斗志,几十万大军常常被少于他的十倍、百倍的追军打垮,兵败如山倒。

清军夺得武昌后,继续紧追,李自成大军在兴国(湖北阳新)东的富池口和桑家口,又再次惨败,大将刘宗敏被俘杀,军师宋献策投降。李自成率残部西走,他本人在与大军失散探路时,在通山九宫山为民团杀害。

牛金星 刘宗敏

左臂右膀羽翼大顺
骄者生奢祸国害己

　　牛金星　明末卢氏(今河南卢氏)人。举人。崇祯十四年(1641)投李自成,颇见信任。李在北京称帝,封天佑殿大学士,以宰相自居,倾轧夺权,于西撤途中,逃离返乡,依附降清做官的儿子,后即为清顺民。

　　刘宗敏(? —1645)　明末蓝田(今陕西蓝田)人。铁匠,早年随李自成。英勇善战,封一品权将军,总揽军队。李称帝,封汝侯,主持拷掠索饷明降官。后东讨吴三桂时负伤,在西撤至九江途中,被清追军俘杀。

1949 年春,毛泽东进北平前夕。经常说李自成,也说及李自成左臂右膀的重要助手:权将军刘宗敏、丞相牛金星。

　　此时,中国革命即将胜利,毛泽东几次三番要大家重视、接受李自成进京后的失败教训,也说了刘宗敏、牛金星的骄横、刚愎,不讲政策,误了建国创业的根本大事。1949 年 3 月 23 日,毛泽东清晨就要离西柏坡上北平了,他和警卫员们闲谈李自成故事,也谈了牛金星和刘宗敏。说李自成进京后,他的丞相牛金星张罗着登基大典,将军刘宗敏忙着刮地皮,严刑杀人,不讲政策了。当官的只知道享受,当兵的也吃喝玩乐。他们骄傲了,完全不顾北边还有清兵入关。明朝的将军吴三桂投降了清朝,领着清兵打进关来。他们还不赶紧抵抗。牛金星还在那里讲排场摆阔气,他是大轿门棍,洒金扇上贴内阁字,玉带蓝袍圆领,往来拜客,遍请同乡。刘宗敏也是一味蛮干,弄得北京城鸡飞狗跳。那还不失败?!第二天,毛泽东一行路经保定。他又对河北区党委书记林铁、军区司令员孙毅将军等说及李自成兴衰成败故事。再次批评牛金星、刘宗敏:他的丞相牛金星张罗着登基大典。大将军刘宗敏不讲政策,胡乱杀人。

李自成率部攻克北京、灭亡明朝后,牛金星自以为文臣之首,忙于李自成的登基大典以修饰太平盛世,倾轧压制同僚;刘宗敏则拷掠降官,实行大抄家,还将将士分散住进大小民户,军民混杂,致使军纪败坏,引起民众愤懑。毛泽东多次对他们严加指谪,劝告人们不要学习他们。

1950年2月28日,毛泽东访苏归国途中路经沈阳。严厉批评了地方上大吃大喝的行为:我在哈尔滨提过不要大吃大喝,到沈阳一看比哈尔滨还厉害。我和恩来不是为了吃喝,搞那么丰盛干什么? 接着又愤愤地说:你们要做刘宗敏,我可不想当李自成啊!中央三令五申,要谦虚谨慎,戒骄戒躁,要艰苦奋斗,你们应作表率……(《毛泽东指点江山》,第1100页)1951年12月下旬,毛泽东在公审大贪污犯刘青山、张子善大会召开前,再次说到牛金星、刘宗敏。他说:我们坚决不做李自成!我不想做李自成,谁想做刘宗敏、牛金星,刘青山、张子善便是前车之鉴。(《知情者说》第二辑之六)

毛泽东还认为刘宗敏是直接诱导吴三桂勾引清军、致使大顺国覆灭的祸首。1954年4月,他在登临山海关,说及清军入关故事时谈到刘宗敏,认为:李自成原本能招降吴三桂的。可是事情坏在刘宗敏的身上了。刘宗敏是李自成的一员大将,进北京后,就将吴三桂的爱妾给掳走了。

李自成部重要干部档案

姓 名	官 爵	经 历	下 落	附 注
田见秀	泽侯权将军	李自成征北京,留守西安,后随李自成退扎湖北	顺治二年(1645)被招抚,旋又反,又降,被诛杀	军制:一品权将军,二品制将军,三品果毅将军,四品威武将军。权将军总统中、左、右、前、后五营,各营设制将军

姓　名	官　爵	经　　历	下　　落	附　　注
刘宗敏	汝侯权将军	陕西蓝田铁匠,早年随李自成入商雒山中,此后不再脱离	顺治二年(1645)在九江桑家口兵败,被俘杀	
贺锦	岳侯中营制将军	称左金王或争世王,为革左五营主要领袖	率军西征在青海西宁战死	曾作李岩,但李岩实无其人
刘芳亮	磁侯左营制将军	李自成征北京,以偏师出保定配合夹击;在潼关战败,退扎湖北	围攻荆州失败、战死,野史有称后在甘肃聚众抗清	
谷可成(谷英)	蕲侯前营制将军		撤出北京后,在望都被吴三桂追军俘杀。	
袁宗第	绵后右营制将军		顺治二年(1645)八月被清军招抚,后又在夔东抗清,战死	
李过(李锦、李赤心)	后营制将军	李自成侄。李自成败,与高一功和南明联手	病死	由义子李来亨继统余部在茅麓山抗清
刘体纯(刘二虎)	右营果毅将军	为夔东十三家推为领袖,与李来亨等坚持抗清	兵败,战死	
牛金星	天佑殿大学士,为文官之首	李自成由长安南走,在湖北途中脱离		
宋企郊	吏部尚书	李自成由长安南走商州,中途失散		
宋献策	军师		顺治二年(1645),九江桑家口战败被俘,降	
杨承裕	礼政府侍郎	原明钦天监博士,为李自成创设官爵名号		李自成西安建国,文官设尚书、侍郎,从事
顾君恩	兵政府从事	在襄阳为李自成策划:先取关中,攻取山西,再向京师。李自成由长安南走,中途脱离		野史作随李自成石门出家,不可信

侯方域

圣朝特旨试贤良
一队夷齐下首阳

　　侯方域(1618—1655)　　明末清初文学家。河南商丘人,字朝宗。明末组织复社,抨击阮大铖罪行,一度赴扬州史可法幕府。时与方以智、陈贞慧、冒襄共称为"四公子"。入清后,应河南乡试。时人有诗调侃:"圣朝特旨试贤良,一队夷齐下首阳。家里安排新雀帽,腹中打点旧文章。当年深自惭周粟,今日翻思吃国粮。非是一朝忽改节,西山薇蕨已精光。"有《壮悔堂集》、《四忆堂诗集》。

　　毛泽东很重视民族气节。

　　1939年1月17日,他在关于研究民族史给陕北公学何干之教授信中说:"你的研究民族史的三个态度,我以为是对的,尤其是第二个态度。如果在你的书中证明民族抵抗与民族投降两条路线谁对谁错,而把南北朝、南宋、明宋、清末一班民族投降主义者痛斥一番,把那些民族抵抗主义者赞扬一番,对于当前抗日战争是有帮助的。"(《毛泽东书信选集》,第136—137页)

　　此处所指的民族投降主义者有一个就是侯方域。

　　侯方域是明末的大文人,因与复社同侪痛责阮大铖误国,闻名于世,但他在明亡后却参加清乡试。在抗日战争时期,毛泽东借史喻今,称侯方域的作为是为时人所不齿的。

当时在延安的田家英在 1942 年 1 月 8 日《解放日报》上发表了《从侯方域说起》一文。毛泽东读了这篇杂文,颇为赞赏作者文笔的深沉老练,特地找了田家英谈话。田家英在杂文里以侯方域为例,指出:"一个人,身经巨变,感慨自然会多的,不过也要这人还有血性、热情,不作'摇身一变'才行,不然,便会三翻四覆,前后矛盾。"又说:"况且过去束奴的奴才已经成为奴隶,向上爬去原系此辈常性,也就不免会企望龙门一跳,跃为新主子的奴才。'后之观今,亦犹今之视昔'。近几年来我们不是看得很多:写过斗争,颂过光明,而现也正在领饷作事,倒置是非的作家们的嘴脸。"毛泽东说这篇杂文立论正确,旗帜鲜明,切中时弊,有气魄,有锋芒,文字也是好的。他指出:抗日战争进入相持阶段,很需要这样的文章,给大后方那些因看不见国家前途而消极悲观、空虚颓废的人,抽一鞭子,促使他们猛省,不要倒退。毛泽东也指出了这篇文章不足之处,在于没有明确点出侯方域的政治本质。侯方域反对阉党余孽阮大铖,本来是动摇的,他还不如那个秦淮歌女李香君。后来,他赴清朝的乡试,中了副榜,为清朝官府镇压农民起义出谋划策。从动摇派走向投降派,这是他必然的归宿。现在,在抗日阵营中,类似侯方域那种清谈抗战高调、骨子里要投降者,大有人在。他对侯方域的认知,真堪称入木三分,一针见血。

毛泽东虽耻于侯方域的所为,但对侯的文才还是赞赏的。早年,他就熟读侯方域的《壮悔堂集》诸文。侯方域文思飘逸,很令他叹服。今天我们仍能从残存的 1913 年《讲堂录》中,读到毛泽东所记的文字,如"侯朝宗生长世家,善属文",以及清江藩《国朝汉学师承记》所记黄宗羲对侯的议论,所谓"黄梨洲曰:侯公子自不耐寂寞耳"。也许是毛泽东对《壮悔堂集》的《书黄子久画后》、《谢安论》尤感兴味,《讲堂录》还写有《书黄子久画后》里的文字:"天下之道,未有见之不真,蓄之不厚,而可以苟为之者"。"呜呼,天下容有习且熟于其真,而举而为之,常不得其似者,未有望而摹其似,而有所得者也。"以及《谢安论》中的"古之有为于天下者,必有以脱除天下之习,而立乎其外"等数百字。

1958 年 8 月毛泽东的专列路经陇海线的商丘时,他向中共商丘县委书记还问及侯方域壮悔堂的情况。壮悔堂是侯方域的住宅,他在此潜心著述,留下了《壮悔堂集》等著作。

金圣叹

绝世能独立
怪才兼奇才

金圣叹(1608—1661)　清初文学批评家。长洲(今江苏苏州)人。本姓名张采,后取姓名金喟、经叹。明亡后改名人瑞。为文怪诞不中程法。曾批点《水浒传》、《西厢记》等。入清绝意仕进。1661 年因顺治帝死讯聚集"哭庙",又拥至巡抚大堂要求驱逐知县任某,被捕,送南京处死。

金圣叹(张采)是明末清初的大文人。他著文别有程式。毛泽东很欣赏金圣叹读书的"提笔"。1959 年 4 月,他在读了胡乔木《西藏的革命和尼赫鲁的哲学》后,评论说:"文章提笔好,看起来一段段不相关,但有内在联系。金圣叹很讲究义章的提笔。"(《我所知道的胡乔木》,第 359 页)

毛泽东爱读金圣叹批注的几本书,即金圣叹评定为"天下才子书"的六部书:《离骚》、《庄子》、《史记》、杜诗、《水浒》、《西厢》。其中最有影响的,是《西厢》和《水浒》。毛泽东都诵读过,而且不只一遍。

1941 年,毛泽东在延安写的《驳第三次"左"倾路线》就提及:"金圣叹不愿意抹杀王实甫在《西厢记》中偶尔写出的几句好话。"1958 年 3 月,毛泽东在成都会议期间给秘书田家英写信说:"请着人再找一部金圣叹批注的《西厢记》,金批本与此本有些不同。"这正说明他对金圣叹批注本的注意。1948 年 4 月 2 日,毛泽东途经山西兴县高家村,与在那儿的《晋绥日报》编辑部人员作了谈话。他在谈及《晋绥日报》时,很赞赏用编者按语的形式。他说,后来的批注虽然有缺点,但是那种负责精神是好的。还说,金圣叹批注《三国志》,有人看不好,我看是好的,使人看时有个头绪。当然,批注的不完全对。此处《三国志》当是金批《水浒》记录之误。金圣叹批注《水浒》仅七十一回。他将卷首楔子作第一回,将《水浒》原本(一百回本、一百十五回本、一百二十回本和一百二十四回本)的第七十回后,即梁山大聚义后的所有章回一概删去,自撰卢俊义梦见梁山所有好汉尽被捕杀情节,充作全书结尾。毛泽东对此不以为然。

1975年8月,在同北京大学中文系讲师芦荻谈了对《水浒》的看法时,他赞同鲁迅在《流氓的变迁》一文中对《水浒传》的评论和对金圣叹的批判。鲁迅在1933年写的《谈金圣叹》说:"自称得到古本,乱改《西厢》字句的案子且不说罢,单是截去《水浒》的后小半,梦想有一个'嵇叔夜'来杀尽宋江们,也就昏庸得可以。虽说因为痛恨流寇的缘故,但他是究竟近于官绅的,他到底想不到小百姓的对于流寇,只痛恨着一半:不在于寇,而在于'流'。"又说:"宋江据有山寨,虽打家劫舍,而劫富济贫,金圣叹却道应该在童贯、高俅辈的爪牙之前,一个个俯首受缚,他们想不通。所以《水浒传》纵然成了断尾巴蜻蜓,乡下人却还要看《武松独手擒方腊》这些戏。"因此毛泽东说:"金圣叹把《水浒》砍掉二十多回。砍掉了不真实,鲁迅非常不满意金圣叹,专门写了一篇评论金圣叹的文章《谈金圣叹》(见《南腔北调集》)。"(《建国以来毛泽东文稿》第十三册,第457页)

金圣叹腰斩的七十回《水浒》,印行甚广,早在1920年毛泽东主持湖南文化书社出售图书时,其中属于文学的就仅是《新标点水浒》,即上海亚东图书馆1920年8月新近推出的七十回本。这大概也是他最早接触的金批《水浒》。长期以来,他对《水浒传》研究中没有贯彻鲁迅的评论精神,对金圣叹的腰斩《水浒传》和大量发行的这一腰斩本,即七十一回本,十分不满。毛泽东说:应该出全本一百回本,叫出版部门印行。又说,印行百回本,读者了解故事的始末,了解全貌,知道梁山好汉们怎样兴而又怎样败,还其本来面目,让读者知道堡垒最容易从内部攻破。(《毛泽东的秘书们》,第386页)

吴伟业　王士禛

作诗无古今，唯适平淡难
代有才人出，风骚几百年

　　吴伟业(1609—1672)　明末清初诗人、学者。江苏太仓人，晚号梅村。初授翰林院编修，后任南明弘光朝少詹事。清顺治间，任国子监祭酒。诗文俱佳，尤工诗。有《梅村家藏稿》、《春秋地理志》和《绥寇纪略》。

　　王士禛(1634—1711)　清初文学家。山东新城(今桓台西)人，号渔洋山人。顺治进士。康熙时为国子监祭酒。诗作被视为清初诗坛正宗。有《带经堂全集》、《渔洋山人精华录》。

　　吴伟业和王士禛是清初两个大诗人。他们的诗风格清淡闲远，且多涉及近世史事，很为青年时代的毛泽东喜爱。

　　1913年，毛泽东《讲堂录》里，就曾记有吴伟业、王士禛的事迹和评述。毛泽东说："吴伟业之诗，雄于一时。"又说："王士祯(禛)，字贻上，号阮亭，山东新城人。诗为前清一代正宗。吴、王并称。天下事物，万变不穷。"(《毛泽东早期文稿》，第583页)

　　文以理胜，诗以情胜。毛泽东对两人的诗作，都有相当高的评述，曾引用吴伟业句"冲冠一怒为红颜"指责吴三桂爱美人不爱江山，《讲堂录》还就吴伟业于清顺治十三年(1656)春,随皇帝至南海子遇雪打猎所作《雪中遇猎》七律,详细记录诗中的难词。也曾圈点王士禛为蒲松龄《聊斋》题词:"姑妄言之姑听之,豆棚瓜架雨如丝,料应厌作人间语,爱听秋坟鬼唱时。"称赞蒲松龄。

吴伟业原是明臣,且颇有点好名声,但后降清,为读书人所耻,吴也自感羞惭。所以毛泽东也说:"吴以官清故,每对苍雪、(王澐)若有痛惭者然,其意常于其往来诗中见之。然吴亦有所逼耳,母老一也,清法严二也。始盖与苍雪约同玩者。"(《毛泽东早期文稿》,第 583 页)苍雪、王澐都是吴的好友,对吴晚节不终颇不以为然。

王士禛晚年昏聩,动辄教训人,毛泽东对此不以为然。他曾读王士禛著《分甘余话》,就其中所言:"余门人朱书,字绿,宿松人。攻苦力学,独为古文。癸未登第,改翰林庶吉士,未授职卒。尝为余作《御书堂记》二篇,录之以存。其人,今文士中不易得也。"毛泽东眉批有:"动辄余门人,好为人师,何其丑也。"(《毛泽东读文史古籍批语集》,第 41 页)

吴三桂

明代遗孽
清朝逆臣

吴三桂(1612—1678)　明朝将领,后为清朝藩王。江苏高邮人,字长白。世代武官,在山海关降清,与清兵合力击败李自成。封平西王,镇守云南。1662年兼辖贵州。1673年发动"三藩"之乱。称帝于衡州(湖南衡阳)。屡败,病死。

明清之际的吴三桂在明朝是个拥兵自重、飞扬跋扈的武将,在清朝又是挑起天下大乱的战争贩子。毛泽东在谈李自成时曾多次抨击吴三桂的丑恶行径。新中国成立初期,他又几次谈论吴三桂其人其事。

1949年12月,毛泽东首次出访苏联,列车路过山海关时稍加停顿,他下车散步。望着山海关,毛泽东随口吟出两句古诗:两京锁钥无双地,万里长城第一关。接着在天桥上手抚栏杆,兴犹未尽地对随同人员说:这山海关还是明洪武十四年,由明朝的大将徐达在这里修筑的。本想凭据天险,抵御外侮,不想吴三桂由此引狼入室,把个大好河山拱手让给了那个多尔衮。铁道部长滕代远说:"吴三桂拥兵自重,最后忧忿而死,被永远地钉在了历史的耻辱柱上。"毛泽东朗声一笑:一切逆历史潮流而动的人都不会有好下场。这是一条定律,历史的定律!

608

1954 年 4 月 21 日,毛泽东视察河北秦皇岛,顺道又来到了山海关万里长城。当他见到长城边有个平台,陪同者介绍这原来是吴三桂降清处的威远城遗址时,毛泽东就讲起了吴三桂的故事。1644 年,关外的清军统帅多尔衮从关外率军五十万,攻占了威远城,兵临山海关下。而此时,李自成率领的农民军在攻占北京后,兵临山海关石河西岸。明朝灭亡后的吴三桂是无主之将,清多尔衮几次致书劝其投降他都没有答应。因为他的爱妾陈圆圆住在北京。所以他愿意归顺李自成的农民军以保住家小,可是事情坏在刘宗敏的身上了。刘宗敏是李自成的一员大将,进北京后,就将吴三桂的爱妾给掳走了。吴三桂得知这个消息后,勃然大怒,随即到威远城投降了清军。并与清军联合,在石河西岸,与李自成的农民军展开决战。农民军因猝不及防,全线溃退,彻底失败。清军则长驱直入北京,建立了清朝。并且封吴三桂为平西王。

吴三桂在云南搞"独立王国",闹独立,搞割据。1968 年 2 月 11 日,毛泽东在北京人民大会堂接见工程兵政委谭甫仁,谭甫仁已被任命为昆明军区政委和中共云南省委第一书记。据一起接见的工程兵司令员陈士榘回忆:毛泽东首先讲起了云南的历史,他对中国历史了如指掌,谈起来也深入浅出。毛泽东谈到了吴三桂做平西王,永镇云南,逆历史潮流而动的教训。最后毛主席跃过数百年历史,转入正题道:你要做平西王了,执掌云南边地,封疆大吏哟!(《一生紧随毛泽东——回忆我的父亲开国上将陈士榘》,第 28 页)

🔘 冲冠一怒为红颜

　　"冲冠一怒为红颜"是吴伟业《圆圆曲》中一句。《圆圆曲》系描述姑苏名妓陈圆圆与吴三桂悲欢离合的情事,并借此抒发诗人对家国人生的哀愁。诗人把吴三桂视为不幸的英雄,予以同情和赞颂,歌颂了他对陈圆圆真挚的爱情。但如撇开全诗,孤立地说"冲冠一怒为红颜",则可视为揶揄吴三桂,因吴三桂得知陈圆圆被刘宗敏掳掠,遂大怒引清兵入关,如郭沫若《甲申三百年祭》说。

顾炎武

世臣乔木千年屋
南国儒林第一人

　　顾炎武(1613—1682)　　明末清初学者。江苏昆山人,初名绛。明亡改名炎武,号亭林。明末参加复社。明亡后漫游华北,考察山川地势。晚年致力著述,强调学以经世,反对空谈,提出"天下兴亡,匹夫与有责焉"的名言。有《日知录》、《天下郡国利病书》、《肇域志》。

　　顾炎武是毛泽东少年时代所崇仰的一个学者。还在 1909 年韶山冲东茅塘读私塾时,塾师毛麓钟就要他读顾炎武的《日知录》。这在当时私塾授教所选读本是罕有的。毛泽东由此获得比一般蒙童更多的知识,即对所谓的"明道救世"之学有粗浅了解。日后,他著文的词语也有出自《日知录》的。如 1949 年《别了,司徒雷登》"冒天下之大不韪"（《毛泽东选集》第四卷,第 1494 页）即出自《日知录·正始》:"自正始以来,而大义之不明,遍于天下。如山涛者,既为邪语之魁,遂使稽绍之贤,且犯天下之大不韪而不顾,夫邪正之说不容两立。"

　　1910 年,毛泽东进入东山高等小学堂。有天读了《世界英雄豪杰传》后,和同学萧子暲(萧三)交谈读书心得。他说:中国也要有这样的人物。我们应该讲求富国强兵之道,才不致蹈安南、高丽、印度的覆辙。你知道,中国有句古话:"前车之覆,后车之鉴",而我们每个国民都应该努力。顾炎武说得好,"天下兴亡,匹夫有责"。

"天下兴亡,匹夫有责",典出顾炎武《日知录·正始》:"保天下者,匹夫之贱,兴有责焉。"后来梁启超据此语归纳为八个字,仍置于顾炎武名下。

1914年,毛泽东进入长沙湖南第一师范读书,更广泛地接触到顾炎武的著作。他对顾炎武首倡"经世致用"的学风,颇为仰慕。所以在1917年刊载于《新青年》第三卷第二号的《体育之研究》一文中标举顾炎武文人有尚武精神,所谓"顾炎武,南人也,好居于北,不喜乘船而喜乘马,此数古人者,皆可师者也"。(《毛泽东早期文稿》,第68页)那时,毛泽东将顾炎武视为人师楷模,崇仰备至。今存他在湖南第一师范所写的《讲堂录》还摘抄了清潘耒为《日知录》刻印所写的一段《序言》:

> 昆山顾宁人先生,生长世族,少负绝异之资,潜心古学,九经诸史,略能背诵。尤留心当世之故,实录奏报,手自钞节,经世要务,一一讲求。当明末年,奋欲有所自树,而迄不得试,穷约以老。然忧天悯人之志,未尝少衰。事关民生国命者,必穷源溯本,讨论其所以然。足迹半天下,所至交其贤豪长者,考其山川风俗,疾苦利病,如指诸掌。

这段《序言》扼要地论述了顾炎武的实地考察,治学严谨。毛泽东的抄录,那是把它作为立身行事的准则。

⊙ 天下兴亡,匹夫有责

顾炎武《日知录》卷十三《正始》:"有亡国,有亡天下,亡国与亡天下奚辨?曰:'易姓改号,谓之亡国;仁义充塞而至于率兽食人,人将相食,谓之亡天下,……保国者,其君其臣,肉食者谋之;保天下者,匹夫之贱,与有责焉耳矣!'"后梁启超有称:"夫以数千年文明之中国,人民之众甲大地,而不免近于禽兽,其谁之耻欤?顾亭林曰:天下兴亡,匹夫之贱,与有责焉已耳"(《饮冰室文集》之一。《变法通议·论幼学》)。又称"今欲国耻之一洒,其在我辈之自新,……夫我辈则多矣,欲尽人而自新,云胡可致?我勿问他人,问我而已。斯乃真顾亭林所谓天下兴亡,匹夫有责也"(《饮冰室文集》之三十三《痛定罪言·三》)。

从上可知,"天下兴亡,匹夫有责"原意出自顾炎武,而梁启超予以定格也。

王夫之

天下士非一乡之士
人伦师亦百世之师

　　王夫之(1619—1692)　明末清初学者。湖南衡阳人,字而农,号姜斋。曾参加反清活动。后隐居衡阳石船山。世称船山先生。闭门著书,学识渊博,思想深邃,著作宏富,有《周易外传》、《尚书引义》、《张子正蒙注》、《读四书大全说》和《读通鉴论》等。衡阳曲兰乡有王夫之祠,原系王夫之旧居。清洪亮吉书联:"恸哭西台,当年航海君臣,知己犹余瞿相国;羁栖南岳,此后名山著作,同心唯有顾亭林。"祁隽藻有联:"气凌衡岳九千丈;心托离骚廿五篇。"清光绪十一年(1885),彭玉麟在家乡衡阳东州建船山书院,并书联:"一瓢草堂遥,愿诸君景仰先贤,对门外岳竣湘清,想见高深气象;三篇桃浪暖,就此地宏开讲舍,看眼前鸢飞鱼跃,无非活泼大机。"

　　王夫之是中国哲学史上的重要人物,朴素的唯物主义思想家,学术界多认为,古代中国哲学的唯物主义发展到他的时代,已算是最高峰了。毛泽东在湖南第一师范学校就读时得读王夫之著作,始知其人其事。1913 年,毛泽东所记的《讲堂录》中记述了王夫之:

　　王船山:有豪杰而不圣贤者,未有圣贤而不豪杰者也。圣贤,德业俱全者;豪杰,歉于品德,而有大功大名者。拿翁,豪杰也,而非圣贤。

此处的开头两句,引自《船山遗书》中的《俟解》篇;后面几句,是毛泽东参考了杨昌济《论语类抄》后的发挥。当时,长沙有一个船山学社,是民国初年湖南的一些文人为研究王船山学术思想而设立的。1914 年到 1915 年间,船山学社定期每周讲演船山学术,毛泽东常去听讲,由此加深了对王船山哲学思想的认知,并受到王船山朴素唯物主义和史学观的熏陶。日本学者高田淳曾举例说:"在毛泽东的自觉能动性理论中,可以看出他通过杨昌济、刘人熙而受王船山的影响,这些为众所公认。"

毛泽东一生喜欢王船山的书。1937 年 7 月,毛泽东曾以"实践论"的观点在延安的抗日军事政治大学作过讲演,在备课时,他结合中国传统哲学中的知行关系,研读过《船山遗书》,由于手头此书不全,写信给在长沙主持八路军办事处的徐特立,请他设法从湖南补齐所缺各册。据说毛泽东曾经对王船山有一个评价:西方有一个黑格尔,东方有一个王船山。

新中国成立后,毛泽东每逢外出带书,总要包括"王夫之关于哲学和历史方面的著作"。毛泽东也经常读王夫之的《读通鉴论》。现存毛泽东读过的一部《读通鉴论》(上海中华书局据船山遗书本校刊),有三处留有毛泽东分别以申韩、法家作批语的痕迹。即卷十五《宋明帝》北魏孝文帝拓跋宏授位于子"犹贤于宋明帝之贼杀兄弟"、"黄老之术,所由贤于申韩也",在天头上作批语:"申韩未必皆贼杀,如曹操、刘备、诸葛";十七卷《梁武帝》有称俗儒最坏,批语有"儒俗者万千,而贤者不一,不如过去法家之犹讲一些真话。儒非徒柔也,尤为伪者骗也";同卷有称"其教佛老者,其法必申韩,"批语有"其教孔孟者,其法亦必申韩。"(《毛泽东读文史古籍批语集》,第 343、344 页)提出与作者相异的卓见。

毛泽东认定王夫之是唯物论家。1958 年 8 月他在改陆定一的文章时,特别加了一段从王充到"张载、王夫之的古代唯物论"。因为早年与船山学社的因缘,1952 年,湖南张有晋先生请毛泽东为船山学社题额。毛泽东在接到信后,就写了"船山学社"四字,并复信:

麓村先生:

几次来示均敬悉,甚为感谢。遵嘱写下船山学社四字,未知可用否?此复,顺颂教祺!

毛泽东

十月二日

从这年秋天起,毛泽东写的此四字就制作在长沙中山东路船山学社的门额上。

毛泽东喜欢王夫之是多为人知的。有友人姚虞琴特将所藏《双鹂瑞舞赋》相赠,他很欢喜。1951 年 12 月 12 日,就将此赋送交文化部文物局长郑振铎,并写了信:"据云此种手迹甚为稀有,今送至兄处,请为保存为盼!"(《跟毛泽东行读天下》,第 25 页)

顾祖禹

有书一卷,行走万里
指点关山,了若指掌

　　顾祖禹(1631—1692)　清朝历史地理学家。字复初、景范。学者称宛溪先生。江苏无锡人,生于常熟,后居无锡宛溪。著有《读史方舆纪要》和《舆图要览》、《古今方舆书目》。

　　1914年,毛泽东就读湖南第一师范时,非常喜欢读的两门课程,就是历史和地理。

　　他常赴学校图书馆借阅一些史地书籍。

　　据同学周世钊回忆:他看得过细而有心得的是司马光的《资治通鉴》和顾祖禹的《读史方舆纪要》。

　　毛泽东对《读史方舆纪要》特有兴趣。20世纪50年代,在上海视察时,得悉上海历史文献图书馆庋藏有此书原稿,还从该馆调阅。

　　1970年12月20日,毛泽东在北京中南海游泳池接见由安徽直接调任北京军区司令员的李德生将军,在谈话时,他没有讲到北京军区的具体任务,到北京军区应当注意什么,而是向李德生说:你看过顾祖禹的《读史方舆纪要》吗?这是一部军事地理的参考书,要找来看看哦。还说:当北京军区司令员,要了解北京的历史、地理,了解华北的历史、地理啊!(《解放日报》2007年3月30日)

《读史方舆纪要》

顾祖禹《读史方舆纪要》一百三十卷,系作者遵父嘱,以数十年之功力而著成。详记各地山川险要和攻守形势,并借以论述千百年间各战事成败得失。他认为山东在全国各省中形势最为重要,希望后世的"欲有事于天下者"特别注意。手稿原藏叶景葵处。后手稿被捐献与上海合众图书馆(后改名上海历史文献图书馆,1958年并入上海图书馆)。20世纪90年代,手稿由上海古籍出版社影印出版。

清朝的地理、方志学

清朝地理之学比之历朝发达。清初著名的有顾祖禹《读史方舆纪要》和顾炎武《天下郡国利病书》。还有官修的《大清一统志》。此外还有全祖望、赵一清、戴震、张匡学、孔继涵、杨守敬对《水经注》的研究以及康熙、乾隆时的测绘地图和杨守敬的历代舆地图等,都是历史地理学方面的重要著作。

此外,因章学诚的提倡和实践,清朝的方志学也有很大发展。乾隆以后修的方志,有四千三百多种,七万三千四百多卷。

孔尚任

一部桃花扇，唱彻三百年
借离合之情，抒兴亡之感

　　孔尚任(1648—1718)　清初剧作家。号东塘、岸堂,自称云亭山人,山东曲阜人。孔子后裔。康熙二十四年(1685),为皇帝讲《论语》,受到褒奖,任国事监博士。后弃官回籍。以毕生精力,写作昆曲名剧《桃花扇》,以借侯李离合之情,抒家国兴亡之感,揭露晚明小朝廷腐败与内部争斗。有《岸堂稿》、《湖海集》。

　　孔尚任是清初剧作家,他以《桃花扇》著名于世。
　　毛泽东早年就读过《桃花扇》以及《桃花扇》里的侯方域与李香君的故事。
　　爱屋及乌。毛泽东的热衷《桃花扇》,必然涉及剧作者孔尚任其人其事,所以也对孔写作《桃花扇》的故事大有兴趣。
　　1952年10月28日,毛泽东来到山东,在罗瑞卿、许世友等人的陪同下,到曲阜看了孔庙,在离开孔庙回济南的路上,与随行人员谈到孔子的后人、清初剧作家孔尚任时,他说:孔尚任在写《桃花扇》时,书案上常放一把扇面上有桃花的曲阜"鲁缟"扇。每当揣摩剧中人物,他总爱抖开桃花扇,边扇边思考。有一天,孔尚任族里的孔尚镁前来拜访,见他大风雪天还摇着那把扇子沉思冥想,赞叹道:尚任真是如痴如醉啊!据说孔尚任为这部名剧三易其稿,呕心沥血十七年。

（《我做毛泽东卫士十三年》，第209页）

毛泽东读《桃花扇》，也喜欢剧作中的诗句，有些甚至过目不忘，且巧于运用。1935年，中央红军长征到达陕西瓦窑堡，他在参加张闻天和刘英婚礼时，就风趣地说了：当年风流天子李三郎，不爱江山爱美人，而今的洛甫，既爱江山又爱美人！（《人物周报》2008年第28期）此中的"不爱江山爱美人"，即见自《桃花扇传奇》：

玉树歌残迹已陈，

南朝宫殿柳条新。

福王少小风流惯，

不爱江山爱美人。

福王朱由崧即南明弘光帝，此诗即作者有感于弘光帝腐化堕落，蹈袭南陈王朝覆辙的痛史。

康熙帝

旷世人主,多才广识
善于治国,不善治家

康熙帝(1654—1722)　即爱新觉罗·玄烨。清朝皇帝。公元1661—1722年在位。年八岁继位。1667年亲政后,捉拿权臣鳌拜,夺回大权。宣布永停圈地、奖励垦荒;规定额外添丁,永不加赋,至使人口递增;平定三藩叛乱,统一台湾,平定准噶尔部噶尔丹叛乱,两次发起雅克萨反击战,与俄罗斯签订《尼布楚条约》,使多民族国家的统一得到巩固和发展;开博学鸿儒科。编纂《明史》、《古今图书集成》、《全唐诗》、《佩文韵府》和《康熙字典》。在位时国力强盛。

康熙帝玄烨是清朝入关后的第二个皇帝,是英武之主。他治国平天下的才智,堪称一流。毛泽东很赞赏康熙的文治武功。

1948年4月,毛泽东渡黄河,东进途中,忙里偷闲,特地上五台山参观。毛泽东问和尚:听说清朝康熙皇帝曾五度巡幸五台山,可有此事? 当和尚回答确有此事后,他点了点头,随即评述了康熙:康熙生于1654年,活了六十八岁,他的名字叫爱新觉罗·玄烨。1661年也就是他八岁时就当上了皇帝,是清代著名的皇帝。他平定了"三藩之乱",驱逐了沙俄侵略者,收复了台湾,并派重兵驻守,抵御西方殖民者的侵略,加强民族团结,维护国家领土的完整,为我们多民族国家的统一和发展作出了重大贡献。他的功劳不小,是一位了不起的皇帝!接着说:几千年来,佛教在哲学、建筑、美术、音乐上取得的成就是不可忽视的,这是全人类也是中华民族古老文明和灿烂文化的重要组成部分。又说:清朝康熙、乾隆两位皇帝对佛教的发展做过一些有益的事情。

1960 年 4 月,毛泽东在全国人大二届二次会议期间遇到作家老舍,当他知道老舍是满族时,开口便说道,满族是个了不起的民族,对中华民族大家庭作出过伟大贡献。又说:清朝开始的几位皇帝都很有本事的,尤其是康熙帝。接下来,便大讲康熙。毛泽东说:康熙皇帝的头一个伟大贡献是打下了今天我们国家所拥有的这块领土。我们今天继承的这大块版图,基本上是康熙皇帝时牢固地确定了的。他三征噶尔丹,团结众蒙古部,把新疆牢牢地守住。他进兵西藏,振兴黄教,尊崇达赖喇嘛,护送六世达赖进藏,打败准噶尔人,为维护西南边疆的统一,迈出了关键性的一步。他进剿台湾,在澎湖激战,完成统一台湾的大业。他在东北收复雅克萨,组织东北各族人民进行抗俄斗争,和沙俄签订《尼布楚条约》,保证我永成黑龙江,取得了独立自主外交的胜利,为巩固东北边疆做出了重大贡献。康熙皇帝的第二个伟大贡献是他的统一战线政策。满族进关时兵力只有五万多,加上家属也不过二十万,以这样少的人口去统治那么一个大国,占领那么大领土,管理那么多人口,矛盾非常突出。康熙皇帝便发明了一个统一战线,先团结蒙古族和其他少数民族,后来又团结了汉族的上层人士,他还全面学习和继承了当时比满文化要先进得多的汉文化。他尊孔崇儒。在官吏的设置上,凡高级官吏都是一满一汉,大学士、尚书、侍郎、军机大臣都是如此。这样,康熙便非常成功地克服了满族官员少的困难,真正达到了以一顶百的神奇效果。康熙皇帝的第三个了不起的地方是他有奖罚分明的用人制度。即使皇子犯了错误,也一样要受到严厉的处罚。皇子打了败仗,回来不敢进德胜门,照样要蹲在城外,听候处罚。他的这套办法既能调动部下的积极性,奋勇向前,义无反顾,又能组织起一支有严明纪律的队伍,所向披靡。

在和老舍谈话中,毛泽东还特别夸奖康熙皇帝的学习精神,说他不光有雄才大略,而且勤奋好学。他除了会几种民族语言之外,还会好几种外语,包括希腊文。他既是军事家、政治家,又是大文人,精通诗词歌赋,会琴棋书画。他还喜欢研究自然科学。对数学、天文、地理、医学、生物学、解剖学、农艺学和工程技术有浓厚兴趣,还亲自主持编辑科技书籍。毛泽东称赞:康熙是最早懂得向西方资本主义先进知识学习的开明君主。

中国古代和近现代的人口

据统计,中国人口在汉平帝元始二年(公元 2 年)为 5 959 万,晋武帝太康元年(280 年)为 1 616 万,隋炀帝大业四年(608 年)为 4 602 万,唐玄宗开元二十七年(739年)为 4 814 万,宋神宗元丰二年(1079 年)为 3 330 万,元成宗大德三年(1299 年)为5 884万,明太祖洪武二十五年(1392 年)为 6 055万,清高宗乾隆五十九年(1794 年)为29 700 万,清前期人口有高速增长,但晚清因太平天国战争等因,人口由 4.36 亿降至3.65 亿,自清末民初,即自 1911 年至 1936 年,人口又从 4.1 亿增长至 5.3 亿。1949 年年底仍达 5.4 亿,因此《中国人口史》(第六卷)认为,"民国时期的全国人口增长速度之快可能是中国历史上前所未有的"。

至于民国期间,常称的"四万万同胞",只是据卖盐数量推算出来的。新中国成立后 1953 年进行首次人口普查时,才知道全国人口已超过 6 亿。

孙髯

抒景气魄雄伟
写史文辞富丽

孙髯　即孙髯翁,云南昆明人,清康熙时人。

　　毛泽东很喜欢孙髯翁所写的昆明大观楼长联。早在红军长征途中,他读到了它:

　　五百里滇池,奔来眼底。披襟岸帻,喜茫茫空阔无边。看东骧神骏,西翥灵仪,北走蜿蜒,南翔缟素。高人韵士,何妨选胜登临;趁蟹屿螺洲,梳里就风鬟雾鬓,更蘋天苇地,点缀些翠羽丹霞。莫辜负四围香稻,万顷晴沙,九夏芙蓉,三春杨柳;
　　数千年往事,注到心头。把酒凌虚,叹滚滚英雄谁在。想汉习楼船,唐标铁柱,宋挥玉斧,元跨革囊。伟烈丰功,费尽移山心力。尽珠帘画栋,卷不及暮雨朝云,便断碣残碑,都付与苍烟落照。只赢得几杵疏钟,半江渔火,两行秋雁,一枕清霜。

　　这副长联,上联写滇池风物,下联写云南历史,气魄雄伟,文辞富丽。康乾年间被誉为“海内第一长联”、“古今第一长联”。毛泽东此后很喜欢这副长联,有时还背诵一番,也多次与他人谈及。1952 年,时为川北军区政委、行署主任胡耀邦奉调来北京主持共青团中央工作。在此之前,胡曾参加过解放昆明的战斗。胡耀邦来到中南海时,毛泽东就问:看过昆明大观楼的长联没有? 晚年毛泽东虽日理万机,然而也曾向云南省负责人问及这副长联保存得怎么样,还随即背了一段呢。

因为喜欢孙髯翁的这副长联,1958 年 3 月南宁会议上,毛泽东还在发言时,忽而背诵了这副长联,从而引起与会者兴趣。同月,在召开成都会议前夕,他在参观杜甫草堂、武侯祠时,又与同行者谈了这首长联。他说:这副长联上下联共 182 字,气势磅礴,文情并茂,对仗工整,韵味极浓,很值得一读,可以开阔胸襟,扩大视野。在参观后于公私合营耀华饮食部就餐时,又凭记忆即席书写了这首长联,同桌的九位省市委书记读了争相传抄。(《一个省委书记回忆毛主席》,第 141 页)

毛泽东喜欢这副长联。新中国成立后还在清梁章钜编《楹联丛话》所录处,写有眉批:"从古未有,别创一格,此评不确。近人康有为于西湖作一联,仿此联而较短,颇可喜。记其下联云:霸业烟销,雄心止水,饮山水绿,坐忘人世,万方同慨欲何之。康有为别墅在西湖山上,联悬于湖中某亭。"

此处所称"此评不确",就是针对梁章钜说"未免冗长之讥"而发。

毛泽东此处还就清学者阮元任云贵总督时改篡孙髯翁长联数句,予以批评:"死对,点金成石。"

雍正帝

貌恭而心狠
志大而情险

    雍正帝(1678—1735)　　即爱新觉罗·胤禛。清朝皇帝。公元 1722—1735 年在位。康熙帝第四子,在诸兄弟夺帝位中获胜。在位期间,清查亏空、整顿吏治,在各级地方官吏中推行耗费归公和养廉银制度,严禁朋党,设立军机处,大兴文字狱,编制《大义觉迷录》,严格控制思想舆论。又实现摊丁入亩,以保证国家赋税收入。采纳鄂尔泰建议,在四川、贵州、广西、云南、湖南等五省的西南少数民族地区推行"改土归流",设置驻藏大臣,加强中央政府对西藏的治理。

    康熙帝第四子叫爱新觉罗·胤禛,即雍正皇帝。他继康熙即位,把大清帝国事业推向顶峰,成为当时世界上极为强大的一个帝国。毛泽东曾以独特的文化思维评述过雍正帝。

    1964 年 8 月 24 日,毛泽东和于光远、周培源等从曹雪芹故事谈到了雍正。毛泽东说:"曹雪芹的家是在雍正手里衰落的。康熙有许多儿子,其中一个是雍正,雍正搞特务机关压迫他的对手,把康熙的另外两个儿子,第八个和第九个儿子,一个改名为狗,一个改名为猪。"(《毛泽东文集》第八卷,第 393 页)次年 6 月,毛泽东在上海与复旦大学教授周谷城、刘大杰谈话时,又指出清代雍正时代对知识分子采取高压政策,兴"文字狱",有时一杀一千多人。虽然毛泽东不赞成雍正这种残酷的手段,但毛泽东尊重历史事实,认定雍正是个能干的皇帝,很有政治头脑。

1975年某一天,毛泽东和身边护士谈《资治通鉴》,他把《资治通鉴》比拟是面镜子,说:你是嫌这面镜子还不够大,怕照得不够全面。其实,这面镜子已经不小了。统治者如果真是认真照一下的话,恐怕不会一点益处都没有。如书里论曰:"礼义廉耻,国之四维;四维不张,国乃灭亡。"清朝的雍正皇帝看了很赞赏,并据此得出了结论,治国就是治吏。如果臣下个个寡廉鲜耻,贪得无厌,而国家还无法治他们,那非天下大乱不可。

🔵 雍正登位说纠误

传说康熙帝弥留之际,第四子胤禛(雍正帝)串通内廷重臣,篡改藏于"正大光明"匾后的传位遗诏,将原诏中"传十四子"的"十"字改为"于"字,于是替代十四子允禵,当了皇帝。此说实误。按清初宫廷文书,凡称皇子者,前必冠以"皇"字,如"皇四子"、"皇十四子",绝不能省略,再者"於""于"两字不通用,"传於"不能写成"传于"。这是常识。据《清圣祖实录》,康熙帝晚年最信任的是胤禛,如每年祭祀,胤禛主持最多,有二十二次。

🔵 军机处

军机处是雍正帝首创的,有清一代始终为辅佐皇帝的重要政务机构。军机大臣是中枢职务名称,属于临时指派,而非定制官衔,但久之也约定俗成。

雍正帝初为便利指挥青海战事,在宫内设立军机处,辅佐皇帝处理军国大事,后沿为定制。首任军机大臣鄂尔泰、张廷玉,都是当时朝野公认的颇有才干的官员。自军机处设立,军机大臣取代内阁大学士成为事实上的宰相。清末官制改革,亦由领班军机大臣庆亲王奕劻出任内阁总理大臣。

军机大臣选用严格,通常由皇帝亲信的亲王、大学士、尚书、侍郎等充任,无定员,一般六七人。其中资深者为"领班军机大臣"("首席军机大臣"),资历浅者分别称"军机处行走"、"军机大臣上行走"、"军机大臣上学习行走",另有"军机章京"若干人协助军机处处理日常文书事务,俗称"小军机"。

曹雪芹

开谈不说《红楼梦》
纵读诗书也枉然

曹雪芹(约 1715—约 1763)　清朝文学家。汉军正白旗人,名霑。祖和父均系江宁织造。雍正初,因父获罪落职,家被查抄,败落。晚年居北京西山,穷愁潦倒,痛感世态炎凉,愤而以十年时间写作《红楼梦》。此书一问世即广为传抄,京师有谚:"开谈不说《红楼梦》,纵读诗书也枉然。"

毛泽东爱读中国古典小说,其中一部就是《红楼梦》。他对《红楼梦》评价非常高,认为《红楼梦》可与世界名著媲美,不简单哪。并说:中国的学者们对《红楼梦》的评价不高,还不如英国的一位教授。那位英国教授认为《红楼梦》超过了托尔斯泰、巴尔扎克和莎士比亚。

对《红楼梦》的作者曹雪芹,毛泽东也给予了很高评价。1945 年 9 月,在重庆时,当作家张恨水说自己的小说脂粉气太浓了些。毛泽东说:脂粉气也未必有什么不好,我看曹雪芹的脂粉气比先生要浓得多,但《红楼梦》不也一样令我们叹为观止嘛! 1948 年夏,诗人柯仲平提出要回延安写一部歌颂刘志丹和陕北根据地的长诗,毛泽东意味深长地说:要了解一个根据地,非有十年八年的时间不可。人的一生,能写出一部《红楼梦》那样的作品,就很不错了。他在 1964 年春节教育座谈会上说,曹雪芹只是一个拔贡。言下之意,他非常欣赏曹雪芹的才气横溢。《红楼梦》人物形象,栩栩如生,个个性格刻画不同。1954 年 3 月,毛泽东在杭州向警卫员介绍:我喜欢读《红楼梦》,看了好多遍,越读越想看。为什么? 曹雪芹写得好,有血有肉有骨,把人物写活了。(《在毛主席身边二十年》,第 180 页)1957 年 3 月召开的最高国务会议上,毛泽东又说到了曹雪芹,他说:作者的语言是古典小说中最好的,人物也写活了。毛泽东读过很多遍《红楼梦》。1954 年,他读了本年人民文学出版社推出的该书就其中若干回的批语,都分别赞扬了曹雪芹。第一回《甄士隐梦幻识通灵,贾雨村风尘怀闺秀》批语:“此一大段是作者自道其现实主义创作方法。”同回又有批语:“‘抢田夺地’‘民不安生’,是造成‘盗贼蜂起’的原因,‘非盗贼’去‘抢田夺地’,程本删此二句似非偶然。”第六回《贾宝玉初试云雨情,刘姥姥一进荣国府》末批语:“第六回从‘千里之外,芥豆之微,小小一个人家’起,写得很好,其价值,其新旧红学考据家所能知。一边是宁荣府,一边是小小之家。”第十七回《大观园试才题对额,贾宝玉机敏动诸宾》后指出:“大观园的建筑结构,非精于园庭工程者,不能写出,作者真是一个多才多艺的伟大作家。”读了第十八回《林黛玉误剪香囊袋,荣国府归省庆元宵》后又指出:“作者对戏曲极为熟悉,且运用自如。《红楼梦》与《金瓶梅词话》一样,书中所有剧目,不仅为当时流行之名剧,且与本文主旨切合。”在毛泽东看来,曹雪芹多才多艺,门门俱通,且又善于形象思维。他尤其赞赏曹雪芹塑造人物的能力,第十九回《情切切良宵花解语,意绵绵尽日玉生香》批语:“此回是一篇伟大的现实主义的杰作。情切切段,是将两种人生观相互冲突的爱情,用花一样的语言,切切道出。”他认为曹雪芹笔下的贾宝玉,是“用现实的场面,具体的情节,生活中非说不可的语言,把一个封建叛逆者的形象和性格,生动的渲染出来,自然的流露出来,这是作者现实主义最成功的范例”。

曹雪芹学识渊博,通晓百科,毛泽东钦佩不已,在谈话、文章用语中还常用《红楼梦》为例,如考试出题,要否稿费,甚至把有《红楼梦》说成是中国对世界最大贡献之一,等等。

曹雪芹在中国文学史上自有重要的地位。但是毛泽东认为,这还不够,曹雪芹小说功能远远应超过它原有的文化价值。1958 年,他在谈中国教育史有人民性时,还特地提到了古典小说家施耐庵、吴承恩和曹雪芹的“民族文学”,并说:许多人并无教育专著,然而上举那些,不能不影响对人民的教育,谈中国教育史,应该提到他们。

毛泽东还曾详细评价曹雪芹创作的时代背景和世界观。1962 年 1 月,他在扩大的中央工作会议上,谈到西方资本主义的发展从 17 世纪开始经过了好几百年的时候,说:"17 世纪是什么时代呢? 那是中国的明朝末年和清朝初年。再过一个世纪,到 18 世纪上半年,就是清朝乾隆时代,《红楼梦》的作者曹雪芹就生活在那个时代,就是产生贾宝玉这种不满意封建制度的小说人物的时代。乾隆时代,中国已经有了一些资本主义生产关系的萌芽,但是还是封建社会。这就是出现大观园里的那一群小说人物的社会背景。"(《党的文献》1994 年第 1 期)他认为,曹雪芹创作《红楼梦》的历史背景,也是形成小说中的人物性格命运的历史背景,这两个方面的思想内涵是一致的。资本主义生产关系的产生,对封建社会来说是矛盾的。这一矛盾必然要影响到作者曹雪芹创作《红楼梦》时的思想倾向,从而形成作品主题的内在矛盾。两年后,即 1964 年 8 月,毛泽东在关于坂田文章谈话时又说:曹雪芹写《红楼梦》还是想"补天",想补封建制度的"天"。但是《红楼梦》里写的却是封建家族的衰落。可以说是曹雪芹的世界观和他的创作发生矛盾。曹雪芹的家是在雍正年间衰落的。(《毛泽东的读书生活》,第 222 页)

毛泽东也注意曹雪芹乃何方籍贯人士。多年以来,经各路专家考证,曹雪芹的籍贯,有辽宁沈阳说、辽宁辽阳说、辽宁铁岭说和河北丰润说。毛泽东倾向于丰润说,有次对吴德说:曹雪芹是你们丰润人。(《曹雪芹祖籍在辽阳》,第 276 页)

见于对曹雪芹写作《红楼梦》高度评价,毛泽东也以《红楼梦》为写作模式。1961 年 8 月,在庐山,一天,他对警卫员张仙朋说自己志向是:最后写部书,把我的一生写进去,把我的缺点、错误统统写进去,让全世界人民去评价我究竟是好人还是坏人。在回到北京后又对张仙朋说:我要写一本书,一本像《红楼梦》那样的书,把我的一生都写进去,把你们也统统写进去,把你也写进去。(《毛泽东与山东》,第 554 页)

乾隆帝

与天下同欲者难
与万物同利者尤难

　　乾隆帝(1711—1799)　即爱新觉罗·弘历。清朝皇帝。公元 1735—1796 年在位。雍正子。雍正元年,即秘密立为皇太子。即位后,继续贯彻雍正政策,先后讨平西南、西北叛乱势力,开疆拓土。以"十全武功",自称"十全老人"。强化思想统治,颁布禁书令,屡兴文字狱。编纂《续三通》、《皇朝三通》和《四库全书》。并为《四库全书》设立七阁庋藏。又听任和珅弄权,政治益趋腐败。在位六十年后禅位,自称太上皇。乾隆时代是清朝历史的转折点,自此清朝开始走下坡路,国家也由盛逐衰。

　　乾隆帝是清朝入关后的第四个皇帝,对自己的文治武功颇为自得,自称"十全老人"。但毛泽东对乾隆却不甚感兴趣,未见有专门的评述,但他所谈的片言只语,却是画龙点睛,很有分量。

　　早在 1913 年冬,毛泽东在《讲堂录》就记有:"清立《贰臣传》,所以戒后也,何期政革之际,曾无一人焉为之死也。"(《毛泽东早期文稿》,第 582 页)《贰臣传》就是公元 1776 年(乾隆四十一年)弘历下诏命国史馆所修,所载有李永芳、洪承畴等一百二十人(含有吴三桂、马宝等的《逆臣传》)等降清之明朝官员。弘历为了提倡忠于一姓一朝的封建传统道德,不论他们在降后死心塌地效劳或反复无常复叛,都一概贬为"贰臣",钉上耻辱柱。毛泽东所说是对乾隆的揶揄。这是因为任凭乾隆如何对臣民强化忠君思想教育,最后结果却仍是空空。当辛亥革命浪潮波及全国,中华大地上成千上万的大清官吏,竟然也都不愿为王朝作殉职的。

1941 年 10 月 30 日,毛泽东在中共中央西北局高级干部会议上在谈及人都有优缺点时,以乾隆帝为例指出:清朝的乾隆皇帝说,他是"十全老人","十全"是没有的。任何人都有优点、缺点这两方面,还用不好,会使用错干部,打击错干部。1965 年 6 月,毛泽东在上海与复旦大学教授周谷城、刘大杰谈到乾嘉学派时,对这一学派产生的历史背景作了科学的分析,说到乾隆对汉族知识分子实行怀柔政策:到了乾隆年代对汉族知识分子不采取高压政策了,改用收买政策。网罗了一些知识分子,送他们钱,给他们官做,叫他们老老实实研究汉学。

乾隆在位时多次下江南,所到之处,留下了大量的诗碑、题匾。毛泽东视察黄河上下、长江南北,经常能见到弘历留下的诗碑、题匾。1952 年 10 月 30 日,毛泽东赴徐州视察,在数历朝历代风流人物时,也谈及弘历,他说:清朝的乾隆皇帝经常出巡,四次来徐州。在这里也研究过治理黄河的事,并留下过诗篇和题词。(《毛泽东指点江山》,第 1176 页)他对弘历的题词很不以为然。1959 年,在济南视察游览大明湖时,与中共山东省委第一书记舒同兴致勃勃地谈起弘历的书法。毛泽东说:对于乾隆的字,虽然到处都有,但它有筋无骨,我不喜欢。乾隆时期提倡赵书,代表人物是张照。弘历的书法功底较深,但气格不高。那个时期风行"馆阁体",评价不一,有人就认为是钻进了书法的死胡同。(《世纪风采》2008 年)

⚫ 乾隆爱做诗写字

乾隆帝弘历喜欢做诗,喜欢写字。他一生写过十几万首诗,被称为中国写诗最多的人,当然其中有的是别人代作的,如沈德潜。他自己能做,但格调不高,意境甚差,难以传世。他的字,不成体。因此黎东方说:"他写的字,猛看像赵孟頫,细看也看不出有哪一点足以证明他生平所最想模仿的是董其昌"。(《细说清朝》)

郑燮

行笔苍劲有力
做事难得糊涂

郑燮(1693—1765) 清朝学者、书画家。字板桥,江苏兴化人。乾隆进士,做过知县。诗、画、书法皆有成就,号称"三绝",名列"扬州八怪"之首。有《郑板桥集》。

毛泽东善书法,也爱读古今法帖。他高度评价晋王羲之书法,而与之相提的,就是清朝郑板桥的书法。

新中国成立初期,有次保健医生徐涛向他请教书法事,当时毛泽东正在欣赏王羲之的《兰亭序》。话就从《兰亭序》谈起。他说:中国的书法界充满了辩证法呀!比如王羲之的书法,我就喜欢他的行笔流畅,看了使人舒服。我对草书开始感兴趣就是看了此人的帖产生的。他的草书有"十七帖"。记住了王羲之的行笔你再看郑板桥的帖就又感到苍劲有力。这种美不仅是秀丽,把一串字连起来看有震地之威,就像要奔赴沙场的一名勇猛武将,好一派威武之姿啊!郑板桥的每一个字,都有分量,掉在地上能砸出铿锵的声音。这就是掷地有声啊!

《真实的毛泽东》,第445页)

毛泽东对郑板桥的书法评价是多么的高啊!

他也善于应用郑板桥的文字。

631

　　郑板桥曾提出："难得糊涂"。他就是以"难得糊涂"闻名于世的。毛泽东也曾巧妙地引用"难得糊涂"。1936 年 1 月,从苏联莫斯科来到陕北的国际代表林育英(张浩)调解张国焘和陕北党中央的矛盾,建议"双方都不再以中央名义命令对方,由我暂时担任双方的联络人。"林进而提出在陕北设立西北局,在川康设立西南局。毛泽东戏谑地称林育英为革命的"和事佬",并哼吟郑板桥的"难得糊涂"的诗句:"聪明难,糊涂难,由聪明而转入糊涂更难。放一着,退一步,当下心安,非图后来福报也。"接着又信手挥毫把"难"字写成"鸡"的字样,风趣幽默道:看在革命的"和事佬"面子上,我等只好再"难得糊涂"一次了。林育英恭维地打趣道:"难得糊涂",就是超级清醒,就是大智若愚。(《拥抱与决裂》,第 320—321 页)

⬤ 清朝的知县

　　清朝县级机构主持者称"知县"。"知县掌一县治理,决讼断辟,劝农赈贫,讨猾除奸,兴养立教。凡贡士、谈法、养老、祀神,靡所不综"。(《清史稿·职官三》)清制知县定为正七品(只有大兴、宛平、承德和曲阜四县例外,为正六品),俸禄为每月 7 石米(每石为 60 公斤)。知县下设县丞一人正八品,主簿正九品,无定员,典史一人,无品级,教谕正八品。

⬤ 难得糊涂

　　清雍正年间的大臣鄂尔泰,也有与"难得糊涂"相似的语言:"大事不可糊涂,小事不可不糊涂,若小事不糊涂,则大事必至糊涂矣。"此说颇为同僚张廷玉认同,说此名言"最有味,宜静思之。"鄂尔泰是与郑板桥同时期之人,此说可资对照。

姚鼐

宣传先王之道
迷惑后世人心

姚鼐(1731—1815)　清朝散文家,字姬传,安徽桐城人,为桐城派代表人物。乾隆进士。参与纂修《四库全书》。辞官后主持江南紫阳、钟山等书院。有《惜抱轩文集》、《诗集》和《古文辞类纂》。

姚鼐倡导唐宋古文传统,主张"明道义,维风俗",将程朱理学纳入文学领域,与方苞、刘大櫆都是古文"桐城派"代表。姚鼐为学子编纂的《古文辞类纂》,主要集唐宋八大家韩愈、欧阳修、苏洵等的论著,毛泽东在湖南一师时,就熟读《古文辞类纂》各篇,也读曾国藩编纂的《经史百家杂抄》,他曾将《古文辞类纂》与《经史百家杂抄》作比较,"国学者,统道与文也。姚氏'类纂'畸于文"。(《毛泽东早期文稿》,第27页)

毛泽东熟悉《古文辞类纂》,经常翻阅,现见有的一部同治己巳孟冬江苏书局重刊的《古文辞类纂》,就见有在欧阳修、曾巩、苏洵、韩愈等著述的天头上各有批语,且多不以为然:如与欧阳修《朋党论》说汉献帝"尽取天下名士囚禁之,目为党人"不符于史,批语有"在献帝以前";说汉献、唐昭之时,有朋党,批语为:"似是而非。汉献、唐昭时,政在权臣,非傀儡皇帝之罪。"苏洵《谏论》下说了一篇大道理,批语为"空话连篇"。韩愈《与崔群书》称"自古贤者少,不肖者多",批语有:"就劳动者言,自古贤者多,不肖者少。"显然,他与姚鼐编选的很多古文中的观念是有悖的。

在 1913 年的《讲堂录》里,毛泽东还记有桐城派与阳湖派比较,称:"桐城、阳湖,各有所胜。言其要道,可以一言蔽之,桐城发而阳湖朴。"(《毛泽东早期文稿》,第 584 页)提出了当年方苞、姚鼐的桐城派兴旺之气,不可一世。

毛泽东对桐城派自有自己的见解。

1965 年 6 月 20 日,他在上海和复旦大学刘大杰教授谈中国文学史,当谈到清朝中期的乾嘉学派时也谈及了桐城派。他说:对乾嘉学派不能估价太高,不能说它就是唯一的科学方法,但是它的确有成绩。又指出清代雍正时代对知识分子采取高压政策,到了乾隆年代不采取高压政策了,改用收买政策,在文章方面又出现了所谓桐城派,专门替清王朝宣传先王之道,迷惑人心。并认为乾嘉学派要知识分子脱离政治,钻牛角尖,为考证而考证;桐城派替封建统治做宣传,两者都要反对。(《毛泽东在上海》,第 144 页)

龚自珍

落红不是无情物
化作春泥更护花

龚自珍(1792—1841) 清朝学者,诗人。浙江杭州人,字璱人,号定庵。少年从段玉裁学经学。曾任礼部主事。后告退。讲学丹阳云阳书院。为今文经学派代表。语言丰富,风格多变。堪称"开一代文风"。思想清新敏锐,常作惊世骇俗之论。有《龚自珍全集》。

龚自珍是近代中国走向世界前的最后一个启蒙思想家和诗人。他的诗富有战斗性和创造性,语言丰富、风格多变,堪称开一代风气,得到很多人的推颂,毛泽东也很喜欢。

早在1945年,在中国共产党第七次全国代表大会上的结论中,毛泽东就党员要有个性,要发挥积极性时指出:"这里我记起了龚自珍写的两句诗'我劝天公重抖擞,不拘一格降人才。'在我们党内,我想这样讲'我劝马列重抖擞,不拘一格降人才。'不要使我们的党员成了纸糊泥塑的人,什么都是一样的,那就不好了。"(《毛泽东文集》第三卷,第416页)

1956年4月,苏联领导人伏罗希洛夫来华,在宴会上向毛泽东发问:"你们提出'百花齐放,百家争鸣'的口号是什么意思?"毛泽东立即又用了龚自珍《己亥杂诗》中的一句回答说:"万马齐喑究可哀"嘛。

1958年4月15日,中央中央机关刊物《红旗》创刊。创刊号的第一篇文章,就是毛泽东据河南封丘县应举农业合作社事迹,特地而写的《介绍一个合作社》。在这篇曾经影响神州大地的短文里,他又引用了龚自珍这首《己亥杂诗》之一的全篇:

> 大字报是一种极其有用的新式武器,城市、乡村、工厂、合作社、商店、机关、学校、部队、街道,总之一切有群众的地方,都可以使用。已经普遍使用起来了,应当永远使用下去。清人龚自珍诗云:"九州生气恃风雷,万马齐喑究可哀。我劝天公重抖擞,不拘一格降人才。"大字报把"万马齐喑"的沉闷空气冲破了。

同年,毛泽东读《旧唐书》和《李义山诗集》,就借刘蕡的故事写了一首诗,那就是《七绝·刘蕡》:

> 千载长天起大云,中唐俊伟有刘蕡。
>
> 孤鸿铩羽悲鸣镝,万马齐喑叫一声。

(《毛泽东诗词集》,第200页)

诗中也用了见自《己亥杂诗》的"万马齐喑"一语。"万马齐喑",本出自苏轼《三马图赞引》:"时西域贡马,首高八尺,龙颅而凤膺,虎脊而豹章,出东华门,入天驷监,振鬣长鸣,万马皆喑。"

1965年6月,毛泽东在上海与复旦大学周谷城、刘大杰等教授谈话时说:在鸦片战争以后,中国面临亡国的危险,就有一些进步的知识分子出来,像龚自珍这些人既反对乾嘉学派,又反对桐城派。前者要知识分子脱离政治,钻牛角尖,为考证而考证。后者替封建统治阶级做宣传,两者都要反对。(《毛泽东在上海》,第145页)

林则徐

苟利国家生死以
岂因祸福趋避之

　　林则徐(1785—1850)　　清朝大臣。福建侯官(今福州)人,字少穆。嘉庆进士。1838年任湖广总督,严禁鸦片,设立戒烟局,成效卓著。为钦差大臣赴广东查禁鸦片。次年在虎门销烟。并设立译馆,编译《四洲志》。1840年任两广总督,鸦片战争中率广东军民严阵以待,令英军在粤无法得逞。后受诬革职,充军新疆。后又起用为陕西巡抚、云贵总督。在任钦差大臣赴广西途中病死。早年立有大志,游鼓山观闽江风光述志作联:"海到无边天作岸;山登绝顶我为峰。"在广州禁烟时作联:"海纳百川,有容乃大;壁立千仞,无欲则刚。"

　　林则徐是中国近代史上非常优秀的人物,他的人格、道德、文章以至理论思维,在当时都是超凡的。毛泽东在新中国成立前后多次谈及林则徐。

　　1949年8月下旬,毛泽东在北平中南海和张爱萍谈话,当新任海军司令员张爱萍将军向他汇报了海军组建情况,且介绍了随他来北平的起义将领、原国民党海军第二舰队司令林遵等人情况后,毛泽东随即说:林遵可是鸦片战争时抗英名将林则徐的侄孙? 他的叔祖父可是位民族英雄呐。几天后,毛泽东约见了林遵,毛泽东在张爱萍介绍后说:你是林则徐的侄孙,早闻大名啊! 你的先人林则徐是抗英英雄,全国敬仰啊。(《毛泽东挥师渡江纪实》,第278页)又说,我年轻的时候,读过他委托他的朋友魏源编的书。魏源是很推崇林则徐的,他说"整我戎行","必沿海守臣皆林公而后可,必当轴秉钧皆林公而后可"。毛泽东与林遵落座后,又作了长谈,话题接着从林则徐继续下去。他说:你的叔爷是中国近代史上著名的爱国者,他敢于与洋人对抗,焚烧洋人的鸦片,虎门销烟的壮举,大长了中国人的志气,灭了洋人的威风,揭开了中国近百年反侵略斗争史的第一页光辉篇章。今天,你率领二十五艘艇投入人民怀抱,毅然决然和国民党反动派决裂,你继承了先人的爱国主义精神,值得祝贺啊!毛泽东之后问林遵有否读过林则徐的诗文,当即他背诵了林则徐的一首《七律》:

> 力微任重久神疲,再竭衰庸定不支。
>
> 苟利国家生死以,岂因祸福避趋之。
>
> 谪居正是君恩厚,养拙刚于戍卒宜。
>
> 戏与山妻谈故事,试吟断送老头皮。

毛泽东说:这首诗是你叔爷被朝廷贬谪、赴新疆伊犁途中作的,题目是《赴戍登程口示家人》,诗里"苟利国家生死以,岂因祸福避趋之",最能体现林则徐的爱国激情,表达了他不顾个人安危、忘我牺牲的坚强意志,也是他一生坚贞爱国的高尚品格的真实写照。(《毛泽东挥师渡江纪实》,第278页)

同年9月17日,毛泽东在北平瀛台设宴款待出席全国政协筹备会的与会代表,在宴席上他谈述中国近代史时,特别点到了林则徐的名字,说:自鸦片战争以来,中国人民进行了长期的革命斗争,第一个反抗英帝国主义的英雄是林则徐,其后是太平天国、义和团、戊戌政变、辛亥革命以至现在的解放战争。历史学家、文学家们把这一段时期的人物写成一部有系统的作品。我看是蛮好的。

1950年6月28日,在中央人民政府委员会第八次全体会议讲话时毛泽东再次谈了林则徐。他说:"中国人民不走帝国主义者的道路,由来已久,不仅由今日开始,一百多年来,林则徐、洪秀全、孙中山等,都没有跟随过帝国主义,我们要继承这种事业和精神,团结广大的人民,坚决地反对帝国主义。"(《毛泽东著作专题摘编》,第2288—2289页)

　　1952 年 6 月 10 日，毛泽东在回信黄炎培就近代反帝爱国斗争事说："1840 年是林则徐领导广州民众反抗英国进攻的那一年，即所谓鸦片战争的那一年，不是说陈胜吴广，先生记错了。中国现代的革命，首先和最主要的目标是反对帝国主义的侵略，故可以上溯到反鸦片战争的林则徐及广州的'平英团'，上溯到二千余年前去纪念陈胜吴广，则太远了，那是古代的农民起义，不是现代的革命。"（《毛泽东书信选集》，第 435 页）

　　1957 年 10 月 13 日，毛泽东在最高国务会议上就中国民主革命要推倒帝国主义、封建主义和官僚资本主义等三座大山时，说道：我们的民主革命，是革前三张皮的命，从林则徐算起，一直革命一百多年。

🔘 虎门销烟

　　林则徐虎门销烟，为使完全、彻底消灭鸦片，不留丝毫残渣，采用了引水销烟法。即在海滩高处修建了两个长宽各 15 丈余的方形大池，池底平铺石板，周围则树桩钉板，不使渗漏。池前设一个涵洞，后通水沟。销烟时，先由水沟车水入池，撒盐下去。在将箱内烟土逐一过秤后，切碎抛入石池，泡浸半日，再将整块石灰抛下，顷刻池水沸腾，又使人用锄、耙不断翻搅，务使所有鸦片都变成渣滓，候退潮时，就让残渣通过涵洞流入大海。两个水池如此轮流使用，终于在 20 多天里，将 230 万斤鸦片销毁。至今在虎门海滩，尚可见当年的销烟池。

魏源

放眼海国万顷波光
立足中华土厚水深

  魏源(1794—1857) 清朝学者。字默深,湖南邵阳人。道光进士。精于经学和史地学。据林则徐所辑西方史地资料等辑成《海国图志》一百卷,主张"师夷之长技以制夷"。有《圣武记》传世,龚自珍赠联:"读万卷书,行万里路;综一代典,成一家言。"赞《圣武记》博学多闻。另有《元史新编》,见解独到,自成一家之言。

  近代中国开端,伴随林则徐登上政治舞台的有魏源。

  魏源也是毛泽东的大同乡。毛泽东年轻时就曾精熟魏源的《海国图志》。1913年的《讲堂录》里就记述了魏源《孙子集注序》的要点。

  1938年3月,毛泽东在延安接见国民革命军第十四军八十三师少将参谋长魏巍。

  毛泽东问魏巍是湖南哪里人,魏巍答:"邵阳人。"毛泽东很快就联系起魏源:你们那里出了个魏源,他是个大思想家、大改革家。魏巍答:"他是我的族爷。"毛泽东听后大有兴味,说:你们祖上出了个大好人。魏源写了一本《海国图志》,提倡放眼看世界,让中国人民开阔眼界,主张"师夷长技以制夷"、"调夷仇国以攻夷",给我们的民族提出了反对外来侵略的政治与技术策略;批驳了清政府投降派的卖国论调,提出了重要的反侵略军事思想。当前,国难当头,民族危亡,我们共产党主张团结全国人民,联合一切力量,一致对外,共同抗战,把日本侵略者赶出中国。魏将军,倘若你的祖先在天有灵,定会看到我们的最后胜利。

(《湘潮》2007 年)

魏巍向往延安,后来就脱离了八十三师,并改姓换名为白天,成为八路军的一员,新中国成立后授少将衔。

毛泽东对魏源《海国图志》一直予以高度赞许。1949 年,他在北平还曾对林则徐的侄孙、海军起义将领林遵谈《海国图志》,说:我年轻的时候,读过他委托他的朋友魏源编的书。魏源是很推崇林则徐的,他说"整我戎行","必沿海守臣皆林公而后可,必当轴秉钧皆林公而后可。"(《毛泽东挥师渡江纪实》,第 278 页)

⊚ 《海国图志》

鸦片战争前夕,林则徐为了解海外,组织人员翻译外国报纸和书籍,主持汇编有记叙世界五大洲 30 多个国家史地情况的《四洲志》。后来把它交与魏源。1842 年魏源编著为五十卷《海国图志》。且在该书序中交待了写作目的:"是书何以作? 曰:为以夷攻夷而作,为以夷款夷而作,为师夷长技以制夷而作。"1847—1848 年,魏源又将此书增补为六十卷本;1852 年扩充为百卷本,百卷本仍以《四洲志》为基础,并征引历代史志 14 种,古今中外各家著述 70 多种,另有英人马礼逊《外国史略》、葡萄牙人马吉斯《地理备考》等 20 种,它系统地介绍了世界各国的地理位置和历史沿革、气候、物产、交通贸易、民情风俗、文化教育、中外关系、宗教、历法、科学技术,又有 80 幅的各国地图,授予封闭社会中的中国人以全新的近代世界概念,知道欧洲各国的工商业、铁路交通的学校教育,使中国人的认识视野冲出国界,看到了近代世界的进步、发展。晚清洋务运动,就是受到本书"师夷"思想和影响。此书传入日本,也为日本明治维新提供了改革的养料。

洪秀全

思想的巨人
行动的侏儒

洪秀全（1814—1864）　太平天国运动领袖。广东花县人。早年在家乡做塾师，四次考秀才未取。1843 年创拜上帝会。1851 年在金田起义。建号太平天国，称天王。1853 年，定都南京，改称天京。随即分军北伐、西征，颁行《天朝田亩制度》。1856 年发生天京内讧，太平天国力量受到严重削弱。1864 年天京（南京）城陷前夕，患病十日不肯服药而死。

洪秀全是太平天国领袖。毛泽东在把洪秀全作为农民革命领袖加以认识的同时，也是把他作为民主革命前驱者加以论述的。

毛泽东很早就认为孙中山革命思想和洪秀全的思想是相通的。1925 年冬，他在《国民党右派分离的原因及其对于革命前途的影响》一文中就指出："我们知道领导农村无产阶级向清朝贵族及地主阶级作农民革命的洪秀全，乃孙中山先生最初革命思想的渊泉。"（《毛泽东文集》，第一卷第 26 页）

1926 年 3 月 18 日，毛泽东为纪念巴黎公社五十五周年在国民党政治讲习班上作《纪念巴黎公社的重要意义》演讲，他在论述中国农业社会的革命时，谈到了洪秀全："太平王洪秀全号召广西一班失业农民起来革命，大有社会革命的意义,孙总理也很佩服他。大家只知道打倒他的是清朝政府,而不知真正打倒他的主力军,却是地主阶级。"(《毛泽东文集》,第一卷第35页)

抗战时期,毛泽东又针对延安有干部对太平天国指责,认为洪秀全帮派意识太重、没有政治远见,指出:不能以今天的眼光苛求古人,要从当时的历史背景去看太平天国运动。既要看到太平天国的时代和阶级的局限性,也要看到他们对动摇清政府的腐败统治、促进农民觉悟以及某些改革新措施的重要意义。(《忆念与回忆——教诲与思考》,第60—61页)

1949年6月,毛泽东为纪念中国共产党成立二十八周年所写的《论人民民主专政》,开篇就说:"自从1840年鸦片战争失败那时起,先进的中国人,经过千辛万苦,向西方国家寻找真理。洪秀全、康有为、严复和孙中山,代表了在中国共产党出世以前向西方寻找真理的一派人物。"(《毛泽东选集》,第四卷第1469页)这里,毛泽东把洪秀全当作是封闭中国开始冲出中世纪、寻找西方真理的思想家和实践家,而且首先将他与伟大的民主革命先行者孙中山并提,这个评价是很高的。而这个评价即使到了毛泽东的晚年仍然没有改变。1970年,毛泽东在批判陈伯达天才史观的《我的一点意见》中就所谓"天才说"指出:"全世界几百年,中国几千年才出现一个天才,不符合事实嘛。"就此他举例说:"中国有陈胜、吴广,有洪秀全、孙中山,怎么能说几千年才出一个呢?"(《毛泽东和中国史学》,第340页)再一次把洪秀全和孙中山并列,而且定位为几千年来中国历史上出现的伟大人物。

当然,毛泽东是从推动历史进程、敢于斗争、敢于革命的无畏精神上评估洪秀全的,而对洪秀全个人的错误,也不护短,作有切实的解剖。早在1926年,毛泽东在广州农民运动讲习所与学员讲授《农民问题》,说到太平天国运动,对洪秀全就批判说:洪秀全起兵时,反对孔教,提倡天主教,这是不迎合中国人的心理。曾国藩即利用这种手段,扑灭了他。洪秀全的手段错了。(《广州农民运动讲习所文献资料》,该所旧址纪念馆1953年版第100页)

1949年7月4日,毛泽东在北平怀仁堂接见中央团校学员时又一次提到洪秀全和他领导的太平天国。他说:中国革命,历史上有很多次,拿洪秀全来说,他们就要搞个太平天国。他们的"太平"意思就是没有人剥削人、压迫人,不打仗的,"天国"不是旧国,是世界大同,同天上一样。但是他们不能做成功的。1953年2月23日,毛泽东来到南京,在陈毅、朱德等陪同下,登上了紫金山西峰顶的天堡城遗址,这是当年太平军和湘军激战所在地。他很有感触地说:太平军是近百年来中国人民反对外强侵略的先锋,可惜失败了。中国人求解放的重任,历史地落在了我们共产党人的肩上。我们要吸取太平军的教训,吸取洪秀全进南京城以后的教训,还要吸取李自成进北京的教训,把中国革命的事业进行到底! 又说:李自成和洪秀全都是农民起义军,还没有产生先进的革命思想,有很大的局限性,所以要失败。(《党史文汇》,2006 年 9 月号第 39 页)毛泽东还就地批评了洪秀全短视的战略眼光,指出:"天堡城地势险要,是保卫南京的前哨阵地,当年太平天国军队与曾国藩部队展开血战,坚持了两年多,真不简单。如果当年洪秀全能不计较一城一地的得失,情况就会好得多了。在西柏坡时,我就提出来,要大家看《闯王进京》,看来今后还要看。太平天国的革命历史也要建个博物馆,这是极有意义的。"(《毛泽东年谱(1949—1976)》(二)第 37 页)

　　20 世纪 60 年代初,毛泽东多次谈论洪秀全。1960 年 8 月 17 日,他在北戴河会议上严厉批评了邓子恢。在讲到要根据我国的实际情况,出好主意、想好办法时,他说:太平天国搞《天朝田亩制度》,口号是"耕者有其田",调动了广大农民的积极性,得到大多数人的拥护,但是洪秀全没有脱离封建帝王思想,打下南京以后大搞分封制,太平天国的将领们腐化堕落,《天朝田亩制度》也没有很好地贯彻落实,结果失败了。又说:"三级所有,队为基础",毕竟是集体所有,单干绝对不行! 我们现在还没有完全实现农业机械化,生产工具落后,如果分田到户,困难户怎么办? 劳力不足,怎么办? 时间长了怎么办? 如果那样,不要多少年,一年就可以见分晓,穷的穷,富的富,我们共产党人革命几十年,难道还要学洪秀全? 还要退回去? 难道还要像过去的地主那样向农民收地租?(《历史的真知——文革前夜的毛泽东》,第 219 页)二十天后,在中南海听到所播新华社电讯称广东省花县洪秀全故居纪念馆已在最近竣工,毛泽东很高兴地对出席中共八届十中全会预备会的同志说:前几天我批评了洪秀全,但他毕竟是中国历史上一位领导农民起义的杰出领袖。对于中国历代农民起义的领袖,我们应该给予他们在中国历史上应该有的地位。(《历史的真知——文革前夜的毛泽东》,第 221 页)

◉ "太平天国"

洪秀全创建的国号"太平天国",来自东西文化碰撞。"太平"始见于《公羊传》,《白虎通》有"天下太平,乃更制作焉",传统中国农民理念就向往"太平",如东汉末年"太平道";"天国",则多见自西方的新约圣经,洪秀全初见的《劝世良言》就是引自圣经的"天国降临",由是组合为"太平天国"。它集中地阐明了农民的文化思维:向往现实社会的太平,向往安居乐业的天国。1861年,洪秀全拟把"太平天国"改为"上帝天国",意即是上帝的"天国",他是替上帝管理的,但又很快作了更改,称"天父天兄天王太平天国",以此明确此乃洪秀全之国也。

◉ 太平军

"太平军",是民国时期对太平天国军队的称呼。太平天国称自己军队为"天兵"、"天军",清廷朝野,诬骂为"发逆"、"粤寇"。民间以貌取意,通常称"长毛"。1905年,上海广智书局译述日本曾根俊虎《清国近世乱志》,改书名为《粤军志》,粤军,即太平天国军队,后刘成禺奉孙中山意著《太平天国战史》,称太平天国军队为"洪军"。1915年中华书局译日本稻叶君山《清朝全史》,商务印书馆推出孟宪承译述英国吟唎《太平天国史》,均将太平天国军队定名为"太平军"。此后"太平军"逐渐成为专用名词。1929年8月,南京政府内政部行文各处,"凡以前著作诋毁太平军之处,事属既往,不必改动,以存其真,至嗣后如有记述太平事实者,禁止沿用粤贼诸称,而以太平军或相等之名称"。

杨秀清

大浪淘沙文盲竟能做大事
小民思维粗汉只是造小车

　　杨秀清(1823—1856)　太平天国领导人之一。广西桂平人。平隘山烧炭工。1846 年加入拜上帝会。后假托上帝附体,主持全军事务。金田起义后,任中军主将,封东王,节制各王,握军政大权。后居功自傲,在天京内讧中被杀。

　　太平天国主要领袖之一东王杨秀清,出身烧炭工人,从小就失去父母,艰苦度日,锻炼了顽强的意志。又因为长期从事集体劳动,在实践中养成卓越的组织能力。1938 年 8 月,毛泽东在抗大的一次演讲中说:李逵什么也没有学,仗打得很好,岳飞也不是什么地方毕业,陈胜、吴广、石达开、杨秀清都是农民出身。(《毛泽东的文化性格》,第 218 页)可见毛泽东很欣赏杨秀清,把杨秀清列为未读书,但却是很有才干的领袖型人物。1964 年 11 月,毛泽东在关于统一领导问题的一次谈话里,以太平天国故事为例,指出:历史上领导多头总是要失败的。太平天国的时候,洪秀全回了一趟广西,杨秀清说他回到天国了。洪秀全回来时,将领们都是拥护杨秀清的。其实那时杨秀清更年轻有为些,洪秀全应该服从杨秀清的领导。但洪秀全是创教者,是领袖。两权对立,所以失败了。这里毛泽东所说的是,在太平天国起义前夕,拜上帝会重要组织者冯云山被官府逮捕,洪秀全为了营救他,离开广西桂平山区拜上帝会大本营赴广东找人打通关节。这样一去,拜上帝会因为群龙无首,人心有所涣散,正在此时,作为拜上帝会普通一员的杨秀清急中生智,就假借所谓"上帝"附身传言,要大家团结,稳定群众情绪。几个月后,洪秀全回到广西,发现拜上帝会组织比以前更为壮大,会众斗志也更激昂,比洪秀全年轻十岁的杨秀清,也因此为会众拥戴,成为颇有威信的群众领袖。但他们仍拥护洪秀全为最高领袖。这样,一个是众向所望、拥有实权,又可以代上帝传言的实际领袖,一个是拜上帝会的创立者,最高领袖。天有两个太阳,这就潜伏下难以调和的矛盾,随着财产和权力的分配再分配,必发生内讧。这里,毛泽东就点出了杨秀清初露头角的才智、能耐,又有深厚的群众基础,而这又是洪秀全都不能胜及的。

杨秀清是在太平天国领导集团内讧中被杀死的,毛泽东认为,对杨秀清的死,洪秀全有不可推卸的责任。1941年皖南事变发生后,剧作家阳翰笙就借太平天国韦昌辉杀杨秀清为素材,写成《天国春秋》,借古讽今,揭露国民党右派反共的真相,但当此剧在大后方重庆等地演出时,毛泽东却不以为然,指出内中情节有悖历史。他说:天国领导人处理失当,从而造成领导集团的瓦解。杨秀清的地位非常重要,掌握天国的军政大权。韦昌辉杀杨是得到洪秀全的支持的,洪秀全有很大的、不可推卸的责任。毛泽东此说,在当时是一家创见。因为当时史学界通常仍将内讧责任,归咎是杨秀清骄横,韦昌辉的报复,与洪秀全无关,甚至有说洪秀全始终是不主张杀杨的。

🔵 洪秀全有"密诏"杀杨秀清

清金陵诗人王冬饮《涵性斋笔记》转引其友太平天国圣医衙医官哈文台口碑:天京内讧前夕,哈在北王府中供事。洪秀全杀杨密诏是在北王府由天王府来的大驸马钟万信宣读。四周戒备森严。哈文台在现场跪在众亲兵及军官们中间,只听见密诏上半部分:"天王诏令,千祈遵天命,同心诛魔逆,永保天朝万世太平……朕实情谕尔等:东逆干犯天条,蓄意造反,罪在千刀万剐,尔等同心同力向前……"。后半部分密诏,哈未听清楚,宣读完毕后,韦昌辉亲作鼓动,披挂上马带队出发。陈承瑢的卫戍部队及其他天王直属部队也得到密诏,连夜出动,直扑汉西门附近东王府,突袭杀死东王及部属六千余人,制造了大惨案。

石达开

大渡河边草木春
出师未捷泪满襟

石达开(1831—1863)　太平天国领导人之一。广西贵县人。参加金田起义。任左军主将,封翼王,勇敢善战,屡败清军,威震两湖、江西。1856年天京内讧后带领部队出走,转战南方十二省。1863年在四川大渡河紫打地(安顺场)遭清军重围,兵败被俘杀。

毛泽东多次谈到过太平天国翼王石达开。1929年秋天,菊花盛开,毛泽东来到刚为红军所解放的闽西南的上杭检查工作,休息时与当地苏维埃负责人傅柏翠就赏菊谈起唐末黄巢的菊花诗,联想到农民英雄还有石达开也能写诗。他说:石达开是英雄,也能诗。黄巢也是英雄,也能诗。古人说:"莫言马上得天下,自古英雄能解诗。"很有道理。毛泽东因为不久前读过晚清时修的那部《上杭县志》,因而又谈及石达开因与洪秀全不和领军出走,1859年他的部队路过上杭的旧事。他说:太平天国石达开部将石国宗率数万人攻上杭城,城也攻不开。我们胜利,不是因为攻城人马比石达开的人马多,也不是城里守军比当年清军弱,而是我们懂得依靠群众、发动群众。

1935年1月,毛泽东和朱德在娄山关口,面对自古号称天险的娄山关,毛泽东设身处地,又从《明史》谈到《遵义府志》所记载有关明清农民起义军活动,还特地向朱德介绍:清末太平天国的后起之秀翼王石达开的曾广依部,也率军夺下此关,同活动在西南的太平军一道奋战,大军纵横捭阖,所向披靡。他对石达开远征故事是颇有兴味的。

毛泽东同情石达开的悲剧,并总结了石达开之所以失败的历史教训,对石达开作出正确的历史评价。他说,石达开毕竟是个英雄。但是他对敌人的话是轻信了。这使他吃了大亏……一切善良的人总是容易对敌人抱有幻想,这是可悲的事。

1935年5月,红军长征来到四川大渡河畔安顺场时,毛泽东指着为石达开败亡所立的石碑碑文,向战士们介绍说:这块石碑是为太平天国翼王石达开在这里全军覆没而刻立的。太平天国因为内部分裂,石达开带领四五万人马,离开南京,在同治二年(1863)四月间来到这里,打算在安顺场渡河。正遇上山洪暴发,渡河不成,四面受围:前有大渡河,后有彝民,左有山峰绝崖,右有清兵。本来,彝民和石达开的关系,开始是友好的,但因为石达开疑心太重,把关系搞糟了。后来,清兵又占领了对岸。因此,石达开的人马,在安顺场一直被围困了四十多天,也没有渡过河去,石达开本人动摇,军心不固,以致全军覆灭。但毛泽东不同意此说,他连夜访问了当地的老人,了解石达开败亡情况,而后分析了当时石达开的失误说:石达开如果是一个很有才干的战略家的话,既然渡不过大渡河,为什么不沿着左岸直上,进入西康?为什么不向下走,到大树堡拐回西昌坝子?或者再往下走,到大凉山以东的岷江沿岸去呢?那里的机动地区不是很大吗?当时蒋介石和四川军阀抱有很大的幻想,想把红军当做"石达开第二",消灭在大渡河畔。毛泽东当即对战士们说:七十二年前石达开没有走通的路,我们一定能走通。我们共产党人是顶天立地的英雄,天堑大渡河挡不住我们,蒋介石要红军成为石达开第二的美梦是不能变为现实的。毛泽东也不认同清人薛福成《庸庵文续编》和民间关于石达开兵败安顺场之说。他在考察了安顺场渡口后,回答了周恩来所问,认为官家的《庸庵文续编》是欺人之谈。他说:该文所载,石达开的队伍,本已由安顺场渡过河一万人,天晚了,后续部队不能再渡。石达开以为他一贯用兵谨慎,今天把兵分隔在河的两岸,使兵力分散这不大好,就又把过河的一万人渡转过来。当时石达开退至安顺场的部队不过两万人之众,天晚之后,他既然能把渡过河去的一万人马渡过河来,为什么不能把剩下的那一万人马再渡过河去呢？另外,按照我们实地考察的结果,以一船渡四十人,一小时渡一次来计算,请问在十个小时之内,要有多少船才能把一万人马渡过河去？在周恩来回答至少要二百五十条大木船后,又说:我们暂且不说安顺场这百户的渡口,有没有二百五十条这样的木船,请大家想想看,这河宽仅有三百米的渡口,能不能放得下二百五十条这样的木船？朱德说放二十五条木船就不错了。毛泽东又说:一条木船需要八个熟练的船夫,请问这二百五十条木船又需要多少船夫呢？周恩来说:两千人,安顺场渡口大人小孩加在一起也没有两千人啊!毛泽东又说:再者,两千年前曹阿瞒就曾采用庞凤雏进献的连环计,把木船用铁索连起来南渡长江;我们的石达开英雄,为什么不把这些船连起来呢？是不是他怕两千年前的诸葛亮显圣,向清兵再进献火烧战船的计谋呢？在会上,毛泽东扼要地讲了石达开兵败安顺场的真正原因,一是没有搞好和彝族上层的关系,他被与清廷勾结的上层土司出卖了;二是坐困安顺场四十七天,失去了转危为安的机动空间,待到弹尽粮绝之时,只有坐以待毙,全军覆没。就这个意义上讲,那位秀才长者的话"首长勿停留!"不仅是对我们的忠告,更重要的是他对石达开兵败安顺场的正确总结。(《毛泽东周恩来与长征》,第 324 页)毛泽东和红军将领作了准确、全面、可行的战略部署,使英勇的红军强渡大渡河,获得令人惊叹的成功。

1936 年毛泽东在延安窑洞与美国记者埃德加·斯诺谈话中,还神往石达开大渡河故事,他说:强渡大渡河是长征中关系最重大的一个事件。如果当初红军渡河失败,就很可能遭到歼灭了。这种命运,历史上是有先例的。在遥远的大渡河两岸,三国的英雄和后来的许多战士都曾遭到失败,也就是在这个峡谷之中。太平天国的残部、翼王石达开领导的十万大军,在 19 世纪遭到名将曾国藩统率的清朝军队的包围,全军覆没。蒋介石总司令现在向他在四川的盟友、地方军阀刘湘和刘文辉,向进行追击的政府军将领发出电报,要他们重演一次太平天国的历史。红军在这里必然覆灭无疑。但是红军也是知道石达开的,知道他失败的主要原因是贻误军机。(《毛泽东评用古代文史哲》,第 118—119 页)

石达开进军四川

1857 年石达开从天京出走,近人很多著作都说他是分裂天国,出走千里之外的四川,自我割据,这是不确的。石达开离开天京,因受到洪秀全和他家族排挤,有相害之心,还有一个原因,是天京外围吃紧,主要是安庆和江西,须要调度和声援。他先至安庆,留军九江,然后南下江西腹地,救援临江、吉安等地。但在赣江三曲滩打了个大败仗,在进入浙江后,围攻衢州数月不下,无奈进军福建。1859 年 2 月,始在江西南安采纳由湖南进取四川战略。又在湖南宝庆(今邵阳)围城三月,失利,逐进军广西,在庆远(今宜山)屯扎八个月,放弃庆远后,一度进攻南宁。1861 年,从广西入湖南,进入川东,此后多次进入四川,因无水军,先后返回贵州、云南。1863 年 1 月,又由云南渡金沙江北进。5 月,几次强渡大渡河,失败。

李秀成

白纸黑字, 铁证如山
是邪非邪, 可以评说

李秀成(1823—1864)　太平天国后期军事领导人之一。广西藤县人。1851 年参加太平天国。勤苦好学, 智勇夺人, 屡立战功, 升任后军主将。1859 年封忠王。1863 年主持军国大事。翌年, 天京(江苏南京)城陷, 突围被俘, 写有五万四千余字供词。被杀害。

毛泽东对太平天国忠王李秀成的事迹很熟悉, 早在总结红军第一次反"围剿"龙冈战后经验时就评价太平军的"五瓣莲花抄尾阵"的战法, 并介绍这个战法, 歌诀是: "前面一支兵先扎定, 左右两支兵包围紧, 另一支兵迂回断后路, 还有一支预备兵。"(《毛泽东集中兵力战法》, 第 17 页)

1935 年遵义会议后, 毛泽东提出攻打娄山关, 说: 必要之时, 叫一军团林彪的部队, 打迂回。这样, 正面进攻与两翼迂回, 小迂回加上大迂回一起, 就是五股力量。我们集中优势兵力, 五支部队全出动, 这种打法, 过去太平天国对付曾国藩时曾经用过, 叫做"五瓣莲花抄尾阵"(《战争绝唱》, 第 96 页)这里说的可能是指 1858 年 9 月李秀成作为预备队参加的三河战役。当时李秀成大军从天京赶来, 配合陈玉成大军、庐州守军、捻军和三河守军, 围歼湘军主力。

1953 年 2 月, 毛泽东视察南京, 在从天堡城参观后, 又特地驱车到山下龙脖子附近城墙,即 1864 年 7 月 19 日湘军首先陷城处凭吊牺牲的太平天国将士,还听了陪同的文史专家朱偰对那次激战的介绍。当天京城破时,湘军拥入,李秀成护着幼天王登上城里清凉山,到了夜晚,突然下山,就选择自清军首先突破城围的太平门冲出去,突围是成功了。毛泽东听了后,连连称赞太平军战术高明。因为选择从破城处突围,本身就棋高一着,出敌不意,盖此时清军大部队从这儿冲杀进城,其余清军则必忙于各段城墙猛攻、堵截,破城处反而成了清军的一处薄弱点了。(《广西地方志》,1996 年第 3 期)这次成功突围的指挥者就是李秀成。

李秀成被俘后,写了一份供词。毛泽东对他被曾国藩所俘后写的供词很不以为然。毛泽东青年时熟读《曾文正公全书》,从中必然知道李秀成的故事。爱读书的毛泽东,当然也读过当时传抄的,如《中国近世秘史》所载的《李秀成供词》。因而当 1963 年在读了《历史研究》第 4 期戚本禹《评李秀成自述——并同罗尔纲、梁岵庐、吕集义等先生商榷》一文后,找来当时出版的《李秀成自述》影印本,读后就李秀成被俘后的表现写了批示:忠王不忠,李秀成的自述是叛变的,为什么要宣传? 白纸黑字,铁证如山;晚节不终,不足为训。

1963 年 7 月,《光明日报》就李秀成评价问题讨论的反映,选编、编辑了蔡尚思、吴泽教授分别论述李秀成的一些意见。如蔡尚思说,李秀成的投降,只是一根线上的一个点,我们要想了解这个点,就需要把它放在一根线上来考察,而要了解这根线,又不能不把它和整个面联系起来,这样看问题才能全面。这里的线,指的是他一生;这里的面,指的是太平天国的整个历史。要认识李秀成投降的历史根源和阶级根源。毛泽东读了,还作了批语:此文有些道理。

当时,中宣部常务副部长周扬见到毛泽东时,将对李秀成的不同看法向他汇报了,毛泽东一言不发。后来又见到毛泽东,毛泽东说:范文澜、郭老,还有你,你们都为李秀成辩护。你这个人没办法,你是大地主阶级出身,本性难改。这时毛泽东也提到瞿秋白《多余的话》,他说:看不下去,无非是向敌人告饶,自首叛变。为什么不宣传陈玉成而宣传李秀成! 为什么不宣传方志敏而宣传瞿秋白。(《炎黄春秋》2011 年)

晚年毛泽东又曾注意过李秀成的供词。1975 年 12 月,他在病中读书,人们发现在他床上所翻开的有关太平天国史籍,其中一册就是罗尔纲的《忠王李秀成自传原稿笺证》。

曾国藩

上援古义，下揆人情
文以载道，杀人如麻

　　曾国藩(1811—1872)　　清朝官员。湖南湘乡白杨坪(今属湖南双峰)人。号涤生。道光进士。初任京官，为军机大臣穆彰阿门生。1852年在湖南办团练，创办湘军，镇压太平天国。1860年，任两江总督，以钦差大臣，督办江南、皖南军务，制定三路围攻天京(江苏南京)战略。1864年攻陷天京。后鼓吹推进洋务运动，在上海与李鸿章合办江南制造总局。有《曾国藩全集》。

　　晚清的曾国藩的知名度是相当高的，当时和后来的读书人，言必称"中堂"、"文正"，有人甚至认为五百年来能把学问在事业上表现出来的，就只有两个人，一个是王阳明，另一个就是曾国藩了。早年毛泽东对曾国藩也敬仰备至，在给黎锦熙的信中称："愚于近人，独服曾文正，观其收拾洪杨一役，完满无缺。使以今人易其位，其能如彼之完满乎？"(《毛泽东早期文稿》，第85页)

　　毛泽东是出韶山冲才接触曾国藩著作的。他曾长年精心研读曾国藩的生平、事业和著作如家书、日记以及其所编纂的《经史百家杂钞》。今日韶山毛泽东纪念馆里，收藏有当年毛泽东所读过的《曾文正公家书》，每卷扉页都见有毛泽东写的"咏芝珍藏"正楷四字。它是曾国藩自1840年(道光二十年)到1871

年(同治十年)所写的一千多封致家属的书信汇集。青年毛泽东很喜欢这部书，也多以曾国藩言论为自己治学、究理和修养的楷模。1915年6月，他给湘生信中称："尝见《曾文正公家书》云：'吾阅性理书时，又好作文章；作文章时，又参与他务，以至百无一成。'此言岂非金玉！"(《毛泽东早期文稿》，第7页)毛泽东精读《曾文正公日记》，多有摘录曾国藩言论化为自己座右铭，如涤生日记言士要转移世风，当重双义：曰厚曰实。厚者勿忌人；实则不说大话，不好虚名，不行架空之事，不谈过高之理。毛泽东读后，思考其人一生之事业，慨叹由之，因此认为世上"有办事之人，有传教之人。前如诸葛武侯、范希文(范仲淹)；后如孔、孟、朱(朱熹)、陆(九渊)、王阳明等是也"。"宋韩范并称，清曾左并称。然韩左办事之人也，范曾办事而兼传教之人也"。因此，他认为"在近世人物"中，唯有曾国藩"独得本源"。

毛泽东非常推崇曾国藩的《经史百家杂钞》，认为它比姚鼐的《古文辞类纂》要好，说"是书上自隆古，下迄清代，尽抢四部精要"，"孕群籍而裒万有"。读此书以通经史子集，可"察其曲以知其全"，"知其微以会其通"，"守其中而得其大"，"施于内而遍于外"。正是在这种认识基础上，他把曾国藩和袁世凯、康有为、孙中山等近代中国颇有影响的人物作衡量时，得出结论：独有曾国藩抓住了"大本大源"。

在见存的1913年《讲堂录》里，见有毛泽东就曾国藩言行和著述所写的很多笔记和批语。如记有曾国藩所说的"不说大话，不弩虚名，不行驾空之事，不谈过高之理"(《毛泽东早期文稿》，第581页)；还记有曾国藩《圣哲画像记》的"圣哲"，即文(周文王)、周(周公旦)、孔(孔丘)、孟(孟轲)、班(班固)、马(司马迁)、左(左丘明)、庄(庄周)、葛(诸葛亮)、陆(陆贽)、范(范仲淹)、马(司马光)、周(周敦颐)、程(程颢、程颐)、朱(朱熹)、张(张载)、韩(韩愈)、柳(柳宗元)、欧(欧阳修)、曾(曾巩)、李(李白)、杜(杜甫)、苏(苏轼)、黄(庭坚)、许(许慎)、郑(郑玄)、杜(杜佑)、马(马端临)、顾(顾亭林)、秦(秦蕙田)、姚(姚鼐)、王(王念孙)等三十二人；还记下了曾国藩所倡导的"八本"，即："读古书以训诂为本，作诗文以声调为本，养生以少恼怒为本，事亲以得欢心为本，居家以不晏起为本，立身以不妄语为本，做官以不要钱为本，行军以不忧民为本。"(《毛泽东早期文稿》，第593页)凡此等等，都被早年毛泽东奉为行动信条。

对曾国藩的治军，毛泽东也颇为佩服。他后来领导人民军队时，也曾从曾国藩的军事训练和经验里吸取有益的东西。诸如曾国藩很注意治军和重视军民关系，强化严格的军风军纪，曾作了长达五百字的《爱民歌》，令湘军全体将士歌唱，毛泽东也从中借鉴，在井冈山开展游击战争时，就为红军制定了"三大纪律八大注意"。

　　总之,曾国藩给青年毛泽东留下了强烈印象,以至他后来在延安时,还向干部提议阅读《曾文正公家书》。但曾国藩镇压农民起义的行径,颇为毛泽东所耻。早在 20 世纪 20 年代,他就否定曾国藩残酷镇压太平天国农民起义的行径,指出:"打倒太平天国出力最多的是曾国藩,他当时是地主阶级的领袖。曾国藩是练团练出身,团练即是地主阶级压迫农民的武力,他们见洪秀全领导一班农民革命,于他们不利,遂出死力来打倒他。"(《毛泽东文集》第一卷,第 35 页)因而曾国藩在 40 年代,还一度曾被戴上了"汉奸、卖国贼、刽子手"三顶帽子,但即使到了毛泽东的晚年,在 1969 年 1 月的一次讲话中,他还说:近代中国,从权贵政要、志士仁人到青年学子,大多佩服曾国藩,佩服其治学为人和带兵做事。曾国藩是地主阶级最厉害的人物,但他毕竟是个复杂的人,有着多种身份的人,是个很多方面都留下自己影响的人物,所谓道德文章冠冕一代,他是中国封建政治最后一尊政治偶像。(《麻辣近代史》(1840—1885),第 176 页)

⚫ 曾国藩不敢也不想做皇帝

　　李秀成供词,据说应有五万余字,被曾国藩删除了恭维献谀的套语,且在其中间和结尾处动了刀笔,删去了一万四千余字。曾对供词的删除、毁灭,引起人们怀疑,认为其中就是李秀成规劝曾国藩反清做皇帝。1936 年,孟森教授为北大影印曾国藩刻本《李秀成供》作序,曾提及此说。当时陈寅恪看到供词原稿卷末被撕毁处,也认为曾国藩不肯公布原本,必有不可告人之隐。后来罗尔纲为李秀成供词作笺注,也有提及。此说因为带有传奇色彩,以致郑振铎创作小说《黄公俊之最后》,形象化地写了李秀成恳劝曾国藩反清,太平军可以奉他做皇帝的篇章。1977 年,俞大缜教授(曾国藩曾外孙女)公布从母亲处得悉的、曾氏后人口碑相传:"李秀成劝文正公(曾国藩)做皇帝,文正公不敢。"俞着重说,"不是不干,而是不敢。"以图说明曾国藩确有做皇帝动机的,只是心力不足。因此罗尔纲说,"据这个口碑,更可见李秀成把曾国藩看作钟会,并非幻想,而是确有所据的。"李秀成爱读《三国演义》,罗尔纲推理,他是学蜀汉姜维的故事。可是曾国藩是标榜"忠君保国"的理学大师,他能亮起反旗吗? 这是把自己放在炉火上烤呢。何况此时湘军已是暮沉,大掠之后,升官发财,哪肯提着脑袋跟着造反,况且拥有实力的左宗棠处处和他作对,淮军李鸿章又是别树一帜。这些曾国藩心里该是明白的。他也知道朝廷猜疑,因而在攻占天京后,就让曾国荃托病回乡,裁减湘军二万五千人,后主持讨伐捻军,故意不积极,又举荐李鸿章挂帅,尽量不再做出人头地的事。

◎ "文正"谥号

　　曾国藩谥号"文正"。后人尊称为"曾文正公"。谥号是朝廷在帝王和若干官员死后,据他们的生平行为给予的称号,"谥号,行之迹也;号者,表之功也"。谥号是对他一生做的概括评价。"文正"谥号在明清两代为与大臣最高谥号。经纬天地曰文,内外宾服曰正。德才兼备,恪尽职守、慈惠爱民者才能有"文正"谥号。因而要求严格,明清五百年间,其中得"文正"谥号总共仅十二人,明四人(方孝孺、李东阳、谢迁、倪元璐),清八人(汤斌、刘统勋、朱珪、曹振镛、杜受田、曾国藩、李鸿藻、孙家鼐)。

左宗棠

身无半亩
心忧天下

　　左宗棠(1812—1885)　清代大臣。湖南湘乡人,字季高。道光举人。以对付太平天国起家。历任浙江巡抚、闽浙总督、陕甘总督等。后在福州、兰州等地兴办洋务。1875 年出兵新疆,收复天山南北(除伊犁外)各地。阻遏俄、英等国对新疆的侵略。授军机大臣。1884 年,中法战争时期力主抗法,奉命入福建视师,病死于福州。有《左文襄公全集》。

　　左宗棠出身贫贱,累世耕读,未显达。十五岁春试落选时曾写过一副楹联:"身无半亩,心忧天下;读破万卷,神交古人"。三十年后有显达,又重书此联高悬左氏家塾。少年毛泽东心向往之,他后来绕着洞庭湖和长沙游学,就改写左宗棠此联的上联文字,而为自己宗旨:身无分文,心忧天下。在长沙师范学生时期的毛泽东,对乡贤左宗棠行事已经是相当熟悉。他的《讲堂录》中,就有"宋韩(韩琦)范(范仲淹)并称,清曾(曾国藩)左(左宗棠)并称。然韩左办事之人也,范曾办事而兼传教之人也",认定左宗棠是建功立业的实干家。1920 年 6 月,毛泽东又在给友朋的信函里提及"曾、左,吾之先民",推颂曾国藩、左宗棠是开发湖南民智的先驱者。

　　左宗棠是中国近代化的先行者和实验者。早在 1866 年,他就在福建开办马尾船政学堂,从此中国有了近代化的海军。毛泽东是知道其事的。1949 年 8 月,他在北平中南海约见起义将领、原国民党海军第二舰队司令林遵。当林遵谈到曾在福州海军学校读书时,毛泽东就问道:你讲的福州海军学校,它的前身是马尾船政学堂吗? 又说:这个马尾船政学堂,还是同治年间,敝同乡左宗棠大人奏请开办的。听说是招小孩子,从小训练起,很严格的。

毛泽东对左宗棠更为赞赏的,是他出兵打垮英、俄卵翼下的阿古柏分裂势力,收复新疆,维护中华国土的举动。1935 年深秋,红军长征翻越六盘山。当彭德怀谈及登山时看见六盘山东西两面大路残存有杨柳时,毛泽东颇有兴致地说:那是左宗棠经营宁夏时种的,人称"左公柳"。左宗棠在宁夏时,即以平凉为用兵根据地,总管陕甘宁三省。我看,将来西北边防,亦当以此为交通枢纽点。《从遵义到延安:毛泽东鲜为人知的故事》,第 649 页)1949 年,新疆和平解放。毛泽东特地打电报给彭德怀和王震,商谈新疆问题。同年 9 月中旬,当彭德怀来到北平谈到新疆位居西北,国防位置重要时,毛泽东插话说:所以我们那位老乡左文襄公说:若新疆不固,则蒙部不安,非特陕甘山西各边,时虞侵轶,防不胜防,即直北关山,亦无晏眠之日。这话是有道理的。对于新疆问题,应该引起我们的特别重视。毛泽东还说:自古以来,西域久被认为蛮荒之地,所谓"城郭诸国",是说天山南北一盘散沙哟! 张骞出使,功不可没;两汉班超父子西域都护当得声名大震。可是,到了曹魏和西晋,就有点烫手啰! 连唐代的魏徵和狄仁杰也声称可放弃西域。明太祖朱洪武叫冯胜去修筑长城,居然把玉门关也划在城垣之外。直到清朝,情况才大为改观……左公志在西北,战鼓响到哪里,公路就修到哪里,杨柳也就植到哪里。从潼关到嘉峪关,三千七百里呀! 绿树成荫,朔风不寒。这就是有名的"左公柳"。毛泽东略时停顿,吟哦起来:

> 大将筹边尚未还,湖湘子弟满天山;
> 新栽杨柳三千里,引得春风度玉关。

他念了后,连赞曰:好诗,好诗啊! 并告诉彭德怀,这是左宗棠的继任杨昌濬在光绪五年应左公之约西行,见到道路两旁的一排排榆柳,即景生情写下来的,是"至情之作"。

毛泽东接着又谈左宗棠屯田,对左氏"要筹军食,必先筹民食,乃为不竭之源"和"夺民食以饷军,民尽而军食将从何出乎"这些言论大加赞赏,说:能出此言,绝非等闲之辈。在谈及粮食屯田时,毛泽东说:左宗棠那个军屯民屯,是我们的拿手戏嘛!军民那时候搞军民大生产,有光荣传统,有宝贵经验。左宗棠叫个什么"嵩武军",我们搞他一个兵团。他搞"舆榇出塞","以边荒艰巨为己任",我们就"自己动手,丰衣足食"!英雄所见略同嘛!最后又说:我们今天比左宗棠的问题多。(《第一野战军征战纪实》,第713—714页)在王震第一兵团接受经营新疆的任务后,毛泽东对王震说:左宗棠留下了一句诗:"新栽杨柳三千里,引得春风度玉关。"王震同志,我希望你到新疆后,能够超过左文襄公,把新疆建设成美丽富饶的乐园。

1952年,新疆省主席包尔汉写了一篇论述左宗棠平定阿古柏政权历史作用的论文,其观点是:收复新疆,粉碎了英俄殖民主义者分裂我国的阴谋,维护了中华民族的团结和国家领土完整,得到了新疆各族人民及全国人民的拥护和支持,作为这一正义行动的倡导者和执行人,左宗棠的这一历史功绩是不可抹杀的。包尔汉对毛泽东说:阿古柏政权是反动的,左宗棠平定阿古柏之乱,维护了祖国的统一,这一行动应予肯定。毛泽东仔细读完全文后颇为赞赏,说:你的观点我是赞成的。又说:这么好的题目,可以写得更丰满一些,把你刚才一些好的分析补充进去。

后来,经过补充和加工,这篇文章终于在1957年《历史研究》发表。

李鸿章

旷代疆臣，名著海内
君子小人，誉谤不一

李鸿章（1823—1901）　清朝大臣。安徽合肥人，字少荃。道光进士。早年在家乡创办团练，后入曾国藩幕府。1861年以皖北团练和由曾国藩调拨的湘军为基本，建立淮军。翌年至沪。任江苏巡抚。镇压太平天国。后历任湖广总督、直隶总督兼北洋大臣，参与清朝内政外交决策。曾发起洋务运动，引进西方军事装备和科学技术。中日甲午战争失败后，代表清政府与日本签订《马关条约》。1900年八国联军侵占北京后，代表清政府与各国签订《辛丑和约》。

李鸿章四十年的官场生涯，是半部中国近代史的缩影。谈论、研究中国近代史不能不涉及权倾朝野、举足轻重的李鸿章。毛泽东是步出韶山冲后才知道有慈禧太后和光绪皇帝的，也从时论中，包括梁启超写的《中国四十年的大事记》（一名《李鸿章》）里知道李鸿章其人其事的。

长沙师范求学时期的毛泽东，就对李鸿章有颇为深刻的解剖。1913年冬毛泽东的《讲堂录》里有他读《庄子·逍遥游》的感言，此中也评述了李鸿章：

且夫水之积也不厚，则其负大舟也无力。覆杯水于坳堂之上，则芥为之舟。置杯焉则胶,水浅而舟大也。予诵斯言,未尝不叹其义之当也。夫古今谋国之臣夥矣,其雍容暇豫游刃而成功者有之,其跼蹐失度因而颠踬者实繁有徒,有负大舟也无力,岂非积之也不厚乎?吾观合肥李氏,实类之矣。其始也平发夷捻,所至有功,则杯水芥舟之谓也;及其登坛(管)理国交,着着失败,贻羞至于无已者何也?置杯焉则胶,水浅而舟大也。孟子曰:流水之为物也,不盈科不行;君子之志于道也,不成章不达。浅薄者流,亦知省哉。(《毛泽东早期文稿》,第 607 页)

早年毛泽东以《庄子》故事比喻李鸿章官高权重而才识浅薄,只能做做对付太平天国、捻军的容易事宜,要说管理外交和妥善处理国际关系,那是难以挑得起这副担子的。

毛泽东对李鸿章的评价是客观的,他基本上把李鸿章视为反面人物,但也实事求是地对李鸿章若干行事作过一些肯定。

李鸿章在主持镇压苏南太平军和北方捻军后,主要着意于洋务。毛泽东对此有些评论。1953 年 2 月,毛泽东由武汉市长刘惠农陪同参观汉阳铁厂旧址。在龟山附近,他问清代的汉阳兵工厂是在这一带,在得悉抗战初期,国民党当局把工厂设备迁到四川,原有厂房被日寇炸毁时,毛泽东若有所思地点头说道:当年李鸿章都知道要建立自己国家的军事工业,不过,他是为了巩固他们的反动封建王朝。如今,我们也要建厂,那是为了人民的幸福、国家的富强。

毛泽东对李鸿章时期的外交极不满意。弱国无外交。李鸿章秉承清廷旨意,对外国侵略者处处让步。而那些列强也总是打着共同开矿、共同经营铁路等漂亮词语欺骗中国官民,并以此达到控制中国经济命脉的目的。因此在新中国成立初期开展外交时,毛泽东就明确指出:必须首先确立新中国的国际地位,我们共产党不是旧中国的李鸿章。(《历史的真言——李银桥在毛泽东身边工作纪实》,第 24 页)

当 1959 年苏联领导人赫鲁晓夫访华在与毛泽东谈及要在中国建立海军基地,搞共同舰队时,毛泽东坚决加以拒绝。后来他对叶子龙说:我们共产党不是李鸿章。什么共同舰队。就是要控制我们嘛!这是原则问题,没有什么条件好讲,半点也不能让!(《叶子龙回忆录》,第 252 页)

🏵 淮军

1861 年,湘军攻陷安庆,两江总督曾国藩奉旨分军援助镇江,时因上海遭太平天国围攻,当地士绅前来请援,曾国藩即派幕僚李鸿章前往,李先往家乡安徽庐州(合肥)招募当地民团潘鼎新、刘铭传等部,曾国藩再从湘军拨给程学启、郭松林两营,合计十三营共 6 500 人,租赁英国商轮直援上海,是为淮军之始。在上海,李鸿章淮军向英法军学习西方阵法和采用洋枪洋炮,使战斗力大大增强,全军扩充至六七万人,且有六个炮营。在湘军裁减后,淮军又在镇压捻军时扩大。1871 年淮军还装备当时最先进的克虏伯后膛钢炮,1884 年已装备 370 多门,并创建了北洋舰队。在此之际,李鸿章开办近代军事工业,设立江南制造局、轮船招商局、开平煤矿和津榆铁路,以"自强"、"求富"搞近代化工业。但在甲午战争时期,淮军受到极大损失。梁启超《李鸿章》说李鸿章:"吾敬李鸿章之才,吾惜李鸿章之识,吾悲李鸿章之遇。"

🏵 三眼花翎

清朝官员佩戴花翎,花翎即孔雀翎,以"眼"定高下。所谓"眼",就是孔雀翎上的眼状圆花纹,一个圆圈就算作一眼,一般官员,只能佩戴单眼花翎,王公大臣佩戴双眼花翎,世袭贵胄(亲王、郡王、贝勒等)佩戴三眼花翎。乾隆以后,有清二百年恩赐准戴三眼花翎者大臣仅傅恒、福康安、和琳、长龄、禧恩、李鸿章、徐桐七人,其中傅恒等五人为满人,唯李鸿章、徐桐为汉人。

王闿运

晚清遗老 国学大家

王闿运(1831—1916) 字壬秋,号湘绮,湖南湘潭人。早年治学,通经史百家。自称:我非文人,乃学人也。曾为尚书肃顺幕客,后赴曾国藩湘军幕府。晚年为长沙思贤讲舍、衡阳船山书院山长。民初主持国史馆。著作以经史为多,有《湘军志》、《湘绮楼诗文集》,后人辑有《王湘绮全集》。

王闿运是清末民初的大学者,以治经学著名于大江南北,他早年还曾参与湘军幕府,为曾国藩出主意。毛泽东在学生时期就知道他的同乡中有位叫王闿运的。

1955 年,毛泽东在长沙麓山寺见有一副对联:汉魏最初名胜;

湖湘第一道场。

毛泽东说:这副对联是我们湘潭晚清的才子王壬秋写的。他当过袁世凯的国史馆长哩。(《走出丰泽园——毛泽东南巡纪实》,第 9 页)

王闿运著作等身,后人还编集有《王湘绮全集》。毛泽东对其中的《湘军志·水师篇》很有兴趣,还作了三处批语。

早期湘军与太平军逐鹿于长江中游江西九江地区,他们懂得必须训练水师。毛泽东读本篇相当仔细,他对 1855 年湖口之战、湘军有船沉于江的记载,提出"水军应当游泳";又就太平军学习湘军水战法,水战陆战兼用,指出这是

"两脚走路";当湘军攻陷湖口城,有太平军将士"飞投江中,泅而走"记录文字,指出:"要学游泳。"(《毛泽东读文史古籍批语集》,第347页)

这是毛泽东读王闿运著作的一处点滴,也反映他对水军建设、必须学习游泳的重视。

王闿运是学者,也是诗人。毛泽东熟悉他的诗作,但对王诗很不以为然,1958年3月,他在成都会议上谈及学习方法时,就以"王壬秋的诗,模拟占很大部分"(《"大跃进"亲历记》,第170页)为例,作为对专门模仿、缺乏独创精神的批评。

张之洞

整顿吏治,兴办洋务
中学为体,西学为用

张之洞(1837—1909)　清末大臣。字香涛。直隶南皮(河北南皮)人。同治进士。清流派领袖。后任两广总督、湖广总督。大办洋务。晚年任军机大臣,掌管学部。有《张文襄公全集》。

张之洞是晚清清流派重要角色,又是开办洋务颇有成绩的封疆大吏。当时洋务搞得最为兴旺、有人气的,第一是上海,第二却是长江中游的武汉。武汉就是湖广总督张之洞驻节之地。

毛泽东年轻时相当欣赏张之洞其人其事。新中国成立后他几次来武汉都要提及张之洞和他所办的汉冶萍钢铁公司,给予张之洞相当高的评价。

新中国成立初期,毛泽东和政务院副总理黄炎培谈到我国民族工业发展过程时,就说到近代有四个实业界人士不能忘记,其中一个就是搞重工业的张之洞。

毛泽东还在其他场合谈及张之洞。1953年4月,在天津视察时他就曾与市工商联主委李烛尘谈话中指出:有几位先驱不能忘,讲钢铁工业不能忘记张之洞。

张之洞在湖广总督任内,在武汉三镇等地把近代重工业以及若干轻工业搞得颇有成效,使晚清逐渐和世界缩小了时空,对此,毛泽东是相当清楚的。

1958 年夏季,中共中央举行八届六中全会期间,在武汉洪山宾馆的一次晚会上,毛泽东在和王任重、陈再道等谈话时,赞扬了出生在邯郸的秦始皇和勇于改革、倡导胡服骑射的赵武灵王以及大办实业的湖广总督张之洞。他说:湖北的工业基础,如汉阳铁厂、纺织厂、兵工厂、京汉铁路,都是张之洞带头办的。还说他在辛亥革命后当兵时使用的"汉阳造",就是张之洞的兵工厂造的。他对湖北省委第一书记王任重说:这是你们河北人的骄傲! 你们要后来居上。(《张之洞与中国近代化》,第 2 页)

毛泽东相当欣赏张之洞办工业的所为,因为王任重是景县人,和张之洞的南皮县相隔只是一条大运河,都是河北人,所以毛泽东说张之洞是河北人的骄傲。

◉ 汉阳造

"汉阳造"系 1893 年张之洞主持的湖北汉阳兵工厂所制造的步枪,后即大量投入生产,装备各路军队。按,所谓"汉阳造"系仿制德国研制发射无烟子弹的 1888 式毛瑟步枪,由此定名为"八八式",俗称"汉阳造"。此种步枪,有效射程达 600 米,容弹 5 发,速度 390 米/秒,后提高至 850 米/秒。它因枪筒外增加了一个套筒(防止枪管发热),故又名"套筒枪",进口中国的称"老套筒"。"汉阳造"经过多次改进,1904 年定型后的"汉阳造",因其"性能可靠,结实耐用",成为了在中国连续生产 50 余年的经典名枪。该枪参加了中国包括"抗美援朝"在内各时期的战役。后逐渐淘汰给地方民兵,一直使用到 20 世纪 80 年代。

陈宝箴

开化民智,启一省风气之先
鼓吹革新,创各地变法之最

陈宝箴(1831—1900)　清朝大臣。江西义宁(今江西修水)人,字右铭。早年在江西办团练,对付太平天国。1894 年,任湖南巡抚。在任期间,支持戊戌变法,为全国所有督抚大员中惟一支持新法者。变法失败后,革职,后被秘密赐死。

近代湖南,俊星飞驰,人才辈出,是维新改革志士非常活跃的地区。当时的湖南巡抚陈宝箴是全国所有督抚中惟一支持维新派的封疆大吏。他对湖南的风气大开,功不可没。

毛泽东对陈宝箴是相当赞许的。1919 年 8 月,他在《湘江评论》第四号《本会总记》中说:

> 湖南之有学校,应推原戊戌春季的时务学堂。时务以短促的寿命,却养成了若干勇敢有为的青年,唐才常汉口一役,时务学生之死难者颇不乏人。此时的学校,大都以鼓吹革命为校风,学生竞研究所谓经世的学问,抵掌讨论的,不外国事如何腐败,满政府如何推翻,怎样进兵,怎样建设,种种问题。明德继起,校旨相同;光绪末年的明德学生,在省城学生界,颇具时

誉。大抵当时的学生,好干事,不怕死,是他们的特色。反抗官厅,不服压制,是他们外发的表征。陈宝箴巡抚湖南,以开发湖南自任,时务等校之得以建立,陈氏实其元勋。戊戌政变,陈宝箴走,谭嗣同死,梁启超逃,熊希龄革掉翰林,康圣人的著书,一大堆在小吴门外校场坪聚烧了。于是而时务学堂倒了。(《毛泽东早期文稿》643—644 页)

短短三百字,毛泽东扼要讲述了陈宝箴在湖南办新学的功绩。他的评价是公允的。

1950 年,毛泽东在某次宴会上说起陈宝箴任湖南巡抚时锐意推行新政。他说,丁酉戊戌间,陈宝箴保荐康有为,又大集青年豪杰之士,仿西法建矿产、轮船、电报、铁路等事业作新政的基础。同时办各类新式堂校、《湘学报》,更创立南学会研究变法理论和推行方案,与北京的保国会相呼应,业绩灿然,冠于各省。当然被全国侧目,更被湖南的顽固派王先谦、叶德辉之流指斥为"无父无君之乱党"了。毛泽东接着又说,他就读的湖南第一师范就是这位维新派巡抚办的。可见他对陈宝箴的赞许之意。

慈禧太后

上邪下难正
众枉不可矫

慈禧太后(1835—1908)　清咸丰帝妃,叶赫那拉氏。同治(载淳)、光绪(载湉)两朝实际统治者,被尊为皇太后,垂帘听政,统治中国四十七年。对外向侵略势力屈膝献媚,先后签订一系列丧权辱国的条约;对内镇压资产阶级改良派的维新运动,杀害维新志士。晚年也搞"新政"、"预备立宪"。

　　慈禧太后叶赫那拉氏是清朝晚期同、光二朝的实际统治者。毛泽东的童年和少年时代就是在慈禧太后为代表的封建专制统治中度过的。因为生长在封闭的韶山冲,他和家乡的同龄人们,在幼年时都不知道中国统治者叫慈禧太后。据1936年他和斯诺的谈话回忆,他开始知道慈禧太后,要到辛亥革命前夕,即1910年走出韶山冲进入东山高等小学堂时。第二年,武昌起义成功,清朝灭亡。这时的毛泽东对慈禧太后这些祸国殃民的统治者所作所为是清楚的。他对戊戌变法的失败表示惋惜,而慈禧太后就是这次变法的最大破坏者。

　　毛泽东后来多次斥责慈禧太后固步自封、盲目排外和投降帝国主义,镇压义和团等所作所为。1956年8月,毛泽东在与音乐家协会负责人谈话中指出:中国的文化应该发展,外国的乐曲不会听、不会奏,是不好的。外国作品不翻译是错误的,像慈禧太后反对"洋鬼子"是错误的。(《毛泽东论文艺》(增订本),第97页)

他说：不要学慈禧太后，盲目排外与盲目崇外都是错误的（《党史文汇》，2006年第7期第18页）1965年12月，在杭州同哲学工作者谈话时毛泽东又说：义和团先是"反清灭洋"，后来变为"扶清灭洋"，这时得到慈禧的支持；清朝被帝国主义打败，慈禧和皇帝逃跑了。以后慈禧就搞"扶洋灭团"。（《毛泽东题词和联语记事》，第387页）

　　毛泽东对慈禧太后的批判是实事求是的，对晚清的政治腐败的分析也是客观的。1949年5月1日，他邀请柳亚子游颐和园。当柳亚子触景生情提到了慈禧太后腐败无能不建海军，却将军费挪用修颐和园，是民族的千古罪人时，毛泽东指出：归根到底还是政府腐败。封建制度不根除，她就是建了海军也还是要送给帝国主义的。建了颐和园，帝国主义拿不走，今天也可以享受，总比叫他们挥霍要好呀！当他看到陈列的慈禧太后重价向外国购置的小火轮时，又说道：她买几件洋货也是赔本的买卖。自己不奋发图强，自己站不起来，就谈不上平等互利，还是那句老话："嗟来之食不可食。"

⬤ 晚清"四大奇案"

　　清末有"四大奇案"。

　　"四大奇案"有多种版本。一说是无锡张瑞初《西神遗事》，据其祖辈相传，说"四大奇案"系风行在同治、光绪时期的案件："张文祥刺马"、"杨乃武和小白菜"、"南京三牌楼换肋骨案"和"湖北武昌府某县告忤逆案"。除"刺马"案为政治疑案，其余三案均系社会案件，因发生于西太后垂帘听政时期，且经她亲自过问和拍板，小题大做，由小闹大了。其中如"告忤逆"，适值她与同治帝相左，欲对皇帝示威，与地方督抚有诏："如有告忤逆案件，不问案情轻重，必据以奏闻，候旨发落。"所以如此案出自儿子遭辱骂，误打母亲，为舅告官府，却被视为头等大案，钦定为十恶不赦："儿子碎骨扬灰，知县、知府办事不力充军，该县停止乡试三年，并将学宫亭子截去一角，以示惩罚。"

　　其实"四大奇案"并无定说。民国初年有将"杀子报"列为奇案之一，也有以京剧演员杨月楼被诬为奇案之一，但所以列为"四大奇案"，盖因西太后直接参与而得名也。

武训

千古奇丐
不足为训

武训（1838—1896）　清山东堂邑（今山东聊城西）人，原名武七。行乞，以所得资财在堂邑、馆陶、高唐、临清等地建四所义学，得到地方官吏奖励。清政府赐以"义学正"名号和《清史稿》立传。20世纪三四十年代，教育界人士陶行知、段锡朋等对武训多有称颂。

武训是近代中国的一个富有传奇色彩的乞丐。20世纪三四十年代的中国教育界，武训兴学的故事很走红，被视为办学的一种良好模式。武训所行也被誉为武训精神。毛泽东在延安时期的一些讲话里，也曾称赞过武训行乞兴学的精神，并用它来鼓励大家克服困难，把革命坚持下去。

1951年，电影《武训传》制作完毕，放映后受到欢迎，诸多报刊还纷纷发表文章予以肯定、张扬。毛泽东观看了这部影片后，很不以为然。同年5月《人民日报》在转载杨耳（许立群）在《文艺报》发表的《陶行知先生表扬"武训精神"有积极作用吗？》一文时，毛泽东就加以"编者按"，指出："歌颂清朝末年的封建统治拥护者武训，污蔑农民革命斗争，污蔑中国历史，污蔑中国民族的电影《武训传》的放映，曾经引起北京、天津、上海等地报纸刊物的广泛评论。值得严重注意的是最早发表评论（其中包括不少共产党员们写的评论）全都是赞扬这部影片或者是赞扬武训本人的,而且直到现在,对于武训、《武训传》,以及关于《武训传》的种种错误评论,也还没有一篇有系统的、科学的批判文字。"同月 20 日,他为《人民日报》写了《应当重视电影〈武训传〉的讨论》的社论,认为"《武训传》所提出的问题带有根本的性质。像武训那样的人,处在清朝末年中国人民反对外国侵略者和反对国内的反动封建统治者的伟大斗争的时代,根本不去触动封建经济基础及其上层建筑的一根毫毛,反而狂热地宣传封建文化,并为了取得自己所没有的宣传封建文化的地位,就对反动的封建统治者竭尽奴颜婢膝的能事,这种丑恶的行为,难道是我们所应当歌颂的吗? 向着人民群众歌颂这种丑恶的行为,甚至打出'为人民服务'的革命旗号来歌颂,甚至用革命的农民斗争的失败作为反衬来歌颂,这难道是我们所能够容忍的吗? 承认或者容忍这种歌颂,就是承认或者容忍污蔑农民革命斗争,污蔑中国历史,污蔑中国民族的反动宣传,就是把反动宣传认为正当的宣传。电影《武训传》的出现,特别是对于武训和电影《武训传》的歌颂,竟至如此之多,说明了我国文化界的思想混乱达到了何等的程度! 在许多作者看来,历史的发展不是以新事物代替旧事物,而是以种种努力去保持旧事物使它得免于死亡;不是以阶级去推翻应当推翻的反动的封建统治者,而是像武训那样否定被压迫人民的阶级斗争,向反动的封建统治者投降。"(《毛泽东文集》第六卷,第 166 页)

由此开始了一场全国性的批判《武训传》的运动。

毛泽东组织和领导了这场新中国成立后在思想文化战线上的运动。他就武训其人其事发表己见,高屋建瓴,评述武训。同年 6 月,在审阅《学习》杂志杨耳(许立群)《评武训和关于武训的宣传》一稿时,他先后增添了几段内容,认为:武训的中心事业是所谓行乞和办"义学",其实是一个骗局。武训也许想要为穷孩子办的学堂,但事实只能为有钱人的子弟办学堂,"不可能有真正的穷孩子进他那样的学堂。"武训的"义学",其实是不义之学,因为办学的钱:一是强要来的;二是放高利贷;三是倚仗官势募捐。(《知情者说》第三辑之七,第 16—17 页)"武训装得很像,他懂得封建社会的尊卑秩序。他越装得像,就越能获得些举人进士的欢心,他就越有名声。他已经很富了,还是要行乞。他越行乞,就越有名声,也就越富。武训是一个富有机智和狠心的人,因此他成了'千古奇丐',只有那些天真得透顶的人们才被他骗过。旧的反动著作家则将武训的骗术,有意描写为'美谈',武训的'我乞者不敢与师抗礼也'(见《清史稿》卷四九九《武训传》,"其盛馔饩师,七(武训)屏立门外,俟宴罢,啜其余曰:我乞者不敢与师抗礼也。")这件事,在《清史稿·武训传》中也是大书特书的。"(《毛泽东和中国史学》,第 326 页)毛泽东对宣传武训表示了极大的不满:"武训的中心事业是所谓行乞和办'义'学。这件事,迷惑了很多天真的孩子般的不用脑筋的老好人,其实是一个骗局。武训也许想过要为穷孩子办学堂,但事实只能为有钱人的子弟办学堂,不可能有真正的穷孩子进他那样的学堂。"(《毛泽东传》(上),第 103 页)"现在,姑且不说武训办学的方法和结果,单说武训办学的动机,即是说假定地真想要使穷孩子识字,借此以改变穷人们的悲惨地位,这种想法,难道是不正当的吗?我们说,武训自己怎样想是一件事,武训的后人替他宣传又是一件事。武训自己一个人想得不对,是极小的事,没有什么影响。后人替他宣传就不同了,这是借武训来宣传自己的主张,而且要拍成电影,写成著作或论文,向中国人民大肆宣传,这就引起了根本问题了。"(《党的文献》,1998 年第 2 期)

此后不久,由人民日报社和中央文化部组织的武训历史调查团袁水拍、钟惦棐、李进和山东、临清等地有关人员等十三人赴山东堂邑、临清和馆陶等县实地调查。毛泽东在调查团出发前说了这场讨论《武训传》的目的。他说,武训本人是不重要的,他已经死了几十年了;武训办的义学也不重要,它已经几经变迁,现在成了人民的学校。重要的是我们共产党人怎么看待这件事——对武训的改良主义道路,是应该歌颂?还是应该反对?

武训历史调查团经过二十余天调查回来,据调查情况和收集到的材料,由袁水拍、钟惦棐、李进三人执笔写出了《武训历史调查记》。在此文连续发表在 1951 年 7 月 23 日至 28 日《人民日报》前,毛泽东作了认真修改,重要处改动和加字多达十五处。关于武训办学一事,毛泽东所加的是说明:"封建制度的生产关系,是地主阶级掌握主要的生产资料。地主阶级有政权,有军队,保护这种生产关系。因而只有地主阶级能够垄断文化、办学校,被剥削被压迫的农民阶级是不可能有受教育学文化的机会的。在封建地主阶级看来,使用简单工具从事农业生产劳动的农民,也没有要使他们受教育学文化的必要。这是几千年封建制度的规律,是唯物史观所指示的法则。被剥削被压迫的农民阶级要在文化教育方面翻身,要自己办学校、学文化、受教育,只有在工人阶级领导之下,推翻地主阶级的政权,建立以工农联盟为基础的政权,并取消地主与农民间的封建的生产关系,即地主的土地所有制,改变成为农民的土地所有制,才有这样可能。"(《毛泽东传》(上),第 104—105 页)

郑观应

盛世思危言
富民能救国

郑观应(1842—1922) 近代思想家。广东香山(今广东中山)人,字正翔。早年在上海宝顺洋行、太古轮船公司做买办。1878年为李鸿章赏识,历任上海机器织布厂总办、汉阳铁厂和粤汉路公司总办。1895年后投靠盛宣怀。主张自建机器制造工业,提出保护关税,裁撤厘金,允许商人自由投资。辛亥革命后寓居上海,有著作《盛世危言》,提倡向西方学习技术,富国强兵。

1908年毛泽东在韶山家乡时就读过郑观应的《盛世危言》。他对同乡李漱清说:前几天,我读了《盛世危言》,深感自己学问不多,要继续进学校读书。趁年轻时学好本领,将来做一番利国利民的事情!《盛世危言》这部书开拓了少年毛泽东的眼界,给他留下了极深的印象。几十年后,他仍对这部书念念不忘。

1936年,毛泽东在陕北保安与美国记者埃德加·斯诺谈话时,回忆起这本书给他的影响。他说:(父亲)要我熟读经书,尤其是他在一次诉讼失败之后,更是这样了,当时他由于他的对手在法庭上引用了一句很合适的经书上的话而败诉。我经常在深夜把房间的窗户遮起,好让父亲看不见灯光。就这样我读了一本叫做《盛世危言》的书,我当时非常喜欢这本书。作者是老的改良主义学者,认为中国之所以弱,在于缺乏西洋的装备——铁路、电话、电报、轮船,所以想把这些东西引进中国。我父亲认为读这些书是浪费时间。他要我读一些像经书那样"有用的"东西,可以帮助他打赢官司。可是,我看的书,逐渐对我产生影响。

次年8月,洛川会议后,有天晚上,毛泽东又和郭化若谈及这本书。毛泽东说:十几岁那年,我读到一本描写帝国主义瓜分中国的小册子,一个通宵,一口气把它看完,读后对中国的前途感到沮丧,开始认识到"国家兴亡,匹夫有责"。一本倡导维新的技术改良的书《盛世危言》,使我接触到了"中学为体,西学为用"的思想,也就是读了这本书后,我作出决定:为了中国的命运,必须走出韶山,走出湘潭,去学习更多的知识。(《碧血丹心——毛泽东和他的麾下将领》,第170页)

1947年8月,毛泽东在陕北沙家店战役结束后,与警卫员闲谈时又提及了这本四十年前他读过的书,他说:小时候看《水浒》,只知道杀富济贫,不懂得反封建;大点了,看《盛世危言》,以为有了外国的技术、机器和枪炮就行,还是不懂反封建。

毛泽东对《盛世危言》相当熟悉。半个世纪后,即1958年3月,在乘坐长江江峡轮途中,与船员谈及掌握航行技术时说:近代思想家郑观应在《盛世危言》一书中对驾驶船舶评价很高,他讲道:"能纵横驰骋于洪波之中,历风涛,飓而不惊,当炮雨弹林而不慑,火龙百道神志愈闲,一舵在手操纵自如,变化不测,进退疾徐,皆以敌船为准。"当船长必须兼备许多优秀品质啊!(《江海客:毛泽东》,第99页)

刘鹗

一部游记走上文坛
且说清官坏过贪官

刘鹗（1857—1909）　晚清学者。字铁云，别署洪都百炼生，江苏丹徒
（镇江）人。候补知府。因以低价向八国联军购买所掠夺太仓储粟，以罪戍
新疆。后病死。早期收藏甲骨颇有建树。有小说《老残游记》。

1952 年 10 月 27 日，毛泽东视察济南，他就对陪同人员说：济南家家有泉，
户户垂杨，对吗？在大明湖历下亭，毛泽东看到湖光闪闪，游船众多，顺口说出：
海右此亭古，济南名士多。接着他就历下亭，还讲了《老残游记》中的不少故事。

毛泽东触景生情，说《老残游记》，很可能就是第二回《历山山下古帝遗踪，
明湖湖边美人绝调》篇里的黑妞白妞说"梨花大鼓"故事。这段文字描绘，确实
是栩栩如生，如呼即出。它是《老残游记》写得最为精致的一节。20 世纪 50 年
代初的中学语文课本就把它作为范文编选。

《老残游记》的作者就是晚清学者刘鹗。

毛泽东也谈过《老残游记》的其余章节，现在见有的是 1964 年 12 月 27 日
中央工作会议上的插话。在那天会上，陈伯达就农村社教发言："四清"与"四不
清"不能说明问题的性质，封建社会就有清官和贪官的问题。清官，在不同的社
会有不同的阶级内容，资本主义社会也有所谓清官，那些清官都是大财阀。说到

这里,主持会议的毛泽东当即插话:清朝刘鹗的《老残游记》中说,清官害人比贪官害人还厉害。后来一查,南北朝史的魏史就有此说。(《党史博览》2003 年第 12 期)

毛泽东所说的《老残游记》此言,见该书第六回《万家流血顶染猩红,一席谈心辩生狐白》,此中说的曹州知府玉贤和刚弼,就是清官,所谓是"无才的要做官很不要紧,正坏在有才的要做官"。小说中还出现庄宫保那样的"清官",朝野也以"清官"赞扬之,他"自以为我不要钱,何所不可,刚愎自用,小则杀人,大则误国",以致给民众带来天灾。所以刘鹗自评:"赃官可恨,人人知之;清官尤可恨,人多不知。""作者苦心愿天下清官勿以不要钱便可任性妄为也。历来小说皆揭赃官之恶,有揭清官之恶者,自《老残游记》始。"

萨镇冰

珍重晚来风景好
黄花老圃颂高秋

萨镇冰（1859—1952）　近代海军将领。福建侯官（今福州）人，名鼎铭。早年在福建船政学堂学习。1877 年留英学习海军。回国后任北洋舰队管带。北洋舰队覆没后，任吴淞炮台统领和南澳镇总兵、广东水师提督。1917 年任海军总长。一度代理国务总理。后脱离政界隐居。新中国成立后，任全国政协委员。

萨镇冰是晚清的水师提督。辛亥革命爆发时，曾奉命率舰赴武昌，配合北洋冯国璋陆师镇压革命，但他却拒绝发炮，游弋中流，同情革命。这是一个是非分明、颇有骨气的爱国将领。自此以来，几十年间，萨镇冰过着朴素、清苦的生活。1949 年福建解放时，当时归隐坊间、卖字为生的萨镇冰，拒绝赴台湾，一个人留在福州，迎接解放。此时他已有九十多岁了。

在新政协筹备会上，萨镇冰被安排为政协委员。1949 年 8 月 28 日，毛泽东在北平中南海与起义将领、原国民党海军第二舰队少将司令林遵谈及福州海军学校时，提到了萨镇冰。毛泽东说：萨镇冰，清朝最后一个水师提督。他是你的同乡啊。当林遵说了"民国反正，辛亥革命后，他挂职离开军舰，回到老家教书"后，毛泽东又说：这是一位可敬的老先生！他拒绝镇压辛亥革命。这一次，李宗仁请他去台湾,他拒绝了。蒋介石打电报让他和陈绍宽一起去台湾,他称病不去,还告诉陈绍宽规避。很可敬！由此可见,毛泽东很敬重萨镇冰的为人办事。

1952年,九十四岁高龄的萨镇冰作诗一首托人转送毛泽东:

> 衰躯不与世争光,偶向经坛拜梵王。
> 尚望舟师能再振,海氛一归捍岩疆。

毛泽东收到后,未及回信,萨镇冰即因心脏病、肺炎等旧病复发,于同年4月10日逝世。毛泽东即发电致唁:

> 萨镇冰先生家属礼鉴:萨镇冰先生因病逝世,无任悼念,特电致唁。

> 毛泽东 一九五二年四月十二日

> (《人民日报》1952年4月13日)

毛泽东随即指派时任华东军政委员会副主席、上海市市长陈毅专程赴福州,主持萨镇冰丧礼。并在5月25日复信萨镇冰家属,内称:"萨先生现已作古,其所作诗已成纪念品,兹付还,请予保存。"

康有为

说维新轰轰烈烈
话保皇凄凄凉凉

康有为(1858—1927)　近代思想家、学者。广东南海人,原名祖诒,号长素。人称南海先生。光绪进士。授工部主事。钻研西学。1888—1898年曾七次上书,要求变法图强。在此期间,发动"公车上书",组织强学会、保国会。1898年,领导百日维新,失败后赴日本,组织保皇会、孔教会,反对民主革命。著有《新学伪经考》、《孔子改制考》和《大同书》等。

少年时对他表示了佩服

康有为是近代中国资产阶级改良主义重要人物。青年毛泽东曾有相当长的一段时期深受他的思想影响。

1910年,毛泽东进入东山高等小学堂后读了康有为改革运动的两本书,对他表示了佩服。翌年,毛泽东看了报纸所载广州起义失败消息,很是激动。他后来对美国记者埃德加·斯诺说:我在这时也知道了孙逸仙和同盟会的纲领。长沙正是第一次革命的前夜。我异常地激动,我就写了一篇文章,贴到了学校的墙头上。这是我的政治意见的初次表现,似乎有些含糊的。我始终不曾放弃对于康有为和梁启超的敬慕;我还不曾明了这些人和新领袖之间有些什么样的差别,因此,我在我的文章里,我建议孙逸仙该从日本回来就任新政府的总统,康有为该就任总理,梁启超该就任外交部长!在此之后的几年里,毛泽东对康有为等人可以说是佩服得五体投地,包括对他们的读书治学都表示了极大的敬佩,1915 年 6 月,在给湘生的信里说,"如言自修,吾举两人闻君。其一康有为。康尝言:吾四十岁以前,学遍中国学问;四十年以后,又吸收西国学问之精华。"(《毛泽东早期文稿》,第 7 页)同年 9 月 6 日,他在给同学萧子昇信里又说自己想"舍之以就深山幽泉,读古坟籍,以建其础,效康氏、梁任公之所为,然后下山而涉其新"。(《毛泽东早期文稿》,第 21 页)1917 年 8 月,毛泽东在给黎锦熙的信里又说到了康有为:"今之论人者,称袁世凯、孙文、康有为而三。孙、袁吾不论,独康似略有本源矣。然细观之,其本源究不能指其实在何处,徒为华言炫听,并无一干竖立、枝叶扶疏之妙。愚意所谓本源者,倡学而已矣。"(《毛泽东早期文稿》,第 85 页)

但是当毛泽东接触《新青年》杂志后,思想有了突变,而康有为却日益走向保守、顽固,毛泽东也就由钦佩康有为改变为谴责康有为了。

1919 年 7 月,毛泽东在创办的《湘江评论》创刊号中,就广州修铁路,要拆毁孔庙大殿明伦堂,而引起康有为打电话给广州护法军政府总裁岑春煊和伍廷芳痛斥此举一事,他写了《各国没有明伦堂》、《什么是民国所宜》两篇短文,热嘲冷讽康有为的尊孔行为。这表明,毛泽东对康有为的认识,开始有了根本的转变。

常读《大同书》

若干年后,毛泽东接受马克思主义,运用历史唯物论认识历史,评论人物,对康有为有了正确的评价。1949 年 6 月,他在《论人民民主专政》中对前期康有为予以高度的肯定:说他是"代表了在中国共产党出世以前向西方寻找真理的一派人物"。毛泽东常读康有为代表作《大同书》。大同之世是历代先进的思想家、政治家梦寐以求的理想国。当年曾为毛泽东管理图书的工作人员说:康有为的重要著作《新学伪经考》和《孔子改制考》,毛是经常要看的,而康有为的另一部重要著作《大同书》对他的影响就更加明显。(《毛泽东早年读书生活》,第 98 页)毛泽东指出:康有为写了《大同书》,他没有也不可能找到一条到达大同的路。但他对《大同书》并不予否定,仍认为有可取处。据李锐说:《大同书》的影响,也反映在《关于人民公社若干问题的决议》和《农业发展纲要四十条》上,难怪在 1958 年人民公社运动开始时,中央农村工作部干部去徐水县时,除带上马克思的《哥达纲领批判》外,还带了康有为的《大同书》。李锐认为,毛对《大同书》没有评论。他所惋惜的,只是康有为未能找到通向这个理想的道路。历史的不幸是,九年之后,在大跃进、人民公社运动中,以为找到了这条道路的毛泽东,作了一次不成功的尝试,其代价之大,是人们多少年也不会忘记的!(《毛泽东早年读书生活》,第 101 页)有如 1958 年 3 月,毛泽东在成都会议上谈到家庭时指出:在社会主义中,个人私有财产还存在,小集团还存在,家庭还存在,家庭是原始共产主义后期产生的,将来要消灭,有始有终。

康有为的《大同书》即看到此点。家庭在历史上是个生产单位、消费单位、生下一代劳动力的单位、教育儿童的单位,有几种职能。康有为后期虽走向了反面,但毛泽东仍是辩证地看待他的一生。在 1949 年 9 月的新政协的一次宴会上,毛泽东指出:戊戌政变前期与后期的意义不同,康有为、梁启超在前期是进步的,没有后来变成保皇党那样反动。(《协商建国:中国民主 1949》,第 319 页)当时,他在成都会议上,还举例谈及"从古以来,创新思想、新学派的人,都是学问不足的青年人"时,还指出,"康有为也是如此"。

赞赏三潭印月长联

对于康有为的诗文,毛泽东也是赞赏的。1952 年 10 月 30 日,他在河南开封视察,在龙亭对康有为所题的一首小诗和一副楹联颇感兴趣,命秘书抄录:

远观高寒俯汴州,繁台铁塔与云浮。
万家无树无宫阙,但有黄河滚滚流。

中天台观高寒,但见白云悠悠黄河滚滚;
东京梦华销尽,徒叹城郭犹是人民已非。

几年后,毛泽东在杭州见三潭印月正中有一圆洞门,门上题有"竹径通幽"

四个字。他驻足凝望，两侧是康有为书写的一幅长联，也就命秘书抄录之：

　　岛中有岛，湖外有湖，通以九折画桥，览沿堤老柳、十顷荷花、食莼菜香，如此园林，四州游遍未尝见；

　　霸业烟硝，禅心止水，阅尽千年陈迹，当朝晖暮霭、春煦秋阴，山青水绿，坐忘人世，万古同慨更何之。

《大同书》

　　康有为于 1901 至 1903 年在印度大吉岭完成了酝酿十五六年之久的《大同书》。《大同书》共三十卷，二十万字。梁启超《清代学术概论》将它内容概括为：(一)无国家，全世界置一总政府，分若干区域；(二)总政府及区政府皆由民选；(三)无家族，男女同栖不得逾一年，届期须易人；(四)妇女有身孕者入胎教院，儿童出胎者入育婴院；(五)儿童按年入蒙养院及各级学校；(六)成年后由政府指派分任农工等生产事业；(七)病则入养病院，老则入养老院；(八)胎教、育婴、蒙养、养病、养老等院，为各区最高之设备，入者得最高之享乐；(九)成年男女，例须以若干年服役于此诸院，若今世之兵役然；(十)设公共宿舍、公共食堂、有等差，各以其劳作所入自由享用；(十一)警惰为最严之刑罚；(十二)学术上有新发明者及在胎教等五院有特别劳绩者，得殊奖；(十三)死则火葬，火葬场比邻为肥料工厂。

谭嗣同

我自横刀向天笑
去留肝胆两昆仑

谭嗣同(1865—1898)　近代思想家。湖南浏阳人,字复生,号壮飞。早年博览群籍,游历长江、黄河流域和西北各省,考察风土民情。1896 年著《仁学》。翌年在长沙开办时务学堂,倡议南学会,创刊《湘报》等宣传变法。1898 年入京,参与新政。戊戌变法失败,被杀害。临刑作绝命词:"有心杀贼,无力回天;死得其所,快哉快哉!"有《谭嗣同全集》。

1949 年 9 月 19 日,毛泽东邀请张元济同游北平天坛,途中谈起了张元济早年参加的戊戌变法。毛泽东说,戊戌变法失败,原因在于不发动群众,但也流了不少血,给我们留下了可以借鉴的经验。为戊戌变法作英勇牺牲的代表人物有谭嗣同。毛泽东很敬仰谭嗣同。

辛亥革命后,毛泽东在长沙读书,创办文化书社和《湘江评论》。长沙曾是谭嗣同从事救国活动的地方。毛泽东抚昔思今,感慨系之,颇以大同乡有谭嗣同而感到自豪。1917 年 9 月,他在长沙岳麓山蔡和森家和蔡和森、张昆弟等夜谈,谈到"前之谭嗣同,今之陈独秀,其人者,魄力颇雄大,诚非今日俗学所可比拟"。(《毛泽东早期文稿》,第 639 页)次年,毛泽东又利用寒假赴浏阳拜谒位于县城的谭嗣同烈士祠,向烈士遗像三鞠躬,瞻仰所悬的梁启超题赠"民族先觉"匾,表达了对谭嗣同的敬仰。

对谭嗣同传播新思想的功绩，毛泽东极为赞赏。1919 年 7 月，他在《湘江评论》著文《健学会之成立及进行》，开篇就提到了谭嗣同："二十年前，谭嗣同等在湖南倡南学会，招集梁启超、麦孟华诸名流，在长沙设时务学堂，发刊《湘报》、《时务报》。一时风起云涌，颇有登高一呼之概。""'变法自强'的呼声，一时透衡云澈云梦的大倡。中国时机的转变，在那时候为一个大枢纽。湖南也跟着转变，在那时候为一个大枢纽。"（《毛泽东早期文稿》，第 362 页）翌年，他又在湖南《大公报》发表《湖南受中国之累以历史及现状证明之》一文，再次赞颂了谭嗣同："中国维新，湖南最早，丁酉戊戌之秋，湖南人生气勃发，新学术之研究，新教育之建设，谭嗣同、熊希龄辈领袖其间，全国无出湖南之右。"（《毛泽东早期文稿》，第 514 页）

谭嗣同是近代中国的一颗闪烁的"思想彗星"（梁启超语）。毛泽东的老师杨昌济很崇仰谭嗣同和谭嗣同思想，特别看重谭的代表作《仁学》，提倡人人要有奋斗、发动心之力的精神。毛泽东深受杨昌济影响，也曾认真研读《仁学》。他对《仁学》所提倡"人力或做不到，心当无有做不到"、"夫心力最大者，无不可为"说，甚为赞同。《张昆弟日记》就记有 1917 年 9 月 16 日同游昭山寺时，毛泽东所说的话"人之心力与体力合行一事，事未有难成者"。据斯诺所记毛泽东回忆，当时他还专门撰有《心之力》文论，对此作有系统的论述。杨昌济读后极为赞赏，给打了一百分。

梁启超

写政论虎头蛇尾
做学问博而欠深

梁启超(1873—1929)　近代思想家、学者。广东新会人,字卓如,号任公、饮冰室主人。康有为学生,主张变法,先后为上海《时务报》主笔,长沙时务学堂总教习。戊戌变法失败后,在日本主编《清议报》、《新民丛报》,传播西方政法、历史学说。晚年在清华国学院讲学。著作等身,有《饮冰室合集》。

毛泽东曾多次表示:我很佩服梁启超。早年毛泽东的政治思维和写作技巧都深受梁启超影响。1910年,毛泽东进入东山高等小学堂,特别喜欢读梁启超主编的《新民丛报》。由于后来毛泽东和同侪创办"新民学会",取名"新民",显然是受到梁的启发和影响。由于崇拜梁启超,毛泽东甚至在很长时间里写作模仿梁的文章风格,并因梁号任公,一度自取号"子任"。1915年新文化启蒙初期,毛泽东又以自修治学之道向友人介绍康、梁。他说梁启超:"梁固早慧,观其自述,亦是先业词章,后治各科,盖文学为百学之原,吾前言诗赋无用,实失言也。"(《毛泽东早期文稿》,第8页)1949年9月在新政协筹委会举办的一次宴会上,毛泽东在谈到戊戌政变时,又谈了梁启超文笔:梁启超在中国文学的贯通上有他一手,以前我也爱他的文章。

　　然而,当毛泽东接触《新青年》和积极参加社会活动后,他对梁启超的认识有了转变,而康、梁却日益保守、顽固,使他对梁启超的评价开始有了变化。1920 年 10 月,毛泽东对梁启超发表的《国民制宪运动》、《主张国民动议制宪之理由》,极为不满,便写了《"全自治"与"半自治"》一文,指责、反对梁的国民制宪,不久又在给罗章龙的信中说:"从康梁维新至孙黄革命(两者亦自有他们相当的价值当别论),都只在这大组织上用功,结果均归失败。急应改途易辙,从各省小组织下手。"(《毛泽东早期文稿》,第 553 页)

　　以后,毛泽东作为伟大的马克思主义者,当他再回首看梁启超时便以历史唯物论的观点来对他作解剖分析,对梁启超一生的主要业绩作了科学的评述。

　　1939 年,毛泽东在与张闻天信中就陈伯达《孔子的哲学思想》所引用梁启超等近现代思想家的话指出:"他们在中国学术上有其功绩,但他们的思想和我们是有基础上区别的,梁基本上是观念论与形而上学。"(《毛泽东文集》第二卷,第164 页)。他一语道破了梁启超的思想范畴是唯心主义。

　　1949 年冬天,毛泽东在和湖南老人符定一、仇鳌和章士钊等人谈话时,谈及梁启超。他说:旧社会的东西对我都产生过影响。有段时间受到梁启超办的《新民丛报》的影响,觉得改良派也不错,想向资本主义找出路,走西方富国强兵的路子。十月革命一声炮响,马列主义传入中国,我才逐步接受了马列主义。

　　1958 年春,毛泽东在武汉东湖和吴冷西、田家英泛论近代中国各阶级都需要自己的舆论工作、热衷于办报时,又谈起了梁启超。毛泽东说:梁启超一生有点像虎头蛇尾。他最辉煌的时期是办《时务报》和《清议报》的几年。那时他同康有为力主维新变法。他写的《变法通议》在《时务报》上连载,立论锋利,条理分明,感情奔放,痛快淋漓,加上他的文章一反骈体、桐城、八股之弊,清新平易,传诵一时。他是当时最有号召力的政治家。又说:梁启超是在两次赴京会试落第之后,才同康有为、谭嗣同等一起搞"公车上书"的。戊戌变法后,他流亡日本办《清议报》。其后即逐渐失去革新锋芒,成为顽固的保皇派,拥护君主立宪,反对民主共和。后来,他拥护袁世凯当总统和段祺瑞执政,但也反对袁世凯称帝和张勋复辟。欧战结束后出国游欧,回国后即退出政坛,专心著作和讲学。毛泽东又说:梁启超写政论往往态度不严肃。他讲究文章的气势,但过于铺陈排比;他好纵论中外古今,但往往似是而非,给人以轻率、粗浅之感。他自己也承认有时是信口开河。写文章,尤其是政论,最忌以势吓人,强词夺理。梁启超那个时候写文章的人好卖弄"西学",喜欢把数学、化学、物理和政治相提并论,用自然科学的术语来写政论,常常闹出许多笑话。做新闻工作既要知识广博,又要避免肤浅,这不容易做到,但一定要努力学习做到。最后,毛泽东很有感慨地说:梁启超创办《时务报》,开始确实很辛苦,他自己写评论,又要修改别人来稿,全部编排工作和复校工作都由他一个人承担。后来才增加到七八个人。其中三位主要助手也是广东人。现在我们的报社,动辄数百人、上千人,是不是太多了?(《忆毛主席——我所亲身经历的若干重大历史片断》,第 160—161 页)

《新民丛报》

　　1902 年元旦,梁启超在日本横滨创办。它的宗旨是启导民智,维新吾民;以教育为主脑,以政治为附从;持论公平,不偏于一党派。该报为半月刊,专栏多达二十五项:图画、论说、学说、时局、政治、史传、地理、教育、宗教、学术、农工商、兵事、财政、法律、国闻短评、名家谈丛、舆论一斑、杂俎、问答、小说、文苑、绍介新著、中国近事、海外汇报、余录。因时间长、内容广、思想新、政治色彩浓和形式活泼,读者遍及海内外,至 1903 年发行达 9 000 份,后又增至 14 000 份。梁启超撰稿极多,有时一天多达 5 000 字。1903 年后,在与孙中山等革命党人大论战时,它是保皇派喉舌。1907 年冬,在出版 96 期后停刊。

严复

物竞天择，适者生存
变法图强，教育救国

严复(1854—1921)　近代思想家、翻译家。福建侯官(今福州)人，字几道，号又陵。早年在马尾船政学堂读书。1876 年留学英国格林尼茨海军学院。五年后回国任福州马江船政学堂教习、北洋水师学堂总办等。主张维新变法。编译有《天演论》、《原富》等。以"物竞天择，适者生存"的进化论观点，激发人们救亡图存。晚年拥袁称帝。有《侯官严氏丛刻》、《严译名著丛刊》。

毛泽东在《论人民民主专政》开卷指出："自从一八四○年鸦片战争失败那时起，先进的中国人，经过千辛万苦，向西方国家寻找真理。洪秀全、康有为、严复和孙中山，代表了在中国共产党出世以前向西方寻找真理的一派人物。"作为近代寻找真理的中国人，严复是一位译作家、学者，他能与近代中国史有划时代影响的人物洪秀全、康有为和孙中山齐名，足见毛泽东对严复和由他传播的西方学说的重视。

　　毛泽东高度称赞严复向中国介绍先进的西方学术和文化的贡献，他本人也因此颇有受益。毛泽东最早读严复的译作是在 1912 年秋冬到 1913 年春他在长沙定王台湖南省立图书馆读书时期。1936 年，毛泽东与美国记者斯诺回忆这一段时期的读书生活,说他当时读了 18、19 世纪西方民主主义思想的代表性著作和以进化论为核心的近代自然科学方面的书,其中不少是严复译述的。严复的名字因此深深地印在毛泽东脑海里。他对斯诺说:在这段自修期间,我读了许多书,学习了世界地理和世界历史。在图书馆里我第一次看到并以很大的兴趣学习了一幅世界地图,我读了亚当·斯密的《原富》(《国富论》)、达尔文的《物种起源》和约翰·斯·穆勒的一部关于伦理学的书。我读了卢梭的著作,斯宾塞的逻辑和孟德斯鸠写的一本关于法律的书。此处"穆勒的一部关于伦理学的书",应是《穆勒名学》(《逻辑学的体系:演绎和归纳》);"斯宾塞的逻辑",应是《群学肄言》(《社会学原理》);"孟德斯鸠写的一本关于法律的书",应是《法意》(《论法的精神》),它们都是严复的译作。而达尔文《物种起源》中文全译本,要到 1920 年才出版马君武译本,毛泽东此处说的,就是严复所译的赫胥黎《天演论》。这是一部将达尔文进化论的基本思想贯彻于社会演进过程的著作。严复译述的《天演论》,破天荒地为封闭的中国引进、张扬了进化论学说,开始改变中国人受传统文化所铸造的循环论和因果论的思维定势。毛泽东也从《天演论》和其他严译里获得很多新知。因而这半年的自修和读严译,给毛泽东留下了一生难忘的印象。他后来对同学周世钊说:这半年的自学生活是自己学习史上最有价值的半年。

毛泽东此后还多次谈到严复和严译,特别是《天演论》,到晚年时他还念念不忘。1970 年,毛泽东在一个批示中说:"《人类在自然界的位置》请找一本给我。《天演论》前半是唯物论,后半是唯心的。"1975 年 6 月,他在会见某国共产党领导人时又说:中国有个学者叫严复,他引了什法师(鸠摩罗什)的话。他会做翻译,他翻译的《天演论》上面说的。他不说是翻译,而是说达旨。毛泽东在这里说的,是严复译述的《天演论》引用了鸠摩罗什的话:"学我者病。"意思是指照抄、照搬,是要出问题的。

《天演论》

严复在留英期间,关注西方资本主义的社会、政治制度,研究"中西学问同异"。回国后在任北洋水师学堂总办时,于 1885 年 2 月至 5 月,先后在天津《直报》发表《论世变之亟》、《原强》、《辟韩》、《原强续篇》、《救亡决论》五篇政论文;在《原强》文首次介绍了达尔文《物种起源》和生物进化论和斯宾塞的优胜劣汰学说,且撮合两者,阐述了救亡图存理念。1897 年,又意译了赫胥黎《进化论与伦理学》一书,并取名为《天演论》,

刊于天津《国闻汇编》。全书分导言、正文;正文为赫胥黎 1893 年学术讲座的讲稿,导言是讲稿付印时添写的。《天演论》系译者有选择的意译,甚至借题发挥,全书贯彻"物竞天择,适者生存"、"优胜劣败",向国人提出了与天争胜、图强保种的呐喊,在中国知识界产生振聋发聩的作用。康有为读后称之为"译《天演论》为中国西学第一者也"。后来胡适也称严复为"介绍近世思想的第一人"。据统计,《天演论》自 1898 年推出后,十多年里,先后有 30 多种版本,行销全国。

邹容

革命军中马前卒
雷霆之声震神州

邹容(1885—1905) 近代革命家。四川巴县人,字蔚丹(威丹)。1902年留学日本。后回国,在上海参加爱国学社,著《革命军》,揭露清廷反动卖国,号召推翻清朝封建专制统治。被捕,死于狱中。南京临时政府追赠为"大将军"。

邹容是 20 世纪初期年轻的革命家。1903 年,十八岁的邹容写了《革命军》,宣传中国必须革命,才能富强独立。在上海推出后影响巨大。因而在南京临时政府成立后,孙中山还特地追赠他为"大将军"。毛泽东年轻时熟读《革命军》,此后他多次诵读,对邹容其人其书表示赞赏。

1958 年春天成都会议期间,毛泽东要会议印发邹容《革命军》等以及"附录"《苏报案实录》。他在会上谈到这篇文章时说:"四川有个邹容,他写了一本书,叫《革命军》,我临从北京来,还找这本书望了一下。他算是提出了一个民主革命的简单纲领。他只有十七岁到日本,写书的时候大概是十八九岁。二十岁时跟章太炎在上海一起坐班房,因病而死。"(《毛泽东著作专题摘编》,第 2401 页)又说:要人们敢说,精神振作,势如破竹,像马克思、鲁迅那样,敢说。把顾虑解除,把空气冲破一下,搞出一种新气氛。邹容十八九岁写了一篇《革命军》,直接骂皇帝。几天后,毛泽东乘轮顺江东下,在船上与吴冷西、田家英等再次谈及会上印发的《革命军》。他问:你们办报的人知道邹容其人吗?接着介绍说:邹容也是四川人,他的日文很好,而且是在四川学的。毛泽东又谈了辛亥革命前夕的那件"苏报案":"苏报案"是由邹容写的《革命军》引起的。他写这本小册子时只有十八岁,署名"革命军马前卒邹容"。《革命军》一出,上海的《苏报》为之介绍宣传,章太炎为之作序,影响极大。于是,清政府大为恐慌,下令抓人并查封《苏报》,《苏报》是当时资产阶级革命派在上海的主要舆论机关,蔡元培、章太炎、邹容、章士钊、柳亚子等都在该报发表文章,抨击封建君主专制,鼓吹资产阶级民主共和国,并同康有为、梁启超等保皇派进行论战。毛泽东还说:资产阶级革命派办报纸,都是不怕坐牢,不怕杀头的。章太炎当警察拿着黑名单来抓人时挺身而出,说:"别人都不在,要抓章太炎,我就是。"从容入狱。邹容本未被抓,待知道章太炎已被捕后,不忍老师(邹称章为老师,章比邹大十五岁)单独承担责任,毅然自行投案,终于病死狱中,年仅二十岁。最后毛泽东又说:邹容是青年革命家。他的文章秉笔直书,热情洋溢,而且用的是浅近通俗的文言文,《革命军》就很好读,可惜英年早逝。

毛泽东读邹容的《革命军》,也很赞赏章太炎在狱中赠邹容的那首五律。1958年2月,他在阅读此书时还在扉页邹容的肖像旁边,挥笔作书写了章太炎的这首诗:

邹容吾小友(弟),披发下瀛洲。

快剪刀除辫,干牛肉作糇。

英雄一入狱,天地亦悲秋。

临命当(须)掺手,乾坤只两头。

毛泽东喜欢这首五律,还向旁人推荐。据他的警卫员田云玉回忆,1960年底,毛主席推荐他读《怎样认识世界》和《革命军》,还吟诵章太炎忆念邹容的一首诗叫他写,不会写的字主席就帮他写。

章太炎

反对扶清，力主共和
一代宗师，桃李芬芳

章太炎（1869—1936）　即章炳麟，近代思想家、学者。浙江余杭人。俞樾学生。早年参加维新运动。主张推翻清廷，曾参加过同盟会。与蔡元培共组爱国学社。主编《民报》。又在日本讲学。学生有鲁迅、钱玄同、黄侃等。20世纪30年代初创办章氏国学研究所。对中国哲学、文学、史学都有很高造诣。有《章氏丛书》多种问世。

章太炎是近代民主革命的先行者，也是一位大学者。近现代很多学人都出自他的门下和门下的门下，可谓桃李满天下。毛泽东年轻时就爱读章太炎著作，新中国成立以后仍意兴未衰。

1958年3月22日，毛泽东在成都会议上谈到要破除迷信、解放思想，举了古今中外若干"创新思想、新学派的人，都是学问不足的青年人"的例子，他说："历史上总是学问少的人推翻学问多的人。章太炎青年时代写的东西，是比较生动活泼的，充满民主革命精神，以反满为目的。"毛泽东还说："章太炎所以坐班房，就是因为他写了一篇文章，叫《驳康有为书》。这篇文章值得一看，其中有两句：'载湉小丑，不辨菽麦'，直接骂了皇帝。这个时候章太炎年纪还不大，大概三十几岁。"（《毛泽东著作专题摘编》，第2301页）3月30日，成都会议后，毛泽东乘江轮出川东下。一天,他与田家英、吴冷西闲时又谈四川人才辈出以及清末"苏报案"事,再次称赞了章太炎:章太炎活了六十多岁,前半生革命正气凛然,尤以主笔《民报》时期所写的文章锋芒锐利,所向披靡,令人神往,不愧为革命政论家;后来虽一度涉足北洋官场,但心在治经、治史,以国学家称著。鲁迅先生纵观其一生,评价甚高,但对他文笔古奥,索解尤难,颇有微词。他出版一本论文集,偏偏取名《訄书》,使人难读又难解。

不久毛泽东在武汉和田家英、吴冷西闲谈时又提到章太炎。他说,像章太炎这样激进的革命派,开始也并未同康有为、梁启超等保皇派分清营垒,而是同他们一起办报。章太炎就曾给梁启超主办的《时务报》、《清议报》写文章,共同主张维新,是后来才分道扬镳的。

1964 年 8 月 18 日毛泽东在与哲学工作者谈话中又谈到了章太炎,他说:动物是植物变来的,从海藻变来的,章太炎都知道。他的《与康有为论革命书》,头几行就写了这个道理。(《龚育之回忆"阎王殿"旧事》,第 227 页)

对于晚期章太炎的某些著述的观点,毛泽东是有自己看法的,因此很赞同钱玄同的创见。1955 年 1 月,他在中南海与钱三强(钱玄同之子)谈话时,就说了钱玄同的《〈新学伪经考〉序》:钱先生在他的文章里,批评了他的老师章太炎。《新学伪经考》是康有为的著作,他说有许多古书都是经过后人篡改过的。章太炎对本书有反对意见。钱先生为这本书作了长序,这篇文章代表他对经学今文、古文问题的成熟见解。他在文中提出:总而言之,我们今后解经,应该以实事求是为鹄的,而绝对破除师说、家法……钱先生反驳了他的老师章太炎。有这种勇气,是很不容易的。吾爱老师,吾尤爱真理。毛泽东称赞了钱玄同,也就是批评了章太炎。

🔵 《訄书》

　　1902 年夏,章太炎整理了自己 1899 年以前写的短篇著作,编为一册,取名《訄书》刊印。它是作者早期关于政治、学术方面的著作,以相当多篇幅讨论了儒家学术思想,也涉及经学、史学和政府的经济政策和社会礼俗,将儒家学说和法家、墨家、道家等学说作了比较。赞扬墨家艰苦奋斗的精神,适当地肯定道家,佩服商鞅的改革,提出了编修中国通史,且拟出了通史略例和目录。

张謇

清末状元,民国总长
造福桑梓,实业救国

　　张謇(1853—1926)　　清末实业家。江苏南通人,字季直。早年在淮军
吴长庆幕府。1894年中状元。后得张之洞支持,在南通招股办大生纱厂、
通海垦牧公司和轮船公司等实业,又先后创办通州师范、女子师范、南通图
书馆和南通博物馆。1909年,当选为江苏咨议局议长。辛亥革命后为南
京临时政府实业部长,旋辞职。翌年,任北京政府农村工商总长。因不同
意帝制,辞职南归。有《张季子九录》、《张謇日记》传世。

　　张謇是近代中国大实业家,曾在晚清光绪年间中过状元。20世纪初期,张
謇在江苏南通等地创办大生纱厂、通海垦牧公司等十余家工厂、企业,发展中国
民族工商业,闻名于海内外。他政治上主张君主立宪,曾在袁世凯政府中供职。
毛泽东走出韶山冲,在长沙求学期间,就知道张謇其人其事。1920年9月,毛
泽东参加发动湖南自治运动期间,在长沙《大公报》发表一系列有关政论,其中
的《绝对赞成"湖南们罗主义"》就提到过张謇。

　　20世纪50年代初期,共和国经济建设蓬蓬勃勃。毛泽东多次谈论张謇和
他的实业。有一次,毛泽东宴请黄炎培等人,在宴席间说:中国的民族工业,有
四个人不能忘记:他们是搞重工业的张之洞,搞化学工业的范旭东,搞交通运输

业的卢作孚和搞纺织工业的张謇。1953 年 8 月,毛泽东视察天津,在与市工商联主任委员李烛尘谈话时,又一次说:有几位先驱不能忘,讲钢铁工业不能忘记张之洞,讲纺织工业不能忘记张謇,讲化学工业不能忘记范旭东。讲话里所提到的范旭东原系南京临时政府官员,后在天津开办久大盐业公司、永利制碱公司。卢作孚系由文教界转入实业界,创办民生实业公司。他们都是中国民族资本家的旗帜。

1956 年 2 月,毛泽东和周恩来在北京怀仁堂设宴款待出席全国政协会议的委员们,席间他与张謇侄儿张敬礼谈起了张謇。他对张謇行事很熟悉,说张謇壮年时,曾是吴长庆的幕僚,曾随庆军出兵朝鲜。当时在座的柯灵以旁观者身份听了,觉得毛泽东对清代的历史跟对张謇的了解,似乎比张敬礼多得多呢。此前几个月,毛泽东视察江苏镇江,他问地区专员高俊杰是哪里人?高说:"南通人。"又问:和清末的状元张謇是同乡?高答:"是的,我家离张謇很近。"他赞赏地说:你们这位老乡对发展民族工商业很有贡献。

🏛 清朝状元

清承明制,科举会试中式的贡士,在太和殿参加进士考试,取中"一甲进士"三名,由皇帝亲自圈定的第一名,即是状元,其次是榜眼和探花。其余参加太和殿考试者,还要通过一次"朝考",才按名次分别派往翰林院或归吏部分配。

"一甲进士",在金殿唱名后即按制授官职。状元授翰林院修撰,从六品;榜眼和探花授翰林院编修,正七品。

詹天佑

京张线中呈智慧
八达岭上见雄风

詹天佑(1861—1919) 铁路工程学家,广东南海人。1872 年,赴美国留学,为中国第一批留美学生。后入耶鲁大学,土木工程系。因《码头起重机研究》论文,获学士学位。归国后在福建水师学堂任教。1905 年创建京张铁路(京包线北京至张家口段),因策划八达岭隧道,使全线通车,举世皆惊。为中国自行设计修建铁路第一人,特授工科进士。曾为中国技术代表与沙俄就中东铁路事宜谈判,力争路权。

毛泽东很早知道詹天佑故事。

但现在有关他与詹天佑的文字乃见自新中国成立以后。

1954 年春季,毛泽东的专列停在京广线株洲站,他下车站,看见铁路列车挂钩员在工作,便问陪同人员:你们知道列车的挂钩是谁发明的吗? 见随行人员答不上来,说:是詹天佑发明的。并饱含感情地说:我国铁路战线还是有很多人才哩。

1956 年 3 月初的一个星期日,毛泽东乘火车赴长城八达岭参观,看由詹天佑设计、修建的爬山铁路。他邀请程潜等人同行,瞻仰了矗立在青龙岭的詹天佑铜像。

从八达岭归来的列车上,毛泽东讲了詹天佑如何努力学习,刻苦钻研,悉心调查,终于第一个创造了在中国大山中修建铁路的事迹。接着,他又通俗而幽默地讲了玩蛇人的故事。故事说:最初看到蛇的人觉得这家伙离奇古怪,很是害怕。但是有人慢慢地接近了它、了解它、熟悉它,终于摸到了规律,最后竟然把它拿在手里玩耍,缠在脖子上供人观赏。(《怀念与回忆——教诲与思考》,第10页)

🌑 京张铁路

1905 年,詹天佑以道员衔出任京张铁路会办兼总工程师。当时许多外国人宣称,"中国能开凿关沟段的工程师还没生出来呢。"但詹天佑乃以"借重外人,我以为耻",为选择一条理想线路,常骑着小毛驴,走访当地居民,勘测地势,白天在山区用仪器测量,晚间在灯下设计图纸,最终选定了一条越过八达岭的路线。路线开工后,他经过反复勘测,采用分段施工法和直井开凿隧道技术,并创造设计了"人"字形线路,减少隧道长度、降低坡度,保证了列车安全爬坡,同时为统一设计标准,在铁路上一律采用1.435 米的国际标准轨距。1909 年 9 月 24 日,京张铁路全线通车。

秋瑾

秋风秋雨愁煞人
英雄豪气能拿云

　　秋瑾(1875—1907)　　近代女革命家。浙江山阴(今绍兴)人,字璿卿,
号竞雄,自号鉴湖女侠。少学经史,能骑马击剑。1905 年留学日本。次年
回国加入光复会。又赴日本参加同盟会,任总部评议和浙江省主盟人。回
国后参与筹备中国公学,创办《中国女报》,主持绍兴大通学堂,组织起义,
失败,被杀害。辑有《秋瑾集》。

　　1907 年秋瑾在绍兴轩亭口被杀害的那年,毛泽东已是十五岁的少年,但当
时信息不通,在闭塞的韶山冲,是听不到外界发生的风雷声的。日后,他知道中
华民族有这样一位可歌可泣的优秀女儿,给予了很高的评价。

　　1940 年 3 月,毛泽东观看了延安演出的四幕话剧《秋瑾》后,在归途中问作
家颜一烟:刚刚演过的《秋瑾》,是你写的吗? 当颜回答后,毛泽东即点点头说:
好! 这是我们中国第一位女革命家,应该写。

　　1961 年,毛泽东为纪念鲁迅八十寿辰写了两首《七绝》,其中第二首,就赞
誉了秋瑾和秋瑾的诗:

　　鉴湖越台名士乡,忧忡为国痛断肠。

　　剑南歌接秋风吟，一例氤氲入诗囊。

（《毛泽东诗词集》，第 205—206 页）

　　鉴湖，位于绍兴城西南，秋瑾曾自号鉴湖女侠，毛泽东在诗中赞誉了绍兴的人文景观，地灵人杰，也包括秋瑾在内的名士忧国忧民的情怀。"剑南歌接秋风吟"，剑南歌为陆游《剑南诗稿》通称，而秋风吟实指秋瑾写的《秋风曲》诗和被清政府杀害前书写的惟一供词七个字："秋风秋雨愁煞人"。他把秋瑾的诗篇，与鲁迅、陆游的诗篇并举，评价是相当高的。

袁世凯

但见丹诚赤如血
谁知伪言巧似簧

    袁世凯（1859—1916）　近代军阀。河南项城人，字慰亭。世族官僚。1895 年，在天津小站练"新建陆军"。1899 年以出卖维新派，升任山东巡抚。1901 年，由李鸿章推荐任直隶总督兼北洋大臣，主持训练新军。辛亥革命爆发后，为内阁总理大臣，后又窃取中华民国临时大总统。1915 年，宣布恢复帝制，自称皇帝，受到全国人民反对，被迫取消，旋死。

    袁世凯是 20 世纪初中国天字第一号窃国大盗。他出卖国家利益，还上演了自做皇帝的闹剧。毛泽东在 1916 年，即袁世凯做皇帝、退位和死去这一年，与友朋信件中多有谈及袁世凯其人其事。对袁的倒行逆施、虚伪狡诈多有揭露。7 月 25 日在给萧子昇的信中，就抨击帝制、惩办党羽事指出，袁世凯和他的党羽杨度、孙毓筠等人都是不懂历史的人，"奈何皆不足为前车之鉴？史而有用，不至于是。故最愚者袁世凯，而八人者则其次也"。12 月 9 日给黎锦熙的信里也谈及袁世凯的政治手腕，所谓是"袁氏笼络名士，如王、梁、章、樊诸人，均坠其术中"。王，王闿运；梁，梁启超；章，章炳麟；樊，樊增祥，都是当时的一流名士。毛泽东在这里揭露了袁世凯的权术。

    1917 年，毛泽东作《伦理学原理》批注，于"暴君之所以为暴君，蔑视风俗习惯而破坏之,徒以自肆其情欲,将以专有乐利而擅握政权也"句,在天头写有"袁世凯"三字;"苟有一社会焉,为奸佞者所把持,则其间正人君子,必不为人所敬爱,而转受轻蔑凌暴之待遇"句,在天头写有"如袁政府"四字。(《毛泽东早期文稿》,第 234、256 页)

1919 年毛泽东在《湘江评论》发表《民众大联合》一文,在谈到民众联合的威力,足以能打倒所有所谓圣文神武皇帝时,特地以袁世凯为例说:"到了丙辰,我们又打倒了一次洪宪皇帝。虽然仍是少数所干,我们却又觉悟那么威风凛凛的洪宪皇帝,原也是可以打得倒的。"(《毛泽东早期文稿》,第 389—340 页)1940 年 2月 20 日,在延安各界宪政促进会成立大会上作《新民主主义的宪政》演说时毛泽东又说:"中国的故事也很多。袁世凯想打老百姓的脚,结果打了他自己,做了几个月的皇帝就死了。"(《毛泽东选集》第二卷,第737 页)

新中国成立后毛泽东到过河南安阳袁林,即袁世凯墓葬处,详谈过袁世凯。1952 年 11 月 1 日,毛泽东视察安阳,来到袁林。给陪同人员谈了袁世凯:袁世凯,是你们河南项城人,是个大官僚地主。他在项城有很多土地,又在安阳搞这么多土地。他特别惯于要两面派手法。他从天津小站练新军起家,混入维新派,骗取了光绪的信任。戊戌变法时,他当面慷慨陈词,要实行兵谏,诛杀荣禄,软禁慈禧,拥戴光绪;但暗中又向荣禄告密,用出卖维新派的代价,换来了直隶总督兼外务部尚书的头衔。宣统元年,清廷已看出袁世凯有野心,要杀他,又怕袁世凯一伙造反,便令其回家养"足疾"。袁世凯看中了安阳这个地方,来到洹上隐居。名为隐居,其实他一刻也没有闲着。他与自己在各地的势力紧密联系,伺机以动。毛泽东接着又说:武昌起义后,资产阶级民主革命力量直接威胁清廷的命运。清廷又想起了袁世凯,让他镇压革命。袁世凯借机要挟民主革命派和清廷,大耍手腕,窃取了大总统的职位,不久又搞复辟。由于他倒行逆施,出卖国家和民族利益,引起全国人民的反对,只当了八十三天皇帝就见上帝去了。可见逆历史潮流而动,肯定是短命的。最后,毛泽东表示不要挖去袁世凯的墓,说:不要平嘛,还要保护好,留作反面教材。(《毛泽东指点江山》,第 1233—1234 页)

毛泽东一向重视反面教材的作用,袁世凯就是难得有的反面教员。1959年 9 月 8 日,毛泽东与阿富汗副首相纳伊姆谈话时,又一次谈到了袁世凯:"1911 年,孙中山成立了民主政府,但只存在三个月。后来袁世凯在北京先当总统,后当皇帝,也只当了三年就倒台了。袁世凯做皇帝对中国人民很有教育意义,大家都骂他。袁世凯欺骗人民,表面说要搞共和国,结果弄得民不聊生。"
(《毛泽东著作专题摘编》,第 2301 页)

　　1965 年 1 月 12 日,即在"二十三条"颁布前两日的中央工作会议听取中南局汇报工作时,毛泽东插话:去年十月,我在北京讲过:如果北京搞修正主义,你们地方怎么办? 是不是学蔡锷起义打倒袁世凯? 我总感到要出问题。我讲了以后,从天津到南昌,经过许多地区,都没有听到反应。袁世凯做皇帝,连他最亲信的两员大将段祺瑞和冯国璋都反对,只有他最亲信的陈宦极力劝进,说袁如不答应做皇帝,他就跪在地下不起来。袁很高兴,让他当四川督军。可是蔡锷一起义,他首先响应,可见,搞个人野心总是搞不久的。(《毛泽东 1965 年重上井冈山》,第 33 页)

◉ 袁世凯死因

　　袁世凯死因常有两说:病死和气死。病死说称是得自尿毒症。佚名《袁氏盗国记》:"五月二十七日,经中医刘竺笙、萧龙友百方诊治,均未奏效,延至六月初四日病势加剧,即请驻京法国公使医官博士卜西京氏诊视病状,乃知为尿毒症,加以神经衰弱病入膏肓,殆无转机之望。"佚名《袁世凯全传》:"相传为尿毒症,因中西药杂进,以致不起。"气死说称袁因"称帝不成,中外环迫,羞愧、愤怒、怨恨、忧虑之心理循生迭起,不能自持,久之成疾。"(《袁世凯全传》)此外,也有说袁因贪恋女色致死。袁一生除了原配,还娶有九个姨太太,为此每天服鹿茸、海狗肾。1916 年春节后,常腰疼,后经诊断为尿毒症终致不起。

段祺瑞

始祸者怗乱
怗乱者重怒

段祺瑞(1865—1936)　安徽合肥人,字芝泉。清末佐袁世凯小站练兵。辛亥革命后,任袁世凯政府陆军总长、国务总理。为北洋军阀皖系首领。袁死后,在日本支持下,把持北洋政府,召开善后会议,抵制国民会议。1926年,屠杀北京爱国民众,制造"三一八"惨案,同年被冯玉祥赶下台。后病死上海。

　　段祺瑞是北洋军阀皖系首领,几次起落把持北京政府。早年毛泽东有相当长时间生活在段祺瑞执政时期,耳闻目睹段的言行,当时的毛泽东虽还没有接受马克思主义的历史唯物辩证观,但他已经认为段祺瑞终究不是一个好东西。

　　段祺瑞一心想效仿顶头上司袁世凯,妄图以武力和权术统一中国。毛泽东很不以为然。1920年9月,他在湖南《大公报》著文揭露,称湖南人正在驱逐袁世凯走狗汤芗铭,"而北方段祺瑞又欲达其力征统一之迷梦。傅良佐以湘人而凭藉北势,被命督湘,湖南于是第二次被征服","屡践北人马蹄,假中央统一之名,行地方蹂躏之实,这不更是近事之中湖南受中国之累,不能遂其自然发展的结果吗?"(《毛泽东早期文稿》,第514页)二十天后,毛泽东再次指出:"段祺瑞之派傅良佐,正为根据湘人治湘的理由。故'湘人治湘'一语,我们根本要反对。因为

706

这一句话,含了不少的恶意,把少数特殊人做治者,把一般平民做被治者,把治者做主人,把被治者做奴隶。这样的治者,就是禹汤文武,我们都给他在反对之列。"(《毛泽东早期文稿》,第 523 页)

见于此因,毛泽东后来还在上海《时事新报》发文《反对统一》,指出有些人奢谈"和议"那是骗局,"我是极端反对和议的,我以为和议是一个顶大的危险。我的理由,不是段祺瑞的统一论,也不是章太炎、孙洪伊的法律论,我只为要建设一个将来的真中国,其手段便要打破现在的假中国"。(《毛泽东早期文稿》,第531 页)

几十年后,即 1958 年 3 月,毛泽东在成都会议上谈自古英雄出少年,于段祺瑞之流记忆犹新。他说:"我们开头搞革命,还不是一些娃娃,二十多岁,而那时的统治者袁世凯、段祺瑞、谭延闿、赵恒惕都是老气横秋的。讲学问,他们多;讲真理,我们多。"这里他又一次提到了段祺瑞。

段祺瑞是策划"三一八"惨案的祸首,毛泽东对此深恶痛绝,1957 年 1 月,在省市自治区党委书记会议上讲话中就指出:"段祺瑞搞的'三一八'惨案,就是用开枪的办法,结果把自己打倒了。"

1951 年秋,中央文史馆章士钊写信给毛泽东,反映张之洞、段祺瑞等家属困难,并委婉地为他们提出得到照顾的要求。毛泽东读了此信,于字里行间作了夹批,如在"曩者传谈偶及前清遗老与北洋军阀皆不是人民敌人,政府可能予以照顾"的句旁写道:"因时间已久,人民已淡忘了,非谓过去也不是人民的敌人。""在派系私斗上虽有失德,却无反革命之举"的句旁写"有三一八惨案"。在谈到段祺瑞"按其征讨复辟,对德宣战以及晚年抗日南下"处,写道:"只此节可取。"在信说到段祺瑞死后所遗吉兆胡同住宅"所谓经敌人购买一节","乞公批交有司彻查,加以了解,能不没收最妙,万一不能亦希别筹照顾方式"处,又写道:"此事可商。"

1940 年,毛泽东在延安各界宪政促进会成立大会上作《新民主主义的宪政》演说中说:"段祺瑞、徐世昌、曹锟、吴佩孚等等,他们都想镇压人民,但是结果都被人民推翻。凡有损人利己之心的人,其结果都不妙。"(《毛泽东选集》第二卷,第 737 页)这是毛泽东对段祺瑞的基本认识。

⬤ 三一八惨案

1926 年 3 月 12 日,冯玉祥所部国民军与奉系张作霖作战期间,日本军舰掩护奉军军舰驶进天津大沽口,炮击国民军,为守军击退。日本竟联手英美等八国于 16 日向北洋军阀段祺瑞执政府提出撤除大沽口国防设施等无理要求,时称"大沽口事件"。3 月 18 日,北京学生、民众五千余人在天安门集会抗议,会后游行队伍至铁狮子胡同段祺瑞执政府处请愿,要求拒绝八国通牒。段祺瑞竟令卫队开枪,打死学生刘和珍、杨德珍等四十七人,伤一百五十余人,这次惨案激起了全国民众的愤怒,鲁迅写了《为了忘却的纪念》。不久,段祺瑞执政府垮台。

曹锟

总统贿选，贿选总统
北洋时期，千奇百怪

曹锟(1862—1938)　直隶天津人。早年做过布贩，入北洋武备学堂，毕业后在小站训练新军。北洋六镇建立后，任第三镇统制。辛亥革命后，为北洋军第三师师长、直隶督军和直鲁豫三省巡阅使，为冯国璋后直系领军人物。1923年国会选举大总统时，以五千元一票的高价贿买国会议员五百九十人而获选，时称"贿选总统"。1924年，因所部冯玉祥发动北京政变，被软禁，以后寓居天津。病死。

毛泽东熟悉曹锟其人其事。曹锟贿选总统、粉墨登场期间，他正置身大革命的策源地广州，曾于报刊发表文章，抨击污秽的北洋军阀政治。

他后来几次谈到曹锟。

1940年2月20日，毛泽东在延安各界宪政促进会成立大会作《新民主主义的宪政》，演说中就提出中国过去的宪法，又说，搬起石头打自己的脚，"中国的故事也很多。袁世凯想打老百姓的脚，结果打了他自己，做了几个月的皇帝就死了。段祺瑞、徐世昌、曹锟、吴佩孚等等，他们都想镇压人民，但是结果都被人民推翻。凡有损人利己之心的人，其结果都不好。"(《毛泽东选集》第二卷，第737页)

1954年11月，毛泽东在广州和翻译林克谈话，当得悉林克幼年生活在保定时,引起了谈兴。他说:保定很有名呀,是兵家必争之地。你晓得那里有个莲花池吗？那是北洋军阀头子曹锟修的私人花园。曹锟用 5000 银元一张选票,收买了 500 多名"猪仔议员",很下本钱哪。他是个很有名的贿选总统哩!(《湖南党史》1995 年第 3 期)

蔡锷

护国擎大旗
一呼群山应

蔡锷(1882—1916)　近代爱国将领。湖南邵阳人,字松坡。早年在湖南时务学堂,师事谭嗣同、梁启超、樊锥。戊戌政变后留学日本。回国后任广西新军总参谋官兼总教练、陆军小学堂总办。在昆明领导新军响应武昌起义,推为云南军都督。1915 年 12 月发动护国战争,举兵入川。袁世凯死后,任四川都督,赴日治疗,病死。

毛泽东和蔡锷是湖南大同乡,早年毛泽东痛恨袁世凯卖国,他对蔡锷领导反对袁世凯的护国战争心向往之。1920 年,湖南民众发动了驱逐北洋军阀湖南督军兼省长张敬尧出湖南的斗争。毛泽东是这次"驱张运动"的主要组织者和领导者。他排除时尚的某些流言,并在上海《时事新报》发表《湘人为人格而战》:"故湘人驱张,完全因为在人格上湘人与他不能两立。湘人驱张,完全是'为人格而战',和蔡松坡云南誓师,说吾为人格而战是一样的。"(《毛泽东早期文稿》,第 481 页)在这里,毛泽东以蔡锷护国战争为例,表明湖南驱张,同样应视为反独裁、暴虐的封建复辟的正义行为。他从一个侧面高度地称赞了蔡锷。

蔡锷的人品、道德,也使早年毛泽东敬仰不已。1920 年 6 月,在湖南驱张实行后,他就湖南改造事宜与友人书说:"呜乎湖南!鬶熊开国,稍启其封。曾、左吾之先民;黄、蔡邦之模范。"(《毛泽东早期文稿》,第490页)此处叙湖南自西周始有楚人建国以来,多有英俊豪侠之士,而独为毛泽东青睐,视为模范不过数人而已,其中一个就是蔡锷。蔡锷虽然已在四年前逝世,但在毛泽东和湖南同侪心目中却永远是人格楷模。

蔡锷好读书。1911年还编过《曾胡治兵语录》,乃是毛泽东"认真读过的书"。后来左倾教条主义者在江西苏区就因他读过此书,竟以它"乃敌人蒋介石所专有的东西"进行攻击。(《毛泽东早年读书生活》,第197页)

20世纪60年代初,毛泽东有感而发多次谈到蔡锷和云南首义。

1964年6月,毛泽东在中央工作会议上说:要把这样一个思想传到省委,即如果中央出了修正主义,各省都要顶住。他说:袁世凯称帝开始势力很大,后来一登台当皇帝,开始只有云南蔡锷出来顶,以后湖南等也响应,最后只剩下一个袁克定赞成,这样就垮台了。(《毛泽东、周恩来与溥仪》,第205页)翌年1月12日,即在颁布"二十三条"前两日,毛泽东在中央工作会议上听取中南局汇报工作时插话:去年10月,我在北京讲过:如果北京搞修正主义,你们地方怎么办?是不是学蔡锷起义,打倒袁世凯?我总感到要出问题。我讲了以后,一路上从天津到南昌,经过许多地区,都没有听到反应。袁世凯做皇帝,连他亲信的两员大将段祺瑞和冯国璋都反对,只有他最亲信的陈宧极力劝进,说袁如不答应做皇帝,他就跪在地下不起来,袁很高兴,让他当四川督军。可是,蔡锷一起义,他首先响应。可见,搞个人野心总是搞不久的。(《毛泽东1965年重上井冈山》,第33页)同年10月,毛泽东在中央工作会议上又一次提到蔡锷说:辛亥革命后,袁世凯称帝搞复辟,蔡锷就在云南起义造他的反。所以如果中央有人搞修正主义,我就希望你们从底下起来造反,像孙大圣一样。

🔵 《曾胡治兵语录》

1911年3月,蔡锷在云南等待就任新职时,伏案著书,辑录曾国藩、胡林翼治兵语录,附以按语,写成《曾胡治兵语录》。全书共十二章:将才、用人、尚志、诚实、勇毅、严明、公明、仁爱、勤劳、和辑、兵机、战守。编者高度赞赏曾、胡,且借此发挥自己系统的军事见解。编辑此书乃在于当时帝国主义国家企图瓜分中国、边疆危机日重,为之训练将士,以对付侵略。此书系编者用以与所部军队和讲武堂宣讲。1917年在上海首次刊印,梁启超作序。1919年,李根源在广州重印。1924年,黄埔军校将它作为教材,印发给学员,蒋介石还加了"治心"一章,加序言再版印行。

黄兴

辛亥革命成功尚未成功
中华同志努力还须努力

　　黄兴（1874—1916）　近代革命家。湖南善化（今湖南长沙）人，原名轸，号克强。早年留学日本。回国后组织华兴会。又在日本与孙中山组织中国同盟会。此后先后指挥钦廉、防城、镇南关、河口和黄花岗等反清起义。1912年南京临时政府成立，任陆军总司令。翌年任讨袁军总司令，失败后流亡日本。

　　黄兴是在辛亥革命时期和孙中山齐名的革命家，时称"孙黄"。1911年，毛泽东在长沙湘乡驻省中学读书，因为常看于右任等主编的《民立报》，对孙中山、黄兴为代表的革命思想表示同情和支持。当年4月，黄兴领导了广州黄花岗起义，毛泽东从报纸上读到了这个消息后，写了一篇表达自己政治见解的论文，并用大字誊清，第二天黎明，把它张贴在学校的"揭示栏"（布告）中。在这篇论文里，毛泽东公开提出：推翻清王朝，建立共和政府。黄兴和黄兴领导的黄花岗起义从此铭刻在他的记忆中。他后来在1936年接受美国记者斯诺采访时回忆：在长沙，我第一次看到报纸——《民立报》，那是一份民族革命的报纸，刊载着一个名叫黄兴的湖南人领导的广州起义，和七十二烈士殉难的消息。我深受这篇报导的感动，发现《民立报》充满了激动人心的材料。

　　早年毛泽东对黄兴充满敬仰。有例:1916 年,毛泽东在辛亥元老、与黄兴交好的仇鳌处,问及孙、黄为组织中华革命党,黄兴因入会方式要在誓约上按印指模事相左而离去,后两人又和解如初时,当仇鳌介绍,黄兴是听了仇和周震鳞劝告后赴孙中山处会晤,而后孙也回访了黄兴。毛泽东有感叹:气量如此之大,让人敬佩!(《诗剑弦歌:仇鳌传》,第 123 页)1916 年 10 月,黄兴在上海病逝,翌年 2 月在长沙安葬。毛泽东得悉曾帮助黄兴革命,并与之交往过密的日本人宫崎寅藏(白浪滔天)来长沙参加葬礼,即与同学萧植蕃联名写信给他,内称:"先生之于黄公,生以精神助之,死以涕泪吊之,今将葬矣,波涛万里,又复临穴送棺。高喧贯于日月,精诚动乎鬼神,此天下所希闻,古今所未有也。"(《毛泽东早期文稿》,第 63 页)此信赞扬宫崎寅藏,也是说的黄兴生荣死哀,盖棺论定,是一代人杰。

　　在此期间,毛泽东还多次称誉黄兴。

　　1920 年 6 月,毛泽东和其他新民学会会员们为筹划驱除湖南督军张敬尧后改造湖南大计建立湖南改造促成会,并由他执笔写信给老同盟会员曾毅。信中提及湖南近年佼佼者,所谓是"曾、左,吾之先民;黄、蔡,邦之模范",(《毛泽东早期文稿》,第 490 页)以当时湖南人崇仰的曾国藩、左宗棠与黄兴并肩,评价应该是很高的。同年 9 月,毛泽东在一篇谈湖南历史和现状的政论中再次指出:"湖南有黄克强,中国乃有实行的革命家。"(《毛泽东早期文稿》,第 514 页)毛泽东在当时还把辛亥革命称之为"孙黄革命"。(《毛泽东早期文稿》,第 553 页)

　　以后,毛泽东对黄兴的一生作出过科学的评价。1938 年夏,毛泽东在延安马列学院讲课时,遇到黄兴的儿子、学员黄乃。他说:你父亲就是一辈子耍枪杆的啊!孙中山在海外宣传、募捐,你父亲就专门在国内指挥暴动;孙中山说他生平搞了十次武装起义,其实具体的组织指挥工作都是黄兴干的,七十二烈士,他冲在前面啊!当然,善于应用历史唯物论的毛泽东也指出黄兴在黄花岗役后的消极。1961 年 1 月 24 日,他同日本社会党国会议员黑田寿男谈及斗争是波浪式发展时,就举了此作例:"中国辛亥革命以前,1911 年 4 月黄兴在广州领导的军事暴动失败了,牺牲的烈士都葬在黄花岗。失败之后连黄兴本人也跑到了香港,认为失败了,不行了,没有希望了。谁也没有想到,过了不久就发生了辛亥革命,打倒了清朝政府。"(《毛泽东外交文选》,第 458—459 页)

　　黄兴很有文才,填词不错。抗战时,毛泽东手抄他写的《临江仙》送与丁玲:

十万貔貅驰骋地,那堪立马幽燕! 羁奴何处且流连,毡庐迷落照,狼穴销残烟。   收拾金瓯还江胤,何殊舜日尧天。国旗五色正飘然,风随明月影,翻入白云边。

香港学者刘济昆先生认为,毛词深受黄兴词作的影响,其词句"收拾金瓯一片",显然由此《临江仙》化出。

🌀 黄花岗起义

清宣统三年三月二十九日(1911 年 4 月 27 日)同盟会在广州发动的武装起义,又称"辛亥广州起义"、"辛亥广州三月二十九日之役"。1910 年孙中山与黄兴、赵声等在槟榔屿议定在广州发动起义,由黄兴、赵声在香港组成统筹部,派人至新军、巡防营和会党处活动,并向海外华侨募集经费。各处同盟会员纷纷赶来参加起义,选拔八百人组成先锋队(敢死队),在广州先后设立秘密机构三十余处,计划占领广州后,即分兵北伐。旋因事前走漏消息,清两广总督张鸣岐严加戒备,同盟会当即改变起义日程。在起义的四路人马中,只有黄兴率领的一路 160 人敢死队出动,并攻入两广总督衙门,分路与优势兵力的清军巷战一昼夜,失败。是役,起义军牺牲百余人,四天后,各善堂收尸有七十二具,由潘达微主持埋葬于红花岗。潘环视葬处,有似黄花一片,便将红花岗改称为黄花岗。史称"黄花岗七十二烈士。"孙中山后评黄花岗起义:"是役也,碧血横飞,浩气四寒,草木为之含悲,风云为之色变,全国久蛰之人心,乃大兴奋。怨愤所积,如怒涛排壑,不可遏抑,不半载而武昌大革命以成,则斯役之价值,惊天神,泣鬼神,与武昌革命之役并存。"

孙中山

世界潮流，浩浩荡荡
顺之则昌，逆之则亡

　　孙中山(1866—1925)　即孙文。伟大的革命先行者。广东香山(今中山)翠亨村人，字逸仙。1894 年建立兴中会，多次组织反清起义。1905 年，成立同盟会，任总理。确定"驱除鞑虏，恢复中华，建立民国，平均地权"的资产阶级革命政纲，提出"民族、民权、民生"三民主义学说。1912 年 1 月，在南京就职中华民国临时大总统。后去职。建立中华革命党。发动讨袁运动。1924 年，在广州召开中国国民党第一次代表大会，确定"联俄、联共、扶助农工"三大政策。1925 年于北京逝世。有《孙中山全集》、《孙中山集外集》。

　　孙中山是伟大的革命家，他领导的辛亥革命，推翻了中国两千年封建统治，为中华民族日后的繁荣昌盛作出了史无前例的贡献。毛泽东救国爱民之心是和孙中山灵犀相通的。

我们的力量越大，我们就越要孙中山

　　毛泽东是在辛亥革命前夕知道孙中山其人其事的。1911 年，毛泽东在湘乡驻省中等学堂读书看到报纸所载的广州起义失败消息后，写了一篇表达自己

政治见解的论文,把它贴在学校的"揭示栏"内。他在文中公然提出:推翻清王朝,建立共和政府,把孙中山从日本请回来,当新政府的大总统,康有为当国务总理,梁启超当外交部长。这当然是幼稚的政治见解,但从中也可以看出早年毛泽东对孙中山的向往和孙中山在毛泽东心中的定位。

辛亥革命后的十年间,毛泽东读了很多孙中山著作。大至专著,小若报章,都曾引起他的注切。如 1916 年 7 月与同学萧子昇信称,"近日海上诸名流演说,如孙中山之地方自治等,长哉万言,殊可益智"。(《毛泽东早期文稿》,第 53 页)由他创办的湖南文化书社选置《孙文学说》等书。孙中山在与共产党合作前,屡次受到帝国主义和军阀欺凌,毛泽东也感慨系之,如 1920 年 11 月在《致罗璈阶信》中就提及辛亥革命失败,"从康梁维新至孙黄革命,都只在这大组织上用功,结果均归失败。急应改途易辙,从各省小组织下手"。(《毛泽东早期文稿》,第 553 页)毛泽东从不人云亦云,在当时很多崇拜者奉孙中山若神明时,他却实事求是地指出孙中山也有缺点。这种对孙中山功绩和不足的评析,在毛泽东成为伟大的马克思主义者后,显得更加深刻、有力。辛亥革命失败的一大原因,是缺乏当时占全国百分九十以上的人口中的农民支持,而这也是孙中山的薄弱环节。1927 年,毛泽东在《湖南农民运动考察报告》中指出:"宗法封建性的土豪劣绅、不法地主阶级,是几千年专制政治的基础,帝国主义、军阀、贪官污吏的墙脚,打翻这个封建势力,乃是国民革命的真正目标。孙中山先生致力国民革命凡四十年,所要做而没有做到的事,农民在几个月内做到了。这是四十年乃至几千年未曾成就过的奇勋。这是好得很。"(《毛泽东选集》第一卷,第 15—16 页)

20 世纪 40 年代毛泽东几次提到孙中山。他把中国共产党人奋斗的事业看作是孙中山真正事业的继续。毛泽东高度肯定了孙中山的功绩,也指出了他的局限性。

1940 年 1 月,在《新民主主义论》中毛泽东指出:"孙中山先生之所以伟大,不但因为他领导了伟大的辛亥革命(虽然是旧时期的民主革命),而且因为他能够'适乎世界之潮流,合乎人群之需要',提出了联俄、联共、扶助农工三大革命政策,对三民主义作了新的解释,树立了三大政策的新三民主义。"(《毛泽东选集》第二卷,第 700 页)

1945 年 4 月 24 日,毛泽东在中共七大所作的政治报告《论联合政府》中多次谈到了孙中山的功绩,并指出"我党的新民主主义纲领,比之孙先生的,当然要完备得多;特别是孙先生死后这二十年中中国革命的发展,使我党新民主主义的理论、纲领及其实践,有了一个极大的发展,今后还将有更大的发展"。(《毛泽东选集》第三卷,第1061页)毛泽东解释说,"孙中山这位先生,要把他讲完全。我们是马克思主义者,是讲历史辩证法的。孙中山的确做过些好事,说过些好话,我在报告里尽量把这些好东西抓出来了。这是我们应该抓住死也不放的,就是我们死了,还要交给我们的儿子、孙子。但是我们和孙中山还有区别,孙中山的三民主义比我们的新民主主义差,新民主主义的确比三民主义更进步,更发展,更完整。现在的新民主主义在将来还会发展得更加完整"。又说,"将来我们的力量越大,我们就越要孙中山,就越有好处,没有坏处。我们应该有清醒的头脑来举起孙中山这面旗帜。"(《毛泽东文集》第三卷,第321、322页)

1949年6月,毛泽东为纪念中国共产党成立二十八周年所作的《论人民民主专政》指出:"自从一八四〇年鸦片战争失败那时起,先进的中国人,经过千辛万苦,向西方国家寻找真理。洪秀全、康有为、严复和孙中山,代表了在中国共产党出世以前向西方寻找真理的一派人物。"(《毛泽东选集》第四卷,第1469页)这是对孙中山很高但又很恰切的定位。

孙中山号召革命,结束了中国两千多年的封建帝制

新中国成立以后的五十年代,毛泽东更为精辟地论述孙中山和辛亥革命。1952年8月4日,他在全国政协一届常委会第三十八次会议上讲话中说:"孙中山先生是个好人,但他领导的辛亥革命为什么失败了? 其原因:一、没有分土地;二、不晓得镇压反革命;三、反帝不尖锐。"(《毛泽东著作专题摘编》,第2188页)1954年9月,在中央人民政府临时会议通过中华人民共和国宪法草案后的讲话里,又说:"孙中山及其一派人领导的辛亥革命,是人类历史上资产阶级民主革命中的一次。在辛亥革命以前,中国还有过改良派。对改良派也应该估计有进步的一面。戊戌变法在当时受压迫,为什么? 就是因为它有进步性,它受到顽固派的仇恨。孙中山比改良派又更进一大步,他公开号召实行资产阶级民主革命,推翻了清朝的统治,结束了中国两千多年的封建帝制,建立了中华民国和临时革命政府,并制定了一个《临时约法》。辛亥革命以后,谁要再想做皇帝,就做不成了。所以我们说它有伟大的历史意义。"又说:"辛亥革命没有成功,失败了。为什么失败? 就是因为孙中山的领导集团犯了错误,有缺点。关于这一

点,孙中山有过自我批评,国民党第一次全国代表大会通过的宣言上曾经说,当时向袁世凯妥协是不对的。"(《毛泽东文集》第六卷,第 345—346 页)

毛泽东对孙中山所作的最全面的评价,见于在他为纪念孙中山诞辰九十周年所写的《纪念孙中山先生》一文:

纪念伟大的革命先行者孙中山先生!

纪念他在中国民主革命准备时期,以鲜明的中国革命民主派立场,同中国改良派作了尖锐的斗争。他在这一场斗争中是中国革命民主派的旗帜。

纪念他在辛亥革命时期,领导人民推翻帝制、建立共和国的丰功伟绩。

纪念他在第一次国共合作时期,把旧三民主义发展为新三民主义的丰功伟绩。

他在政治思想方面留给我们许多有益的东西。

现代中国人,除了一小撮反动分子以外,都是孙先生革命事业的继承者。

我们完成了孙先生没有完成的民主革命,并且把这个革命发展为社会主义革命。我们正在完成这个革命。

事物总是发展的。1911 年的革命,即辛亥革命,到今年,不过四十五年,中国的面目完全变了。再过四十五年,就是两千零一年,也就是进到 21 世纪的时候,中国的面目更要大变。中国将变为一个强大的社会主义工业国。中国应当这样。因为中国是一个具有九百六十万平方公里土地和六万万人口的国家,中国应当对于人类有较大的贡献。而这种贡献,在过去一个长时期内,则是太少了。这使我们感到惭愧。

但是要谦虚。不但现在应当这样,四十五年之后也应当这样,永远应当这样。中国人在国际交往方面,应当坚决、彻底、干净、全部地消灭大国主义。

孙先生是一个谦虚的人。我听过他多次讲演,感到他有一种宏伟的气魄。从他注意研究中国历史情况和当前社会情况方面,又从他注意研究包括苏联在内的外国情况方面,知道他是很虚心的。

他全心全意地为了改造中国而耗费了毕生的精力,真是鞠躬尽瘁,死而后已。

像很多站在正面指导时代潮流的伟大历史人物大都有他们的缺点一

样,孙先生也有他的缺点方面。这是要从历史条件加以说明,使人理解,不可以苛求于前人的。(《毛泽东文集》第六卷,第156—157页)

毛泽东对孙中山很熟悉,20世纪20年代前期在广州担任国民党中央宣传部代部长时,还多次聆听过孙中山的演说。对孙中山有着丰富的感性认识,他很称赞孙中山。1931年11月在与国民革命军第二十六路军秘密中共特别支部袁汉澄(血卒)谈话,在谈及军中赵博生、董振堂时,他说:有爱国主义思想的人,是容易跟共产党合作的。孙中山先生的联共政策,爱国主义是个重要的基础。在十年内战和抗日时期毛泽东谈孙中山谈得不多,他说:"那个时期为什么我们不大讲孙中山?因为我们被国民党一下子打倒在地,爬起来也红眼了。蒋介石手里打着孙中山的招牌到处乱杀人,这时候,群众对孙中山也不喜欢。在十年内战中不要孙中山,这也很难怪,因为我们的力量小得很。在抗战初期,我们的力量也还小,所以那时候我们要孙中山所发生的影响不大,因为人家还看不起我们。"(《毛泽东文集》第三卷,第321—322页)新中国成立以后,他就常谈孙中山,孙中山的事迹经常是毛泽东讲话或和干部、群众甚至外国友人谈话的一个题材。

我们只崇拜孙中山

1960年8月19日,毛泽东在与越南胡志明主席谈话时说:"我们不崇拜秦始皇、汉武帝,不崇拜唐太宗、宋太祖,也不崇拜孔子。我们只崇拜孙中山,因为他搞辛亥革命有功。"(《毛泽东著作专题摘编》,第2300页)

1966年11月8日,即孙中山诞辰一百周年即将到来前夕,在与越南劳动党代表团的谈话中又说:"要开一个会纪念孙中山诞辰一百周年。孙中山领导革命的时候并没有共产党嘛,就是资产阶级民主革命,主张推翻清朝政府,也搞武装斗争。保皇党就是康有为、梁启超,两个广东人。孙中山也是广东人。所以不要忘了孙中山。"(《毛泽东著作专题摘编》,第2300页)

1954年建军节前夕,毛泽东在中南海书房向王震介绍孙中山的《实业计划》,要王震翻翻这本书,对王震说:书里有整整一章讲铁路,设想很大呢。(《王震传》,第532页)1964年8月,毛泽东在和周培源、于光远等谈话时说,"事情往往出在冷门。孙中山学医的,后来搞政治"。(《毛泽东文集》第八卷,第92页)1971年12月22日,毛泽东在接见出席第二十六届联大归来的代表团成员时,又引用了孙中山的话,"革命尚未成功,同志仍须努力",以勉励代表团成员。

　　毛泽东对孙中山也有批评,据李锐称:笔者听陶铸说过,毛泽东同他闲聊时讲到,生平见过两个伟大人物,都是不要群众的,一个是孙中山,一个是斯大林。(《毛泽东早年读书生活》,第42页)

　　1956年7月14日,毛泽东在与危地马拉前总统阿本斯谈话时说,力量的大小在于依靠人民。并举孙中山为例说:"清朝,早被推翻了,什么人推? 孙中山领导的党和人民一起推。孙中山力量很小,清朝的官员看不起他。他多次起义总是失败。最后,还是孙中山推翻了清朝。大,不可怕。大的要被小的推翻。小的要变大。推翻清朝以后,孙中山失败了。因为他没有满足人民的要求,比如没有满足人民对土地的要求,对反帝的要求。他也不晓得镇压反革命。当时反革命到处跑。后来,他就失败于北洋军阀首领袁世凯之手。袁世凯的力量比孙中山的大。但还是照这个规律:力量小的,同人民联系的,强;力量大的,反人民的,弱。尔后,孙中山的资产阶级民主革命派同我们共产党合作,把袁世凯留下来的军阀系统打败了。"(《毛泽东文集》第七卷,第71—72页)

　　毛泽东对孙中山非常尊敬。1955年10月23日,他在北京接见西藏地区参观团、西藏青年参观团负责人等的谈话时就谈了孙中山:"孙中山先生按你们的话说,也是大贵族,但他是很了不起的人,是总统。你们可以到南京去看一看他的陵墓。"(《毛泽东西藏工作文选》,第132页)遵照毛泽东指示,新中国成立后,每逢国庆,北京天安门对面就悬挂起孙中山的巨像。1952年毛泽东在河南开封龙亭参观,瞻仰了当年冯玉祥所铸的孙中山铜像,当见铜像上留有被日本兵射击的弹痕时说:孙中山是打不倒的! 孙中山是伟大的革命先行者,谁也打不倒! 翌年春天,他在南京中山陵,向着孙中山坐像鞠躬默哀。

🔵 "革命尚未成功,同志仍须努力"

　　孙中山遗像两侧,常见有"革命尚未成功;同志仍须努力"联,且被认定为孙中山所言,大量传播和印刷。其实此语乃出自《总理遗嘱》:"现在尚未成功,凡我同志,务须依照余所著建国方略、建国大纲、三民主义及第一次全国代表大会宣言,继续努力,以求贯彻"。《总理遗嘱》是孙中山逝世前夕所述,由汪精卫等人记录所写,再经孙中山听读后,认可签字认同的。

笑傲帝王将相

——毛泽东纵谈二十四史人物

毛泽东爱读史书,也爱谈史事和人物。

他从幼年时就接触《三国演义》、《东周列国志》等有历史含量的小说。这些书伴随了他七八十年的生涯。书中的主要角色,如曹操、关羽、诸葛亮、孔子、秦始皇,都成为他一生谈论的内容。

鲁迅在童年时代曾经提出一个疑问:为什么旧小说里的人物都是帝王将相,而没有一个是农民。

心有灵犀一点通,毛泽东也有这样的疑问。他说:小时候我喜欢看《三国》,读起来就放不下。有一天我忽然想到一个问题,怎么书里的人物都是武将、文官、书生,从来没有一个农民做主人公。我纳闷了两年,种田的为什么就没有谁去赞颂呢! 后来我想通了,写书的人都不是种田的人。

二十四史的作者群,都是熟悉古今史事的高级知识分子,当然也不会是农民、种田人。

早在 1927 年,毛泽东就指出:"中国历来只有地主有文化,农民没有文化。可是地主的文化是由农民造成的,因为造成地主文化的东西,不是别的,正是从农民身上掠取的血汗。"(《毛泽东选集》第一卷,第 39 页)

粪土当年万户侯。

但是今天的人们应该学会用唯物历史观认识过去,分析和批判过去的文字记录。因而毛泽东说:一部二十四史大半是假的,所谓实录之类也大半是假的。但是,如果因为大半是假的就不读了,那就是形而上学。不读,靠什么来了解历史呢? 反过来,一切信以为真,书上的每句话,都被当作证史的信条,那就是历史唯心论了。正确的态度是用马克思主义的立场、观点和方法,分析它、批判它。把颠倒的历史颠倒过来。

毛泽东又说:洋洋四千万言的二十四史,写的差不多都是帝王将相,人民群众的生活情形、生产情形,大多是只字不提,有的写了些,也是笼统地一笔带过,目的是谈如何加强统治的问题,有的更被歪曲地写了进去,如农民反压迫、剥削的斗争,一律被骂成十恶不赦的"匪"、"贼"、"逆"。这是最不符合历史真实的假作。

1966 年 8 月 28 日,毛泽东在听取陶铸等汇报有些红卫兵抄家,把古书都烧了时,他说:我家里也有一部二十四史,帝王将相的书。不读二十四史,怎么知道帝王将相是坏的?(《毛泽东年谱(1949—1976)》(六)第 619 页)

即使这样,要想了解历史,还得好好去读它。因此,他指出:必须要扎扎实实把二十四史学好。而一部二十四史,绝大多数的篇幅是关于人物的记录。

所以读史,主要的就是读人。读二十四史,侧重于读本纪和列传。人物的活动是构成历史的最基本要素。历史本是人造的,尤其是各方面的杰出人物的传记,那是历史最生动的记录。

毛泽东读史谈史,当然也会评论历史人物,他一生谈及过二十四史和其他史书中的千千百百中华人物,本文就其中若干未见于专文的历史人物,缀拾成篇,循王朝先后史事为序。

(一) 说先秦人物断片

1964 年春天,毛泽东读《史记》和范文澜著《中国通史简编》时,填写了一首词,它就是《贺新郎·读史》:

> 人猿相揖别。只几个石头磨过,小儿时节。铜铁炉中翻火焰,为问何时猜得,不过几千寒热。人世难逢开口笑,上疆场彼此弯弓月。流遍了,郊原血。
>
> 一篇读罢头飞雪,但记得斑斑点点,几行陈迹。五帝三皇神圣事,骗了天涯过客。有多少风流人物?盗跖庄屩流誉后,更陈王奋起挥黄钺。歌未竟,东方白。

723

这首词言简意赅,高度概括了自传说中国上古的三皇五帝和陈胜起义故事。

毛泽东对这些上古传说和故事相当有兴趣。如 1931 年写的《渔家傲·反第一次大"围剿"》中用不周山故事,后来就对《淮南子》、《国语》、《史记》中所记的不周山相关文字作了详细考订;在 1937 年写的《矛盾论》里论述矛盾互相转化时,又恰切地举了《山海经》的"夸父追日"、《淮南子》的"羿射九日"等神话故事。

像大多数中国人一样,毛泽东喜欢把炎黄并列在一起,自称是炎黄子孙。1952 年 10 月,在视察山东济南时,毛泽东又谈到炎黄子孙和三皇五帝、夏商周的故事。

毛泽东说:山东这块富饶的土地养育了炎黄子孙和众多的名人志士。据说三皇五帝中的舜帝和大禹都曾生活在这里。毛泽东所说的"三皇五帝"并不是根据《史记·三皇五帝纪》所记的,而是从通常启蒙读物里说的先祖,即包括有黄帝、尧、舜、禹、汤等,他们都是一朝开国领袖。而神话传说色彩过浓的有巢、燧人、伏羲、神农等,只能视为原始社会某一阶段的形象符号。

早在毛泽东启蒙时期,在韶山冲的几家私塾,他就获得了相当饱和的尧舜贤君明君知识,这令当时的他心向往之。1936 年,在与美国记者斯诺谈话时,毛泽东就说了自己少年时的这一经历:中国古代帝王尧、舜、秦皇、汉武的记载,使我着迷。我读了许多有关他们的书。

现见的毛泽东早期文稿,也多次提到"尧舜"。《讲堂录》还记有"尧一生大德在一个敬字,舜一生大德在一个孝字"。

毛泽东对虞舜事迹尤感兴趣。相传韶山还是大舜躬耕陇亩处。湖南还有尧女舜妃娥皇女英的古迹。他在 1961 年诗作《七律·答友人》即抒发此事:"九嶷山上白云飞,帝子乘风下翠微。斑竹一枝千滴泪,红霞万朵百重衣。"

1952 年,毛泽东在徐州时,触景生情,谈到了唐尧的大臣钱铿的故事。钱铿,即彭祖,相传是中华钱姓的开山祖师。毛泽东如数家珍地说:尧时有位叫钱铿的,是历史上有文字记载的第一位养生学家。尧封他到大彭,也就是徐州市区周围这块,建立了大彭国。这位钱铿就是彭祖,这块土地的开山人物。接着又说:你们徐州的这位钱铿可不是简单的人物。据说他是黄帝的后裔,颛顼的玄孙,祝融吴回的孙子,陆终氏的第三子。他的母亲女嬇氏是鬼方人。这鬼方是华夏民族西部、北部的强梁外族,也是大戎、犭犬狁、匈奴的前身。陆终氏和女嬇氏的结合,也许是民族和解的结果。传说这位女嬇氏分娩时难产,打开两肋,生下六子。大概因为剖腹产留的创伤太重,不久这位母亲就去世了。后来发生了大戎之乱,钱铿流离西域,受尽磨难,并学会养生之道。据说他在尧帝生命垂危之际,曾进献雉羹,也就是野鸡汤,治好了尧帝的病,因此给尧帝留下很好的印象。彭祖为开发这块土地付出了极大的辛苦。他带头挖井,发明了烹调术,建筑城墙。传说他活了八百年,是中国历史上第一位长寿之人,还留下了养生著作《彭祖经》。

毛泽东还说:他建的大彭国,在夏商时期比较强大,后被殷商武丁灭掉。前后存在八百年。大彭国灭亡后,彭城后来曾属宋、齐、楚。彭祖在历史上影响很大,孔夫子就非常推崇他。庄子、荀子、吕不韦等都曾论述过他。《史记》中对他有记载,屈原诗歌中也提到过他。大概因为他名气太大了,到了西汉,刘向在《列仙传》中竟把彭祖列入仙界。

毛泽东也谈到了夏朝之后的商。商的开国领袖是汤,又名成汤、高祖乙。他说:公元前 16 世纪商汤灭夏后,建立了奴隶制国家,建都亳,在今天的曹县南。商的始祖契曾在蕃也就是今天的滕县住过。商代早期的活动在今天山东的西部,河南东部。契传到孙(相土),势力达到今渤海一带,定都“泰安”。商也曾在泗水建都,直到商第二代君王盘庚时迁都到殷,也就是今天的安阳。

早在 1913 年,毛泽东就知道很多商汤时期人物。其中最有影响的,就是辅佐商汤建国的伊尹:“伊尹道德、学问、经济、事功俱全,可法。伊尹生专制之代,其心实大公也。尹识力大,气势雄,故能抉破五六百年君臣之义,首创革命。”(《毛泽东早期文稿》,第 588 页)伊尹劝导商汤,以顺讨逆,推翻暴君夏桀,虽是以下伐上,却是合乎天意人心,这是早年毛泽东对历史人物的品评。

毛泽东谈论的先秦史人物颇多集中在春秋战国间的五百年。

早在韶山冲读书时,毛泽东就自《左传》、《纲鉴易知录》和小说《东周列国志》中掌握了丰富的春秋战国知识,此后日积月累,读万卷书,行万里路,具备得更多。这些知识使他过目难忘,也是以这些知识为基本,点评人物,入木三分。

春秋无义战。自周室东迁洛阳,战争频繁,弱肉强食,前期最强的霸主是郑国。郑国有个杰出的政治家子产(? —前 522),即公孙侨,此人执政时期,改革田制,发布法律条文,保障私家合法利益,他特别允许国人在乡校议政,以此作为保证政治清明的一种方法。毛泽东对此特别欣赏。1920年,毛泽东在湖南《大公报》著文《释疑》批驳那种认为不懂政治法律,就不得发表议论的观点:"这还是认政治是一个特殊阶级的事,还是认政治是脑子头装了政治学法律学身上穿了长褂子一类人的专门职业,这大错而特错了。春秋时候,子产治郑,郑人游于乡校以议执政。这些郑人,都是学过政治法律的吗?"(《毛泽东早期文稿》,第519页)

对春秋时的齐、鲁、楚诸国君臣事迹,毛泽东也时有谈及。

1952年10月,毛泽东在济南视察时,当谈到趵突泉古名泺水时,他极有兴味地说:据《春秋》记载,在公元前694年,鲁桓公和齐襄公曾相会于泺,就是这个地方。

1954年9月,在通过共和国宪法草案会后,当说及奴隶制封建制时毛泽东指出:"大概是鲁宣公时代'初税亩'第一次开始收地租,鲁哀公还过说什么'二,吾犹不足,如之何其彻也'? 彻,即十分之一。可见当时收地租大概是百分之二十左右。"(《毛泽东文集》第六卷,第345页)

毛泽东也说及以晏婴为相的那个齐景公。1959年8月,在庐山谈及要慢慢改掉错误东西时说:横眉冷对千夫指,俯首甘为孺子牛。要做到这一条,这句话源于齐景公的一则故事。齐景公七十岁了,小儿子七八岁,同他玩耍,学牵牛,拿条绳子。娃娃拉一端,齐景公用口咬住另一端。小孩子摔了一跤,齐景公掉了几颗牙。"孺子牛"故事是这么来的。

1920年9月,毛泽东在湖南《大公报》著文说湖南史,其中就有楚国。他说:"春秋时,荆楚崛兴,几欲和中原大国挈长较短。其时则上无中央政府,诸国并立,各国遂其发展。虽迷于竞争侵略,用事者野心英雄的君臣而无与于小百姓,然声光赫耀,待发展一部分之特性,较之奴隶于专制黑暗的总组织者,胜得多多。"(《毛泽东早期文稿》,第513页)

毛泽东对楚国君臣事迹评述尤多,特别谈及楚臣佼佼者如养由基、孙叔敖等人。1917年在《体育之研究》谈到运动宜蛮拙:"力拔项王之山,勇贯由基之札,其道盖存乎蛮拙,而无与于纤巧之事。"(《毛泽东早期文稿》,第68页)此处与项羽(项王)同列的"由基",即养由基,能箭穿七层坚甲,百步穿杨。孙叔敖即辅楚庄王成霸业的楚国令尹䓚敖。他在任期间,极重视农田水利,修建了期思陂(河南淮滨)、芍陂(安徽寿县安丰塘)等,1959年毛泽东路过河南信阳,称赞孙叔敖是中国水利专家。

1956 年春天,毛泽东提出要百家争鸣。他说:学术问题上要百家争鸣。他对战国时期诸子勃兴、百家争鸣的学术景象颇为向往。同年 5 月 2 日,他在最高国务会议上作了《论十大关系》的报告,讨论后说:百家争鸣是诸子百家,春秋战国时期,两千年以前那个时候,有许多学说,大家自由争论,现在我们也需要这个古为今用。春秋战国的学术,百家争鸣。好学不倦的毛泽东对诸子百家都有研究,其中也包括某些影响不大的学派,如公孙龙子。

1973 年 7 月,毛泽东在与美籍华裔物理学家杨振宁教授谈中国古典哲学时就提及了公孙龙子和"白马非马"说。他说:有人说公孙龙(约前 350—前 320 年)是诡辩论者,还有惠施(约前 370—前 318 年)。但是有"一尺之棰,日取其半,万世不竭"之说,这就是物质无限可分的意思。还有"飞鸟之影,未尝动也",地球哪里算中央呢? 惠施说过:"我知天下之中央,燕之北,赵之南是也。"又说:比如马,是什么马嘛。公孙龙就说过:"白马非马"。马有白马、黑马、大马、小马,还有日本的高头大马,非洲的斑马,但是看不见那个"马"呀。又比如人,有男人、女人、男人是人,又不是人;或者女人是人,也可以,可你是女人吗? 所以又看不见"人"。

战国纷争,人才如云,不少聪明能干的君主,有唯物论的思辨火花,难能可贵,如魏文侯即属此列。毛泽东在方大镇《田居乙记》所记魏文侯命西门豹为邺令时嘱咐:"夫耳闻之不如目见之,目见之不如足践之,足践之不如手辨之。人始入官,如入晦室,久而愈明。明乃治,治乃行。"点评为:"此有唯物论思想。"(《毛泽东读文史古籍批语集》,第 49 页)也有的君主敢于创新。1958 年夏,毛泽东在武汉的一次晚会上,与王任重等河北籍同志谈话时,就赞扬了勇于改革、倡导胡服骑射的赵武灵王。

(二) 说《汉书》、《后汉书》人物断片

毛泽东读古史,喜欢读乱世之史事。

1918 年,他在读蔡元培译德国泡尔生《伦理学原理》时,写有眉批:"吾人览史时,恒赞战国之时,刘、项相争之时,汉武与匈奴竞争之时,三国竞争之时,事态百变,人才辈出,令人喜读。"(《毛泽东早期文稿》,第 186 页)

两汉四百年风云际会,英雄豪杰辈出,文人俊才时现,在此前前后后,就穿插有中国史上三次全国性的农民战争,出现了大大小小的家国和割据势力,如

此激烈、紧张的社会和政治格局,是毛泽东读史评史,臧否人物的一个重要内容。

毛泽东经常谈论楚汉相争和刘、项故事。20世纪五六十年代,毛泽东巡游大江南北、黄河上下,所到之处凡见有汉时遗迹,必在谈论之例。徐州古称彭城,是西楚霸王项羽都城。1952年10月在江苏徐州,毛泽东特地攀登附近云龙山,在山上念及楚汉在此地的争斗,他说:楚汉相争,项羽失败了,最主要的原因是他缺乏群众路线。刘邦的用人之道比他好,所以才有萧何、张良、韩信、曹参、樊哙等文武众官跟随左右,而项羽仅有一个范增,也用不好,最后只成孤家寡人了。

1958年9月,毛泽东在武汉溯江东下,在船到安徽贵池时,那里曾是楚汉交战时九江王英布的封地,英布后背楚归汉,在项羽内线作战,加速了项羽的崩溃。毛泽东触景生情,于是由贵池谈到和韩信、彭越分路作战的大将黥布(英布)在贵池打仗的故事;又谈到黥布到洛阳去见汉高祖刘邦的故事。

1943年春,毛泽东在延安初次见薄一波时,当得知他是山西定襄人时,就说:汉文帝的母亲也姓薄,她的弟弟叫薄昭。汉文帝曾被立为代王,建都在你们山西中部。

刘恒(文帝)刘启(景帝)父子奉行黄老无为,出现了汉初所谓的"文景之治"。它被旧史家誉为封建王朝盛世模式,但毛泽东别具卓见,不以为然,乃从社会须发展、进步,而不能坐享其成的观点出发指出:高祖之后,史家誉为文景之治,其实,文景二帝乃守旧之君、无能之辈,所谓"萧规曹随",没有什么可称道的。

毛泽东推颂汉武帝刘彻。刘彻不保守,讲究开拓;用人也不讲究出身,像用卫青、公孙弘即是例子。毛泽东读《汉书·卫霍列传》,特别圈出了卫青为"侯(平阳侯曹寿)家人,少时归其父,父使牧羊,民母(嫡母)之女皆奴畜之,不以为兄弟数"的记载,在《公孙弘传》圈出了弘"少时为狱吏,有罪,免。家贫,牧豕海上"等文字。他们因为有才干,后来,一个当上大将军,另一个当上了丞相。

毛泽东也谈到刘彻用张骞的事。大行(外交部长)、博望侯张骞原是个平民。1950年3月,在与新中国未来的大使们谈话时,毛泽东以张骞为例说:班超、张骞不也不懂外文么,但出使西域而不辱使命。

汉武帝晚年立小儿子为太子,托霍光照顾。霍光忠心耿耿,但对妻儿放松管制。霍光死后,家人犯罪,全被诛杀。据称 1971 年林彪事件之后,毛泽东曾向高级干部推荐过读几本书,古今中外都有,其中之一,便是《汉书·霍光传》。盖史学家班固在《霍光传》里评论霍光有"不学亡术,闇于大理"之语。

西汉东汉交接之际,中原逐鹿,毛泽东对这个时期的史实甚有兴趣,并在《中国革命和中国共产党》里,将新市、平林、赤眉、铜马等农民反抗运动,称为农民革命战争,予以赞扬和肯定。他读《后汉书》说:《后汉书》写得不坏,许多篇章,胜于《前汉书》。(《毛泽东读文史古籍批语集》,第 131 页)

毛泽东读《光武帝纪》颇为仔细,他称赞刘秀早年"性勤于稼穑",特在此五个字侧画了密圈。刘秀"避吏新野"(史称刘縯宾客杀人,刘秀为躲官府搜捕,避到新野)时,值"南阳荒饥","因卖谷于宛"。毛泽东还把李贤所作转引自《东观记》的"而上田独牧"移写于此,用以突出刘秀善于耕田的技术。

毛泽东还应用《后汉书》中的故事借古喻今,说明事理。1939 年 9 月 16 日,在《和中央社、扫荡报、新民报三记者的谈话》中说:"现在许多人的文章上常常有一句话,说是'无使亲痛仇快'。这句话出于东汉时刘秀的一位将军叫朱浮的,写给渔阳太守彭宠的一封信,那信上说:'凡举事无为亲厚者所痛,而为见仇者所快。'朱浮这句话提出了一个明确的政治原则,我们千万不可忘记。"(《毛泽东选集》第二卷,第 590 页)

毛泽东读史传故事,往往前后串连,浮想联翩。如读《陈寔传》时即有此举。陈寔是大知识分子,为人高义,当时"党锢之祸",相干者纷纷溜跑,陈寔却对人说:"吾不就狱,众无所恃",遂挺身而出,自求入狱。毛泽东读毕,很快联想到因"苏报案"主动进狱的章炳麟,于是在《陈寔传》有关文字边,写了"章炳麟学陈长弓一事"(《毛泽东读文史古籍批语集》,第 133 页)的批语。

毛泽东还称赞陈寔教育小偷,"不善之人未必本恶,习以性成,遂至于此",即在此语旁加有批语:"人在一定条件下是可以改造的。"(《毛泽东读文史古籍批语集》,第 131 页)

1965 年,毛泽东还把《陈寔传》和《黄琼传》、《李固传》送与陈毅和刘少奇、周恩来、邓小平、彭真等领导人阅读。

(三) 说《晋书》人物断片

毛泽东说:没有司马懿、司马师、司马昭,何以出晋史。

《晋书》是唐太宗李世民亲自主持,由房玄龄、褚遂良等学者和大臣们编修的一部断代史,也是李唐王朝开史馆后官修的第一部史书。毛泽东常读《晋书》,特别是《晋书》里的若干人物传记。

大概在湖南一师读书时,求知若渴的毛泽东就已接触过《晋书》。1915 年,他向同学邹鼎丞讲了一个故事:从前十六国时代,苻坚攻取襄阳,付出代价很高,有人问他,这次有何收获? 苻坚说,我得到一个半人。同年,毛泽东以署名"二十八画生"贴出"征友启事"。以后他对同学罗章龙说,"回信的有三个半人","还有半个是李隆郅"。此处所谓半个人,典出有据。他是搬用了《晋书·习凿齿传》故事:"及襄阳陷于苻坚,坚素闻其名,与道安俱舆而致焉。既见与语,大悦之,赐遗甚厚。又以其蹇疾,与诸镇书:'昔晋氏平吴,利在二陆,今破汉南,获士裁一人有半耳。'"因为顶级史学家习凿齿乃是跛脚,苻坚就戏说是得到一个半人。(罗章龙《回忆新民学会》)

在此期间,毛泽东对晋史人物大有兴趣,有一次与同学谈读书最重要的还是靠自己的努力时,即以晋朝孙康映雪夜读,成为知识渊博的人,车胤夏夜囊萤攻诗书,日积月累,掌握了丰富的知识、成为大学者故事为例,启发同学。由于熟悉《晋书》故事,以至毛泽东在 1917 年暑假游学途中,遇安化县名儒夏默安作上联,"绿杨枝上鸟声声,春来也,春去也"。求对时,即毫不思索地引用《晋书·惠帝纪》白痴皇帝听蛙鸣事答下联:"清水池中蛙句句,为公乎? 为私乎?"所对均有典出,且带有辣味,令夏先生惊叹不已,连声称赞。

《晋书》人物是毛泽东游学时常提及的。一次还和同学萧瑜争论西晋学者皇甫谧《高士传》的文化价值以及对后世的影响。

毛泽东熟记《晋书》人物,其中一个就是张华。1925 年所写《沁园春·长沙》"万类霜天竞自由"的"万类",即出自张华诗《答何劭》:"洪钧陶万类,大块禀群生。"1935 年,红军长征夺取天险娄山关,毛泽东登临关上,豪情万丈,仰天长啸,大声吟诵西晋大学者、中书令(宰相)张华《励志诗》的名句:"太仪斡运,天回地游。"此时此景正可谓是伟人胸襟的自我抒发,若非不熟悉史实,焉能触景生情,随口而出。

新中国成立后,毛泽东有了一部清同治八年重刻的武英殿版二十四史。《晋书》就是他常读的一部"正史"。五六十年代,他谈古说今,《晋书》中所记的司马懿、陆机、陆云、周处、祖逖、王羲之、谢安、桓温和荀崧小女荀灌娘等人的事迹,都是为他注切的。

1963 年 10 月,毛泽东在天津与地方干部谈话,当谈及知错可改时,就说了西晋初期的周处:周处除三害,人是可以觉悟的。

东晋初期,有范阳遒(河北涞水)人祖逖,少怀大志,与好友刘琨闻鸡起舞,西晋末期,与家族南渡,后上书要求北伐;率部渡江北上,中流击楫,表示不收复故土决不南归。毛泽东熟读祖逖故事,1965 年他在江西南昌,以《洪都》为题作《七律》,此诗前四句都是写祖逖的:

> 到得洪都又一年,
>
> 祖生击楫至今传。
>
> 闻鸡久听南天雨,
>
> 立马曾挥北地鞭。
>
> 鬓雪飞来成废料,
>
> 彩云长在有新天。
>
> 年年后浪推前浪,
>
> 江草江花处处鲜。

(《毛泽东诗词集》,第 214 页)

两晋英俊千百,能为毛泽东作诗赞扬,唯祖逖一人而已,足见他对祖逖的高度评价。

自古英雄出少年。毛泽东在 1958 年的某次会议谈破除迷信,提倡敢想、敢说、敢做,不要被权威、名人吓倒,举了不少古今中外年轻人的例子,其中一个就是荀灌娘。他说:南北朝时候有个荀灌娘,河南临颍县人,是个十三岁的女孩子,顶多只是初中一年级学生。她在父亲被困的时候,敢带几十个人杀出重围到襄阳去搬兵。你看她有多大本事。

毛泽东也常读《王羲之传》,现见在该传天头,就赞同传主批评殷浩北伐,写有批语:"虽圣人亦如此,况无圣人耶!"(《毛泽东读文史古籍批语集》,第 170 页)对王羲之事迹毛泽东一直相当注意,他读明冯梦龙编《智囊》卷十三《王羲之》,有称王睡在帐里,假装熟睡骗过了从伯父王敦,而免遭因泄密杀害事,就表示质疑,旁批有"此事似误,待查"。(《毛泽东读文史古籍批语》,第 61 页)这是因为毛泽东过去读《晋书·王允之传》,一说此故事乃王羲之从兄弟王允之,而被张冠李戴的。由此可见毛泽东读《晋书》的仔细、认真。

1963 年 12 月,毛泽东生日那天,还在读《晋书》;在桌上摊着翻开的是《顾恺之传》的一页。当前来赴宴的程潜看到后,毛泽东即说道:《顾恺之传》说,"晋顾恺之每食甘蔗,常自尾至末,人或怪之。恺之曰:'渐入佳境'。"颂公啊,学理论的兴趣靠培养。慢慢读一点,引起兴趣。如倒着吃甘蔗,渐入佳境就好。

毛泽东也注意读《晋书》的《载记》,《载记》是《晋书》独有的一种体例,记述当时北方的大多数少数民族政权的史实,这些政权不为旧史家界定为正统,也难作"僭伪"的定位。对此毛泽东都仔细地读了。他对《后赵载记》里辅佐石勒的谋士张宾赞叹不已。他也谈到过辅佐前秦苻坚的王猛。

1935 年红军长征在两河口会议时,毛泽东借捉虱子对张国焘说:我国历史上还有一位捉虱子的大儒,叫王猛,史有记载,王猛扪虱而谈,形成一个大谋士的风度。我们今天的两河口会议,也来个扪虱而谈,但不要大谋士风度。(《毛泽东周恩来与长征》,第 390 页)

20 世纪 70 年代初,毛泽东还以《晋书》卷一百一的《刘元海载记》里的内容,开导勉励高级干部学习理论。

1973 年 12 月 21 日,毛泽东在北京接见高级将领,就引用了其中刘元海所说的"常鄙随陆无武,绛灌无文",而且还说要把"鄙"字改为"恨"字,以此勉励许世友将军,以后学点文学。

毛泽东很注视这篇载记。1972 年 10 月,晚年的毛泽东因白内障目力不济,遵他指示,这篇载记与同书的《谢安传》、《谢玄传》、《桓伊传》、《刘牢之传》等篇,由上海的史学家注释,这些史传经注释后出版了大字本。于 1973 年 2 月 1 日送呈北京。毛泽东在一个星期里就读了它,且读得非常仔细,还指出《谢安传》第 11 页第 6 个注解中"潍汉"二字疑是"潍溪"之误,后来查明,乃是印刷厂排字时所误,校对时又没有发现。

当时,毛泽东要中央政治局成员读这四篇传记,还在会议上作讲解。当讲到中苏关系紧张时,他对着周恩来等人说:你们要冷静沉着地应付北方边境陈兵百万的苏联军队,才能使自己立于不败之地啊! 在会上,毛泽东还讲了谢玄是能征善战的勇将,在前方起了打败苻坚取得淝水之战胜利的关键作用。毛泽东要人读《桓伊传》,"为臣有难处,为君亦有难处,"要善于协调君臣之间的关系。毛泽东在"文革"期间,曾三次要人读《刘牢之传》;1970 年 8 月,庐山会议批评陈伯达倒向林彪,要他读《刘牢之传》;1973 年要周恩来等读《晋书》四传,其中就有《刘牢之传》;1975 年,要上海写作组注释《刘牢之传》。

1975 年 8 月,毛泽东又阅读了《晋书》卷五十至五十六的郭象、庾峻、皇甫谧、陆机、陆云、潘尼、潘岳、张协和江统等西晋大学者的传记,其中还眉批了《郭象传》"郭象无行"(《毛泽东读文史古籍批语集》,第 167 页);《庾峻传》指责权臣贾充"此公骂也"(《毛泽东读文史古籍批语集》,第 168 页);评《潘尼传》所称为"道家言"、"老氏"(《毛泽东读文史古籍批语集》,第 169 页);《江统传》所作《徙戎论》是"迁亦乱,不迁亦乱。在封建时代非乱不可。千数百年后,得化为不乱始辑耳"。(《毛泽东读文史古籍批语集》,第 170 页)之后,毛泽东还阅读了事关西晋初期南北统一记录的《晋书》卷三十四《羊祜传》、《杜预传》。

因为《晋书》不错,1975 年,毛泽东就曾两次建议伴读的北京大学中文系讲师芦获要细读。

(四) 说《南史》、《北史》人物断片

自东汉黄巾起义以来的魏晋南北朝四百年,是古代中国的又一次大变化、大动荡和大改组时期。

乱世破坏社会经济,乱世也造就英雄武人,多生奇诡惊险之事,毛泽东很注意读这段时期的史书,说这段时期的政事,品评这段时期的各色人物。

他富有卓见、精当确切的点评,正是应了自己词作"指点江山,激扬文字,粪土当年万户侯"的意境。

对于此长达四个世纪里的重要帝王将相,如开国皇帝刘裕(宋武帝)、萧衍(梁武帝),一流将帅韦叡等,毛泽东都有系统的评述,此外对若干重要人物,也有点睛之语,如王镇恶、檀道济、刘义隆(宋文帝)、臧质、刘彧(宋明帝)、陈庆之、曹景宗、高长恭(兰陵王)、斛律金、宇文泰、范缜、郦道元等。

东晋末年,刘裕北伐,进入长安(陕西西安),灭后秦,前锋大将王镇恶是立了大功的。王镇恶是王猛之孙。王镇恶这个名字,即为王猛所取,因生于相传为凶日的阴历五月五日,取之以扫邪。毛泽东早在 1945 年中共七大报告针对有人要共产党改名事就谈到了他:"历史上有个人名叫王镇恶,名字这样好听,可是他还是死了。我们是不是要起一个名字使党不死呢? 随便你起一个什么

名字,只要他所做的还是那样,那是不会改变实际内容的。"(《毛泽东文集》第三卷,第324页)随手捡来,皆是文章,多么有说服力的例子啊!毛泽东对王镇恶故事谙熟在胸。王镇恶灭秦后骄傲自大,与同僚不好相处,又贪财,有人向刘裕打小报告称他吞没后秦皇帝的坐车。刘裕派密探调查,得悉王取装饰坐车的金银珠宝后将车弃之,刘裕由是宽心,不予追究。只要王镇恶对皇位没有觊觎之心,刘裕并不在意王镇恶贪财之好。毛泽东对此大有感叹,在读《南史·王镇恶传》时批语"使贪"。(《毛泽东读文史书籍批语集》,第186页)一语点明了他俩的心理行为,一个使贪见臣下无野心;一个以贪让主子放心。

刘宋王朝自刘裕后,家族兄弟子侄骨肉相残,层出不穷。毛泽东对此都有入木三分的评述。

檀道济是刘宋开国功臣,智勇双全,北魏畏之如虎,但却被宋文帝刘义隆畏忌,惨遭杀害。他临死时气愤地说:乃坏汝万里长城。毛泽东相当注意这句话,"文革"初期就以此语痛斥王力之流乱军。他对檀道济冤死颇感愤懑,在《宋书·宗室传》元嘉九年(432)提到檀道济大名时,写有眉批"此时檀道济尚未死"(《毛泽东读文史书籍批语集》,第175页),抒发了对一代名将不得善终的惋惜。

毛泽东对宋文帝刘义隆持否定态度。在《南史·刘湛传》提及宋文帝与殷景仁猜隙渐生,以至相剪,即引用《诗经·大雅·桑柔》充作批语:"谁生厉阶,至今为梗。"(《毛泽东读文史书籍批语集》,第194页)尔后又在写刘湛之死处,批语有"殷景仁与文帝密谋"(《毛泽东读文史书籍批语集》,第195页),点出刘义隆不但无能为两人化仇,反而听了殷说刘湛将辅佐,煽动刘义康夺位事,将他处死。刘义隆是一个刚愎自用、头脑简单的皇帝。

刘义隆外战外行,两次北伐都以惨败告终,尤其是元嘉二十七年(450)的第二次北伐,反而诱使北魏大军饮马长江。毛泽东爱读辛弃疾的《永遇乐·京口北固亭怀古》,"元嘉草草,封狼居胥,赢得仓皇北顾"之词,就是抨击此次惨败的。因此在《宋书·本纪》文帝论曰:"而遥制兵略,至于攻战日时,咸听成旨"处,对其在建康(江苏南京)遥控指挥权,严加批评:"赵宋祖此弊法。"(《毛泽东读文史书籍批语集》,第183页)此种有悖于"将在外君命有所不受"军事常理之举,实是古代刚愎皇帝自作聪明的通病。

《南史》和《宋书》等还有若干传记因为传主行事乖巧,古今鲜有,也为毛泽东注意。刘彧(宋明帝)刚登上帝位时,号令所及只有京都建康(江苏南京），四方都反对他，但却最后获得胜利，毛泽东感慨系之，在读《通鉴纪事本末》卷一百十六卷《废帝之乱》，写有批语："刘彧据建康，四方皆反。内线作战，以寡对众，以弱敌强。以蔡兴宗为谋主，以刘休若、刘休祐、刘体仁、吴喜、任农夫、张永、萧道成、王道隆、刘勔、沈攸之、黄回、吕安国、张兴世、刘嗣祖诸人为将帅，终于全胜，可谓奇矣！"（《毛泽东读文史书籍批语集》，第299 页）

毛泽东还谈及过《宋书》宗悫的故事。1958 年《人民日报》发表社论《乘风破浪》，毛泽东读后称赞：社论写得好，题目用《乘风破浪》也很醒目。南北朝宋人宗悫就说过"愿乘长风破万里浪"。我们现在是要乘东风压倒西风，十五年赶上英国。

南北朝是中国历史上一个各民族文化融合、发展时期，在此期间，也出现若干传世大作，为中华文化典库增添颜色，如刘义庆的《世说新语》、郦道元《水经注》都堪称杰作。

早在长沙求学时期，毛泽东就接触《世说新语》。《世说新语》系刘义庆集文人所编著，记述汉末至东晋间贵族文士的言行风貌、轶事琐语，文字清练明新。有南梁刘孝标注解，传世本为北宋晏殊整理。现见毛泽东谈《世说新语》的是1965 年 8 月，他读郭沫若反驳高二适的文章清样所写的一段话，见于清样出现有"王义庆"字样，就在小样上批注："《世说》作者是刘宋大贵族刘义庆，他是刘裕的中弟刘道怜的第二个儿子，过继到刘裕的小弟刘道规为嗣。刘道规有武功，死后追封临川王，刘义庆因此袭封为临川王。史称他'爱好文义'，有著述，招引一批文士，以为隶属，其中有鲍照那样有名的人。以上均见刘宋《宋书·宗室传》（见《刘道怜》、《刘道规》两传）。《世说》一书大概是鲍照等人帮他集录的。但《宋书》却未说到刘著《世说》。1962 年重印《世说新语序》载明'南朝宋刘义庆撰'，老本子《辞海》亦如此说。请查核。"毛泽东对刘义庆是何等熟悉，叙其事迹如数家珍。

早年毛泽东读乐府，很有印象的一篇就是《敕勒川》。他赞颂这首歌，在《讲堂录》还就清吴伟业《雪中遇猪》有记"射雕手"，"邢子高曰：斛律金（光）真射雕手也"。《敕勒歌》，北齐神武使斛律光歌《敕勒川》。1959 年，毛泽东为说明文盲也能写好东西，就举了此例：北朝将军斛律金，这是个一字不识的人，他有《敕勒歌》："敕勒川，阴山下，天似穹庐，笼罩四野。天苍苍，野茫茫，风吹草低见牛羊。"

斛律金的儿子斛律光是北齐第一号名将。毛泽东《沁园春·雪》有"只识弯弓射大雕"句,就是借用斛律光故事。他对这些故事都是极熟悉的。

毛泽东还提到过北齐名将兰陵王高长恭。1958年他在谈到破除迷信,年轻人要有作为所举古今中外英雄豪杰时,就有一个是高长恭,他说:南北朝北齐的兰陵王,也是一个少年将军,他很会打仗,很勇敢。有一个专门歌颂他的曲子叫《兰陵王入阵曲》,据说这个曲子现在日本。

毛泽东对《北史》、《南史》等某些不为人注意的列传都有涉猎,如《南史·王弘传》讲刘穆之死,批语"略似荀彧"(《毛泽东读文史古籍批语集》,第190页);《王僧虔传》说陈天福、刘镇之的生死,引曹操诗为批语:"盈缩之期,不尽(独)在天;养怡之福,可以永年"(《毛泽东读文史古籍批语集》,第190页);《孔靖传》驳小时为盗大时必为盗说,批语:"此种推论,今犹有之。如曰一人小过勿治,众人皆将效尤"(《毛泽东读文史古籍批语集》,第193页);《北史·周本纪》称赞宇文泰破高欢三路人马,是"中间突破"(《毛泽东读文史古籍批语集》,第211页);《王建传》谓其杀俘,是"王建庸人,不知政治"(《毛泽东读文史古籍批语集》,第212页),等等。

大浪淘沙。毛泽东之所以对南北朝历史人物有如此的兴趣,其中一个因素,就是通过对他们分析、解剖,可以找到历史发展的规律,即是维护统一,人心所向;蓄意分裂,众叛亲离。正如1975年,他在与芦荻谈读《晋书》、《南史》、《北史》的一次谈话中说:我们的国家,是世界各国中统一历史最长的大国。中间也有过几次分裂,但总是短暂的。这说明,中国的各族人民,热爱团结,维护统一,反对分裂。分裂不得人心。

因为对魏晋南北朝的兴趣和注切,毛泽东还曾表示,如果有时间,他要写一部魏晋南北朝史。(《党的文献》,2006年第4期第23页)

(五) 说新、旧《唐书》人物断片

隋开皇九年(589),在杨坚(隋文帝)统一北方后的第九年,隋军渡过长江灭陈,结束了四百年的混乱、分裂格局。

隋王朝是短命王朝。在它立国三十年后,全国就爆发了农民造反。毛泽东儿时喜读的《说唐》所称十八路反王,六十四道烟囱,就是形容隋末农民起义的浩大声势。他印象深刻,若干年后当接触有关史书,即梳理出最有影响的几个

农民领袖。1939 年毛泽东在延安与几位同志合作所写的《中国革命和中国共产党》,其中所列自秦至明的农民领袖中有"隋朝的李密、窦建德"。此两人,加上他后来于 1958 年八届二次会议就破除迷信举例的少年英雄、"十六岁就当了大将"的山东章丘人杜伏威,组合为 20 世纪五六十年代中小学历史课本里的隋末农民起义的三大领袖。

有压迫就有反抗。毛泽东对农民领袖总是大加赞赏。在中共八届二次会议上,他说:山东罗士信(罗成)也是十四岁还是十八岁起兵,打仗很勇敢。在此之前还就农民闹事举例,说:敢于闹事的人中,可能有英雄豪杰,改造过来是很有用的人才。如唐太宗时徐懋公闹事,后来当了宰相。你们看,闹事的人中可能出宰相。1964 年 3 月,在谈到山西朔县召开省四级干部会议时,毛泽东插话:那是尉迟恭的故乡。在《矛盾论》里为了说明片面性不对,举例"唐朝人魏徵说过'兼听则明,偏信则暗'"(《毛泽东选集》第一卷,第 313 页)。读《旧唐书·苏定方传》批语:"苏定方,名将亦大将,年七十六"(《毛泽东读文史古籍批语集》第 224 页)等等。

罗士信、徐懋公(李勣)、尉迟恭、魏徵和苏定方等初唐功臣,在投唐前都参加过隋末农民战争,这也是毛泽东向往的一个因素。

毛泽东比较喜欢唐史,他曾把两唐书作认真的比较阅读、研究,认为《旧唐书》比《新唐书》好,说《旧唐书》简单而材料多确切。他对这两部史书都读得相当仔细,在若干纪传上画圈加点,写上批语:见自《旧唐书》,如"老而不死,年八十一"(《许敬宗传》);"笑里藏刀李义府"(《李义府传》);"魏玄同,裴炎党也"(《魏玄同传》);"贾谊云:'仁义不施,而攻守之势异也'","朱敬则政治家、历史家,年七十五"(《朱敬则传》);"杨再思佞人"(《杨再思传》);"刘幽求能伸而不能屈,年六十一,以恚死"(《刘幽求传》);"钟绍京,书法家,年八十余"(《钟绍京传》)。见自《新唐书》,如"此篇写得不错"(《窦参传》)(《毛泽东读文史古籍批语集》,第 225—227 页);"这一篇写得好"(《吴通玄传》);"田弘正,好将军"(《田弘正传》)。也有列传点评还涉及要事,如唐末庞勋领导的戍卒造反。他读《康承训传》就以"徐州兵七百戍桂州,六岁不得代","内部分裂,因而败亡"(《毛泽东读文史古籍批语集》,第 244 页)两段批语,点清了造反的根因和失败原因。

毛泽东对历朝的改革活动向来很注重,他颇称道唐中期发生的永贞革新。永贞是唐朝第十个皇帝顺宗李诵的年号。毛泽东曾几次与秘书林克谈"二王八司马"的故事。据林克回忆：毛泽东谈到中唐时期，唐王朝由盛而衰，朝中宦官擅权，四方藩镇割据，土地兼并加剧，苛捐杂税很重，社会生产凋敝，民不聊生，中央集权受到极大削弱。社会危机四伏，统治阶级内部矛盾也日趋激化。公元805年，唐德宗李适去世，太子李诵（唐顺宗）即位，重用王叔文、王伾、韦执谊和刘禹锡、柳宗元等人。王叔文、韦执谊等一度执政，韦执谊被任命为宰相。他们反对宦官专权、藩镇割据，主张加强中央集权，为此实施了一系列政治改革措施。例如，惩处贪官污吏，免除苛捐杂税，废止掠夺扰民的官市，谋划剥夺宦官的兵权，削弱藩镇势力，加强中央集权，史称"永贞革新"。但是，由于朝中宦官、藩镇等守旧势力合谋发动政变，迫使久病的顺宗把皇位让给太子李纯（唐宪宗），王叔文革新派仅仅执政五个月便夭折了。王叔文、王伾被杀，韦执谊被贬为崖州司马，韩泰贬为虔州司马，陈谏贬为台州司马，柳宗元贬为永州司马，刘禹锡贬为朗州司马，韩晔贬为饶州司马，时称为八司马。王安石《临川集》中的《读柳宗元传》说："余观八司马，皆天下之奇才也。"毛泽东为永贞革新流产惆怅不已。

毛泽东对宪宗时发生的平淮西吴元济故事很有兴趣。1962年2月3日，在与公安工作的一次汇报中提及："我们要少杀人，留下来劳动改造，唐德宗（宪宗）派李朔（愬）去打吴元济，李朔（愬）对俘虏都不杀，取得了很大的胜利。"（《毛泽东年谱（1949—1976）》（五）第94页）

永贞革新后三十年，唐王朝又发生了"甘露之变"，几位大臣要除权宦，因准备不当，反遭宦官所害，此案罗织了不少有才干之士，其中一个就是诗人李商隐的好友刘蕡。毛泽东对刘蕡也是赞许的，在读《旧唐书·刘蕡传》时，还就刘蕡进士试卷所提及的改革新思维，眉批了"超特奇"、"以上导语，以下条对"等赞语。毛泽东又写了题为《刘蕡》的《七绝》："千载长天起大云，中唐俊伟有刘蕡。孤鸿铄羽悲鸣镝，万马齐喑叫一声。"（《毛泽东诗词集》，第200页）

唐代文化兴旺，文人学者辈出，毛泽东对此了若指掌。如谈到中国源远流长的书法艺术，他就常与人介绍有唐一代的大书法家怀素、张旭、褚遂良、颜真卿、欧阳询、柳公权；在说茶时，就谈到唐朝陆羽的《茶经》是世界第一部茶的专门著作，认为这也是中国人对世界所作的贡献。

作为一个大诗人，毛泽东更多谈论过唐朝的诗人。

毛泽东爱读唐诗，早年就能背诵全本《唐诗三百首》，据称后来竟增至能背诵四百多首。就诗论人,就人论诗。几十年里,他除从文学、史学和政治等视角多方评述过李白、杜甫、白居易、韩愈、柳宗元、李贺、李商隐等名家外,也谈及过若干鲜为人知的诗人如李涉、章碣。

毛泽东也相当欢喜五代词。他常读《花间词》,曾为卫士长、女儿分别写过南唐冯延巳的词,圈点过冯延巳、李璟父子、牛峤、牛希济和前蜀韦庄的词,其中韦庄的《荷叶杯》和五首《菩萨蛮》还在 1958 年成都会议时编进《唐宋人写的有关四川的一些诗和词》,印发给与会者阅读;他对韦庄的诗颇有研究。1964 年 8 月在与哲学工作者谈话时,他就讲到韦的《秦妇吟》:孔夫子也相当民主,男女恋爱的诗他也收。朱熹注为淫奔之诗。其实有的是,有的不是,是借男女写君臣。五代十国的蜀,有一首诗叫《秦妇吟》,韦庄的,是他的少年之作。他有的诗是借男女写君臣,怀念君王的。(《北京党史》,2003 年第 6 期)

(六) 说《宋史》人物断片

《宋史》是"二十四史"里规模最为庞大的一部史书,但错误、自相矛盾处亦不少,毛泽东对它颇不满意,评其写得芜杂。

但毛泽东从不排斥《宋史》所载的有宋三百多年的人物和史事。两宋被史界视为是中华文艺复兴时代,又是一个充满民族忧患意识、爱国情操,英雄辈出的时代,毛泽东对很多帝王将相、词家学者都有相当兴趣,这些人的名字和事迹,经常在他的文章和谈话中出现。

青松恨不高千尺。毛泽东对此时期产生的民族精英和他们的英勇业绩备加称誉,如杨业、杨延昭、岳飞等人。

毛泽东熟悉许多宋朝人物,这里有知名度特高的赵匡胤(宋太祖)、范仲淹、王安石等,也有若干并不很为人知的人物。早在井冈山时期,有一天毛泽东与贺子珍谈及"石灰佬"事。他说:你们永新在宋朝出了一个叫刘沆的宰相,传说他做了一年的官,便萌发野心,企图篡夺宋仁宗的皇位,仁宗发现,怒而斩之。是不是这么一回事?当贺子珍说刘沆被杀无脑袋,为石灰塑了脑袋安葬时,毛泽东说:这都是你们永新人杜撰出来的故事。其实,据查考,史无此事。刘沆死后,宋仁宗对他还相当怀念,写诗勒碑,名曰"思贤之碑",留传至今。1962 年 2 月,毛泽东与南京炮兵工程学院院长孔从周说中国最早发明火枪,指出:我们的祖宗发明了火药,可是后来落后了。在南宋时有一个叫陈规的,他把火药装在一个竹管内,装上弹丸,点着火药,喷出火焰烧伤敌人。这是管形火器的鼻祖。《宋史》有《陈规传》,他在知德安府时,发明火枪,大破围城数倍之敌。

毛泽东生活俭朴,有一次外出视察归来,发现有关人员将丰泽园畔的春藕斋屋顶原来的黑瓦筒子换了黄绿色宫廷琉璃瓦,很不高兴,后来就以《宋史·李沆传》的某段话批在有关部门的检讨书上:"巢林一枝,聊自足耳,安事丰屋哉!"

毛泽东对两宋的词家和理学诸家特别熟悉。鲁迅曾说过诗做到唐代已经做完了。毛泽东也认为宋诗多是味同嚼蜡,但对若干宋人的诗作还是赞许的。1941 年,他为某位到延安的画家所绘画册扉页题签:"云里烟村雨里滩,看之容易作之难。早知不入时人眼,多买燕脂画牡丹。"这是宋代画师李唐的《题画》诗。

20 世纪 50 年代初,毛泽东在杭州特地借阅林逋(和靖)诗文集,还默写了《七律·山园小梅》里的三四两句:"疏影横斜水清浅,暗香浮动月黄昏。"1961 年冬,还曾把明高启《梅花》诗误记为林逋所作,叫田家英借来林逋诗文集,自己又翻阅了一遍。

毛泽东曾对北宋晏殊的《示张寺丞王校勘》有兴味,律诗里的"无可奈何花落去,似曾相识燕归来",60 年代初曾被他引用于与苏联往来的书信里。

毛泽东曾说过杨万里,1930 年初他率红军进江西吉安时,在历数吉安人杰地灵时说:南宋四大家中的杨万里,一生写诗两万多首。

两宋文人把词作推上了中华文化的又一高峰,北宋的范仲淹、欧阳修、苏轼和李清照,以及南宋词坛上所涌现出一批风格豪放的词人,如辛弃疾、张元幹、张孝祥、岳飞、陈亮、刘克庄等人,他们的词作洋溢着还我河山的爱国激情,词风高亢清亮,极得毛泽东的推崇。毛泽东经常诵读这些名篇。他曾点名要读张元幹《芦川词》和张孝祥《于湖词》。1975 年 4 月,董必武逝世,毛泽东要工作人员放张元幹的《贺新郎·送胡邦衡待制赴新州》的唱片。听了几遍后,他突然提出要把原词最后两句"举大白,听《金缕》"改为"君且去,休回顾",且说:原来的两句太伤感了。

毛泽东喜欢豪放派词作,但亦爱读宋代婉约派的作品,他自己曾说他偏于豪放,不废婉约。他曾细读过北宋婉约派代表人物柳永的作品。1965 年,还参照晏几道《临江仙》词牌,写有一首《临江仙》,其中有"明月依然在,何日彩云归","国共再携手,一笑泯恩仇"句,交由来北京的曹聚仁,赴台湾秘密送给蒋介石父子。(《曹聚仁传》,第 316 页)毛泽东对婉约派诸家词作多甚喜爱,善于运用,60 年代读了胡乔木词作后,就说胡词近似姜夔。

毛泽东在青年时代就接触两宋理学家和他们的学说。1913 年在《讲堂录》中就有称"著书亦有几等,宋儒之学都是切实的,元朝亦确有所见,发而为理"。(《毛泽东早期文稿》,第 592 页)"朱、程、张、周诸人出,性理之学大明。然其始也,威崇佛学,由佛而返于六经,故为能动而兼受动的发达期,宋元是也"(《毛泽东早期文稿》,第 592 页)等语。《讲堂录》还多记有二程、陆九渊(象山)、张载和朱熹等断片,如"程子读书之法,见事先下判断,继看下文";"陆象山曰:激厉奋迅,冲决罗网,焚烧荆棘,荡夷污泽。(无非使心地光明)",(《毛泽东早期文稿》,第 593 页)"张子曰:为天地立心,为生民立道,为往圣继绝学,为万世开太平。为生民立道,相生相养相维相治之道也;为万世开太平,大宗教家之心志事业也",(《毛泽东早期文稿》,第 591 页)等等。这些语丝词片中足以窥得当时毛泽东对两宋理学诸家之推崇之心。

新中国成立后,毛泽东也常谈两宋理学家,但多界定其为唯心主义。1957 年 1 月,他在中国共产党省市委书记会议上谈到百花齐放、百家争鸣时说:只讲唯物主义,不讲唯心主义,只讲辩证法,不讲形而上学,你就不知道反面的东西,正面的东西也不能巩固。因此,不仅要出孙中山全集,蒋介石全集也要出。黑格尔、康德、孔子、孟子、老子、二程、朱王,都要讲。次年 9 月,他在合肥与张治中谈读书话题又说到程颢、程颐、周敦颐,说到宋明理学四个学派和客观唯心主义,中国古代具有朴素、原始唯物主义思想的人物等等内容。1963 年 5 月,毛泽东又在杭州工作会议介绍:周濂溪(周敦颐)是道县人,是宋代的理学大师。二程是他的学生,朱熹就是这个系统,唯心主义。至于张载是陕西人,那是另一个系统,是唯物主义。

汉魏以后,笔记小品兴起,方兴未艾,毛泽东很爱读此等小品。早在 1913 年,他就写有:"掌故之用有三种:一用于词章,如神仙之类;二用于义理之文,如井田、学校、帝王之类;三用于科学,则物理实事是也。"(《毛泽东早期文稿》,第 583 页)

毛泽东也喜爱宋人笔记,其中经常翻阅、且在外出视察也随身携带的,就有北宋沈括的《梦溪笔谈》、南宋洪迈的《容斋随笔》等。

（七）说《明史》人物断片

毛泽东一生读了不少记载有明一代三百年历史的史书,其中主要一部就是清人官修的《明史》。

毛泽东不满意《明史》,认为《明史》芜杂。他虽然评其芜杂,却在读时颇花工夫,读过的那部武英殿版《明史》,封面上有密密麻麻记号,每册录出其中卷数,还列出众多传主姓名,如"60 册,列传 107,张四维,马自强","67 册,131—132,东林党传",有的在传主姓名下加圈,或在姓名后画括弧加注,等等,此足见毛泽东是精心阅读过《明史》的。

毛泽东高度赞扬郑和、郑成功等人。1937 年 5 月 1 日,在陕甘宁边区政府召开的红军进延安后首次军民大会上,毛泽东回顾中华历史时,历数岳飞、成吉思汗、文天祥、郑和下西洋、郑成功收复台湾、林则徐虎门销烟,指出:伟大的抗日战争,将造就无数的民族英雄。(《一个中国革命经历者的私人记录》,第 65 页)

毛泽东高度评价元末农民大起义。当时起义队伍五花八门,而主要的一支就是韩山童、刘福通领导的红军,朱元璋原本亦是红军一个小头目。红军乃是以红巾扎头为标志的。对此,毛泽东在 1945 年 6 月 17 日中国革命死难烈士追悼大会上说:"中国历史上没有红军,要说有就是明朝朱洪武起过一次'红军',他们打的旗子是红旗。有的人以为红军这个名称一定是外国来的,我说不一定,你就是知道外国的事情,中国祖宗的事情就不知道。"(《毛泽东文集》第三卷,第434 页)

1948 年 11 月,毛泽东在平山西柏坡读了吴晗《朱元璋传》,尔后对吴晗书稿中关于元末农民大起义领袖、西系红巾军领袖彭和尚(彭莹玉)的下落提出了疑问。吴晗认为彭和尚在起义成功以后,就烟一样消失了,回到人民中间去了。所谓是"功成不居,不是为了作大官而革命,真是了不起的人物"。毛泽东不以为然,他特地对吴晗说,彭和尚这样坚强有毅力的革命者,不应有逃避行为,不是他自己犯了错误,就是史料有问题。史实固如毛泽东所料,后来,吴晗细读有关史料《明实录》等查出彭和尚果然是在杭州为元军俘杀。

20 世纪五六十年代,毛泽东多次谈朱元璋,有时也涉及朱元璋的文臣武将诸如徐达、朱升等人。

1949 年 12 月,毛泽东出访苏联,路经山海关,就讲起"天下第一关"掌故,说:这山海关还是明洪武十四年,由明朝的大将徐达在这里修的。本想凭据天险,抵御外侮。几年后,就许光达请求降衔事又一次谈到徐达:五百年前,大将徐达二度平西,智勇冠中州。

明史建文朝有大臣方孝孺。他以死不奉朱棣、名节自励,一心想留名千载,毛泽东对这位智谋不足、书生气十足的方孝孺没有什么好感。据陈伯达回忆:他有一次向毛推荐方写的《深虑论》。毛泽东说:他自己命运怎么样?他自己的命运都虑不到,还谈什么深虑?(《党史博览》2007年第5期)

毛泽东曾在某次谈话中评说明朝皇帝,明朝除了明太祖、明成祖两个皇帝搞得比较好,明武宗、明英宗还稍好些以外,其余的都不好,尽做坏事。

明英宗朱祁镇被毛泽东称为"比较好",可能是下诏释放教坊司乐工三千八百余人为民以及临死时遗诏有不再以活人殉葬的话;而明武宗朱厚照"比较好",可能是他铲除刘瑾以及扑灭宁王朱宸濠的叛乱。

明武宗正德五年(1510),河北暴发了刘六、刘七和赵疯子(赵燧)起义,起义军三次逼近北京,两年后刘六在黄州(湖北黄冈)坠水死,刘七在通州(江苏南通)败死,赵疯子被俘杀于北京。毛泽东对这次起义相当关注,在《明史纪事本末》卷四十五《河北盗》的封面上手书"刘六、刘七、赵疯子",于书后空白处又批注有:"吾疑赵疯子、刘七远走,并未死去。'天津桥上无人识,闲倚栏杆看落晖'。得毋像黄巢吗?"(《毛泽东读文史古籍批语集》,第334页)此说虽为一家之言,但亦不无其理,盖封建史书中多有冒功故事也。

有明一代,大小农民起义频繁有之,此起彼伏,连绵不断。毛泽东在读《三国志·魏书·张鲁传》批语就罗列了多起,其中就提及"元末的明教、红军,明朝的徐鸿儒、唐赛儿、李自成"。此处所指"徐鸿儒",即是天启二年(1622)山东郓城徐鸿儒领导的白莲教起义。他在读《明史·赵彦传》所记录的白莲教起义全过程后,作了"白莲教史"(《毛泽东读文史古籍批语集》,第286页)批语。

对晚明史事和人物毛泽东也颇注意。抗战时期,学者多研究南明史事,借古喻今,批判当时投降卖国分子。1939年1月,毛泽东在给陕北公学何干之教授信里就指出:"如能在你的书中证明民族抵抗与民族投降两条路线的谁对谁错,而把南北朝、南宋、明末、清末的民族投降主义者痛斥一番,把那些民族抵抗主义者赞扬一番,对于当前抗日战争是有帮助的。"(《毛泽东书信选集》,第136页)

20世纪50年代,毛泽东曾谈到过在明末有重大影响的袁崇焕和洪承畴等人。

袁崇焕(1584—1630)是明末坚守宁远(今辽宁兴城)的中流砥柱,惜为崇祯帝杀害。1952 年 5 月,毛泽东给叶恭绰复信:"近日又接先生等四人来信,说明末爱国领袖人物袁崇焕先生祠庙事,已告彭真市长,如无大碍,应予保存。"(《毛泽东书信集》,第 433 页)

1956 年元旦,毛泽东在上海看戏,有出戏是写李自成的。当周谷城谈及:有人说,洪承畴之投降清朝具有善意,目的是减少汉人的惨遭屠杀。他回答说:有此一说,不可不信,但亦不可全信。事情不甚简单,怕还要有些调查研究。

明总督蓟辽军务的洪承畴(? —1665),是明朝举足轻重大臣,却因降清,被清朝官修的《明史》列入《贰臣传》,后来正宗史家也都将他放进另册处理的。毛泽东认为此说应慎重,着意于多掌握史料,作深化认识,这正是对待历史和历史人物的唯物史观。

(八) 另篇:说清朝人物断片

清王朝是中国最后一个封建王朝。

清王朝有近三百年的历史,其中最后的七十年,由封建社会走进了半殖民地半封建社会,这就是我们通常说的近代中国。

毛泽东很注意清王朝的历史,尤其是近代中国的历史。他说:学历史,主要学近代史。毛泽东读过许多记载清朝历史的史书,有《清史稿》和清人多种文集,也有笔记野史,因此他深谙清朝史事和许多清代人物的行迹。

1956 年 11 月 30 日,在与苏联驻华大使尤金谈话时,毛泽东感慨地吟诵了两句诗:万里长城今尚在,哪见当年秦始皇。他的含意是借诗句批评对方的扩张主义。此两句诗典出康熙时大学士张英故事,相传,张英家乡安徽桐城住宅,因与邻舍地界不清,引起争执。张英接读家信后,即以诗代信:千里修书只为墙,让他三尺又何妨。长城万里今犹在,不见当年秦始皇。家人遵嘱立即让界三尺,以示不再相争;邻舍得知后,也仿效让界三尺,于是成了六尺巷道。毛泽东对此故事相当熟悉,信手捡得,用在此处恰到好处。

20 世纪 50 年代初,有一次毛泽东在山东济南大明湖参观,当得悉湖北有个张公祠,就问周围随行人员:张曜怕婆子,你们知道不知道?接着就讲了张曜从一名雇工升任山东巡抚的过程后告诉大家:张曜不识字,靠他的夫人办理公文。张曜刻了一块"目不识丁"的图章带在身上，作为自勉，虚心向自己的夫人学习。通过苦读，能通文晓史，写出一笔好字。《清史稿》有《张曜传》，但没有这出故事。这则趣事，必出自它书，可见毛泽东读的书是很多的。

毛泽东在学生时代，就读了不少清代名人的著作和记载他们的书。

1917 年 4 月，他在《体育之研究》论著中提及古今人物自夏禹、孔子到伍廷芳、蒋维乔等二十二人，唯独是清初的顾炎武和颜元（习斋）（1635—1704）和李塨（刚主）（1659—1733）是文武兼备、德智体三育并重的师表。文中特就颜、李两人说："清之初世，颜习斋、李刚主文而兼武。习斋远跋千里之外，学击剑之术于塞北，与勇士角而胜焉。故其言曰：'文武缺一岂道乎？'"（《毛泽东早期文稿》，第68 页）颜元主张研究学问要靠实践，读书人要勤劳动；李塨是颜元学生，参加农业劳动，主张学问必须要结合实用。颜元、李塨讲求习行哲学，经世致用，深为毛泽东喜爱，此说也抒发了青年毛泽东具有实践理性的特色。因而他表示："此数古人者，皆可师者也。"

细微之中见精神。毛泽东对清代学者如数家珍。50 年代，有一次他视察安徽博物馆，就周围人员弄不清的常识，即戴名世（1653—1713）、戴震（1723—1777）是否同一人时，当即指出：清代的戴名世字田有，为桐城人，不是休宁人。清代的戴震字东原，才是休宁人。

他很喜欢读清代学者的书，比如桐城派大家姚鼐编的《古文辞类纂》、曾国藩编的《经史百家杂抄》。至于康熙年间吴楚材、吴调侯编的《古文观止》，毛泽东更是从小就熟悉，能背诵。许多典故也应用自如，如见于他的文章诗句中的就有《曹刿论战》、《触詟说赵太后》、《颜斶说齐王》等。

对于有文化含金量的清人著作，毛泽东求知若渴。洪亮吉是乾嘉时期学者、诗人。50 年代，毛泽东有一次与胡绳谈及人口问题，胡介绍清乾隆年间有个官员叫洪亮吉，最早提出了控制人口的主张，比马尔萨斯还要早。毛泽东对此很感兴趣，要胡绳找洪的文章。胡绳到北京图书馆借了一套《洪北江文集》送去。毛泽东仔细读了，在文章的有些文句旁边加了圈点，还改正了一个印错的字。本来是看读人口的文章，毛泽东连带将洪传也看了。那上面记载洪上书嘉庆，皇帝一怒将他充军新疆等等。后来，毛将这套书还给胡，胡去琉璃厂旧书店买了一套同样的书，将毛泽东阅读过的一本换下来后，归还给北京图书馆。（《程门立雪忆胡绳》，第 122—123 页）1958 年 3 月，成都会议后，毛泽东到重庆视察，见到来迎接的中共重庆市委第一书记任白戈就说:你知道你们四川有个廖季平吗?他是一个对经学很有研究的人,章太炎是步他的后尘,你帮我找一部他的著作。当任白戈把书从市图书馆借了送上时,他十分高兴。

廖季平,即廖平,近代大经学家。先后主持广州广雅书院、成都尊经书院。

毛泽东特别重视近代中国的历史,早在 20 世纪 40 年代在《改造我们的学习》里就号召大家要懂得"鸦片战争以来的中国近百年史"。他还对近代中国的一些重要人物有过分析和评论,这些评论也颇见分量,如 1954 年 10 月,在《关于红楼梦研究问题的信》中提到《清宫秘史》批判事就指出:光绪皇帝不是好随便称赞的。他对光绪帝(1872—1908)显然是不甚满意的。在光绪执政时期,苦难的中国更加贫穷、落后了。

五月五日出生日说

《京本通俗小说·菩萨蛮》写灵隐寺僧人可常,因五月五日出生而被送至寺院消灾,他为之愤懑作有一诗:齐国曾生一孟尝,晋朝镇恶又高强。五行偏我遭时蹇,欲向星家问短长。诗中称战国孟尝君和王镇恶都是五月五日出生的。相传孟尝君田文出生时,父亲因其克父,欲弃养。历史上五月初五出生的名人有东汉历事五帝的大官僚胡广,大司马、大将军王凤;宋徽宗赵佶也是五月五日出生的,他登上皇位,自认为这日是忌日,就把生日天宁节改为十月十日了。

毛泽东著作引用史书成语俗语表

一、引用《左传》成语俗语

成语俗语	毛泽东原著	出　　　处	附注
骄奢淫逸	1949 年《评战犯求和》："中国买办地主阶级必须维持其向全国人民实行压迫剥削的自由和他们目前的骄奢淫逸的生活水准"。(《毛泽东选集》第四卷第 1383 页)	《隐公三年》："臣闻爱子,教子以义方。弗纳于邪,骄奢淫佚,所自邪也。四者之来,宠禄过也。"	
获保首领	1949 年 2 月《评国民党对战争责任问题的几种答案》："谢谢亲爱的院长,共产党虽然尚有'诱惑及麻醉人民'的罪名,总算没有别的滔天大罪,致邀免打,获保首领及屁股而归。"(《毛泽东选集》第四卷第 1420 页)	《隐公三年》："若以大夫之灵,得保首领以没,先君若问与夷,其将何辞以对?"	
众叛亲离	1942 年《第二次世界大战的转折点》："德军猛攻不克,整个德奥土保阵线再也找不到出路,从此日益困难,众叛亲离,土崩瓦解"。(《毛泽东选集》第三卷第 884 页)	《隐公四年》："阻公无众,安忍无亲,众叛亲离,难以济矣。"	
怙恶不悛	1941 年《为皖南事变发表的命令和谈话》："如若他们怙恶不悛,继续胡闹,那时,全国人民忍无可忍,把他们抛到茅厕里去,那就悔之无及了。"(《毛泽东选集》第二卷第 776 页)	《隐公六年》："君子曰:'善不可失,恶不可长,其陈桓公之谓乎。长恶不悛,从此及也。虽欲救之,其将能乎!'"	

成语俗语	毛泽东原著	出　　处	附注
不自量	1937年7月《实践论》:"世上最可笑的是那些'知识里手',有了道听途说的一知半解,便自封为'天下第一',适足见其不自量而已。"(《毛泽东选集》第一卷第287页)	《隐公十一年》:"息侯伐郑,郑伯与战于竟,息师大败而还。君子是以知息之将亡也,不度德,不量力,不亲亲,不徵词,不察有罪,犯五不韪,而以伐人,其丧师也,不亦宜乎?"	
冒天下之大不韪	1941年1月《为皖南事变发表的命令和谈话》:"因为发令者敢于公开发此反革命命令,冒天下之大不韪,必已具有全面破裂和彻底投降的决心。"(《毛泽东选集》第二卷第774页)		
城下之盟	1939年1月《关于国际新形势对新华日报记者的谈话》:"在某种适合于日本的时机,日本将发起东方慕尼黑,以某种较大的让步为钓饵,诱胁中国订立城下之盟,用以达其灭亡中国的目的。"(《毛泽东选集》第二卷第583页)	《桓公十二年》:"楚伐绞,军其南门,莫敖屈瑕曰:'绞小而轻,轻则寡谋,请无扞采樵者以诱之。'从之,绞人获三十人。明日,绞人争出,驱楚役徒于山中。楚人坐其北门而复诸山下,大败之,为城下之盟而还。"	
趾高气扬	1944年《学习和时局》:"工作无成绩,可以使人悲观丧气;工作有成绩,又可以使人趾高气扬。"(《毛泽东选集》第三卷第947页)	《桓公十三年》:"春,楚屈瑕伐罗,斗伯比送之,还,谓甚御曰:'莫敖必败,举趾高,心不固矣'。"	
未亡人	1954年《致田家英》:"李淑一女士,长沙柳直荀同志(烈士)的未亡人,教书为业,年长课繁,难乎为继。"(《毛泽东书信选集》第475页)	《庄公二年》:"夫人闻之,泣曰:'先君以是舞也,习戎备也,今令尹不寻诸仇雠,而于未亡人之侧,不亦异乎!'"	
辙乱旗靡	1936年《中国革命战争的战略问题》:"文中指出了战前的政治准备——取信于民,叙述了利于转入反攻的阵地——长勺,叙述了利于开始反攻的时机——彼竭我盈之时,叙述了追击开始的时机——辙乱旗靡之时。"(《毛泽东选集》第一卷第204页)	《庄公十年》:"吾视其辙乱,望其旗靡,故逐之。"	

续表

成语俗语	毛泽东原著	出　　处	附注
再衰三竭	1942 年《第二次世界大战的转折点》：希特勒已到再衰三竭之时，他对斯大林格勒、高加索两处的进攻已经失败。（《毛泽东选集》第三卷第 887 页）	《庄公十年》："夫战，勇气也。一鼓作气，再而衰，三而竭。彼竭我盈，故克之。"	
一鼓作气	1958 年《必须坚持不打无把握之仗的原则》："一鼓作气，往往想得不周，我就往往如此，有时难免失算。"（《毛泽东军事文集》第六卷第 377 页）		
幸灾乐祸	1956 年 4 月《论十大关系》："对犯错误的同志不给帮助，反而幸灾乐祸，这就是宗派主义。"（《毛泽东文集》第六卷第 284 页）	《僖公十四年》："秦饥，使乞籴于晋，晋人弗与。庆郑曰：'背施，无亲，幸灾，不仁，贪爱，不祥，怒邻，不义，四德皆失，何以守国？'"《庄公二十年》："哀乐失时，殃咎必至。今王子颓歌舞不倦，乐祸也。夫司寇行戮，君为之不举，而况敢乐祸乎！"	
庆公不死，鲁难未已	1949 年《南京政府向何处去》："庆公不死，鲁难未已。战犯不除，国无宁日。"（《毛泽东选集》第四卷第 1446 页）	《闵公六年》："仲孙归曰：'不去庆父，鲁难未已。'"	
从长计议	1936 年《致高桂滋》："抗日讨卖国贼大计从长计议，务出尽善，并使贵军处于安全地位，有任何卖国贼加贵军以危害者，敝方愿以实力共击之。"（《毛泽东书信选集》第 31 页）	《僖公四年》："卜人曰：'巫短龟长，不如从长。'"	
言归于好	1940 年《对中间派应采取的方针》："当他们迫于某方命令向我进攻时，我应在不妨害自己根本利益条件下，先让一步，表示仁至义尽，并求得中途妥协，言归于好。"（《毛泽东文集》第二卷第 284 页）	《僖公九年》："凡我同盟之人，既盟之后，言归于好。"	
艰难险阻	1935 年 12 月《论反对日本帝国主义的策略》："路上遇着了说不尽的艰难险阻，我们却开动了每人的两只脚，长驱二万余里，纵横十一个省。"（《毛泽东选集》第一卷第 150 页）	《僖公十二年》："晋侯在外十九年矣，而果得晋国，险阻艰难，备尝之矣。"	

续表

成语俗语	毛泽东原著	出　　　处	附注
外强中干	1942年《第二次世界大战的转折点》："在人类历史上，凡属将要灭亡的反动势力，总是要向革命势力进行最后挣扎的，而有些革命的人们也往往在一个期间内被这种外强中干的现象所迷惑，看不出敌人快要消灭，自己快要胜利的实质。"（《毛泽东选集》第三卷第884页）	《僖公十五年》："今乘异产，以从戎事，及惧而变，将与人易，乱气狡愤，阴血周作，张脉偾兴，外强中干，进退不可，周旋不能，君必悔之。"	
莫予毒也	1939年《反对投降活动》："中华民族的历史任务是团结抗战以求解放，投降派欲反其道而行之，无论他们是如何得势，如何兴高采烈，以为天下'莫予毒也'，然后他们的命运是最后一定要受到全国人民的制裁的。"（《毛泽东选集》第二卷第573页）	《僖公二十八年》："晋侯闻之而后喜可知也。曰：'莫予毒也矣。'"	
有所恃而不恐	1928年11月《井冈山的斗争》："但是仍然需要注意建立中心区域的坚实基础，以备白色恐怖到来时有所恃而不恐。"（《毛泽东选集》第一卷第57—58页）	《僖公二十六年》："齐侯曰：'室如悬磬，野无青草，何恃而不恐？'"	
无能为力	1936年12月《中国革命战争的战略问题》："及至敌发觉再向西进时，我已休息了半个月，敌则饥疲沮丧，无能为力，下决心退却了。"（《毛泽东选集》第一卷第219页）	《僖公三十年》："臣之壮也，犹不如人。今老矣，无能为也已。"	
敌忾心	1938年5月《论持久战》："中国方面，虽然在力量的强度上是劣势，因此造成了战略上的某种被动姿态，但是在地理、人口和兵员的数量上，并且又在人民和军队的敌忾心和士气上，却处于优势。"（《毛泽东选集》第二卷第489页）	《文公四年》："诸侯敌王所忾，而献其功，王于是乎，赐之彤弓一，彤矢百，旅弓矢千，以觉报宴。"	
华而不实	1941年《改造我们的学习》："华而不实，脆而不坚。自以为是，老子天下第一，'钦差大臣'满天飞，这就是我们队伍中若干同志的作风。"（《毛泽东选集》第三卷第800页）	《文公五年》："且华而不实，怨之所聚也。犯而聚怨，不可以定身。"	

750

毛泽东论中国历史人物

从轩辕黄帝到孙中山

成语俗语	毛泽东原著	出　　　处	附注
无以复加	1940年《朱德给何应钦白崇禧的电报》："虽衣单食薄,艰难奋战,历尽人间之辛苦,然不为法律所承认,不为后方所援助,则精神痛苦,无以复加,故有请中央允许扩充编制之举。"(《毛泽东文集》第二卷第312页)	《文公十七年》："今大国曰:'尔未逞吾志',敝邑有亡,无以加焉。"	
畏首畏尾	1940年《论政策》："应吸收一切较有抗日积极性的知识分子进我们办的学校,加以短期训练,令其参加军队工作、政府工作和社会工作,应该放手地吸收、放手地任用和放手地提拔他们。不要畏首畏尾,惧怕反动分子混进来。"(《毛泽东选集》第二卷第768页)	《文公十七年》："古人有言曰:'畏首畏尾,身其余几'。"	
各自为政	1942年《抗日时期的经济问题和财政问题》："经济和财政工作机构中的不统一、闹独立性、各自为政等恶劣现象,必须克服,而建立统一的、指挥如意的,使政策和制度能贯彻到底的工作系统。"(《毛泽东选集》第三卷第895—896页)	《宣公二年》："畴昔之羊,子为政;今日之事,我为政。"	
唯命是听	1927年《湖南农民运动考察报告》："在这样的会议里,各民众团体的意见影响县长,县长总是唯命是听。"(《毛泽东选集》第一卷第30页)	《宣公十二年》："孤不天,不能事君,使君怀怒,以及敝邑,孤之罪也,敢不唯命是听。"	
人莫予毒	1940年《新民主主义论》："中国有一句老话:'有饭大家吃,有事大家做,有书大家读。'那种一人独吞、'人莫予毒'的派头,不过是封建主的老戏法,拿到二十世纪四十年代来,到底是行不通的。"(《毛泽东选集》第二卷第683页)	《宣公十二年》："及楚杀子玉,公喜而后可知也,曰:'莫予毒也矣。'"	
藏垢纳污	1942年《整顿党的作风》："党八股是藏垢纳污的东西,是主观主义和宗派主义的一种表现形式。"(《毛泽东选集》第三卷第827页)	《宣公十五年》："高下在心,川泽纳污,山薮藏疾,瑾瑜匿瑕,国君含垢,天之道也。"	

751

成语俗语	毛泽东原著	出　　　处	附注
尔诈我虞	1937年《反对日本进攻的方针、办法和前途》："'精诚团结，共赴国难'这个口号，不应该只是讲得好听，还应该做得好看。团结要是真正的团结，尔诈我虞是不行的。"(《毛泽东选集》第二卷第348页)	《宣公十五年》："我无尔诈，尔无我虞。"	
余勇可贾	1942年《第二次世界大战的转折点》："莫斯科保卫战之后，虽然接着举行了冬季反攻，可是还要遭到今年德军的一个夏季进攻，这是因为一则德国及其欧洲伙伴尚有余勇可贾，二则英美拖延开辟第二条战线的缘故。"(《毛泽东选集》第三卷第887页)	《成公二年》："齐高固入晋师，桀石以投人，禽之而乘其车系桑本焉，以徇齐垒曰：'欲勇者，贾余余勇。'"	
如此而已	1949年6月《论人民民主专政》："我们就是这样做的，即以帝国主义及其走狗蒋介石反动派之道，还治帝国主义及其走狗蒋介石反动派之身。如此而已，岂有他哉！"(《毛泽东选集》第四卷第1478页)	《成公五年》："其如此而已，虽伯宗若之何！"	
疲于奔命	1938年5月《论持久战》："中国农民有很大的潜伏力，只要组织和指挥得当，能使日本军队一天忙碌二十四小时，使之疲于奔命。"(《毛泽东选集》第二卷第445页)	《成公七年》："尔以谗慝贪惏事君而多杀不辜，余必使尔罢于奔命以死。"	
甚嚣尘上	1939年《反对投降活动》："所谓和战问题竟闹得甚嚣尘上，投降的可能就成了当前政治形势中的主要危险。"(《毛泽东选集》第二卷第572页)	《成公十六年》："楚子登巢车以望晋军，子重使大宰伯州犁侍于王后。王曰：'合谋也，张幕矣。'曰：'虔卜于先君也，彻幕矣。'曰：'将发命也。甚嚣，且尘上矣。'"	
不逞之徒	1927年《湖南农民运动考察报告》："各军大招兵。'不逞之徒'去了许多。"(《毛泽东选集》第一卷第39页)	《襄公十年》："故五族聚群不逞之人，因公子之徒以作乱。"	
聊以卒岁	1925年《中国社会各阶级的分析》："此种农民，每年劳动结果，自己可得一半。不足部分，可以种杂粮、捞鱼虾、饲鸡豕或出卖一部分劳动力，勉强维持生活，于艰难竭蹶之中，存聊以卒岁之想。"(《毛泽东选集》第一卷第7页)	《襄公二十一年》："优哉游哉，聊以卒岁。"	

成语俗语	毛泽东原著	出　　处	附注
心所谓危，不敢不告	1940 年《向国民党的十点要求》："凡此十端，皆救国之大计，抗日之要图。当此敌人谋我愈急，汪逆极端猖獗之时，心所谓危，不敢不告。"（《毛泽东选集》第二卷第 725 页）	《襄公三十一年》："抑心所谓危，亦以告也。"	
不可逾越	1949 年 9 月《唯心历史观的破产》："到了十九世纪中叶，西方突破了中国孤立的墙壁，那在以前是不可逾越的。"（《毛泽东选集》第四卷第 1512 页）	《襄公三十一年》："门不容车，而不可逾越。"	
政出多门	1955 年 3 月《在中国共产党全国代表会议上的讲话》："究竟是政出一门，还是政出多门？ 从上面这许多事看来，他们是有一个反党联盟的，不是两个互不相关的独立国的单干户。"（《毛泽东文集》第六卷第 398 页）	《襄公三十年》："其君弱植，公子侈，大子卑，大夫敖，政多门，以介于大国，能无亡乎！"	
朝不虑夕	1940 年《新民主主义论》："资本主义的思想体系和社会制度，已有一部分进入博物馆（在苏联）；其余部分也已日薄西山，其息奄奄，人命危浅，朝不虑夕。"（《毛泽东选集》第二卷第 686 页）	《昭公元年》："吾侪偷食，朝不谋夕。"	
不宁唯是	1949 年《评国民党对战争责任问题的几种答案》："孙科比较蒋介石'公道'一点。你看，他不是如同蒋介石那样，将战争责任一塌括子推在共产党身上，而是采取了'平均地权'的办法，将责任平分给'各方'。这里面有国民党，也有共产党，也有民主同盟，也有社会贤达。不宁唯是，而且有'全国人民'。四亿七千五百万同胞一个也逃不出责任。"（《毛泽东选集》第四卷第 1417 页）	《昭公元年》："不宁唯是，又使围蒙其先君。"	
相忍为国	1943 年《评国民党十一中全会和三届二次国民参政会》："国民党毫无理由地解散了英勇抗日的新四军，歼灭新四军皖南部队九千余人，逮捕叶挺，打死项英，因系新四军干部数百人，这是背叛人民、背叛民族的滔天罪行，我们除向国民党提出抗议和善后条件外，仍然相忍为国。"（《毛泽东选集》第三卷第 919 页）	《昭公元年》："鲁以相忍为国也，忍其外，不忍其内，焉用之？"	

成语俗语	毛泽东原著	出　　　处	附注
去粗取精	1937年《实践论》:"要完全地反映整个的事物,反映事物的本质,反映事物的内部规律性,就必须经过思考作用,将丰富的感觉材料加以去粗取精、去伪存真,由此及彼,由表及里的改造制作工夫,造成概念和理论的系统,就必须从感性认识跃进到理性认识。"(《毛泽东选集》第一卷第291页)	《昭公七年》:"蕞尔国,而三世执其政柄,其用物也弘矣,其取精也多矣。"	
食毛践土	1936年《致高桂滋》:"时至今日,全国即将陷于沦亡惨境,凡属食毛践土之伦,实舍救国无急务,舍抗日无工作。"(《毛泽东书信选集》第30页)	《昭公七年》:"天子经略,诸侯正封,古之制也,封略之内,何非君土? 食土之毛,谁非君臣? 故《诗》曰:'普天之下,莫非王土;率土之滨,莫非王臣'。"	
民生凋敝	1945年4月《论联合政府》:"使得它自己和广大人民之间发生了深刻的裂痕,造成了民生凋敝、民怨沸腾、民变蜂起的严重危机"。(《毛泽东选集》第三卷第1045页)	《昭公八年》:"今宫室崇侈,民力凋尽,怨讟并作。"	
无源之水,无本之木	1937年6月《实践论》:"理性的东西所以靠得住,正是由于它来源于感性,否则理性的东西就成了无源之水,无本之木,而只是主观自生的靠不住的东西了。"(《毛泽东选集》第一卷第290页)	《昭公九年》:"犹衣服之有冠冕,木水之有本原。"	
除旧布新	1937年《矛盾论》:"在共产党领导的革命根据地内,农民由被统治者转化为统治者,地主则作了相反的转化。世界上总是这样以新的代替旧的,总是这样新陈代谢、除旧布新或推陈出新的。"(《毛泽东选集》第一卷第324页)	《昭公十七年》:"彗,所以除旧布新也。"	
蠢蠢欲动	1936年《致宋哲元》:"目前日寇图绥甚急,德王蠢蠢欲动,蒙古第二傀儡国之出现,大抵为时不远,冀察政委会汉奸成分之增加,着着向先生进通。"(《毛泽东书信选集》第40页)	《昭公二十四年》:"今王室实蠢蠢焉,吾小国惧矣。"	
天经地义	1945年《论联合政府》:"只有经过民主主义,才能到达社会主义,这是马克思主义的天经地义。"(《毛泽东选集》第三卷第1060页)	《昭公二十五年》:"夫礼,天之经也,地之义也,民之行也。"	

成语俗语	毛泽东原著	出　　处	附注
吃一堑，长一智	1937年6月《实践论》："人们经过失败之后，也就从失败取得教训，改正自己的思想使之适合于外界的规律性，人们就能变失败为胜利，所谓'失败者成功之母，吃一堑，长一智'，就是这个道理。"（《毛泽东选集》第一卷第284页）	《昭公二十九年》："卫侯来献其乘马，曰启服，堑而死，公将为之椟。"	
俯首甘为孺子牛	1942年5月《在延安文艺座谈会上的讲话》："鲁迅的两句诗，'横眉冷对千夫指，俯首甘为孺子牛'，应该成为我们的座右铭。"（《毛泽东选集》第三卷第877页）	《哀公六年》："鲍子曰：'汝忘君之为孺子牛，而折其齿乎？而背之也！'"	
后悔无及	1957年1月《在省市自治区党委书记会议上的讲话》："总有一天，美国要跟我们建交。那时美国人跑进中国来一看，就会感到后悔莫及。"（《毛泽东文集》第七卷第190页）	《哀公六年》："国之多难，贵宠之由，尽去之而后君定，既成谋矣，盍及其未作也？先诸？作而后悔，亦无及也。"	
茕茕孑立，形影相吊	1949年8月《别了，司徒雷登》："总之是没有人去理他，使得他'茕茕孑立，形影相吊'，没有什么事做了，只好夹起皮包走路。"（《毛泽东选集》第四卷第1496页）	《哀公十六年》："孔丘卒，公诔之曰：'昊天不吊，不慭遗一老，俾屏余一人在位，茕茕余在疚。'"	
永垂不朽	1949年9月《中国人民站起来了》："在人民解放战争和人民革命中牺牲的人民英雄们永垂不朽！"（《毛泽东文集》第五卷第345页）	《襄公二十四年》："二十四年春，穆叔如晋，范宣子逆之，问焉，曰：'古人有言曰：死而不朽，何谓也？'穆叔未对。宣子曰：'昔匄之祖，自虞以上为陶唐氏，在夏为御龙氏，在商为豕韦氏，在周为唐杜氏，晋主夏盟为范氏，其是之谓乎！'穆叔曰：'以豹所闻，此之谓世禄，非不朽也。鲁有先大夫曰臧文仲，既没，其言立，其是之谓乎！'豹闻之：'太上有立德，其次有立功。其次有立言。'虽久不废，此之谓不朽。"	
食而言肥	1943年10月《评国民党十一中全会和三届二次国民参政会》："蒋先生不但食言而肥，而且派遣四五十万军队包围边区，实行军事封锁和经济封锁，必欲置边区人民和八路军后方留守机关于死地而后快。"（《毛泽东选集》第三卷第919页）	《哀公二十五年》："公宴于五梧，武伯为祝，恶郭重曰：'何肥也？'……公曰：'是食言多矣，能无肥乎？'"	

二、引用《史记》成语俗语

成语俗语	毛泽东原著	出　　处	附注
歌颂功德	1930 年《寻邬调查》:"北半县没有革命,也受了革命的影响,地主阶级和其他有钱人也不做寿了,也不做热闹喜事了,酬神和歌颂功德也停止了。"(《毛泽东农村调查文集》第 84 页)	《周本纪》:"民皆歌乐之,颂其德。"	
全功尽弃	1936 年 12 月《中国革命战争的战略问题》:"战争历史中有在连战皆捷之后吃了一个败仗以至全功尽弃的,有在吃了许多败仗之后打了一个胜仗因而开展了新局面的。"(《毛泽东选集》第一卷第 176 页)	《周本纪》:"今又将兵出塞,过两周,倍韩攻梁,一举不得,全功尽弃。"	
颂古非今	1940 年《新民主主义论》:"我们必须尊重自己的历史,决不能割断历史。但是这种尊重,是给历史以一定的科学的地位,是尊重历史的辩证法的发展,而不是颂古非今,不是赞扬任何封建的毒素。"(《毛泽东选集》第二卷第 708 页)	《秦始皇本纪》:"有敢偶语《诗》、《书》者弃市,以古非今者族。"	
土崩瓦解	1942 年《第二次世界大战的转折点》:"德军猛攻不克,整个德奥土保阵线再也找不到出路,从此日益困难,众叛亲离,土崩瓦解,走到了最后的崩溃。"(《毛泽东选集》第三卷第 884 页)	《秦始皇本纪》:"秦之积衰,天下土崩瓦解,虽有周旦之才,无所复陈其巧。"	
举措失当	1936 年 12 月《中国革命战争的战略问题》:"敌军调动忙乱,举措失当,两军优劣之势,也就不同于前了。"(《毛泽东选集》第一卷第 215 页)	《秦始皇本纪》:"忧恤黔首,朝夕不懈。除疑定法,咸知所辟。方伯分职,诸治经易。举错必当,莫不如画。"	
突起异军(异军突起)	1939 年《中国妇女》创刊号题词:"妇女解放,突起异军,两万万众,奋发为雄。男女并驾,如日方东,以此制敌,何敌不倾? 到之之法,艰苦斗争,世无难事,有志竟成。有妇人焉,如旱望云,此编之作,伫看风行。"(《毛泽东年谱》中卷第 126 页)	《项羽本纪》:"少年欲立婴,便为王,异军苍头特起。"	

成语俗语	毛泽东原著	出　　处	附注
取而代之	1949 年《论人民民主专政》:"划清反动派和革命派的界限,揭露反动派的阴谋诡计,引起革命派内部的警觉和注意,长自己的志气,灭敌人的威风,才能孤立反动派,战而胜之,或取而代之。"(《毛泽东选集》第四卷第 1473 页)	《项羽本纪》:"秦始皇游会稽,渡浙江,梁与籍俱观,籍曰:'彼可取而代也'。"	
民变蜂起	1945 年《论联合政府》:"这样,就使得它的军队缩小了一半以上,并且大部分几乎丧失了战斗力;使得它自己和广大人民之间发生了深刻的裂痕,造成了民生凋敝、民怨沸腾、民变蜂起的严重危机。"(《毛泽东选集》第三卷第 1045 页)	《项羽本纪》:"陈涉首难,豪杰蜂起。"	
所向披靡	1939 年《妇女们团结起来》:"人民是有能力的,他们的力量是最伟大的,他们结合了团体,就是所向披靡、天下无敌的常胜军。"(《毛泽东文集》第二卷第 171 页)	《项羽本纪》:"于是项王大呼驰下,汉军皆披靡。"	
非战之罪,乃天亡我	1936 年《辩证法唯物论教程》批注"'物必先腐也,然后虫生之,人必先疑也,然后谗入之'。'非战之罪,乃天亡我'的说法是错误的。"(《毛泽东哲学批注集》第 106 页)	《项羽本纪》:"令诸君知天亡我,非战之罪也。"	
以一当十,以十当百	1936 年 12 月《中国革命战争的战略问题》:"'以一当十,以十当百',是战略的说法,是对整个战争整个敌我对比而言的;在这个意义上,我们确实是如此。"(《毛泽东选集》第一卷第 225 页)	《项羽本纪》:"楚战士无不一以当十,楚兵呼声动天,诸侯军无不人人惴恐。"	
先发制人	1936 年 12 月《中国革命战争的战略问题》:"敌人进攻时,对付的办法是'御敌于国门之外','先发制人','不打烂坛坛罐罐','不丧失寸土','六路分兵'"。(《毛泽东选集》第一卷第 206 页)	《项羽本纪》:"江西皆反,此亦天亡秦之时也。吾闻先即制人,后则为人所制。"	
所向无敌	1940 年 1 月《新民主主义论》:"二十年来,这个文化新军的锋芒所向,从思想到形式(文字等),无不起了极大的革命。其声势之浩大,威力之猛烈,简直是所向无敌的。"(《毛泽东选集》第二卷第 697—698 页)	《项羽本纪》:"乃谓亭长曰:'吾知公长者,吾骑此马五岁,所当无敌,尝一日行千里,不忍杀之,以赐公。'"	

续表

成语俗语	毛泽东原著	出　　处	附注
运筹帷幄	1958 年《关于把握打金门时机给彭德怀、黄克诚的信》："以上种种,是不是算得运筹帷幄之中,制敌千里之外,我战则克,较有把握呢? 不打无把握之仗这个原则,必须坚持。"(《毛泽东军事文选》第 364 页)	《高祖本纪》:"夫运筹策帷帐之中,决胜于千里之外,吾不如子房。"	
一败涂地	1940 年 1 月《新民主主义论》："其中最奇怪的,是共产党在国民党统治区域内的一切文化机关处于毫无抵抗力的地位,为什么文化'围剿'也一败涂地了? 这还不可以深长思之吗?"(《毛泽东选集》第二卷第 702 页)	《高祖本纪》:"天下方扰,诸侯并起,今置将不善,一败涂地。"	
赤地千里	1945 年《在中国共产党第七次全国代表大会上的结论》："今年我们边区没有收成,这是一件大事。所以,我们要讲节省,从中央起都要讲节省,准备天灾流行,赤地千里。共产党有本领就是要在这种情况下打出一条生路来!"(《毛泽东在七大的报告和讲话集》第 196 页)	《乐书》:"晋国大旱,赤地三年。"	
吐握之劳	1949 年《致柳亚子》："题字册便时当代询,周公确有吐握之劳,或且忘记了。"(《毛泽东书信选集》第 352 页)	《鲁周公世家》:"周公戒伯禽曰:'我文王之子,武王之弟,成王之叔父,我于天下亦不贱矣,然我一沐三握发,一饭三吐哺,起以待士,犹恐失天下之贤人。子之鲁,慎无以国骄人。'"	
招摇过市	1940 年 2 月 1 日《向国民党的十点要求》："若夫暗藏之汪精卫,则招摇过市,窃据要津,匿影藏形,深入社会。"(《毛泽东选集》第二卷第 721 页)	《孔子世家》:"居卫月余,灵公与夫人同车,宦者雍渠参乘,出,使孔子为次乘,招摇市过之。"	
坚忍不拔	1957 年《毛泽东等祝贺阿尔巴尼亚独立和解放纪念日的电报》："在反法西斯的解放斗争中,阿尔巴尼亚人民在阿尔巴尼亚劳动党的领导下所表现出的英勇、刚毅、坚忍不拔、克服困难的精神,受到了反法西斯各国人民的普遍赞扬。"(《人民日报》1957 年 11 月 28 日)	《绛侯世家》:"亚夫之用兵,持威重,执坚忍。"	

续表

成语俗语	毛泽东原著	出　　　处	附注
彰明较著	1940年《向国民党的十点要求》:"过去十年'文化围剿'之罪恶,彰明较著,奈何今日又欲重蹈之乎。"(《毛泽东选集》第二卷第723页)	《伯夷列传》:"此其尤大彰明较著者也。"	
洋洋得意	1940年1月《新民主主义论》:"我愿顽固派先生们,于其'限共'、'溶共'、'反共'等工作洋洋得意之余,也去翻阅一下这个宣言。"(《毛泽东选集》第二卷第689页)	《管晏列传》:"其夫为相御,拥大盖,策驷马,意气扬扬,甚自得也。"	
大贾深藏若虚	1945年《中国共产党第七次全国代表大会的工作方针》:"从前讲'大贾深藏若虚',做生意的人本钱大他就藏起来,如像没有一样。我们也是这样,我们要保持谦虚。"(《毛泽东在七大的报告和讲话集》第10页)	《老子韩非列传》:"吾闻之,良贾深藏若虚,君子盛德,容貌若愚。"	
因势利导	1941年《河北平原反'蚕食'斗争的政策》:"对于民众中某些被迫应付敌人的行为,不仅不应尖锐地反对(这不是右倾退缩),反而应该因势利导成为带有计划性的应付敌人的办法,甚至成为策略。"(《毛泽东军事文集》第二卷第648页)	《孙子吴起列传》:"善战者,因其势而利导之。"	
实与有力	1936年12月28日《关于蒋介石声明的声明》:"除西安事变的领导者张杨二将军之外,共产党的调停,实与有力。"(《毛泽东选集》第一卷第247页)	《孙子吴起列传》:"西破强楚,入郢,北威齐晋,显名诸侯,孙子与有力焉。"	
日暮途穷	1946年《中共中央关于暂时放弃延安和保卫陕甘宁边区的两个文件》:"蒋介石日暮途穷,欲以开'国大'、打延安两项办法,打击我党,加强自己,其实,将适得其反。"(《毛泽东选集》第四卷第1219页)	《伍子胥列传》:"吾日暮途远,吾故倒行而逆施之。"	
倒行逆施	1939年《一二九运动的伟大意义》:"我们当然坚决反对顽固派的倒行逆施,但就全局来说,却认为比之过去,现在中国的事情不仅不难办,而且是更好办了。"(《毛泽东选集》第二卷第250页)	《伍子胥列传》:"吾日暮途远,吾故倒行逆施之。"	

续表

成语俗语	毛泽东原著	出　　处	附注
悔之无及	1941年《为皖南事变发表的谈话》："如若他们怙恶不悛，继续胡闹，那时，全国人民忍无可忍，把他们抛到茅厕里去，那就悔之无及了。"（《毛泽东选集》第二卷第776页）	《伍子胥列传》："愿王释齐而先越，若不然，后将悔之无及。"	
坐山观虎斗	1939年6月30日《反对投降活动》："他们纵容日本侵略中国，自己'坐山观虎斗'，以待时机一到，就策动所谓太平洋调停会议，借收渔人之利。"（《毛泽东选集》第二卷第572页）	《张仪列传》："亦尝有以夫卞庄子，刺虎闻于王者乎？庄子欲刺虎，馆竖子止之，曰：'两虎方且食牛，食甘必争，争则必斗，斗则大者伤，小者死；从伤而刺之，一举必有双虎之名。'卞庄子以为然，立须之，有顷，两虎果斗，大者伤，小者死，庄子从伤者而刺之，一举果有双虎之功。"	
诸公碌碌	1918年《七古·送纵宇一郎东行》："名世于今五百年，诸公碌碌皆余子。"（《毛泽东诗词集》第162页）	《平原君虞卿列传》："公等碌碌，所谓因人成事者也。"	
不识大体	1937年《为争取千百万群众进入抗日民族统一战线而斗争》："在一个四亿五千万人的中国里面，进行历史上空前的大革命，如果领导者是一个狭隘的小团体是不行的，党内仅有一些委琐不识大体、没有远见、没有能力的领袖和干部也是不行的。"（《毛泽东选集》第一卷第227页）	《平原君虞卿列传》："太史公曰：平原君，翩翩浊世之佳公子也，然未睹大体。"	
纸上谈兵	1936年12月《中国革命战争的战略问题》："做一个真正能干的高级指挥员，不是初出茅庐或仅仅善于在纸上谈兵的角色所能办到的，必须在战争中学习才能办到。"（《毛泽东选集》第一卷第181页）	《廉颇蔺相如列传》："赵括自少时学兵法，言兵事，以天下莫能当。尝与其父奢言兵事，奢不能难，然不谓善。"	

续表

成语俗语	毛泽东原著	出　　处	附注
天下大乱	1949年《唯心历史观的破产》："艾奇逊在这里寄予了很大的希望,这个希望他没有说出来,却被许多美国新闻记者经常地透露了出来,这就是所谓中国共产党解决不了自己的经济问题,中国将永远是天下大乱,只有靠美国的面粉,即是说变为美国的殖民地,才有出路。"(《毛泽东选集》第四卷第1511页)	《田单列传》："今天下大乱,秦法不施。"	
囤积居奇	1927年《湖南农民运动考察报告》："不准谷米出境,不准高抬谷价,不准囤积居奇。这是近月湖南农民经济斗争上一件大事。"(《毛泽东选集》第一卷第26页)	《吕不韦列传》："吕不韦贾邯郸,见而怜之,曰:'此奇货可居也。'"	
民不聊生	1946年《以自卫战争粉碎蒋介石的进攻》："我们是艰苦奋斗,军民兼顾,和蒋介石统治区的上面贪污腐化,下面民不聊生,完全相反。"(《毛泽东选集》第四卷第188页)	《张耳陈余列传》："财匮力尽,民不聊生。"	
存亡绝续	1937年9月29日《国共合作成立后的迫切任务》。"我们民族已处在存亡绝续的关头,国共两党亲密地团结起来啊!"(《毛泽东选集》第二卷第371页)	《张耳陈余列传》："将军身披坚执锐,率士卒以诛暴秦,复立楚社稷,存之继绝,功德宜为王。"	
明目张胆	1949年《评国民党对战争责任问题的几种答案》:"国民党死硬派也不敢明目张胆地出面反对,只能吞吞吐吐地说一声'政府原不应接受'。"(《毛泽东选集》第四卷第1419页)	《张耳陈余列传》："将军瞋目张胆,出万死不顾一生之计,为天下除残也。"	
反其道而行之	1921年《致彭璜》："天下唯至柔者至刚,久知此理,而自己没有这等本领,故明知故犯,不惜反其道而行之,思之悚栗!"(《毛泽东书信选集》第18页)	《淮阴侯列传》："今大王诚能反其道,任天下武勇,何所不诛。"	
机不可失,时不再来	1959年《党内通信》："每年一定要把收割、保管、吃用三件事(收、管、吃)抓得很紧很紧,而且要抓得及时。机不可失,时不再来。"(《毛泽东著作选读》下册第811页)	《淮阴侯列传》："夫功者难成而易败,时者难得而易失也。时乎,时不再来。"	

成语俗语	毛泽东原著	出　　处	附注
鼎足而三耳	1936年《关于西安事变致国民党、国民政府电》："今日之西安事变,不过继福建事变、两广事变之后,鼎足而三耳。"(《毛泽东文集》第一卷第366页)	《淮阴侯列传》："诚能听臣之计,莫若两利而俱存之,三分天下,鼎足而居,其势莫敢先动。"	
捷足先登	1940年《新民主主义论》："但是这种新的'剿共'事业,不是已经有人捷足先登、奋勇担负起来了吗? 这个人就是汪精卫。他已经是大名鼎鼎的新式反共人物了。"(《毛泽东选集》第二卷第682页)	《淮阴侯列传》："秦失其鹿,天下共逐之,于是高才捷足者先得焉。"	
多多益善	1953年《关于农业互助合作的两次谈话》："可否超过三个? 只要合乎条件,合乎章程、决议,是自愿的,有强的领导骨干(主要是两条:公道、能干),办得好,那是韩信将兵,多多益善。"(《毛泽东文集》第五卷第298页)	《淮阴侯列传》："上问曰:'如我能将几何?'信曰:'陛下不过能将十万。'上曰:'于君何如?'曰:'臣多多益善耳!'上笑曰:'多多益善,何为为我禽'。信曰:'陛下不能将兵,而善将将,此乃信之所以为陛下禽也。'"	
万无一失	1948年《堵住北平通县天津之敌的退路》："故我们要程黄只留一个师控制八达岭、南口线(该线地形险要,易守难攻),其余全部迅速向东南移动,会合三纵、五纵切断平津路、通津路。现在为稳当起见,可以留下一个纵队位于八达岭、南口一线,构筑多层阻击工事,即万无一失。"(《毛泽东军事文集》第五卷第395页)	《淮阴侯列传》："以此参之,万无一失。"	
悔过自新	1947年《中国人民解放军宣言》："民国二十五年(1936年)西安事变时期,中国共产党以德报怨,协同张学良、杨虎城两将军,释放蒋介石,希望蒋介石悔过自新。共同抗日。"(《毛泽东选集》第四卷第1236页)	《扁鹊仓公列传》："少女缇萦伤父之言,乃随父母,上书曰:'妾父为吏,齐中称其廉平,今坐法当刑。妾切痛死者不可复生,而刑者不可复续,虽欲改过自新,其道莫由,终不可得。妾愿入身为官婢,以赎父刑罪,使得改行自新也。'"	
一钱不值	1938年《论抗日游击战争的基本战术——袭击》："袭击敌人虽有好的计划,若此一计划被敌人知道了,则不但一钱不值,还有遭受损失的危险。所以袭击计划之严守秘密是最要紧的。"(《毛泽东军事文选》第94页)	《魏其武安侯列传》："生平毁程不识不直一钱。"	

续表

成语俗语	毛泽东原著	出　　　处	附注
沾沾自喜	1937 年《实践论》："庸俗的事务主义家不是这样，他们尊重经验而看轻理论，因而不能通观客观过程的全体，缺乏明确的方针，没有远大的前途，沾沾自喜于一得之功和一孔之见。这种人如果指导革命，就会引导革命走上碰壁的地步。"（《毛泽东选集》第一卷第 291 页）	《魏其武安侯列传》："孝景帝曰：'太后岂以为臣有爱，不相魏其？魏其者，沾沾自喜耳，多易。难以为相持重。'遂不用。"	
相提并论	1949 年《论人民民主专政》："这些国家的共产党和进步党派，正在促使它们的政府和我们做生意以至建立外交关系，这是善意的。这就是援助，这和这些国家的资产阶级的行为，不能相提并论。"（《毛泽东选集》第四卷第 1475 页）	《魏其武安侯列传》："相提而论，是自明扬主上之过。"	
醉尉夜行	1949 年《致柳亚子》："希望先生出以宽大政策，今后和他们相处可能好些。在主政者方面则应进行教导，以期'醉尉夜行'之事不再发生。"（《毛泽东书信选集》第 321 页）	《李将军列传》："尝夜从一骑出，从人田间饮。还至霸陵亭，霸陵尉醉，呵止广，广骑曰：'故李将军。'尉曰：'今将军尚不得夜行，何乃故也！'止广宿亭下。"	
自力更生	1935 年《论反对日本帝国主义的策略》："我们中华民族有同自己的敌人血战到底的气概，有在自力更生的基础上光复旧物的决心，有自立于世界民族之林的能力。"（《毛泽东选集》第一卷第 161 页）	《平津侯主父列传》："元元黎民得免于战国，逢明天子，人人自以为更生。"	
道不拾遗	1927 年《湖南农民运动考察报告》："农会势盛地方，牌赌禁绝，盗匪潜踪。有些地方真个道不拾遗，夜不闭户。"（《毛泽东选集》第一卷第 22 页）	《商君列传》："行之十年，秦民大说，道不拾遗，山无盗贼，家给人足，民勇于公战，怯于私斗，乡邑大治。"	
崇论宏议	1948 年《致蓝公武》："三十年前，拜读先生在《晨报》及《国民公报》上的崇论宏议，现闻先生居所距此不远，甚思一晤，借聆教益。"（《毛泽东书信选集》第 300 页）	《司马相如列传》："必将崇论闳议，创业垂统，为万世规。"	
重足而立，侧目而视	1940 年《向国民党的十点要求》："使通国之人重足而立，侧目而视者，无过于此辈穷凶极恶之特务人员。"（《毛泽东选集》第二卷第 724 页）	《汲郑列传》："今天下重足而立，侧目而视矣。"	

763

续表

成语俗语	毛泽东原著	出　　处	附注
后来居上	1945年《中国共产党第七次全国代表大会的工作方针》:"人世间的事总是不完全的,儿子比老子完全一些,孙子比儿子完全一些,后来居上。"(《毛泽东在七大的报告和讲话集》第15页)	《汲郑列传》:"陛下用群臣,如积薪耳,后来者居上。"	
一意孤行	1941年《在陕甘宁边区参议会的演说》:"陕甘宁边区施政纲领上有一条,规定共产党员应当同党外人士实行民主合作,不得一意孤行,把持包办,就是针对着一部分还不明白党的政策的同志而说的。"(《毛泽东选集》第三卷第809页)	《酷吏列传》:"禹为人廉倨,为吏以来,舍无食客,公卿相造请禹,禹终不报谢,务在绝知友宾客之请,孤立行一意而已。"	
不寒而栗	1925年《中国社会各阶级的分析》:"这种人因为他们过去过着好日子,后来逐年下降,负债渐多,渐次过着凄凉的日子。'瞻念前途,不寒而栗'。"(《毛泽东选集》第一卷第6页)	《酷吏列传》:"是日皆报杀四百余人,其后郡中不寒而栗。"	
胜任愉快	1938年《中国共产党在民族战争中的地位》:"扩大党内民主,应看作是巩固党和发展党的必要的步骤,是使党在伟大斗争中生动活跃,胜任愉快,生长新的力量,突破战争难关的一个重要的武器。"(《毛泽东选集》第二卷第529页)	《酷吏列传》:"当是之时,吏治若救火扬沸,非武健严酷,恶能胜其任而愉快乎?"	
无可奈何	1949年《丢掉幻想,准备斗争》:"国民党是那样的不行,无论帮它多少总是命定地完蛋了,他们不能控制了,他们无可奈何了。"(《毛泽东选集》第四卷第1486页)	《酷吏列传》:"复聚党而阻山川者,往往而群居,无可奈何。"	
以德报怨	1947年《中国人民解放军宣言》:"民国二十五年(1936年)西安事变时期,中国共产党以德报怨,协同张学良、杨虎城两将军,释放蒋介石,希望蒋介石悔过自新,共同抗日。"(《毛泽东选集》第四卷第1236页)	《游侠列传》:"及解年长,更折节为俭,以德报怨,厚施而薄望。"	
地广人稀	1942年《抗日时期的经济问题和财政问题》:"陕甘宁边区虽然是没有直接遭受战争破坏的后方环境,但是地广人稀,只有一百五十万人口,供给这样多的粮食,是不容易的。"(《毛泽东选集》第三卷第893页)	《货殖列传》:"总之,楚越之地,地广人稀"。	

三、引用《汉书》成语俗语

成语俗语	毛泽东原著	出　　处	附注
与民更始	1937 年 9 月 29 日《国共合作成立后的迫切任务》："现在的急务在谋三民主义的实现,放弃个人和小集团的私见,改变过去的老一套,立即实行符合于三民主义的革命纲领,彻底地与民更始。"(《毛泽东选集》第二卷第 370 页)	《武帝纪》："其赦天下,与民更始。"	
不适时宜	1936 年《中国革命战争的战略问题》："'拼消耗'的主张,对于中国红军来说是不适时宜的。"(《毛泽东选集》第一卷第 236 页)	《哀帝纪》："皆违经背古,不合时宜。"	
摧枯拉朽	1949 年 4 月《我三十万大军胜利南渡长江》："国民党反动派经营了三个半月的长江防线,遇着人民解放军好似摧枯拉朽,军无斗志,纷纷溃退。"(《毛泽东新闻工作文选》第 286 页)	《异姓诸侯王表》："镌金石者难为功,摧枯拉朽者易为力。"	
矫枉过正	1927 年《湖南农民运动考察报告》："这就是一些人的所谓'过正',所谓'矫枉过正',所谓'未免太不成话'。"(《毛泽东选集》第一卷第 16 页)	《诸侯王表》："藩国大者夸州兼郡,连城数十,宫室百官同制京师,可谓矫枉过其正矣。"	
治国安民	1939 年《〈共产党人〉发刊词》："党开辟了人民政权的道路,因此也就学会了治国安民的艺术。"(《毛泽东选集》第二卷第 611 页)	《食货志上》："财者,帝王所以聚人守位,养成群生,奉顺天德,治国安民之本也。"	
水火不相容	1959 年在中央关于在对外关系中切实纠正骄傲现象的指示稿的批语："向我们的工作人员进行教育,进行讨论,讲清道理,力戒骄傲、浮夸、急躁,坚决反对极端错误的与党的路线水火不相容的大国沙文主义"。	《郊祀志下》："〈易〉有八卦,乾坤六子,水火不相逮,雷风不相悖,山泽通气,然后能变化,即成万物也。"	
杀人如麻	1940 年《向国民党的十点要求》："彼辈不注意敌人而以对内为能事,杀人如麻,贪贿无艺。实谣言之大本营。奸邪之制造所。"(《毛泽东选集》第二卷第 724 页)	《天文志》："后秦遂以兵内兼六国,外攘四夷,死人如乱麻。"	

续表

成语俗语	毛泽东原著	出　　处	附注
操之过急	1940 年《论政策》:"但在纠正错误时,应是有步骤的,不可操之过急,以致引起干部不满,群众怀疑,地主反攻等项不良现象。"(《毛泽东选集》第二卷第 769 页)	《五行志》:"遂要崤陇,以败秦师,匹马觭轮无反者,操之急矣。"	
首当其冲	1938 年《抗日游击战争的战略问题》:"大抵当敌人结束了他的战略进攻,转到了保守占领地的阶段时,对于一切游击战争根据地的残酷进攻的到来,是没有疑义的,平原的游击根据地自将首当其冲。"(《毛泽东选集》第二卷第 420 页)	《五行志下》:"郑当其冲,不能修德,将斗三国,以自危亡。"	
相反相成	1937 年《矛盾论》:"我们中国人常说:'相反相成。'就是说相反的东西有同一性。这句话是辩证法的,是违反形而上学的。'相反'就是说两个矛盾方面的互相排斥,或互相斗争。'相成'就是说在一定条件之下两个矛盾方面互相联结起来,获得了同一性。"(《毛泽东选集》第一卷第 333 页)	《艺文志》:"其言虽殊,辟犹水火相灭亦相生也,仁之与义。敬之与和,相反而皆相成也。"	
街谈巷议	1927 年《湖南农民运动考察报告》:"我初到长沙时,会到各方面的人,听到许多的街谈巷议。"(《毛泽东选集》第一卷第 15 页)	《艺文志》:"小说家者流,盖出于稗官,街谈巷语,道听涂说者之所造也。"	
哗众取宠	1941 年《改造我们的学习》:"或作演讲,则甲乙丙丁、一二三四的一大串,或作文章,则令令其谈的一大篇。无实事求是之意,有哗众取宠之心。"(《毛泽东选集》第三卷第 800 页)	《艺文志》:"然惑者既失精微,而辟者随时抑扬,违离道本,苟以哗众取宠。"	
先发制人	1935 年《关于战略方针和作战指挥的基本原则》:"战略防御时:(1)反对单纯防御,执行积极防御。(2)反对先发制人,执行后发制人(一般的)。后发制人,即诱敌深入,不是所谓'机会主义的单纯防御路线'(宁都会议及其后),而是内线作战的正确原则。"(《毛泽东文集》第一卷第 379 页)	《项籍传》:"先发制人,后发制于人。"	

766

毛泽东论中国历史人物

从轩辕黄帝到孙中山

成语俗语	毛泽东原著	出　　　处	附注
扫地以尽	1927 年《湖南农民运动考察报告》："地主的体面威风,扫地以尽。"(《毛泽东选集》第一卷第 14 页)	《魏豹、田儋、韩信传赞》："秦灭六国,而上古遗烈扫地尽矣。"	
旷日持久	1936 年《中国革命战争的战略问题》："在战争问题上,古今中外也都无不要求速决,旷日持久总是认为不利。"(《毛泽东选集》第一卷第 234 页)	《韩信传》："欲战不拔,旷日持久,粮食单竭。"	
见利忘义	1940 年《新民主主义论》："这样一来,一些丧尽天良的资本家,就见利忘义,跃跃欲试。"(《毛泽东选集》第二卷第 684 页)	《樊郦商等传赞》："当孝文时,天下以郦寄为卖友也。夫卖友者,谓见利而忘义也。"	
先斩后奏	1938 年《统一战线中的独立自主问题》："在现时,有些应该先得国民党同意,例如将三个师的番号扩编为三个军的番号,这叫做先奏后斩。有些则造成既成事实再告诉它,例如发展二十余万军队,这叫做先斩后奏。"(《毛泽东选集》第二卷第 540 页)	《申屠嘉传》："吾悔不先斩错乃请之。"颜师古注:"言先斩而后奏。"	
大公无私	1938 年《中国共产党在民族战争中的地位》："自私自利,消极怠工,贪污腐化,风头主义等等,是最可鄙的;而大公无私,积极努力,克己奉公,埋头苦干的精神,才是可尊敬的。"(《毛泽东选集》第二卷第 522 页)	《贾谊传》："为人臣者,主耳忘身,国耳忘家,公耳忘私。"	
明效大验	1949 年《唯心历史观的破产》："其明效大验,就是和中国旧的封建主义文化相比较可以被艾奇逊们傲视为'高度文化'的那种西方资产阶级的文化,一遇见中国人民学会了的马克思列宁主义的新文化,即科学的宇宙观和社会革命论,就要打败仗。"(《毛泽东选集》第四卷第 1514—1515 页)	《贾谊传》："此天下之所共见也,是非其明效大验耶!"	
天下第一	1941 年 5 月 19 日《改造我们的学习》："自以为是,老子天下第一,'钦差大臣'满天飞。"(《毛泽东选集》第三卷第 800 页)	《贾谊传》："河南守吴公治平为天下第一。"	

767

续表

成语俗语	毛泽东原著	出　　　处	附注
安如泰山	1947年《目前形势和我们的任务》:"张家口被占领的当天下午,蒋介石即下令召集他的反动的国民大会,似乎他的反动统治从此可以安如泰山了。"(《毛泽东选集》第四卷第249页)	《枚乘传》:"易如反掌,安如泰山。"	
犬牙交错	1938年《论持久战》:"犬牙交错的战争形态,就是颇为特殊的一点,这是由于日本的野蛮和兵力不足,中国的进步和土地广大这些矛盾因素产生出来的。"(《毛泽东选集》第二卷第471页)	《中山靖王传》:"诸侯王自以骨肉至亲,先帝所以广封,连城犬牙相错者为盘石宗也。"	
如鸟兽散	1949年《别了,司徒雷登》:"人民解放军横渡长江。南京的美国殖民政府如鸟兽散。"(《毛泽东选集》第四卷第1496页)	《李陵传》:"今无兵复战,天明坐受缚矣! 各鸟兽散,犹有得脱归报天子者。"	
天不变,道亦不变	1937年《矛盾论》:"在中国,则有所谓'天不变,道亦不变'的形而上学的思想,曾经长期地为腐朽了的封建统治阶级所拥护,近百年来输入了欧洲的机械唯物论和庸俗进化论,则为资产阶级所拥护。"(《毛泽东选集》第一卷第301页)	《董仲舒传》:"道之大原出于天,天不变,道亦不变。"	
正谊明道	1942年《必须给人民看得见的物质福利》:"有许多的部队、机关、学校,在他们的生产活动中,负行政指挥责任的同志不大去管,甚至有少数人完全不闻不问,而仅仅委托于供给机关或总务处去管,这是由于还没有懂得经济工作的重要性的原故,其所以还不懂得,或则中了董仲舒们所谓'正其谊不谋其利,明其道不计其功'这些唯心的骗人的腐话之毒,还没有去掉得干净。"(《毛泽东著作选编》下册,第565页)	《董仲舒传》:"正其谊不谋其利,明其道不计其功。"	
望风披靡	1947年《中国人民解放军宣言》:"我军所到之处,敌人望风披靡,人民欢声雷动。"(《毛泽东选集》第四卷第1235页)	《杜周传》:"天下莫不望风而靡,自尚书近臣皆结舌杜口,骨肉亲属莫不股栗。"	

成语俗语	毛泽东原著	出　　处	附注
大谬不然	1928年《井冈山的斗争》:"从表面看,似乎既称红军,就可以不要党代表了,实在大谬不然。"(《毛泽东选集》第一卷第64页)	《司马迁传》:"日夜思竭其不肖之材力,务一心营职,以求亲媚于主上,而事乃有大谬不然者。"	
陷身囹圄	1941年《为皖南事变发表的命令和谈话》:"国民革命军新编第四军抗战有功,驰名中外,军长叶挺,领导抗敌,卓著勋劳;此次奉令北移,突被亲日派阴谋袭击,力竭负伤,陷身囹圄。"(《毛泽东选集》第二卷第771页)	《司马迁传》:"深幽囹圄之中,谁可告愬者。"	
高官厚禄	1963年《学习马克思主义的认识论和辩证法》:"应当指出,有大量的好同志却被那些高官厚禄、养尊处优、骄傲自满、固步自封、爱好资产阶级形而上学的同志们,亦即官僚主义者,所压住了,现在必须加以改革。"(《毛泽东著作选读》下册第844页)	《司马迁传》:"下之不能累日积劳,取尊官厚禄,以为宗族交游光宠。"	
救死扶伤	1941年为延安中国医科大学题词:"救死扶伤,实行革命的人道主义。"(《毛泽东题词墨迹选》第46页)	《司马迁传》"与单于连战十有余日,所杀过当,虏救死扶伤不给。"	
万丈长缨	1930年《蝶恋花·从汀州向长沙》:"六月天兵征腐恶,万丈长缨要把鲲鹏缚。"(《毛泽东诗词集》第29页)	《绛军传》:"军自请愿受长缨,必羁南越王而致之阙下。"	
不寒而栗	1925年《中国社会各阶级分析》"这种人因为他们过去过着好日子,后来逐步下降。负债渐多,渐次过着凄凉的日子,'瞻念前途,不寒而栗'"。(《毛泽东选集》第一卷第6页)	《杨恽传》:"下流之人,众毁所归,不寒而栗。"	
一身而二任焉	1940年《新民主主义论》:"一方面——参加革命的可能性,又一方面——对革命敌人的妥协性,这就是中国资产阶级'一身而二任焉'的两面性。"(《毛泽东选集》第二卷第674页)	《王吉传》:"诸侯骨肉,莫亲大王。大王于属则子也,于位则臣也,一身而二任之责加焉。"	

续表

成语俗语	毛泽东原著	出　　　处	附注
专心一意	1933 年《必须注意经济工作》："使我们的红军减少自己找给养的这一部分工作,专心一意去打敌人。"(《毛泽东选集》第一卷第 120 页)	《翟方进传》："其专心一意毋怠,近医药以自持。"	
勇猛果敢	1936 年《中国革命战争的战略问题》："新原则和这相反:'以一当十,以十当百,勇猛果敢,乘胜直追','全线出击','夺取中心城市','两个拳头打人'。"(《毛泽东选集》第一卷第 205—206 页)	《翟方进传》："内有不仁之心,而外有俊材过绝于人,勇猛果敢,处事不疑。"	
安居乐业	1949 年《中国人民解放军布告》："希望我全体人民,一律安居乐业,切勿轻信谣言,自相惊扰。"(《毛泽东选集》第四卷第 1459 页)	《谷永传》："毋夺民时薄收赋税,毋殚民财,使天下黎元咸安家乐业。"	
千夫所指,不病而死	1936 年《停战议和一致抗日通电》："如仍执迷不悟甘为汉奸、卖国贼,则诸公的统治必将最后瓦解,必将为全中国人民所唾弃,所倾覆。语云'千夫所指,不病而死',又云'放下屠刀,立地成佛',愿诸公深思熟虑之。"(《毛泽东军事文集》第一卷第 527 页)	《王嘉传》："里谚曰:'千夫所指,无病而死',臣常为之寒心。"	
委曲求全	1941 年《打退第三次反共高潮后的时局》："我党在这次反共高潮开始时采取顾全大局委曲求全的退让政策(去年十一月九日的电报),取得了广大人民的同情,在皖南事变后转入猛烈的反攻(两个十二条,拒绝出席参政会和全国的抗议运动),也为全国人民所赞助。"(《毛泽东选集》第二卷第 779 页)	《严彭祖传》："何可委曲从俗,苟求富贵乎?"	
分工合作,各得其所	1950 年《为争取国家财政经济状况的基本好转而斗争》："在具有社会主义性质的国营经济领导之下,分工合作,各得其所,以促进整个社会经济的恢复和发展。"(《毛泽东文集》第六卷第 71 页)	《东方朔传》："元元之民,各得其所。"	

续表

成语俗语	毛泽东原著	出　　处	附注
谈何容易	1963年《满江红·和郭沫若同志》:"蚂蚁缘槐夸大国,蚍蜉撼树谈何易。"(《毛泽东诗词集》第135页)	《东方朔传》:"於戏!可乎哉!可乎哉!谈何容易!"	
罪该万死	1949年1月4日《评战犯求和》:"倘若共产党还不许和,不能维持这样美好的生活方式和生活水准,那就罪该万死,'今后一切责任皆由共党负之'。"(《毛泽东选集》第四卷第1383页)	《东方朔传》:"粪土愚臣,忘生触死,逆盛意,犯隆指,罪当万死。"	
日薄西山	1940年《新民主主义论》:"资本主义的思想体系和社会制度,已有一部分进了博物馆(在苏联),其余部分,也已'日薄西山,气息奄奄,人命危浅,朝不虑夕,'快进博物馆了。"(《毛泽东选集》第二卷第686页)	《扬雄传》:"临汨罗而自陨兮,恐日薄于西山。"	
民生凋敝	1945年《论联合政府》:"这样,就使得它的军队缩小了一半以上,并且大部分几乎丧失了战斗力,使得它自己和广大人民之间发生了深刻的裂痕,造成了民生凋敝、民怨沸腾、民变蜂起的严重危机。"(《毛泽东选集》第三卷第1045页)	《循吏传序》:"孝武之世,外攘四夷,内改法度,民用凋敝,奸轨不禁。"	
佳人倾国	1936年《辩证法唯物论教程》批注"羊肉好吃,无奈烫得慌,玫瑰花儿可爱,刺多扎手,佳人却可倾国。"(《毛泽东哲学批注集》第78页)	《孝武李夫人传》:"北方有佳人,绝世而独立,一顾倾人城,再顾倾人国。"	
一代天骄	1936年《沁园春·雪》:"一代天骄,成吉思汗,只识弯弓射大雕。"(《毛泽东诗词集》第69页)	《匈奴传》:"单于致汉武帝书曰:'南有大汉,北有强胡,胡者,天之骄子也。'"	
兵连祸结	1937年《中日问题与西安事变》:"如果没有十二月二十五日张汉卿送蒋介石先生回京一举,如果不依照蒋介石先生处置西安事变的善后办法,则和平解决就不可能。兵连祸结,不知要弄到何种地步,必然给日本一个最好的侵略机会,中国也许因此亡国,至少也要受到极大损害。"(《毛泽东文集》第一卷第488页)	《匈奴传》:"虽有克获之功,胡辄报之,兵连祸结三十余年。"	

续表

成语俗语	毛泽东原著	出　　处	附注
夜郎自大	1963年《学习马克思主义的认识论和辩证法》："永远限于本地区本单位这个狭隘世界，不能打开自己的眼界，不知还有别的新天地，这叫做夜郎自大。"（《毛泽东著作选读》下册第843页）	《西南夷传》："滇王与汉使言：'汉孰与我大?'及夜郎侯亦然。各自以一州王，不知汉广大。"	
非驴非马	1956年《同音乐工作者的谈话》："非驴非马也可以。骡子就是非驴非马。驴马结合是会改变形象的，不会完全不变。中国的面貌，无论是政治、经济、文化，都不应该是旧的，都应该改变，但中国的特点要保存，应该是在中国的基础上面，吸取外国的东西。应该交配起来，有机地结合。"（《毛泽东著作选读》下册第752页）	《西域传》："驴非驴，马非马，若龟兹王，所谓骡也。"	
幼稚可笑	1952年在对统战部关于各民主党派三反运动结束时几项问题的处理意见的指示稿："在允许资产阶级和小资产阶级存在的时期内，不允许资产阶级和小资产阶级有自己的立场和思想，这种想法是脱离马克思主义的，是一种幼稚可笑的思想。"	《外戚传》："幼稚愚惑，不明义理。"	
穷凶极恶	1940年《向国民党的十点要求》："使通国之人重足而立，侧目而视者，无过于此辈穷凶极恶之特务人员。"（《毛泽东选集》第二卷第724页）	《王莽传》："滔天虐民，穷凶极恶，毒流诸夏，乱延蛮貉。"	
蔚成风气	1944年《看了〈逼上梁山〉以后写给延安平剧院的信》："你们这个开端将是旧剧革命的划时期的开端，我想到这一点就十分高兴，希望你们多编多演，蔚成风气，推向全国去!"（《毛泽东年谱》中卷第491页）	《叙传下》："多识博物，有可观采；蔚为辞宗，赋颂之首。"	

四、引用《后汉书》成语俗语

成语俗语	毛泽东原著	出　　处	附注
后悔无及	1957年《在省市自治区党委书记会议上的讲话》："总有一天，美国要跟我们建交，那时美国人跑进中国来一看，就会感到后悔无及。"（《毛泽东文集》第七卷第190页）	《光武帝纪》："反水不收，后悔无及。"	

从轩辕黄帝到孙中山

成语俗语	毛泽东原著	出　　处	附注
开诚相见	1949年《中共发言人评南京行政院的决议》:"你们的'总统'把'停止战事恢复和平'以为是一件事,声明必定开诚相见愿与中共商讨实现这件事的具体方法"。	《马援传》:"且开心见诚,无所隐伏,阔达多大节,略与高帝同。"	
妄自尊大	1942年《整顿党的作风》:"我们的许多同志,喜欢对党外人员妄自尊大,看人家不起,藐视人家,而不愿尊重人家,不愿了解人家的长处。"(《毛泽东选集》第三卷第825页)	《马援传》:"子阳井底蛙耳,而妄自尊大。"	
老当益壮	1950年给张辉周题词:"努力进修,老当益壮。"(《毛泽东题词墨迹选》第114页)	《马援传》:"丈夫为志,穷当益坚,老当益壮。"	
广开言路	1945年《在中国共产党第七次代表大会上的结论》:"封建专制时代还有那么几个开明的皇帝能广开言路,何况我们共产党呢?"	《来历传》:"朝廷广开言事之路,故且一切假贷。"	
虎头蛇尾	1952年转发五台县委关于发动退赃运动报告的批语:"请各单位认真组织贪污分子退赃,做到有始有终,不要虎头蛇尾。"	《班超传》:"昨日虎头,今日蛇尾。"	
世事纷纭	1918年《七古·送纵宇一郎东行》:"沧海横流安足虑,世事纷纭何足理。"(《毛泽东诗词集》第2页)	《冯衍传》"心偪忆而纷纭。"	
不识时务	1940年《新民主主义论》:"在工农已经觉悟并显示了自己的政治威力之后,要反对农工政策;那末,它就是不识时务的反动的东西了。"(《毛泽东选集》第二卷第693页)	《张霸传》:"时皇后兄虎贲中郎将邓鹭,当朝贵盛,闻霸名行,欲与为交,霸逡巡不答,众人笑其不识时务。"	
不逞之徒	1927年《湖南农民运动考察报告》:"各军大招兵,'不逞之徒'去了许多。"(《毛泽东选集》第一卷第39页)	《史弼传》:"外聚剽轻不逞之徒。"	
怨声载道	1947年《中国人民解放军宣言》:"在一切蒋介石统治区域,贪污遍地,特务横行,捐税繁重,物价高涨,经济破产,百业萧条,征兵征粮,怨声载道,这样就使全国绝大多数人民,处于水深火热之中。"(《毛泽东选集》第四卷第1237页)	《李固传》:"开门受赂,署用非次,天下纷然,怨声满道。"	

续表

成语俗语	毛泽东原著	出　　　处	附注
重蹈覆辙	1938 年《论持久战》："不努力争取一切，必要的条件，甚至必要条件有一不备，势必重蹈南京等地，失陷之覆辙。"（《毛泽东选集》第二卷第 512 页）	《窦武传》："今不虑前事之失，复循覆车之轨。"	
志大才疏	1942 年《反对党八股》："不然仍旧脱离不了教条主义和党八股，这叫做眼高手低，志大才疏，没有结果的。"（《毛泽东选集》第三卷第 841 页）	《孔融传》："融负其高气，志在靖难，而才疏意广，迄无成功。"	
想当然	1941 年《改造我们的学习》："现在我们队伍中确有许多同志被这种作风带坏了。对于国内外、省内外、县内外、区内外的具体情况，不愿作系统的周密的调查和研究，仅仅根据一知半解，根据'想当然'，就在那里发号施令，这种主观主义的作风，不是还在许多同志中间存在着吗？"（《毛泽东选集》第三卷第 797—798 页）	《孔融传》"初，曹操攻屠邺城，袁氏妇子多见侵略，而操子丕私纳袁熙妻甄氏，融乃与操书，称武王伐纣，以妲己赐周公。操不悟，后问出何经典，对曰'以今度之，想当然耳。'"	
目无余子	1937 年《给八路军总部和各师的电报》："凡那种自称天下第一，骄气洋溢，目无余子的干部，须予以深切的话告诉他们：必须把勇敢精神与谨慎精神联系起来，反对军队中的片面观点与机械主义。"（《毛泽东军事文选》第 90 页）	《祢衡传》："常称曰：大儿孔文举，小儿杨德祖，余子碌碌，莫足数也。"	
天怒人怨	1940 年《粉碎蒋介石的进攻，争取时局好转》："党中央及朱、彭、叶、项暂时都不去理他，待其闹到天怒人怨，下不得台，然后出来发言，表示我们的态度。"（《毛泽东文集》第二卷第 324 页）	《袁绍传》："自是士林愤痛，人怨天怒。一夫奋臂，举州同声。"	
假手于人	1930 年《反对本本主义》："调查不但要自己当主席，适当地指挥调查会的到会人，而且要自己做记录，把调查的结果记下来，假手于人是不行的。"（《毛泽东选集》第一卷第 118 页）	《吕布传》："诸将谓布曰：将军常欲杀刘备，今可假手于术。"	

续表

成语俗语	毛泽东原著	出　　处	附注
置之度外	1938 年《中国共产党在民族战争中的地位》："不但要关心党的干部，还要关心非党的干部，党外存着很多的人材，共产党不能把他们置之度外。"（《毛泽东选集》第二卷第 526 页）	《隗嚣传》："乃谓诸将曰：'且当置此两子于度外耳。'因数腾书陇蜀，告示祸福。"	

五、引用《三国志》成语俗语

成语俗语	毛泽东原著	出　　处	附注
坚壁清野	1938 年《抗日游击战争的战略问题》："在反对敌人的工作中，地方戒严和可能程度的坚壁清野两事是重要的。前者为了镇压汉奸，并使敌人得不到消息；后者为了协助作战（坚壁），并使敌人得不到粮食（清野）。"（《毛泽东选集》第二卷第 430 页）	《荀彧传》："今东方皆已收麦，必坚壁清野以待将军，将军攻之不拔，略之无获，不出十日，则十万之众未战而自困耳。"	
闭塞眼睛捉麻雀	1941 年《改造我们的学习》："'闭塞眼睛捉麻雀'、'瞎子摸鱼'，粗枝大叶，夸夸其谈，满足于一知半解，这种破坏的作风，这种完全违反马克思列宁主义基本精神的作风，还在我党许多同志中继续存在着。"（《毛泽东选集》第三卷第 796—797 页）	《陈琳传》："《易》称'即鹿无虞'，谚有'掩目捕雀'，夫微物尚不可欺以得志，况国之大事，甚可以诈立乎？"	
患难与共	1958 年《关于志愿军撤出朝鲜问题给金日成的电报》："中国人民和朝鲜人民是唇齿相依、患难与共的，中国人民志愿军撤出朝鲜决不是对朝中人民休戚与共的利益置之不理。"（《毛泽东外交文选》第 308 页）	《曹植传》："而臣敢陈闻于陛下者，诚与国分形同气，忧患共之者也。"	
司马昭之心，路人皆知	1940 年《向国民党的十点要求》："盖自汪精卫倡言反共亲日以来，张君劢、叶青等妖人和之以笔墨，反共派、顽固派和之以磨擦。假统一之名、行独霸之实，弃团结之义，肇分裂之端。司马昭之心，固已路人皆知矣。"（《毛泽东选集》第二卷第 722 页）	《高贵乡公传》裴松之注引《汉晋春秋》："帝见威权日去，不胜其愤。乃召侍中王沈、尚书王经、散骑常侍王业，谓曰：'司马昭之心，路人所知也。吾不能坐受废辱，今日当与卿等自出讨之。'"	

续表

成语俗语	毛泽东原著	出　　处	附注
老生常谈	1930 年《反对本本主义》："坐在机关里面打瞌睡，从不肯伸只脚到社会群众中去调查调查。对人讲话一向是那几句老生常谈，使人厌听。"（《毛泽东选集》第一卷第 116 页）	《管辂传》："(邓)飏曰：'此老生之常谭。'辂答曰：'夫老生者见不生，常谭者见不谭。'"	
偃旗息鼓	1940 年《新民主主义论》："所谓新学，就偃旗息鼓，宣告退却，失了灵魂，而只剩下它的躯壳了。"（《毛泽东选集》第二卷第 697 页）	《赵云传》裴松之注引《云别传》："而云入营，更大开门，偃旗息鼓。公军疑有伏，引去。"	
倾家荡产	1930 年《寻鸟调查》"他嫖人家的老婆，别人若不识高低也去嫖时，流氓们要给那个人以厉害的打击，有受这种打击弄得倾家荡产的。"（《毛泽东农村调查文集》第 114 页）	《董和传》："货殖之家，侯服玉食，婚姻葬送，倾家竭产。"	
岁月不居，时节如流	1936 年《致蒋光鼐、蔡廷锴》："岁月不居，时节如流。回顾一九三三年至一九三四年见我双方合作救国之时，又已整整三年矣。"（《毛泽东书信选集》第 73 页）	《孙韶传》引裴松之注《会稽典录》："初，宪与少府孔融善，融忧其不免祸乃与曹公书曰：'岁月不居。时节如流，五十之年，忽焉已至。'"	
刮目相待	1958 年《致周世钊》："你的勇气，看来比过去大有增加，士别三日，应当刮目相看了。"（《毛泽东书信选集》第 548 页）	《吕蒙传》裴松之注引《江表传》："蒙曰：'士别三日，即更刮目相待。'"	

六、引用《晋书》成语俗语

成语俗语	毛泽东原著	出　　处	附注
骑虎难下	1939 年《关于目前战争局面和政治形势》："另一方面，又证明着它对中国将会更疯狂进攻，并准备着进攻世界。它在'骑虎难下'的形势下，不得不来个全国总动员。"（《毛泽东文集》第二卷第 153 页）	《温峤传》："今之事势，义无旋踵，骑猛兽，安可中下哉！"	
一掷千金	1942 年《关于发展军队的生产事业》："极端浪费，一掷千金，但求铺张，不求实效的现象也发生了。"（《毛泽东军事文选》第 242 页）	《何无忌传》："刘毅家无儋石之储，樗蒱一掷百万。"	

成语俗语	毛泽东原著	出　　　处	附注
盖棺论定	1939年《永久奋斗》:"从前有一首诗说:'周公恐惧流言日,王莽谦恭下士时,倘使当年身便死,一生真伪有谁知?'这在我们的历史学家那里叫做'盖棺论定',就是说人到死的时候,才能断定他是好是坏。"(《毛泽东文集》第二卷第191页)	《刘毅传》:"丈夫儿踪迹不可寻常,使混群小中,盖棺事方定矣。"	
排除异己	1936年《致王以哲》:"此讯如确,是蒋氏尚未放弃其挑拨离间、排除异己之阴贼险狠的政策。"(《毛泽东书信选集》第50页)	《殷颐传》:"颐见江绩亦以正直为仲堪所斥,知仲堪当逐异己,树置所亲。"	
束之高阁	1937年《实践论》:"如果有了正确的理论,只是把它空谈一阵,束之高阁,并不实行,那末,这种理论再好也是没有意义的。"(《毛泽东选集》第一卷第292页)	《庾翼传》:"京兆杜义、陈郡殷浩并才名冠世,而翼弗之重也,每与人曰:'此辈宜束之高阁,俟天下太平,然后议其任耳。'"	
人心归向	1946年为中共中央起草的关于粉碎蒋介石进攻的指示:"蒋介石虽有美国援助,但是人心不顺,士气不高,经济困难。我们虽无外国援助,但是人心归向,士气高涨,经济亦有办法。"(《毛泽东年谱》下卷第112页)	《熊远传》:"人心所归,惟道与义。"	
风声鹤唳	1947年《人民解放军大举反攻》:"没有前途,没有出路,灰心丧志,慌乱动摇,风声鹤唳,草木皆兵,贪污腐化,愈陷愈深,互相埋怨,见死不救,这就是整个匪军营垒的现状。"(《毛泽东年谱》下卷第229—230页)	《谢玄传》:"余众弃甲宵遁,闻风声鹤唳,皆以为王师已至,草行露宿,重以饥冻,死者十七八。"	
功败垂成	1948年关于济南战役发给粟裕电报:"这样我必须歼灭援敌几个旅,虽然不一定是六个旅,但歼其三至四个旅是完全必须的。否则就不能阻住援敌,我攻济必功败垂成。"(《毛泽东军事文选》第440页)	《谢玄传》:"庙算有余,良图不果,降龄何促,功败垂成。"	
明目张胆	1949年《评国民党对战争责任问题的几种答案》:"死硬派的埋怨之所以只能是吞吞吐吐,而不敢明目张胆,是有原因的。"(《毛泽东选集》第四卷第1419页)	《王敦传》:"今日之事,明目张胆,为六军之首,宁忠臣而死,不无赖而生矣。"	

成语俗语	毛泽东原著	出　　处	附注
人命危浅	1940年《新民主主义论》："资本主义的思想体系和社会制度,已有一部分进了博物馆(在苏联);其余部分,也已'日薄西山,气息奄奄,人命危浅,朝不虑夕',快进博物馆了。"(《毛泽东选集》第二卷第686页)	《李密传》："但以刘日薄西山,气息奄奄,人命危浅,朝不虑夕。"	
茕茕子立,形影相吊	1949年《别了,司徒雷登》："总之是没有人去理他,使得他'茕茕子立,形影相吊',没有什么事做了,只好夹起皮包走路。"(《毛泽东选集》第四卷第1496页)	《李密传》："外无期功强近之亲,内无应门五尺之童,茕茕子立,形影相吊。"	
自相残杀	1936年《致蒋介石及国民革命军西北各将领书》："诸先生纵欲继续内战,全中国的人民,诸先生的部下,也决不会再让诸先生自相残杀了吧。"(《毛泽东文集》第一卷第458页)	《石季龙载记》："季龙十三子,五子为冉闵所杀,八人自相残害。"	
草木皆兵	1947年《人民解放军大举反攻》："没有前途,没有出路,灰心丧志,慌乱动摇,风声鹤唳,草木皆兵,贪污腐化,愈陷愈深,互相埋怨,见死不救,这就是整个匪军营垒的现状。"(《毛泽东年谱》下卷第229—230页)	《苻坚载记》："坚与苻融登城而望王师,见部阵齐整,将士精锐;又望八公山草木皆类人形,顾谓融曰:'此亦劲敌也,何谓少乎?'忧然有惧色。"	

七、引用《南史》成语俗语

成语俗语	毛泽东原著	出　　处	附注
三十六计,和为上计	1958年《告台湾同胞书》："我们都是中国人。三十六计,和为上计。"(《毛泽东军事文选》第365页)	《南史·王敬则传》："敬则曰:'檀公三十六策,走是上计。'"	
今胜昔	1949年《七律·人民解放军占领南京》："虎踞龙盘今胜昔,天翻地覆慨而慷。"	《南史·李膺传》："梁武帝问:'今李膺何如昔李膺?'膺对曰:'今胜昔。'"	
夸夸其谈	1941年《改造我们的学习》："这种结论,不是甲乙丙丁的现象罗列,也不是夸夸其谈的滥调文章,而是科学的结论。"(《毛泽东选集》第三卷第800页)	《南史·袁淑传》："淑喜夸,每为时人所嘲。"	

续表

成语俗语	毛泽东原著	出　　处	附注
精兵简政	1942 年《一个极其重要的政策》:"自从党中央提出精兵简政这个政策以来,许多抗日根据地的党,都依照中央的指示,筹划和进行了这项工作。"(《毛泽东选集》第三卷第 880 页)	《南史·陈暄传》:"徐陵为吏部尚书,精简人物。"	
一衣带水	1918 年《七古·送纵宇一郎东行》:"平浪宫前友谊多,崇明对马衣带水。"(《毛泽东诗词集》第 162 页)	《陈后主纪》:"隋文帝谓仆射高颎曰:'我为百姓父母,岂可限一衣带水不拯之乎?'"	

浮想联翩谈古说今

——毛泽东谈姓名文化

毛泽东是很喜欢姓名文化的。

中国人的姓名中蕴含着多彩世界。几千年文化积淀中不断产生的姓氏，而由它组成的名字，除有代号或符号标志，还包含着人们对现实社会生活的观念和意向。这是一种文化。

毛泽东善于做干部工作、群众工作。他初次接触若干人士时，往往以对方姓名为题，运用、解释、发挥，使对方很好与自己调和互动，加深理解。因此，我们常可以从他为战友、部属、亲朋、基层民众的释姓析名，改名取字，寻称呼，找绰号，以至望名生义、浮想联翩地谈古说今，寻得他对姓名文化的理解，从另一个侧面窥见毛泽东的独特的文化性格和文化思维。

环视古今中外，几乎还未有政治家和领袖像毛泽东那样对中国的姓名文化具有浓厚兴趣与惊人见地。

"泽东就是光泽大海，普照东方"

毛泽东，字咏芝，后亦作润芝、润之，乳名石三、石三伢子。自走出韶山冲后，毛泽东还有很多名字，有的是自取，有的是他人所取。如在湖南一师读书时，因自称"丈夫要为天下奇，要读奇书，交奇友，著奇文，创奇迹，做个奇男子"，（《毛泽东与他的友人》，第136页）同学遂借德国军事家毛奇元帅之名戏称他为"毛奇"。而毛泽东这时却以"二十八画生"，在学校贴出《征友启事》，在《新青年》发表《体育之研究》。他后来自称采用"二十八画生"之意：我是喜欢来新花样，用数目字代替名字，节约呀，省事呀！（《毛泽东王稼祥在我的生活中》，第7页）1941年，毛泽东在延安又有一次谈到"二十八画生"。他对伴舞的何理良说：以前我写文章,就用过"二十八画生"的笔名,别人会想到"毛泽(澤)东(東)"三字是二十八画。其实我这个笔名就暗喻着"共学","二十八画生"——共产党的一个成员嘛!(《上海文学》2012 年)

在湖南一师读书时,毛泽东因爱读梁启超的书,取名"毛学任"。毛泽东曾经回忆道:老师杨怀中给我读《胡文忠公全集》,觉得胡林翼确实值得学习,胡字润芝,我就改为"学润"。杨先生对我说:司马长卿崇仰蔺相如改名相如。你既然尊敬胡润芝,就干脆改成"润芝"吧。以后,师长和好友们都叫我"润芝"。(《巨人的情怀——毛泽东与中国作家》,第 106—107 页)润芝,又作润之。毛泽东很喜欢这个与己名相辅的字,1949 年 9 月,在北平接见和程潜一起长沙起义的湖南一师校友程星龄,知道他字"不云",就开玩笑地说:你的别号却是"不云",我的叫"润之",你"不云",天下没云就不能下雨;不下雨,我怎能"润之"呀!就滋润不了土地嘛!当程说了毛今天已借到洞庭云雨,滋润一师和三湘大地时,他说:那我不叫你"不云",还是叫你星龄好了,你也不要恭维我了,恭维奉承我多了,我就可能会晕头转向,搞不好,不是降甘霖,而是下冰雹,那就坏了。(《毛泽东和党外朋友们》,第 212 页)

在长期的革命运动中,毛泽东为保密、不引人注意,还先后化名毛石山、杨引之和李德胜。

毛泽东很欣赏自己的名字。1952 年,他在平原省会安阳,当问及行署专员程耀吾名字时,说:你这个名字不如我的名字好。程耀吾,就是你光耀自己,不耀别人;我的名字叫毛泽东,泽东就是光泽大海,普照东方。你是安阳人民的专员,为什么只照耀自己,不照耀人民啊!(《我做毛泽东卫士十三年》,第 284 页)

毛泽东是韶山毛氏"泽"字辈。据韶山《毛氏族谱》(一修)定下的子孙名字族牒为:"立显荣朝士,文方运际祥,祖恩贻泽远,世代永承昌。"毛泽东这代,已是族谱中第十四代传人了。这一代带"泽"字的兄弟十人,按年龄大小排行,毛泽东为第三,兄弟们称他为"三哥"。

毛泽东的子辈均以"岸"字排辈。

他的妻子杨开慧所生长子,取名"岸英";次子取名"岸青",但在家谱上写的还是"远仁"、"远义"。1932 年,贺子珍在福建汀州所生子取名"岸红",按毛泽东意,取名有"红",则是生于红区,长大了当红军之意。(《历史选择了毛泽东》,第 258 页)

毛泽东为女儿取名,就都含有中华传统色彩,即采撷古书字词上的。1936年冬,大女儿出生于陕西保安(志丹),他从邓颖超所说的"真是个小娇娇呀",而想起晋葛洪《西京杂记》"文君姣好,眉色如望远山,脸际常如芙蓉",便取其意,起名为"姣姣",后习惯呼"娇娇"。1949年秋,娇娇要上中学,须正式学名,毛泽东就从《论语·里仁》:"'子曰:君子欲讷于言而敏于行'",将她取姓名为"李敏",并将小女儿取名为"李讷"。

新中国建立后的毛泽东为家人取名,似乎很讲究时代精神。1962年10月,李敏、孔令华之子诞生,毛泽东就想到起名要取革命之意。据李敏回忆:"我爸爸提出几个原则:一是虎、豹、彪;二是杨、柳、松;三是牛、马、羊,一律不用,可以用马恩列斯,不许用毛泽东的名字。"(《我的父亲毛泽东》,第293页)。结果是孩子由外公孔从周取名为"继宁"。

毛泽东还为自己孙子取名。据称当年毛泽东看到躺在襁褓中的孙子,非常高兴:革命有了第三代,他们可以开创一个新的世界,就叫"新宇"吧。(《周末》,1998年1月2日)

此时此刻,他完全抛弃了《毛氏族谱》用"世"字作孙辈为行第了。

"我姓毛的已很少了,你姓蚁的更少了"

毛泽东从1902年起在家乡读了几处私塾,其中的一本启蒙读物就是《百家姓》。

他非常熟悉《百家姓》,而且善于运用。

1904年,十一岁的毛泽东就曾以说"赵钱孙李"为富绅子弟捣蛋作解释:赵公元帅的赵,有钱无钱的钱,龟孙的孙,有理无理与李同音,大宋天子赵匡胤说过:有钱龟孙不讲理。(《毛泽东与故乡》,第26页)20世纪50年代初,在与服务员李维信谈话时,又引用历史人物注明之:姓李的不少啊,赵钱孙李,赵匡胤、孙权、李世民。钱是谁呀?钱婆留(钱镠)还够不上人物。(《毛泽东的读书生涯》,第324页)

毛泽东熟悉《百家姓》。他曾给空军政治部文工团女演员赵淑琴讲解《百家姓》,告诉她为什么《百家姓》要把赵姓摆在第一位。

最能说明毛泽东对《百家姓》有独特记忆的,一是他能认定《百家姓》里有这个姓。1959年3月,在得悉中共江西省委书记杨尚奎夫人水静的姓时,多人不知道有此姓。毛泽东也说:我也是头一回听说。不过《百家姓》里是有的,"柏水窦章"嘛。(《特殊的交往》,第12页)二是他能说《百家姓》里找不到这个姓。1948年4月,毛泽东路过山西岢岚县,在问及县委书记姓名时,说是姓丛。毛笑道:中国果然有这个姓。

翌年3月,在西柏坡与第42军军长万毅谈话,毛泽东又问及《百家姓》里除了姓伍的、姓陆的、姓千的、姓万的之外,还有什么姓与数字有关系呀?(《万毅将军回忆录》,第238页)1958年9月,在与张治中秘书余湛邦谈话时,当余介绍己姓"是人未'余'"后,他说:yú姓很多,有干钩"于",有人未"余",有人则"俞",还有虞姬的"虞"。接着指着长江说:还有水里的鱼,其鱼甚多呢!

毛泽东有时也对姓氏提问。1956年,他问湘剧小演员左大玢:你为什么姓左,不姓右呀?又问:那你怎么又叫左大分了呢?左说:"主席,你念了个白字,这个字应该念bīn,而不是fēn"。毛哈哈大笑,说:娃娃,你回去问问你爸爸,这个字是多音字,也可以念作"芬"呢!(《文化艺术报》2012年第38页)

中华百家姓源远流长。

出于对中华姓氏有兴趣,毛泽东也作过一番解读,对不同姓氏的由来探索,作为一种社会调查、考察的内容。早在延安时期,毛泽东就说了要知道一些姓氏来源。他说:比方说,有人连自己姓氏的起因都不知道。他曾对秘书师哲解释人的姓氏的由来,如为什么姓马、姓师(原来是狮)、姓苟(原来是狗)、姓杨、姓柳等。前农耕社会的封闭、稳固,形成了很多家族和居住地的地缘人缘。他曾经就新识的妇联主任章蕴的姓氏,准确地说了她是湖南长沙的。盖章姓为长沙望族也。某年在与空军文工团演员岑荣端跳舞时,当问及她姓岑籍贯广西时,毛泽东就说岑姓,《百家姓》里没这个姓,是壮族吧?是不是岑春煊支系的后代?岑春煊当年可是营救过陈独秀同志。毛泽东此后用心作了核实。在第二次见到岑荣端时,作了更正,说《百家姓》中有岑姓。当时毛泽东还说她是壮族人,她说是汉族人。毛肯定说她是壮族人,并要她问父母亲。岑后来对毛泽东说父母说她们家祖上是壮族人。她问主席是怎么知道的。毛泽东笑而不答。而若干的稀罕姓氏,更会令毛泽东浮想联翩,考溯其源。1949年9月,他曾惊异参加全国政协的泰国华侨蚁美厚的"蚁"姓,说:我姓毛的已很少了,你姓蚁的更少了。1967年9月,毛泽东在杭州见到浙江省军区政委南萍,开始就打量他:南萍,你就是南萍么,你的祖宗是不是南霁云啊?他又说:唐朝有个南霁云搬兵。有个叫张巡的被安禄山杀了。南霁云去搬兵报仇,搬不到兵就不食。他说,我城里老百姓没吃的,不发兵我也不食。你南萍是不是南霁云的后代呀?(《微行——杨成武在1967年》,第201—202页)因南姓自来不多,因此引起了毛泽东的兴趣。

新中国成立以后的50年代初,毛泽东还对两个别致的姓氏颇感兴味。

一个是翦姓。1950年夏,他在与新疆省人民政府副主席赛福鼎谈维吾尔族姓氏时,就介绍说北京大学历史系教授翦伯赞,家在湖南桃源县,但祖籍是新疆。毛泽东说:翦伯赞的名字不像一般维吾尔族那样本名加父名,他是有姓的,"翦"就是姓,这是明太祖朱元璋赐的。明朝初年,湖南常德和湘西一带土司发生叛乱,新疆维吾尔有一位勇武善战的将军,叫哈八十,朱元璋就命他率领一支由维族和回族组成的军队前去平叛。这支军队不仅平息了常德、湘西的叛乱,而且平息了贵州、云南等地的叛乱,为明朝南方的安定立了大功。事后,朱元璋论功行赏,封哈八十为镇南定国将军,赐姓"翦",意为"翦除祸患有功",又在常德赐封土地,哈八十的后代就在这块御封的土地上生息繁衍下来了。翦伯赞就是那位哈将军的后裔。(《万方乐奏》,第102—103页)

一个是粟姓。1951年国庆,毛泽东在北京天安门上问时为副总参谋长粟裕是否是少数民族?是不是苗族?粟裕答:"我们家族少数民族很多,但我们家是汉族。"(《将星从这里升起:十八名将军的少年时代》,第2页)当时的毛泽东可能是从"粟"姓不见于汉族传统姓氏而发问的,但粟裕将军也有理由,在他家乡湖南会同县,是侗族、苗族聚集区,而在旧社会,他们因受民族压迫自称汉族,他听家人说,粟姓居民是汉族,所以一直认为自己是汉族。三十年后,经过调查,始确证粟姓乃是由附近通道县迁来的侗族,于是粟姓后裔全部定为侗族。毛泽东提出的疑问得到准确答案。

20世纪50年代末的一次春节团拜会上,毛泽东与白寿彝、萨空了、翦伯赞等谈中国古代少数民族人物及相关问题,很风趣地说:回族中姓白的很多,汉族中也有,姓常的是蒙族还是回族?(《毛泽东与贺子珍》,第130页)

毛泽东有时还对若干姓氏引申开去,作风趣的谈话。1973年12月,毛泽东接见新任空军司令员马宁,在问及姓名、年龄和现在还飞不飞了后,就笑着说:哎,你姓马,我出个谜给你猜,答个字吧!这个字谜是:一个大来一个小,一个跑来一个跳,一个吃血吃肉一个吃草,你猜这个谜底是什么字?

说周而复，"作家，我们在延安见过，周而复始"

毛泽东与干部群众见面和谈话，往往开场就问询他们的姓名籍贯时，谈及姓名源渊、解读含义以及环绕姓名种种文化底蕴，发挥他的知识结构和创造思维。这种人际交往艺术，也许是古今中外政治家和领袖所罕有的。很有人羡慕这种人际交往艺术，可又很难学得好，学得像。也只有毛泽东才能应用自如，恰到好处。

毛泽东很喜欢寻找若干名字的典出。中华姓氏文化博大精深，诗书传家者，多有为子孙从古籍中寻章摘句作为名字的，这当然引起他的兴趣。1932年，毛泽东在中央苏区见到来自上海的创造社成员李一氓，就认定"一氓"此名来自"孟子曰：远方之人闻君行仁政，愿受一廛而为氓。"（《解放日报》，1993年2月24日）1945年秋，赴重庆和平谈判时，毛泽东接触到很多老朋友，他几乎多在初见面时就从对方名字里寻找友谊、和谐的气氛，像介绍话剧演员白杨时，便随口吟道：白杨萧萧易水寒。这是熟悉古诗源的毛泽东巧妙地将"白杨何萧萧"《古诗十九首》和《史记·游侠列传》的"风萧萧兮易水寒"合而后的再创造。在介绍作家周而复时，他则说：作家，我们在延安见过，周而复始。"周而复始"，见《汉书·礼乐志》："精建明，星辰度理，阴阳五行，周而复始。"他还善于恰到好处地借用名字作比拟。据侯外庐回忆，他在重庆与毛泽东谈话间，说了读了延安的整风文献获益不浅。主席谦虚地说：闭门造车，出户未必合辙。此句典出《祖堂集》，内称五冠山瑞云寺和尚"如似闭门造车，出门合辙耳。"

毛泽东很赞赏有些名字。像黄镇、张恨水，以及出自《论语·泰伯》"任重而道远"的王任重，"留得青山在"的叶青山。还对某些名字予以肯定。一次在中南海舞会时，一位伴舞的青年演员刘芙蓉对他说："我这个名字不好，花花草草的。"毛泽东就说：哪个讲的不好，芙蓉这名字蛮好嘛。我念一首诗你听：天上碧桃和露种，日边红杏依云栽。芙蓉生在秋江上，莫向东风怨未开。又说：你读过《千家诗》吗？这是唐朝渤海人高蟾写来称赞一个朋友的。诗里所指芙蓉是水芙蓉，秋天才开花。春天不开秋天开，既不争春，又耐得寒霜。你还说芙蓉不好么?!湖南自来有芙蓉国之称，毛泽东很喜欢芙蓉。天津市长李耕涛的名字也引起过毛泽东的兴趣。1958年8月，毛泽东视察天津，有一天问李耕涛：田可耕、地可耕，不知这"涛"是怎么个耕法呀？李耕涛后来请教了专家，即用唐朝诗人李贺《杨生青花紫石砚歌》:"端州石工巧如神,踏天磨刀割紫云"回答说"既然云可割,那涛想必也是可以耕的吧?"毛泽东听罢,大为称赞:有理,有理。

因为熟悉中华古人,毛泽东有时遇到和古人同源的姓和相同的名,自然而然会作延伸,说出一番史事。20世纪40年代初,他在延安初见薄一波,问了名字后就说:如履薄冰,如履薄冰。又说:汉文帝的母亲也姓薄,她的弟弟叫薄昭。汉文帝曾被立为代王,建都在你们山西的中都。(《人民日报》,1981年7月3日)此外如赵毅敏本来叫刘琨,毛泽东在一次谈话中知道了,就幽默地说:原来你是晋朝人。接着滔滔不绝地叙述了刘琨闻鸡起舞、枕戈待旦等故事。

毛泽东有时还在诗词里引用战友的名字,著名的《采桑子·重阳》,就用了萧劲光将军的名字。他对萧说:我那首《采桑子·重阳》是写给你的。你看,"一年一度秋风劲"的"劲"字,"不似春光,胜似春光"的"光"字,不就是你的大名吗?(《毛泽东衍名艺术》,第53页)1930年2月,毛泽东率红军由闽西南转战赣南,时逢大雪飞飘,触景生情,在马背上吟咏:"漫天皆白,雪里行军无翠柏。"(《减字木兰花·广昌路上》),此处"翠柏",有说即是在闽西蛟洋暴动的傅柏翠,傅与毛泽东颇友善、相知,故有此说。60年代发表改为"雪里行军情更迫",以至不为后人所知也。

"我们为什么不算神仙"

毛泽东初接触大众,常喜在对方通名报姓后,然后作一番品评。他的品评通常也是以名字取得妥当、恰切加以叙述,此类文字甚多,见之于公开书刊不下百余处。

寒光(新中国初期的旅大市长)要改名"韩光"。毛泽东说:寒冷的"寒",不改也可以,不是有一首古诗说:"寒光照铁衣"嘛!(《缅怀毛泽东》,第280页)

毛泽东听了白栋材(中央党校五部主任、中共江西省委书记处书记)自报姓名后说:栋材,这个名字好,国家的栋梁之才嘛!

李志民(第十一兵团政委,后任志愿军政委)带兵,做到秋毫无犯,毛泽东说:志民,志民,立志为民,好嘛!

许建国(晋察冀区保卫部长)与毛泽东、任弼时等领导见面时,任弼时说:"你这个许立清,现在改名许建国了,你真有远见呀。"毛泽东也说:很好,很有远见,在不久的将来,就需要建国呀。(《在大决战的日子里》,第45页)

毛泽东曾对王化云(黄河水利委员会主任)说:化云这个名字很好,化云为雨,半年化云,半年化雨就好了。(《功盖大禹》,第65页)

毛泽东接见杨珏(中共河南省委书记处书记)时说:杨珏名字不错,两个玉字,古书上有这个字,一个玉好,两个玉更好。(《中州今古》1994年第4期)

毛泽东在谈论若干名字时,有时会作生动、幽默,却又是恰如其分的阐述,以求强化效果。诸如称赞湖北大学校长、哲学家李达:你是黑旋风李逵,你比他还厉害。介绍由朝鲜回国参加国庆的杨得志:此人大名,叫杨得志,当年强渡大渡河的红一团团长,如今志愿军的副司令,德怀的助手。湖南人氏,我的乡里呀! 又说:此人一直是志愿军,上井冈山就是志愿的,就是志愿军! 1953年在杭州为省公安厅厅长王芳要改名"王方"事说:山东还有许多荒山秃岭没有绿化起来,你的头上刚长了一点"草",就想把它除掉,这怎么能行? 什么时候消灭了荒山秃岭,绿化过了关,你再把"芳"的草头去掉!(《毛泽东和省委书记们》,第77页)毛泽东还称赞1959年时为国家建筑工业部部长的万里主持北京"十大建筑",是"日行万里"。据万里回忆:毛泽东说北京有个万里,真是一日行万里啊。1966年国庆节,毛泽东在天安门城楼上,见有城楼下张家口技术学院若干人贴有李天佑(副总参谋长)大字报,就对李说:天佑,天佑,"天保佑"。毛泽东对有关用人的姓名表态很多,如在1964年,就因康生为文艺界整风,勒令陈荒煤检查,毛泽东发话:荒煤不检查,送到北大荒去挖煤嘛! 在1971年9月林彪事件时,就吴德、吴忠的态度和认识,也是分别提及:"吴德有德","吴忠有忠"。

毛泽东对于身边的警卫员,都很关心,初次见面就问姓名如何,如对久随的张仙朋。1958年4月的一天,他望着天空,若有所思地说:张仙朋,你这名字有意思。我问你,我们是住在天上,还是住在地上。又说:我们从地球上看别的星球是在天上,如果别的星球上也有人,他们一看我们,我们不也就是在天上吗? 整个宇宙,到处都是又在天上,又在地上。还说:神仙是住在天上的,我们住在地球上既然也算住在天上,为什么不算神仙? 如果别的星球上有人,他们不是也把我们看成神仙吗? 张仙朋这才恍然大悟:我叫张仙朋,那主席是神仙,我是主席的朋友。毛泽东听了哈哈大笑。(《怀念毛泽东同志》,第142页)

"你是我们革命队伍中的小宝贝,干脆就叫天宝吧。"

毛泽东解读名字,对于若干人的名字,还喜欢帮助另取新名。

土地革命以来的各个历史时期,一些人士为了斗争和团结的需要,不得不隐其真名采用假名。早在秋收起义时期,他派何坤等赴武汉警卫团,说:但有一条,你们要改名字,尤其何坤,反动派对你已经了解,列为"大暴徒"之一。又说:何坤同志 1918 年在长辛店做过工,就叫何长工吧!(《何长工回忆录》,第 71 页)1942 年,他又为时为国民革命军第 38 军做地下工作的郝克勇改姓换名,在问及郝母姓为范时,就说:那就把你的名字改成范明吧!做秘密工作的同志回到延安,都必须改名换姓。(《党的文献》1995 年第 3 期,第 62 页)中国人民志愿军首任参谋长解方,原名解如川、解沛然,也因于 1941 年赴延安,公开了身份。毛泽东说:你回家了,解放了,就叫解放好了。后遂改名"解方"。对此,还有一个说法,是毛泽东说:你已经回到家里来了,你的名字就改为"解方"好了,不要再"解放"了。(《党史博览》2006 年第 12 期)1951 年 6 月,毛泽东指派驻朝使馆公使衔参赞柴军武为中国人民志愿军联络官,参加朝鲜停战谈判,并将他名字改为柴成文,说是根据工作需要。

毛泽东也喜欢为人取名、改名、定名。

天宝藏名桑吉悦希。1937 年初,他在延安中央党校民族班学习,某日毛泽东来讲课,问及他的名字是什么意思。在得知"桑吉"是佛祖的意思,"悦希"是宝贝的意思后,毛泽东说:汉族有句古话,叫物华天宝,也就是和你那个"桑吉悦希"差不多。我给你取个名字,就叫天宝吧!(《天宝与西藏》,第 58 页)另有一说是毛泽东看到桑吉悦希在跳舞唱歌,年纪又小,在问了话后说:你很天真活泼,很年轻,又是康藏高原来的,是我们革命队伍中的小宝贝,干脆就叫天宝吧!毛泽东也曾多次为普通的战士、群众取名。1935 年长征途中,发现小战士何二娃无正名,就给他取名:你决心参加红军,向往光明,盼望解放,共产党像太阳,你就取名何太阳。(《文史杂志》1993 年第 6 期)1951 年 9 月,又为小姑娘马三姐取名。还当着陈毅面说:她还没有名字呢!昨夜看戏回来,我斟酌了一下,今天就给她起个名字。就叫马毛姐吧,马是你家的姓,名字第一个字就跟我姓。(《港台信息报》1995 年 4 月 14 日)

毛泽东有的取名是应时而作。

1966 年 8 月,他在天安门城楼上与师大附属女子中学学生宋彬彬谈及名字:叫彬彬不好,文质彬彬的,革命不能那样雅致嘛。我给你取个名字,叫"要武",你看如何呀!(《人民日报》1966 年 8 月 19 日)1971 年 8 月,毛泽东在看了电视播放的现代京剧样板戏《海港》,就剧中角色对服务员韩继红说:他是韩小强,你就应该当韩小弱,不要当韩小强。随手在一份《参考资料》背面撕下半张空白纸,挥笔题下"韩小弱同志"五个字。(《毛泽东的文艺世界》,第215页)

毛泽东取名有时很有些特殊创作。

1956年5月,毛泽东问及服务员的名字叫郭桂卿时说:郭桂卿,男娃的名字嘛,我看叫郭子仪吧。(《秘密专机上的领袖们》,第130页);1971年9月,毛泽东在庐山为几个要改名的女服务员出主意,对那个叫周水莲的说:那你就叫周天王。对张爱玲说:那你就叫张飞。你可以做一个现代的张飞嘛。(《庐山档案》,第240页)

很有意思的,是毛泽东为"二乔"的定名。

二乔者,胡乔木、乔冠华也。

胡乔木称"北乔",乔冠华称"南乔",抗战时期在文化圈里,都是一支笔,分居南北,各有阵地,但在重庆和谈时却相逢了,一个真名"乔木"(北乔),一个笔名"乔木"(南乔)。因为重名,毛泽东把他们召集在一起,打趣说:大乔小乔,南乔北乔,真乔假乔……你们谁占哪一边呀?(《中国二乔——胡乔木、乔冠华传略》,第210页)他问南乔:原来用什么名字?南乔答,原名冠华。他说,这名字很好,以后你叫乔冠华,仍然姓乔;北乔本来姓胡,可以改回胡姓,而保留乔木二字,叫做胡乔木好了。(《毛泽东读书生涯》,第333页)。毛泽东对南北"二乔"留有深刻的印象,还曾作打油诗云:"古有大小二乔,今有南北二乔。"(《名人》1996年第1期)

毛泽东取名也讲究吉利、兴旺、合乎时代潮流。1950年12月,他在访苏期间,称赞使馆机要员崔喜禄:福禄寿喜四个大字,你的名字就占用了两个,很好嘛!1959年8月,在河北安国和一个社员握手,问及名字叫高增福,他说:你这名字很好,增福增寿。

他始呼王震将军为"王胡子"

绰号文化是姓氏文化的一个组成部分,显示了多元的人际艺术。毛泽东喜欢运用它,对于若干亲近、熟悉的友朋、战友,或是相识未久,而一见如故的同事,有时会随意称呼。

此类绰号,大致可分为二:一是据人的形象;二是按对方的职业。

1919年,毛泽东在长沙与李振翱相识。李参加新民学会,当时毛泽东称呼李振翱绰号为"水牛",李振翱则称毛泽东为"水老倌"。毛泽东对李这个"水牛"绰号念念不忘。1971年,李振翱从美国回国探望,毛泽东与他相晤时仍戏呼他为"水牛"。水牛,可能就是据李振翩形象,身材粗壮、魁梧而言。

毛泽东孩提时伙伴多有绰号在焉。其中有韶山老乡邹普勋。1949 年 10 月,毛泽东问来自韶山的九弟毛泽连:有个皮蛋,你晓得吗?九弟以为毛要吃皮蛋,说:"皮蛋,我娘每年都做的,三哥你要么?我让家里送些来!"毛泽东知是误会了,说:不是吃的皮蛋啊,是下边屋场的邹普勋二哥嘛!《毛泽东家世》,第 167— 168 页)

毛泽东很喜欢呼唤师友为"胡子",以胡子称呼之。最初有湖南一师国文教师袁吉六。如果说当时作为学生的毛泽东是背后称呼老师为"袁大胡子"的,那么日后,即 1920 年,在与比他年长十七岁的何叔衡学长于长沙合办文化书社时,就直呼其为"何大胡子"。他说:何大胡子是一堆感情。(《毛泽东家世》,第 148 页)。他还呼王震将军为"王胡子"。1946 年,王震率南下支队回到延安,当毛泽东见到他养得又密既长的络腮胡子,啧啧称之为"王胡子"。王震自此就获得 "王胡子"绰号。

也有以身材作绰号的。1929 年 11 月,毛泽东在福建汀州攻克后的一次干部会上,见到身材特别的红四军第二纵队政治部宣传部长罗瑞卿,为他是四川南充人身材长大惊讶:川湘子弟身材大都不高,可你我却都是长子。(《罗瑞卿传》,第 37 页)就此罗瑞卿就被叫出了"长子"绰号。新中国成立后,罗任共和国公安部长,常随毛泽东,负责安全。毛常风趣地说:罗长子在我身边,天塌下来,有他顶着。罗长子往我身边一站,我就感到十分放心。1953 年 2 月,他在湖北长江船上,当听到长江暴雨,年降雨量在一千余毫米,大为惊诧,就问罗瑞卿:罗长子,你这个高个子有多高啊?罗答:"有一米八几。"毛说:嗬,好家伙,长江流域真能下雨,有些地方暴雨积起来,比你罗瑞卿这个高个子还高啊!(《功盖大禹》,第 95 页)

毛泽东还喜欢以类似绰号的称呼戏谑。

1935 年遵义会议后,张闻天和刘英结婚。毛泽东向他们调侃:洛甫同志,如果你是"开明君主"的话,那么,刘英就是"开明娘娘"喽。(《毛泽东衍名艺术》,第 103 页)

新中国成立后有似这样的称呼还真不少哩。1952 年 1 月,因天津《进步日报》与《大公报》上海版合并,迁天津出版事,毛泽东见到《大公报》原社长王芸生,风趣地说:大公王,恭喜你收复失地了啊!(《毛泽东和党外朋友们》,第 306 页);

1950 年深秋,毛泽东与当年做过陕西省主席邵力子谈治理淮河方案,风趣地说:先生当年做过西京王,记得我们红军一到陕北就听到老百姓美传先生是大禹治水。(《毛泽东与名人》,第 158 页);1956 年 6 月,毛泽东在武汉见到长江水利管理委员会主任林一山,风趣地说:又见到我们的长江王了。因为许德珩是水产部部长,毛泽东也就叫他是"海龙王"。

◉ 名、字、别号

"名"是社会群体中个人的特称。

"字"是"名"的解释和补充,是与"名"相表里的,故又称"表字"。"字"通常要等是男女成年后加取,这表示他们已经开始受到社会的肯定和尊重。

"号",称号,即人的别称。过去的士大夫文人几都有自取的别号。宋元之后,别号之风颇旺,直至近代。

通常名、字多由父母长辈所取,别号则不受家族、行辈的制约。

指点江山，激扬文字

——毛泽东谈地理文化

毛泽东是伟大的革命家，也是博古通今、学识渊博的学者。他很喜欢谈论中华人文地理，祖国大地的历史渊源、山川形势、风土民俗、人事掌故，娓娓道来，如数家珍。他曾几次提及，应该懂得地理，要学些中国地理。环顾古今中外，还很少能找到一位政治家、思想家像他那样熟悉和注重自己国家的地名文化。

读历史不能没有一部历史地图放在手边

毛泽东喜欢读地图，习惯于读书用地图，行路看地图。19 世纪末叶，中国已有了中国和世界的地理挂图。毛泽东大概是在辛亥革命前后开始接触地图。1912 年，毛泽东常在湖南长沙定王台的省立图书馆读书。在图书馆墙上挂有一幅《世界坤舆大地图》。他每过这里，都要凝视多时。对此念念不忘。时过四十年，他在北京和老同学周世钊等还谈及：我最大的收获还是在湖南图书馆第一次看到了世界地图。看了"世界"以后，我才知道世界有这么大。在这以前，世界究竟有多大，我是不大明白的。当时我认为我们湘潭县不算小，湖南省就更大，全中国古称天下，更是大得不得了。而那天我在世界地图上一看，我们中国只占世界的一部分，小了；湖南就更小了，湘潭县和韶山冲连影子都难找了。世界真大呀！

地图，使毛泽东开阔了眼界，走向世界。学生时代的毛泽东，已经善于运用地图。他在湖南第一师范读书时，每天在阅报室看报，就必置地图于旁，便于查阅、对照地理方位，强化知识。举目寰宇，坐行万里，从此，毛泽东一生很少离开地图。他不仅读军用地图，也读常人用的简明中国地图，从 20 世纪 30 年代以来，他所心爱的一本地图册，就是商务印书馆出版的《中国分省新地图》。那是

1932 年史量才为纪念《申报》创办六十周年,聘请专家学者测绘、出版的。它的详细、翔实,通常被视为旧中国留下的最好中国地图集版本。1934 年,毛泽东参加长征时,在湖南也曾搞到一本。他说:以后打仗行军还时常用它,长征中它给我帮了不少忙。1953 年,当他见到长江水利规划办公室林一山也有一本时,有如老友重逢,很兴奋。

五六十年代,毛泽东经常离北京外出视察,每逢此时,他就从书房找来地图,从中先了解要去的地区的经济、文化、人口和矿藏资源,等等,然后商定最佳路线和考察范围。毛泽东认为,这样做,可以提高工作效率,减少不必要的浪费。他外出时必带中国地图和世界地图。所到之处有所认识,就在图上作些圈点记录。现见的一本金擎宇编纂的 1952 年版《中华人民共和国分省地图》,就见有他在 1958 年 9 月视察安徽各处时,在图中用红蓝色和黑色笔画圆、作角和直线、连接线的种种标记,那是他为地区规划所留下的思路轨迹。

毛泽东爱读史书。他读历史是很注意地理的。他说:读历史不能没有一部历史地图放在手边。1954 年,在北戴河,毛泽东为寻找曹操出征乌桓归途所经的碣石山,按图索骥,寻找方位;尔后,他读《旧唐书》的《黄巢传》,为弄清黄巢军行军和作战的线路,按史传勾绘了一幅简图。他认为这也是一种学习好方法。新中国成立初期,在中南海接见即将赴欧洲等国出任外交使节的耿飚、黄镇、王幼平等人时,在谈话中说:你们出使,可以学学沈括的办法,他每到一地,都把那里的大山河流、险要关口,绘成地图,还把当地的风俗人情也调查得清清楚楚并叫随员背得滚瓜烂熟。(《将军不辱使命》,第 10 页)

1954 年秋,毛泽东在全国人大会议期间,有天和史学家吴晗谈及《资治通鉴》。他说这部书写得好,尽管立场观点是封建统治阶级的,但叙事有法,历代兴衰治乱本末毕具,我们可以批判地读这部书,借以熟悉历史事件,从中吸取经验教训。但旧本没有标点,不分段落,令人读起来不方便,市上流传亦已不多,应该找些人把它整理出一个用标点、分段落的新本子来,付诸排印,以广流传。又讲到读历史不能没有一部历史地图放在手边,以便随时检查历史地名的方位。解放前一些书局虽然出版过几种历史地图,但都失之过简,一般只画出一代的几个大行政区划,绝大多数历史地名在图上都找不到。这种图只能应付中小学教学之用,满足不了读《资治通鉴》之类详细的史书时的要求。(《上海史学家印象记》,第 166—167 页)当吴晗建议可将杨守敬编绘的《历代舆地图》加以改造,以现时地图为底图、绘制,毛泽东欣然同意。他希望能有一种历史地图集,这项工作后来由历史地理学家谭其骧主持完成。这部拥有十册的《中国历史地图集》本来是可以及时付梓推出的,由于众所周知的原因,是在毛泽东逝世几年后才全部问世,但它遗泽在今,嘉惠士林,这不能不说有倡议者毛泽东的功德。

毛泽东重视地图,也兼及周围。他要警卫员也懂些地图功能。有一次,他在浙江杭州问张仙朋:杭州在哪个省? 你现在就去看地图,回来我再考你。他问蓝保华:都安靠近什么地方。使警卫员们由表入里,知道所在的地名,增加知识。他很重视地理教育。1949 年 2 月,毛泽东还为中央军委起草致各野战军首长《对部队进行地理常识教育极为重要》的电报。内称:"关于地理常识的教育极为重要。请你们考虑,是否可以制印长江以南及西北、西南的简明地图一张,图上有大的河流、山脉,有省界,有大城市及中等城市的名称。在省名及大城市名的旁边注明该省该市的人口总数。在各野战军自己担任占领和工作的区域内,标注重要县镇的名称。图幅不要太大,以纵横一公尺左右为适宜。除发给营部以上各级机关每处一张外,如能每个连队有一张,使一切识字的连排长及战士都能阅看,则极为有益。我们认为,此种地图常识的教育,将使指战员们增加勇气和对于任务的明确性。"(《毛泽东文集》第五卷,第 185 页)通过地图的视觉教育,认识自己的国家,明确自己的职责,这正是毛泽东的高明处。

读万卷书,行万里路。毛泽东看地图,说地图,处处离不开地图。1959 年,他在中央一次全会上表示:如果有可能,我就游黄河、长江。从黄河口子沿河而上,搞一班人,地质学家、生物学家、文学家,只准骑马,不准坐车。又说:我很想学徐霞客。他就是走路,一辈子就是这么走遍了。

当地方官都应该了解地方的历史嘛

毛泽东爱读地方志,他很懂得地方志的功能。中华泱泱大国,方志自唐宋伊始,至明清鼎盛,各种地区方志林林总总。一种地区方志,就是一部地区百科全书、地区经世致用的调查研究汇编。所以,毛泽东每到一地考察,先要做好几件事,其中之一就是寻求阅读该地的方志。

毛泽东接触的第一部方志是什么,未见于文字记载。1910 年他从家乡韶山走进湘潭县城附近的东山学校,在学校图书室读了很多书,这其中也许就有自己家乡的方志。现在见有记载的,是他在 1917 年湖南游学路过安化所读的《安化县志》。也许在此时前后,他也读了其他几部相关方志,如《宁乡县志》、《湘乡县志》。至其地必读其书。大概就在这个时候,青年毛泽东养成了读志书的爱好,每到一处必寻读地方志。后来,他一直保持着这个爱好。他率领红军下井冈山进入闽西南时,随着行军路线,先后阅读了《汀州府志》、《龙岩州志》、《上杭县志》。1930年3月,红军攻占江西兴国,毛泽东住进城内平川中学。据当时任共青团县委书记萧华将军回忆,那时他奉召到毛泽东处汇报工作,见毛泽东坐在学校图书室的一条长靠椅上,仔细地在看一部清版《兴国县志》。1931年6月,红军占领福建建宁城,毛泽东到三民中学检查红军保护学校情况,并借回了《建宁县志》,还留了借条:"借到建宁中学图书馆《建宁县志》拾贰册,阅后归还。"(《福建党史月刊》2008年8月号)在江西瑞金,毛泽东想读《瑞金县志》,久久未能找及。两年后,瞿秋白来中央苏区出任教育部长并主持图书馆,在尘封的书库里发现一部清同治《瑞金县志》,与毛泽东同阅,虽然全书八卷缺一,但他仍很高兴。长征途中,毛泽东在匆匆行军中,还让部属帮助找寻有关的方志。据时任毛泽东机要秘书的黄有凤将军回忆:每攻下一个县城或是每到一个重镇,毛泽东都让身边的同志为他收集县志和地方志看,一看就是大半夜。遵义会议后,徐特立从当地图书馆发现《通志》、《通典》以及为梁启超评定为"天下第一府志"的《遵义府志》和商务印书馆出版的中国地图,送与毛泽东,毛泽东大为欢喜。在此期间,毛泽东更是重视地方志。红军渡过湘江后根据总部命令轻装前进,当时的毛泽东连饭锅、牙刷、牙粉都扔掉了。却坚持带着《三国演义》、《水浒》以及一些唐宋诗词和路上拣来的地方志。因为熟读地方志,使他在长征中对要走和正要走的所在地区山川形势、关隘险要以及沿途的经济物产、风土习俗了如指掌,从而为作出相应的正确行军路线提供可靠的论证。新中国成立以后,毛泽东有更多条件读地方志。1950年,毛泽东见到中共西康省委书记、省主席廖志高,就他家乡自唐朝开发等事说得头头是道。廖不禁奇怪地问:你怎么知道的?毛泽东说:是看你们的县志。

　　1958年3月,毛泽东首次到成都。当天就从四川省图书馆借来《四川通志》、《华阳国志》和《都江堰水利述要》、《灌县志》阅读。1959年6月,毛泽东在庐山,又从庐山图书馆借阅近人吴宗慈《庐山志》、《庐山续志》和清同治《临川县志》、《铅山县志》。1965年5月,毛泽东赴井冈山,路过湖南茶陵,在茶陵休息那天晚上,他对(湖南省委第一书记)张平化说:《茶陵县志》,第一次打茶陵时就想看,没有搞到。现在不知能不能借到?张平化当即通知县档案馆,取来了一部清同治九年版、民国二十二年重印的《茶陵县志》。就在这天晚上,毛泽东读《茶陵县志》一直到凌晨。(《1965 年毛泽东重上井冈山》,第 74—75 页)从 1952 年到 1975 年 2 月,毛泽东几乎每年都要赴杭州,而每次都索阅地方志。毛泽东一生读了很多部地方志,它包括有他到过的地区的地方志,也有他没有到过地区的地方志;读地方志,也是一种认识社会、调查社会的方法。就像他为都江堰之行,先读有关方志,了解都江堰沿革;读《铅山县志》,得以与江西省长邵式平、副省长方志纯介绍铅山有个明朝费宏墓,墓前有"日有千人跪,夜承万盏灯"挽联。让他们事后去找方志研读。邵式平等日后路过铅山,还特意去墓葬处瞻仰。

　　毛泽东不仅自己读地方志,也提倡干部要读些地方志。据薄一波回忆:新中国成立初期,毛主席有个指示,到外地考察、调查工作的同志,都要看一看当地的方志,以便了解那里的历史沿革、风土人情。毛泽东要求干部多从地方志中获得些乡土知识,他也常常拿它去考问别人。1958 年 8 月,毛泽东赴河北安国视察。安国是中国草药主要集散地之一,有北宋年间建的药王庙。车过安国大街,经过药王庙。毛泽东问:这庙里的药王姓什么。陪同的县长回答不知道。毛泽东有些不满意:一个县长不知道药王姓什么? 当他后来在山东兖州与滕县县委书记谈及滕国故事,当书记回答不知道现在是否还有滕文公请孟子讲学遗迹时,毛泽东对他说:当地方官,都应该了解地方的历史嘛! 他要求地方干部都得知道些本地的历史。为此 1959 年 6 月在庐山时,他向邵式平、周小舟等地方高级干部讲了一出宋朝朱熹问志书的故事:朱熹曾在南康郡(今江西星子县)走马上任,当地属官们轿前迎接,他下轿就问,《南康志》带来没有? 搞得大家措手不及、面面相觑。这就是"下轿伊始,问志书"的传说,至今广为流传。朱熹这个典故流传后,"治天下者以史为鉴,治郡国者以志为鉴"和"以志呈阅"就成了后人的惯例,今天你们也应懂得以史为鉴,才能办好事。

　　因为重视地方志,毛泽东在成都会议上就号召各地编撰方志。

我问你一个问题:简阳的县名,为什么称"简阳"

　　毛泽东很喜欢历史人文地理。他一生很爱读几部书:《水经注》、《徐霞客游记》、《读史方舆纪要》。毛泽东对《读史方舆纪要》尤感兴趣。他读了多遍这部记叙古中国人文地理的巨著。据说上世纪 50 年代,毛泽东视察上海,听到上海合众图书馆收藏有顾祖禹这部手稿本,非常有兴趣,还特地调阅。毛泽东的人文地理知识,有来自《读史方舆纪要》等书的,也有来自各种地方志。他很善于应用地名文化,将它作为沟通、联络群众的纽带。传统习俗是很讲究籍贯的。毛泽东初次与人会见,总离不开姓名和籍贯,然后涉及籍贯由来、典故和其他文化内涵。就像到河北正定,就说赵子龙是你们这里人;得悉王任重是河北景县人,就说燕赵多慷慨悲歌之士,1935 年 12 月 3 日,在陕西富县东村初见汪锋时,初问及知他是陕西蓝田人,就说:玉生蓝田。(《汪锋传》,第 96 页)等等。通过解释籍贯,消除初见者的拘束,使其感到从容、随和,很快就易与自己适应。

毛泽东还经常向地方干部讲解有关地名的由来和历史故事。1948 年 4 月,毛泽东东渡黄河到达雁门关南的代县,《晋绥日报》社长郝德青、中共代县县委书记苏黎前来接待。当他知道苏黎是代县人时,就问:你知道代县由何而得名的吗? 接着又自答道:汉高祖封其子刘恒为代王,代县由此而得名。1951 年底,在济南和市长谷牧谈话时问:济南因何而得名? 又问:济水现在为什么不见了? 当谷牧没答时,就自己说道:济水故道被黄河夺去了,你回去查查书看。入境问俗,入国问禁,到哪个地方工作,主要了解哪里的情况,包括现在的历史的。1957 年 9 月 8 日,毛泽东重游湘江,在船舱里谈天。讲岳麓山、爱晚亭、橘子洲的风光景色和岳麓书院的历史故事,问大家说知道不知道长沙的来历。他看人们面面相觑,答不上来,就说:长沙是根据湘江中的水陆洲命名的。水陆洲纵贯湘江之中,是一条泥沙淤积而成的狭长洲岛,这就是长沙地名的由来。(《湘潮》,2013 年第 8 期)1958 年 3 月,在成都和中共山西省委书记陶鲁笳谈及引黄济汾水利工程时,突然问道:你们山西有个闻喜县,你知道为什么叫闻喜? 汉武帝乘楼船到了这里,正好传来在越南打了胜仗的捷报,汉武帝就给这个地方起名叫闻喜。汉武帝那时就能坐楼船在汾河上行驶,可见当时汾河水量很大。(《一个省委书记回忆毛主席》,第 65 页)1959 年 11 月 28 日,毛泽东所乘专列路经湖南岳阳,在本站休息时,他对工作人员介绍岳阳:岳阳是个好地方,素称鱼米之乡,水陆交通便利,有八百里洞庭湖,它与长江在城陵矶汇合,是历代兵家必争之地,有驰名天下的岳阳楼,范仲淹写的《岳阳楼记》千古不衰。(《湘潮》,2013 年第 8 期)成都会议后,毛泽东来到简阳,遇到内江地委书记,就问:你当内江地委书记多年了! 我问你一个问题,简阳的县名,为什么称简阳? 对方摸了摸脑袋瓜,回答不了。过了会儿,他只有自答了:蜀汉时名臣简雍死后,埋葬于简山之阳,故名曰简阳。1964 年 3 月,河北大水灾,灾后,毛泽东视察河北,他问中共衡水地委书记:衡水是历来遭灾的地方,你知道为什么叫衡水这名字吗? 地委书记回答不了,又是毛泽东自答:衡水就是洪水横流患难于中国之意,这是禹王之事,史书上有载。(《功盖大禹》,第217页)毛泽东有时还引用俗语引语为地名作注释。

有时,毛泽东还予若干地名以吉利的解说。1936年9月,他在陕北保安讨论三大主力红军会师的地点时,就选定了是甘肃会宁。毛泽东说:会宁,好地名,好地名啊! 红军会师,中国安宁。(《解放日报》,2009年8月3日)

1975年3月,毛泽东在外地休养了十个月回到北京,在所召集的政治局会议上,谈及1920年至1922年湖南工运时说:水口山锡矿,名曰锡矿,其实无锡。由此顺口念了一首每句都带有地名的民谣:无锡锡山山无锡,平湖湖水水平湖,常德德山山有德,长沙沙水水无沙。

毛泽东对中华地名好学深思,有时还对若干地名的由来作出推理,或提出问题,比如河北有大城县。他就认为:为什么叫大城? 有大城应该有小城,才对称呀! 黑龙江有双城县。他说:有双城必有单城,而且不会太远。广东有汕头市。他问:有汕头,是否有汕尾? 河南有内黄县。他问:内黄,还有没有外黄? 又说:没有外行(黄),哪来的内行(黄)! 河南有上蔡县,他问:有一个上蔡,必然有一个下蔡吧? 当回答说没有下蔡(今安徽凤台)这个地方时,他说:不对。又有回答说新蔡(今河南新蔡)就是下蔡,他仍说不对。1974年当他和美籍华裔物理学家李政道谈话时,得悉对方是上海人时,明知故问:有上海,有下海没有啊? 李政道回答说不知道。他就紧接着说:有上海就有下海,不然就不相称。下海是一个镇子。

以佛治心，一多相容

——毛泽东谈佛教文化

毛泽东对佛教文化很有兴趣，他是把佛教作为哲学认识和研究的。他对佛经和寺院，都有相当睿明的见识，并视之为世界和中华民族宝贵的文化遗产。

用佛经对西方哲学、伦理学作分析

毛泽东从小爱读书。在走出韶山冲后，读书更多，有书必读，其中一种就是佛经。

当时毛泽东还是青年，二十岁内外，但却读了不少佛经。他读佛经，显然是受了老师杨昌济的影响。1913 年，毛泽东进入湖南第一师范学校，受业于杨昌济。杨讲授伦理学等，在课堂上也兼及佛学知识。据《达化斋日记》：杨昌济曾记有与友人谈话："《四十二章经》似《论语》；《圆觉经》、《楞严经》似《大学》、《中庸》；《大乘起信论》似《孟子》；《六祖坛经》似《传习录》；《华严经》似《周易》、《祖宗》；《八壬》似伦理、心理。"

杨昌济多次与毛泽东谈佛经，还用他崇敬的谭嗣同《仁学》开导：谭嗣同有很多佛家思维。

这必然引起早年于私塾读熟《论语》、《孟子》等儒家经典的毛泽东的很大兴趣，增添了毛泽东无限的求知欲。

大概也从此时起，毛泽东开始接触佛经。

1918 年，毛泽东和同学萧瑜以游学方式步行调查，他们绕洞庭湖，来到安化沩山密印寺。从他与方丈对话中，似已窥出已读了一些佛经，大概知悉了佛教的若干内容。

在沩山密印寺，毛泽东在参观中了解了寺院的组织和僧人生活，询问了全国佛教概况,尤其是刻经情况。上海、南京和杭州是佛教经籍出版中心,像密印寺规模的讲经中心,全国至少有百处,如算上规模较小的,约有千余处。

密印寺对毛泽东认识佛学很有收益。

从沩山出来,毛泽东与萧瑜议论佛教与人生哲学,以及中国历代与宗教的关系。他认为唐代最具典型,皇帝尊孔子为"王",从此全国各州府县修建孔庙;皇帝李姓,就尊老子为始祖,开始普设道观。外来佛教也受到欢迎,寺院遍及全国,儒、释、道都为官方所尊,和谐共处。到印度取经的玄奘也是唐朝人。毛泽东还说:自古以来,中国宗教信仰是自由的,对宗教也不过于执著,不像西方那样发生长期的宗教战争。此外,儒家思想远比佛、道二教影响为大,几千年历久不衰,帝王利用,考试取士,以此规范社会人际关系。

毛泽东对佛学的认识和应用,可参见他写在《伦理学原理》的若干眉批。泡尔生《伦理学原理》系杨昌济在湖南一师开课的教材。从 1917 年下半年到翌年上半年,毛泽东在书上作有多达一万五千字的眉批。此中眉批如"凡自然界无无故而成者,无无故而毁者。人类无无故而生者,无无故而死者,其死既有故,则其故即所以解释之点也"。即源起《杂阿含经》:"此有故彼有,此生故彼生。"眉批有"现在即过去及未来,过去及未来即现在",即源自华严宗的"十玄门",十玄门中的一门称"十世隔法异成门"即"三世一念"是也。"三世一念",即过去、现在、未来的区别只是头脑中观念区别。眉批有"至不同即至同,至不统一即至统一"等语,也是受到华严宗"一多相容"思想影响。《华严金狮子章》"十玄门"就有"一多相容不同门",无"一"亦无"多";无"多"亦无"一";"一"就是"多","多"就是"一"。

用佛经对西方哲学、伦理学作分析,可见此时毛泽东对佛学的造诣了。

但毛泽东甚感不足。1920 年 11 月 7 日,他在给黎锦熙的信中提及:"文字学、语言学和佛学,我都很想研究","希望先生遇有关于言语文字学及佛学两类之书,将书名开于我。"

在此期间或此后若干年,毛泽东仍读过若干佛经。1935 年 10 月,他率中央红军翻过六盘山,在陕甘宁边老爷山顶古庙,与僧人谈话时就提到:昔年公务之余,我也曾读过一些经书、佛书。当然不及高僧研读之深。我这个人有个怪毛病,什么书都想涉猎一番。我读经读佛与你们的角度不一样。又说自己还读过《六祖坛经》、《般若波罗蜜多心经》、《法华经》、《大涅槃经》。(《从遵义到延安:毛

泽东鲜为人知的故事》,第 658 页)

与佛学界人士谈《金刚经》

新中国成立后,毛泽东有了自己的图书室,内中庋藏有若干佛经。有时外出,还指定须带《六祖坛经》等书。

他常读《六祖坛经》和《金刚经》。

《金刚经》全称为《能断金刚般若波罗蜜多经》,是大乘佛教理论基础,被誉称为"诸佛之智母,菩萨之慧父"。

他曾与多位佛学界人士谈过《金刚经》。

1958 年夏,毛泽东曾找赵朴初谈论:佛经里有些语言很奇怪,佛说第一波罗蜜,即非第一波罗蜜,是名第一波罗蜜。佛说赵朴初,即非赵朴初,是名赵朴初。先肯定,再否定,再来一个否定的否定,是不是?此时赵朴初感到他所引用的"佛说"、"即非"、"是名"就是《金刚经》的主题,可见毛泽东是相当熟悉《金刚经》的。(《赵朴初传》,第 87 页)

1961 年 1 月 23 日,毛泽东在与班禅·额尔德尼谈西藏情况时,也谈到了佛教。他问:西藏是大乘,还是小乘?班禅回答:"我们学的是大乘,搞密宗,但小乘是基础,也懂得小乘。"又问:释迦牟尼讲的是大乘吗?班禅答:"释迦牟尼讲经分三个时期,早期和晚期讲小乘,中期讲大乘。"再问:《莲花经》和《金刚经》在藏文的经典中都有吗?释迦牟尼的经典比孔夫子的书还多吧?班禅答:"西藏有《金刚经》,是从梵文译成藏文的。释迦牟尼的经书很多。"毛泽东说:《金刚经》很值得一看,我也想研究一下佛学,有机会你给我讲讲吧。(陈晋《毛泽东和中国佛道教》,《瞭望》1993 年第 8—9 月)

1963 年 12 月 30 日,毛泽东要张玉凤取代表中国几个佛教宗派的经典《金刚经》、《六祖坛经》、《华严经》和基督教的《圣经》。还说:要看呢,这些书我已经看过好多遍了。世界上的三大宗教,我们共产党人也需要看呢!

他读了几种《金刚经》,有了比较、认识。

1964 年 2 月 13 日,毛泽东在北京召开教育工作座谈会(春节座谈会)谈及佛经:佛经那么多,谁能读得完?唐玄奘翻译的解释《金刚经》的《般若波罗蜜多心经》,不到一千字,比较好读,鸠摩罗什翻译的《金刚经》,那么长,就很难读完了。(《毛泽东与佛教》,第 224 页)

释迦牟尼为了免除众生的痛苦,他不当王子

毛泽东多次谈及释迦牟尼,对释迦牟尼有相当高的评述。

中华寺院正殿,即大雄宝殿,都供奉释迦牟尼。毛泽东青少年时代,通过《西游记》就初识释迦牟尼(如来佛),后来大概在长沙求学期间从佛经中接触释迦牟尼。1917 年 8 月 23 日在给黎锦熙信中有称释迦牟尼是老百姓自己将其神化起来的。但对释迦牟尼多年传道终享高寿,大为称赞。在《体育之研究》一文中称:"释迦往来传道,死年亦高。""勤体育则强筋骨,强筋骨则体质可变,弱可转强,身心可以并完。此盖非天命而全乎人力也。"(《毛泽东早期文稿》,第 70 页)。

毛泽东对释迦的历史很有研究。1939 年 3 月,在延安与印度援华医疗队交谈时指出:在古代,佛陀传扬恢弘的教义,保佑普天下之太平无恙。现在印度医疗队来到中国,是来传播人民反对帝国主义的团结友谊的。

佛陀,即释迦牟尼。

释迦牟尼,古印度人。他创造了佛教,至今已有三千年,佛教徒和佛教思想遍及全世界。

新中国成立后,毛泽东又多次说起释迦牟尼。

1955 年 3 月 8 日,在与达赖喇嘛谈话时说到了释迦:我们要将全中国都搞好,再把眼光放大,要把全世界都搞好,佛教的教义就有这个思想。佛教的创始人释迦牟尼是代表当时在印度受压迫的人讲话。他当时主张普度众生。他为了免除众生的痛苦,他不当王子,创立了佛教。因此你们信佛家的人和我们共产党人合作,在为众生即人民群众解除压迫的痛苦这一点上是共同的。当然有许多不同之处。(《百年潮》1999 年第 9 期)

同年 10 月 23 日,在北京接见西藏地区参观团、西藏青年参观团负责人时,毛泽东又就西藏民主改革说及释迦故事:"你们信佛教,释迦牟尼原来也是贵族,是个王子,但他和人民一起搞改革,得到人民的拥护,因而人民就纪念他。你们可以学释迦牟尼的办法,生活还会比释迦牟尼过得好一点,因为释迦牟尼那时候没有共产党,没有人民政府。"(《毛泽东西藏工作文选》,第 128—129 页),又说:"西藏几年来有进步,每年都有进步。西藏今后是会发展的,人口要发展,财产要发展,文化教育也要发展。宗教学校也可以办。几十年后,西

藏情况就会有很大改变。你们要学释迦牟尼的样子,为广大群众着想,为全西藏人民谋利益。释迦牟尼领导人民搞改革并没有饿死啊。"(《毛泽东西藏工作文选》,第 128 页)

　　1959 年 10 月 22 日,在与班禅大师谈话时又说:"从前释迦牟尼是个王子。他王子不做,就去出家,和老百姓混在一起,做群众领袖。"(《毛泽东西藏工作文选》,第 209 页)

　　毛泽东还以释迦牟尼作例,称赞他是战无不胜的新生事物。1957 年 2 月,在最高国务会议第十一次(扩大)会议讲话提纲中指出:"马克思主义是和它的敌对思想作斗争发展起来。历史上的香花在开始几乎均被认为毒草,而毒草却长期被认为香花。香毒难分,马、列、达尔文、哥白尼、伽利略、耶稣、路德、孔子、孙中山、薛仁贵。"(《建国以来毛泽东文稿》第六册,中央文献出版社 1992 年版)后来在会议上谈及双百方针时,还作了阐明、发挥:很多东西在开始出现的时候,许多新生事物,在旧社会几乎都是被打击的。接着就举了马克思、哥白尼和达尔文,还说了孔子、耶稣和释迦牟尼。毛泽东说,佛教怎么样? 释迦牟尼怎么样? 也是经过那么一个过程,受压迫,社会不承认。

　　这个时期,毛泽东讲新生事物时多次提及释迦牟尼。1958 年 3 月,在成都会议上说破除迷信,解放思想,为说明自古以来,创新思想、立新学派的人,都是学问不足的年轻人时,再次举了释迦牟尼、玄奘、惠能等人。他说:释迦牟尼十九岁创佛教,学问是后来慢慢学来的。关于释迦牟尼出家的年龄,历来有两说,一说十九岁,二说二十五岁。两个月后,毛泽东在中共八大二次会议上作第一次讲话,谈破除迷信说到自古以来,很多学者、发明家、创立新学派开始都是年轻的时说:"释迦牟尼创立佛教,也是青年时候的事,不过十几、二十岁。他是印度当时一个被压迫民族的王子。"同年 8 月,在北戴河会议讲话时又说:"佛教创教者释迦牟尼也是从被压迫民族中产生的。"11 月 21 日,在武昌会议上又说:"有实无名,可不可以比方一个人学问很高,如孔夫子、耶稣、释迦牟尼,谁也没有给他们安博士的头衔,并不妨碍他们博士之实。"

　　毛泽东读书万卷,且运用自如。1970 年 7 月 7 日,他在北京会见老挝人民党总书记凯山·丰威汉,向信仰佛教的老挝客人讲了一个迷人的、然而又非常难以听懂的故事。毛泽东说:中国有一部古书,名叫《启颜录》,是隋朝时候写的一部讲笑话的书。其中有一则笑话,说中国北朝,信奉佛教。有一次开法会,由一位高僧登坛讲经,讲到中间,一个人站起来问他,释迦牟尼平时出门骑的是什么牲口？高僧回答:释迦牟尼在家是坐在莲台之上,出门时则骑白象。这个提问的人说:不对,你根本没有读懂佛经。释迦牟尼出门骑的是牛而不是象,佛经上说,"音貌奇特"。《说文·玉篇》:特,牡牛也。"奇特",不就是说骑牛吗？高僧听了,笑也不是,哭也不是,对付不了这个人。说了,毛泽东大笑起来,在座的凯山等人也都跟着大笑起来。

按,《启颜录》是隋朝侯白写的一本笑话集,原书早佚,现存辑本。但此处"音貌奇特",原意是指释迦牟尼长相风度奇特,有异常人。

佛学不可不学

新中国建立后,毛泽东非常重视佛教研究。1963 年 12 月 30 日在一个文件上写了一条批语:

> 对世界三大宗教(耶稣教、回教、佛教),至今影响着广大人口,我们却没有知识,国内没有一个由马克思主义者领导的研究机构,没有一本可看的这方面的刊物。《现代佛学》不是由马克思主义者领导的,文章的水平也很低。
>
> ......
>
> 其他刊物上,用历史唯物主义观点写的文章也很少,例如任继愈发表的几篇论佛学的文章,已如凤毛麟角;谈耶稣教、回教的没有见过。不批判神学就不能写好哲学史,也不能写好文学史或世界史。这点请宣传部同志们考虑一下。(《毛泽东文集》第八卷,第 353 页)

毛泽东在此期间,还就佛经和中国佛教史的翻译提出了见解。

1964 年 8 月 18 日,毛泽东在北戴河和几位科学家谈话,其中也涉及佛学。毛泽东说:任继愈,很欣赏他讲佛学的那几篇文章。有点研究,他是汤用彤的学生。他只讲到唐朝的佛学,没有触及以后的佛学。宋朝的理学是从唐朝禅宗发展起来的,由主观唯心论到客观唯心论。有佛、道,不出入佛道是不对的,不管它,怎么行？(《毛泽东与佛教》,第 104 页)

毛泽东始终把佛经视为一门需要掌握的学问。1964 年,在与王海容谈话里就说:要做翻译、搞外交,又不读圣经、佛经,这怎么行呢?

佛教在人类的文化史、宗教史、哲学史上有重要地位。毛泽东几次倡导要组织人力研究佛教。

1961年1月23日,在与班禅谈话时,毛泽东指出:我赞成有些共产主义者研究各种宗教的经典,研究佛教、伊斯兰教、耶稣教等等的经典。因为这是个群众问题,群众有那么多人信教,我们要做群众工作,我们却不懂宗教,只红不专。

毛泽东还提出要培养研究佛学的知识分子,在与班禅谈话时说:"我赞成有几千人学经,成为佛学知识分子,你看是不是他们同时还要学些社会科学、自然科学,懂得政治、科学、文化及一般知识。"又说:"佛学不可不学。我们办了佛学院,两年毕业,专搞政治。我看这个办法不行,得搞四年,再拿两年专门研究佛学。政治上好,在佛学方面却没有学问,还是不行的。"(《毛泽东西藏工作文选》,第215页)

看庙看文化

——毛泽东与道教庙观文化

毛泽东很熟悉道教,很早就接触道教文化。中国道教文化在农村和城镇颇为根深蒂固,有广大的民众和社会基础。

据陈士榘将军回忆,早在井冈山时期,有一次在谈到中国的文化特点时,毛泽东就说过,中国的传统文化由儒、道、佛三大家组成,最不好的是儒家的孔孟之道。中国历代尊儒,尤其是皇帝老子把孔子奉为至圣先师。其实它的三纲五常、男尊女卑、上智下愚的主张,毫无革命精神,不值秕糠。道家除恶务尽的精神倒值得学习,它从不畏惧妖魔鬼怪,敢斗魑魅魍魉。历代造反的百姓都打着"替天行道"、"除暴安良"的旗帜,我看老百姓还是喜欢道教的。毛泽东指出了道教在民间的影响。

早在韶山的童年,毛泽东就接触了道教文化。据有关调查,毛泽东诞生之后,母亲文七妹为使他"长命百岁",替他向南岳观音菩萨"许愿";毛泽东长大成人之后还去"还愿"。南岳衡山是道家所说的五岳之一。相传姜子牙归国封神,其中崇黑虎封为南岳衡山司天昭圣大帝,民间通称为南岳圣帝,是南岳大庙的主神。据记载,毛泽东三次到过南岳衡山。最早的一次,是孩提时代随父亲上南岳烧香。1909 年,毛泽东同弟弟泽民、泽覃用轿子抬着母亲赴南岳朝山进香。1917年,毛泽东第三次赴南岳。据罗章龙回忆,毛泽东游览了南岳,登上了祝融峰,他给罗章龙信里的第一句话就是"诚大山也!"赞叹南岳确实是座大山;信中又谈到古今名人志士笔下的南岳,特别提到了唐朝韩愈宿南岳庙的诗,这首诗刻在南岳庙的石板上;信中还有一首游南岳写的诗。1926 年 12 月,毛泽东从长沙赴衡山白果、福田铺等地,考察各地农运,这次可能没有上南岳,不久,在他的《湖南农民运动考察报告》中所提出的封建宗法的思想和制度四条极大的绳索,其中之一就是神权,"由阎罗天子、城隍庙王以至土地菩萨的阴间系统以及由玉皇大帝以至各种神仙系统——总称之为鬼神系统(神权)。"(《毛泽东选集》第一卷,第31页)他鞭挞了道教文化的另一面,即与封建政权、族权结合在一起的神权。

长期以来,毛泽东把道教庙观看作是一种文化。早年毛泽东就形成调查考察的习惯。读万卷书,行万里路,他把参观道教庙观视作读历史、读文化、欣赏艺术、了解民情的一个方面。1917年暑假,毛泽东和同学萧瑜游历长沙、安化、益阳、沅江、宁乡五县,沿途考察、了解风俗民情,也走访了一些寺庙。在安化城附近,他们看见山上有座小庙,里面供奉着一尊神像。当地称为刘邦庙。据萧瑜回忆,毛泽东善于思考,当时他说,刘邦是汉朝的开国皇帝,不是这里的人,生前是否巡幸过这一带也成疑问,因此实在想不出这座庙为什么要取他的名字的理由。几天后,当他们在宁乡沩山密印寺与方丈谈及"儒教、道教和佛教便共存于一种和谐的状态之中"时,毛泽东就发了一通至今仍可视为传世名言的高论:中国没有像其他国家那样的宗教战争,一打就是几百年。几个宗教能够和谐地共存,对国家来说不是坏事。

毛泽东用历史唯物史观来界定庙观文化的历史价值和文化艺术价值。1947年,毛泽东转战陕北,在九九重阳那天,忙里偷闲,来到佳县白云山上的白云观参观,他对警卫员说:那是名胜古迹,是历史文化遗产。又对陪同的县长张俊贤说:看庙看文化,看戏看民情。不懂文化,不解民情,革命是搞不好的。又说:这些都是文化遗产,除了牛头马面,都不要毁坏了。你不信神,我不信神,可是后人不知道这就是神,你明天出个布告,要保护。还说:道教源于中国,是有中国文化特色。道教的教义承袭于《道德经》,以道德为教义,主张圣人无常心,以百姓心为心。历史悠久,对中国文化很有影响。(《江海客:毛泽东》,第144页)1948年4月11日,毛泽东和周恩来、任弼时路过山西时上了五台山,当夜就宿在台怀镇塔院寺方丈室,在上山的路上,他对任弼时说:寺庙是中华民族文化遗产,我们应当引以自豪。(《董其武上将》,第31页)1953年10月,毛泽东在北京和来自家乡的毛月秋谈话。谈到韶山旧事,毛泽东记忆犹新地问及韶山有个慈悦庵,毛月秋说拆了。毛泽东说,庙不可以拆,现在许多地方都在毁庙,这不对。庙是文物古迹,要加以保护。不然以后的人,连什么叫庙都不知道。新中国成立后,毛泽东经常外出视察,有时也参观所在地的庙观,如1952年10月,在山东济南视察途中,来到大明湖畔的北极阁。北极阁即北帝庙,又叫真武大帝庙。毛泽东对北极阁看得非常仔细,还向陪同人员介绍说:这北极阁又叫真武庙,是道教的庙宇。据说,在金元之际,济南道教兴盛,全真教的祖师丘处机就曾在济南传教。这个北极阁建于元代,上下有百级石阶,内有真武帝塑像。

1954年春节期间,毛泽东在杭州攀登南高峰,在峰顶一座道观里,他很有兴趣地读了道士手中的经书。对女儿介绍:这个寺庙是道观,庙里的人叫道士,他们信仰道教,道教是中国人创造的、土生土长的。又说:在中国流传的,除道教、佛教外,还有伊斯兰教和基督教,都有不少的信徒。我们一定要尊重他们的宗教信仰和习惯。(《在毛泽东身边二十年》,第113、114页)

道教的最高领袖是玉皇大帝。毛泽东有时拿他作比拟。1960年5月在与蒙哥马利谈话时说中国不会做侵略者:"五十年以后,中国的命运还是九百六十万平方公里。中国没有上帝,有个玉皇大帝。五十年以后,玉皇大帝管的范围还是九百六十万平方公里。"(《毛泽东外交文选》,第430页),1961年9月,又就苏联所奉宗教说:我们国家有我们国家的上帝,那就是玉皇大帝。他们是什么呢?是东正教,他们有他们的上帝。我们只能采取自力更生的方针把我们自己国家建设好。(《十年论战》,第464页)

1954年春天,毛泽东在杭州,登上了城西南的玉皇山,来到了玉皇观。大殿里那每尊形态逼真、栩栩如生的泥塑木雕,颇为毛泽东喜欢。他仔细地一尊又一尊欣赏,说道:像,这些神像塑得太像了,每个人物的性格特征都活灵活现地表现出来了。毛泽东问陪同的浙江省公安厅厅长王芳:你知道这些神仙的故事吗? 王芳答:"知道一些,他们都是玉皇大帝麾下的英雄。"毛泽东又说:神话传说不可信,但它们却寄托了劳动人民的美好理想和追求。最后,毛泽东诙谐地说:你这个公安厅长很称职嘛,不但对活着的人心中有数,而且对这些神仙也一清二楚,你是不是查过他们的户口呀!

🔵 道教庙观

道教庙观有很多名称,早期称"治"、"靖"、"庐"、"倌",后期又有称"宫观"。"观",据《说文解字》:"观,谛视也",汉武帝信神仙,为建观可以望神仙,所以有"蜚廉桂观"、"益延寿观"之建。北周武帝时将"道倌"统称"道观"。公元741年,唐明皇为祭祀老子,下令两京及诸州各属置"玄元皇帝庙",次年即改"庙"为"宫"。宋徽宗称神霄皇帝,建"神霄宫"供奉本人像。"宫观"此后即为道教独特的建筑。元明以后以帝皇册封称"宫",较大的称"观",较小称"道院"、"堂"、"洞"。

中医是中国对世界的一大贡献

——毛泽东谈中医

中医是中国传统医学,它诞生于古老文明的中国,几千年的文化沉积和推陈出新,为人类强健身体、延长生命作出的贡献,乃是难以估计的。

中医中药对世界是有贡献的

毛泽东很重视中医。他对中医有非常高的评价。1953年他指出:中国对世界有很大贡献的,我看中医是一项。翌年1月,在杭州刘庄休假时,又对江华、罗瑞卿等说:我说过,中国对世界有三大贡献:第一是中医;第二是曹雪芹的《红楼梦》;第三是打麻将牌。后来,他又说:我看中国有两样东西对世界是有贡献的,一个中医中药,一个是中国饭菜。饮食也是文化。两次谈话,略有不同,但都谈到了中医。1954年毛泽东在一次会议上谈及卫生保健时说:中医对我国人民的贡献是很大的。中国有六万万人口,是世界上人口最多的国家。我国人民之所以能解决生衍繁殖、日益兴盛,当然有许多原因,但卫生保健事业所起的作用,必是其中重要原因之一,这方面首先应归功于中医。(《毛泽东题词与联语纪事》上,第201页)他还说:中西医比较起来,中医有几千年的历史,而西医传入中国不过几十年,直到今天我国人民疾病诊疗仍靠中医的仍占五万万以上,依靠西医的则仅数千万(而且多半在城市里)。因此,若就中国有史以来的卫生教育事业来说,中医的贡献与功劳是很大的。祖国医学遗产若干年来不仅未被发扬,反而受到轻视与排斥,对中央关于团结中西医的指示未贯彻,中西医的真正团结还未解决,这是错误的,这个问题一定要解决,错误一定要纠正。首先各级卫生行政部门思想上要改变。1955年,毛泽东在一次会上又说:几年来,都解放了,唱戏的也得到解放,但是中医还没得到解放,中医进修西医化了,看不起

809

中医药,是奴颜婢膝奴才式的资产阶级思想。又说:中国六亿人口的健康主要是靠中医,不是靠西医,因为西医的人数很少,中医对人民健康的作用是很大的。中国医药有悠久的历史,对人民有很大的贡献,要建立机构研究中医药,应按对待少数民族政策那样对待他们,各机构中应有他们的成员。对有本事的中医要当专家看待,按专家的待遇对待。

1958年10月11日,毛泽东在卫生部党组《关于西医学中医离职学习班的总结报告》上作了批示:"中国医药学是一个伟大的宝库,应当努力发掘,加以提高。"在批示中还说:"我看如能在1958年每个省、市、自治区各办一个70人至80人的西医离职学习班,以两年为期,则在1960年冬或1961年春,我们就有大约2000名这样的中西医结合的高级医生,其中可能出几个高明的理论家。"

毛泽东关节疼痛,吃了不少西药无效,李鼎铭给了四副药,果然痊愈了

毛泽东器重中医和他们的医术,其中一个就是李鼎铭。

中国人几乎都知道毛泽东名篇《为人民服务》。在这篇文章里,作者提到了三个人:张思德、司马迁和李鼎铭。其中,李鼎铭是陕西米脂开明士绅,曾被选为陕甘宁边区政府副主席。他也是一个颇有医术、但又注重现代科学的中医。

毛泽东率领的工农红军到达陕北时,李鼎铭已经是五十五六岁了。他在家乡米脂县城开了一家"常春医馆",坐堂行医,由于医术高明,又讲医德医品,很受赞誉,当地民众还送以一块"济世神医"的匾额。1941年11月,经毛泽东提议,李鼎铭当选为边区政府副主席。他在忙碌操劳边区政府各项会务闲暇,仍努力从事于自己所擅长的本草方剂之术,经常给中央和边区的领导人和群众看病,被人们尊称为医界巨擘。

毛泽东在长征途中因积劳患有关节疼痛之症。有一次旧病复发,连胳膊都抬不起来,吃了不少西药仍未见效。李鼎铭得悉后,赶到杨家岭窑洞来给毛泽东看病诊脉。经观察、诊断后,当场就开了四副中药。他满有把握地对毛泽东说:吃了第一副药,叫你胳膊抬得起来,第二副药叫你胳膊能转动,第三副药胳膊就自由了,第四副药就能让你爬单杠了。当时中央有关卫生部门不甚相信中医,不同意给毛泽东用中药治疗。毛泽东说:还是试试看吧! 毛泽东按时服用了四副中药,正如李鼎铭所说,他的关节疼痛消除,胳膊活动自如。自此之后,毛泽东有时患病,就请李鼎铭治疗,给他开中药方。李鼎铭还用按摩的方法,结

合药物治疗毛泽东的胃病和关节疼痛。李鼎铭说:在阳光下按摩效果最好。毛泽东也欣然认同,经常到室外的阳光下按摩。

当时,延安有几家医院都是以西医为主体,人为地形成一股鄙弃中医的风气:有人让中医看过了病,西医就拒绝再作诊断和开处方;中医看病用药,不能报销医药费。人们对中医与西医孰是孰非,颇有争议。一种意见是认为中医落后保守、不讲科学,主张废中医,立西医;另一种意见是认为西医只是皮毛,只有中医才是世代相传的治本之术,因而鄙视西医,独尊中医。毛泽东在李鼎铭给他治病期间,就这个问题向李鼎铭提出来并聆听意见。李鼎铭说道:中医西医各有长处,只有团结起来才能求得进步。毛泽东早有这种想法,因此对李鼎铭所说非常满意。他说:你这个想法很好,以后中西医一定要结合起来。毛泽东还推荐李鼎铭给周恩来、朱德、林伯渠、王稼祥、谢觉哉等中央和边区的领导人看病。在一些会议上,毛泽东也常常谈及中医中药的好处,称赞李鼎铭医术高明,要求人们尊重中医、支持中医,号召西医向中医学习,实行中西医相结合。有一次,毛泽东将别人送来的人参,特地派人送给李鼎铭,并附有亲笔信,说明这人参供他配药使用。

毛泽东在延安凤凰山时,有一次还和管理中央医院的黄祖炎、傅连暲谈话时说:你们两位院长要组织一个专家组织,把中西医结合起来,西医治表不治本,中医治疗缓慢繁复,两者要取长补短。又说:我家乡有钱人讲究中医泡酒,你们医院研究研究哪些药材可以配酒,能治哪些病症,这样方便患者服用。还说:中西要互相学习,联合诊疗,就像走中国自己的革命道路一样,走一条中国医学的新道理。(《一个中国革命者的私人记录》,第 63 页)在毛泽东的支持和领导下,陕甘宁边区先后建立了中医研究会、中西医协会、中医保健社等社会机构和学术团体,并提出"中医科学化,西医中国化"的口号。

我们有一支中医队伍,中医加西医,我们的力量就大得多了

新中国建立以后,毛泽东对中西医作了更多的阐明,要求中西医结合,发展我们的医疗事业。

1950 年,第一届全国卫生工作会议召开,毛泽东作了重要指示:团结新老中西各部分医药卫生工作人员,组成巩固的统一战线,为开展伟大的人民卫生工作而奋斗。1951 年 9 月 30 日,毛泽东在庆祝新中国成立两周年晚宴上,对坐

在他右边的黄家驷医生说：中国有世界四分之一的人口，而医生的数量在世界上是微不足道的。但我们有一支中医队伍，中医加西医，我们的力量就大得多了。毛泽东注重中医事业的建设，提出西医要向中医学习，中医也要向西医学习，两者相辅相成，相得益彰。

1956年3月20日，在与医务工作者谈话时毛泽东说：中国文化遗产丰富，中国历来有很多好的文化遗产，科技方面，如天文学与医学，经验很丰富、很宝贵，但是因为过去科学技术差，不能发扬，这是提出西医要学习中医的根本原因。在西医学习中医方面，毛泽东还具体地指出：在学习中应该把一些古代的经典性医学著作由专人翻译成白话文，印成古文与白话文对照本，以便于西医阅读学习，例如《本草纲目》就不好懂，不好在科学基础上理解，最好由一些有较丰富的自然科学知识的中医或懂中医的西医来讲。毛泽东同时也号召中医向西医学习。他说：对于一些精力较充沛、有一定经验的中医，应给予自然科学知识的教育，如物理、化学、生物细菌学、解剖学、生理学等，这样对于古代医学经验与现代科学的结合会有很大帮助。1956年8月24日，毛泽东在同中国音乐工作者谈话时，又一次提到了西医学中医。他说：要向外国学习科学的原理。学了这些原理，要用来研究中国的东西。我们要西医学中医，道理也就是这样。又说：应该学外国的近代的东西，学了以后来研究中国的东西。如果先学了西医，先学了解剖学、药物学等等，再来研究中医、中药，是可以快一点把中国的东西搞好的。他最后指出：就医学来说，要以西方的近代科学来研究中国的传统医学的规律，发展中国的新医学。毛泽东还说，历史上中医的一个很大特点是从不拒绝接受外来的好东西，比如中药胖大海，实际上是进口货，但中医拿过来了，现在谁能说它不是中药呢？中医得到发展是由于兼收并蓄，博采众长。

毛泽东始终关心中西医合作。一次，毛泽东在和有关工作人员谈话时，有人提及，有一个参加过抗日战争和解放战争、身经百战九死一生的老同志，如今竟死于白血病，因而埋怨医生无能。他问毛泽东，中西医结合好不好？毛泽东说：中西医结合好。因为中医和西医他们的任务相同，目标一致，各有特长，应该联合起来共同奋斗。就像你们的工作一样，各个部门，为了一个共同的任务，大家联合起来分工合作，共同奋斗，才能把工作做好。如果中西医能够密切合作，把中国的传统医学经验同西医的科学方法结合起来，互相交流，取长补短，这样就能促进现代医学的发展，研究出的成果就可能多一些，治病救人的办法也会多一些,对人民的贡献就更大了,我们的医学是大有希望的。

叶天士把人体的病变和气变、环境联系起来,是很高明的

毛泽东对中医史里的名家颇感兴趣。1949 年 3 月,在北平双清别墅接见前来治病的孔伯华,见面时就问:早闻孔老大名,你是孔子多少代孙呀! 孔答:"第七十四代。"毛泽东说:好啊,不为良相,便为良医。你创办的北平国医学院,为我国中医事业做了很大贡献。(《京城四大名医》,第 125 页)

1955 年,毛泽东对中医工作指示,其中就提及:中医对人民健康的作用是很大的。中国医药有悠久的历史,历史证明它对人民有很大贡献。

河北安国县是我国江北药材主要集散地,有药都之称。当地有北宋时所建的药王庙。相传此位药王就是东汉刘秀云台二十八将之一的邳彤。1958 年 8 月 5 日,毛泽东赴安国视察,车进南关大街,经过坐地三千二百平方米的药王庙。他问:这庙里的药王姓什么? 安国县长回答说不知道。毛泽东有点不满意:一个县长不知道药王姓什么? 安国药王庙建有名医殿,供奉有秦越人(扁鹊)、张仲景、华佗、朱丹溪、孙思邈、李时珍等古代十个名医的塑像。毛泽东对这些名医的业绩都很熟悉,多次谈及。例如他曾引用孙思邈名言"胆欲大而心欲小,智欲圆而行欲方",开导做经济工作的人,要有清醒的头脑,胆大心细,多思慎行。也曾谈及过李时珍自学成材、深山采药,治病救人的感人事迹。至于东汉名医华佗的事迹他谈得更多。

毛泽东很欣赏古代中医的高明医术。1953 年,他在一次谈话中谈到了清朝苏州名医叶天士。他说:鲁迅在《父亲的病》这篇文章中对清代名医叶天士用梧桐落叶做药引不以为然。其实,正是以叶天士取秋天的梧桐叶这个例子可以看出,中医懂得人的疾病受自然环境影响。叶天士把人体的病变和气变、环境联系起来,是很高明的。这种认识即便在科学发达的今天,也是很先进的。中国这么大,人口这么多,自然环境、气候条件、生活习惯和各地人民的体质,都有很大差别,不能以一概全。而中医正是重视这种差别,才派生出各种学派、各家学说。各个学派的不断发展,汇成了中医这个整体的渊渊巨流,这对现代科学也有可以借鉴之处。(《健康报》1983 年 12 月 15 日)

由于熟悉中医和中医史,毛泽东有时也常谈些中医之道。有一年,他与保

健医生就保健养生谈到了孔子。毛泽东说:孔老夫子吃饭很讲究,有几不吃,鱼和肉不新鲜不吃,食物变色变味不吃,烹调不合宜不吃,不到吃饭时间不吃,这些都很合科学卫生嘛!不过孔老夫子有病啊!你应该给他诊诊病,我看他有胃病。为什么呢?他接着又说:食不厌精,脍不厌细,东西搞得那么精细不是消化不好吗?再说,他喜欢吃姜。姜性温,孔老夫子有胃寒,用姜去暖寒胃,老百姓不是喝姜糖水嘛,去寒发汗治感冒。我看他还有胃下垂。他胃不好,又忙着周游列国,吃饭了就坐车子颠簸,还不得胃下垂?有一次在舞会间,一些年轻人和他谈了看病麻烦事时,毛泽东就说:医生看病还是应该仔细一些,中医看病不是讲要望、闻、问、切吗?不能快刀斩乱麻,要防止欲速不达,就是十个病人都得了同样的病,症状也不会完全相同,得病的原因和病情的轻重也会各有不同,用药也就应该有所区别,各有侧重,不能像吃大锅饭一样,"一锅粥人各一碗"。

中医治疗察言观色,即是注意病人的心理行为的。毛泽东深知此道,颇为认同。他曾在回答有人所问的治病与病人的心理状态关系时,讲了《三国演义》一段故事:蜀国的军师诸葛亮精通心理学,摸透了东吴领兵的大都督周瑜的心理,于是在互相搞统一战线时,他帮助东吴军大败魏军,解除了周瑜的重重忧心,治好了他的心病。但是当蜀吴双方进入交战状态时,他又利用周瑜争强好胜的心理,加剧了他的心病,气得周瑜心病发作,不战而亡。由于熟悉中医,毛泽东有时还能向患者提供对症处方。20 世纪 50 年代初,当他得知京剧演员李和曾患有高血压和肩周炎时,就说:有高血压,要注意适当休息。不要老查表,有负担,可以找找中医,吃点中药慢慢会好的。肩周炎可以贴膏药,贴膏药的效果比吃药更好一些。后来,他向李和曾介绍了一种治疗高血压的中药方子。

语言优美旖旎，文字精练细腻

——毛泽东谈《西厢记》

毛泽东很喜欢《西厢记》，经常谈说其中的故事和人物，恰到好处，妙趣横生。

1951年2月，阿沛·阿旺晋美率领的西藏代表团和班禅·额尔德尼到北京，共同协商西藏和平解放诸问题，毛泽东请周恩来和中共中央统战部长李维汉代表中央政府主持谈判。他风趣地对他们两人说：我不懂藏话，汉话也说得不好，虽不能说相貌丑陋，但也不太招人喜欢；不像二位，一表人才，风度翩翩。我只能演老夫人，偶尔出场，点拨一下。你们是花旦，可以扮红娘。这次西藏的客人，就由你们二位接待，少奇同志也同意我的意见。这里提到的"老夫人"、"红娘"，都是《西厢记》里的人物角色。他对《西厢记》运用自如。

有学者考证，说毛泽东20年代写给杨开慧《贺新郎·别友》的上阕构思，很是受到《西厢记·长亭送别》的影响。如此推理，可以说在那时候，他已接触《西厢记》了。

新中国建立以后，毛泽东多次谈到《西厢记》和里面的人物。1958年3月，毛泽东在成都会议期间阅读了《西厢记》，在他准备的会议讲话提纲里开头就有"张生与惠明"字样。3月22日，毛泽东在会议上作了讲话。他说："《西厢记》中，有一段张生和惠明的故事。孙飞虎围普救寺，张生要送信请他的朋友白马将军来解围，但无人送信，于是开群众会议，惠明挺身而出，将信送去。这是描写惠明勇敢大胆，是坚定之人。希望中国多出惠明。"(《建国以来毛泽东文稿》第七册，第122页)毛泽东夸惠明，是要提倡振作精神，要有势如破竹、高屋建瓴的气概，而惠明具备这样的气概，这正是社会主义建设所需要的。同年4月6日，毛泽东在武汉召开的小型会议上说：技术革命是逼出来的，世界上好多东西是逼出来的,整风是逼出来的,有了对立物就逼出来了。你看《拷红》,用家法打红娘,逼出了一篇道理,红娘压倒了老夫人。(《"大跃进"亲历记》,第 268 页)5 月 8 日,毛泽东在中共中央八届二次会议上,作了破除迷信、解放思想、敢想敢讲敢做为中心议题的讲话。他说:自古以来,很多学者、发明家,创立新学派,开始都是年轻的,学问比较少的,都是被人看不起的,或是被压迫的人。他又举了古今中外三十多个杰出、著名的历史和文化人物,其中有一个就是《西厢记》的红娘:红娘是个有名的人,她是奴婢,很公正,很勇敢。她帮助张生做了那样的事,是违反"婚姻法"的。她被打了四十大板。可是她不屈服,反而把老夫人责备了一顿。你们说,究竟是红娘的学问好,还是老夫人的学问好?是红娘是"发明家",还是老夫人是"发明家"?(《毛泽东读书笔记解析》上,第 395 页)

1961 年 12 月 26 日,毛泽东在北京召开会议听取中央工作会议各组汇报时,指出赫鲁晓夫欺软怕硬,应该是欺硬怕软时说:《西厢记》上讲惠明和尚,有几段唱词,里面有"我从来欺硬怕软,吃苦辞甘"。共产党人就应该这样。"强凌弱,众暴穷",从来不得人心嘛!翌日,还特地从《西厢记》选出一段,批示说:印发各同志《西厢记》第二折。此第二折即是第四本中的第二折,内容为老夫人打红娘,红娘反责老夫人。翌年 8 月,毛泽东在一次讲话里,又举了《西厢记》为例以说明戏剧艺术中"冲突"的重要性。他说:《西厢记》中老夫人代表封建势力,是对立面,有了老夫人,才有戏。不然,光有莺莺、红娘、张生三个人打成一片,没有对立面还有什么戏呀。(《毛泽东读书笔记解析》上,第 397 页)

1973 年 8 月,毛泽东又以老夫人与红娘故事为例。据周恩来在中共十大主席团会议传达毛泽东谈话:主席最近给我们说过,我们老一辈人是过渡时期的人。不要总出台唱戏呀,我们出台转一转就行了,像《西厢记》上的老夫人,要让红娘去演戏。有些事情领导还是起作用的。但领导像导演似的,看戏哪能看见导演呀?(《毛泽东年谱(1949—1976)》[六]第 495 页)毛泽东对《西厢记》非常熟悉。一次,毛泽东在中南海一个周末晚会上见到某位女工作人员,当问及她叫"崔英"时,他笑着问:那么,你的爱人可能是姓张了。女同志听了感到茫然。毛泽东又问:你读过《西厢记》吗?她这才恍然大悟地说:我读过《西厢记》。毛泽东问:你读的是哪个版本的?答:是王实甫写的那本。毛泽东对她说:你应该再读读董解元写的《西厢记》诸宫调,那本写得好,文词写得美,文字精练细腻,读两遍不嫌多。《西厢记》有元王实甫的,还有金董解元的。毛泽东推荐读董西厢,正说明他讲究版本学,懂得版本学的文化价值。不仅如此,毛泽东还能背诵书里的那些"科"、"白"和宫调诸词。1975 年,已经八十二岁高龄的毛泽东仍能大段地背诵《西厢记》很多原篇。一天,芦荻给他朗读江淹《恨赋》,《恨赋》中有一个"溢"字,为了解释这个字,毛泽东就将《西厢记》有"溢"字那段,即第四本第三折《长亭送别》背诵如流:"碧云天,黄花地,西风紧,北雁南飞。晓来谁染霜林醉?总是离人泪……这忧愁诉与谁?相思只自知,老天不管人憔悴。泪添九曲黄河溢,恨压三峰华岳低。到晚来闷把西楼倚,见了些夕阳古道,衰柳长堤。"

分久必合，合久必分

——毛泽东谈《三国演义》

毛泽东好读《三国演义》。成都武侯祠谭良啸研究员说，1958 年，毛泽东在成都会议期间，来武侯祠参观。他问讲解员，你知道诸葛亮一生坐过几次车，骑了几次马？ 这说明他读三国很仔细，为人所忽视的细节，往往也引起他的注意。他喜欢三国故事，"三国竞争之时，事态百变，人才辈出，令人喜读，至若承平之代，则殊厌弃之，非好乱也，安逸宁静之境，不能长处，非人生之所堪，而变化倏急，乃人性之所喜也。"（《毛泽东早期文稿》，186 页）毛泽东一生都爱读《三国演义》。

少年毛泽东，就被同学公认为"三国故事大王"

据有关书刊记录，毛泽东是 1906 年接触《三国演义》的。他少年时代就是韶山村公认的"三国迷"。他读《三国演义》和《水浒传》手不释卷。1910 年，在赴东山学堂读书时，就携带这两部书。讲起三国头头是道，对答如流，因此被同学公认为"三国故事大王"。后来在湖南师范读书时，还与蔡和森、萧子昇并称是"三个豪杰"。1912 年，在湖南一师期间，毛泽东接触了《三国志》。从此，他在论述和讲演里，也经常将它和《三国演义》掺和引用，寻章摘句，挥斥方遒。

中国农民喜欢讲《三国演义》故事，1930 年，毛泽东作《寻乌调查》，在"文化"节中对全县民众作调查，其中一项就得出有：能看三国，百分之五。以此定格本地民众的文化水平。

毛泽东读《三国演义》成习惯。井冈山时期，他想读《三国演义》，当从茶陵谭延闿家找到一部《三国演义》时，欣喜欲狂，他说：这真是拨开云雾见青天，快乐不可言。因为爱读《三国演义》，长征行军途中，他还让警卫员去找书，以致引起误会，闹出取来"三锅"的笑话。他对三国故事了若指掌，往往触景而侃谈。

1935 年红军长征,毛泽东随军委纵队住在金沙江畔的皎平渡渡口边的石洞里,天气闷热,空气又不畅通,他对朱德、周恩来说:相传三国时诸葛武侯"五月渡泸,深入不毛之地",大概就是我们到的这些地方。《三国志》上说江边天气变热,马岱过江之二千人,中水毒死了一千五百人,或真有其事也。(《战争绝唱》,第307 页)新中国成立后,毛泽东又多次读《三国演义》。1953 年,他发现作家出版社所校印的《三国演义》尽删其中"后人有诗叹曰"等大量诗句,说怎么那些后人有诗题曰叹曰……都没了?这不行,要恢复齐全。(《毛泽东读三国演义》,第 55 页)他也不放过他人研究三国的成果。20 世纪 50 年代末,在《北京晚报》读了作家吴组缃的《关于〈三国演义〉(三)》,就嘱咐秘书去找前载的两篇。民谚称老不读三国,但在 70 年代,毛泽东患老年性白内障,仍然读《三国演义》,经常在书房翻阅各种版本的《三国演义》,有平装的,也有线装的,也读有关三国的史传,如《晋书》的《羊祜传》、《杜预传》。毛泽东至少读了七十年的《三国演义》。

《三国志》读得稍迟些,但毛泽东也爱读并熟悉之。毛泽东曾说:《三国演义》是小说,《三国志》是史书,两者不可等同视之。若说生动形象,当然要推演义;若论真实性,就是更接近历史真实,罗贯中的《三国演义》就不如陈寿的《三国志》啰!他举例说明:比如,旧戏里诸葛亮是须生,而周瑜是小生,显然诸葛亮比周瑜年纪大。这可能是来源于演义,而在《三国志》上记载周瑜死时三十七岁,那时诸葛亮才三十岁,即比周瑜小七岁。1958 年 11 月 20 日,毛泽东在湖北武昌东湖,很有兴趣地对李井泉、柯庆施等说:今天找你们来谈谈陈寿的《三国志》。他说:《三国演义》和《三国志》,虽然是两部不同类别和不同文体的著作,但从内容上来说,这两部著作具有密切的关系。你们读《三国演义》和《三国志》注意了没有,这两本书对曹操的评价是不同的。《三国演义》是把曹操看作奸臣描写的;而《三国志》是把曹操看作历史上正面人物来叙述的,而且说曹操是天下大乱时期出现的"非常之人"、"超世之杰"。可是因为《三国演义》又通俗又生动,所以看的人多,加上旧戏上演三国戏都是按《三国演义》为蓝本编造的,所以曹操在旧戏舞台上就是一个白脸奸臣。毛泽东还经常用《三国志》印证《三国演义》,使《三国演义》对人进行说理和教育增强真实感;也习惯用《三国演义》解释《三国志》,使史事栩栩如生有可信处,两者互补,相得益彰,并展开思维将三国人事穿插在报告、文章中,对人进行说明和教育。古今中外,还没有人像毛泽东那样善于运用三国故事,赋以三国故事以时代的含义，传播深睿的哲理。

《三国演义》至少要看三遍，你读了它，就可以算半个中国人了

三国故事汇集了中国农耕社会几千年的智慧，写了各种善恶观，也写了各路人马的众生相和以他们为载体的文化道德观。它也是构架人际语言思维、民族情感交流的纽带和桥梁。毛泽东认为三国里有许多战例，蕴含着很深的战略战术。(《说不尽的毛泽东》，第 430 页)毛泽东给《三国演义》以最恰当、正确的评价。他说读《三国演义》这类书，能使人聪明，能对社会了解多一些，也会增强对事物的分析能力。1938 年，毛泽东对贺龙、徐海东说：《三国演义》、《水浒》和《红楼梦》，谁不看完这三部小说，不算中国人。二十年后，他又反复告诫身边的工作人员做一个中国人，这些书不看是不行的。又说：作为一个中国人，对这三部书，不看它三遍太遗憾了；《三国演义》、《水浒》，这些好书，至少要读它三遍。1942 年，毛泽东向全党发出号召：做干部工作的同志，要看《三国演义》和《水浒》。延安和晋、冀、鲁、豫等解放区为此都先后出版了《三国演义》。解放区的许多干部都读过《三国演义》。据说，皮定均将军读的第一本书，就是刘伯承送给他的石印的麻纸本《三国演义》。后来这部《三国演义》一直跟着他，直到中原突围后还带在身边。

毛泽东还指导高级将领和普通战士怎样读《三国演义》。他说：不要去注意那些演义式的描写，而要研究故事里的辩证法。他多次借用刘备所说的与诸葛亮间鱼水关系，水可以没有鱼，鱼不可以没有水。并说：《三国演义》很有意思，你看看人家是怎么打仗，怎样布置兵力的。看这本书，不但要看战争，看外交，而且要看组织。

以往封建史家写史的笔法是以成则为王、败则为寇为原则的。《三国演义》里的好人坏人，通常以对"汉室"与否而界定。毛泽东对此并不认同，他以历史唯物辩证为依据来评价三国人物。他说：三国的几个政治家、军事家，对统一都有所贡献。他指的是三国创建人曹操、刘备、孙权和他们的文臣武将。其涉及面之广，见诸笔者在《毛泽东与三国演义》所录毛泽东谈三国人物二百多条目，先后谈及有七十几个三国人物。如作定量分析，其中提及姓名较多的有：曹操50 条、诸葛亮 57 条、关羽 21 条、刘备 16 条、张飞 15 条、孙权 15 条、周瑜 12 条。

毛泽东尤其高度评价曹操，他赞同鲁迅的观点，"总是非常佩服他"。因此，

为曹操翻案成为 20 世纪 50 年代中国史学界的一大热点。毛泽东多次称赞曹操,肯定他统一北方的历史功绩。在北戴河高歌《观沧海》时,写下了《浪淘沙》,在此前后,还以如椽大笔,抄写《龟虽寿》乐府,分别赠与正在养病的林彪和胡乔木。在文学史圈子里,曹操也翻了身。原先钟嵘《诗品》把他的乐府名列下品,由于毛泽东称赞曹操的诗"气魄雄伟,慷慨悲凉,是真男子大手笔","直抒胸臆,豁达通脱",也使人们重新认识了曹诗的文学价值。

对诸葛亮,毛泽东也予以肯定。他多次引用有关"三个臭皮匠"谚语,唱《借东风》、《空城计》等诸葛亮京剧折子戏,更多的是讲诸葛亮的忠诚和智慧。1950年,他对董其武说:你看过《三国演义》吧?共产党就是以诸葛孔明的办法办事。那就是"言忠信,行笃敬,开诚心,布公道,集众思,广众益"。诸葛亮与刘备的鱼水关系和七擒孟获故事,毛泽东经常提及,他从民族情感和伦理规范相融合的视角加以解剖和演绎,以其独具的政治思维特色,赋予三国的故事和人物以全新的含义,并以此为例,教育干部群众。

常用人们熟悉的三国人和事比喻

毛泽东善于讲《三国演义》,往往在报告、谈话和文章中,恰如其分穿插三国故事为例,阐述政治形势和对策,有时也用与干群交流,融洽情感。三国的人和事,多为人们熟悉和感兴趣,而出自毛泽东之口则更令人感到生动、有力。

1941 年 1 月皖南事变后,在如何对待蒋介石和国民党反动派的问题上,党内产生了不同的意见,毛泽东就以关羽失荆州,刘备拒绝众臣苦谏,出师攻打东吴,最终导致兵败身亡的史实为鉴,由此总结刘备的失败,"其原因就在于刘备没有区分与处理好主要矛盾与次要矛盾的关系,在谋略中没有抓住主要矛盾"。"曹刘是主要矛盾,孙刘是次要矛盾。孙刘的矛盾是统一战线内部的矛盾"。所以,毛泽东认为,只有抓住主要矛盾,分清主次与轻重缓急,先曹后孙才是大局为重的上策。他通过分析《三国演义》这段刘备兵败身亡的历史故事给大家以启示,很快统一了党内对皖南事变的认识。(《党史文汇》1994 年第 9 期)

毛泽东也常以三国故事作比拟。1945 年 8 月,赴重庆谈判,民盟领导人张澜表示为他安全担忧。毛泽东说:此次单刀赴会,我们是作了充分估计的,也料定他蒋介石不敢冒天下之大不韪,公开扣留我。我是诸葛亮到东吴,身在虎穴,安如泰山呵!(《险难中的毛泽东》,第 314 页)。在他回到延安后,有人说:"主席这次去重庆,简直是刘备过江啊。"于是毛泽东就讲了这出故事,给大家分析了西蜀对东吴既联合又斗争,刘备过江是不得已的形势。(《毛泽东与名人》,第785页)

平津战役后,1949年4月,毛泽东在北平香山接见四野军、师以上干部。他说:当年曹操八十三万人马下江南,今天,我们二百多万人马,三路大军下江南:一路陈粟大军;一路刘邓大军;一路林罗大军,浩浩荡荡,声势大得很,气魄大得很,同志们,下江南去!我们一定要赢得全国的胜利!(《红旗飘飘》第十五集)

他说得是多么好啊!

毛泽东很善于用三国故事开导人、教导人。

讲要有革命警惕,就用古城会故事为例。1949年12月,在与民盟楚图南等谈话时说:"大家都看过《古城会》吧?看看这个戏是很有益的。当时在古城的三弟张飞,看见从敌人营垒回来的二哥关羽,对他提出种种疑问,是张飞有警惕性的表现,是完全正确的,但关羽一旦斩了蔡阳,用行动表示了与敌人划清界限,张飞于是开门迎接关羽,兄弟又团结共同对敌。"

对此,早在1944年11月,毛泽东为纠正延安"抢救运动"的错误,在中央党校谈话时也讲了这出故事:关云长曾在曹操那里很受器重,曹操给他"上马金,下马银","十美女进膳",但关云长毫不动摇归汉的决心。在回家的路上,过五关、斩六将,回到古城。可是张飞怀疑他投降了曹操,不开城门。关云长说他"身在曹营心在汉",张飞不信。这时正好曹操大将蔡阳赶到,关云长气愤之下斩了蔡阳,张飞才相信了。打开城门跪在关公面前,赔礼道歉。刘备出面说情:二弟在外多时,三弟怀疑是自然的,怀疑错了,赔过礼就行了。(《延安整风前后》,第188页)同年10月25日,毛泽东在延安中央党校作报告时又说:张飞在古城相会时,怀疑关云长,是有高度的原则性的。关羽形式上是投降了曹操,封了寿亭侯,帮曹操杀了颜良、文丑,你又回来究竟是干什么来了?我们一定要有严肃性、原则性。当然过火是要不得的,所以去年抢救运动,十几天,我们马上就停下来了。(《党史文汇》,1994年第8期)

讲提拔新干部,以诸葛亮为例。1957年4月,毛泽东在四省一市省市委书记思想工作座谈会上谈话时说:孔明二十七岁成名,也未当过支部书记、区委书记嘛,也是个新干部嘛!赤壁之战以前无名义,之后才当军师中郎将。古时候可以破格用人,我们为什么不可以大胆提拔。(《社会科学论坛》,1995年第1期)又说:三国时关张开始因孔明年轻不服气,刘劝说也不行,没封他官,因封大封小

都不好,后派孔明到东吴办了一件大事,回来后才封为军师。(《将军不辱使命》,第153 页)

讲读书方法,以庞统为例。1936 年,毛泽东常对抗大教职员说:我们要来一个读书比赛,看谁读的书多,掌握的知识多。只要是书,不管是中国的、外国的、古典的、现代的、正面的、反面的,大家都可以涉猎,但不能一目十行,三国中那个庞统能一目十行,我是从来不信的,那是神话。(《湖南日报》,1983 年12 月 9 日)

讲战术,以用偷袭、打埋伏为例。1934 年,在反第四次"围剿"时,王震前来请教被排挤的毛泽东,国民党军队兵多枪多,短促突击打硬打怎么办? 毛泽东说:《三国演义》中,多处讲到偷袭、打埋伏。在敌强我弱的形势下,你们是不是先给敌人打圈子,牵着它的鼻子转,等它疲劳了,再设法消灭它的有生力量。消灭它的办法,可以不可以用偷袭、打埋伏,截击敌人的行军部队,找它的腰部或尾部打? (《纵马湘赣》,第 192 页)

讲搞现代化建设,比拟是万事俱备,只缺东风。1955 年 5 月,毛泽东在中南海与中央警卫团谈到工业化时说:中国有个好处,就是人多,有六万万人,全世界没有一个国家有这样多的人。又说:三国时刘备攻曹操,采用火攻,万事俱备,就缺东风。你们看过三国没有? 三国可以看,我们就是缺东风。什么是东风呢? 就是缺工业。有工业才有汽车、火车头、飞机、坦克、重机器、细机器。(《在毛泽东身边》,第 158 页)

常引用三国特有的词目

毛泽东熟悉三国,也时时以《三国演义》中的词目用之于谈话和文章,使干群一目了然,取得理解,如"分久必合,合久必分"、"过五关、斩六将"、"天有不测风云,人有旦夕祸福"、"八十三万人马"、"七擒七纵"以及鱼水关系,等等。

《三国演义》第一回开篇语有"天下大势,合久必分,分久必合"。

1938 年 5 月 4 日,毛泽东在延安抗大讲话时,把国共合作分为三段:第一段两党合作;第二段两党分裂;第三段是两党又合作。他说:按照中国古书《三国演义》——你们看过吗,那里开头就说"话说天下大势,分久必合,合久必分"。(全场大笑)过去分了十年,现在又合起来。当然,把这话拿到现在来说是不正确的,现在合起来,不一定会再分,我们可以把它改成两句话:国共两党,合则两

利,分则两伤。(《中国老年》,1995 年第 4 期)

1955 年 10 月 15 日,毛泽东同日本国会议员访华团就中日关系和世界大战问题作了谈话。他说:"所谓天下大事,就是解放、独立、民主、和平友好、人类进步。天下大势,'分之必合,合久必分'。中国有本小说叫《三国演义》,一开头就是这两句话。这也是过去我们犯错误的一条,因为老是'分久必合,合久必分',就搞不成什么事情了。"(《毛泽东外交文选》,第 224 页)

1956 年 3 月 5 日,毛泽东在听取汇报手工业工作时指示:"你们说,在手工业改造高潮中,修理和服务行业集中生产、撤点过多,群众不满意。这就糟糕!现在怎么办? 天下大势,分久必合,合久必分!"(《毛泽东文集》第七卷,第 11 页)

1958 年 8 月 5 日,毛泽东在河北安国淤村乡听取农业社组织情况说:"分久必合,合久必分"。又说:你看过三国没有?《三国演义》中的第一句话便是"话说天下大势,分久必合,合久必分"。

毛泽东非常喜欢、欣赏"话说天下大势,分久必合,合久必分"一语,说它符合辩证法。他有时也应时空而反其意而用了。1936 年 9 月 8 日,在给国民政府陕西省主席邵力子就国共合作事的信中称:"《三国演义》云:天下大势,合久必分,分久必合。弟与先生分十年矣,今又有合的机会,先生其有意乎"?(《毛泽东书信选集》,第 55 页)

《三国演义》第二十七回有"过五关斩六将"故事叙关羽。

1939 年 5 月 30 日,毛泽东在延安庆贺模范青年大会上作报告,对来到延安的各地青年说:"你们到这里来是很辛苦的,是'过五关斩六将'才来到延安的。"(《毛泽东文集》第二卷,第 192 页)同年 12 月 9 日又在延安纪念"一二九运动"会上说,很多青年知识分子来延安的这条路上,是困难的。"因为他们既没有青龙偃月刀,嘶风赤兔马,又没有过五关斩六将的本领,那只有被赶到集中营'训练团'去。"(《毛泽东文集》第二卷,第 257 页)1945 年 2 月,在中央党校作时局报告时也谈及,"1937 年、1938 年,进抗大的学生过五关斩六将,像潮水一样涌向延安,滔滔而来,源源不断。"(《毛泽东文集》第三卷,第 258 页)"过五关斩六将",有时也解说为大英勇大功劳。20 世纪 50 年代初,毛泽东在与赴越南的中国军事顾问团韦国清等人谈话说:我们的胜利,人家是知道的,不用自己去表示。对待人家的缺点错误,少讲"过五关斩六将"。(《文史春秋》,1994 年 6 月号)

《三国演义》第四十九回有诸葛亮和周瑜对话:"瑜曰:'人有旦夕祸福,岂能自保?'孔明笑曰:'天有不测风云,人又岂能料乎?'"此系原自元无名氏《合同文字》第四折:"天有不测风云,人有旦夕祸福。"

毛泽东很喜欢这句话。1956 年 9 月 13 日,在中共中央七届七中全会第三次会议上讲话时就国家和党的安全,设副主席和总书记说:一个主席,又有四个副主席,还有一个总书记,我这个"防风林"就有几道。"天有不测风云,人有旦夕祸福",这样就比较好办。(《纵横》1996 年第 7 期)1958 年 12 月,在所写的《关于帝国主义和一切反动派是不是真老虎的问题》中,告诫人们:一点不怕,无忧无虑,真正单纯的乐神,从来没有。每一个人都是忧患与生俱来。学生们怕考试,儿童怕父母有偏爱,三灾八难,五痨七伤,发烧四十一度,以及"天有不测风云,人有旦夕祸福"之类,不可胜数。(《党的文献》1993 年第 3 期)1963 年 1 月,毛泽东在与美国记者斯诺谈话后,嘱咐他要谨慎小心,引用了"天有不测风云"。

《三国演义》有曹操八十三万人马下江南的夸张语言。毛泽东也常用来举例。

1946 年 11 月 21 日,在中共中央会议上作报告时谈到军事,说:"对敌人如果不加分析,就会像三国时曹操号称八十三万人马,把东吴搞得议论纷纷一样。"(《毛泽东文集》第四卷,第 198 页)

1958 年 11 月,在湖南武昌,与吴冷西、田家英就实事求是、反虚夸谈话时说:天下事有真必有假虚夸,古已有之。赤壁之战,曹操号称八十三万人马,其实只有二三十万,又不熟水性,败在孙权手下,不单是因为孔明借东风。安徽有个口号,说"端起巢湖当水瓢,哪里缺水哪里浇",那是做诗,搞水利工程不能那样浪漫主义。(《忆毛主席——我所亲身经历的若干重大历史事件片断》,第 109 页)

四海之内皆兄弟也

——毛泽东谈《水浒》

　　毛泽东一生熟读中国古典文学名著《水浒传》。

　　毛泽东很小就看《水浒》。在进入私塾蒙读时候,就已经熟悉水浒故事的情节和人物了。这时是 1906 年,他十三岁。后来,他对徐海东、贺龙两位将军说:中国有三部名小说,《三国》、《水浒》和《红楼梦》,谁不看完这三部小说,不算中国人。他也曾对警卫员、翻译等随身人员分别说过:《水浒》至少读三遍。还说:《三国》、《水浒》这些好书至少要读它三遍,不要去注意那些演义式的描写,而要研究故事里的辩证法。

　　读《水浒》,说《水浒》,评论《水浒》,介绍《水浒》,从《水浒》里研究、学习辩证法,《水浒》贯穿了他的七十年读书生涯。

《水浒传》是对他少年时代影响最大的一部书

　　《水浒传》是农耕社会的人文百科全书。它保留、存积了我国自宋元和明初中期的许多民间语言和文化、社会风俗和习惯,这些,乃是在官修史书和朝野士大夫的札记野史里难以寻见的。《水浒传》的神髓,是以形象思维抒写了那个时代各阶层,尤其是中下层民众的社会生活、心态和行为,记下了当时社会的一百二十行的大多数职业行当。

　　毛泽东读《水浒传》,开始也是出自审美的情趣,即欣赏其艺术形象的塑造方式、精致的杀打文字。但他此后却没有,像常人那样仅仅把《水浒传》视为一种艺术文化,而是很快转入对它的实用价值的评估。他重视《水浒传》所执持的农民气息和大众文化,在风雨如晦的文化启蒙时期,就提出"学梁山泊好汉"。根据毛泽东自己回忆,《水浒传》是他少年时代影响最大的一部书。

因为《水浒》在中华民族,特别是青少年男性中的熟悉度,故毛泽东非常重视用《水浒》中的故事和道理对干部群众进行启导、教育。在早年创办文化书社,所发售的一百余种中外哲学和人文科学书籍里,《水浒传》是唯一的一部中国古典文学小说;在主持新民学会期间,建议同侪读些《水浒传》;在广州农运讲习所时,介绍宋江和《水浒传》;在井冈山和中央苏区各时期,《水浒传》都是必读的一部书;长征途中他急于找寻《水浒传》读;在延安整风时,《水浒》还是他圈定给干部阅读的书目。他熟悉《水浒传》的各家版本,一百回的简本,一百二十回的繁本,金圣叹腰斩的七十回本以及由七十一回后四十回独立成篇的《宋江平四寇》、《水浒传》衍生、嬗变的《水浒后传》(清陈忱)、《水浒新传》(张恨水),等等。

《水浒传》是以写宋江等一百零八个英雄好汉,在梁山上聚义、高举"替天行道"大旗的一部书。因为强化"造反有理",明清以来官府多有把它视为"诲盗"之作,列为查禁的。也有人把它界定是写绿林好汉。"盗贼本王臣",是因为奸佞当道、无可奈何落草为寇的。毛泽东喜读《水浒传》,也许这也表示他对旧社会旧世界黑暗和沉沦的愤懑和不平。"与天斗争,其乐无穷;与地斗争,其乐无穷;与人斗争,其乐无穷"。《水浒传》在前半部所宣传的"造反有理"思想在毛泽东脑海里不时浮现,所以后来他神往过去,说:我认为这些书对我的影响大概很大。但是半个世纪以来,随着农民战争在史学界的拔高和走红,《水浒传》也被升值为"歌颂农民英雄"的好书,并认为是封建社会惟一的一部歌颂穷苦农民的文学小说,是一部最成功的反映中国历史上农民起义发生、发展直至失败的完整过程的古典小说。对此,毛泽东在少年时代就有卓荦之见,当他读了包括《水浒传》在内的若干传统平话小说后,就不止一次地提及:第一次我忽然想到,这些小说有一件事很特别,就是里面没有种田的农民。所有的人物都是武将、文官、书生,从来没有一个农民做主人公。显然在封建社会,是不可能也不会允许歌颂农民英雄的文字问世,而且竟能让它不胫而走,占领文化市场,传世传代的。可见,毛泽东很早对《水浒传》就有精到的独立见解。

《水浒传》有很多唯物辩证法的事例

毛泽东青少年时候,就站在被压迫者的立场上,立志为人类谋幸福、求解放。因此《水浒传》里所反映的社会基层民众与上层贵族的对立,朴素的唯物辩证主义和造反的喜剧和悲剧,就必然为他青睐,发生共鸣,以至在此后漫长的岁月里,《水浒传》的故事情节和语言文字,也就一直成为他教育人们、沟通人际语言情感交流的一种工具。古今以来还没有人像他那样广泛运用,恰到好处。他阅读《水浒传》的收获和认识超越于文学命题,而升华为对社会学、政治学上的认识,并蕴含着形象思维的研究,以此来评判、界定《水浒传》所持有的价值取向。

《水浒传》前七十回,贯穿了一部几千年封建社会的阔大场面,即"逼上梁山"。它是小说的一大主题,官逼民反,民不得不反,这也是毛泽东注重《水浒传》的一个主要课题。二十世纪三四十年代,毛泽东指示把它的其中情节改编为戏剧。他认为上井冈山就是"逼上梁山",说:我们上山打游击,是国民党剿共逼出来的。在他安排和关切下,1944年延安平剧院排演了新编历史剧《逼上梁山》。他观看后,当即给编导们写了一封信,认为是在传统题材里挖掘出了历史的真髓。"逼上梁山"也成为毛泽东此后三十多年在言谈和书本上常提及的俗话,诸如"造反者都是逼上梁山的","我是被他们逼上梁山的",等等。

毛泽东欣赏《水浒传》,还因为《水浒传》故事多蕴含朴素的辩证法。如1935年11月在布置直罗镇歼敌计划时,援引了林冲打洪教头故事:林冲对洪教头,不是先冲过去,而是先后退两步,这就是为避其锋芒,攥紧拳头,发现弱点,一下子击中对方的要害。"退让的林冲看出洪教头的破绽,一脚踢翻了洪教头"。在重庆谈判期间,在与周围工作人员讲故事时,就称赞浪里白条张顺智斗黑旋风李逵的故事,说:张顺为发挥自己嬉水如蛟龙的本领,使李逵到水中搏斗,其结果"黑旋风"的威风在水中一扫而尽,被张顺轻而易举大获全胜。1959年2月,他读了《光明日报》副刊发表《黑旋风为什么斗不过浪里白条——谈事物的条件》,认为写得好,在一次会议上,推荐给与会者看。而《水浒传》中最引人入胜的故事,就是《三打祝家庄》。他说:《水浒传》中,有很多唯物辩证法的事例,这个三打祝家庄,算是最好的一个。1945年2月,毛泽东在观看了平剧《三打祝家庄》后,写了一封信给剧组:"我看了你们的戏,觉得很好,很有教育意义。继《逼上梁山》之后,此剧创造成功,巩固了平剧改革的道路。"

毛泽东晚年也注意了《水浒传》的后二十回,是描写宋江等受招安、征辽打方腊的情节,这是梁山群雄必然的历史结局。封建社会的民间造反,其最后结局,不是蜕变、被消灭,就是投降。毛泽东多次提出要保持优良的革命传统,保护革命胜利成果,他曾经推荐学习郭沫若《甲申三百年祭》,手抄李健侯《永昌演义》,"以为将来之用",在进入北平前后,还多次提及李自成失败的教训,教导人们跳出李自成失败的怪圈，而《水浒》中梁山聚义厅改为"忠义堂"和宋江只反贪官、不反皇帝，也就成为他晚年所注意的课题。70年代，毛泽东多次阅读清金圣叹批注的《水浒》本，并就百回本《水浒传》最后二十回发表评论。

1975年8月14日，毛泽东在回答北京大学讲师芦荻"《水浒》一书的好处在哪里，应当怎样读它"时，讲了一段话。这段话芦荻作了整理，全文如下：

> 《水浒》这部书，好就好在投降。做反面教材，使人民都知道投降派。
>
> 《水浒》只反贪官，不反皇帝。屏晁盖于一百零八人之外。宋江投降，搞修正主义，把晁的聚义厅改为忠义堂，让人招安了。宋江同高俅的斗争，是地主阶级内部这一派反对那一派的斗争。宋江投降了，就去打方腊。
>
> 这支农民起义的领袖不好，投降。李逵、吴用、阮小二、阮小五、阮小七是好的，不愿投降。
>
> 鲁迅评《水浒》评得好，他说：一部《水浒》，说得很分明：因为不反对天子，所以大军一到，便受招安，替国家打别的强盗——不"替天行道"的强盗去了。终于是奴才。
>
> 金圣叹把《水浒》砍掉二十多回，砍掉了，不真实，鲁迅非常不满意金圣叹，专门写了一篇评论金圣叹的文章《谈金圣叹》。
>
> 《水浒》百回本、百二十回本和七十一回本，三种都要出。把鲁迅那段评语印在前面。（《建国以来毛泽东文稿》第十三册）

它就是1975年所说的关于《水浒传》的评论。这是毛泽东在晚年继续读《水浒传》，崇尚斗争的理念，而极不满宋江搞投降的一个心理基调。这也是一家之言。

善于应用《水浒传》故事，进行说理和教育

毛泽东善于应用《水浒传》的故事，进行说理和教育。他很喜欢说第一回：《水浒传》第一回"洪太尉误走妖魔"有极神气的描写，一看使人神往，同志们看过了吧？后来还把苏联赫鲁晓夫比作洪太尉。1963年，毛泽东在杭州会见澳大利亚共产党中央政治局委员希尔，就希尔所说：因为在中苏两党大论战中支持中国党的观点，被免去了全部党内职务，他认为自己应该坚持原

则,但担心这样做会导致党的分裂,因而感到苦恼。毛泽东笑着问他是否知道中国的《水浒传》。希尔回答说,听说过,但没有看过。毛泽东告诉他,这本书的第一回讲了"洪太尉误走妖魔"的故事,内容是宋朝一个姓洪的太尉奉皇帝的命令去求张天师祈禳瘟疫,却挖开了张天师的老祖宗封锁魔王的井。一百零八道黑气冲出来,化为金光飞往四面八方。接着,毛泽东谈了对当时国际共运形势的看法,大意是:过去国际共产主义运动从表面上看是团结的。实际上是许多不同的意见被重重封锁在"井"里,上面压着铜汁灌注的铁锁和龙章凤篆的石碑。现在赫鲁晓夫打开了铁锁,推倒了石碑,黑气化成了金光,像《水浒传》里面讲的一百零八条好汉一样到处造反,闹得天下大乱。毛泽东讲完这个故事,指了指希尔,又指了指自己说,你和我都是这道黑气化成的金光。(《中共党史资料》83 辑,第 82—83 页)

1964 年 3 月,毛泽东在中央政治局常委会上讲了《水浒传》第一回《洪太尉误走妖魔》。他说:大家都看过《水浒》的第一回叫做《张天师祈禳瘟疫,洪太尉误走妖魔》。现在赫鲁晓夫就是洪太尉。《水浒》第一回里边讲,洪太尉领了皇帝的圣旨到江西信州,上龙虎山上清宫去请张天师来开封禳灾。因为当时天下闹灾,瘟疫盛行。这个洪太尉到了龙虎山上清宫,没有见到张天师,而看见一个大殿,大殿的名字叫做"伏魔之殿",殿门上贴满了封条,还锁得非常严实。洪太尉问领路的真人,里面是什么? 为什么不可以打开? 领路的真人是一个道师,他对洪太尉说,从大唐祖师开始,里面就关了一大批妖魔鬼怪,一直到现在已经八九代祖师了,都不敢开,而且每一代祖师都要在门上贴一次封条。据传说,一打开就不得了,妖魔鬼怪都跑出来,天下就要大乱。洪太尉不相信,硬是叫人把封条扯开,把铁锁也给砸烂,打开大殿的门。门打开以后,看到一块石碑,石碑下面是一个石龟,碑上有碑文,刻着四个字,叫做"遇洪而开"。洪太尉看到这四个字,心想我不是洪姓吗,我就是洪太尉。碑上刻着"遇洪而开",正是碰到我就开了。因此他叫人挖开石龟。道师赶忙来劝,说动不得,动不得,动了就不得了了。洪太尉不听,挖开石龟,底下还有一块大青石板,洪太尉又叫再挖,把石板挖开了。挖开以后,底下是一个很深的、见不到底的地洞,里边哇喇哇喇的响,响过以后,一道黑气一下子从洞里滚起来,一直冲洞口而出,冲到大殿,冲到半空中,化作百把道金光,向四面八方散去。吓得大家都倒下,洪太尉也吓得发抖,面色如土。他问道师,这究竟是什么东西呀? 道师说,你不知道呀,这里边锁着三十六员天罡星,七十二座地煞星,一共是一百零八个妖魔。你把他们放出去就不得了了,天下就要大乱了。

赫鲁晓夫就是洪太尉,他发动公开论战,就是揭开石板,把下面镇着的一百零八个妖魔放出来,天下大乱了。一百零八将就是梁山泊的英雄好汉,我们就是赫鲁晓夫这个洪太尉放出来的妖魔鬼怪。我们四个人都是,我们常委都是,我们中央都是。不过我们常委里没有直接跟赫鲁晓夫交锋的人还占多数。我是交过锋的,但是内部谈话,公开的没跟他交过锋。少奇同志是交过锋的,在莫斯科会上交锋的,但是也没有公开地在报纸上跟他交锋。恩来嘛,我们总理是交过锋的,赫鲁晓夫耿耿于怀,说我们总理给他上大课,在 1956 年底访问东欧的匈牙利、波兰这些国家,经过莫斯科的时候,跟他谈了一通,把我们的意见,对他们"二十大"、对斯大林的问题都讲了。赫鲁晓夫把这说成是总理给他们上了大课。总理在"二十二大"上致词时也不指名地批评了他。还有我们的小平同志,我们常委里面,主要是小平同志出面跟赫鲁晓夫吵。我们都是妖魔鬼怪。但是现在这个洪太尉赫鲁晓夫混不下去了,日子不好过了。我们还得感谢他把我们放出来,可以跟他进行公开论战,因此要给他发个贺电。(《十年论战:1956—1966 中苏关系回忆录》,第 736—738 页)

毛泽东也善于运用《水浒》故事作比拟,以教育、开导干群。如该书第十三回杨志与周谨比武,将枪头去了,用毡片蘸了石灰,以免误伤,即用以在 1942 年延安抢救运动做的善后政治思想谈话内容。据陆定一回忆,毛泽东把抢救运动中受伤害的同志叫到家里谈心,说:我们打了一场夜战,看不见对方,误伤了同志。好在不是真刀真枪,用的是白灰,洗一洗就好了。1951 年底,毛泽东乘专列由山东济南南下,沿线途中见铁路两边山上树木稀少时,向当时的济南市长谷牧发问,当谷牧回答是战争破坏和山东气候干旱树木生长受影响后,他说:这理由也不完全,古代山东树木也很茂盛。按《水浒传》上写的武松打虎的景阳冈,树就很多嘛! 1959 年 2 月召开的第二次郑州会议上,毛泽东在谈及"共产风"时说:人民公社正在发展,需要支持,要借钱给人民公社办事,不要拦路抢劫,不要用李鬼的办法。你们看《水浒传》上那个李鬼,他叫"剪拂",讲得好呀,剪拂者,就是拦路打劫,明朝人的说法,因为小说是明朝人写的,绿林豪杰叫剪拂。现在绿林豪杰可多啦,都是戏台上不扣衣襟的那种豪杰。你们是不是在内?《打渔杀家》里头的卷毛虎倪荣、混江龙李俊,他们的衣服就这样的。那时的豪杰打劫,是对付超经济剥削,对付封建地主阶级的。他们的口号是"不义之财,取之无碍"。七星聚义,劫取生辰纲,他们有充分的理由,给蔡太师祝寿的财礼,就是不义之财,聚义劫取,完全可以,很合情理。大碗吃酒,大块吃肉,酒肉哪里来? 我们也搞过,叫打土豪,那吃消费物资,我们罚款,你得拿来。……过去打土豪,我们对付的是地主,那是完全正确的,跟宋江一样,现在我们是对付谁呢? 我们是对待农民,能许可打劫吗? 唯一的办法是等价交换,要出钱购买。

(《毛泽东之魂》,第 372—373 页)

毛泽东还在谈话和文章中经常插入《水浒传》里的典故。如 1935 年所作的《论反对日本帝国主义的策略》说的"哪有猫儿不吃腥,哪有军阀不是反革命",就是源于《水浒》第二十一回阎婆惜所说的"做公人的,哪个猫不吃腥"。1947年和美国斯特朗所说的"纸老虎",也是初见于《水浒》第二十五回,当武大郎捉奸时,那潘金莲唆使西门庆说,"闲常时只如鸟嘴卖弄好拳棒,急上场时,便没些用,是个纸虎,也吓一跤"。甚至还将其中俗语、俚语恰如其分地运用于诗词创作领域,如"不须放屁,试看天地翻覆"的"放屁",见《水浒》第二十九回:"眼见得是个外乡蛮子,不省得了,休听他放屁";"冻死苍蝇未足奇"的"苍蝇",见第四十七回:"李逵走开去了,自说道:'打死几个苍蝇,也何须大惊小怪!'"至于"倒海翻江"(第五十二回、七十七回)、"瓮中捉鳖"(第十八回、五十七回)"万里长江"(第四十四回、九十一回)以及如"红霞"、"风卷旌旗"等等词句,也时见于毛泽东的诗词中。古今中国还罕有诗人能像毛泽东那样,借用小说文字,拓宽了诗界。

一百零八位高级将领中就有做特务工作的

二十世纪 40 年代初,毛泽东在延安枣园和身边工作人员说《水浒》时说:梁山的好汉都是些不甘受压榨、敢于反抗的英雄。那时的梁山虽然没有产生老马(马克思)主义,但他们的所作所为,基本上是符合马列主义的。

毛泽东谈了王伦:"我们不要《阿 Q 正传》上的假洋鬼子,他不准阿 Q 革命;也不要当《水浒传》上的白衣秀士王伦,他也是不准人家革命。凡是不准人家革命,那是很危险的。白衣秀士王伦不准人家革命,结果把自己的命革掉了。"

他又谈了晁盖。说:晁盖是好人,可是却被摒在一百零八人之外,让他早死了。

毛泽东谈得最多的是宋江。在延安时候,宋江是作为中国农民起义领袖来谈的,和方腊、黄巢、李自成等齐名,写进《中国革命和中国共产党》。40 年代初,就延安演出京剧《乌龙院》,有对宋江杀惜的评论,指出:宋杀阎,主要是阎要告官。宋江与梁山泊农民起义军有联系是革命行为,阎婆惜要告官谋害宋,是奸细行为。又曾说:《水浒》中的三打祝家庄,为什么要打三次? 我看宋江这人有头脑,办事谨慎,前两次是试探,后一次才是真打。我们干革命,就得学宋江,要谨慎。但是到了 70 年代,毛泽东对宋江的评价发生了变化,认为他是投降派。

毛泽东谈得较多的《水浒》人物还有李逵、武松、鲁智深以及林冲、石秀、戴宗等。

1938 年 8 月,毛泽东在抗日军政大学讲演时说:李逵是什么也没有学,仗打得很好。还曾说,一百零八将中的李逵是农民无产阶级出身。

新中国成立后有一次在武汉遇见哲学家李达。毛泽东当着李达面说:你是黑旋风李逵,你比他还厉害,他只有两板斧,你有三板斧。你既有李逵之大忠、大义、大勇,还比他多一个大智。相当高地评价了李逵。但是毛泽东也点出李逵的缺点是"太急"。1959 年 2 月在郑州会议上又说到李逵的缺点,说他不注意政策。在打破扈家庄时,杀了扈三娘家里不少人。1959 年 8 月,他在中共八届八中全会上在谈及路线问题时说:李逵是我们路线的人,李逵、武松、鲁智深,这三个人我看可进共产党,没人推荐,我来介绍。他们缺点是好杀人,不讲策略,不会做政治思想工作。

毛泽东称赞武松。长征途中,曾以武松打虎的勇猛,比拟时为红九军副军长许世友。1949 年 6 月发表的《论人民民主专政》还以武松打虎教育人民大众:"在野兽面前,不可以表示丝毫的怯懦。我们要学景阳冈上的武松。在武松看来,景阳冈上的老虎,刺激它也是这样,不刺激它也是那样,总之是要吃人的。或者把老虎打死,或者被老虎吃掉,二者必居其一。"(《毛泽东选集》第四卷,第 1473 页)1956 年 11 月,《对〈我们一个社要养猪两万头〉一文的批语》特地点出这个养猪处就是山东阳谷,"要知道,阳谷县是打虎英雄武松的故乡"。(《新华半月刊》1957 年第 2 期)

毛泽东又称赞鲁智深。1938 年向即将赴五台山根据地的白求恩大夫说:中国有一部很著名的古典小说,叫做《水浒传》。写了鲁智深大闹五台山的故事,五台山就在晋察冀。又说:五台山,前有鲁智深,今有聂荣臻。聂荣臻就是新的鲁智深。1945 年 9 月,聂荣臻回延安。毛泽东风趣地握着他的手说:我们

"大闹五台山的鲁智深"回来喽。引发满座开怀大笑。把威震敌胆的八路军名将与鲁智深比喻,可见其对鲁智深评价之高矣。因为对鲁智深有兴趣,以至毛泽东在路过五台山时,还向老方丈打听鲁智深在哪座庙做和尚。毛泽东还很注意鲁智深生活。1953 年在谈及英雄人物有否缺点时,他说:文艺作品中的英雄人物不一定都写他的缺点。像贾宝玉总是离不开女人,而鲁智深却从来没有考虑到女人。为了创造典型有意识地夸张或忽略某些方面是应该的。

毛泽东还评论过《水浒传》里其他许多人物。他说打败洪教头逼上梁山的林冲:林冲不逼就不会上梁山;称赞石秀:什么叫拼命?《水浒传》上有那么一位,叫拼命三郎石秀,就是那个"拼命";介绍戴宗:梁山泊也做城市工作,神行太保戴宗就是做城市工作的,祝家庄没有城市工作就打不开;谈朱贵酒店的特务功能:梁山的对面,朱贵开了一家酒店,专门打听消息,然后报告上面。如有大土豪路过,就派李逵去搞了回来。毛泽东说到过的人物还有卢俊义、吴用、公孙胜、柴进、三阮、张顺、孙立、萧让、安道全等人。

对于卢俊义,毛泽东是否定的。1945 年 4 月 24 日,毛泽东在中共七大上作口头政治报告时说:"他们里面有大地主、大土豪,没有进行整风。那个卢俊义是被逼上梁山的,是用命令主义强迫人家上梁山的,他不是自愿的。"(《毛泽东文集》第三卷,第 329 页)还说卢俊义上梁山:不是自愿的,后来还是反革命了。(《毛泽东之魂》,第 371 页)

1945 年 4 月 20 日,毛泽东在中共七大上作口头政治报告在谈及知识分子时说:"梁山泊没有公孙胜、吴用、萧让这些人就不行,当然没有别人也不行。""《水浒传》里的吴用,都是封建社会里的知识分子"(《毛泽东文集》第三卷,第 343 页)他还把吴用划为非投降派,所谓是"李逵、吴用、阮小二、阮小五、阮小七是好的,不愿意投降。"《水浒传》宣扬"四海之内皆兄弟"。梁山一百零八个"高级将领",人人都有职责,有发号施令、行军作战的,也有开酒店、专做特务工作的,有主持制作衣甲、兵器、专办钱粮、酒席宴会的,行行俱全,他们都是来自五湖四海,单单是讲山头,就有桃花山、少华山、二龙山、对影山、清风山、白虎山、黄门山、饮马川、芒砀山、枯树山,等等,但为了一个共同的目的,最后汇集到梁山泊,建立了一支武装。毛泽东对梁山人物的性格、特点和上梁山时的心态烂熟于胸,随时都能作出精彩的点评。

《水浒》好汉失败在于招安

毛泽东很早就提出《水浒》好汉失败就在于招安。1937 年 11 月 4 日,他在延安接见时任新四军长叶挺,在晚饭后,向他详细介绍了中国共产党的抗日民族统一战线政策,随后问道:你看过《水浒》吗?"看过!"叶挺点点回答。毛泽东接着问:你说梁山一百零八将为什么下场如此悲惨?"他们的致命错误在于被朝廷招安。"叶挺脱口而出。毛泽东欣赏叶挺的分析力,严肃地说:共产党的抗日民族统一战线政策,是大敌当前,共同抗日,决不是把军队当资本向蒋介石要官做,如果将军队交给他,那便是"招安"了。(《党史文汇》)

1975 年,毛泽东倡导读《水浒传》,还提出把鲁迅的《谈金圣叹》杂文放在今后出版的《水浒传》前面,作为阅读《水浒传》的指南。但我们却在当时各家出版的《水浒传》中,没有见到附有这篇著作,于扉页所见到的,乃是两段他自己的话:"《水浒》这部书,好就好在投降。做反面教材,使人民都知道投降派。""《水浒》只反贪官,不反皇帝。屏晁盖于一百零八人之外。宋江投降,搞修正主义,把晁盖的聚义厅改为忠义堂,让人招安了。宋江同高俅的斗争,是地主阶级内部这一派反对那一派的斗争。宋江投降了,就去打方腊。"这当然也是毛泽东认识《水浒传》的一家之见。

⚙ 《西游记》《水浒传》和《聊斋志异》在世界各国的译名

两个世纪前,中国著名的古典作品传入西方各国。然而,因译者对作品的理解有误差,翻译时就走了样,闹出一些笑话。

《西游记》——侠与猪　阿瑟·韦理的英译本《猴》,在西方被公认为是水平比较高的。韦理在为此译本所作的序言中说:"书中主角'猴'是无可匹敌的,它是荒诞与美的结合。"

在英译本之前,早在 1831 年就有《西游记》的日文译本《通俗西游记》,其后英、捷、波、俄、西班牙等国译本相继问世。

翻译家们将书名译得五花八门,除了理查德的《圣僧天国之行》、韦理的《猴》之外,其他译本有《猴王》《猴子取经记》《侠与猪》《神魔历险记》等。

《水浒传》——强盗和士兵　《水浒传》早在 300 多年前就流传到东西方各国,被译成日、英、法、德等 12 种文字。

有一些译本为了迎合市民的喜好,歪曲了书中的人物形象,如把林冲和扈三娘写成了一对情深意笃的情人,矮脚虎王英成了情场失败者。

西方最早的《水浒传》全书译本是德译本，书名为《强盗和士兵》，译者是爱林斯达。这位译者并不懂汉语，他仅根据一位中国留学生的口述就进行了整理，又进行了大胆的加工，结果闹了不少笑话：比如把李逵的故事错安在武松的身上，武松还会摇头晃脑吟诵白居易的诗等等。

英译本中，译得最好的是 1938 年诺贝尔文学奖获得者、在中国长大的美国女作家赛珍珠的译本，书名为《四海之内皆兄弟》。

《聊斋志异》——老虎做客　清代蒲松龄的小说集《聊斋志异》，有英、法、德、日、匈、波、爱沙尼亚、丹麦等 20 多种文字译本，其中日文译为《艳情异史》，英文译为《人妖之恋》。

更为惊异的是意大利文译本，叫《老虎做客》。凭着这部巨著，蒲松龄与法国的莫泊桑、俄罗斯的契诃夫并誉为"世界短篇小说之王"。

摘自《新华每日电讯》

水高船去急,沙陷马行迟

——毛泽东谈《西游记》

《西游记》是一部神怪小说,用今人时髦术语,堪称是一部成人童话。它是写唐僧在徒儿们保护下,历尽多难,备尝艰辛,从天竺国取回真经的故事。此间蕴含着对社会现实的愤世嫉俗、讽刺揶揄,且用神话式的幻想、虚构,构建了一幅斑彩奇异的画图,在中国民间有很大的感染力。毛泽东从小爱读《西游记》。在韶山私塾时就读《西游记》了。据称,他接触《西游记》,还早于读《三国演义》和《水浒传》。若干年后,毛泽东回忆说,包括《西游记》在内的中国旧小说,许多故事我几乎背得出,而且反复讨论了许多次。《西游记》是他一生最爱读的书之一。

相当重视《西游记》的文化魅力,注意有关文章和学术考证

《西游记》故事,具有创造性的思维力度,很易与儿童共鸣,引起神往,浮想联翩。毛泽东对《西游记》非常熟悉,对唐僧四众和佛道神怪了若指掌;他经常与干群谈论《西游记》的故事和角色转换、性格行为,作为交流人际情感的插话,或解释政策和策略的通俗比喻。他很重视《西游记》的文化魅力,在谈话和著作里经常采用《西游记》的典故,如在诗词里所用"金箍棒"、"飞起玉龙三百万"。早在1941年,他指定中央研究院范文澜编选一本国文课本,还特地选了《西游记》的若干篇章。在为1951年《人民日报》社论《正确地使用祖国的语言,为语言的纯洁和健康而斗争》作修改时指出:"若干著作是保存我国历代语言(严格地说,是汉语)的宝库,特别是白话小说,现在仍旧在人民群众中保持着深刻的影响。"(《毛泽东新闻工作文选》,第263页)其中一部就是《西游记》。

毛泽东多次要求人们读《西游记》。据毛泽东身边的医务人员回忆,他曾要他们多看些医学书籍外的书籍:我们中国人要关心祖国的优秀文化遗产,一定要精读《红楼梦》、《水浒传》、《三国演义》、《西游记》等名著。(《中华女儿》1995年第9期第11页)毛泽东自己身体力行,广览书籍,读《西游记》,也读有关《西游记》的著述。其中一本就是1957年作家出版社的《西游记研究论文集》。毛泽东仔细阅读全书,对其中张天翼《〈西游记〉札记》的一个重要观点进一步作了发挥:不读第七回以后的章节,不足以总结农民起义的规律和经验教训。还在此篇和童思高的《试论〈西游记〉的主题思想》的标题上画了三个大圈,以示重要。

晚年毛泽东还谈起胡适的《西游记》考证,他说:听说胡适把《西游记》八十一回(难)改写了,我也未看。请人找一找《胡适文存》,看有没有八十一回(难)?胡适无非是说共产党没有学术考证,郭沫若驳斥他说,群众不拥护你胡适,为什么单单拥护鲁迅呢?(《毛泽东与文艺传统》,第30页)

胡适改写的不是"《西游记》八十一回",而是小说中唐僧经历的第八十一难,即第九十九回《九九数完魔灭尽,三三行满道归根》,改后的题目是《观音点簿添一难,唐僧割肉度群魔》。胡适在小序中说:"十年前我曾对鲁迅先生说起《西游记》的第八十一难(九十九回)未免太寒伧了,应该大大的改作,才衬得住一部大书。我虽有此心,终无此闲暇,所以十年过去了,这件改作《西游记》的事终未实现。前几天,偶然高兴,写了这一篇,把《西游记》的第八十一难,完全改作过了。自第九十九回'菩萨将难簿目过了一遍'起,到第一百回'却说八大金刚使第二阵香风,把他四众,不一日送回东土'为止,中间足足改换了六千多字。因为《学文月刊》的朋友们要稿子,就请他们把这篇'伪书'发表了。现在收在这里,请爱读《西游记》的人批评指教。二十三,七·一,胡适记。"

毛泽东提及胡适这篇《西游记》再创作,又一次说明他对《西游记》的爱好。

唐僧师徒战胜了妖魔鬼怪,到达了西天,取来了经,成了佛

毛泽东喜谈《西游记》。谈得最多的是唐僧师徒和那匹白马,称赞他们不怕艰难,坚持胜利。1935年在长征途中,毛泽东和周恩来遇见一位活佛。当活佛问及周恩来的职位时,他风趣地介绍:打个比方说吧,他就像是佛教中的唐三藏,是亲自到马克思主义的发祥地德国朝圣,取经的一个中国人。(《毛泽东周恩来与长征》,第436页)1937年11月,在延安机场欢迎陈云等人群众集会上作《喜从天降》欢迎词时说:你们都知道中国有一部著名小说,叫做《西游记》,里面讲唐僧师徒四人,历尽艰苦,克服困难去西天取过经,却不知中国共产党也派人去西天取经。唐僧去的西天叫天竺国,就是现在的印度,他们取的经是佛经。咱们去的西大是苏联,取来的经是马克思列宁主义。(《炎黄春秋》,2001 年第 11 期)

　　毛泽东还常谈唐僧师徒都有坚定的信念。1945 年 5 月 31 日,毛泽东在中共"七大"会议作结论报告,在谈到个性和党性的关系时,他说:唐僧取经经过九九八十一难才回来,讲他们的个性也是典型。唐僧、孙猴子、猪八戒、沙僧,他们的个性各个不同,他们那个集团的党性,就是信佛教。(《毛泽东之魂》,第 72—73 页)类似这样的话,他经常说,如说读《西游记》,要看到他们有个坚强的信仰;又说:唐僧、孙悟空、猪八戒、沙和尚,他们一起上西天取经,虽然中途闹了点不团结,但是经过互相帮助,团结起来,终于克服了艰难险阻,战胜了妖魔鬼怪,到达了西天,取来了经,成了佛。(《毛泽东读评五部古典小说》,第 240 页)

　　毛泽东对唐僧持二分法,既肯定其主要功劳,但也指出其有缺点。早在 1938 年 4 月,在给延安抗大学生讲话时,就引用了《西游记》故事作譬喻。毛泽东说:唐僧这个人,一心一意去西天取经,遭受了九九八十一难,百折不回,他的方向是坚定不移的。但他也有缺点:麻痹,警惕性不高,敌人换个花样就不认识了。(《回忆毛主席》,第 245 页)1950 年 12 月,毛泽东访苏期间与正在养病的任弼时又说:要紧的是抓经济,改善人民生活,定了方向,关键是人才。要选派人来学。要提倡唐僧西天取经精神,不怕妖魔,斗倒妖魔,更多出些孙猴子,少些唐僧的愚气。唐僧的"愚气",令人可笑,它导致敌我不分,为敌所欺,毛泽东为此多次批评,甚至还指出:唐僧是伯恩斯坦。但唐僧的问题毕竟属于认识问题,书呆子气,糊涂,有乡愿。1961 年冬,毛泽东就郭沫若所写的一首《七律》,其中有指责唐僧"人妖颠倒是非淆,对敌慈悲对友刁"以及"千刀当剐唐僧肉"等句,写了一首和诗。对于这首和诗的含义,1964 年 1 月 27 日,他在应英译者请求,对诗中"僧是愚氓犹可训,妖为鬼蜮必成灾"等句作解释时说:郭沫若原诗针对唐僧。应针对白骨精。唐僧是不觉悟的人,被欺骗了。我的和诗是驳郭老的。(《毛泽东诗词集》,第 49 页)

孙猴子七十二变,就是尾巴不好变

　　毛泽东谈得最多的是孙悟空,孙悟空被学者誉为集魔性、人性和猴性于一体的神怪。毛泽东喜欢用孙悟空的种种行为打比喻,他所谈的孙悟空,很多次是把他作为与天斗争、与地斗争和与妖怪斗争的大无畏精神的代表来看待的。

孙悟空大闹天宫,破坏封建秩序。毛泽东提倡要学这种无畏精神。据杨得志将军回忆,早在 1928 年井冈山会师时,毛泽东在讲话中就指出:我们要学习孙悟空的本领,上天入地,变化多端,大闹天宫,推翻反动统治和整个旧社会。(《上将交往录》,第 16—17 页)1937 年 5 月,在给延安抗日军政大学师生作报告时,他以孙悟空为例指出:孙猴子大闹天宫,把天兵天将打个落花流水。我们要学孙悟空,大闹反动统治者的天宫……还说:世界上没有一个不犯错误的人。有之,便是玉皇大帝,但是孙行者还是不满意他,大闹天宫嘛!(《毛泽东读〈西游记〉》,第 335 页)毛泽东称赞孙悟空大闹天宫。认为有压迫,就有斗争,孙悟空也是被逼闹天宫的。1945 年 9 月,毛泽东在重庆谈判期间会见陈立夫。他说:我们上山打游击,是国民党剿共逼出来的,是逼上梁山。就像孙悟空大闹天宫,玉皇大帝封他为弼马温,孙悟空不服气,自己鉴定是齐天大圣。可是你们连弼马温也不给我们做,我们只好扛枪上山了。1957 年 2 月 27 日,他在第十一次最高国务会议上谈到双百方针、鲜花和毒草时举例又谈了孙悟空,说:孙行者为什么被封为"弼马温"?把孙悟空封为弼马温就是不承认他。他自己封号、自己对自己评价、自己的鉴定是叫"齐天大圣"。玉皇大帝给他鉴定搞他一个弼马温,就是说是毒草。此后不久,3 月 8 日毛泽东在与文艺界谈话谈到马克思主义为什么都不怕时又说:孙悟空这个人自然有满厉害的个人英雄主义,自我评价是齐天大圣,而且傲来国的群众——猴子们都拥护他。玉皇大帝不公平,只封孙悟空做弼马温,所以他就大闹天宫,反官僚主义。(《毛泽东读评五部古典小说》,第 237 页)1958 年 4 月 6 日,毛泽东在武汉会议上谈到破除迷信,又以孙悟空为例说:孙行者无法无天,大家为什么不学?猴子反教条主义,戴了紧箍咒,就剩了一半了。1960 年 10 月,他在与美国记者斯诺谈世界和平责任时说:"我们不会因为不进联合国就无法无天,像孙悟空大闹天宫那样。"(《毛泽东文集》第八卷,第 217 页)1966 年 3 月,毛泽东在上海谈及孙悟空大闹天宫说:各地要多出些孙悟空,大闹天宫;孙悟空闹天宫,你是站在孙悟空一边,还是站在天兵天将、玉皇大帝一边?要支持小将,保护孙悟空。同年 4 月又说:凡是有人在中央搞鬼,我就号召地方起来反他们,叫孙悟空大闹天宫,并要搞那些保玉皇大帝的人。1964 年 1 月,在与安娜·路易斯·斯特朗谈话时,就中苏两党的决裂毛泽东形象地比喻为:

从那时起,我们就像孙悟空大闹天宫一样。我们丢掉了天条!记住,永远不要把天条看得太重了,我们必须走自己的革命道路。几年后,毛泽东又说:"从苏共二十大到去年七月,我们比较被动。现在我们转入了反攻,有大闹天宫的势头,打破了他们的清规戒律。他们的那些清规戒律,可不能完全服从!"(《毛泽东文集》第八卷,第358—359页)

孙悟空所以能大闹天宫,独来独往,所向披靡,是因为他神通广大。毛泽东就常以孙悟空神通广大,教育人们要学本领。1934年红军长征前夕,他到于都视察地形,对刘英说:我们是孙悟空,是一个能跳出如来佛掌心的孙悟空。1936年6月,他在保安红军大学对学员说:前个时期革命形势不好,弄得我们两只脚一走就是两万五千里。孙悟空会腾云驾雾,一个跟斗就是十万八千里。我们不会腾云驾雾,可也走了两万五,要是也会腾云驾雾就不晓得会走到哪里去了。因而他号召要学本领,学习孙悟空的本领。1937年下半年,在陕北公学的报告里对学员说:你们来延安要学习孙悟空的本领。你们学了马列主义,学了抗日民族统一战线,学了抗日救国的道理,才能学到孙悟空的本领,你们才是无敌的。又说:夺取持久战的胜利,主要靠你们。靠你们在这里学习孙悟空的本领,孙悟空会七十二变,有很多的本领。但他最大的本领,是能把身上的许多猴毛拔下来,一吹就能变许许多多的小孙悟空。我们抗日的持久战争,到处需要许许多多的小孙悟空,敌后也需要许许多多的小孙悟空。我们的小孙悟空多了,就可以把前线的敌人包围起来,把敌占区的敌人包围起来,到处打击敌人,这里也打,那里也打,白天也打,黑夜也打,不管日本帝国主义侵略者有多么凶恶强大,使敌人顾此失彼,分散开来,这里打他的头,那里打他的尾,这里打他的手,那里打他的脚,这里打他的背,那里打他的胸。使敌人首尾不能相顾,敌人由主动变成被动,我们由被动变成了主动。这样,打得日本帝国主义是不够打的啊!革命战争是千百万人民群众的革命行动,你们什么时间能够学习到孙悟空的最大本领,就可以下山了。你们下山到处发动人民群众,组织人民群众,武装人民群众,使军民团结起来,你们不就成了孙悟空么?你们不就可以团结起千百万人民群众到处打击敌人么……你们想想,到那个时候,貌似凶恶强大的日本帝国主义侵略者,也不过像一头野牛,而你们这样多的孙悟空,又能唤起千千万万的广大人民群众,到处给这头野牛点起火来,形成燎原之势,任凭它东奔西突,南窜北跳,总会在燎原的烈火中把它烧焦的。

毛泽东还多次提及孙悟空的七十二变化术。1937 年在论述矛盾的互相转化时,就谈了孙悟空七十二变化。1945 年 8 月,在重庆谈判时期,当谈及蒋介石交替使用着发动内战与和平谈判的两面手法时,他又以孙悟空故事为例:当牛魔王、白骨精都幻化成正人君子时,我们该不该变化呢? 我们也必须以革命的两手去战胜反革命的两手。孙悟空之所以能够闹龙宫、闯地府、偷蟠桃、窃仙丹、败天兵,无人能敌,就在于他学得了七十二般变化,十万八千里的筋斗云。

一物自有一物克。毛泽东在谈及这个辩证法则时,也常以孙悟空故事为例。在井冈山时期,当红军在宁冈砻市会师整编时,他就说:现在我们虽然在数量上和装备上不如敌人,但是我们有马列主义,有群众的支持,不怕打不败敌人,敌人并没有孙悟空的本事,即使有孙悟空的本事,我们也有办法对付他们,因为我们有如来佛的本事。他们总逃不出如来佛的手掌。十年后,在延安抗日战争研究会作《论持久战》讲演,当谈及国际格局包围反包围时,又讲了孙悟空不敌如来佛,"敌以前者来包围中、苏、法、捷等国,我以后者反包围德、日、意。但是我之包围如似如来佛的手掌,它将化成一座横亘宇宙的五行山,把这几个新式孙悟空——法西斯侵略主义者,最后压倒在山底下,永世不得翻身"。(《毛泽东选集》第二卷,第 360 页)

孙悟空的形象家喻户晓,毛泽东常用以为教育、开导干群的比喻,如在井冈山时期,批评某些指挥员骄傲是:打了胜仗嘛,就想学孙猴子把尾巴变旗杆。1942 年整风运动谈纪律时就说:"孙行者头上套的箍是金的,列宁论共产党的纪律说纪律是铁的,比孙行者的金箍还厉害,还硬,这是上了书的。"(《毛泽东文集》第二卷,第 416 页)在谈及学习他人经验时又以孙悟空翻筋斗形象说明,"过去我们一些人不清楚,人家的短处也去学。当着学到以为了不起的时候,人家那里已经不要了,结果栽了个筋斗,像孙悟空一样翻过来了"。(《毛泽东文集》第七卷,第 41 页)1957 年 7 月 9 日,在上海召开的干部大会上,在谈到知识分子骄傲时,毛泽东说:智慧都是从群众那里来的。我历来讲,知识分子是最无知识的。这是讲得彻底。知识分子把尾巴一翘,比孙行者的尾巴还长。孙行者七十二变,最后把尾巴变成个旗杆那么长。(《中华儿女》1995 年 9 期第 12 页)翌年,在成都会议上又说:"如果我们工业搞成世界第一,那时就可能翘尾巴,翘得像孙行者的尾巴那样高,那时就可能转变为落后。"(《毛泽东文集》第七卷,第 374 页)

猪八戒一辈子是个自由主义者,有修正主义,想脱党

除了唐僧、孙悟空外,毛泽东也谈猪八戒、沙僧和小白马。

猪八戒为人憨直,常惹人可笑,毛泽东比较喜欢。他说:猪八戒有许多缺点,但有一个优点,就是艰苦,臭柿胡同,就是他把它拱开的。(《回忆毛主席》,第246页)对猪八戒的若干缺点毛泽东持宽容态度,说:唐僧这个集团,猪八戒较简单可以原谅。意思大概是猪八戒头脑简单,是属于农耕社会的单向思维定势。当然毛泽东对猪八戒在取经路上有时动摇,不愿再上灵山,予以批评,指出:猪八戒一辈子是个自由主义者,有修正主义,想脱党。50年代初,毛泽东在某次谈及南水北调时,对所提及的长江上游通天河,说:通天河那个地方猪八戒走过,它掉进去了。(《功盖大禹》,第60页)他还常以猪八戒故事作比喻,如1938年与来延安的何基沣观戏,在看到有出演唐僧西天取经的戏时,对何基沣说:唐僧西天取经,谁最坚定? 唐僧。谁最动摇? 猪八戒。接着又谈到长征路上的张国焘,不无感慨地说:他就是长征路上的猪八戒!(《把握历史趋势的伟人》,第426页)1955年谈到合作社时,就指出:必要的清规戒律都是要的。猪八戒还有三规五戒。

毛泽东也说沙僧。在60年代初的一次国庆观礼会上,他见了沙千里说:沙僧,你好! 沙僧,你好! 沙和尚是不是你的本家?

唐僧上西天取经所骑的那匹小龙马,本是西海龙王之子。毛泽东似乎特别青睐小龙马,把它比之为群众英雄、无名英雄。早在江西瑞金一次与工兵谈话时,就讲了小龙马故事。他说:传说西天有条小白龙,本领不小,却甘心情愿地变成一匹白马,驮着唐僧跋山涉水,历尽千辛万苦,去西天取回了真经。可是后来很少有人提到它,白龙马这种不计名利、埋头苦干的无名英雄精神是非常高尚的。红军工兵应该学习白龙马精神,做红军的一匹白龙马,驮着革命走向胜利!(《从井冈山走进中南海——陈士榘老将军回忆毛泽东》,第198页)1938年4月,毛泽东在延安向抗大学生讲演,又谈到了白龙马,说:你们别小看了那匹小白龙马,它不图名,不为利,埋头苦干,把唐僧一直驮到西天,把经取了回来,这是一种朴素、踏实的作风,是值得我们学习的。(《解放日报》,1981年6月30日)这也许确是自《西游记》诞生以来四五百年,首次给小白龙马作的恰当的、也是相当高的评价。

一从大地起风雷，便有精生白骨堆

《西游记》写了几百个有名号的神怪妖魔，他们也是毛泽东谈《西游记》的一个主题。

毛泽东有丰富的神佛知识。其中不少来源于寺庙的直观，因而每谈及何神何佛，娓娓谈来，如数家珍。早在 1927 年，他在《湖南农民运动考察报告》中就神鬼作了解说，"由阎罗天子、城隍庙王以至土地菩萨的阴间系统以及由玉皇大帝以至各种神怪的神仙系统——总称之为鬼神系统"。此说涉及了天上的玉皇和地下的阎罗，而他们却正是《西游记》里孙悟空大闹天宫所要否定的绝对权威。

毛泽东多次提及玉皇。他说：按照中国道教的看法，天国还有一位众神之王，叫"玉皇大帝"。如此看来，天国也不会安宁，天上也要划分势力范围呀！还说：中国也有上帝，就是玉皇大帝。他的官僚主义很厉害。以前有个最革命的孙猴子反对过他专制。这个猴王虽经历了不少困难，像列宁被抓了去一样被玉皇大帝抓去了，后来他又跳了出来，大闹一番。玉皇大帝是很专制的，像蒋介石一样。一定会被打倒。孙行者很多，就是人民。毛泽东从来就否定玉皇，有时还把玉皇比喻为帝国主义。1971 年 10 月，在与周恩来、乔冠华等谈出席联合国会议时说：1950 年，我们还是"花果山时代"，你（指乔冠华）跟伍修权去了趟联合国。伍修权在安理会讲话题目，叫做"控诉美国武装侵略中国领土台湾"。控诉就是告状，告"玉皇大帝"的状。那个时候"玉皇大帝"神气十足，不把我们放在眼中，现在不同了，"玉皇大帝"也光临花果山了。

《西游记》有很多妖魔。毛泽东谈得最多的是铁扇公主和白骨精。

毛泽东常用孙悟空钻进铁扇公主肚子为例，形象地讲述斗争策略。1927 年 1 月，毛泽东在湖南衡山白菓与农会干部宣传革命时，就赞扬了当地农民敢于在军阀赵恒惕的胞衣里闹革命，就像《西游记》里的孙大圣钻进铁扇公主的肚子里一样。（《毛泽东的祖国山河情》，第 37 页）1931 年 12 月，宁都起义前夕，在二十六军工作的地下党员袁血卒前来瑞金汇报，毛泽东称赞说：你们几个小人物不简单！钻到"铁扇公主"肚子里大闹天宫了。1942 年 9 月，在为延安《解放日报》写的社论就精兵简政事指出，"若说何以对付敌人的庞大机构呢？那就有孙行者对付铁扇公主为例。铁扇公主虽然是一个厉害的妖精，孙行者却化为一个小虫钻进铁扇公主的心脏里去把她战败了"。(《毛泽东选集》第三卷,第882页)后来在重庆谈判期间,毛泽东对国民党左派刘仲容也说:在目前反动派还很强大的情况下,更应该钻进臭壳子(指国民党)里去,去抵制和抵消反动力量,不要怕别人说你们是国民党,不要怕臭。孙悟空也钻进铁扇公主的肚子里造反嘛!(《肝胆相照》,第238页)铁扇公主的故事有多元含义,毛泽东有时巧妙地应用、比喻,1949年南京谈判时,他就提醒"要准备一副清醒的头脑去对付对方采用孙行者钻进铁扇公主肚子里兴妖作怪的政策,只要我们精神上有了充分的准备,我们就可以战胜任何兴妖作怪的孙悟空。"(《毛泽东选集》第四卷,第1436页)

白骨精的故事毛泽东也经常谈及。在1945年重庆谈判时,毛泽东与王昆仑等谈话时,旁征博引,以古喻今,借《西游记》等书作比喻。他说:当蒋介石交替使用着发动内战与和平谈判的两面手法时,当牛魔王、白骨精都幻化成正人君子时,我们该不该变化呢? 我们也必须以革命的两手去战胜反革命的两手。白骨精的行为,正说明妖魔的变化多端,对此决不能掉以轻心,必须提高警惕。毛泽东的这一思想后来在他1961年观看浙江绍剧团《孙悟空三打白骨精》演出后所写的《七律·和郭沫若同志》中得到了充分表述:

> 一从大地起风雷,便有精生白骨堆。
>
> 僧是愚氓犹可训,妖为鬼蜮必成灾。
>
> 金猴奋起千钧棒,玉宇澄清万里埃。
>
> 今日欢呼孙大圣,只缘妖雾又重来。

(《毛泽东诗词集》,第124页)

1964年,毛泽东曾解释这首诗,说"其中'僧是愚氓犹可训,妖为鬼蜮必成灾'解释是:'郭沫若原诗针对唐僧。应针对白骨精。唐僧是不觉悟的人,被欺骗了'。"(《毛泽东诗词集》,第262页)

总之,毛泽东谈神说怪,并非泛泛而论,乃是从故事里寻找哲理,通过它的形象思维深入浅出地开导、教导干部、群众,有如他说:《西游记》上许多故事都讲到,开始不知道是什么精在作怪,是蝎子精,还是蜘蛛精? 还是从太上老君那里跑掉的一头青牛? 就是搞不清楚。只看现象,就搞不清本质;搞不清本质,就无法降妖捉怪。比如那条青牛,多厉害呀!(你们回去可请秘书找那个故事来看看)请来如来佛,他都没办法,他说他也不清楚,不是他那里的。玉皇大帝也没有办法,后来说到三十三重天的兜率宫去问问吧。老子住在这三十三重天上,不问政治,不参加玉皇大帝的国家组织,不做官,只炼丹,研究自然科学。结果是他的烧火娃娃青牛精偷跑下凡来作怪。查到这个原因,才整住他,请太上老君自己下来,把青牛收回去。这是讲《西游记》,单看现象不能解决问题,要抓问题的本质。

毛泽东谈《西游记》精怪,有时还作离书的发挥,比如说的鲤鱼精,那是不见于本书的。1943 年 10 月 6 日,在延安政治局扩大会议上,在谈及有人不作自我检查,或者迫于形势,勉强说点不痛不痒的问题。他说:把一切不可告人之隐都坦白出来,不要像《西游记》中的鲤鱼精,吃了唐僧的经,打一下,吐一字。(《胡乔木回忆毛泽东》,第 290 页)。1962 年 9 月,毛泽东在一次会上,当谈到"惩前毖后,治病救人"时又说:但是,是非要搞清楚,不能吞吞吐吐,敲一下,吐一点,不能采取这样的态度。为什么和尚念经要敲木鱼?《西游记》里讲,取回的经被鲤鱼精吃光了,敲一下,吐一个字,就是这么来的。不要采取这种态度,和鲤鱼精一样,要好好想想。(《毛泽东与佛教》,第 208 页)

常将几种不同版本的同一种书放在一起,对照着读

毛泽东读了七十年的《西游记》,《西游记》伴随着他度过了辉煌的一生。在晚年他仍孜孜不倦地读《西游记》,还常与周围的干部、群众谈论。据他的秘书介绍,晚年的毛泽东,常常将几种不同版本的同一种书放在一起,对照着读。在中南海毛泽东的书房里,就放置有五种不同版本的《西游记》:

《西游记》 世界书局;

《绣像绘图加批西游记》 上海广益书局 1924 年版;

《绘图增像西游记》 上海广百宋斋光绪 庚申(1890)校印;

《绘图增像西游记》 上海广百宋斋光绪 辛卯(1891)校印;

《西游记》 人民文学出版社 1972 年版。

据他身边工作人员回忆,70 年代,毛泽东还借过《西游真诠》(清悟一子陈士斌撰);还嘱工作人员购买了清刘一明的《西游原旨》。

  读书求深。毛泽东读《西游记》很认真、仔细。不动笔墨不读书。许多段落上阅读时还用黑铅笔画上线；如在第九十八回，有佛祖大弟子阿傩、伽叶向唐僧索贿这段文字，他对阿傩的丑态描写，都画上了直线和曲线，还在唐僧说的"这个极乐世界，也还有凶魔欺害哩"处，分别画有直线，末尾还画了两个圈。此外，对其中的若干内容，还作过极为透彻的哲理分析。如在光绪辛卯版《绘图增像西游记》就作有两处眉批：一处是在读第十八回《观音院唐僧脱难，高老庄行者降魔》，就其中高老向唐僧介绍猪八戒食肠大，唐僧听后说："只因他做得，所以吃得"，所作的眉批："只因为做得多，所以分配应当多，多劳应当多得。反过来，只因吃得多，所以才有可能做得多。生产转化为消费，消费转化为生产。"另一处是在读第二十八回《花果山群猴聚义，黑松林三藏逢魔》，就其中孙悟空回花果山，把来犯千余人马打得血染尸横后说："快活！快活！自从归顺唐僧，他每每劝我道：'千日行善，善犹不足。一日行恶，恶常有余。'此言果然不差。我跟着他打杀几个妖精，他就怪我行凶，今日来家，却结果了这许多性命。"所作的眉批："'千日行善，善犹不足。一日行恶，恶常有余'。乡愿思想也。孙悟空的思想与此相反，他是不信这样的，即是说作者吴承恩不信这些。他的行善即是除恶。他的除恶即是行善。所谓'此言果然不差'，便是这样认识的。"(《毛泽东读文史古籍批语集》，第 73—75 页)

假作真时真亦假，
白茫茫的一场归去也

——毛泽东谈《红楼梦》

　　毛泽东说，《红楼梦》是一部好书，要精读它。他欣赏《红楼梦》的文化价值和社会价值，给了它很高而又是恰如其分的定位。1956年，毛泽东在《论十大关系》中说："我国过去是殖民地、半殖民地，不是帝国主义，历来受人欺负。工农业不发达，科学技术水平低，除了地大物博，人口众多，历史悠久，以及在文学上有部《红楼梦》等等以外，很多地方不如人家，骄傲不起来。"他说得幽默风趣，表示了对《红楼梦》的高度评价。

　　《红楼梦》遍被华林，它所沉淀的中华灿烂文化，博大精深，包罗万象，是世界罕有的文化典籍，确实可以为中华民族引为骄傲。

谈论了六十年的《红楼梦》

　　从现有文字记载得知，毛泽东看《红楼梦》，比《三国演义》、《水浒传》等同类小说都要迟些。这里可能有两个原因：（一）毛泽东少年的乡邻，没有《红楼梦》藏书；民间通常收藏是《三国演义》和《水浒传》。所谓"家里藏书不须多，只须《水浒》和《三国》"；（二）《红楼梦》文字曲折缠绵，不易为少年接受和阅读。但是善于思考、更富于联系现实生活的毛泽东，当他走出韶山冲，接触到《红楼梦》，他就不断产生出新的思维。

　　大概在辛亥革命后长沙求学期间，他已经读《红楼梦》了。见于1913年毛泽东《讲堂录》修身课记有"练达世情皆学问"以及《与翁止园书》提及"而意淫之为害，比实事尤甚"。1916年，湖南一师学生贺果、陈绍休等将赴上海参加远东运动会全国预备会，毛泽东赶去长沙码头送行，送来一部《红楼梦》，让他们在船上消磨时间。可知他在长沙读书时,就接触《红楼梦》了。

此后不久,毛泽东就已将《红楼梦》当作历史读了。他说:开始当故事读,后来当历史读。

在上井冈山前夕,他该是深谙《红楼梦》了。在山上曾以讲《红楼梦》为例,向萧克等红军将士说,大观园里贾宝玉的命根子是颈上那块石头,国民党的命根子是它的军队。只有消灭敌人,缴了他的枪,抓到俘虏,才能挖掉他的命根子。还与贺子珍谈论:这是一本难得的好书哩!《红楼梦》里也是写斗争的。《红楼梦》写了两派,一派好,一派不好。贾母、王熙凤、贾政,这是一派,是不好的;贾宝玉、林黛玉、丫环,这是一派,是好的。《红楼梦》写了两派的斗争。

毛泽东对《红楼梦》的这些议论发前人之未所见,创今人之新说。也是20世纪20年代初期直至五六十年代俞平伯、顾颉刚和胡适等学者讨论《红楼梦》所未涉及的。由是可见毛泽东对《红楼梦》很早已形成独到的见解。

毛泽东喜欢读和谈《红楼梦》。在中央苏区和长征途中,他曾谈论《红楼梦》;在延安文艺座谈会期间,他也和作家及干部解说《红楼梦》;在陕北行军到西柏坡,他又和警卫战士讲解《红楼梦》;新中国成立后他喜欢说《红楼梦》。有一次问文工团员胡敏珍知不知道刘姥姥这个人物?又问她刘姥姥是什么阶级出身?1955年,在与戴涛相见时,指着周恩来说:我就是《红楼梦》里的老夫人,不大管事,他才是当家的,有什么事可以找他。毛泽东不仅读小说,也读有关《红楼梦》研究的著述,如周汝昌、俞平伯的"红学"著作,以及青年学者如李希凡、蓝翎的《红楼梦》论文,由是点燃一场全国范围上层建筑领域对旧红学的批判,这在《红楼梦》和其他古典文学的研究史上是史无前例的。

六七十年代,毛泽东多次提及《红楼梦》,甚至风趣地说:对《红楼梦》出20题,如学生能解答出10题,答得好,其中有的很好,有独见,可以打100分。如果20题全答了,也对,但是平平淡淡,没有独见的,给50分或60分。不动笔墨不读书。毛泽东仍保持青少年时养成读书的良好习惯,在书上批批改改,现所知的,就有一部5000余字的《红楼梦》眉批;他喜欢在书上圈圈点点,见存的一部《脂砚斋重评石头记》(影印本),在字里行间,就画了不少圈圈。

因为重视和嗜好《红楼梦》,毛泽东甚至想及仿造《红楼梦》自我写作。1961年8月,在由庐山回到北京后,还对警卫员张仙朋说:我要写一本书,一本像《红楼梦》那样的书,把我的一生都写进去,把你们也统统写进去,把你也写进去。

《《毛泽东与山东》，第 554 页）毛泽东也注意《红楼梦》的版本价值。在北京中南海书房，他收藏有二十多种《红楼梦》版本，晚年还常将十多种不同版本的《红楼梦》对照着阅读。70 年代初期，还让有关部门组织学者核校《红楼梦》，以期有一部最合作者原意的《红楼梦》定本问世。

书内有四大家族，你知道吗

中国古典文学小说都蕴含有抒情言志托意的内涵，而《红楼梦》别树一帜，鲁迅在《中国小说的历史和变迁》中说它："其要点在敢于如实描写，并无讳饰，和从前的小说叙好人完全是好，坏人完全是坏的，大不相同，所以其中所叙的人物，都是真的人物。总之自有《红楼梦》出来以后，传统的思想和写法都打破了——它那文章的旖旎和缠绵，倒是还在其次的事。"毛泽东对《红楼梦》的见解，颇与鲁迅相通。但是，毛泽东更是把《红楼梦》置放在二十世纪文化大背景的平面上作审视和评定的。二十世纪的中国社会是一个大动荡、大变化时代，毛泽东用政治战略家的明睿眼光分析解剖《红楼梦》，以阶级斗争的观点、阶级分析的方法把它放进现实社会圈去进行审视，因而得出很多为他人未有的卓见。比如他把《红楼梦》比作认识封建社会的镜子，认为《红楼梦》麻雀虽小，五脏俱全，它有极丰富的社会史料。1955 年 4 月，在绍兴东湖对谭启龙等谈到《红楼梦》时说：不读此书不能了解中国的封建社会。这部书可不是一般的文艺小说，而是一部阶级斗争史，里面有好几条人命哩。（《缅怀毛泽东》，第 237 页）1967 年 10 月 12 日，在与外宾谈话时，他就说：不学点帝王将相，不看古典小说，怎么知道封建主义是什么呢？当作历史材料来学，是有益的。就此，毛泽东把《红楼梦》定位为社会政治小说，推翻它是"情场的忏悔"的"自然主义杰作"等结论。而此中最独特的，是他首次提出《红楼梦》的总纲是第四回的四句话，还有第二回《冷子兴演说荣国府》、《好了歌》和注，都是须加以注视的，它们乃是读懂读通《红楼梦》的关键所在。

40 年代，毛泽东在延安与毛岸英谈《红楼梦》，就提出了读《红楼梦》要掌握要点，并指出，这部书的纲是书中的四句话：

贾不假，白玉为堂金作马；

阿房宫，三百里，住不下金陵一个史；

　　东海缺少白玉床,龙王来请金陵王;

　　丰年好大雪,珍珠如土金如铁。

　　这就是所谓"护官符"。毛泽东后来多次指出,这是读《红楼梦》的总纲。现在他所藏的一部《脂砚斋重评石头记》八十四回影印本的这段话上,用铅笔画了三个圈圈,并在此段话后紧跟着的写门子向贾雨村介绍"这门子道:'这四家皆连络有亲,一损皆损,一荣皆荣,扶持遮饰,俱有照应的'"一段旁密加圈画,由此足见毛泽东的思维。

　　毛泽东所说的纲,是他对《红楼梦》的创见。这也是研究《红楼梦》的一家之见。就像俞平伯认为《红楼梦》第五回的十二金钗是总纲;也有学者提出第一回那跛足道人唱的《好了歌》为纲。见仁见智,学术百家争鸣,可以诸说不一。毛泽东以第四回为纲,如同 1955 年在广东与薛焰(广东省公安厅长)谈说《红楼梦》时认为这是一部讲阶级斗争的书,应该看看。最少要看上五遍才能搞清楚。这里面有你们学习的。书内有四大家族等等识见,(《广州文艺》1977 年 5 月号)极大地丰富了红学内容,人们由此由表及里,细心体察,自可获得更多的启迪。

　　《红楼梦》写了荣国府大观园为核心的四大家族圈,有老爷太太少爷小姐,也有丫环仆妇走卒帮闲,社会百态,世间诸行,真可谓是形象地写活了二百年前的中国封建社会。指点江山,激扬文字。毛泽东对于《红楼梦》的人和事了若指掌。1963 年 5 月在杭州会议上说:《红楼梦》主要是写四大家族统治的历史,他们是奴隶主,一共三十三个人。写封建剥削只有两处。写奴隶像鸳鸯、晴雯、小红等,都写得很好,受害的就是这些人。同年 11 月 29 日,在北京看《霓虹灯下的哨兵》话剧前与前线歌舞团张泽易和作者沈西蒙谈到《红楼梦》时说:《红楼梦》是好的,但根据它改编出来的戏剧,就没有把贾、史、王、薛四大家族统治者杀了多少人的阶级斗争给反映出来。毛泽东又问:《红楼梦》里死了多少人? 没有人回答。他说:死了这么多人嘛!

　　1964 年 8 月 18 日,在北戴河与哲学工作者在谈到《红楼梦》时,毛泽东念了"护官符"后说:《红楼梦》写四大家族,阶级斗争激烈,几十条人命。统治者二十几人(有人算了说是三十三人),其他都是奴隶,三百多个,鸳鸯、司棋、尤二姐、尤三姐等等。讲历史不拿阶级斗争观点讲,就讲不通,只有用阶级分析才能把它分析清楚。又说:《红楼梦》里写了多少个人物,一共是三百二十七人，从皇帝、贵族，直到老百姓，都写到了，而且性格各异。刘姥姥就是个典型的农民嘛。

中国古典小说写得最好的是《红楼梦》

《红楼梦》的语言是最精练、朴实的，它是中华文字作形象思维颇为恰切的一部小说。毛泽东说《红楼梦》：作者的语言是古典小说中最好的。我们从他的文章和言谈中经常可以找到《红楼梦》语言的痕迹和人物的音踪。在半个多世纪的政治生涯里，毛泽东充分应用《红楼梦》语言，且将它们作为教育人民、启导人民和交流情感的工具。诸如见于公开文字的，就有"大有大的难处"、"牡丹虽好，全仗绿叶扶持"、"千里搭长棚，没有不散的筵席"、"舍得一身剐，敢把皇帝拉下马"、"不是东风压倒西风，便是西风压倒东风"等。

1954 年，新中国成立初期时，毛泽东多次说我们中国是个大国，可是一穷二白呀。还对保健医生说：刘姥姥一进荣国府中，她向凤姐哭穷时，凤姐说的话你还记得吗？外面看着虽是烈烈轰轰，不知大有大的难处。（《在毛泽东身边》，第212页）1957 年 5 月 10 日，在最高国务会议结束语中，毛泽东又用了"大有大的难处"说明大国的事情也并不那么好办。按"大有大的难处"，见第六回《贾宝玉初试云雨情，刘老老一进荣国府》："凤姐笑道：'我如今接着管事，这些亲戚们又都不大知道，况且外面看着，虽是烈烈轰轰，不知大有大的难处，说给人也未必信。'"

1955 年 3 月 31 日，在中共全国代表会议上讲话谈及在高饶问题上犯错误的同志时说："人是要有帮助的。荷花虽好，也要绿叶扶持。一个篱笆要三个桩，一个好汉要有三个帮。"（《毛泽东文集》第六卷第399 页）1957 年 11 月 7 日在莫斯科与中国留学生讲话说：任何一个人都要人支持。一个好汉也要三个帮，一个篱笆也要三个桩。荷花虽好，也要绿叶扶持。这是中国的成语。按，"荷花虽好，也要绿叶扶持"，见第一百十回《史太君寿终归地府，王凤姐力诎失人心》："独有李纨瞧出凤姐的苦处，却不敢替他说话，只自叹道：'俗语说的，"牡丹虽好，全仗绿叶扶持"，太太们不亏了凤丫头，那些人还帮着吗？'"

1958 年 3 月 22 日，毛泽东在成都会议谈及辩证法时说："《红楼梦》里说：'千里搭长棚，没有个不散的筵席。'这是真理。不可以因人废言，应以是否为真理而定。"（《毛泽东文集》第七卷，第372页）同年 11 月，在第二次郑州会议谈及对立面互相转化时说:只要一开会包含着散会的因素,没有不散的会。正如《红楼梦》里怡红院的丫环小红所谓"千里搭长棚,没有不散的筵席",一散会就又酝酿着开会的因素。(《毛主席教我们当省委书记》,第165页)。按,"千里搭长棚,没有不散的筵席",见第二十六回《蜂腰桥设言传心事,潇湘馆春困发幽情》:"小红道:'也不犯着气他们,俗语说的:"千里搭长棚——没有不散的筵席。"谁守一辈子呢?不过三年五载各人干各人的去了;那时谁还管谁呢?'"

　　1956年始,毛泽东很喜欢用"舍得一身剐,敢把皇帝拉下马"一语。1956年在中共八届第二次全体会议上谈民主时说:"现在再搞大民主,我也赞成,你们怕群众上街,我不怕,来他几十万也不怕。'舍得一身剐,敢把皇帝拉下马'。这是古人有言,其人叫王熙凤,又名凤姐儿,就是她说的。"1957年3月10日在中国共产党全国宣传工作会议上又说:"'舍得一身剐,敢把皇帝拉下马',我们在为社会主义共产主义而斗争的时候,必须有这种大无畏的精神。"(《毛泽东文集》第七卷,第276页)1958年3月,在成都会上提倡坚持原则与独创精神相结合时,欣赏《红楼梦》里凤姐说的"舍得一身剐,敢把皇帝拉下马"的风格,又说要造成一种环境,使人敢于说话,先进分子应该不怕这一套,要有王熙凤的"舍得一身剐,敢把皇帝拉下马"的精神。(《"大跃进"亲历记》,第232页)1959年4月,在上海召开的中共中央八届七中全会上,号召学习海瑞精神,"要舍得一身剐,敢把皇帝拉下马"。同年7月在庐山谈话中说不要有压力:王熙凤说,舍得一身剐,敢把皇帝拉下马。言者无罪嘛。按,"舍得一身剐,敢把皇帝拉下马"见第六十八回《苦尤娘赚入大观园,酸凤姐大闹宁国府》:"俗语说,'拼着一身剐,敢把皇帝拉下马'。"

　　毛泽东很喜欢用"东风压倒西风"的比喻。1956年始,他说得很多。1956年11月15日在中共八届第二次全体会议上谈及高岗事件时说:我们的古人林黛玉讲,不是东风压倒西风,就是西风压倒东风。现在呢,不是阳风阳火压倒阴风阴火,就是阴风阴火压倒阳风阳火。1957年7月1日为《人民日报》写的社论《文汇报的资产阶级方向应当批判》说:"不是东风压倒西风,就是西风压倒东风,在路线问题上没有调和的余地。"同年在莫斯科共产党和工人党代表会议上讲话时说:"世界上现在有两股风:东风,西风。中国有句成语:'不是东风压倒西风,就是西风压倒东风。'我认为目前形势的特点是东风压倒西风,也就是说,社会主义的力量,对于帝国主义的力量占了压倒的优势。"(《建国以来毛泽东文稿》

（第六册,第 630 页)同年 11 月 17 日,在莫斯科对中国留学生讲话说:世界的风向变了。社会主义阵营和资本主义阵营之间的斗争不是西风压倒东风,就是东风压倒西风。这段话据当时留学生回忆,毛泽东是这样说的:《红楼梦》里林黛玉说过一句话,不是东风压倒西风,就是西风压倒东风,现在天下大势是东风压倒西风。苏联人造卫星上了天,重量 70 公斤。刘晓大使体重有没有 70 公斤? 刘晓回答:"不到。差一点儿。"毛泽东风趣地说道:就是说,苏联可以把刘晓大使送上天,美国还做不到嘛。(《纵横》,2004 年 6 月号第 20 页)11 月 18 日,毛泽东又在各国共产党和工人党代表会议上说了在昨天会议上同样的话。1958 年 5 月 20 日,在中共八大第二次会议上毛泽东在谈到插红旗辨风向时说:为了插旗子,就要提高嗅觉,学会辨别风向,看刮什么风。"不是东风压倒西风,就是西风压倒东风。"这是苏州姑娘林黛玉讲的。(《"大跃进"亲历记》,第 351 页)9 月 8 日,在最高国务会议上毛泽东说:目前的形势对全世界争取和平的人民有利。总的趋势是东风压倒西风。1962 年 12 月 21 日,毛泽东在与华东的省市委书记谈话中说:宣传部门应多读书,也包括看戏。有害的戏少,好戏也少,两头小中间大,帝王将相、才子佳人多起来,有点西风压倒东风,东风要占优势。(《毛泽东的文艺美学活动》,第 218 页)晚年毛泽东在与身边工作人员谈《红楼梦》时又说:林黛玉有句话讲得好,"不是东风压倒西风,就是西风压倒东风。"她是个很有头脑的女孩子哩。按,"不是东风压倒西风,就是西风压倒东风",见第八十二回《老学究讲义警顽心,病潇湘痴魂惊恶梦》:"黛玉从不闻袭人背地里说人,今听此话有因,心里一动,便说道:'这也难说。但凡家庭之事,不是东风压了西风,就是西风压了东风。'"

毛泽东还在谈话、报告中用了其他词语多多,如"不是冤家不聚头","人怕出名猪怕壮"、"百脚之虫,死而不僵"等。他对这些词语恰到好处地应用,丰富和滋润了自己的语言和文风。

毛泽东很欣赏《红楼梦》对人物描写。其中如王熙凤,称赞这个人物写得好。又说作者善于刻画人物个性。1973 年 7 月 4 日,在与王洪文、张春桥谈及《红楼梦》时说:贾母一死,大家都哭,其实各有各的心事,各有各的目的。如果一样,就没有个性了。哭是共性,但伤心之处不同。我劝人们去看看柳嫂子同秦显的争夺厨房那几段描写。(《毛泽东的文艺美学活动》,第 220 页)毛泽东也欣赏《红楼梦》各章节的布局和提笔,1958 年 10 月,与田家英、吴冷西谈话,就文章提笔,说到《红楼梦》中描写刘姥姥进大观园。翌年 4 月,在读了胡乔木《西藏的革命和尼赫鲁的哲学》说:文章提笔好,看起来一段段不相关,但有内在联系。金圣叹很讲究文章的提笔。《金瓶梅》、《红楼梦》也好。刘姥姥见凤姐一段,开头扯得很远,但都有联系,扯得开,又收得回。(《我所知道的胡乔木》,第 359 页)

不读《红楼梦》,怎么知道什么叫封建社会呢

1951 年,薄一波回忆:"毛泽东同志对《红楼梦》有浓厚的兴趣,讲过这是一部顶好的社会政治小说。他多次要大家读,说不是读故事,而是读历史,你要不读《红楼梦》,怎么知道什么叫封建社会呢? 这部小说描写的是乾隆年间,清朝开始走下坡路,曹雪芹借贾、史、王、薛'四大家族'的兴衰,揭示了封建制度的腐朽。"(《党的文献》,1994 年第 1 期)

《红楼梦》是形象思维的历史。

把《红楼梦》当历史读。

毛泽东从来就把《红楼梦》作为封建社会由盛到衰阶段的历史来予以认识的。

1945 年 9 月,毛泽东在重庆谈判期间,与王昆仑等人谈话中就以《红楼梦》故事比喻。他说:荣国府的贾府是由盛而衰吗? 我认为这个家庭面临的是由衰而败的厄运。甲戌本第二回开头就说"如今这荣宁两府,也都消疏了,不比先时的光景。"就是说,厅殿楼阁峥嵘轩峻也好,树木山石葱蔚调润也好,都不过是衰微中的表面繁华,败亡前的回光返照而已。(《党史天地》,1995 年第 7 期)

毛泽东还从《红楼梦》说土地制度、家庭瓦解。1959 年 12 月后,在谈苏联《政治经济学(教科书)》(社会主义部分)谈话中说:我国很早以前就有土地买卖。《红楼梦》里有这样的话:"陋室空堂,当年笏满床;衰草枯杨,曾为歌舞场;蛛丝儿结满雕梁,绿纱今又在蓬窗上。"这段话说明了在封建社会里,社会关系的兴衰变化,家庭的瓦解和崩溃,这种变化造成了土地所有权的不断转换,也助长了农民留恋土地的心理。又说:我国家长制度的不能巩固是早已开始了。《红楼梦》中就可以看出家长制度是在不断分裂中。贾琏是贾赦的儿子,不听贾赦的话。王夫人把凤姐笼络过去,可是凤姐想各种办法来积攒自己的私房。荣国府的最高家长是贾母,可是贾赦、贾政各人又有各人的打算。(《党的文献》,1994 年第 5 期)

1963 年 5 月在杭州会议上毛泽东说:《红楼梦》第二回上,冷子兴讲贾府"安富尊荣者尽多,运筹谋画者无一",讲得太过。探春也当过家,不过她是代理。但是,贾家也就是那么垮下来的。(《毛泽东与文艺传统》,第 135 页),晚年毛泽东有一次与身边工作人员谈《红楼梦》,又说:荣国府、宁国府的败落,只不过是暂时丧失了吃人的权力,这个府与那个府的此起彼落,不过是狗咬狗的输赢,同情是大可不必的。

毛泽东谈《红楼梦》,注重的是中国封建社会盛衰兴亡的历史。1973 年 12 月 21 日,在与部队领导人谈《红楼梦》写的"真事"是政治斗争时,谈到它的历史主题:曹雪芹把真事隐去,用假语村语写出来。真事就是政治斗争,不能讲,于是用吊膀子(爱情)掩盖它。认为《红楼梦》还体现了作为封建根基的家长制的动摇。(《党的文献》,1994 年第 1 期)因此,毛泽东认为《红楼梦》它在我们面前展现了一个封建社会的全景,告诉我们一个崩溃着的封建社会是怎样完成它的最后的悲剧的。

曹雪芹笔下的人物,活灵活现可爱极了

1959 年,毛泽东在江西对水静说:我就喜欢曹雪芹笔下的人物,活灵活现的,可爱极了。

毛泽东对《红楼梦》中贾宝玉、林黛玉和王熙凤等人有独到的评论。贾宝玉是《红楼梦》的男主角。据冯雪峰回忆,毛泽东早在瑞金苏区就讲过,贾宝玉是我国文学中的一个革命家。1935 年遵义会议后,在与刘英闲谈时说:《红楼梦》里最招人喜欢的是贾宝玉。他鄙视仕途经济,反抗旧的一套,有叛逆精神,是革命家。(《刘英自述——张闻天夫人口述历史》,第 71 页)。1936 年冬,毛泽东在保安与丁玲谈《红楼梦》时说:贾宝玉是可以转变成为一个革命者的。(《湖南党史》1997 年第 1 期第 5 页)1937 年 5 月,在延安抗大讲话时又说:《红楼梦》的贾宝玉要是生在今天,就不会去当和尚而是参加革命了。(《忆董老》(第二辑),湖北人民出版社 1982 年版第 66 页)50 年代初又说:贾宝玉在曹雪芹笔下是封建家族的逆子。贾宝玉的叛逆思想,在当时那个特定的时代里,具有进步意义嘛。在他晚年又说:贾宝玉,是个很有性格的男孩哩。他对女孩子好,那是因他觉得女孩受压嘛。贾宝玉是同情被压迫的丫头的。

对《红楼梦》的女主角林黛玉,毛泽东说她很有头脑。但是她的小性儿也够

人受的。林黛玉不是四大家族的。毛泽东能背诵书中林黛玉所写的诗,并从历史唯物观的视角作解读。1938年5月,在鲁迅艺术学院作报告,讲学校与社会关系时说:《红楼梦》里有个大观园,大观园里有个林黛玉、贾宝玉,你们鲁艺是个小观园。你们也就是林黛玉、贾宝玉,但是我们的女同志不同于林黛玉只会哭。我们的女同志比林黛玉好多了,会唱歌,会演戏,将来还要到前方打仗。1951年在与周世钊等教育工作者谈话时指出贾、林固有的缺点,说:《红楼梦》中两个主角,我看都不太高明。贾宝玉是阔家公子,饮食起居都要丫头照料,自己不肯动手;林黛玉多愁善感,最爱哭泣,只能住在大观园的潇湘馆中,吐血、闹肺病。这样的人,怎么能革命呢? 你们办学校,不要把我们青年培养成贾宝玉、林黛玉式的人。

毛泽东高度称赞《红楼梦》里对王熙凤的描绘,1964年,对王海容说《红楼梦》:作者的语言写得很好,可以学习他的语言,这部小说的语言是所有古典小说中最好的一部,你看曹雪芹把凤姐都写活了,凤姐这个人写得很好,要你就写不出来。认为:凤姐就写得好,王熙凤乃治世之能臣,乱世之奸雄,王熙凤善使两把杀人不见血的飞刀。

《红楼梦》要看五遍才有发言权

毛泽东喜读《红楼梦》,也经常向干部群众推荐读《红楼梦》。

他是把《红楼梦》作为历史小说、也是作为认识封建社会的百科全书作介绍的。

早在1928年井冈山时期,他就向贺子珍推荐《红楼梦》,说这是一本难得的好书哩! 我看你一定没有仔细读这本书,你要重读一遍。

1944年秋,毛泽东和延安市委书记张汉武谈话,知道他没有看过《红楼梦》,就说:你想办法找那部书看看,对你来说,很有用,那书好! 你可以练习写东西还可以看看封建社会是个什么样子!(《陕西文史资料》第七辑)

1947年,在转战陕北途中,毛泽东因警卫员伍银岭看过一遍《红楼梦》,就说:只看过一遍,没有发言权。要讲,起码得看三五遍。他对警卫战士说:你们都要看看《红楼梦》,不读《红楼梦》,就不知道什么是封建社会。在此期间,他也对警卫员李银桥说:你作为一个中国人,既然有阅读能力,不可不读《红楼梦》,不读就不懂中国的封建社会。读一遍也不行,最少看三遍,不看三遍没有发言权。

新中国成立后,毛泽东提出《红楼梦》要看五遍。

1954 年 3 月,在杭州对摄影师侯波说:你要看五遍才有发言权。1955 年 4 月,在绍兴东湖,和田家英、胡乔木、陈伯达谈《红楼梦》,在问及陪同的浙江省委书记谭启龙只看过一遍后,说:读过一遍没有资格参加议论,你最少要读五遍。1959 年 8 月,在庐山在谈话中得悉水静读过三遍《红楼梦》,说:读三遍不够,至少要读五遍以上。在此之后,毛泽东还多次对女婿孔令华说:要看《红楼梦》至少三遍。还说:要你们看《红楼梦》不是让你们单纯看文学作品,是要你们通过看《红楼梦》了解历史和社会的复杂性,看了《红楼梦》,才知道什么是封建社会、封建大家族。

毛泽东晚年,仍提倡读《红楼梦》。

他对李德生、许世友等将军说要看《红楼梦》五遍:《红楼梦》要看五遍才有发言权,要坚持看五遍。1975 年 8 月 13 日,毛泽东又与芦荻谈《红楼梦》,芦荻说:只读了一遍半,高鹗的续书,不喜欢读。他说:我读了五遍,要读后来的部分;还特别谈了封建社会中妇女的命运问题。又说:千古尽是不平事,压迫太深,所以要反抗。(《文艺理论与批判》1998 年第 3 期)

一个巧妙的造神运动

——毛泽东谈《封神演义》

《封神演义》,又称《封神榜》,相传是明朝道士许仲琳或陆西星编写的一部长篇章回小说。《封神演义》汇集了自秦汉以来很多民间传说和神话,脍炙人口,毛泽东爱谈《封神演义》,他一生读了多遍。

1957年3月8日,毛泽东与文艺界人士谈话,在谈到继承遗产问题时,他说:我并不赞成牛鬼蛇神,过去的办法是压,现在出来倒害怕了,遗产中有许多糟粕。对一些传统剧目,过去我们禁了几年,别人有些反感,现在开放了,也可以批评,但批评要说理。一些牛鬼蛇神的戏,看看也可以,我们看《封神演义》,不是牛鬼蛇神吗? 社会上有牛鬼蛇神,剧目里有也不稀奇。演来看看也没有什么可怕。(《毛泽东的文艺美学活动》,第166—167页)

哪有一个"法宝"是不能破的呀?

1906年,十四岁的毛泽东在家乡韶山冲井湾里上私塾时,就接触、阅读了《封神演义》。据毛泽东青少年时的同学萧三调查,毛泽东读《封神演义》还早于《三国演义》和《水浒》。《封神演义》编造了道教内部两大集团的生死争斗,以太上老君、元始天尊为正方和以通天教主为首的反方。它那超凡入圣、双重超越的浪漫主义和悬念迭出、大胆想像的思维魔力,给少年毛泽东留下难以磨灭的印象,以致他在后来长期的革命斗争和建设中,与干部群众谈话、演说时常常引用,信手拈来,独揭妙谛,恰到好处。

1936年6月,红军大学在瓦窑堡成立,学员都是红军中的高级指挥员。毛泽东参观了他们所开辟的窑洞住处。当他沿着石阶走上最高一层眺望时,风趣地说:你们这真是元始天尊的弟子啊! 又问罗荣桓说:你们何时下山啊? 是等修炼好了,还是等天下大乱再下山啊？罗荣桓说:"我们学到了马列主义真经,练好本领就下山。"(《在战斗中成长的罗荣桓》,第281页)1939年7月7日,华北联合大学举行开学典礼,校长成仿吾请毛泽东给师生作报告。当时,经中共中央决定,学校即将迁到抗日敌后根据地去开办。因此毛泽东讲话时,号召学校师生"深入敌后,动员群众,坚持抗战到底"。毛泽东在讲话里还引用了《封神演义》的一段故事。他说:当年姜子牙下昆仑山,元始天尊赠了他杏黄旗、四不像和打神鞭三样法宝。现在你们出发上前线,我也赠你们三样法宝,这就是:统一战线,武装斗争,党的建设。两天后,毛泽东在对陕北公学赴前线同学作《坚持国共长期合作》报告时,再次提及了这条"打神鞭"法宝,他说:今天在同志们临别的时候,我送给你们"统一战线"这个法宝,我认为它就是姜子牙的"打神鞭",专打妖魔鬼怪,我们有了这个"打神鞭"就什么都不怕,可以打冒失鬼——日本帝国主义,也可以打怕死鬼——汉奸。1937年11月,毛泽东在延安简易的飞机场上,迎接莫斯科归来的陈云等同志时,又应用《封神演义》的所谓掌阐教的元始天尊派出神仙们下山故事为例,生动而又恰如其分地作了热情洋溢的欢迎词:欢迎从昆仑山下来的"神仙",欢迎我们敬爱的国际朋友(指苏联机组人员),欢迎从苏联回来的同志们。你们回到延安来是一个大喜事,这就叫"喜从天降"。法宝,出自佛经《维摩经·佛国品》:"法宝普照,而再甘露","集众法宝,如海导师",通常称佛法为法宝,道家乃指能制服或杀伤妖魔的宝物。1955年3月31日,毛泽东在中国共产党全国代表会议上讲话,当谈到目前形势时,他说:"帝国主义拿来吓唬我们的原子弹和氢弹,也没有什么可怕。世界上的事情,总是一物降一物,有一个东西进攻,也有一个东西降它,看《封神榜》就知道,哪有一个'法宝'是不能破的呀？那样多的'法宝'都破了。我们相信,只要依靠人民,世界上就没有攻不破的'法宝'。"(《毛泽东文集》第六卷,第404页)《封神演义》的法宝,物物相生相克,这就是辩证法,也是毛泽东的科学解析。

申公豹是姜子牙的不肖师弟

《封神演义》那张由太上老君、元始天尊等共同制订的《封神榜》,封了三百六十五位正神;封神榜外还有姜子牙和各路肉身成圣的仙道们。毛泽东对《封神演义》的熟悉和青睐,也表现在对书中角色的谈述上,这些谈述力透纸背,入木三分;底蕴所及,令人神往,叹为观止。现见诸文字的就有姜子牙、哪吒、土行孙、赵公明、申公豹和哼哈二将、千里眼顺风耳等。

毛泽东谈得最多的是姜子牙。他几次介绍姜子牙蟠溪钓鱼的故事,说:姜太公当年在陕西渭水上钓鱼,他用的是无饵的直钩钓鱼,还唱着"鱼儿,鱼儿,愿者上钩……"他从《封神演义》这部民间咸知的故事书评起:这个姜子牙,可是不得了的人哟,他潜心学道四十余年,智勇韬略,远虑深谋。八十岁时被周文王拜为丞相,辅佐文王为兴周大业作出了卓越贡献。

毛泽东又说及哪吒。对于哪吒打龙王、敢于斗争的精神,毛泽东很欣赏。1929 年 5 月,红军胜利攻克江西新城。毛泽东见到红军中的小战士,他高兴地说:娃娃兵嘛。哪吒还戏斗海龙王呢!又借题发挥地说:红军是要饭的,国民党不仅是国王,而且是龙王。红军就用龙王桌子上的能抢到的东西来满足自己的需要。1958 年 5 月 8 日,他在中共八大第二次会议上讲破除迷信,举了很多年轻人朝气蓬勃,学问少的人打倒学问多的人的故事。他说:《封神演义》里的哪吒,本领很了不起,他是托塔天王李靖的儿子,也是个年轻人,他是天不怕地不怕,什么也不怕的。

土行孙是缩地术大师,毛泽东也常提到他。早在 1927 年 12 月,毛泽东在井冈山练兵时,在训练场与军事教员陈伯钧开玩笑地说:《封神榜》上有个土行孙,还有个哪吒,他们都能腾云驾雾,上天入地,你们为什么没有这个本事呀!我也想跟你们一起练呢!这是他借土行孙等作比拟,要求练出一支劲旅。1950 年冬,毛泽东访苏期间,一天正在所住的莫斯科别墅里看书,突然发现,中国驻苏大使馆的机要员从楼梯口穿上来送报纸,他谐趣地说:你这个小鬼,活像土行孙从地下钻出来一样。当毛泽东发现机要员那不知所措的样子,又说:你没有看过《封神演义》吗?土行孙是姜子牙的一员大将,厉害得很啊!他有在地下钻进钻出的本领!据驻苏使馆人员回忆,当时毛泽东可能正在阅读《封神演义》。

赵公明是中国民间慕奉的财神。《封神演义》中惟妙惟肖地写了赵公明。毛泽东也许在读《封神演义》前就知道了这尊财神。早在 1904 年,毛泽东在和小伙伴谈话时就提到有"赵公元帅"。后来在他著名的《中国社会各阶级的分析》中又说到"赵公元帅"。他说,有一种小资产阶级"发财观念极重,对赵公元帅礼拜最勤";也有一种小资产阶级"也想发财,但是赵公元帅总不让他们发财"。他对《封神演义》所封的赵公元帅的信仰功能和保护功能是很熟悉的。因此 1954 年,毛泽东游览杭州玉皇山,看到那些包括有黑虎财神赵公明在内的神像时,念念有词地称赞说这些神像塑得太像了。

毛泽东还谈论过申公豹倒头歪看的丑相,把他比作向后倒退的反动势力。1939 年 12 月,毛泽东在延安各界纪念一二·九运动的一次大会上,在指责投降派、顽固派时,将他们比作群众所熟悉的申公豹:"《封神演义》里有一个申公豹,是姜子牙的不肖师弟,他脸向后长,眼朝后看。现在的抗战阵营中,就隐藏有这么一群'申公豹',一批专门倒退的人,他们拖住中国要倒退。"他又说,"现在虽然还有帝国主义者和'申公豹'们不断地阻碍我们这样做,但是不要紧的,我们现在是聪明了,是有力量了,我们已不是昨天的我们,而是今天的我们了,帝国主义者、'申公豹'们,是你们滚蛋的时候了!"(《毛泽东文集》第二卷,第 256—257 页)翌年 2 月,毛泽东在延安宪政促进会上揭露国民党顽固派,不但不肯进步,而且向后倒退时指出:这种人好有一比,就像是《封神演义》里面的申公豹。说申公豹这个人真是奇形怪状,他的后脑朝前,脸面朝后,专门向后看,走路时向后倒退。当他说到这里,有意模仿申公豹的样子,在台上背着手后退了几步,做了个倒退的姿态,逗得与会者哄堂大笑。接着毛泽东又说:申公豹为什么脑袋长成这样子呢?据传他有割头还项的本领,向姜子牙吹嘘自己如何如何,并且劝姜子牙扶商灭周,投奔纣王。姜子牙不信那一套,申公豹当场做表演,卡住自己的头割下来抛在空中,他那种法术只能在很短时间内成,过期就安不上了。恰巧一只鹤飞来,把申公豹的头抓住不放,急得他就团团转圈,束手无策,等到限定时间了,仙鹤把头放下来,在慌忙急迫之下,脑袋被安反了,前后颠倒,才变成如此怪状。今天的"申公豹"死拖着"正统"观念,时时刻刻想消灭共产党和八路军新四军。谁是"异党"、"异军",必欲置我死地而后快。国民党里的反共顽固派是申公豹的化身,他们反对中国人民的正义事业,反对我们坚持抗战、坚持团结、坚持进步的主张。(《炎黄春秋》,2001 年第 3 期第 37 页)

花面相迎，世情如鬼

——毛泽东谈《聊斋志异》

《聊斋志异》是清朝康熙年间的一部文言笔记体小说。作者是蒲松龄。毛泽东很喜欢读这部小说，像读《三国演义》、《水浒》等一样，百读不厌。它虽多写的是光怪陆离的妖魔鬼怪，但毛泽东却视为历史书、政治课本读，常从若干篇章里引申文句、阐明大义，作为启发、教育干部群众的读物。他对《聊斋志异》有相当高的评价。新中国成立后有一年，他在专列上和警卫员谈话，就提到《红楼梦》、《三国演义》和《聊斋志异》。说：做一个中国人，这些书不看是不行的。你应该去学习学习啊！

《聊斋》其实是一部社会小说

毛泽东在未走出韶山冲时，就读了《聊斋志异》。毛泽东后来追忆，他幼年在私塾读那些古书，并无多大好处，帮助开窍的，乃是《三国》、《水浒》，后来是《聊斋》，一生受益的不是经学而是杂学。少年好幻想，有强烈的创造欲。《聊斋志异》假托花妖狐精的曲折离奇拟人手法，自然引起了他的共鸣。

二十世纪 30 年代后期，毛泽东在延安常谈《聊斋》故事。1937 年 8 月，在著名的《矛盾论》谈及矛盾的互相转化时就谈了"神话中的许多变化，例如《山海经》中所说的'夸父追日'，《淮南子》中所说的'羿射九日'，《西游记》中所说的孙悟空七十二变和《聊斋志异》中的许多鬼狐变人的故事等等，这种神话中所说的矛盾是互相变化，乃是无数复杂的现实矛盾"。（《毛泽东选集》第一卷，第 330—331 页）1939 年 5 月，毛泽东在延安与作家萧三谈话，当谈到《聊斋志异》时，他说：《聊斋》是封建主义的一种温情主义。作者蒲松龄反对强迫婚姻，反对贪官污吏，但是不反对一夫数妻（妾），赞美女人的小脚。主张自由恋爱，在封建社会不能明讲,即借鬼狐说教,作者写恋爱又都是很艺术的,鬼狐都会作诗。

　　毛泽东又说:《聊斋》其实是一部社会小说。鲁迅将它归入'怪异小说',是他在没有接受马克思主义以前的说法,是搞错了。1942 年春,在延安文艺座谈会召开前夕,毛泽东在与鲁迅艺术院教员陈荒煤、曹葆华、何其芳、严文井等谈话时指出:《聊斋志异》,可以当作清朝的史料来看。接着就举例说:其中一篇叫作《席方平》的,那篇就可以作为史料。据何其芳、陈荒煤回忆:毛泽东认为《席方平》这篇作品的内容是借描写阴间的黑暗,来揭露清朝的人世间的黑暗。它描写阴间的狱吏、城隍、郡司,以至冥王都是贪污受贿,不问是非曲直。阴间的最高统治者冥王,对受地主老财的迫害、因而冤枉死的人来告状,不但不受理,而且用酷刑迫害。结论是:这篇小说的主人公觉得"阴曹之暗昧尤甚于阳间"。毛泽东说这篇作品含义很深,实际是对封建社会人间酷吏官官相护、残害人民的控诉书。毛泽东也对小说中写到两个鬼奉冥王命把席方平锯成两半时,对席方平表示同情,故意锯偏,以保存席方平有一颗完整的心这个细节备加赞赏,并说这篇《席方平》应该选入中学国文课本。他还对房方平的行为深表赞赏。在一次谈话中评说:老实人,虽然历经磨难,只要敢于坚持,实事求是,坚持原创,敢于斗争,问题终会弄清楚,冤案终能昭雪。(《缅怀毛泽东》下,第 563—564 页)

　　毛泽东还认为:《聊斋志异》是反对八股文的。它描写女子找男人是大胆的。

　　当谈及蒲松龄此人时,毛泽东指出:蒲松龄很注意调查研究。他泡一大壶茶,坐在集市上人群中间,请人们给他讲自己知道的流行的鬼狐故事,然后回去加工,不然,他哪能写出四百几十个鬼与狐狸精来呢? 毛泽东还通过读《聊斋》认定蒲松龄很有生产斗争知识。1964 年 2 月春节座谈会上,毛泽东就状元都不出色,举了历来颇有学问的文人,说:王实甫、关汉卿、施耐庵、曹雪芹、罗贯中、蒲松龄等都不是进士,曹雪芹和蒲松龄是清朝的拔贡。

　　毛泽东还喜欢和外国朋友谈论蒲松龄和《聊斋志异》。据苏联汉学家尼·费德林回忆,1949 年 12 月,在陪同毛泽东访苏横越西伯利亚的快车上谈中国文学时,毛泽东也谈了蒲松龄的《聊斋志异》,当时他记录了谈话要点:

　　蒲松龄(《聊斋志异》)——17、18 世纪最重要的通俗作家。他在一个个短小精干的故事中反映了广泛的中国社会层面。他是一位杰出的语言艺术家。善于用独特的文学形式和高度的技巧来运用材料,他以丰富的想像力写出一批神鬼妖狐的故事,实际上是叙述现实中的恶势力和人世间的种种不幸,这些故事至今在中国读者中广泛流传,他以自己的艺术来保卫群众的利益。蒲松龄是一位人民的作家。

《聊斋志异》的作者告诉我们不要怕鬼

1959 年春天,遵照毛泽东指示,中共中央书记处交与中国科学院文学研究所何其芳负责选编《不怕鬼的故事》,他在《聊斋志异》中选录了三篇故事:《妖术》、《耿去病》(节录《青凤》)和《捉鬼射狐》。毛泽东审看了所选篇目。同年 4 月 15 日,毛泽东在第十六次最高国务会议就 1958 年炮轰金门事,说:我看要奋斗下去,什么威胁我们都不怕。接着就讲了《聊斋志异》中《耿去病》的故事:《聊斋志异》里有一个狂生,晚上坐着读书,有个鬼吓他,从窗户口那个地方伸一个舌头出来,这么长,它以为这个书生就会吓倒了。这个书生不慌不忙,拿起笔把自己的脸画成张飞的样子,画得像我们现在戏台上的袁世海的样子,然后也把舌头伸出来,没有那么长就是了。两个就这么顶着,你望着我,我望着你。那个鬼只好走了。毛泽东讲了这个故事后,又说:《聊斋志异》的作者告诉我们,不要怕鬼,你越怕鬼,你就不能活,他就要跑进来把你吃掉。我们不怕鬼,所以炮击金门、马祖。这一仗打下去之后,现在台湾海峡风平浪静,通行无阻,所有的船只不干涉了。

毛泽东对《不怕鬼的故事》非常重视,几次修改何其芳所写的序言。1961 年 1 月 4 日,毛泽东约何其芳谈话,他说:你的问题我现在才回答你。除了战略上藐视,还要讲战术上重视。对具体的鬼,对一个一个的鬼,要具体分析,要讲究战术,要重视。不然,就打不败它。你们编的书上,就有这样的例子。《聊斋志异》的那篇《妖术》,如果那个于公战术上不重视,就可能被妖术谋害死了。还有《宋定伯捉鬼》。鬼背他过河,发现他身体重。他就欺骗它,说他是新鬼。"新鬼大,旧鬼小",所以他重嘛。他后来又从鬼那里知道鬼怕什么东西,就用那个东西治它,就把鬼治住了。你可以再写几百字,写战术上重视。何其芳作了修改。1 月 23 日,毛泽东又找何其芳说:你写的序文我加了一段,和现在的形势联系起来了。接着,就念了自己所加上的一段:难道我们越怕鬼,鬼就越喜欢我们,发出慈悲心,不害我们,而我们的事业就会忽然变得顺利起来,一切光昌流丽,春暖花开了吗?(《人民文学》1977 年 9 月号)后来,毛泽东在这篇序言里还加了

其他几段话,画龙点睛,如序言中结尾的一段就是他所加的:

> 这本书从一九五九年春季全世界帝国主义、各国反动派、修正主义组织反华大合唱的时候,就由中国科学院文学研究所着手编辑,到这年夏季即已基本上编成。那时正是国内修正主义起来响应国际修正主义,向着党的领导举行猖狂进攻的时候,我们决定将本书初稿加以精选充实,并决定由我写一篇序。一九六〇年底,国际情况起了很大变化,八十一个共产党和工人党在莫斯科举行了代表会议,发表了反对帝国主义、反对反动派、反对修正主义的声明。这个"不怕鬼"的声明使全世界革命人民的声势为之大震,妖魔鬼怪为之沮丧,反华大合唱基本上摧垮。但是读者应当明白,世界上妖魔鬼怪还多得很,要消灭它们还需要一定时间;国内的困难也还很大,中国型的魔鬼残余还在作怪,社会主义伟大建设的道路上还有许多障碍需要克服,本书出世就显得很有必要。当着党的八届九中全会于一九六一年一月对国内政治、经济、思想各方面制定了今后政策,目前条件下的革命斗争的战略战术又已经为更多的人所了解的时候,我们出这本《不怕鬼的故事》,可能不会那么惊世骇俗了。(《建国以来毛泽东文稿》第九册,第427页)

接着,毛泽东就同意《不怕鬼的故事》付印,并在给何其芳的信中指示:"出书的时候,可将序文在《红旗》和《人民日报》上登载。另请着手翻成几种外文,先翻序,后翻书。序的英文稿先翻成,登在《北京周报》上。"

称赞《聊斋志异》写得好

新中国成立后,读书是毛泽东的一个主要爱好,在所读的书里,其中百读不厌的一种就是《聊斋志异》。他读《聊斋》自有妙法,即是以读《左传》法来读《聊斋》。毛泽东说:《左传》阔大,《聊斋》工细;但读《聊斋》当以读《左传》之法读之。名儒讲学,老僧谈禅,《聊斋》文笔独步千古,更难得议论纯正,准理酌情,佳处难尽言……据毛泽东身边管理图书人员介绍,在他的中南海住地书库,就收藏有多种版本的《聊斋志异》,其中有:

《聊斋志异新评》清康熙己未(1679)版;

《聊斋志异》清咸丰乙卯(1855)版;

《详注聊斋志异图咏》清光绪十二年(1886)版;

《聊斋志异评注图咏》;

《聊斋志异》文学古籍刊行社 1955 年版;

《铸雪斋钞本聊斋志异》上海人民出版社 1974 年版。

在这些不同版本的《聊斋志异》中,有的还有同一版本不同时期的出版物,如文学古籍刊行社的《聊斋志异》就有 1955 年和 1956 年两种版本、《铸雪斋钞本聊斋志异》也有 1974 年和 1975 年两种版本。毛泽东对这些版本的《聊斋志异》都有涉猎,有的看过多遍,还作过圈划、批注。现见毛泽东所读《聊斋志异》有批语的,就有《小谢》、《马介甫》、《白莲教》、《细侯》、《狼》等篇。

《小谢》写陶书生和秋容、小谢两鬼之间的友好、平等关系。毛泽东的批语是:"一篇好文章,反映了个性解放的强烈要求,人与人的关系应是民主的和平等的";《马介甫》写马介甫帮助杨万石制服悍妻的故事。毛泽东读了写有批语:"个性斗争,此妇虽坏,然是突出典型";《白莲教》写明山东白莲教徒用幻术战胜官兵的故事。毛泽东写有:"表现作者的封建主义,然亦对农民有些同情"的批语;《细侯》写的是满书生和妓女细侯情投意合,当细侯问及满书生家有薄田五十亩,破屋几间后,就表态"勉强可以维持生活了,再种十亩黍,织五匹绢,缴纳平常的赋税还有多了。关着门互相照应着,你读书,我织布,有空的时候,喝几杯酒,吟几句诗,消遣消遣,就是千户侯也不过如此啊!"毛泽东为这段对话,写了批语:"资本主义萌芽。"(《毛泽东谈评五部古典小说》,第 289 页)

毛泽东的批语言简意深。从这些批语中,可以看到他是把读《聊斋志异》当作形象历史来读的,从中寻找社会历史圈里的人性和个性解放。直到晚年,毛泽东在与家人的谈话中,还称赞《聊斋志异》写得好,说:《聊斋志异》里写的那些狐狸精可善良啦!帮助人可主动啦!

人名索引

871

879

885

895

主要参考书刊目录

《毛泽东书信集》 人民出版社 1983 年版

《毛泽东著作选读》(上、下) 人民出版社 1986 年版

《毛泽东选集》(1—4 卷) 人民出版社 1991 年版

《毛泽东文集》(第 1—8 卷) 人民出版社 1993 年、1996 年版

《毛泽东哲学批注集》中共中央文献研究室编 中央文献出版社 1988 年版

《毛泽东读文史古籍批语集》 中央文献出版社 1993 年版

《毛泽东外交文选》中华人民共和国外交部、中共中央文献研究室编 中央文献出版社、世界知识出版社 1994 年版

《毛泽东诗词集》中共中央文献研究室编 中央文献出版社 1996 年版

《建国以来毛泽东文稿》(1—13 册) 中央文献出版社 1998 年版

《毛泽东著作专题摘编》(上、下)中共中央文献研究室编 中央文献出版社 2003 年版

《建国以来毛泽东军事文稿》中共中央文献研究室、中国人民解放军军事科学院编 军事科学出版社、中央文献出版社 2010 年版

《毛泽东新闻工作文选》 新华出版社 1983 年版

《共和国的足迹》中共中央党史研究室著 新华出版社 2009 年版

《毛泽东手书选集》中央档案馆编 北京出版社 1984 年版

《毛泽东手书古诗词选》文物出版社、档案出版社 1984 年版

《毛泽东早期文稿》中共中央文献研究室、中共湖南省委《毛泽东早期文稿》编辑组编 湖南出版社 1990 年版

《毛泽东西藏工作文献》中共中央文献研究室、中共西藏自治区委员会、中国藏学研究中心编 中央文献出版社、中国藏学出版社 2008 年版

《毛泽东批阅古典诗词曲赋全编》毕桂发主编 中国工人出版社 1997 年版

《毛泽东年谱(1893—1949)》中共中央文献研究室编 人民出版社、中央文献出版社 1993 年版

《毛泽东传(1893—1949)》 中央文献出版社 1993 年版

《毛泽东传(1949—1976)》(上、下) 中央文献出版社 2003 年版

《伟大的历程:回忆战争年代的毛主席》 人民出版社 1977 年版

《毛泽东同志八十五诞辰纪念文选》 人民出版社 1979 年版

《毛泽东 1936 年同斯诺的谈话》 人民出版社 1979 年版

《毛泽东交往录》于俊道、李捷编 人民出版社 1991 年版

《胡乔木回忆毛泽东》 人民出版社 1995 年版

《毛泽东家世》李湘文编 人民出版社 1996 年版

《我的一生——师哲自述》 人民出版社 2002 年版

《赵朴初传》朱洪著 人民出版社 2004 年版

《庐山档案》马社香著 人民出版社 2006 年版

《一生紧随毛泽东——回忆我的父亲开国上将陈士渠》陈人康、金汕、陈义风著 人民出版社 2007 年版

《毛泽东妙用典故精粹》吴直雄著 人民出版社 2009 年版

《为毛泽东做眼科手术的医生》卢春宁著 人民出版社 2011 年版

《刘英自述——张闻天夫人口述历史》刘英著 人民出版社 2012 年版

《毛泽东、周恩来与溥仪》王庆祥著 人民出版社 2012 年版

《毛泽东评述诸子百家》邸延生著 人民出版社 2013 年版

《毛泽东和他的秘书田家英》董边等著 中央文献出版社 1989 年版

《老一代革命家家书选》中央文献研究室编 中央文献出版社 1990 年版

《在历史巨人身边》(师哲回忆录修订本) 中央文献出版社 1991 年版

《毛泽东与文艺传统》陈晋著 中央文献出版社 1992 年版

《缅怀毛泽东》 中央文献出版社 1993 年版

《在毛主席身边的日子》沈同著 中央文献出版社 1993 年版

《情满西湖》李林达著 中央文献出版社 1993 年版

《毛泽东和省委书记们》李约翰、镡德山、王春明著 中央文献出版社 1994 年版

《万方奏乐》揣振乎著 中央文献出版社 1995 年版

《说不尽的毛泽东》(百位名人学者访谈录)张素华、边彦军、吴晓梅著 辽宁人民出版社、中央文献出版社 1995 年版

《毛泽东之魂》(修订本)陈晋著 中央文献出版社 1997 年版

《红墙内外的警卫生涯》张随枝著 中央文献出版社 1998 年版

《毛泽东和诗》张贻玖著 中央文献出版社 1998 年版

《我做毛泽东卫士十三年》李家骥著 中央文献出版社 1998 年版

《十年论战:1956—1966 中苏关系回忆录》(上、下)吴冷西著 中央文献出版社 1999 年版

《叶子龙回忆录》 中央文献出版社 2000 年版

《我所知道的毛泽东》林克著 中央文献出版社 2000 年版

《毛泽东指点江山》杨庆旺著 中央文献出版社 2000 年版

《毛泽东题词与联语纪事》(上、下)杨庆旺著 中央文献出版社 2001 年版

《毛泽东的三湘情结》夏远生、马娜著 中央文献出版社 2002 年版

《毛泽东与山东》张奎明、李光泉主编 中央文献出版社 2003 年版

《毛泽东教导我当省委书记》陶鲁笳著 中央文献出版社 2003 年版

《梅岭——毛泽东在东湖客舍》章重著 中央文献出版社 2003 年版

《真实的毛泽东》李敏、高凤、叶丽亚主编 中央文献出版社 2004 年版

《毛泽东的读书人生》孙宝义等编著 中央文献出版社 2006 年版

《险难中的毛泽东》赵大义、高永芬、邵永贵编著 中央文献出版社 2006 年版

《毛泽东挥师渡江纪实》齐人、熊涛编著 中央文献出版社 2006 年版

《领袖身边十三年》李家骥著 中央文献出版社 2007 年版

《在毛泽东身边二十年》孙勇著 中央文献出版社 2010 年版

《走出丰泽园：毛泽东南巡纪实》赵志超著 中央文献出版社 2010 年版

《史林智慧琐谈续三》中共中央文献研究室编 中央文献出版社 2011 年版

《毛泽东纪事 1893—1976》李新芝、郑俊明著 中央文献出版社 2011 年版

《忆毛主席——我所亲身经历的若干重大历史事件片段》吴冷西著 新华出版社 1995 年版

《费德林回忆录：我所接触的中苏领导人》尼·费德林著、周爱琦译 新华出版社 1995 年版

《历史的真言——李银桥在毛泽东身边工作纪实》邸延生著 新华出版社 2000 年版

《历史的真情——毛泽东两访莫斯科》邸延生著 新华出版社 2004 年版

《历史的真知——文革前夜的毛泽东》邸延生著 新华出版社 2006 年版

《历史的情怀——毛泽东生活纪事》邸延生著 新华出版社 2008 年版

《历史的回眸——毛泽东与中国经济》邸延生著 新华出版社 2010 年版

《中国共产党历次代表大会(社会主义时期)》中共中央党史研究室编著 中共中央党校出版社 1983 年版

《紫云轩主人——我所接触的毛泽东》王鹤滨著 中共中央党校出版社 1991 年版

《功盖大禹》林一山、杨马林著 中共中央党校出版社 1993 年版

《走出韶山冲》王以平著 中共中央党校出版社 1993 年版

《在毛泽东身边》徐新民编 中共中央党校出版社 1993 年版

《毛泽东与中国史学》王子今著 中共中央党校出版社 1993 年版

《从井冈山走进中南海——陈士榘老将军回忆毛泽东》刘恩营著 中共中央党校出版社 1993 年版

《毛泽东走出红墙》吴晓梅、刘蓬著　中共中央党校出版社 1993 年版

《雾都较量》李清华著　中共中央党校出版社 1994 年版

《毛泽东王稼祥在我的生活中》朱仲丽著　中共中央党校出版社 1995 年版

《历史的注脚——回忆毛泽东、周恩来及四老帅》熊向晖著　中共中央党校出版社 1995 年版

《巨人的情怀——毛泽东与中国作家》武在平著　中共中央党校出版社 1995 年版

《秘密专机上的领袖们》李克非、彭东海著　中共中央党校出版社 1997 年版

《领袖情——毛泽东和周世钊》陈明新著　中共中央党校出版社 1997 年版

《毛泽东与中国古典军事典籍》张树德著　中共中央党校出版社 1997 年版

《毛泽东与开国少将》李智舜著　中共中央党校出版社 1997 年版

《毛泽东评点唐诗三百首》　中共中央党校出版社 1999 年版

《怀念与回忆——教诲与思考》何载著　中共中央党校出版社 2003 年版

《毛泽东与上海》　中共党史出版社 1993 年版

《中共中央在香山》中共北京市海淀区党史研究室编　中共党史出版社 1993 年版

《毛泽东在江苏》中共江苏省委党史工作办公室编　中共党史出版社 1993 年版

《办〈光明日报〉十年自述》穆欣著　中共党史出版社 1994 年版

《万毅将军回忆录》　中共党史出版社 1998 年版

《将军夫人传》赵云声、王红晖主编　中共党史出版社 2003 年版

《毛泽东个性化的健康之道》陈冠任编著　中共党史出版社 2003 年版

《东湖情深——毛泽东与王仁重十三年的交往》章重著　中共党史出版社 2004 年版

《战争绝唱》石永言著　中共党史出版社 2006 年版

《天宝与西藏》中共西藏自治区委员会党史研究室　中共党史出版社 2006 年版

《毛泽东与贺子珍》石永言著　中共党史出版社 2008 年版

《走进毛泽东的最后岁月》郭金荣著　中共党史出版社 2009 年版

《毛泽东与佛教》王兴国著　中共党史出版社 2009 年版

《怀念毛泽东同志》　人民文学出版社 1980 年版

《协商建国》郝在今著　人民文学出版社 2000 年版

《毛泽东最后七年风雨路》顾保孜撰　人民文学出版社 2010 年版

《徐悲鸿年谱》李松编著　人民美术出版社 1985 年版

《女中"男儿"丁果仙》纪丁著　人民音乐出版社 2002 年版

《毛泽东的读书生活》龚育之、逄先知、石仲泉编　生活·读书·新知三联书店 1996 年版

《聂荣臻回忆录》　解放军出版社 1983 年版

《在战斗中成长的罗荣桓》黄瑶著　解放军出版社 1983 年版

《何长工回忆录》 解放军出版社 1987 年版

《中国出了一个毛泽东》苏杨著 解放军出版社 1991 年版

《开国沧桑》郭文韬、郭晨著 解放军出版社 1993 年版

《宋任穷回忆录》 解放军出版社 1994 年版

《名将孙胡子》赵勇由、仝玉林著 解放军出版社 1995 年版

《将星从这里升起:十八名将军的少年时代》江林主编 解放军出版社 1996 年版

《东方巨人毛泽东》李捷、于振道主编 解放军出版社 1997 年版

《空战在朝鲜》王苏红著 解放军文艺出版社 1992 年版

《将军不辱使命》尹家民著 解放军文艺出版社 1992 年版

《山帅》吴振录、邱恒聪著 解放军文艺出版社 1992 年版

《红墙内外的瞬间》顾保孜著 解放军文艺出版社 1992 年版

《纵马湘赣》李慎明著 解放军文艺出版社 1993 年版

《儒将萧华》李镜著 解放军文艺出版社 1998 年版

《毛泽东庐山用书写真集》徐效钢、张莲娣、刘庐松著 解放军文艺出版社 1998 年版

《双脚走出的二万五千里——红军长征纪实》胡兆才著 解放军文艺出版社 2006 年版

《第一野战军征战纪实》许福芦著 解放军文艺出版社 2007 年版

《董其武上将》张子申著 解放军文艺出版社 2008 年版

《毛泽东同志的青少年时代和初期革命活动》萧三著 中国青年出版社 1980 年版

《在大决战的日子里》阎长林著 中国青年出版社 1986 年版

《毛泽东的文化性格》陈晋著 中国青年出版社 1991 年版

《毛泽东与他的友人》冯彩章编著 中国青年出版社 1996 年版

《知情者说》 中国青年出版社 2000 年版

《毛泽东的保健生活与养生之道》王鹤滨著 中国青年出版社 2005 年版

《实话实说红舞台》顾保孜著 中国青年出版社 2005 年版

《毛泽东故事》舒群著 作家出版社 1986 年版

《将星红安》陈晓东著 作家出版社 1999 年版

《罗瑞卿传》黄瑶等主编 当代中国出版社 1996 年版

《我所知道的胡乔木》《胡乔木传》编写组 当代中国出版社 1997 年版

《王震传》(上)邓力群等著 当代中国出版社 1999 年版

《醒木惊天连阔如》蕚笠翁著 当代中国出版社 2005 年版

《粉墨生涯六十年》赵荣琛著 当代中国出版社 2006 年版

《毛泽东 1965 年重上井冈山》马社香著 当代中国出版社 2006 年版

《京城四大名医》徐怀谦、李四平著 当代中国出版社 2007 年版

《彭雪枫将军——永不飘落的红叶》欧阳华著　当代中国出版社 2007 年版

《毛泽东集中兵力战法》陈宇著　当代中国出版社 2008 年版

《一个中国革命经历者的私人记录》李耀宇口述、李东平整理　当代中国出版社 2009 年版

《跟毛泽东行读天下》李魁彩著　当代中国出版社 2013 年版

《毛泽东晚年的理论与实践 1956—1976》许全兴著　中国大百科出版社 1993 年版

《艰难的转战》陈长四、郭洛夫著　军事科学出版社 1993 年版

《肝胆相照》吴黔生、高保华、李新乐著　军事科学出版社 1993 年版

《万山千山只等闲》郭晨著　军事科学出版社 1993 年版

《一代儒将郭化若纪念文集》郭化若纪念文集编委会编　军事科学出版社 1999 年版

《解放大上海——国共生死大决战》李雷编著　军事科学出版社 2007 年版

《共和国最大冤案》图们、孔第编　法律出版社 1993 年版

《文强口述》　中国社会科学出版社 2003 年版

《张之洞与中国近代化》冯天瑜、陈锋主编　中国社会科学出版社 2010 年版

《碧血丹心：毛泽东和他麾下的将领》高宝新著　长征出版社 2004 年版

《拥抱与决裂》马泰泉著　长征出版社 2006 年版

《峥嵘岁月：毛泽东与巾帼英豪》李涛著　长征出版社 2006 年版

《毛泽东历史笔记解析》唐汉、振肖主编　红旗出版社 1998 年版

《毛泽东轶事》董志英著　昆仑出版社 1989 年版

《天国沧桑》刘业勇著　中国社会出版社 2000 年版

《卫士长谈毛泽东》权延赤著　人民日报出版社 2010 年版

《共和国密使》权延赤、杜卫东著　光明日报出版社 1990 年版

《国史札记》林蕴晖著　东方出版中心 2009 年版

《毛泽东周恩来与溥仪》王庆祥著　东方出版社 1999 年版

《毛泽东诗词史话》萧永义著　东方出版社 2004 年版

《马少波近作选》　中国戏剧出版社 1996 年版

《周信芳传》沈鸿鑫著　中国戏剧出版社 2010 年版

《毛泽东的文艺美学活动》董学文、魏国英编著　高等教育出版社 1995 年版

《行书草圣毛泽东》王鹤滨著　中国人事出版社 1993 年版

《回忆司徒美堂老人》北京市、广东省政协文史资料研究会合编　中国文史出版社 1988 年版

《诗剑弦歌：仇鳌传》仇君好著　中国文史出版社 2008 年版

《毛泽东轶事》刘继兴著　中国文史出版社 2011 年版

《旧影　一代孤高百世师》　刘朗等编　中国友谊出版社 2005 年版

《魂系昆仑山》喜民著　中国文联出版公司 1990 年版

《"杨子荣"与童祥苓》童祥苓著　中国文联出版社 2000 年版

《毛泽东的祖国山河情》孙宝义、谭吉瑞著　中国文联出版社 2001 年版

《大海的女儿——颜一烟的生平和创作》刘庆俄编著　中国和平出版社 1994 年版

《震撼共和国的大阴谋》曹英编著　1993 年版

《屈武回忆录》　团结出版社 2003 年版

《毛泽东和党外朋友们》邓康主编　团结出版社 1996 年版

《陈立夫大传》张学继、张雅蕙著　团结出版社 2004 年版

《毛泽东和民主人士》卢之超著　华文出版社 1993 年版

《毛泽东读评五部古典小说》徐中远著　华文出版社 1997 年版

《贺龙与程砚秋》谢武申著　华文出版社 1999 年版

《毛泽东"南方决策"》薛庆超著　华文出版社 2013 年版

《同舟共济》郭晨著　华文出版社 2004 年版

《风雨沧桑集——符浩文选》　世界知识出版社 2001 年版

《风云无边——于桑纪念文集》　世界知识出版社 2012 年版

《毛泽东周恩来与长征》王朝柱著　新世界出版社 2009 年版

《开国领袖毛泽东》王朝柱著　新世界出版社 2009 年版

《延安文艺运动纪盛》艾克思著　文化艺术出版社 1987 年版

《毛泽东的读书生涯》孙宝义著　知识出版社 1991 年版

《样板戏的风风雨雨》戴嘉枋著　知识出版社 1995 年版

《走向神坛的毛泽东》李银桥著　中外文化出版社公司 1989 年版

《毛泽东与故乡》文热心著　警官教育出版社 1991 年版

《江海客：毛泽东》陆儒德　海洋出版社 2009 年版

《历史选择了毛泽东》叶永烈著　上海人民出版社 1992 年版

《领袖与百姓——毛主席在陕北的足迹》洪岩著　上海人民出版社 1994 年版

《毛泽东的秘书们》叶永烈著　上海人民出版社 1994 年版

《文人毛泽东》陈晋著　上海人民出版社 1997 年版

《毛泽东读三国演义》童志新著　上海人民出版社 2001 年版

《执手义乌——义乌人与名家的交往》义乌丛书编纂委员会编　上海人民出版社 2011 年版

《上海史学家印象记》上海史学会编　上海人民出版社 2012 年版

《毛泽东的艺术情怀》盛巽昌编著　上海人民出版社 2013 年版

《中国第一人——毛泽东》胡真编　湖南人民出版社 1999 年版

《红色第一家族》马社香著　湖北人民出版社 2004 年版

《在毛主席身边的日子里》吴吉清著　江西人民出版社 1993 年版

《龚育之回忆"阎王殿"旧事》龚育之著　江西人民出版社 2008 年版

《毛泽东与名人》孙琴安编著　江苏人民出版社 1993 年版

《中国二乔——胡乔木、乔冠华传略》曹俊杰著　江苏人民出版社 1996 年版

《一代革命家晚年纪事》高勇著　吉林人民出版社 1988 年版

《博览群书的毛泽东》江东然著　吉林人民出版社 1993 年版

《毛泽东谈作家与作品》白金华著　吉林人民出版社 1993 年版

《中华人民共和国实录》徐达深编　吉林人民出版社 1994 年版

《共和国史记》徐达深主编　吉林人民出版社 1996 年版

《警卫毛泽东纪事》阎长林著　吉林人民出版社 1998 年版

《毛泽东与周世钊》周彦瑜、吴美潮著　吉林人民出版社 1998 年版

《把握历史趋势的伟人》陈贵斌　辽宁人民出版社 1992 年版

《毛泽东衍名艺术》孙雷、孙宝义著　辽宁人民出版社 1996 年版

《红镜头中的毛泽东》顾保孜著　辽宁人民出版社 2004 年版

《我的父亲毛泽东》李敏著　辽宁人民出版社 2004 年版

《孙毅将军自述》孙毅著　辽宁人民出版社 2007 年版

《王芳回忆录》　浙江人民出版社 2006 年版

《进京赶考——中共五大书记》冯爱珍著　福建人民出版社 2006 年版

《毛泽东读书笔记解析》陈晋主编　广东人民出版社 1994 年版

《毛泽东评说中国历史》赵以武著　广东人民出版社 2000 年版

《毛泽东保健饮食生活》顾奎琴编　广东人民出版社 2003 年版

《我亲见的名人与逸事》欧初著　广东人民出版社 2008 年版

《跟随毛泽东纪事——一个警卫战士的回忆》武象廷、韩雪景编著　山西人民出版社 1991 年版

《一个省委书记回忆毛主席》陶鲁笳著　山西人民出版社 1993 年版

《我与毛泽东的交往》毛泽东与我征文活动组委会编　山西人民出版社 1993 年版

《毛泽东幽默趣谈》许祖范编著　山东人民出版社 1995 年版

《毛泽东轶事大观》王伯福编著　山东人民出版社 1997 年版

《握手风云——毛泽东交往实录》张秀娟编　山东人民出版社 2000 年版

《毛泽东传》R.特里尔著　河北人民出版社 1991 年版

《在毛泽东身边十五年》李银桥著　河北人民出版社 1992 年版

《毛泽东与河北》河北省政协文史资料委员会、河北省档案局编　河北人民出版社 2006 年版

《曲折发展的岁月》丛进喜著　河南人民出版社 1989 年版

《在漩涡的边缘》龚育之著　河南人民出版社 1998 年版

《曹聚仁传》李伟著　河南人民出版社 2004 年版

《毛泽东诗谊——毛泽东和他的诗友》杨庆旺著　河南人民出版社 2005 年版

《〈西游记〉中的悬案》屈小强著　四川人民出版社 1994 年版

《上将交往录》纪漪、钟林编　四川人民出版社 1994 年版

《毛泽东和他喜欢的二十本书》武思萦著　云南人民出版社 1993 年版

《毛泽东与书画文化》盛巽昌编著　广西人民出版社 1998 年版

《毛泽东与戏曲文化》盛巽昌编著　广西人民出版社 1998 年版

《从遵义到延安:毛泽东鲜为人知的故事》石永言著　贵州人民出版社 2001 年版

《张治中与毛泽东——随从毛主席视察大江南北日记》张治中、余湛邦著　陕西人民出版社 1995 年版

《燕都艺谭》北京市政协文史资料研究会编　北京出版社 1985 年版

《从延安到中南海》杨复沛、吴一虹主编　北京出版社 1996 年版

《死亡联盟——高饶事件始末》张聿温著　北京出版社 2000 年版

《毛泽东与著名艺术家》孙琴安著　重庆出版社 2000 年版

《毛泽东与国民党著名将领》孙琴安著　重庆出版社 2002 年版

《故园行》张步真、赵志超著　海南出版社 1993 年版

《岁岁重阳》舒龙、凌步机著　海南出版社 1993 年版

《唯实——我的哥哥孔令华》孔淑静著　海南出版社 2003 年版

《中国出了个毛泽东》本书编委会编　上海古籍出版社 2003 年版

《"大跃进"亲历记》李锐著　上海远东出版社 1996 年版

《艺坛往事录:中国艺术家生活写真》涂光群著　汉语大词典出版社 2000 年版

《毛泽东在上海》上海市委党史研究室编　上海科技出版社 2003 年版

《有笔如椽——柯灵纪事》代琇、庄辛著　学林出版社 2004 年版

《毛泽东剪影》杨天石著　上海辞书出版社 2005 年版

《毛泽东眼中的历史人物》盛巽昌编著　上海辞书出版社 2005 年版

《长征——一部读不完的书》陈宇著　上海文艺出版社 2006 年版

《博览群书的毛泽东》范忠程主编　湖南出版社 1993 年版

《毛泽东和他的父老乡亲》赵志超著　湖南文艺出版社 1992 年版

《毛泽东视察全国》吴晓梅著　湖南文艺出版社 1999 年版

《统帅部参谋的追怀》雷英夫、陈先义著　浙江文艺出版社 1994 年版

《一九一五——一九七六毛泽东人际交往实录》贾思南编　江苏文艺出版社 1989 年版

《特殊的交往》水静著　江苏文艺出版社 1992 年版

《毛泽东文艺思想指引下的延安文艺》孙国林、曹桂芳著　花山文艺出版社 1992 年版

《延安整风前后》张志清著　江苏文艺出版社 1993 年版

《龙之脉——毛泽东与中国古代智慧》杨振之、田利军编著　四川文艺出版社 1995 年版

《踏访三国》范文章著　河南文艺出版社 2009 年版

《领袖警卫风云录》何建明、朱梅编著　时代文艺出版社 1993 年版

《协商建国:中国民主 1949 年》郝在今著　漓江出版社 2010 年版

《邓小平在 1976 年》青野、介雷著　春风文艺出版社 1993 年版

《烽火岁月——程国璠文集》李人毅主编　春风文艺出版社 1997 年版

《许世友和他的一家》吴碧莲著　春风文艺出版社 1998 年版

《毛泽东诗话词话书话》刘汉民编著　长江文艺出版社 2002 年版

《毛泽东的文艺世界》李树谦编　辽宁教育出版社 1993 年版

《世纪老人的话——袁世海卷》林祥主编　辽宁教育出版社 2003 年版

《微行——杨成武在 1967 年》权延赤著　广东旅游出版社 1997 年版

《带翅膀的摄影机》侯波、徐肖冰等著　北京大学出版社 1999 年版

《毛泽东文化思想研究》戴知贤著　中国人民大学出版社 1992 年版

《程门立雪忆胡绳》郑惠著　中央民族大学出版社 2003 年版

《麻辣近代史》(1840—1885)刘澍著　浙江大学出版社 2012 年版

《延安鲁艺风云录》王培元著　广西师范大学出版社 2004 年版

《毛泽东思想与中国文化传统》汪树白著　厦门大学出版社 1987 年版

《梅兰芳年谱》王长发、刘华编　河海大学出版社 1994 年版

《才子邓拓》张帆著　海天出版社 1999 年版

《生活中的毛泽东》海鲁德等编著　华龄出版社 1990 年版

《难忘的岁月》刘玉刚著　华龄出版社 1992 年版

《萧三传》王政明著　北京图书馆出版社 1996 年版

《天道——周惠与庐山会议》权延赤、黄丽娜编著　广东旅游出版社 1997 年版

《毛泽东品三国用三国》孙宝义、刘春增、邹桂兰著　国际文化出版公司 2011 年版

《毛泽东的家庭生活——红墙第一家》武立金著　台海出版社 2011 年版

《曹雪芹祖籍在辽阳》冯其庸、杨立宪主编　辽海出版社 1997 年版

《甲子记忆　新中国 60 年》南方报业传媒集团等编　南方日版出版社 2010 年版

《独领风骚:毛泽东心路解读》陈晋著　沈阳万卷出版公司 2004 年版

《毛泽东早年读书生活》李锐著　沈阳万卷出版公司 2005 年版

《毛泽东读西游记》董志新著　万卷出版公司 2009 年版

《世纪诗星:臧克家传》孙晨著　山东大学出版社 2000 年版

《党的文献》、《中共党史研究》、《中共党史资料》、《党史信息报》、《炎黄春秋》、《百年潮》、《人物》、《党史文汇》(山西)、《福建党史月刊》、《中州今古》、《世纪风采》、《党史天地》(湖北)、《足迹》(浙江)、《湖南党史》、《江西方志》、《广西党史》、《山西文史资料》等

后　记

　　《毛泽东论历史人物——从轩辕皇帝到孙中山》付梓了。

　　研究毛泽东是一个大课题,研究毛泽东如何评述历史人物也是一门显学,一个永恒的主题。毛泽东的史学理念,蕴含了二十世纪中国的政治和文化。

　　本书采撷、梳理了由中国大陆地区公开出版书刊中有关毛泽东述及中国历史人物林林总总的言行文字,按人和事为篇,作有系统的叙述和介绍;为求各篇有体,斐然成章,有知识性、可读性和科学性,即以毛泽东有关言行文字为主轴,作上下文字的串联和梳理,力求文必有据,不说冗话、空话。凡对出自毛泽东的言论(包括他人回忆所记述),不作任何推理和猜测,使读者有直观、完整的认知。

　　中华历史上下五千年,日月行天,江河经地,现有毛泽东公开所评说的中国历史人物,自黄帝至孙中山,就有三百余人,本书经多年搜集,得以能成篇的为二百七八十篇,还有不少毛泽东曾述及过的人物因材料缺乏,片言只字,难以单独成篇,如甘罗、赵武灵王、祖冲之父子、兰陵王高长恭、陆羽、陈规、程颐、程颢、周敦颐、贾鲁、徐达、郑和、郑成功、袁崇焕、夏完淳、洪承畴、戴名世、戴震、颜习斋、李恕谷、张英,也有见于中小学课本的若干人物,至今尚未见有公开的文字披露,如贾思勰、吴道子、黄道婆、郭守敬、朱载堉、史可法、努尔哈赤,此处只能付之阙如了。

　　本书写作分两部分,正编和副编。

　　正编以毛泽东论说中国历史人物为篇;副编及写毛泽东关注传统文化、典籍方面的内容,两编相辅相成,小有渗透。以便读者对照、参阅。本书写作始于本世纪初,多年来受到各方师友的鼓励、携带和支持。中共上海市委党史研究室、中共党史学会等主办的《党史信息报》,自 2001 年到 2002 年的两年期间,连载了部分篇章;上海社联《现代领导》,在同时期也作了连载。此次出版,又在2005 年上海辞书出版社出版的《毛泽东眼中的历史人物》的基础上,作了大幅度的增补订正,女儿盛仰红助以电脑查核、考订,由原有字数五六十万字,增至九十万字。为便于读者的阅读、赏析和查索,请许仲毅先生为全书人名作了简要索引。责任编辑杨英姿女士也做了认真、妥善的工作,作者于兹一并表示感谢。

盛巽昌
二○一七年十月

图书在版编目(CIP)数据

毛泽东论中国历史人物:从轩辕黄帝到孙中山:全
2册/盛巽昌著.—上海:上海书店出版社,2018.5(2025.1重印)
ISBN 978-7-5458-1608-2

Ⅰ.①毛… Ⅱ.①盛… Ⅲ.①历史人物-人物研究-
中国 Ⅳ.①K820

中国版本图书馆 CIP 数据核字(2018)第 011593 号

特约编辑	杨英姿	
责任编辑	张　冉	
封面设计	郦书径	
技术编辑	丁　多	

毛泽东论中国历史人物
————从轩辕黄帝到孙中山

盛巽昌　著

出　　版	上海书店出版社	
	(201101　上海市闵行区号景路 159 弄 C 座)	
发　　行	上海人民出版社发行中心	
印　　刷	上海展强印刷有限公司	
开　　本	710×1000　1/16	
印　　张	59	
版　　次	2018 年 5 月第 1 版	
印　　次	2025 年 1 月第 7 次印刷	
ISBN 978-7-5458-1608-2/K・307		
定　　价	198.00 元	